让 我 们 甲骨文 一 起 追 寻

FIVE CAME BACK

Photograph credits: Everett Collection/Margaret Herrick Library/Academy of Motion Pictures Arts and Sciences/Wikimedia Commons

A STORY OF HOLLYWOOD AND THE SECOND WORLD WAR

FIVE CAME BACK

五个人的战争

好莱坞/与/第二次世界大战

Mark Harris

［美］马克·哈里斯/著

黎绮妮/译

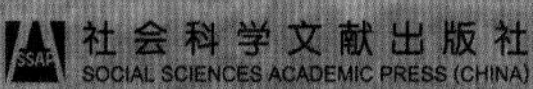

社会科学文献出版社
SOCIAL SCIENCES ACADEMIC PRESS (CHINA)

本书获誉

《五个人的战争》是一部思想深入、信息丰富且引人入胜的电影文化批评作品。和最优秀的二战电影一样，它通过讲述赫赫有名的人物和为人熟知的情节来探讨严肃话题：为服兵役付出的人力成本、电影的催眠能力以及艺术追求和战争紧迫性之间的矛盾。哈里斯先生比彩色印片技术、宽银幕技术甚至是逐渐失效的《电影制片法典》更有效地向我们展示了二战如何改变了美国人对电影的看法。

——《纽约时报》

哈里斯先生出色地讲述了一个宏大的故事。在叙述这个结局早已明晰的故事时，他依然能时刻留有悬念。《五个人的战争》充满了比小说还出人意料的真实事件。五位导演在特定的历史时期经历的事情让我们深入地了解了电影行业，看到了电影制作的本质，并且从更宏观的角度来说，认清了艺术创作和社会需求之间的关系。虽然初看之下《五个人的战争》似乎是在记录一个行业的发展，但你会渐渐发现它讲述的是一个鼓舞人心的故事，关于个体战胜集体，个人视角战胜群体思维，以及最终的，艺术战胜宣传手段。

——《华尔街日报》

马克·哈里斯的《五个人的战争》具有优秀电影需要的一

切元素：吸引人的角色、挑战、冲突和紧张的行动。（这）是哈里斯关于电影的第二部杰出作品；第一部是《改革中的电影》，它讲述了1968年获得奥斯卡最佳电影提名的五部电影背后的故事。两部作品都考据严谨，并且清晰而有力地讲述了那些互相重叠的故事。

——《华盛顿邮报》

引人入胜，让人欲罢不能的文化史作品。影迷和好莱坞迷必读之作。

——安德鲁·欧·赫尔，《纽约时报书评》

观察细致、记录详尽……以少有的细腻和深度展示了道德层面的深思……哈里斯让我们得以清晰而优雅地见证战时的军事服役如何深远地改变了这五位男人的一生。

——戴维·托马斯，《新共和》

《五个人的战争》最伟大的成就是给予读者五位导演最真实的写照，最终揭开了这些传奇人物的神秘面纱，展现了创意人士如何在为国家服务和保留电影中自我的声音的意愿之间的挣扎。战争结束时，毫无疑问，每一位导演都已被战争改变，包括其私人生活和艺术创作……接下来依旧有战争，制片厂和五角大楼时而剑拔弩张，时而亲密无间。《五个人的战争》是对它们首次亲密接触的精彩记录，并且暗示了二者的关系在未来将依然复杂。

——*Slate*

（马克·哈里斯）扣人心弦的叙事在各个方面均属一流，这是为影迷书写的战争故事，也是为对二战感兴趣的读者写的一部连续剧般的美国历史。

——美联社

出色的叙事……（哈里斯）对五位导演的刻画鲜明敏锐、引人入胜，他极其擅长将这些导演在面对真实战火和处理电影难题时的经历戏剧化。

——戴维·登比，《纽约客》

考据严谨，让人欲罢不能。

——《洛杉矶时报》

一流作品……这是目前关于这个故事最丰富、最全面的版本……读过《五个人的战争》之后，影迷对于电影人的看法必将改变。

——《美国瞭望》

在《五个人的战争》一书中，马克·哈里斯写出了一段让人不忍释卷的二战宣传电影史，展示了战争如何改变了电影人，以及电影人如何改变了好莱坞电影的语言与内容。

——《旧金山纪事报》

哈里斯描述了广阔的历史和丰富的主题：好莱坞与华盛顿之间不稳定的关系；宣传活动的道德问题；真实镜头和场景重现；以及最重要的，加入战争的决定……对五位极具影响力的导演的冲击……哈里斯是一位有趣的评论员，他善于把多条故事线编织到一起。《五个人的战争》……引人入胜。

——《帝国杂志》

精彩的叙事……见解深刻，具有推动作用……马克·哈里斯出色地把美国五位伟大导演各自的故事交织到一起，而他在处理如此重要的历史阶段时的自信和泰然所写出的成果也让人觉得赏心悦目。

——《A. V. 俱乐部》

哈里斯是一位重要的电影作家……他将个人的艺术成就和时代背景联系到一起的能力几乎无人能及，而且他的作品读起来充满趣味。

——*Flavorwire*

对本书中几位导演的研究，哈里斯超越了此前的学者……这本经过细致研究的作品是电影爱好者和二战迷的必读之作。

——《图书馆杂志》

电影、流行文化和世界史之间的影响和被影响关系很难说是一个新鲜的研究领域，但哈里斯很可能比过去及现在的任何作家更成功地在这种共生关系中找到了伟大的故事。每一章都包含电影历史上的有趣故事，而且几乎每一页都可以看到哈里斯用寥寥数句话精准捕捉一个人或者一件事的本质的能力。这部非虚构故事作品兼具精彩有趣和细致详尽的特点。

——《书单》杂志（星级评论）

全面而清晰地审视五位传奇导演的职业生涯，他们将自己在好莱坞的生活定格，用自己唯一熟知的方式参与战争。本书如奥斯卡最佳导演拍摄的电影般引人入胜又发人深省。

——《柯克斯书评》（星级评论）

极具洞察力。哈里斯对政治化最严重的电影时代的意识形态洪流做出了出色解读，而在他那刻画生动的主角身上……我们看到了好莱坞抛弃了多愁善感的虚幻来直面最残酷的现实。

——《出版人周刊》（星级评论）

献给我的哥哥

目　录

序言：珍珠港事件

一切先从约翰·福特（John Ford）说起。在日本帝国海军偷 1
袭珍珠港的那天，他已经身穿军服3个月，身处离好莱坞3000英里远的地方。当轰炸的消息传来，已是海军少校的福特和妻子玛丽正在安德鲁·皮肯斯（Andrew Pickens）少将位于弗吉尼亚州亚历山大市的家中参加周日午宴。[①] 一名女仆焦急地拿着话筒走进房间。“是陆军部……那帮人”，她结结巴巴地说出主人的军衔。少将离开餐桌去接听电话，宾客们在各自的座位做好准备。随后他重返宴会厅宣布：“先生们，珍珠港刚刚被日本袭击。我们正式进入交战状态。”宴会厅四下议论纷纷，少将夫人试图拯救这个下午，“光在这里兴奋于事无补，这已经是在这间饭厅宣布的第7场战争了”，她向福特夫妇展示墙上的一个弹洞，那是美国独立战争时期被火枪子弹射穿的。[②] “我不让人把它填起来”，她告诉他们。[③]

玛丽·福特（Mary Ford）事后回忆道：“那张桌旁每一个人的生命从那一秒开始改变。”[④] 但福特早已改变了自己的人

---

① Joseph McBride, *Searching for John Ford: A Life* (New York: St. Martin's, 2001), 347.

② Tag Gallagher, *John Ford: The Man and His Films* (Berkeley and Los Angeles: University of California Press, 1986), 202 - 203. 加拉赫有一段未公开的对玛丽·福特的采访，由安东尼·斯莱德（Anthony Slide）和琼·班克（June Banker）进行采访。

③ Dan Ford, *Pappy: The Life of John Ford* (Englewood Cliffs, NJ: Prentice Hall, 1979), 165.

④ Gallagher, *John Ford*, 202 - 203.

生，彻底地，骤然地。1941 年后期，电影业内大多数人，一如这个国家的其他人，都相信美国加入第二次世界大战只是时间
2 问题。但这场被同事看作只会笼罩远方地平线的战争阴影，却被福特看作一种必然，它要求进一步的准备，而且会回报做好准备的人。数月前，他就已经离开好莱坞来到华盛顿。那个 9 月，他把所有晚上和周末都用来监督海军志愿摄影分队的组建，亲自训练摄影师、录音师和剪辑师，让他们可以在战争条件下近距离完成工作；为了能够在颠簸摇曳的船上进行拍摄，他甚至使用了常平架平台。如果战争不可避免，他相信对战争的记录将必不可少，而这项工作绝不可以交给业余的人或者陆军部笨拙的官员。

即便如此，福特依然不可能是带领好莱坞迎战的候选人。他老到可以成为应召军人的父亲了，他已 46 岁，再过几年就会迎来第一个孙子。虽然在过去几年，他一直在好莱坞的各个委员会上贡献他的力量——奔波于干涉主义者、热诚的反纳粹活动家和一个致力于为西班牙内战提供援助的特别小组的领导们之间——但他并没有真正到这些战争的前线去。自 1939 年起，他把大部分时间和精力投入一系列电影，包括《关山飞渡》(*Stagecoach*)、《童年林肯》(*Young Mr. Lincoln*)、《愤怒的葡萄》(*The Grapes of Wrath*) 等，这些电影让他成为好莱坞最受尊敬的导演。

到底是什么触动了福特，让他在完成《青山翠谷》(*How Green Was My Valley*) 的拍摄仅 3 个星期后[①]——这部电影让他赢得了 7 年内第 3 个最佳导演奖——就离开他如日中天的事业，

① Scott Eyman, *Print the Legend: The Life and Times of John Ford* (New York: Simon & Schuster, 1999), 245.

要求从海军后备役调到现役？是由于1/4个世纪以前，作为高
中生参加安纳波利斯的海军学院入学考试名落孙山带来的挥之
不去的耻辱感吗？[①] 是由于当时为了闯入好莱坞而忙于担当替
身、演员和初出茅庐的导演，以至于错过1917年美国加入一战
因而生出的尴尬吗？福特的动机即使对于其至亲来说都是个谜，
包括他的妻子，共同制作电影的同事，以及在他最爱的地
方——好莱坞运动员俱乐部喝酒的伙伴。“莫非这位顶尖导
演……厌倦了好莱坞的华而不实？”其中一篇报道提出这样的疑
问。福特似乎乐于完全不给予解释，他答应接受采访谈论他的 3
决定，最后却只肯给出一个答复：“我认为这是这个时间该做的
事。”[②] 福特亦因而在公众面前树立起了沉默寡言、扑朔迷离的
形象。

也许一切就是这么简单——一种责任感，还有一种对于逃避后自己可能会有的感受的恐惧感。那个9月，福特登上了一列开往华盛顿的火车。对于好莱坞那些四肢健全却只懂质疑战争将带来什么、只希望征兵的官员碰也别碰他们的人来说，这一切预示了他们的可悲和懊悔。“不用把他们算上，”他写道，“明年他们将会受到重重的打击。”[③] 他在卡尔顿酒店办理好入住手续，[④] 把制服挂在衣橱内，把一堆书连同烟斗和雪茄摆在书桌上，把所有必需品安放在柜子中，之后便在这只有一扇陈旧窗户的简朴房间里安顿下来。他让房间通风，然后便开始给一位拜访他的记者写信并称自己为“一位在接到通知后只需要

① McBride, *Searching for John Ford*, 67.

② Frank Farrell, “John Ford Dons Naval Uniform Because ‘It's the Thing to Do,’” *New York World-Telegram*, 1941年11月1日。

③ 约翰·福特写给玛丽·福特的信，10月2号，1941年，JFC。

④ McBride, *Searching for John Ford*, 346.

一个小时便可立即扬帆出海的男人”。[1] 事实上，这正是他的所想所盼；他等待着他的顾问——首席情报官“野蛮的比尔”多诺万的命令，一心只在思考即将到来的一切。“这里的一切都行动飞快”，他写给玛丽，轻责她不必要的开支，例如当她感到孤独、难过或者愤怒时打来的深夜长途电话，还告诉她这个城市有一种“正在筹备中的嘈杂声和兴奋感”。“要用很多很多卷书，才写得尽我有多欣赏你于眼前这紧急状况之下表现出来的无私和勇敢，”他一边在首都等待她，一边写道，“言语无法表达我想说的话。我以你为荣。”[2]

当玛丽终于在华盛顿和丈夫会合，福特送给这位和他结婚21年的妻子她一直想要的东西——一场体面的天主教婚礼。[3] 这只是一个准备动作，他们都知道这是漫长离别前的一份礼物。当这一刻终于到来，福特和他所训练的人几乎无法掩饰他们的跃跃欲试，这些人在过去几个星期已经接连来到华盛顿。珍珠港受袭的消息传开，短短几个小时，他的摄影分队已经出现在卡尔顿酒店，敲开福特的门，期待被告知接下来要做什么。12月7日，在黄昏来临之时，福特和他的队伍尽兴畅饮，用鸡尾酒庆祝美国加入第二次世界大战。[4]

4 好莱坞的其他同事并未感觉到那令福特为之彻底改变生活的危机感，直到12月的那个星期日。珍珠港受袭的早上，威廉·惠勒（William Wyler）正在贝尔艾尔的家中和好友约翰·休斯顿（John Huston）打网球。惠勒刚开始拍摄《忠勇之

---

① Farrell, “John Ford Dons Naval Uniform.”

② 约翰·福特写给玛丽·福特的信，9月30号，1941，JFC。

③ McBride, *Searching for John Ford*, 346.

④ Andrew Sinclair, “John Ford's War,” *Sight and Sound*, 1979年春天。

家》（*Mrs. Miniver*）没多久。这部电影歌颂了在面对当时仍被美国人称为“那场欧洲的战争”时一户中产阶级家庭的英勇顽强以及大后方战场的团结抗战。休斯顿作为惠勒的晚辈和门徒，其处女导演作《马耳他之鹰》（*The Maltese Falcon*）在全国上映，他自己亦因此名声大噪。二人在比赛时谈道，等惠勒完成《忠勇之家》的拍摄，要在接下来的冬天组织一次只限男士的旅程。那天下午，他们计划叫上另一位朋友安纳托尔·李维克（Anatole Litvak）一起去会见一名旅游经纪人，商量到远东去旅行。“威利（Willy）和我想短暂地离开好莱坞。我建议我们到中国好好玩一玩，”休斯顿说，“我们想看一看外面的世界。”[①]

当惠勒的妻子——怀着第二个孩子的塔利接到来电被告知夏威夷受到袭击，她迅速跑到屋外的网球场，叫丈夫和休斯顿停下手中的球拍。通往外面世界的门即将开启。当天稍晚些，两个男人开车到李维克于马利布（Malibu）海滩的住处，把预期的海外旅游抛诸脑后，开始制订新的计划：他们要多久才可以完成目前手中的工作？多迅速才能离开现在看来是愚蠢儿戏的好莱坞的工作？

39 岁的惠勒按照法律可以免服兵役。但 35 岁的休斯顿则比要求的年龄上限小 1 岁，根据 1940 年的义务兵役法案，他是符合入伍条件的。但由于童年时被诊断为体弱多病，[②] 他其实可以轻易得到一个 4 - F 豁免权。然而，两个男人都毫不犹豫地做了决定。惠勒是一名犹太裔移民，他第一次看到美国人便是

---

① Jan Herman, *A Talent for Trouble: The Life of Hollywood's Most Acclaimed Director, William Wyler* (New York: Da Capo, 1997), 232 - 233.

② Lawrence Grobel, *The Hustons: The Life and Times of a Hollywood Dynasty*, updated ed. (New York: Cooper Square, 2000), 101.

在第一次世界大战结束后美军解放他的家乡阿尔萨斯时。① 他
5 还有亲戚被困在欧洲。② 珍珠港受袭的第11天，惠勒开始等候通讯部派来第一个任务。休斯顿的态度则更多是漫不经心，他一直在补偿童年时长期卧病在床失去的时光。休斯顿曾经跟随墨西哥骑兵充当骑手，而他很肯定这场战争会给予他更多机会去将自己重塑为一个有行动力的男人。不到一个月的时间，休斯顿紧随惠勒接受了通讯部派给他的任务。“这对于华纳兄弟公司来说绝对是一个损失，”《纽约时报》评论道，“他是导演界的年度新星。”休斯顿在墨西哥一边给马备鞍一边说道：“我只是一个孩子……我对骑马的兴趣要大于学习打架。但这次不一样。”③

这些男人在寻求冒险，但更多的，他们是在试图踏足另一个已变得异常艰苦可怕的世界，一个电影公司不可能容许他们在电影中展现的世界。好莱坞最出色的导演们越来越意识到，欧洲正处于水深火热之中，而他们却在虚度光阴，把才华挥霍在诱惑美国人民沉溺于消遣之中，逃离头条新闻带来的心烦意乱和惊慌恐惧，而不是致力于让世界的注意力聚焦到真正重要的事上。虽然好莱坞从未有兴趣参与世界大事或者领导公众意见，但近期它对境况改变的适应力变得惹人恼怒地缓慢。惠勒之前曾试图借助《忠勇之家》——一曲对英国民族精神的赞歌——来激励美国人民支持他们最亲密的盟友；但现在，当美国自己也已身陷战争之中时，这个曾一度被他认为是大胆宣言的举措看来迟钝得令他尴尬。而休斯顿则把那个秋天的大部分

① Herman, *A Talent for Trouble*, 16 – 17.

② Sarah Kozloff, “Wyler's Wars,” *Film History* 20, no. 4 (2008).

③ “A Man of Unsartorial Splendor,” *New York Times*, 1942 年 1 月 25 日。

时间花在和朋友霍华德·科赫（Howard Koch）为百老汇戏剧《及时赶到》（*In Time to Come*）撰写剧本上，这是一部描绘第一次世界大战后伍德罗·威尔逊（Woodrow Wilson）关于国际联盟愿景的戏剧。这幕剧在珍珠港受袭的3个星期后上演，虽然备受好评，但1个月之后便被叫停了。休斯顿并不觉得意外。它“貌似过时了”，他写道。[①]

突然之间，好莱坞最有能力的导演拍摄的电影，很可能还不及在电影前播放的新闻吸引观众。米高梅电影公司（MGM）的乔治·史蒂文斯（George Stevens）正忙于拍摄《小姑居处》（*Woman of the Year*），这部电影成就了好莱坞最受喜爱的银幕情侣之一凯瑟琳·赫本（Katharine Hepburn）和斯宾塞·屈塞（Spencer Tracy）。在过去的几年间，史蒂文斯展现了他在创作以寻常生活为主题、以轻快氛围为基调的作品方面过人的技能： 6
他知道如何利用经济萧条带来的磨难和现代都市的嗡嗡声作为浪漫爱情片的背景，从而创造出令观影人赏心悦目的电影。他的新片也不例外——女主人公苔丝·哈丁（Tess Harding）是一名记者，一位坚定的反希特勒干涉主义者。她最能表达自己立场的报道包括《民主政体：不团结，则垮台》，另外还在一个专栏广告上高呼《苔丝·哈丁预言，希特勒必输》。《小姑居处》这部电影的基调，非常适合一个热心参与国际大事但尚未深陷进去的国家。正如剧本所写，苔丝的职业热情不过是她走向既定命运路上一个分散注意力的点，不满足于只饰演妻子和母亲角色的她，从事着包括和丘吉尔、罗斯福等人见面的繁忙工作。

---

① John Huston, *An Open Book* (New York: Alfred A. Knopf, 1980), 85.

但结果并未如愿。珍珠港受袭的那个周末，史蒂文斯收到了令人失望的试映回馈。米高梅电影公司的制片人约瑟夫·L.曼凯维奇（Joseph L. Mankiewicz）告诉他，对于电影最后一幕讲述赫本和屈塞在颁奖礼之后和好如初的情节，观众们并不买账。他们希望看到赫本被贬抑，希望她因自己的野心而被侮辱。在极不情愿的情况下，他开始拍摄一个新结局，在里面苔丝因为无法在厨房熟练地煮好一顿简单的早餐而感到羞耻。史蒂文斯在20世纪20年代崭露头角时便已执导过《老瑞和哈迪》（*Laurel and Hardy*）等搞笑短剧，他知道怎样表现出电影需要的丑态，却不知道怎样反驳赫本率直的表态，后者称新的结局“是我读过最糟糕的东西”。[1] 他和赫本最后都完成了结局的补拍，而2个月后《小姑居处》正式在电影院上映时，史蒂文斯已经在考虑把镜头对准战争。那个冬天，他独自坐在洛杉矶的放映室里，带着惊恐和沉迷，观看莱尼·里芬斯塔尔（Leni Riefenstahl）向雅利安人不败致敬的纪录片《意志的胜利》。从那一刻开始，他意识到他不可以再拍摄任何一部会把公众注意力从战争移开的电影了。史蒂文斯常说，是那天晚上让他决定加入军队的，但他所看到的东西撩起的不仅仅是他要打败德国的爱国主义热情。多年以后他透露，“所有的电影”，包括他自己的，“都是宣传”。[2]

7 宣传不再是一个肮脏的词。那年秋天，一群信奉孤立主义的议员开始对逐渐升温的反战热情、反好莱坞言辞和为数不少

① Kenneth L. Geist, *Pictures Will Talk: The Life and Films of Joseph L. Mankiewicz* (New York: Da Capo, 1978), 106 – 107.

② Marilyn Ann Moss, *Giant: George Stevens, a Life on Film* (Madison: University of Wisconsin Press, 2004), 83.

的反犹太主义做出反应。他们把电影业的巨头传唤到华盛顿进行听证，讨论他们每年制作出来的成百上千部电影中是否有一小撮正在各种遮掩之下进行宣传鼓动、加剧猜疑、激起群众的军国主义欲望。宣传——通过纪录片、戏剧、喜剧、故事片、短片、拍给观众看的电影以及只拍给军人看的电影——作为策略需要而在好莱坞和华盛顿内被讨论研究。有时候这些项目会被标上最隐晦的标签——“士气电影”，但大家对这些项目的目的都心领神会。

对于弗兰克·卡普拉（Frank Capra）来说，珍珠港事件导致的公众情绪的转变印证了他数月来计划实施的一个举措的正确性。卡普拉作为三届奥斯卡金像奖最佳导演奖的得主，是好莱坞最成功也最富有的导演。44 岁的他是百万富翁，在事业上可以说无人匹敌。他通过一系列喜剧片攀上事业高峰——《迪兹先生进城》（*Mr. Deeds Goes to Town*），《浮生若梦》（*You Can't Take it With You*），《史密斯先生到华盛顿》（*Mr. Smith Goes to Washington*）——这些影片擅长唤醒观众一种普遍的高涨情绪，却不需要具体触及他们的政治立场，这一点一如卡普拉本人一样难以解释。1941 年夏天，专栏作家斯图尔特·艾尔索普（Stewart Alsop）为《大西洋月刊》撰写的标题为《通缉：为之战斗的信念》的文章，引起了乔治·马歇尔将军（George Marshall）的注意。[①] 在文章里，艾尔索普警告道：“为这场我们迟早要面对的战争而战，我们需要一种坚定不移的信念，那种在 1917 年激励过士兵们的信念，那种让他们启程去为世界的安全和民主而战的信念。我们此刻还不具备这种信念；那些需

---

① Joseph McBride, *Frank Capra: The Catastrophe of Success* (New York: Simon & Schuster, 1992; revised 2000), 455.

要去抗争的人们还不具备这种信念。”①

马歇尔相信电影有助于向群众和新兵灌输那种坚定的信念。考虑到卡普拉的履历中包含了诸如成立美国电影艺术与科学学院（Academy of Motion Picture Arts and Sciences）及美国导演工会（Screen Directors Guild）等事迹，他很可能是好莱坞最有资格为接下来这场战争整合电影业内各种资源的导演。和福特一
8 样，卡普拉也错过了参加第一次世界大战的机会。卡普拉的父亲死于1917年的一场农场事故，自此之后他意识到家里再没有能力负担他的大学学费，于是开始参加预备役军官训练，打算加入军队。但他在入伍后不久就得了流感；待到康复时，停战协议已经签订了。卡普拉和福特的不同之处在于，福特是已经定居缅因州的第一代爱尔兰移民的儿子，而卡普拉自己就是移民，他是西西里岛一个工人阶级家庭最小的孩子，5岁起便跟随家人搬到加利福尼亚州。直到军队尝试对他进行审核，他才意识到自己从未真正入籍，② 甚至在20多年后，他依然没有完全甩掉作为一个移民者希望被新国家谨慎对待的欲望。（“他是这样想的：‘很乐意留在这里。’”赫本在一起工作过之后说道。）③

因此当战争逐步逼近，卡普拉开始计划离开好莱坞。他和华纳兄弟公司签订了一份回报丰厚的交易协议，答应在一部改编自百老汇热门剧《毒药与老妇》（*Arsenic and Old Lace*）的电影中为加里·格兰特（Cary Grant）执导。“我当时想，‘嗯，如果我参军了，我需要有些什么用来支持我家人的生活’，”他

---

① Stewart Alsop, “Wanted: A Faith to Fight For,” *Atlantic Monthly*, 1941年5月。

② McBride, *Frank Capra*, 88 - 89.

③ McBride, *Frank Capra*, 261.

后来写道，“也许我可以拍摄一部能够很快完成又能得到部分利润的电影。那就足够他们生活一段时间了。”[①] 战争爆发时他离电影完成还有一个星期。5 天后，他同意作为少校加入美军通讯部。

几十年过去了，当卡普拉回忆当初加入军队的决定时，他写道：“爱国主义？也许吧。但真正的原因是，在电影这个游戏中，我已经攀到了顶峰，插下我的旗帜，听到了世界的掌声。我觉得无聊了。”[②] 即使他这个自我神化的解释可能不完全正确，但他所描述的壮阔景象——被掩盖于表面之下的激烈竞争——是十分真实的。几个月之内，战争就会将好莱坞从头到脚彻底改变，正如它改变美国其他地方一样：电影公司里 1/3 的男性员工——超过 7000 人——都会通过自己应征或被招募而入伍。[③] 但没有人会像这些导演一样，在渐入中年的时候，发现一个新的世界在等候他们去征服，一项新的任务等待他们去 9
完成，这将测试他们赢取美国人民的理智和情感的能力，他们将在可以想象的最艰难的境况下，掷下可能是最大的赌注。

陆军部在珍珠港事件之后决定借助电影业的帮助，该决定其实有迹可循。自 1929 年以来，陆军通讯部已经开始利用电影来训练士兵。20 世纪 30 年代，正当电影公司开始从默片时代过渡到有声时代，罗斯福和他的团队便已意识到电影短片和新

① Richard Schickel, *The Men Who Made the Movies: Interviews with Frank Capra, George Cukor, Howard Hawks, Alfred Hitchcock, Vincente Minnelli, King Vidor, Raoul Wallace, and William E. Wellman* (New York: Atheneum, 1975), 81.

② Frank Capra, *The Name Above the Title: An Autobiography* (New York: Da Capo, 1997; originally published 1971), 316.

③ Thomas Doherty, *Projections of War: Hollywood American Culture, and World War II* (New York: Columbia University Press, 1993), 60.

闻短片对于宣传新政的作用之大。但在珍珠港事件之前的大多数时候，好莱坞和华盛顿始终在某种程度上保持着争夺领地的状态，双方都对对方的影响力感到惊讶和不信任。好莱坞对来自首都的持续不断的审查、调查和监管感到恐惧；华盛顿目睹着一个媒体渐渐崛起，在吸引美国人民注意力这方面变得无可匹敌。在某种程度上——有时是在并不情愿的情况下——华盛顿意识到了它的力量。但战争的爆发标志着政府首次尝试开展一个持续的项目，利用电影进行宣传，通过好莱坞电影制片人来宣传它的目标，强调它的成就，将战争说成是由群众和士兵构成的一次不可忽视的，甚至是激进的试验。

电影在影响公众对第二次世界大战的看法方面起着非常重要的作用，但陆军部对于利用好莱坞的想法和计划令人震惊地少。它以自发性的组织形式开始，是少数几个高级官员讨论的成果——当中以马歇尔将军为主——他们相信这个国家，以及武装力量，可以有效利用那些懂得运用镜头讲故事的人，从而获得好处。利用福特和卡普拉等人的想法也出现在讨论中，因为他们不只乐意服务，而且热衷于开展此前没有的项目；在军官没有时间也没有兴趣去掌握的领域，他们可以带来专业经验和主动精神。被这次偷袭突然惊醒的军队不可能还有时间坐下来冷静地想出一个结构严谨的计划来拍摄这场战争，或者让半打来自不同政府机构、共同负责信息宣传的负责人和军官整理出互相之间的权力界限。

此外，人们也没有机会去探讨当中复杂的道德伦理问题。
10 1941 年 12 月 6 日，没有一个人预料需要做这样的准备；一天之后，机会已经溜走。记录者的责任是精确地报道战争，宣传者的任务是无论如何都要向美国人推销这场战争，这两者之间的冲突怎么解决？好莱坞的导演又是否真的适合扮演这当中的某一种角色？对这些问题进行严肃、详尽的讨论，势必会引起分歧。而这些讨论也从没有开展过。那些最近还在指导弗雷德·阿斯泰尔（Fred Astaire）和金格尔·罗杰斯（Ginger Rogers）如何在舞池翩翩起舞，或者教约翰·韦恩（John Wayne）怎样在骑马时看起来气宇轩昂的导演，如今竟然开始被委以重任，去教育军人、激励群众，甚至扛着枪和摄像机，和真正的士兵在战场上并肩作战。军队里的一些人对此大为震惊，甚至觉得受到冒犯。无论如何，好莱坞导演确实可以在好莱坞大有所为；事实也证明，他们当中的大多数将很快被部署在自己的地盘、电影制片厂、外景场地等。1943 年年末，他们已经在超过 300 部电影中灌输了有利于精神建设的相关信息，这些信息大多是他们从政府给出的建议中亲手选出并且与剧本衔接的。①

军队中有些人相信，让毫无军事纪律的电影工作者插手军官的工作很可能导致混乱。新闻短片制作者比一群来自加利福尼亚州的虚构电影制片人更适合这项任务；他们有足够的经验让团队在各种各样的地点工作，而且他们知道怎样用简洁有力、节约成本的方式，把相关信息传递给来电影院看他们作品的观众。但他们是记者，因而不可触碰；陆军部对他们唯一可以施加的控制，是给他们提供源源不断的宣传军方观点的录像，而且这些录像要足够引人入胜，使他们难以抗拒。

所以这个决定只能留给在好莱坞里希望为军队服务并希望通过这样做来重塑他们所在行业的声望的人，以及华盛顿能够

① 一份详尽的美国二战相关内容电影清单，刊登在 Michael S. Shull 和 David Edward Wilt 撰写的宝贵的参考指南 *Hollywood War Films, 1937 - 1945*（Jefferson, NC: Mcfarland, 1996）中。

明白他们价值的人了。军队需要好莱坞——它的人手、知识、器材、推销术、经验和它最才华横溢的导演们的想法。每个星期，电影让数以千万计的美国人走出家门，聚到一起欢笑、哭
11 泣、愤怒以及产生越来越多的爱国主义激情。电影制作人赢不了战争，但卡普拉、福特、休斯顿、史蒂文斯和惠勒已经展现出他们赢得民心的能力。这已经足够保证这 5 个男人——愿意为军队服务的，最有影响力、最具创新意识的美国导演——在为战争做出贡献中获得一个席位。

这些男人在接到任务时的单纯和兴奋，就如同一位电影新人将要担当主角一样。他们向家人道别，离开自己的事业，开始了为军队服务的生活，虽然不一定能发号施令。他们最初的问题如孩子般天真：我什么时候换军装？我应该在哪里工作？敬礼怎么敬？我怎样拿到我的物资？你想要我先做什么？战争的炮火已经打响，但福特描述 10 月时的状况的词——“眼前这紧急情况”——似乎更适合用来形容珍珠港事件之后不久，盟军进行反击、军队乘船出击之前的境况。一切显得临时、毫无计划、依赖于经验。

导演们都已准备好做出贡献，但在他们兴奋地接受任务的那天，没有一个人预料到，他们需要离开原来的生活，不是数星期或者数月，而是数年。他们是才华横溢的男人，而且也有与能力相匹配的自负——他们就像是拥有二等兵的经验和将军般自信的军官。而除了那坦率的想做出贡献的欲望外，这些人都有自己的私人原因：他们把在军队的时间看作翻开事业成功新篇章的机会——一个测试的机会，一个证明的机会。休斯顿想象这场战争最终能够满足他对于风险和危机的渴望。对于福特来说，在海军部队服务是他过上梦寐以求的航海生活的最后

机会，也是一次发掘和衡量他那搁置已久的勇气的机会。卡普
拉，作为一个依然觉得自己是局外人的移民，将这项职责看成
一次机会，让他可以把自己定义为最美式的美国人，让他可以
赢得一直以来抓不住的尊敬。惠勒——这些人当中唯一的犹太
人，也是唯一依然有家人在欧洲备受威胁的人——希望获得一 12
次年少时未曾得到过的对抗德军的机会。史蒂文斯，善于制作
娱乐大众的电影的导演，希望把幻想变成真实，希望第一次用
他的镜头还原这个世界真实的模样。

在接下来的 4 年，这场战争会给予这些男人他们想要的一切，但梦想实现的代价比他们想象的要大得多。他们会到伦敦和法国，到太平洋剧院和北非前线，去摧毁意大利城市和德军死亡集中营；他们会从陆地、海洋、天空各方面拍摄这场战争，他们的工作将塑造出那一代，以及之后每一代美国人关于为自由世界而战的声音和影像的印象。他们会以国家为荣，冒着生命危险，创造出新的虚构电影和真实战争电影的视觉语言；他们当中的某些人更会模糊二者之间的界限，做出妥协，而且因而花上余生去试图理解、判断或忘记。等到回家之时，他们将会发现曾经一度以为会是一场冒险的战争，结果却成为萦绕在心头的遥远回忆，记载着他们局部的诚实。待到他们回到好莱坞，这五个人都已被永远改变，无论是作为一个男人还是作为一名导演。

几十年之后，在生命的最后时刻，这五个人会因为他们对于艺术和娱乐做出的不朽贡献被戴上荣誉的花冠，并被授予终身成就奖。但私底下，他们依然会把那些仰慕者们可能已遗忘或根本没有看过的作品视作他们最有意义的成就之一。只要他们活着，战争就在他们身体里。

1　“这是我生存下去的唯一出路”

好莱坞，1938 年 3 月 ~1939 年 4 月

1938 年春天，杰克·华纳（Jack Warner）为流亡小说家托 15
马斯·曼（Thomas Mann）举办了一场行业晚宴。[①] 作为诺贝尔奖获得者，曼由于其直言不讳地反对希特勒及其政策的言论被剥夺了德国公民身份，他是当时德国人在美国发出反纳粹声音的领军人物。他在好莱坞活动上的露面，即使不是军事援助上的呼唤，也至少是经济援助上的号召。这同时也是华纳和他哥哥哈利的政治表态，德奥合并的 3 周后，他们已经准备好让自己——以及更有意义的，让这家与兄弟艾伯特和山姆在 1923 年成立的公司——投身于对纳粹的反抗。晚宴的前一天，公司关闭了在奥地利的办公室。而早在 4 年前，它就已经停止了和德国方面的合作。

华纳兄弟公司是当时唯一采取该措施的电影公司，这一点表现出了这个行业里的人——几乎全是犹太人，他们管理着好莱坞最大的公司——的行事受到的极大约束。在共同创造的这个行业里他们可以随心所欲，开拓创新，但涉及政治问题时，他们则只能在深思熟虑后踌躇前行。虽然一些底线上的事毫无疑问在他们的掌控之中，但他们也深知自己在美国文化中的脆弱地位；直面任何国家或国际问题很可能令他们的宗教信仰再 16

① Michael E. Birdwell, *Celluloid Solldiers: Warner Bros.'s Campaign Against Nazism* (New York: New York University Press, 1999), 27-28.

次成为焦点，从而引发敌意甚至谴责。电影行业只有30年历史，大多数参与创立的人都是第一代或第二代美国人，他们依然被国家政治权力机构的人——一般有着心照不宣的甚至有时是明显的反犹太主义——小心翼翼地观察着，绝口不提新闻和公众事项。这些大人物知道他们被看作暴发户和外来者，他们的忠诚摇摆在让他们致富的新土地和根之所在的旧家园之间。

正当希特勒在20世纪30年代逐渐巩固权力的时候，电影公司的主要负责人倾向于只在私人的、一对一的请求，或者在适当的理由下填写支票时表明他们的犹太人身份，而不是在演讲或者声明中，更加不会在他们负责的电影中。大多数时候，他们保持沉默。端庄得体的乡村俱乐部成员，米高梅的驯狮人路易斯·B. 梅耶比华纳兄弟［真名：旺斯柯拉塞（Wonskolaser）］近期的举动更能代表来自波兰的犹太移民的常态。他们不将自己对法西斯主义和希特勒的憎恨遮遮掩掩，并且越来越不惧于将其公开，同时他们利用自己的位置来影响其他人。华纳兄弟是热心的罗斯福拥护者（其他电影公司的大人物是热心商业、反工会的共和党拥护者），哈利作为最年长并且基本是在公司拥有决定权的一员，近期敦促所有员工加入好莱坞保卫美国民主反纳粹联盟（Hollywood Anti-Nazi League for the Defense of American Democracy）这一电影业首家也是最强大的反希特勒集会和募捐机构。

华纳兄弟的对手在这个问题上如此胆怯，以至于他对反纳粹激进主义的支持本身已经足够成为头条。反纳粹联盟在当时尚未获得任何其他电影制片厂的撑腰，也没有得到约瑟夫·I. 布林（Joseph I. Breen）的支持，他是《电影制片法典》的负责人，也是好莱坞道德规范方面最知名的天主教监管者之一。

反纳粹联盟同时也被很多华盛顿政治家带着怀疑的眼光看待，其中包括马丁·戴斯（Martin Dies），一个得克萨斯州的国会议员，他在 1938 年建立了后来成为非美活动调查委员会（the House Un-American Activities Committee）的机构，意在调查好莱坞电影公司、协会和政治组织中的共产主义。华纳兄弟为曼设的宴席打破了传统，令人震惊的程度足以使业内杂志《综艺》（*Variety*）暗示（带有赞同的意味）他把自己置于一个新兴的 17
“好莱坞反希特勒激进运动”的前线，[①] 而专栏作家沃尔特·温切尔（Walter Winchell）也将哈利誉为“带领其他主要公司停止（和纳粹）继续合作的这场抗争的领导人”。[②] 但这场“抗争”很快就停止了；哈利和杰克什么都做不了，只能期待他们的以身作则可以令对手开始感到来自大众的压力。

即使是在大多数制片厂依然保有对德国市场的强烈兴趣并且继续和希特勒及其代表进行生意来往的时候，关于如何对抗希特勒逐渐发展的权力的问题还是渐渐成为会议室和行政室的讨论话题中心，以及引起不安的原因。但在 1938 年，好莱坞所有主要制片公司——包括华纳兄弟——在这一点上都态度坚决：无论他们对纳粹有什么想法，都绝不允许他们，或者其他任何人，将对于德国正在发生的事的感受搬上银幕。在极少数情况下，一个隐喻的或者含沙射影的反法西斯主义或反专制理念可能会想方设法地埋伏在电影中，但那时绝对不会有人想到制片厂能够利用电影去左右公众对于希特勒的看法，而且不会被谴责是在为外国人——犹太人——的利益进行宣传。好莱坞创作

---

① “Jack Warner's Dinner to Exiled Thom. Mann May Touch Off a Militant Anti-Hitler Campaign in Hollywood”, *Variety*, 1938 年 3 月 23 日。

② Birdwell, *Celluloid Soldiers*, 30 - 31.

阶层的大多数人——导演、作家、演员、独立制作人——的态度都越来越直率，无惧于在集会和援助机构上表达自己的政治认同，但对于大部分人来说，他们的声音停止于每天早上穿过那扇门报告工作的那一刻。制片公司并不是特别在乎他们的“天才”当中谁赞同或反对罗斯福，谁是共产主义者或者法西斯主义赞成者，谁是犹太人或者非犹太人，但这种宽容基于一个没有商量余地的前提：任何人的信念，无论是什么，绝不可以出现在屏幕之上。

《电影制片法典》严厉的监管，加上制片厂对于可能令观众觉得冒犯的畏惧，导致存在争议的材料都早在相机胶卷开始卷动之前就被系统地从剧本中剔除。这同时也意味着，即使是最被盛赞和最成功的电影导演，也只被视作明星雇员而非有权力去按照自己意愿塑造作品的艺术家。当一个电影拍摄者的作品能够有效地在观众之间激起共鸣，他会被回报以更高的预算，
18 更优先的对制片厂签约明星的选择，以及更大的在老板想要拍成电影的资源中去挑选的权力，即使依然需要经过批准。当然限制还是有的，政治性的自我表达是其中一个；除非制片厂的负责人能够理直气壮地为电影每一帧每一句台词进行辩护，否则没有一部电影能够打着这家公司的旗号在美国电影院上映——当然最理想的是，首先没有任何一帧或者任何一句台词需要被辩护。

好莱坞每一个导演或迟或早都会发现自己在关于电影的争论中处于下风，面对冗长的，大多时候是作茧自缚的，关于什么不可以说、不应该说或者绝对不能说的限制进行抗争。1938年，没有一个导演能力强大到可以无视电影制片业领导人的谨慎——当然不会是约翰·休斯顿，他还在尝试挤进这个行业的生

意中，也不会是乔治·史蒂文斯和威廉·惠勒，他们还在拼命往上爬。即使是已经接近事业巅峰的弗兰克·卡普拉和约翰·福特也清楚，在这个问题上，掌权的人绝不会让步。有声时代的黎明到来前，在福克斯工作的这段时间，福特已经获得了上司们的信任和尊敬，最近的一位是达里尔·F. 扎努克（Darryl F. Zanuck）。自从公司在1935年和竞争对手二十世纪电影公司（Twentieth Century Pictures）合并后，他一直担任所有电影的监制。那时福特作为导演的公众形象还没有完全建立——一直到1938年年末拍摄《关山飞渡》，这部电影成功地树立起他在好莱坞甚至美国公众心目中的声望。而在那之前，他在过去15年建立起来的声望主要依赖于一部福克斯和其他电影公司由于政治问题拒绝拍摄的电影。1935年，他去了雷电华电影公司（RKO）拍摄《告密者》（*The Informer*）。那是一部黑暗的、异乎寻常地具有感染力的情节剧，讲述了一个男人在爱尔兰叛乱中将朋友出卖给警察的故事。电影所表达的内容深得福特的心——他曾于1921年前往爱尔兰探访亲戚并且支持爱尔兰共和军——此外，虽然电影没有成为当年的年度热门，但它极大地提升了福特在影评人和行业内的地位，还为他赢得了第一个奥斯卡最佳导演奖。

但假如福特因此便以为这赞誉可以让他在回到福克斯时争
取到更大的影响力和创作自由，他很快就会被冷水泼醒。《告密 19
者》上映3年后，他看到了让·雷诺阿（Jean Renoir）的《大幻影》（*Grand Illusion*），第一部赢得全美关注的法语电影。他为雷诺阿电影的强有力和直言不讳而震惊，影片讲述了三名官员在第一次世界大战期间被俘的故事，其中包括一名明确地表明自己是犹太人的军官。它所表现的，在国家间的灾难性冲突面前个人的高尚品格深深打动了福特。他形容这部电影是“我看过的最好的东西之一”，但当他在 1938 年年初尝试让扎努克重拍美国版时，得到的是果断的拒绝，他被劝诫应当将这件事搁置下来。[①] 他感到追求一部在社会上和政治上更有贡献的电影的想法是徒劳无功的；没有任何一部带有强烈政治观点的电影能够克服挡在它面前的困难，不仅由于电影公司害怕被贴上干涉主义者的标签，还有审查部门的反感，以及被他轻蔑地称为“金融奇才”的人们的兴风作浪。“如果你想拍摄一部有社会意义的电影，或者只不过是一部诚实的电影，”他抱怨道，“那基本无望。”[②]

1938 年，福特开始在屏幕外做他在屏幕上不被允许做的事，并且他走上洛杉矶圣殿大礼堂的舞台，第一次在一个反纳粹联盟集会上发言。他并非孤立无援。虽然联盟只成立了两年，但它的会员已经有好几百人，很快变成好几千人，包括演员、导演、编剧和公共知识分子，会集了民主党人、社会主义者和共产主义者。但福特尤其无惧于大声发言。“请诸位容许我表达我来自心底的真诚愿望，我将尽我最大的努力为好莱坞反纳粹联盟贡献力量，”那个秋天，当戴斯的新国会委员会开始对好莱坞人进行攻击，他这样说道，“如果这算共产主义，那算我一个。”[③]

这番辞藻华丽的言论，与其说是他自己的政治认同心，不如说是他长久以来的、对像戴斯这类仗势欺人者的憎恶。作为

---

① 约翰·福特写给达里尔·扎努克的备忘录，1938 年 3 月 1 日，以及回复，1938 年 3 月 2 日，JFC。

② Joseph McBride, *Searching for John Ford: A Life* (New York: St. Martin's, 2001), 228.

③ "Hollywood Anti-Nazi League," Spartacus Educational, http://www.spartacus.schoolnet.co.uk/USAantinazi.htm.

一名终身的天主教教徒，他和人民阵线的左派分子没有丝毫相似之处——他们当中的大部分是犹太人，大部分是共产党——他们是好莱坞最积极的反纳粹领导者。在给外甥的一封信中，他提到了他的信念，“在我心中共产主义不是这个病态社会正在寻求的解药”。虽然他并没有公开表明他的政治立场，但在同一 20
封信中他形容自己是“一个毋庸置疑的社会主义的民主党——永远的左派”，[①] 这句话在当时来说是准确的。

福特的性格深处是分裂的。拍摄时，他会成为一个施虐狂，常常单独把一个演员或者剧组人员叫出来辱骂或者羞辱。但在公共领域，他会频繁地因不公正或者不平等的事而感到被冒犯，并且勇敢地表明立场，一般总是扶弱抑强。1936 年，由于被公司的反工会政策激怒，再加上自己坚信（被一些不合时宜的关于犹太人和金钱的看法所染色）“这场电影骗局是受华尔街操纵的”[②]，他敦促他的同事和好莱坞工会合作，并且成为美国导演工会的创始成员之一。一年后，他加入了该组织的谈判委员会。而当西班牙内战刺痛了好莱坞的良知的时候，福特协助成立了诸如援助西班牙电影艺术家委员会（the Motion Picture Artists' Committee to Aid Spain）等机构，该机构最终发展成一个拥有 15000 名成员的组织；[③] 他同时也作为副主席服务于电影民主委员会（the Motion Picture Democratic Committee），一个反

---

① Scott Eyman, *Print the Legend: The Life and Times of John Ford* (New York: Simon & Schuster, 1999), 186.

② McBride, *Searching for John Ford*, 193.

③ Larry Ceplair and Steven Englund, *The Inquisition in Hollywood: Politics in the Film Community, 1930 - 1960* (Berkeley: University of California Press, 1979), 115.

法西斯、亲罗斯福，积极参与加利福尼亚州政治的团体。[1]

福特在圣殿大礼堂讲话的那天，虽然主题是希特勒，但主持人多罗茜·帕克（Dorothy Parker）拒绝使用他的名字，只把他称作“那个男人”。当天的主题分两个部分：国外法西斯主义的邪恶，以及美国境内纳粹组织可能造成的威胁。4000 名现场观众聆听反纳粹联盟的特别嘉宾，一位前美国驻德国大使，从卡内基音乐厅（Carnegie Hall）通过语音转播说道，“美国并非完全不受……纳粹活动影响”，[2] 它也是当时报纸和收音机广播反复宣扬的“这里也可能发生”的想法。对好莱坞很多人来说，打击法西斯主义理由充分，但法西斯尚未成为一个危机。而对于福特来说，这次集会传递出来的信息在他心中产生了共鸣，并且他感觉到这个威胁正在逼近，相信美国需要为保护自己领土而战这一点已非为时过早。

在过去 10 年，好莱坞从未出品过任何战争片，即使是那些展示了抗争和空中战斗的激动之处的电影，也倾向于在最后强调军事冲突造成的沉重的人员损失。“战争本身是如此丑陋和可怕，”法国作家安德烈·莫洛亚（André Maurois）在那年写道，
21 “我不相信人们在看见这种生活的同时，不会期望自己永远不需要经历它。困难在于如何不赋予一部战争片一场激动人心的历险——因为这一点在现代的战争中根本不存在”。[3] 当时第一次世界大战带来的创伤依然历历在目，曾经在一年之内失去了 10

① Larry Ceplair and Steven Englund, *The Inquisition in Hollywood: Politics in the Film Community, 1930 - 1960* (Berkeley: University of California Press, 1979), 118.

② “Anti-Nazis Hear Warning: Audience of 4000 Cheers Assaults on German Propaganda”, *Los Angeles Times*, 1938 年 1 月 30 日。

③ “War Films Round Out Long Cycle,” *New York Times*, 1938 年 11 月 11 日。

万美国士兵的经历令这个国家不愿再考虑参与远在另一个大陆的军事纷争。早在停战协议签订的那年，第一次世界大战就已成为电影的主题。1928 年，福特就曾将它作为自己最动人的默片《一门四子》（*Four Sons*）的背景，这部电影讲述了来自巴伐利亚的兄弟们最终不得不互相残杀的故事。但论到最能在美国观众心中塑造第一次世界大战的电影，莫过于路易斯·迈尔斯通（Lewis Milestone）1930 年的杰作《西线无战事》（*All Quiet on the Western Front*），它改编自埃里希·玛利亚·雷马克（Erich Maria Remarque）的一部流行小说。电影进一步加深了公众此前关于战争的信念，使他们更确信战争就是一场屠杀，它毁掉每个国家的年青一代，仅仅为了短暂而脆弱的和平。这之后的 10 年，它在好莱坞很多人心中都是对这个话题最好的也是最后的发言。

1917 年，当美国参加第一次世界大战时，乔治·史蒂文斯 13 岁。作为一个孩子，他每天都看到那些只比他大几岁的美国男孩的死亡报道。20 年后的今天，他因另一场即将到来的代价沉重的战争感到不寒而栗——一如大多数美国人，欧洲的这场冲突于他来说是遥远的。史蒂文斯的根不在别处：他在加利福尼亚长大，父母是舞台剧演员，稚气未脱时他就已经学习执导趣剧，表演是他知道的唯一的生活种类。34 岁的他是一个言简意赅、内向含蓄的人，在拍摄现场全神贯注时会显得无动于衷、面无表情，像戴了一副面具。虽然如此，他为雷电华电影公司拍的电影大多都轻松愉快、充满活力。和电影厂签约后，他把自己看作好莱坞技巧最熟练、最具发展前途的导演之一，他拥有自信而灵活的处事能力，能够激发演员蕴藏的内在能力。他已经有一部成功的文学改编作品《寂寞芳心》（*Alice Adams*）

广受评论家好评，还有一部大热音乐剧《摇摆乐时代》（*Swing Time*），而且他还深得女演员的欢心，包括凯瑟里·赫本，芭芭拉·斯坦威克（Barbara Stanwyck）［合作作品有《爱的弹丸》
22 （*Annie Oakley*）］，以及雷电华电影公司最重要的女星金格尔·罗杰斯，二人刚合作完欢乐喜剧《活泼的小姐》（*Vivacious Lady*）。

看着福特和很多共同工作的导演开始投入某种可能会最终导致美国干预欧洲事务的激进主义，史蒂文斯感到自己的意识中开始混进了一种越来越强烈的警觉。作为一名电影拍摄者，他第一次感到有义务去拍摄一部电影，讲述世界上最危险的现实，并且认为他为雷电华电影公司拍摄的大热电影让他有足够权力去进行一项出于激情的项目。早在 1938 年，他心里面已经有一个想法：制作一部改编自汉弗雷·科布（Humphrey Cobb）的小说《光荣之路》（*Paths of Glory*）的电影，讲述第一次世界大战时期 3 个法国士兵拒绝了上级下达的等同于自杀式任务的前进指令，他们因此被指控懦弱并且将面临军事法庭判定的死刑。和《西线无战事》一样，科布的小说表达了一种与政治无关的对残酷战争的控诉，它把战争形容为一场邪恶的游戏，在游戏里，丝毫不需要承担任何个人风险的自负的老人漫不经心地把年轻士兵送上死路。

史蒂文斯后来说，对于这场可能到来的战争，他本人的立场模糊不明，就像很多老得足以记得步兵们在战壕被毒气毒死的美国人一样，他在那时想象，如果美国反对希特勒的复兴德国计划，很可能会引致无法预计的损失，美国最好避免进入欧洲正在经历的噩梦。他认为《光荣之路》可以起到提醒和警告的作用。但他的热情再三被雷电华电影公司的制片主管潘德罗·伯曼（Pandro Berman）拒绝。“他（说），‘你不能拍那部片’，”史蒂文斯回忆道，“然后我说，‘见鬼，为什么我们不能？’”面对史蒂文斯的逼问，伯曼首先回答说他的不情愿不是由于意识形态问题而是财政问题：国外市场对公司来说极其重要，他相信法国不但会拒绝上映《光荣之路》，而且可能会以抵制雷电华电影公司的所有作品作为报复。“很好，那就不要在法国上映，”史蒂文斯回应道，“这是一部为世界上其他人拍摄的电影。”可是公司的另一位代表随后直截了当地对史蒂文斯说，“这是一部反战片”。

“确实，”史蒂文斯说道，“这是对战争的反驳。”

“那么，现在没时间去拍摄一部反战片了，”他们回应道， 23
“战争已经迫在眉睫。”

“我说，‘难道这不是最适合制作反战片的时候吗？’”数十年后史蒂文斯回忆道，“他们又说：‘那希特勒怎么办？如果没有人反抗希特勒，那会发生什么？’……我花了8年才明白这一点。直到我到了达豪集中营我才不得不说我们早在3年前，这一切在发展之中的时候，就应该对抗希特勒……是那一切把我们卷进去的。”①

可惜在当时史蒂文斯还未意识到他的想法有多天真，他只是觉得受挫。［《光荣之路》最终于1957年由斯坦利·库布里克（Stanley Kubrick）完成拍摄。］更进一步地，他感到自己受到了粗暴对待，尤其是当雷电华电影公司迅速地把他引向早就决定要他拍摄的下一部电影——《古庙战笳声》（*Gunga Din*）。史蒂文斯得到了近200万美元的预算——是这个电影厂批准过的最大的一笔——来拍摄拉迪亚德·吉卜林（Rudyard Kipling）

---

① 史蒂文斯不同意伯曼的理由，来自1967年罗伯特·休斯对他的采访，未经编辑的文字记录，3677号文件，GSC。

这个激动人心的故事，讲述不列颠帝国在印度的荣耀和勇猛。这部电影最终在票房方面获得了巨大的成功，他们喜欢看到加里·格兰特穿着制服，山姆·谢斐（Sam Jaffe）饰演印度人。这部在1939年年初发行的电影，极大地提升了这位年轻导演的形象，受到了多数评论家的好评。拍摄时史蒂文斯并没有考虑过片中的亲战潜台词。但几十年后，他对《古庙战茄声》的看法和孟买出版物《印度电影》（*Film India*）中的评论家看法相近，这位评论家称这部电影是在“宣传帝国主义”。① “从法西斯的层面来说，这部电影罪恶得讨人喜欢，”史蒂文斯说道，“它因隆隆作响的鼓声和挥舞飘动的旗帜而欢喜……我刚好在为时已晚之前把它拍摄出来。再早一年拍它出来……我便是太睿智了。”②

在雷电华电影公司把史蒂文斯的注意力从《光荣之路》转移开的同时，一个远比他力量强大的导演正在为一部战争片和上司抗争。这并非弗兰克·卡普拉所习惯的情况。1938年，卡普拉是哥伦比亚电影公司最重要的导演，其他人都只能望其项背。哥伦比亚电影公司并非一个强大的公司，不是被业内称为“五强”（华纳兄弟公司、二十世纪福克斯电影公司、雷电华电影公司、米高梅电影公司和派拉蒙影业公司）的公司之一。和
24 环球一样，它被视作二线公司，拥有中等的财政实力和远少于上述公司的令人印象深刻又发挥稳定的天才。卡普拉是个例外，他1934年的喜剧《一夜风流》（*It Happened One Night*）横扫奥

① Marilyn Ann Moss, *Giant: George Stevens, a Life on Film* (Madison: University of Wisconsin Press, 2004), 61.

② George Stevens Jr., *Conversations with the Great Moviemakers of Hollywood's Golden Age at the American Film Institute* (New York: Alfred A. Knopf, 2006), 228.

斯卡各大奖项，两年后《迪兹先生进城》为他赢得了第二个奥斯卡最佳导演奖，1938 年秋天百老汇改编剧《浮生若梦》将会为他赢得五年内第三个最佳导演奖。

在观众眼中，卡普拉的名字是一个品牌，他是有声时代第一位获此殊荣的导演。他最近的一部作品让他登上了《时代周刊》的封面，标题是《哥伦比亚的宝石》。该文章赞扬了他轻描淡写的风格，解释说他的“作品不过分追求风格，他每一次开拍之前都静静地和演员及技术人员磋商”。文章还充满热情地进一步谈到他自事业刚起步始就一直宣扬的白手起家的故事，说他如何从一个来自西西里岛，谦卑低下地在加利福尼亚街角卖报纸的移民男孩变成如今拥有 35 万美元年薪的导演，他和妻子露西尔（Lucille）是“团体里面最光彩夺目的两位名流……（他们）一年中的大多数时间都在马里布沙滩的一个度假小屋中度过，并且把三个孩子中的两个送到了加州大学洛杉矶分校的幼儿园”。

哥伦比亚电影公司主席哈利 · 科恩（Harry Cohn）对卡普拉如此有信心，以至于科恩毫不犹豫地支付了 20 万美元去为他购买《浮生若梦》的电影版权。① 但他也知道如何说不。就在《时代周刊》发表文章的两个月后，当卡普拉向他提出新电影的想法时，科恩直截了当地拒绝了他这位最有价值的雇员。多年以来，卡普拉一直希望把马克斯维尔 · 安德森（Maxwell Anderson）的戏剧《福吉谷》（*Valley Forge*）搬上大银幕。这部戏剧讲述美国独立战争期间，在 1778 年那个难熬的冬天，美国战士们忍受的恶劣条件。《纽约时报》赞扬这部剧是一次

① “Columbia's Gem,” *Time*, 1938 年 8 月 8 日。

“向激励人心的崇高人格（乔治·华盛顿）致敬”的机会，[1] 而实际上，安德森的这幕剧也完全适合卡普拉：与其说这是对华盛顿将军的崇敬，不如说是对普通士兵的致敬，是他们的抗争精神使他深信不可以投降。

早在3年前《一夜风流》获得成功后不久，当卡普拉第一次争取支持时，科恩已经对《福吉谷》的改编嗤之以鼻。如今卡普拉重提旧话，并且施加更大的压力，还附上足够诱惑的条
25 件，提出让贾利·库珀（Gary Cooper）饰演华盛顿——但科恩的回答依然是“不”。他给出的理由是卡普拉始料未及的：科恩说在这样一个时刻，当英格兰面临的是前所未有的来自德国的威胁，他不能资助一部会鼓励观众敌视英国士兵的电影。[2] 卡普拉并没有反驳太多，他接受了这个理由。他之前并没有考虑过站错立场可能会导致的潜在的公关危机。

这不是科恩第一次拯救卡普拉了。在过去的几年间，这位导演的天真和变幻无常的政治直觉有好几次几乎给他带来灾难。当他1935年访问意大利时，他向贝尼托·墨索里尼（Benito Mussolini）表达了他的敬仰之情，这位领袖——卡普拉电影的忠实粉丝——主动向哥伦比亚电影公司提供了100万美元，只要卡普拉愿意为他拍一部纪录片，墨索里尼本人亲自编写剧本。卡普拉本人——据说他的睡房墙上就贴着这位独裁者的照片——可能对此有兴趣，但科恩在简单地考虑了一会儿后，打消了念头，说道：“不管怎样，我是一个犹太人。他和希特勒是

---

① Brooks Atkinson, “The Play: Philip Merivale in ‘Valley Forge,’” *New York Times*, 1934年12月11日。

② Joseph McBride, *Frank Capra: The Catastrophe of Success* (New York: Simon & Schuster, 1992; revised 2000), 327.

一伙的，我不想和他有任何瓜葛。”[①] 科恩直率、粗野、生硬粗暴，大多数导演都受不了他，但他对于他所拥有的东西的保护，其中以卡普拉为主，也是不屈不挠、不讲情面的。他相信，作为一名局外人，他承担不起涉足全球政治的代价，因为他们的忠诚将会受到质疑。好莱坞已经被太多美国人视作变坏和颠覆的温床，这个行业内越来越多的外国导演、作家和演员需要步步为营。即使是在 1938 年，卡普拉的外国人身份依然会轻易使他成为一些随性而起的憎恶之情的攻击对象，《科里尔》（*Collier's*）杂志就曾轻率地把他称为“小意大利佬”。[②]

卡普拉对墨索里尼的迷恋很快就消退了，但他的政治立场依然令人恼火地难以掌握，即使是那些对他非常了解的人也抱有一样的看法。西班牙内战期间，当他的大多数好莱坞同事为反独裁者募捐时，他支持的是佛朗哥（Franco）。就国内政治来说，他的立场被爱德华·伯尼斯（Edward Bernds）形容为“反动派”。爱德华是和卡普拉合作过多次的录音师，他在 1936 年的日记中写道，卡普拉是一个“愤愤不平的罗斯福反对者”，常常埋怨收入税。[③]

卡普拉的激情随时会因不同的事而燃烧，比如民粹主义， 26
比如对工人阶级的猜疑，对共产主义的憎恨或者对资本家的藐视，对经济的地方保护主义或者新政的慷慨。整个 20 世纪 30 年代，他的政治立场更多是由他的急性子决定的，而非任何一种持久的意识形态。他那互相冲突的冲动在《迪兹先生进城》

---

① Joseph McBride, *Frank Capra: The Catastrophe of Success* (New York: Simon & Schuster, 1992; revised 2000), 242.

② John Stuart, “Fine Italian Hand,” *Collier's*, 1935 年 8 月 17 日。

③ McBride, *Frank Capra*, 256 - 257.

里得到了很好的展示，这部喜剧讲述了一个怪异的新英格兰年轻诗人迪兹继承了2000万美元，体验到了口袋里装着全世界是一种怎样的感受。卡普拉的左派编剧罗伯特·里斯金（Robert Riskin）为电影带来了毫无疑问的进步主义，尤其是在其中一幕中，一位农民由于在大萧条中无法为家庭提供食物和衣服而被逼疯；他的困窘使迪兹采用了一个类似社会主义的解决方法，他分发了他的财富。但这部电影的主旨和理念极度飘忽不定。在其中一幕，迪兹仿佛是人民中的一员，为反对经济巨头们根深蒂固的贪婪而呼喊；而在下一幕中，它又变成一种接近法西斯主义的大城市诡辩，而且这两个立场都由一种一体通用的愤怒表达出来（“推销员、政治家、乞丐——他们都想得到些什么！”迪兹抱怨道）。[①] 几乎没有观众可以猜到它的导演是一个艾尔佛·兰登（Alf Landon）的支持者，他巧妙地回避开每个好莱坞组织都是共产主义温床这一点。1936年，福特和卡普拉的大多数同事都致力于建立美国导演工会，但18个月以来卡普拉一直拒绝加入。他最终决定加入，仅仅是由于他为导演争取权利的兴趣终于盖过他内心深处对工会的轻蔑。[②]

1937年，卡普拉和里斯金去了一趟苏联。卡普拉被苏联共产党员以皇室身份对待，因为他们相信他的电影是反资本主义的。据说卡普拉也通过表达对斯大林主义的极大热情和对美国“电影老板们”的藐视来回报他们的热情款待。但他同时也对自己的反战观点直言不讳；当他受邀去红场参加阅兵仪式时，他礼貌地拒绝了，说道，“我无法忍受看着这么多战争装备……只要一想到这些坦克、手枪和来复枪开始射击时会发生什么。

① 除特殊说明以外，这一条及其后引用的对白都来自电影本身。

② McBride, *Frank Capra*, 375 - 376.

不，我绝对不想看到这场景，我们美国人是一个热爱和平的民族，我们无意去战斗。”①

他自相矛盾的观点在《浮生若梦》中更为明显，这部电影于 1938 年年初开拍。乔治·S. 考夫曼（George S. Kaufman） 27
和莫斯·哈特（Moss Hart）作为编剧的这部喜剧讲述了一个庞大而性情古怪的纽约家族的故事。他们年老的家长多年以来拒绝支付任何税费，这一点让卡普拉（在里斯金极大的帮助下）得以把他热衷的众多经济和社会话题融合成为一种统一的半哲学理论。在这部电影里，这位祖父对税收制度的反对一部分来自他相信他付出的金钱很可能被花在购买军事装备上。电影中的一个反面人物是一位贪婪的百万富翁，他体现了当时很流行的观点——疯狂追逐利润的巨头最终会操控美国，使其进入一场战争：“当世界渐渐疯狂，”他咯咯笑着，“下一个大举措就是军事装备，而（我们）将会靠它挣大钱！……这个国家没有我们就不会有任何一颗子弹、手枪或者大炮。”考夫曼和哈特的戏剧还包括一些对反共产主义的偏执，但这些台词对于卡普拉来说可能太切身了；电影把它们去掉了并且换上一段实际上难以破译的独白：“共产主义，法西斯主义，伏都教主义——这些日子每个人都带着个‘主义’！……当事情变得有点糟糕……走出去帮你自己找一个‘主义’，然后你就有生意做了！”这段话接着赞扬了（但并没有定义）“美国主义”，并且下结论道，“林肯说，‘对任何人不怀恶意，对一切人宽大仁爱’。而今天他们说，‘按我的方法去想，不然我把你炸出一个白昼来’”。

评论家和公众喜欢《浮生若梦》里面的这段独白——至少

① “Stenographic Notes from the Cinema Section of the U. S. S. R. Society for Cultural Relations with Foreign Countries,” FCA.

在美国是这样。在海外则存在不少的异见，大多与格雷厄姆·格林（Graham Greene）的评论相近，他主张卡普拉“就像是一个头脑不清醒、多愁善感的理想主义者，隐约地认为这个社会系统出了问题”，但他能想出的最好的解决方法只不过是让华尔街的巨头们“把东西全部吐出来然后去吹口琴”。[①]

电影将近上映的时候，卡普拉因一场个人的丧事而遭到打击。在洛杉矶出席《浮生若梦》首场记者试映会时，他接到了
28 一个通知他去医院的紧急电话，来到医院后他得知自己严重残疾的 3 岁大的儿子约翰在一次本来被认为很普通的扁桃体切除手术后去世了。[②] 一边与露西尔为此感到哀伤，卡普拉一边又开始把注意力转移到其他地方并迅速回到工作中。1938 年年底，科恩告诉他不能拍摄《福吉谷》之后，卡普拉去了华盛顿，说是要去拍迪兹先生的续集。他在心里已经有想法了，正如一位记者写道：“他有一个政治主题。他希望展示一位诚实的人——或者说，一个由贾利·库珀扮演的牛仔议员——反抗我们称之为国会的两大威严却虚假的政府机构。”[③]

卡普拉最初向科恩提及这部电影的时候——该电影后来被他命名为《史密斯先生到华盛顿》——他得到了科恩的许可。

---

① 影评最初发表在《观察家》杂志，1938 年 11 月 11 日。重印于 John Russell Taylor, ed., *Graham Greene on Film: Collected Film Criticism, 1935 – 1940* (New York: Simon & Schuster, 1972), 203 – 204。

② Frank Capra, *The Name Above the Title: An Autobiography* (New York: Da Capo, 1997; originally published 1971), 250 – 252. 卡普拉在书中提到他的儿子脑中有一块巨大的血栓；麦克布莱德则提到验尸报告表明男孩有未被诊断出来的脑部肿瘤。

③ 采访最初发表在 *Christian Science Monitor*, 1938 年 11 月 9 日。后翻印在 Leland Poague, ed., *Frank Capra Interviews* (Jackson: University Press of Mississippi, 2004), 20 – 21。

这意味着他几乎是同行中唯一有机会拍摄一部直接评论当代美国政治的电影——虽然他未必能弄清楚自己想表达什么。在1938年的一次采访中，他首次尝试解释自己在众多事件中的立场，结果却演变成宣读一长串尴尬的原则，他把自己看成一个严阵以待的爱国主义者，被业内众多敌人包围。“卡普拉喜欢美国的机构，”富有同情心的记者以明显改述卡普拉的话的方式写道，“他并没有把创造这个国家的那群人看作笨蛋。他反对独裁，他相信新闻自由那类事物。这一切都让他成为好莱坞中值得注意的人，而现在的好莱坞当中有那么多知识分子是完完全全的、公认的反美国主义者。”①

卡普拉长期以来都是一名反战主义者，但华盛顿之行让他开始改变。他总会被别人的人格魅力所影响，当他第一次见到罗斯福总统时，他惊奇地发现罗斯福让人目眩神迷；总统那“令人敬畏的光环”使他的“心漏跳了一拍”。② 卡普拉这位曾两度投罗斯福反对票的导演，开始乐意在第三轮时投支持票。在这趟旅程后不久，他和大多数共和党员朋友决裂，逐渐成为一位公认的干涉主义者。回到洛杉矶后，1938年11月18日，他出席了在爱乐大会堂（the Philharmonic Auditorium）举行的题为“隔离希特勒”的反纳粹联盟集会。在3500名观众注视下，他走到麦克风前面，发表讲话支持贸易抵制，并且表示赞同“向希特勒投降将意味着野蛮与恐怖”。③ 卡普拉从来不会回头。他将和福特一样，发出电影界最强烈的呼吁美国参战的

① Alva Johnston, “Capra Shoots as He Pleases,” *Saturday Evening Post*, 1938年5月14日。

② Capra, *The Name Above the Title*, 259.

③ Thomas Doherty, *Hollywood's Censor: Joseph I, Breen and the Production Code Administration* (New York: Columbia University Press, 2007), 210.

声音之一。

29 “隔离希特勒”集会在“水晶之夜”（Kristallnacht）暴行发生一周后举行，这让大多数电影公司焦虑地意识到，他们的电影在德国上映的日子可能所剩无几了；好莱坞内的很多人（虽然不是每一个）被这场暴行惊醒，开始面对一个事实：继续自鸣得意地保持沉默不再是符合道德的选择了。假如美国人能够在电影屏幕上看到这场骚乱，看到德国和奥地利境内发生的对犹太人的毒打，对上千犹太教堂和犹太人商店的烧杀抢掠，或许会刺激到这个国家，促使华盛顿采取更迅速的行动。但他们制作的新闻短片依赖于从海外收集到的录像素材，而目前能够放映的大多是事情发生后的一些照片。焦虑于未能向美国公众毫无遮掩地展示海外大事，五大主要新闻短片制造商为此进行了一次会面（当中包括福克斯、派拉蒙和环球），他们在见面当天聚集到一起讨论如何整合资源以求更好地让公众知道纳粹的暴行。[1]

对于好莱坞创作阶层中不少移民在外的犹太人来说，“水晶之夜”昭示了促使他们及其家庭当初逃离欧洲以躲避的压迫已经无法再被遗忘或者忽略了。1930 年，威廉·惠勒回到法德边境的故乡米卢斯（Mulhouse）度假，自此之后便再没回去过。当时，他描述柏林是“欧洲最有趣和最可怜的城市……被激进分子和保守派撕裂，每个团体都为不同的政府斗争……那些人……似乎在这场混乱中显得绝望”。[2] 自那之后的 10 年，他

---

① Thomas Doherty, *Hollywood and Hitler, 1933 - 1939* (New York: Columbia University Press, 2013), 289 - 290.

② Jan Herman, *A Talent for Trouble: The Life of Hollywood's Most Acclaimed Director, William Wyler* (New York: Da Capo, 1997), 96 - 98.

再没有回家，也没有刻意在公众面前表露自己的犹太人或者欧洲人身份。20 世纪 30 年代，犹太裔导演很容易成为被反犹太者、反共产主义者、仇外者攻击的目标。惠勒努力成为一位地道的美国人，他的英语流利自然但也毫无疑问带有口音；德国境内的环境恶化，但他没有任何兴趣参与激进主义活动。当杰克·华纳在信中向他强调目前的局势时，他只是向好莱坞反纳粹联盟开了一张 100 美元的支票；[①] 当电影艺术家委员会——它的集会口号是“当心从好莱坞开往西班牙的救护车！”——劝说他时，他捐出了 200 美元救济金。[②] 他更想一个人安静地拍电影，最好 30
不需要在电影里面掺入任何时事性话题或者政治性反响。

到 1938 年，惠勒已经很好地融入当地了，因此当他的背景成为讨论的话题时——就在“水晶之夜”发生的前一个月，在他结婚的时候——他有点感到意外。塔利·惠勒是一位身材高挑、优雅迷人、谦和亲切的得克萨斯州人，南卫理公会大学毕业生，她带着一点点演艺野心来到好莱坞，这点野心在结婚之后就迅速消退了。她和惠勒在 9 月相识；一个月之后就结婚了。直到 12 月惠勒才见到塔利的父母，他们特意从达拉斯来到好莱坞，与女儿以及那位她冲动地嫁了的男人见面。当时塔利已经怀孕了（他们将把女儿命名为凯西，惠勒执导的新片《呼啸山庄》中女主角的名字）。塔利之前已经告诉过父母，惠勒是犹太人。她后来回忆道，当时父母前来度假时曾一度担心女儿的新生活，“因为那发生在欧洲的可怕的一切”。[③] 惠勒，作为一

---

① 威廉·惠勒的秘书写给杰克·华纳的秘书的信，3 月 15 日，1938 年，743 号文件，WWA。

② Herman, *A Talent for Trouble*, 186.

③ Herman, *A Talent for Trouble*, 200.

个新丈夫和准父亲，可以感受到他们的苦恼。就个人而言，作为一名公民、移民和犹太人，他深切地为他所读到的新闻感到忧虑，并且决心尽他所能去反击。但作为一名艺术家，他能够从每天早上的工作汇报中获得宽慰，逃离生活其他方面带来的负担。在拍摄现场，他是一名导演，单纯地担任导演的数小时对他而言是一种奢侈。

约翰·休斯顿是好莱坞里面为数不多的和惠勒极其亲近的人，他明白惠勒有多努力地去为自己编造一个新的身份。当惠勒决定结婚时，他和塔利都打定主意婚礼要足够私人；他致电休斯顿，让休斯顿安排好一切。婚礼在休斯顿的父亲——演员沃尔特·休斯顿（Walter Huston）家中举行。除了惠勒的兄弟、律师、经纪人和年迈的父母（他帮助他们从阿尔萨斯移民过来并且安顿在他家附近），他只邀请了一对嘉宾——约翰及其提供蛋糕的妻子莱斯利（Lesley）。[①] 惠勒和休斯顿之间的这份友谊
31 是好莱坞历史上两个导演之间最深厚和最持久的联系之一，在某方面来说也是一种相反的结合。休斯顿高大、自以为是、奢侈逸乐、胆大妄为；惠勒身高 5 英尺 8 英寸，文静、吹毛求疵，在还没有一部成功作品面世之前就已经获得了终生相伴的花名（“40 次惠勒”或者“50 次惠勒”，取决于抱怨的人是谁）。休斯顿的感情经历——包括但不限于 5 次婚姻——狂野、公开，有时他同时维持几段关系，而且大多是随性而发的。惠勒在年轻时经历了和玛格丽特·苏利文（Margaret Sullavan）的闪婚，以及和他最著名的女主角贝蒂·戴维斯（Bette Davis）的认真恋爱之后，在 1938 年娶了那个被他称作“塔利”的女人玛格

---

① Axel Madsen, *William Wyler*: *The Authorized Biography* (New York: Thomas Y., Crowell, 1973), 174.

丽特·塔利切特（Margaret Tallichet）。从36岁开始的这段婚姻持续了40多年，他在和谐的家庭生活中安定了下来，直至离世。而32岁的休斯顿，在为朋友计划婚礼的时候，似乎才刚刚度过了无法无天的，从20多岁延续到现在的青春期。

但这两个男人其实比外表看上去更相似。虽然惠勒的守旧含蓄让一位专栏作家在几年之后把他称为“那个穿着灰色法兰绒西服的铁灰着脸的男人”，[①] 但其实隐藏在表面之下的他喜爱寻求刺激，比如滑降和户外冒险；在他迎娶塔利过门之前，常常有人看见他在完成一天的拍摄之后在制片厂各扇门之间骑着他的哈雷-戴维森一闪而过，身后往往还有一个女演员紧紧抓住他以求保命。休斯顿，一个常在最后时刻才出现的喜爱锦衣玉食者，习惯以衣衫不整的形象出现在人们面前（《纽约时报》称他“超级懒散”），[②] 在工作上却是勤勉专注，他深深敬佩惠勒的工作态度并努力效仿。

两个男人都可以合情合理地被称为好莱坞第二代导演。休斯顿是备受尊敬的演员沃尔特·休斯顿的儿子，而惠勒则是环球一位高层的远房亲戚。这位高层曾被《时代周刊》标为“以任人唯亲而出名的卡尔·拉姆勒（Carl Laemmle）”，[③] 他习惯雇用亲朋好友的作风招来奥格登·纳什（Ogden Nash）俏皮的评论，“叔叔拉姆勒有一个非常大的‘家吾乐’（Uncle Carl Laemmle has a very large faemmle）”。正是拉姆勒为惠勒支付了从阿尔萨斯到美国的移民费用，并且在1920年给了他第一份学

---

① “Snapshot of a Movie Maker,” Dorothy Kilgallen 的专栏，约在1946年后更新，38号文件，WWA。

② “A Man of Unsartorial Splendor,” *New York Times*，1942年1月29日。

③ “New Picture”，*Time*，1942年6月29日。

徒工作——在制片厂做运务员。[①]

32 10年后，惠勒给了休斯顿在电影方面的第一份工作——为惠勒最早的有声电影之一重写对白，这是一部改编自尤金·奥尼尔（Eugene O'Neill）的《榆树下的欲望》（*Desire Under the Elms*）的电影，名为《分裂之家》（*A House Divided*）。惠勒意在通过雇用休斯顿来取悦休斯顿的父亲，电影的主角，而他从未后悔过这个决定。“毫无疑问威利是我在这个行业内最好的朋友，”休斯顿说，“我们立刻就发现我们有太多共同之处……威利喜欢我喜欢的东西。我们会一起去墨西哥，一起爬山，一起孤注一掷。”[②] 惠勒是那个喜欢嘲弄别人的哥哥兼导师，会取笑休斯顿是“长脚、龙虾鼻、鲨鱼肝、绵羊拳、长老会的肉食性旱鸭子”；[③] 休斯顿则是他肩膀上的恶魔，是他在酒吧高脚凳旁的忠实伙伴，是他电影生意上忠实的学生。

《分裂之家》完成后，惠勒和休斯顿踏上了一次不可能的旅程，两人的兄弟情谊愈发深厚。他们借研究一部最终并没有拍成的电影的名义，扮成流浪汉，在火车车厢里面睡觉。[④] 这对于惠勒来说可能只是一次嬉戏，但对于休斯顿来说，这更多的是他生活越来越失控的表现。休斯顿20岁时娶了一位酗酒的女人，第一次婚姻最后以失败告终。1933年，他被卷入一场醉驾事故，这场事故导致了一名年轻女演员的死亡。之后不久，

---

① Herman, *A Talent for Trouble*, 25 - 27, 32 - 33.

② Herman, *A Talent for Trouble*, 103 - 104.

③ Herman, *A Talent for Trouble*, 125.

④ Lawrence Grobel, *The Hustons: The Life and Times of a Hollywood Dynasty*, updated ed. (New York: Cooper Square, 2000), 147，惠勒和休斯顿研究的电影《路边的野孩子》(*Wild Boys of the Road*) 由威廉·维尔曼于1933年为华纳兄弟电影公司执导。

又有一位年轻女演员在休斯顿驾驶的车前行走时死亡。虽然休斯顿坚称自己当时没有喝酒，并且也被大陪审团宣判无罪，但这起事故在全国引起了尖锐刺耳的讨论［“为什么汽车杀手能逍遥法外?”《洛杉矶先驱观察家报》（*Los Angeles Herald Examiner*）的社论质疑道］，他亦因此被贴上“被宠坏的、毫无责任心的破坏者”的标签。① “这次经历似乎只是我整个悲惨人生的开头”，他说道。② 濒临破产时，他把自己流放到欧洲。“无论我如何尝试，似乎都一事无成，”他回忆道，“我即使半路逼自己离开，最后也只会故态复萌。”③

1935 年，休斯顿回到美国，他丝毫没有努力去改变别人对他的看法，正如詹姆斯·艾吉（James Agee）所言，他“最多就是一个非常适合一起去喝得烂醉的家伙”。制作人亨利·布兰克（Henry Blanke）也说，他“不成熟得没救了。你会在每个派对上看见他，引人注目，肩膀上站着一只猴子。吸引人、天资过人，但没有一丁点儿自律”。④

正是惠勒拯救了休斯顿并给了他一份写作的工作，更重要 33
的是，惠勒重新发掘了他。他在休斯顿身上找到了一个志趣相投的灵魂——“我们一样年轻，喜欢冒险，我们一起做了很多事，所有事，从女孩到滑雪，天知道还会有什么”，他说道。同时他也看到了一位后起之秀。“他是一名好作家，”他说道，

① Lawrence Grobel, *The Hustons: The Life and Times of a Hollywood Dynasty*, updated ed.（New York: Cooper Square, 2000）, 155 - 161.

② John Huston, *An Open Book*（New York: Alfred A. Knopf, 1980）, 63 - 64.

③ 比尔·莫耶斯（Bill Moyers）于 1982 年为电视节目 *Creativity with Bill Moyers* 采访约翰·休斯顿的片段收录在《好血统》（*Wise Blood*）的标准收藏版 DVD。

④ James Agee, “Undirectable Director,” *Life*, September 18, 1950.

“不然，我们不会在一起这么久的。”[①]

休斯顿离开的那段日子里，惠勒的声望由于两部广受好评的改编剧——莉莉安·海尔曼（Lillian Hellman）的百老汇戏剧《双妹怨》（*The Children's Hour*）和西德尼·金斯利（Sidney Kingsley）的《死角》（*Dead End*）——而一路飙升。他亦和沃尔特·休斯顿保持亲近，二人在《孔雀夫人》（*Dodsworth*）中再度合作，这部电影使他在1937年首次获得奥斯卡最佳导演提名。如今惠勒再次出现在镜头后，和贝蒂·戴维斯在关于内战的情景剧《红衫泪痕》（*Jezebel*）中合作，这也是华纳兄弟公司企图用来和《乱世佳人》（*Gone with the Wind*）抗衡的电影，但惠勒对剧本并不满意。进入制作一周后，他催促公司雇用休斯顿帮忙重写剧本，并且，用布兰克的话来说，“在某种程度上代表他负责准备后半部分的台词”。布兰克告诉华纳兄弟公司的制片负责人哈尔·沃利斯（Hal Wallis），惠勒“很明显私底下认识休斯顿，和他消磨一大堆时间并且会在夜晚约见他，惠勒坚称休斯顿完全明白前者对于台词的感受和想法……休斯顿明显会是某种中间人，在作家们之间，你和他之间……（我）告诉惠勒我们会想办法的”。[②] 惠勒的坚持得到了回报。1938年年初，《红衫泪痕》上映后成了当时大热的影片，该片也为戴维斯赢得了她的第二个奥斯卡最佳女演员奖。华纳兄弟公司雇用休斯顿为全职签约作家以回报休斯顿，后者将会在各项目之间移动，一切取决于哪个项目需要他。

---

① Ronald L. Davis对威廉惠勒的采访，Southern Methodist University口述历史项目，1979年，翻印在Gabriel Miller, ed., *William Wyler Interviews* (Jackson: University Press of Mississippi, 2009), 82。

② Rudy Behlmer, *Inside Warner Bros.* (*1935 - 1951*) (New York: Viking, 1985), 41.

欧洲的日子依然历历在目，因此休斯顿对于正在迫近的战争和它的政治根源有着强烈的兴趣。在《红衫泪痕》完成后不久，公司给了他一个新的写作任务，无形中给予他在未来的一年中去燃烧这个热情的机会：《锦绣山河》（*Juàrez*），一部昂贵的、超大型的19世纪历史剧，讲述由法国任命的墨西哥帝王马克西米利安（Maximilian）、他疯癫的妻子卡洛塔（Carlotta）和国家总统贝尼托·华雷斯（Benito Juàrez）之间的故事。休斯顿将会和另外两位作家沃尔夫冈·莱恩哈特（Wolfgang Reinhardt）以及埃涅阿斯·麦肯齐（Aeneas MacKenzie）一起工作。这三个男人赞同莱恩哈特的看法，他们认为“既然对话是具有政治 34
性和意识形态性的，就必须包含来自当今报纸上的词汇；每个孩子都必须能够分辨出拿破仑三世对墨西哥的干预与墨索里尼和希特勒对西班牙内战的干涉别无二致”。[①]

休斯顿被漫长的过程和三方写作法所吸引，他把这种写作法解释为基于莱恩哈特对欧洲历史了解的“辩证法”，麦肯齐对“君主专制制度”的喜爱和他自己作为“一个赞成类似于贝尼托·华雷斯的观点的杰斐逊式民主主义者”而形成的写作法。[②] 而且他知道这部电影可以被华纳兄弟公司接受是非常幸运的，它是第一个愿意支持如此明确的反希特勒暗喻电影的公司。整个1938年，随着德国对捷克斯洛伐克的威胁变得越来越大，三位作家重新编写了他们的台词，以此来让比喻更加明确。剧本一度长达230页，大纲足够拍成一部4个小时的电影。每一次新稿出来，休斯顿都会对其加以修饰，增加一些诸如“我

① Paul J. Vanderwood, ed., *Juàrez* (Madison: University of Wisconsin Press, 1983), 20.

② Huston, *An Open Book*, 73.

们的任务是反抗专制统治者……反抗……反抗……让民主之火生生不息”等的台词。①

到底休斯顿偏爱的剧本版本是否具有可操作性已经无从考究了，因为他的工作最终作罢。令他这几个月的工作成果白费的不是公司的望而生畏，而是主角的自尊自大。华纳兄弟公司让当时公司最知名的男演员保罗·穆尼（Paul Muni）担任主角。在过去几年里，穆尼渐渐展露出了自己在古装剧中饰演历史人物的特长，曾扮演过路易·巴斯德（Louis Pasteur）和爱弥儿·左拉（Emile Zola）等。虽然穆尼依然处于极为关键的位置，但他极其自负、缺乏幽默感，并且开始为自己逐渐减弱的票房号召力感到恐慌，他会做任何事以求达到目的。当他读完台词，发现自己的角色都是以简约主义风格的警句为主，而他的搭档布莱恩·艾亨（Brian Aherne）和贝蒂·戴维斯饰演的马克西米利安和卡洛塔则得到了所有令人动情的场景，他把他的妹夫带到了剧组并要求后者重写整个剧本，以增强自己的角色，让导演威廉·迪亚特尔（William Dieterle）倒霉地到一边去待命。“穆尼想要的第一件事是多一些台词……他把剧本撕开扔了”，休斯顿说。②

1938 年年末，《锦绣山河》上映前的几个月，惠勒帮助休斯顿从失落中走出来，雇用他为《呼啸山庄》中本·赫克特（Ben Hecht）和查尔斯·麦克阿瑟（Charles MacArthur）写的台词做最后的润色。惠勒正准备开始为他的上司——独立制作人
35 塞缪尔·戈尔德温（Samuel Goldwyn）拍摄这部电影。休斯顿

① 带有手写注释的台词，JHC。

② Bernard Drew，“John Huston：At 74 No Formulas”，*American Film*，1980 年 9 月。

满怀感激地接下了这份工作但并没邀功，他说道，“赫克特和麦克阿瑟写了一个如此优美的剧本，我只不过把它按照剧本的形式编排了一下……对我来说硬把我的名字挤进去显得庸俗”。[①]

1939年4月，《呼啸山庄》和《锦绣山河》举行了首映礼，时间上并未相差多少天。惠勒的电影受到了狂热好评，除去戈尔德温（Goldwyn）无耻的说法，“我制作了《呼啸山庄》——威廉·惠勒只不过负责执导”，[②] 这部电影——豪华的阵容，夸张的浪漫，完美地迎合了想要逃离现实世界烦恼的观众的诉求——为惠勒正在上升的威望大为增色；在后来被视为美国电影史上划时代的这一年，这部电影击败《乱世佳人》赢得了纽约电影影评人奖（New York Film Critics Circle Award）最佳影片的称号。《锦绣山河》最终只充当了一段不愉快的插曲；观众对试映的第一个版本反应冷淡，以至于华纳兄弟公司立即删剪了25分钟。[③] 休斯顿努力清晰地加入和希特勒及墨索里尼有关的比喻，从一开始就提到一个“独裁者”正在建造一部“战争机器”。而在第一幕中，拿破仑三世［克劳德·雷恩斯（Claude Rains）］吟诵道，“让世界知道征服墨西哥不过是我们神圣任务的开始”。《纽约时报》的弗兰克·S. 纽金特（Frank S. Nugent）在影评中指出，好莱坞似乎终于开始离开在欧洲事件中刻意的中立地位；他赞同地表示，“在专制和民主的竞争中，华纳兄弟公司将他们毫不妥协的拥护给予了后者……虽然带有可以原谅的投机主义，但他们在字里行间表达了……自由对法

---

① Grobel, *The Hustons*, 201.

② Ethan Mordden, *The Hollywood Studios* (New York: Alfred A. Knopf, 1988), 191.

③ Bernard F. Dick, *Hal Wallis: Producer to the Stars* (Lexington: University Press of Kentucky, 2004), 51.

西斯和纳粹的轻蔑”。[①] 然而，其他评论家则显得冷淡。这部依然又长又笨拙的电影，是一次代价高昂、票房惨败的尝试，这次经历让休斯顿决定不再允许自己的作品被删剪。“我知道如果我是导演，而不是威廉·迪亚特尔，这一切都不会发生，”他说道，“所以我知道我要开始为自己写的东西负责”——通过成为一名导演，“这是我生存下去的唯一出路。”[②]

《锦绣山河》失败的一部分原因是它曲线的，以历史暗喻作为宣传的方法令观众感到奇怪。他们每一周都在新闻短片上
36 看到踢正步的德国士兵，并且已经准备好更为严厉的、直接的、来自好莱坞的对希特勒的攻击。休斯顿这部电影在上映的那个星期亦因另一部华纳兄弟公司的犯罪电影的竞争而失色。这部犯罪电影标志着首次有电影公司允许把德国在美国境内可能造成的威胁当作主题。这部新电影的营销策略不但瞄准其他电影公司的自私懦弱，还有电影爱好者不断改变的口味。最终，华纳兄弟公司在宣传语中宣布，公众终于有机会看到一直以来从不被搬上大银幕的东西：“一部呼喊着‘万字符！万字符！’的电影！”[③]

---

① Frank S. Nugent, “The Screen in Review: The Warners Look Through the Past to the Present in ‘Juarez’, Screened Last Night at the Hollywood”, *New York Times*, 1939 年 4 月 26 日。

② Drew, “John Huston: At 74 No Formulas.”

③ Bernard F. Dick, *The Star-Spangled Screen: The American World War II Film* (Lexington: University Press of Kentucky, 1993), 51 -60.

2　“我内心和血液的号召”

好莱坞和华盛顿，1939年4月~1940年5月

《一个纳粹间谍的自白》（*Confessions of a Nazi Spy*）于1939 37
年4月28日在纽约正式上映，这一天希特勒在德国国会大厦发表演说，清楚表示将考虑夺取波兰。电影的名字本身已经足够令人震惊：“纳粹”这个词从来没有在任何一部主要电影中出现过，而这一部电影自一年前华纳兄弟公司取得拍摄权起便已成为争论对象。《一个纳粹间谍的自白》由安纳托尔·李维克执导，他是惠勒和休斯顿的密友，是一名乌克兰籍犹太人，在20世纪30年代早期，犹太人在德国境内崛起时逃离德国。故事讲述一名前FBI特工调查纽约市内一些纳粹分子在德美联盟内的渗透活动。其他公司纷纷公开反对华纳兄弟公司制作这部电影。派拉蒙的内部审查部门警告假如《一个纳粹间谍的自白》“存在对德国的贬低——这点是必定的，因为它试图如实地制作——那么华纳手中握着的将是德国境内大量犹太人的鲜血”。《电影制片法典》办公室内一些人从未特别同情行业内的犹太领导者，他们认为这部电影未能描述出希特勒“毫无异议的政治和社会成就”，因而会招致灾难，并且会成为“这个行业犯过的最令人惋惜的错误”。[①] 其他人则担心这会加剧反犹主义指控，指责好 38

① Clayton R. Koppes and Gregory D. Black, *Hollywood Goes to War: How Politics, Profits and Propaganda Shaped World War II Movies* (New York: Free Press, 1987), 27 -30.

莱坞成群结队地将对犹太人的干涉搬上议程。随着《一个纳粹间谍的自白》的拍摄进度加快，华纳兄弟公司已经预计这部电影将会无可避免地在较多欧洲国家被禁（事实也是如此），并且很可能面临来自州政府和市政府审查委员会的严厉反对。但公司坚信这个国家已经准备好面对这样一部电影，并且电影得到了主演们极大的支持。爱德华·G. 罗宾逊［Edward G. Robinson，原名伊曼纽尔·戈登伯格（Emanuel Goldenberg）］为这部电影游说陈情，他告诉哈尔·沃利斯，“我想为我的人民做这件事”。[①] 此后的事也证明了他是这个主题极佳的发言人，他善于表达，语言引人入胜。“这个世界正面临着一群流氓的威胁，他们比我们知道的要危险得多，”他告诉一名记者，“为什么电影不可以用来对抗他们？这毫无理由。”[②]

关于电影质量的看法各有不同，但它出现在一个完美的时刻——华纳兄弟公司这部直率的电影得益于进一步的宣传，显得它不但敏锐精明，而且英勇无畏，极具先见之明。“希特勒昨天那番绝不侵略美国的誓言对于华纳来说来得太迟了，”一位评论家说道，“他们已于早上 8 点 15 分正式向纳粹宣战，在河岸街首映《一个纳粹间谍的自白》。希特勒不会喜欢它，戈培尔（Goebbels）也不会。”[③]《综艺》杂志怀疑它“对德美关系的承担能力”，并且满怀担忧地描述它“从风格和本质上来说都是一部战时宣传电影”。[④] 在电影上映后几周，《时代周刊》说它“如新闻短片一样

---

① Rudy Behlmer, *Inside Warner Bros.* (*1935 - 1951*) (New York: Viking, 1985), 82.

② "Little Caesar Waits His Chance," *New York Times*, 1939 年 1 月 22 日。

③ Frank S. Nugent, "The Screen in Review: The Warners Make Faces at Hitler in 'Confessions of a Nazi Spy,'" *New York Times*, 1939 年 4 月 29 日。

④ 《综艺》杂志评论，署名“Land”，5 月 5 日，1939 年。

实事求是，不装腔作势，如炮兵轰炸一样毫无外交手腕”，并且写道，由于留意到电影院外排起的长队，其他电影公司都开始重新搬出“能够取悦反希特勒集团的人的作品”。当中包括查理·卓别林（Charlie Chaplin），他正在为一部关于一个酷似元首角色的电影而忙碌，这部电影初步命名为《独裁者》（*The Dictator*）。[①]

世上并没有回头路，对于好莱坞来说亦是如此。因此，当未能在雷电华电影公司争取到拍摄《光荣之路》后，乔治·史蒂文斯认为是时候带着一个新项目再试一次。《古庙战茄声》的成功令他对电影厂更具价值，而最近的新闻头条也让他不再坚持其反 39
战立场。史蒂文斯是一个爱读书的人，不需要拍摄电影时，他会愉快地将一整天消磨在一本又一本书之中，在书页间流连忘返。1938 年年末，他读到了两本新出版的小说，认为它们是理想的改编材料。其中一本是《收件人不详》（*Address Unknown*），讲述一个在美国的犹太书商和他的商业搭档——一个非犹太德裔美国人的故事。这位搭档在回到家乡后因第三帝国而狂喜，但由于被误认为犹太人而被其杀害。另一部小说是《致命风暴》（*The Mortal Storm*），其背景设在当时的德国，讲述纳粹崛起时，一位反希特勒教授和他的家人在工作上和私人生活上的分裂。两部小说都带有残酷、生动的反法西斯内容，并且以一个恰当的不愉快结局结束。

乔治·薛华（George Schaeffer），雷电华电影公司的总裁，是少数非犹太裔电影公司负责人；他备受争议，也是同事中最厌恶风险的人。当史蒂文斯敦促薛华的助理潘德罗·伯曼（Pandro Berman）去购买小说版权的时候，伯曼提醒他，说薛华“绝对不愿意承担责任……为任何一部宣传反对任何事的电

① “Cinema: Totem and Taboo,” *Time*, 1939 年 5 月 15 日。

影……他希望我们拍摄一部关于美国主义或者民主的电影，但不同意任何明确的反对其他力量的举动”。《收件人不详》被直接否决。伯曼给史蒂文斯发去电报说：“在严肃地考虑之后（我）相信，如果（雷电华电影公司）愿意拍摄一部可能被归为反纳粹宣传的电影的话，最好考虑《致命风暴》。”① 但史蒂文斯几乎没有时间对此产生期待。当天稍晚，伯曼再次给他发了一份电报，温和但坚定地把他引向一个更柔和的题材，一部名为《姐妹俩》（*The Sisters*）的小说改编剧，它讲述了一对英国护士的罪恶和奉献。电影公司认为这会是一部很好的“女性电影”，并且它可以把史蒂文斯带回他熟悉的领域。

史蒂文斯愤怒了。在苦恼和逆境中，他倾向于反思自己，变得孤僻而不是好斗。他的性格特征使他没有选择和伯曼或薛华争论，而是写了一封很长的信给自己，责备雷电华电影公司，说他如此不知疲惫地为公司卖力，抱怨他在过去 4 年只获批了 4 个星期的休假，抱怨他从来没有因拍摄了《古庙战茄声》而得到感
40 激，抱怨公司的处处控制让他根本不可能“拍摄一流电影”——“在质量上能和那些一流导演一较高下的电影”。② 史蒂文斯正在和雷电华电影公司重新进行合同谈判。1939 年春天，他不情愿地和公司续约，同意拍摄《姐妹俩》［重命名为《夜奔》（*Vigil in the Night*）］作为他的下一部电影。而他提议的电影将会由其他导演拍摄；《致命风暴》的版权几乎立即被卖给了米高梅，哥伦比亚也得到了《收件人不详》。签下新合同后，在尚未开始拍摄新电影的任

---

① Marilyn Ann Moss, *Giant*: *George Stevens*, *a Life on Film* (Madison: University of Wisconsin Press, 2004), 62 - 63.

② Marilyn Ann Moss, Giant: *George Stevens*, *a Life on Film* (Madison: University of Wisconsin Press, 2004), 63 - 64.

何镜头前，史蒂文斯已经确信自己选择了一间错误的公司。

1939 年春天，弗兰克·卡普拉正处于电影业内的权力巅峰。他刚通过一个边缘政策般的游戏来测试他的权威。美国导演工会正在向美国全国劳资关系委员会（the National Labor Relations Board）申请认证，而电影艺术和科学学院（the Academy of Motion Picture Arts and Sciences）是 20 世纪 30 年代后期主要的电影公司的利益代表，并且强烈反对工会化。卡普拉自 1935 年起便担任学院主席，另外于近期克服了自己的不情愿，加入了美国导演工会并同时成为它的主席。他因而拥有了一种能把自己转化为特洛伊木马似的能力，当他决定了自己的立场时可以从内部为任意一个机构做决定，虽然他并不喜欢工会，但最终他还是决定要与导演同甘共苦。卡普拉威胁要从学院辞职，除非反工会制作人同意一起离开学院。卡普拉的辞职意味着学院的好莱坞创意团队将会跟随他离开。结果当然未至如此，但制作人们确实同意学院将不再在劳工谈判中担任任何角色。卡普拉大胆地大笔一挥，永久地转变了学院在好莱坞的角色，并且帮助增强了美国导演工会的影响。然后，或许是更让人印象深刻的，他作为中间人成功地协调了美国导演工会和电影制片人协会（the Association of Motion Picture Producers）之间的关系。2 月，学院因《浮生若梦》意外 41
地颁给了他第三个奥斯卡最佳导演奖，罗斯福总统的儿子詹姆斯，一位有抱负的制片人，出现在洛杉矶的比特摩尔酒店，为这部电影颁发最佳影片奖。这项荣誉被广泛地视作对卡普拉在艺术上以及对行业做出的贡献的认可。①

---

① Mason Wiley and Damien Bona, *Inside Oscar*: *The Unofficial History of the Academy Awards*, 10th anniversary ed. (New York: Ballantine, 1996), 88 -90.

卡普拉决定拍摄《史密斯先生到华盛顿》的时间点选得令人意外。好莱坞由于种种问题处于最不安的时候：劳资纠纷、诈骗指控、最大的贸易工会名声败坏，并被指控其内部共产主义盛行。此外司法部门正在审核一宗严重的反垄断案件；正如一位专栏作家稍后写到的，“大概这个行业从未遇到过更黑暗的日子”。[①] 各大制片厂正尝试向国家首都拍马屁，而不是疏远它，这意味着，一部将整个华盛顿的政治建树描绘成一群骗子和裙带密友聚集的沼泽的电影在这个时候出现将惊人地不合时宜。此外，《史密斯先生到华盛顿》的编剧西德尼·巴克曼（Sidney Buchman）实际上是一名共产主义者（和当时好莱坞的很多人一样，他被该党坚定不移的反法西斯信念所吸引）。

巴克曼说卡普拉“极度怀疑”《史密斯先生到华盛顿》的剧本里面隐含了一个“隐藏信息”，等到他发现的时候或许为时已晚。[②] 20 多年后巴克曼将由于拒绝向非美活动调查委员会提供人名信息而被列入黑名单。但关于这部电影的对白和故事主线，最引人注目的却是，即使它充满了准民粹主义愤怒——这在《迪兹先生进城》中已经体现过——它的政治立场完全不明确。由于塞缪尔·戈尔德温拒绝把贾利·库珀借给哥伦比亚，把电影拍成《迪兹先生进城》续集的想法不得不被放弃。但杰弗逊·史密斯（Jefferson Smith）［吉米·斯图尔特（Jimmy Stewart）饰］很大程度上像是库珀饰演的这个好挑衅又天真无邪的人的亲戚；他像一个生长过度的孩子，是童子军首领和一

---

① Douglas W. Churchill, “Hollywood Jitters”, *New York Times*, 1940 年 5 月 26 日。

② Joseph McBride, *Frank Capra: The Catastrophe of Success* (New York: Simon & Schuster, 1992; revised 2000), 412.

份少儿报纸的出版人，被指派去填补参议院一个空缺的职位。他毫无经验，没有相关知识，很少有具体想法；他最主要的美德，根据琪恩·亚瑟（Jean Arthur）所说，是他的“朴素、得体、坚持公正廉明。这个国家可以对他的某些特点加以运用。是的。这整个荒唐的世界都可以”。卡普拉对于“荒唐世界”（Cockeyed World）的定义广阔到足够包含整个浸淫在腐败中的美国参议院，还包含讥笑他是个毫不知情的傀儡的大多数记者。 42
这是他最爱好的惯用语，他喜欢将其用在私人信件和后来拍摄的电影中。《史密斯先生到华盛顿》中没有人属于任何党派，或者拥护某个明确的目标——史密斯唯一的大想法是建立一个“全国性的童子军俱乐部”，而他最接近于陈述意识形态的时刻则是他说出自己论点的时候——“失去的事业是唯一值得我们为之奋斗的”，他在电影高潮时候做出的恳求是“爱你的邻居”。

这当中的矛盾——对于一个小人物的尊敬以及对一群小人物联合成乌合之众后的深深不信任，以及对精英分子绝对的不信任夹杂着对伟大政治思想家的爱国式的蒙太奇镜头展现——表现的正是卡普拉本人。“他是一个过分简单化的人，”巴克曼说道，“他对世界的看法类似童话……对他来说一个政治家或者资本家（原文如此）总是一个代表着善或恶的提线木偶……我真的相信他从来不知道史密斯先生实际上在说什么。”①

即使是卡普拉最亲密的同事，也在看到这个男人和他电影中的矛盾后感到困惑。在拍摄《史密斯先生到华盛顿》时，巴克曼曾一度尝试发掘出卡普拉关于电影中一些对他很重要的地

---

① Joseph McBride, *Frank Capra: The Catastrophe of Success* (New York: Simon & Schuster, 1992; revised 2000), 414.

方的看法，特别是对民主政治保持警觉的重要性。“去你娘的主题！”卡普拉呵斥道，争论说他唯一的义务就是娱乐大众，“你是个共产主义者吗？”

“你是个法西斯主义者吗？”[①] 巴克曼反击道。他并不是唯一感到疑惑的人。1939 年 7 月，当卡普拉在洛杉矶的拍摄接近尾声，爱德华·伯尼斯目睹卡普拉在无法让一群群众演员听从指挥后爆发。“这就是那些人民，那些你想为其服务的家伙！”卡普拉讥笑道，故意激怒他的亲工会同事。这脾气让伯尼斯在日记中推测卡普拉真正的信条是“这群乌合之众如此懒惰，如此愚蠢，错误很多，只有通过一个精力充沛、具有能力的人严格的领导（法西斯主义）才有效。当然法西斯主义感觉上就是这样”。[②]

即使卡普拉的心中有战争，这也丝毫没有体现在《史密斯先生到华盛顿》中。当史密斯强烈恳求“把孩子们带出拥挤的城市”——卡普拉最喜欢鄙视的对象——“和闷热的地下室，
43 每年就尝试那么几个月”，以便他们可以“增强体质，提高心智，从而适应一份给男人做的工作”时，这份工作并不是很多人猜测的那份迫在眉睫的工作；史密斯立即解释道，“这些男孩”在不久的将来“就会在这些桌子后面工作”。在电影拍摄过程中，卡普拉几乎是用意志力在驱使自己忽略头条；纵观所有台词，《史密斯先生到华盛顿》完全没有提及国际事务。在 9 月的一个星期五，当卡普拉听说德国入侵波兰时，他正把自己

① Joseph McBride, *Frank Capra*: *The Catastrophe of Success* (New York: Simon & Schuster, 1992; revised 2000), 415.

② Joseph McBride, *Frank Capra*: *The Catastrophe of Success* (New York: Simon & Schuster, 1992; revised 2000), 256.

关在一个剪辑室里剪接电影，准备在数星期后于纽约试映。当他在星期一早上回到工作上时，《时代周刊》为这正在发生的一切起了一个名字。这本杂志用了一个自己造的新词，说这是“第二次世界大战”。

卡普拉尚有一部电影需要宣传，而他丝毫没有打算让这部电影低调上映。1939 年 10 月 16 日，他在华盛顿坐满 4000 人的宪法大厅主持了一个受邀才能参加的试映会。嘉宾名单包括 250 名国会议员，以及 960 名众议员，他们中过半数在电影中被非常明显地奚落为盗贼、笨蛋和无用的老顽固。在自传中，卡普拉饶有兴味地添油加醋，详细叙述了那一晚怎样发展成为一场悲喜剧。“侮辱!”和“非常愤怒!”的声音在礼堂回响，从一开始偶尔有人离场，最终变成人群涌向出口，留下超过 1000 个空位。卡普拉声称和内阁秘书、最高法院大法官以及受邀官员一起肩并肩出席的记者团均反对、攻击这部电影，因为他们“嫉妒和害怕电影会和他们竞争意见领袖的位置”，并且觉得把他们描述为酗酒的游手好闲之徒是一种冒犯；他们在电影结束之后“严厉责备、冷嘲热讽、中伤并且和我撕破脸”，卡普拉写道。他们藐视的程度，根据他的形容，只有那些议员比得上——电影公开暗示他们“贪污受贿，可以把丑恶的脸藏在威风凛凛的参议院议事厅之后”。①

而事实并没那么戏剧化——当时的报纸报道只提到了极少数观众离席，没有嘘声，并且在结尾，虽然不是溢于言表地，但观众们仍然有礼貌地鼓了掌。但毫无疑问，当晚《史密斯先生到华盛顿》给卡普拉带来了一些势力强大的敌人。肯塔基议

---

① Frank Capra, *The Name Above the Title: An Autobiography* (New York: Da Capo, 1997; originally published 1971), 281 - 283.

44 员阿尔本·巴克利（Alben Barkley），民主党多数党领袖，酷似戏内由经验丰富的演员哈利·凯瑞（Harry Carey）扮演的议长。巴克利尤其直言不讳，公开向《纽约时报》谴责卡普拉的作品“没头脑、愚蠢”，并且抱怨它“让议员们看上去就像一群骗子”。[1] 共和党议员小亨利·卡博特·洛奇（Henry Cabot Lodge Jr.）对电影不以为然，认为它“荒谬绝伦——只不过是好莱坞做出来的东西”，而来自内布拉斯加的无党派人士乔治·诺利斯（George Norris）则评论道，“我在国会已经 36 年了，但我从未见过一个成员像电影里那个男孩那么笨”。“并非所有议员都是狗娘养的”，另一个抱怨道。[2]

当部分国会议员处罚性地向新闻界建议现在可能是推进反集体购票立法的最理想时机[3]——这是一系列旨在减轻制片厂对电影院拥有者的集体压制的法律——华盛顿通过威胁要重提另一个频繁被触及的问题来表达其对电影业愤怒。约瑟夫·P. 肯尼迪（Joseph P. Kennedy）当时短暂地作为美国驻英国大使，他发表声明，向美国电影制片人与发行人协会（Motion Picture Producers and Distributors of America）负责人威尔·海斯（Will Hays）说道，肯尼迪认为这部电影是“我所见过对这个国家做过最丢脸的事之一”，[4] 并且警告哥伦比亚电影公司的哈利·科恩，“假如这部电影在国外上映，将会对美国在世界的声望造成无法估计的损害”。[5]

---

① *New York Times*，1939 年 10 月 24 日。

② “Mr. Smith Riles Washington，” *Time*，1939 年 10 月 30 日。

③ “Mr. Smith Riles Washington，” *Time*，1939 年 10 月 30 日。

④ David Nasaw，*The Patriarch*：*The Remarkable Life and Turbulent Times of Joseph P. Kennedy*（New York：Penguin Press，2012），421.

⑤ Capra，*The Name Above the Title*，292.

卡普拉毫不犹豫地展开反击。在华盛顿试映的数日后，他告诉记者：“那些需要被解决的东西就堆在那里：中立方案，社会立法，欧洲正在爆发的战争……整个美国议会的议员陛下们却不得不共同反对一部电影。真是美妙极了！”[①] 电影一上映，《史密斯先生到华盛顿》便找到了它需要的一切辩护者：《纽约时报》为大多数评论家发声，有评论说这部电影受“《权利法案》的条款所保护”。“它赋予每一位公民影响参议院的权利。卡普拉先生的这一次撼动是来自底层的，并且以最佳的幽默方式来实现；如果它无法撼动威风凛凛的主体——通过玩笑和受损的尊严——这不会是他的错，而是参议院的错，这样的话，我们也需要真正开始担心我们的上层建筑了。”[②] 即使是那些把电影情节贬低为“胡话”的人，如明察秋毫又嘴尖的奥提斯·弗格森（Otis Ferguson），也在《新共和》杂志里面议论道，“参议院和它为利益所使用的机器从没有这么清晰地被表现 45
过”。[③]

虽然《史密斯先生到华盛顿》在上映时票房收入一般，但电影收到的热烈好评再次确立了卡普拉的地位，正如《纽约客》中所说，他是“好莱坞最不容置疑的导演”，并且“专业地说，至少是低收入人群心中的长胜冠军”。在各种采访中，卡普拉渐渐表现出更多的傲慢。在1940年年初，当电影在全国各地

---

① McBride, *Frank Capra*, 422.

② Frank S. Nugent, “The Screen in Review: Frank Capra's ‘Mr. Smith Goes to Washington’ at the Music Hall Sets a Seasonal High in Comedy,” *New York Times*, 1939 年 10 月 20 日。

③ Otis Ferguson, “Mr. Capra Goes Someplace,” *New Republic*, 1939 年 11 月 1 日。重印于 *The Film Criticism of Otis Ferguson* (Philadelphia: Temple University Press, 1971), 273 – 274。

上映时，他声称“我电影的潜在价值实际上相当于登山宝训”，并且表示自己打算拍摄一部电影，在当中“墨索里尼……或者威尔士王子……走到一个妓院，然后一个像抹大拉的玛利亚般的妓女告诉他……扔掉你的枪，扔掉海上那该死的大炮，开放你的边界”。①

但私底下，卡普拉总体来说更加谦虚温和。在开始为下一部电影做计划时，他深深地为无法从欧洲得到关于战争的第一手消息而忧虑。在过去几年间，卡普拉一直和莱昂内尔·罗宾逊（Lionel Robinson）保持通信。罗宾逊是伦敦的一位书商，卡普拉在为自己于布伦特伍德的家装修时，曾在他的帮助下购置了超过 10 万美元的稀有书卷、古董卷和初版书。“我亲爱的弗兰克，”罗宾逊在英格兰对德宣战的几星期后来信写道，“既然现在这场可怕的战争已经被强加于我们身上，我猜你大概想知道我们这里正在发生的事情。到目前为止我们预期的没有发生，取而代之的是经常性地受到敌机轰炸，而我们只能心神不安地猜测着他们什么时候到来……当然我们应该尽可能久地留在蓓尔美尔街，但假如，或者说当处境变得真正危险时，我们已经在牛津安排了一个短暂的住处……如果一切顺利的话……无论发生什么事，关于书的一切将坚持下去。”不到一个月，罗宾逊和他的家人就被迫撤离。②“我很开心你的妻子和孩子至少可以远离这些事的中心，”卡普拉回信道，“不知道为什么，我们这边总觉得这糟糕的事很快会结束，不会造成太多的破坏。也许

① New Yorker：Geoffrey T. Hellman, “Thinker in Hollywood,” *New Yorker*, 1940 年 2 月 20 日。

② Lionel Robinson 给弗兰克·卡普拉的信，1939 年 10 月 2 日和 31 日，FCA。

这只不过是……希望。”①

虽然说了这些鼓励的话，但卡普拉开始相信这场战争不会太快结束。而他也是同事之中最先意识到电影和电影制作人可 46
以在当中饰演关键角色的人。“我总是因一位观众观看一部电影而陶醉，” 1940 年 2 月他说道，“在 2 个小时的时间里你抓住了他们。希特勒没法这么长时间留住他们。你最终影响到的甚至比罗斯福通过无线电广播影响到的人还多。”② 在担任学院主席 4 年后，卡普拉决定把控制权交给直言不讳、不拘一格的制作人沃尔特·万格（Walter Wanger），但卡普拉打算继续活跃在组织中，而且他和学院的研究委员会在春天与詹姆斯·罗斯福（James Roosevelt）见面之后，开始正式制订计划去监督一系列针对通讯部的新的训练短片的制作。③ 这个会议，再加上罗斯福的出现，消除了部分来自首都的反制片厂的威吓，并且标志着这场战争中首个好莱坞和华盛顿官方同盟的建立。

《史密斯先生到华盛顿》上映后不久，卡普拉为其职业生涯做了一个决定，而这个决定最终被证明极其关键：他离开了哥伦比亚电影公司，离开那间在过去 10 年间他曾帮助其在行业内占有一席之地的公司，成为一名独立制片人兼导演。开始时，他考虑让自己的新公司弗兰克·卡普拉制作公司（Frank Capra Productions）和联美公司（United Artists）合作。联美公司当时的运作方式类似于今天的独立发行公司，把实力超强的制作人如大卫·O. 塞尔兹尼克（David O. Selznick）、塞缪尔·戈尔德温和亚历山大·柯达（Alexander Korda）等人招至麾下，然后

① 弗兰克·卡普拉给 Lionel Robinson 的信，1939 年 11 月 21 日，FCA。

② Hellman, “Thinker in Hollywood.”

③ McBride, *Frank Capra*, 439.

和他们分担成本和利润，事实上让他们在各自的电影上对所有的创作决定全权负责。但在和联美公司的其中一项交易无法实现后，卡普拉决定保持自己的流动性。他正确地设想这里的任何一家电影公司都乐意拥有他的下一部电影，他几乎毫不费力地就让华纳兄弟公司同意和他合资拍摄下一部电影《约翰·多伊》（*Meet John Doe*）。

卡普拉的离开使哥伦比亚电影公司留下一个极大的空缺，为乔治·史蒂文斯创造了机会。当战争在欧洲爆发时，史蒂文斯离开始拍摄《夜奔》（*Vigil in the Night*）只剩 10 天，《夜奔》也就是那部雷电华电影公司坚持用来取代《致命风暴》的电影。《夜奔》根据 A. J. 克罗宁（A. J. Cronin）的小说改编，克罗宁是一位苏格兰医生，后来成为作家，他的畅销书《卫城记》（*The Citadel*）在两年前被改编成一部极受欢迎的米高梅电影。他的新小说，讲述一位年轻的英国护士由于自己的疏忽造成了一名孩子死亡后，让自己的姐姐承担责任，整个故事不自
47 然且如肥皂剧一般。三位作家尝试改编剧本，但均无法做出太多改进，比如其中一幕，一名爱讲闲话的老人威胁要揭露这个年轻女人的秘密，却意外地从一辆巴士中掉落悬崖，还有那荒谬可笑的最后一幕，为了惩罚那个有罪的女人而让流感在 1918 年肆虐整个伦敦。

史蒂文斯对这个题材毫无兴趣，但战争的开始让他起码有机会将电影和战争联系到一起。突然之间，关于英国在战火下的勇气和决心的故事变得如此与时俱进，让 6 个月之前的雷电华电影公司始料未及；整个 1940 年到 1941 年，关于英国爱国主义的故事变成了赞成干涉主义的好莱坞制片人的主要内容。由于几乎没有时间去彻底检查台词，史蒂文斯做了他可以做的

一切来让电影时效性更强。他舍弃了第一次世界大战的背景设定，将其重新设定到当代伦敦。此外他保证街景中充斥着军队的招募广告，① 还让群众演员穿着军装。他甚至设法插入一些提到当今伦敦的现实情况的台词——“你有没有意识到我们比以往任何时候都更接近战争?”一个医院管理人在要求节约资源时争论道。而在《夜奔》的最后一幕，他计划让战争的存在更明确：在高潮到来时，主角们将会听到首相尼维尔·张伯伦（Neville Chamberlain）在几星期前，也就是其 1939 年 9 月 3 日发表的演说，他通过无线广播说道，英国政府曾经警告柏林：“除非我们在 11 点前听到他们立刻准备从波兰撤军的消息，否则双方将正式进入交战状态。但我不得不告诉你们，我们没有接收到相关的保证，所以本国与德国正式处于交战状态。你们可以想象这对于我来说是多么艰难的决定，我长久以来对和平的追求失败了。”

在此后的几年，导演、作家和制作人都会习惯于匆忙地修改他们的战争片，有时是在制作结束前的几个星期疯狂地增加或者改写场景，或者甚至安排在最后时刻重拍来让作品保持与时俱进，以反映最新的突发新闻。自从好莱坞电影可以在拍摄结束后 6 星期内抵达影院，时效性——特别是对于成百上千的在战时拍摄的战争片来说——将成为最重要、最引人注目（以 48
及票房注目）的价值。1940 年年中，沃尔特·万格和阿尔弗雷德·希区柯克（Alfred Hitchcock）毫不犹豫地把《海外特派员》（*Foreign Correspondent*）已经完成的结局作废，他们又拍了一个新的结局以求反映英国被轰炸的现实，慷慨激昂地恳求美

① Michael S. Shull 和 David Edward Wilt, *Hollywood War Films, 1937 - 1945* (Jefferson, NC: McFarland, 1996), 120。

国介入并且保持警觉。[“感觉像是到处的灯都熄灭了，只剩下美国……这样一个大故事，而你身在其中……你好啊，美国！看好你的灯！它们是世界上剩下的为数不多的一些灯了！”乔尔·麦克雷（Joel McCrea）扮演的记者通过无线电广播呼喊道。]凭借回忆添加到《夜奔》中的结局，史蒂文斯很可能成为战争开始后第一个尝试为好莱坞戏剧加入新闻时事元素的美国导演。

但观众们永远没有机会去看史蒂文斯版的结局了。雷电华电影公司负责人乔治·薛华从纽约飞到洛杉矶，命令导演将剧中人物聆听张伯伦演说的片段删去。“在电影里面，”史蒂文斯说，“战争惹来的麻烦盖过了日常生活带来的烦恼，而这也是我想表达的……他们想删掉（这一幕），因为它会让人们想起战争，而美国（当时）并未处于战争之中，人们会觉得烦恼，因而不去看这部电影……这一切毁了这部电影。”[①]

史蒂文斯后来说他宁愿《夜奔》从来没有上映过。这部电影被观众忽略，被评论家驳斥（“笨重而淡漠”算是其中较友好的意见了）。[②] 在宣传资料中，雷电华电影公司完全没有提到战争，1940 年 2 月上映的这部电影的宣传语是：“世界最著名的导演撕破那些了解男人的女人的面纱，揭露她们那苦涩的隐秘生活！”[③] 而更令史蒂文斯觉得难受的很可能是，在《夜奔》第一次记者试映会的同时，那部他真正想要拍摄的电影——《致命风暴》，开始由米高梅电影公司的弗兰克·波萨奇（Frank

---

① Robert Hughes 采访乔治·史蒂文斯的未经剪辑的记录，1967 年，3677 号文件，GSC。

② *Variety*，1940 年 2 月 7 日。

③ Marilyn Ann Moss，*Giant*：*George Stevens*，*a Life on Film*（Madison：University of Wisconsin Press，2004），67.

Borzage）制作。这一次，他不再默默收起自己的感受了。3月，《纽约时报》这样报道：“在史蒂文斯被雷电华电影公司安排拍摄《夜奔》后，经历了数星期的摩擦，这位导演和这间电影公司在今天正式分道扬镳。”① 一个月之内，史蒂文斯和哥伦比亚电影公司签订了两部电影的合约。哥伦比亚电影公司急于填补少了卡普拉之后的导演名单，因此它同意了一项不寻常的条款：由于史蒂文斯担心来自电影公司负责人的任何干涉，该条款规定公司众所周知爱管闲事的主席哈利·科恩不可以在制作过程中前往他的拍摄场地。科恩意外地同意了，他说，“你在这里拍一部电影，我从此不会再和你说任何一句话”。② 但科恩坚持增加一项契约性条款，而这一条款，纵然多多少少有所变更，很快将变成一条行业标准：如果战争或者其他国家的紧急事件导致美国电影院关闭超过一个星期，所有和导演们的合同都将失效并作废。③ 49

战争开始的消息传来时，威廉正和塔利·惠勒在蒂华纳与两名密友——惠勒的经理人保罗·科勒（Paul Kohner）及他的妻子露皮塔度过一个短暂的假期。对于惠勒来说，劳动节周末这个短暂的逃离，是为了在经历整个夏天的动荡后获得简单的休息。惠勒的父亲在1939年7月离世，就在塔利生下宝宝后不久。卡尔·拉姆勒，那个曾帮助惠勒来到美国的慷慨的早期导师，那个看着他成长为家族中最成功的一员的那个人，患上严重的心脏病，离死亡只剩几个星期。惠勒毫不停歇地工作——他和塔利在结婚后的头一年都没有时间享受蜜月。当他们回到

---

① *New York Times*，1940年3月5日。

② Hughes采访乔治·史蒂文斯，1967年，3677号文件，GSC。

③ William B. Dover写给乔治·史蒂文斯的信，3550号文件，GSC。

洛杉矶后，塔利就要开始准备搬到贝尔艾尔的新家去。而惠勒也要开始制作《西部人》（*The Westerner*）——塞缪尔·戈尔德温试图通过此片继续借势约翰·福特在《关山飞渡》中的意外成功。消息传来的时候惠勒正身处国外，这一点纯属偶然——他们之前一直待在圣地亚哥，刚刚来到墨西哥观看斗牛；但对于惠勒来说，这是一个提醒，提醒他边境并不只是一种形式，它代表着一种极其显著的障碍。在蒂华纳的时候，他们撞见了弗兰茨·普兰勒（Franz Planer），一位从奥地利逃出来的备受尊敬的欧洲电影摄影师。而现在，他像其他许许多多的避难者
50 一样，看着一个个星期延伸成一个个月，而自己却被困在墨西哥的一个酒店中，一块无主之地上，等待可以合法进入美国的许可，期待在美国电影业找到一份工作。[1]

回到好莱坞后，惠勒感觉到战争正在逼近，但他只能在压力大到无法承受时才会有其他同事那样的感受。当他反复拒绝深受哈利·华纳重视的好莱坞公益金后，华纳给了他私人层面的斥责。“那些得到上天保佑，拥有那么高收入的人却拒绝伸出援手，我不知道还有什么东西比这更会给那些亟须帮助的不幸的人带来更多的不愉快……更多的愤恨，”华纳告诉惠勒，“正是因为这样才会有共产主义。兄弟，我确信你和我都不想美国出现那种主义。写这封信非常艰难，特别是对于我这个其实是在请求捐款的人来说……但我宁愿在我俩之间研究解决这个问题，而不是让公众发现那些‘异常富有’的电影人如此自顾自，如此自私，完全不考虑他们贫穷邻居们的感受。”[2] 对于从

① Jan Herman, *A Talent for Trouble: The Life of Hollywood's Most Acclaimed Director, William Wyler* (New York: Da Capo, 1997), 204.

② 哈利·华纳写给威廉·惠勒的信，1940 年 1 月 19 日，734 号文件，WWA。

兄弟这个词带出来的潜台词，惠勒很容易就理解了：在好莱坞获得成功的犹太人需要承担一项特殊的义务，即进行与宗教无关的关爱邻里的慈善活动，以便在移居到这里后应对越来越大声的对好莱坞的指控，正如一位反犹太议员所声称的，“这里难民泛滥”，他们只“对外国事务有兴趣”。[①]

假如惠勒不满足他的要求，华纳真的打算要公之于众，他已经向特约供稿者——好莱坞爱说闲话的专栏作家吉米·费德勒（Jimmie Fidler）提供了一些信息，威胁要在报纸广告上列出所有不愿捐款的演艺圈名流名单。[②] 惠勒给华纳寄了一张100美元的支票，承认这并不是华纳所要求的“慷慨的捐款”，但惠勒以几乎是以恳求的口吻解释道，他把钱放在“更重要”的用途上了。“由于我原来的家以及我所有的亲戚好友都在海外，再加上今时今日的政治局面，我需要听从我内心和血液的召唤来分配我的善款，我希望你相信我，我承担的慈善指标实在比我的收入要多。”惠勒继续告诉这位电影公司负责人他已经花了如此之多的钱，以至于被迫拒绝了联合犹太人福利基金 51
（United Jewish Welfare Fund）的恳求。[③] 华纳缓和了语气，没有实施他的威胁，但他的回复依然严厉：“我知道你的心已经放在了正在发生的骚乱之上，”他回信道，“但有一个事实毋庸置疑：这个团体有成百上千、成千上万的人正需要我们的帮助，我们必须伸出援手。”[④]

---

① 议员 Gerald Nye，演说重印于 *Vital Speeches of the Day* 8，no. 23（1941年9月15日）。

② Jimmie Fidler，“Fidler in Hollywood：Hollywood's Community Chest Drive Has Caused Trouble，” *St. Petersburg Times*，1940年1月15日。

③ 威廉·惠勒写给哈利·华纳的信，1940年1月26日，743号文件，WWA。

④ 哈利·华纳写给威廉·惠勒的信，1940年1月29日，743号文件，WWA。

在导演工作方面，惠勒得到了极好的补偿——在完成《西部人》拍摄后的几个月，华纳将会向戈尔德温借来惠勒，让他与贝蒂·戴维斯合作，以每星期 6250 美元的薪酬，执导一部改编自 W. 萨默塞特·毛姆（W. Somerset Maugham）的舞台剧《信》（*The Letter*）的电影。[①] 实际上惠勒并没有夸大自己正在面对的极大的财政压力。1936 年至今，他一直和美国国务院保持联络，尝试资助 20 多名远房亲戚和家族好友从米卢斯移民到美国，当中还包括他父母的私人医生。每一次请愿，他都需要支付申请费并且同意作为他们交通旅游费用担保人以及一旦移民到美国后的财务担保人。犹太人在欧洲的处境越来越糟糕，他收到的信件中的语气也显得越来越绝望。“我亲爱的朋友威利，我们会永远从心底感激你”，其中一封写道。“请不要落下我和我的孩子，”另一封写道，“给我一次机会渡过这个难关。”[②]

在这样的日子里，惠勒最想要的莫过于逃离，把自己扔进工作或者离开这个国家。但到处都没有庇护可寻。1940 年年初，他和塔利决定筹备搁置已久的蜜月，从普莱西德湖村开车到蒙特利尔，然后前往魁北克的一间滑雪小屋。预订房间时，他们却被酒店职员断然拒绝，并被告知：“非常抱歉，犹太人不可以。”他们被欢迎到这里滑雪和用餐，但不可以过夜。“我们震惊极了，”塔利说道，“我从来没有遇到过这样的事……如此直接如此令人震惊。”[③] 一个星期后，在一个小一些的度假胜地，惠勒夫妇决定结束他们的滑雪假期，转而乘坐游船前往古巴。他们搭乘的班

---

① 《香笺泪》的制作文件，Warner Bros. Archives，University of Southern California。

② Sarah Kozloff，“Wyler's Wars，” *Film History* 20，no. 4（2008）.

③ Herman，*A Talent for Trouble*，208.

轮画上了荷兰国旗——这是一种中立的标志，以防希特勒的潜艇在附近。几星期后，惠勒夫妇提前结束旅程回家。① 52

2 月下旬，惠勒出席了奥斯卡金像奖在洛杉矶椰林酒店的宴会。他凭借《呼啸山庄》得到了最佳导演提名，这也是他的第二次获最佳导演奖提名。这部电影同时获得了最佳影片提名。他的竞争者包括拍摄《史密斯先生到华盛顿》的卡普拉，以及凭《关山飞渡》获得提名的福特。一如所有人所料，他们都被维克多·弗莱明（Victor Fleming）击败，后者凭借《乱世佳人》横扫颁奖礼。但从某种程度上来说，那一晚也属于福特，他在过去 12 个月的工作安排前所未有的紧密，最后有 3 部电影角逐奥斯卡奖项，还有一部刚好超过了投票截止时间，这一切为他带来了职业生涯的最高荣誉。

一年前，福特的《关山飞渡》抵达各大电影院，收获了积极甚至是惊喜的评论。西部片一直是好莱坞产出的一个重要部分，每年 20% 的电影是牛仔片，但大多是预算极低的“项目”，一般短于一个小时，主要用来填充乡下院线两个节目同场演出之间的空档。② 而福特为联美公司制作的《关山飞渡》则有所不同：一部“A”级影片，由大腕导演拍摄，出色的编剧达得利·尼科尔斯［（Dudley Nichols），他凭借为福特写的《告密者》获得了一项奥斯卡奖］，以及一个不加掩饰的成人故事，当中包括对报复性杀人的明显许可和对妓女及酗酒者同情的描述，挑战着《电影制片法典》的底线。③ 影评人评论福特的表

---

① Herman, *A Talent for Trouble*, 209.

② “Cinema: New Westerns”, *Time*, 1939 年 3 月 13 日。

③ 约瑟夫·I. 布林写给沃尔特·万格的信，1939 年 10 月 28 日及 1939 年 11 月 8 日，JFC。

现可圈可点，将不那么主流的电影派系转变成值得尊敬甚至具有挑战性的作品，同时也肯定了他和当时尚未受关注的约翰·韦恩（John Wayne）之间的合作。在把他塑造成电影英雄“林哥小子”的几年前，福特就已经认识韦恩了，他觉得这位演员有能力但懒惰，甚至曾在片场无情地责备他（“为什么你的嘴唇动得这么多？难道你不知道在电影里面不是靠嘴演戏的吗？是靠眼睛演戏的！”）。最终《关山飞渡》令韦恩一举成名，也使福特成为一流导演。①

万格，一个坚定的改革论者和干涉主义者，利用电影的开头对整个行业，尤其是对《电影制片法典》的胆怯发起攻击。
53 在一次新闻发布会上，他表明好莱坞是美国对抗欧洲极权主义最大的希望，“能否实现民主取决于想法和意见是否可以方便迅速地传播”，而不应被审查“捆绑和束缚”。② 万格非常乐意得到导演们的支持，而福特也确实通过《关山飞渡》来为自己赢得政治分。这部电影中一个恶棍的身份是一位贪婪的银行家，一个胡佛/库利奇代表，喜欢类似于“为美国人服务的美国！”和“政府绝不可以干预商业……这个国家需要的是一个商人做主席”之类的措辞。

但福特对于加入万格的口舌之争没有太大兴趣。《关山飞渡》在 3 月上映的时候，他已经回到二十世纪福克斯电影公司和亨利·方达（Henry Fonda）合作，执导《青年林肯》（*Young Mr. Lincoln*）。这部电影拍摄进度非常快，在当年 6 月就上映

---

① Scott Eyman, *Print the legend: The Life and Times of John Ford* (New York: Simon & Schuster, 1999), 200.

② Matthew Bernstein, *Walter Wanger: Hollywood Independent* (Minneapolis: University of Minnesota Press, 2000), 140.

了。虽然电影本身没有给观众留下太深刻的印象，但福特对林肯温和的、挽歌般的处理手法再次使很多评论家确信他现在是——正如格雷厄姆·格林所写到的——“当今最好的导演之一”。① 福特将 1939 年的夏天用在了拍摄《铁血金戈》（*Drums Along the Mohawk*）上，一部关于独立战争的电影，这部电影标志着他首次冒险尝试彩色技术。虽然电影没有《青年林肯》那么优雅，但这部生动且能取悦观众的电影向人们讲述历史而无关政治，提供了美国史料而不试图加入当代暗喻。

战争开始时，福特正准备拍摄他一年内的第四部电影；这一次，电影的政治观点非常明确，这必然会惹来争议。福克斯的达里尔·扎努克购买了约翰·斯坦贝克（John Steinbeck）刚出版的小说《愤怒的葡萄》的版权后，福特告诉扎努克他会“立刻抓住机会”拍摄它，② 但好莱坞部分人认为他得到的是一部不能被拍出来的电影。尚且不论高潮一幕当中，一个失去孩子的年轻女人给一名饥饿的男人喂母乳，电影中还讲述了约德一家痛苦的逃荒，这种对尘暴区中困苦的移民工人境况的描绘，正是好莱坞电影试图帮观众们忘记的一种苦难。扎努克和福特计划以鲜明的黑白色调拍摄这部电影，运用了很多外景拍摄并且以极快速度进行——制作只用了 10～11 月之间的 6 个星期。 54
由于担心内容被新闻界泄露，他们将农纳利·约翰逊（Nunnally Johnson）的剧本严密保管起来。

由于电影中有部分画面表现出移民工人被当作动物来对待，虽然他们的具体身份都已被模糊处理，但扎努克依然担心来自

---

① John Russell Taylor, ed., *Graham Greene on Film: Collected Film Criticism, 1935－1940* (New York: Simon & Schuster, 1972), 241－232.

② 约翰·福特写给达里尔·扎努克的信，1939 年 7 月 17 日，JFC。

加利福尼亚商会和农民协会的攻击，此外，《愤怒的葡萄》对于国内宣传鼓动的程度也是福克斯之前从未敢尝试的。

电影最直接的政治宣言是，当汤姆·约德（亨利·方达饰）正身处一个劳动营中时，有人为他读出的关于自卫队员把“红军煽动者”驱逐出县的头条新闻。“听着，这些‘红军’到底是什么东西？”汤姆问，“每次你环顾四周，总会发现有个人在说别人是红军。”在福特的手中，这个温和且几乎是漫不经心的时刻很难说是亲共产主义的；这更多的是因福特感觉到反共产主义的偏执情绪正呈上升趋势，因而表达出对乌合之众的愚昧的轻蔑。但这一点，再加上电影中含蓄暗示的一种在工作营中自然而然产生的乐善好施、自给自足的社会主义，已经足以让某些右派的人将福特称为共产主义赞同者。［伍迪·格思里（Woody Guthrie）在《工人日报》中宣称福特是“我见过的最愚蠢的投手。”］① 天主教经营的《每日电影》怒冲冲地表示：“假如电影试图展现的典型境况是真的，那么革命来得实在是太迟了。假如，从另一方面来说，电影描述的是一个不寻常的、孤立的、非普遍性的情况……那么它对于共和国的名誉可是造成了不少的伤害。”② 而《时代周刊》的社论版则被狂热的反共产主义者亨利·卢斯（Henry Luce）所掌握，他讥笑道：“左翼分子在苏联政府由于饥荒失去了300万名农民时连眼都不眨一下，却为俄克拉荷马州的艰苦大哭一场。”③

当《愤怒的葡萄》在1940年1月上映时，那些异议很快被淹

---

① Joseph McBride, *Searching for John Ford*: *A Life* (New York: St. Martin's, 2001), 313.

② Eyman, *Print the Legend*, 224.

③ "The New Pictures," *Time*, 1940年2月12日。

没了。《纽约时报》评论家弗兰克·纽金特（Frank Nugent）——第二次世界大战后他将转行成为福特身边最多产的编剧——赞扬它“坚定地处理一个危险的话题……不能再好了，不然我们可能无法相信我们的双眼了”。[①] 基本不褒扬话题性电影的《综艺》杂志，写出了人们想看到的评论，说它“将那需要人文关怀的事形象化，结果令人震惊……这需要勇气、一大笔钱和约 55
翰·福特”来讲述这个故事。[②]《新共和》杂志带着惊讶的口吻写道，“世界上其他任何国家都没有制作出这么一部讲求真相的电影……公众都会去看这部电影。”[③] 即使是《时代周刊》也勉强让步地说道，“《愤怒的葡萄》可能是最好的改编自一本一般般的书的电影”。[④] 福特没有为宣传这部电影而接受太多采访，只透露他是由于被相似的事件——爱尔兰的土豆饥荒而打动，“他们把人扔到地上，让他们在公路上徘徊挨饿。也许这是其中一部分原因……这是我体内爱尔兰传统的一部分”。[⑤]

突然之间，卡普拉在电影产业中代表民粹主义良心的地位受到了福特的威胁，即使他毫无兴趣坐上这个宝座。1940 年春天《愤怒的葡萄》继续在全国上映，但他的心思完全不在好莱坞。回到 1934 年，为了重新点燃他 20 年来加入海军的梦想，福特购买了一艘 106 英尺长的船，将其命名为“亚兰纳”

---

① Frank S. Nugent, “The Screen in Review: Twentieth Century-Fox Shows a Flawless film Edition of John Steinbeck's ‘The Grapes of Wrath,’ with Henry Fonda and Jane Darwell, at the Rivoli,” *New York Times*, 1940 年 1 月 25 日。

② *Variety*, 1940 年 1 月 31 日。

③ *The Film Criticism of Otis Ferguson* (Philadelphia: Temple University Press, 1971), 282 -285.

④ “The New Pictures,” *Times*, 1940 年 2 月 12 日。

⑤ Peter Bogdanovich, *John Ford*, 修订和扩充版，(Berkeley and Los Angeles: University of California Press, 1978), 23。

(Araner)，向爱尔兰母亲的阿兰岛（Aran Islands）遗产致敬。[①] 这艘双轨纵帆船完美地迎合了福特将自己想象成一名随时准备匆匆离去的流浪海员的浪漫构思；也非常适合他所建立的俱乐部，这个俱乐部一开始被称作“年轻男士纯洁、彻底戒酒的斯诺克俱乐部”，然后又被命名为“翡翠湾游艇俱乐部”。这是一个需要缴纳会员费，只限会员参加的团体，成员是精力充沛的好莱坞朋友，他们平时聚到一起喝酒、聊天、享受蒸汽浴，有时会出去玩水，他们的任务是，正如福特所说，“宣扬为什么会酗酒”。他的戏谑并不是随口说的：福特有一段漫长的、疯狂的、自我毁坏的狂欢作乐历史，他常常会喝到断片，这一般发生在电影和电影拍摄的间隙，可以持续数天或者数星期，结局往往是朋友从酒店肮脏的床单上把他带走。那时候的他常常显得憔悴、营养不良，有时甚至要住院。“喝酒，”约翰·韦恩说道，“是杰克真正可以放松，不需要思考太多的途径。”[②] “亚兰纳”号是另外一种逃避的方式，它在 1934 年获得的海军任务对福特来说意义重大。

《愤怒的葡萄》制作完成后，福特和一些朋友，包括韦恩，登上了“亚兰纳”号，从圣佩德罗出发到瓜伊马斯，这是一个
56 得到巴加公海和加利福尼亚湾掩护的墨西哥港口。这期间，福特带着孩子般的急切为海军做了一些半官方的勘查，他负责寻找海岸附近的日本渔民并整理成档案，向海军在圣地亚哥的主要情报官报告。“一队日本捕虾船队正在抛锚，”福特写道，“这个船队的船员令人意外和困惑。这些来到岸上放松的船员穿

① McBride, *Searching for John Ford*, 200 - 201.

② Dan Ford, *Pappy: The Life of John Ford* (Englewood Cliffs, NJ: Prentice Hall, 1979), 112 - 119.

着裁剪优良的法兰绒、毛绒和粗花呢套装，从军事运输装备上下来……如果要选一个更恰当的词，我会选择武士或者军人阶层……我曾三度拜访日本，对这些研究得非常深入。我相信他们是海军人员……他们已经构成了真正的威胁。虽然我不是一名受过训练的情报官员，但我的职业要求我观察和做区分……我愿意以我的职业声誉做保证，这些年轻男人不是职业渔民。”[①] 福特收到来自海军的惯例性表扬信，这对于他的意义似乎大于任何一部电影。1940 年 3 月，当福特得知翡翠湾游艇俱乐部的伙伴梅里安·C. 库珀（Merian C. Cooper）正准备辞去在雷电华电影公司的执行官职位去帮忙成立飞虎队时——飞虎队是一支由美国飞行员组成的，和中国空军一起对抗日本的队伍——他向孙子丹·福特（Dan Ford）表示，（他对此）“心怀嫉妒”。[②]

那年 4 月，福特决定为海军做出更多的贡献。英国朋友的信触动了他，里面预言道“假如（德军）开始空袭，将是一场残忍的杀戮”，并且为英国和法国的“有意联合”作证。[③] 开始拍摄航海剧《天涯路》时，他和梅里安·库珀以及美籍西班牙人弗兰克·威德（Frank Wead）——一个由一战海军飞行员成功转行的编剧——起草了一份新的、组织“海军摄影组织”的官方提议。福特并非在幻想进行新的间谍侦查任务或驻扎海外；他知道在实地摄影小组（Field Photo）中的大多数人都如他妻子玛丽所形容的那样，“超龄、富有、永远不会被召集进军

① 约翰·福特给队长 Elias Zacharias 的报告，1939 年 12 月 30 日，以及来自 J. R. Defrees 的回复，1940 年 1 月 16 日，JFC。

② Ford, Pappy, 151.

③ Lord Killanin 写给约翰·福特的信，1940 年 1 月 12 日，JFC。

队”。① 相反，他的官方提议强调好莱坞的潜在价值，它可以进行一系列的宣传，展现“海军的力量、英勇、厚重、斗志昂扬以及出众的实力”。福特对于德国成功的宣传印象深刻，希望可
57 以“展示一个民主国家能够而且必须创造出一个更强大的战争机器……相对于一个独裁力量来说”。②

军队方面尚没有任何组建一支摄影制作分队的周密计划，以用来在即将到来的战争当中广泛部署；当时海军中没有人会想象到，一名中年平民电影人即将身处前线。福特的建议看上去只是简单地提供一种通过公关方式提升军队形象的方法。没有任何官僚作风的妨碍，他意外地很快得到了圣地亚哥的第十一军区司令部的许可，让其监督海军后备队的摄影人员，并且被告知要和《愤怒的葡萄》的摄影师格雷格·托兰德（Gregg Toland）和录音师埃德蒙·汉森（Edmund Hansen）一起运用各自领域的专业知识招募200名志愿者。③ 他们梳理了制片厂和处理室的员工名单，开始寻找电工、胶片冲印师、宣传摄影师、助理摄影师、研究技术员、剪辑师，联系任何能提供价值和经验的人，以及很多只有一腔热血的人。④ 这些人员将会在每个星期二晚上在福克斯的场地会面，用各种道具进行训练，并穿着制服。⑤ 丹·福特描写道，“一支由各种人组成的小队，看上去更像游艇俱乐部而不是海军……约翰就喜欢军事上的戏剧化效果……如无意外，这个小队中的每个人都会学习所有技能”。

---

① Eyman, *Print the Legend*, 251.

② McBride, *Searching for John Ford*, 320 - 322.

③ 来自 Bureau of Navigation to the 11th Naval District Commandant 负责人的便条，1940 年 9 月 7 日，JFC。

④ 实地摄影小组申请文件，10 号盒子，30 号文件夹，JFC。

⑤ 实地摄影小组申请文件，10 号盒子，30 号文件夹，JFC。

一个很早就被招募进去的人回忆道：“所有官员都要佩剑……我总是担心他那样到处挥剑会杀死某个人。”（由于福特的拇指患有关节炎，常常需要帮助才能把剑插入剑鞘。）[1]

福特对于海军的热情是认真的，但刚开始时实地摄影小组只是一项业余爱好——只不过是因为这位导演喜爱声势浩大，钟爱军服，希望和一群有相同想法的男人以一种类似兄弟会的方式聚首而已。那一切在 1940 年 5 月 10 日改变了，就在实地摄影小组被允许建立的数星期后，德军侵略了法国。这个小组不再是有钱人一项不用付费的爱好。福特现在负责的海军后备军，将在 18 个月后被召集并转为现役部队。

① Ford, Pappy, 151 - 152.

3 “你肯定没有意识到有一场战争正在进行”

好莱坞，1940 年 6 ~9 月

58 1940 年，6000 万美国人——超过美国一半成年人人口——每周都会去电影院。他们用售价 25 美分的门票换来的，是两部正片，一两部卡通片，一部历史或音乐短片，以及 10 ~20 分钟的新闻短片——短片每周播报来自福克斯、赫斯特（Hearst）、百代（Pathé）和时光流逝（The March of Time）等公司的新闻报道，是美国人在战争之前和期间获得相关消息的主要渠道。20 世纪 40 年代的电影院更倾向于宣传它们什么时候开门——以及更关键的是，有空调——而不是电影正片的实际开始时间。人们在影片播放时陆陆续续进来，找到座位坐下，一直把正片、短片全部都看完才离开。整个节目中间常常是没有空隙的，没有休息时间，而信息播报、娱乐节目、纪录片、重演剧和虚构电影之间也没有明确的分隔时间。对一些人来说，电影院是逃离生活烦恼的地方，但也是美国人首次直面这些烦恼的地方，它用连续的镜头给他们带来了报纸和电台无法比拟的生动、直接和难以抗拒的图像。

1940 年 6 月，上百万美国人在电影院里集体经历了法国沦
59 陷带来的震惊，镜头中街道上的纳粹士兵在行进，巴黎人民在哭泣，观众感觉到战争是如此之近，如此骇人。对很多看电影的人来说，波兰和捷克斯洛伐克是有着异域文化的外国，是地

图上一个遥远的点。但法国比它们近，比它们真实：它是查尔斯·博耶（Charles Boyer）和让·迦本（Jean Gabin）的国家，是浪漫爱情喜剧和性喜剧之乡，是精致品位之都。仅仅一年前，美国人才看着巴黎在《妮诺奇嘉》（*Ninotchka*）里融化了冰冷的格里塔·嘉宝（Greta Garbo），在《午夜》（*Midnight*）里把克劳德特·科尔伯特（Claudette Colbert）从一个平凡女孩改造为像样的男爵夫人。而现在，仅仅是 6 个星期的时间，全国的电影爱好者看着温斯顿·丘吉尔取代内维尔·张伯伦成为首相；他们挤满电影院，观看新闻短片竞相播放敦刻尔克成功大撤退的最好片段；他们听着丘吉尔面对国会下议院如雷贯耳的演说，“我们在沙滩上战斗……我们永不投降”；他们还目睹了德意志国防军占领巴黎。

所谓的静坐战结束了，而好莱坞则以经济忧虑和热诚的行动主义作为回应。如今看来，利润丰厚的欧洲电影市场确实在随后几个月开始萎缩。奉行干涉主义的援助盟国保卫美国委员会在 1940 年 5 月成立，它是一个反对继续实行国会在去年秋天通过的美国中立法的组织，并在好莱坞内获得扎努克、万格、戈尔德温和华纳兄弟等人的资助。几星期后，作家菲利普·邓恩（Philip Dunne）——电影编剧协会早期组织者之一——协助成立了电影委员会合作国防协会，这是好莱坞第一个致力于通过拍摄电影来支持战争的官方组织。在那个夏天，这个委员会由 8 个制片厂领导人在罗斯福及其核心集团心照不宣的允许下成立，低调活动，避免激起任何反垄断指控或者来自孤立主义者的煽动性谴责。委员会成员小心翼翼，避免使用“宣传”这个词。但这个组织已经做好准备，只要管理层正式要求，就会制作相关影片；为制片委员会效力的卡普拉代表导演工会，并同意只要有需要他将会亲自制作电影短片。[①]

60 那年夏天，华纳兄弟再一次让全国听到了他们的声音。丘吉尔发表演说的第二天，哈利·华纳在华纳的一个空置片场召集了超过3000名员工（以及一些好莱坞记者会的成员），进行了一次演说，用相似的措辞公开指责纳粹主义和共产主义，所有的极权主义政府，美国的反犹太主义和种族主义，孤立主义者和绥靖主义者。虽然他的用语有时慷慨激昂而相对不合逻辑，但它得到了可观的关注和全国的新闻报道。为免他的某些观点被其他电影厂忽略——很多电影制片厂并不像华纳兄弟那样，而是仍试图抓紧他们在被德国入侵的国家的生意不放——华纳迅速把演说词印成小册子，用“团结就能生存，分裂就会失败”作为标题，[②] 而且确保小册子不只被邮寄到他的同事和竞争者手中，还会被寄到专栏作家、国会议员、内阁成员和罗斯福手里。[③]

6月，华纳兄弟让威廉·惠勒重新回到他们的行列，说服塞缪尔·戈尔德温借出这位导演，好让他可以和《红衫泪痕》的主演贝蒂·戴维斯重新组队，这位明星当时对电影厂的“钱途”极其重要，以至于被开玩笑地誉为“华纳兄弟第五人”。[在当时，类似这种精巧的、私人化的人才交易很普遍，一年之后，杰克·华纳把戴维斯借给了戈尔德温好让惠勒可以在《小狐狸》（*The Little Foxes*）里再次做她的导演；作为交换，戈尔德温会把贾利·库珀借给华纳，并且免去杰克42.5万美元赌债

---

① Thomas Brady, “Films for Defense,” *New York Times*, 1940年12月1日。

② Warner Bros. Archives, University of Southern California, 以及WWA。

③ Michael E. Birdwell, *Celluloid Soldiers: Warner Bros.'s Campaign Against Nazism* (New York: New York University Press, 1999), 83.

中的一部分。][1]

惠勒和戴维斯的风流韵事据说随着他和塔丽的结婚而结束了，但二人都热切渴望再度合作。《香笺泪》是他们三度合作中最优秀的一次，电影讲述了马来西亚橡胶园中一名已婚妇女被控谋杀爱人的故事。凭借导演娴熟的技巧、主角出色的表演，它被视作那个时代在心理层面上最复杂尖锐的情节剧。但拍摄从一开始就伴随着不幸。戴维斯在拍摄的第一个星期发现自己怀孕了，由于不能确定谁是孩子的父亲，她保守了这个秘密并且堕了胎。在第三个星期，[2] 她向朋友倾诉，“我应该嫁给惠勒的”。[3] 她和惠勒对于角色的解读发生过几次意见分歧，她还曾一度离开摄影棚。最后，她说：“我按照他的方式来做了……是 61
的，我输了一场争吵，但我输给了一位天才……很多导演都太软弱以至于我要顶替他们的工作。毫无创意，对自己不够信心，害怕反击，他们丝毫没有这位专横暴君所给予的安全感。”[4] 戴维斯爱惠勒的炽热，爱他的时刻准备好在拍摄场地战斗，爱他那种据她所说和她一样的“你今天憎恨什么?”的态度。她也不介意他要重复拍摄一个又一个场景，她觉得这也反映了她自己的完美主义。

相反，杰克·华纳并不这么宽容。他的制片厂是一间工厂，如果第一次拍摄出了问题，重拍两三次也不碍事，但他不能容忍更多的次数。当他看到《香笺泪》的生产日报表上显示惠勒

---

① A. Scott Berg, *Goldwyn* (New York: Alfred A. Knopf, 1989), 357 -358.

② Ed Sikov, *Dark Victory*: *The Life of Bette Davis* (New York: Henry Holt, 2007), 167.

③ Whitney Stine, “I'd Love to Kiss You…”: Conversations with Bette Davis (New York: Pocket, 1991), 126.

④ Bette Davis, *The Lonely Life* (New York: G. P. Putnam's Sons, 1962), 204.

为了完成9个场景而进行了62次拍摄，他极其愤怒。“你是一名非常优秀的导演，没有人说你不可以用2～4次拍摄完成一个场景，选出你认为正确的那个……我不会让任何人造成我们破产，”他写道，“你肯定没有意识到有一场战争正在进行，不知道电影行业正处于非常糟糕的境况……我不赞成你的做法，必须立刻停止这样做。”①

华纳关于战争所说的话一定是戳到了惠勒的痛处。惠勒试图通过承诺资助来帮助他的亲人离开法国，但现在这些行为已经变得更直接，或者说更绝望了，他开始把大笔现金寄出国，希望这些钱可以用来贿赂维希（Vichy）的官员，让他们保护他的家人。② 他尝试了好几次，终于做出了一个礼貌、冷淡的回应。“请你相信我丝毫没有使你们破产的企图，”他回答道，“恰恰相反，如果我认为需要花上14个镜头来拍摄一个场景，我一定有非常充分的理由。我……在拍摄这部电影的过程中已经异常努力地兼顾速度和花费的问题（即使偶尔要为此牺牲质量）……假如你……至少让我看到你的怀疑能带来什么好处，我会认为你帮了一个大忙。”③ 惠勒克制地做出了回应，之后华纳再没有进行过干涉，而《香笺泪》最后花费了66.5万美元，比预算少了3.5万美元。惠勒一直都不知道他寄去法国的钱有没有到达该到的人手中，或者，这些钱到底是否起到过作用。

政治家们抓紧每个机会攻击电影产业，把它描绘成“红色

① 华纳兄弟电影公司日常进度报告，1940年6月26日，以及杰克·华纳写给威廉·惠勒的信，1940年6月27日，252号文件，WWA。

② Sarah Kozloff, “Wyler's Wars,” Film History 20, no. 4 (2008).

③ 威廉·惠勒回应杰克·华纳的手写稿，252号文件，WWA。

威胁”的中心。哈利·华纳以为公开把共产主义和纳粹主义画 62
上等号的言论能让他们息怒，但事实上这并不奏效。在过去的两年中，马丁·戴斯（Martin Dies）没有错过任何一次机会去指责好莱坞和它的领导者们带有反叛的政治倾向。[①] 戴斯是一个来自得克萨斯州的咄咄逼人的、不太聪明的、保守的民主党国会议员。在过去两年中，他管理着国会的第一届非美活动调查委员会，有时候在志趣相投的同事旁主持听证会，大多数时候充当委员会成员之一。1938 年，他发表了一段声明，列出了一系列被认为支持共产主义的好莱坞明星，名单中包括当时只有 11 岁的秀兰·邓波儿（Shirley Temple），这件事让他成了全国的、包括罗斯福管理层的笑柄。戴斯立即退回到安全领域，把自己的视野限定在调查纳粹和三 K 党骨干上。但在 1940 年 7 月，华纳发表演说的一个月后，他再次出现，这次还有一个目击证人——一个（微妙地）名叫约翰·里奇（John Leech）的原共产党官员和攀权者——他在一对一的证词中，提供了 42 个好莱坞名人的名单，声称这些人定期聚集在派拉蒙影业公司老板 B. P. 舒尔伯格（B. P. Schulberg）在马布里的家中“阅读卡尔·马克思的教义”。里奇证实共产党利用这些电影人对纳粹和反犹分子的恐惧来建立他们的忠诚。在他的名单中，最著名的名字包括菲利普·邓恩、詹姆斯·卡格尼（James Cagney）、亨弗莱·鲍嘉（Humphrey Bogart）。[②]

当名单被泄露并且在全国范围内报道后，戴斯宣布他要主持一个听证会，然后大摇大摆地来到了洛杉矶，把自己安顿在

① “Reply of Dies to President,” *New York Times*, 1938 年 10 月 27 日，以及“Ex-Rep. Martin Dies Is Dead,” *New York Times*, 1927 年 11 月 15 日。

② “Film Stars Named in ‘Red’ Inquiry,” *New York Times*, 1940 年 7 月 18 日。

比尔摩酒店，并且传唤了他的第一位证人。当鲍嘉到达自己律师的公司时，他惊奇地发现酒店会议桌前只有戴斯自己一个人。没有委员会，连指控者里奇也看不到踪影。鲍嘉告诉戴斯他不是共产党员，也不认识任何共产党员。当被要求说出那些人的名字时，鲍嘉回答道，除非看到党员名片，否则他没法说任何一个人是共产党员。戴斯继续逼问，鲍嘉保持冷淡和平静，什么也没有透露。听证很快结束了，新闻界开始转而反对这位国
63 会议员，说他的策略“令人厌恶”，戴斯仓促地宣布他找不到任何证据证实这位证人的指控。几天之后，他宣布听证会结束然后逃离了洛杉矶。①

这一幕，原意是使好莱坞的干涉主义者们惊恐，结果反而由于自身的无能而使他们更有胆量。约翰·福特丝毫没有动摇。有指控说他对《愤怒的葡萄》的改编带有亲共产主义的隐喻，但这一指控没有被证明成立。而随着电影继续吸引大量的观众，他开设了一间制片公司，第一次在自己制作的电影中获得了一定程度的独立性。他最新的项目融合了自己目前的两大热情所在，对大海的热爱和对纳粹的仇恨。《天涯路》，改编自尤金·奥尼尔以一艘商船为背景的四幕戏剧，标志着福特和他近期最亲密的合作者再度携手：《关山飞渡》的制片人沃尔特·万格、主演约翰·韦恩及托马斯·米切尔（Thomas Mitchell），《告密者》的编剧达德利·尼科尔斯，以及可能是最重要的格雷格·托兰德——《愤怒的葡萄》的摄影师。福特认为托兰德的表现主义手法对《天涯路》来说非常重要，还让导演和电影摄影师的名字出现在了同一张字幕

---

① A. M. Sperber and Eric Lax, *Bogart* (New York: William Morrow, 1997), 131 – 133.

卡片上。

奥尼尔和福特相差 5 岁——奥尼尔出生于 1888 年，而福特生于 1893 年——但两人之间有很多共同之处：他们的父亲都是爱尔兰移民者，都在美国得到了中产阶级级别的尊敬，他们都在新英格兰长大，而真名为肖恩·阿洛伊修斯·奥菲尼（Sean Aloysius O'Feeney）、[1] 父亲开沙龙的福特，和奥尼尔一样喜爱酒吧，他在成长过程中一直听身边的船员们边喝威士忌边讲故事。1914 ~ 1918 年，奥尼尔写了他的独幕剧四部曲，该剧亦称格伦凯恩剧，四部曲只稍微提及第一次世界大战。但福特和尼古拉斯在 1939 年曾告诉一名记者，在花费了“好多年”寻找一部可以让他们做出反法西斯宣言的电影后，[2] 他们决定在万格的认可下，把故事按现在的时势改编。

整体上看来，尼古拉斯把四幕剧改编成一部讲述一群最
优秀的酗酒者、梦想家和流浪者登上了一艘运载着炸药前往 64
英格兰的货船的电影，它所带有的悲哀的浪漫主义色彩深深吸引了福特。船上的生活像是永恒的：电影开头的字幕卡写着，“人类用他们的仇恨和欲望改变着地球的面貌——但他们改变不了大海”。而自始至终，福特始终忠于一个想法，那就是这艘船是朋友所有懊恼和欢乐的港湾，即使世界地图正在被重新绘制。消息从船上的收音机中传出，据说“另一艘船在德国的反坦克炮的攻击下爆炸”。一个名叫德里斯科尔（Driscoll）的船员被一名当地警察说成“中立者”，引起了一场争吵。他义愤地呼喊道，“我一生从未饰演过中立者角色！”

---

① Last Will and Testament of John Ford，1940 年 10 月 30 日，JFC。

② Matthew Bernstein, *Walter Wanger*: *Hollywood Independent* (Minneapolis: University of Minnesota Press, 2000), 167.

之后，格伦凯恩停靠在英格兰的码头，德里斯科尔和他的伙伴在浓雾覆盖的漆黑的夜晚中，被士兵俱乐部里透出的温暖和传出的音乐所吸引，却被告知“对不起，你们这些平民百姓不能进那里——那是给参加战争的伙伴的……离开这里……找别的地方进去吧。找个灯火管制下可以去的最好的地方”。在一个拍摄伦敦街道的镜头中，我们看见一个报童手中的海报宣告了德国入侵挪威——这条消息是在电影开拍仅仅 8 天前传来的。

尼古拉斯和福特以《天涯路》为傲（“你真是一个棘手的家伙，”尼古拉斯告诉他，“但你是一名出色而棘手的家伙——电影界的奥尼尔”）。① 之后不久，大部分好莱坞战争片都充斥着狂热的爱国主义，但《天涯路》清晰地宣告世界正陷入善与恶之间的争斗。奥尼尔的原剧把战争描绘成抽象的恐怖之物，相比之下电影迈出了更大一步。电影的基调是悲痛哀怨而非寻衅挑事的；主题可以很好地用德里斯科尔的恳求表达出来：“每一个角落里，人们都在黑暗中蹒跚前行。这个世界的一切光明都要熄灭了吗？”《天涯路》对于纳粹威胁的激昂而坦率的宣言让很多人大吃一惊，他们并未预料到好莱坞电影会如此直截了
65 当地谈论世界大事。多年以来他们习惯了《西线无战事》所集中表现的那种普遍的和平主义。只要一个国家里的重要导演变得无畏而不在乎可能随之而来的强烈抵制，其他导演也必然会跟随。“既然已经失去了国外市场，”一个评论家写道，“电影必然变得更加胆大。他们轻易说出‘纳粹’‘法西斯主义者’‘里宾特洛甫’，就像在说鸡尾酒的名字一样。”② 另外一则评论

① 达得利·尼科尔斯写给约翰·福特的信，约 1940 年 4 月，JFC。

② “Cinema: Unpulled Punches,” *Time*, 1940 年 10 月 28 日。

是关于福特电影里的高潮镜头的，在镜头里面格伦凯恩的船员遭到了德军机关枪和斯图卡俯冲轰炸机的攻击。他写道，福特已经达到了“现实主义的最高峰。”①

弗兰克·卡普拉也急于拍摄一部“宣言”电影，他只是尚未确切知道自己的宣言是什么。从很多方面来说，《约翰·多伊》（*Meet John Doe*）这部拍摄于1940年夏天的电影，是他开始于《迪兹先生进城》（*Mr. Deeds Goes to Town*），继续于《史密斯先生到华盛顿》（*Mr. Smith Goes to Washington*）的三部曲的终结。电影让卡普拉与他的迪兹先生（扮演史密斯先生的第一人选）——贾利·库珀，以及《迪兹先生进城》的编剧，断断续续一起工作了10年的罗伯特·里斯金再度合作。他们的新项目，原名《约翰·多伊的生与死》，讲述了一个涉世未深的普通人直白地表达他对于见利忘义的固有利益集团的反对的故事。电影是卡普拉新公司的第一部电影，他和华纳兄弟为这部电影共同筹资，他向和他关系良好的美国银行②借了75万美元（银行多年以来是卡普拉的旧东家哥伦比亚电影公司的主要资金来源）——里面的1/3作为他的薪水。

几十年后回顾《约翰·多伊》的拍摄，卡普拉承认那是他工作生涯里第一次感到他要证明一些东西。即使获得过三次奥斯卡，但每当他觉得观众认为他的电影只供消遣，而不像福特拍摄的电影一样可以毫不妥协地处理社会议题，卡普拉总是被激怒。“我的自负需要——不，要求——有品位的批评家喝彩，”他写道，“‘卡普拉电影’的锋芒毕露戳穿了我外在的保

---

① *Variety*，1940年10月9日。

② Joseph McBride, *Frank Capra: The Catastrophe of Success* (New York: Da Capo, 1997; originally published 1971), 297 – 303.

护层。《约翰·多伊》意在赢得批评家的认同。”[①] 为此，卡普拉和里斯金策划了一个错综复杂的故事，探讨的范围从新闻界
66 的力量到州和市政府的腐败，从美国法西斯运动兴起的可能性到总统的政治操控，以至于没有人，包括他们二人，可以弄明白他们想和谁对质，或者他们想探讨的论题是什么。

《约翰·多伊》由一份报纸拉开序幕，上面的标语值得敬仰——“自由之人的免费新闻”——报纸被丢弃，而报社由于更换了拥有者而进行大裁员。这一幕简单地建立起电影主要但模糊的主线——标准正在下降，美国人的自由岌岌可危，甚至基本的原则（在开始的镜头里）都被碾压为尘土。被解雇的记者包括芭芭拉·斯坦威克（Barbara Stanwyck）扮演的专栏作家，她为了拯救自己的工作使出最后一招，假冒一个愤怒的普通人给报社写了一封信，抱怨由于“虚伪的政治”“整个世界都要垮掉了”，还威胁除非事情有所改变，否则她要从市政厅楼顶跳下去。斯坦威克把它发展成一个定期专题，“我以约翰·多伊的名义抗议，”多伊抱怨道，“抗议世上所有的邪恶！人类对人类的不人道！”她需要一个可以教育的助手——“一个可以闭上嘴的美国人”——来扮演专栏上的那张面孔。这时候，由库珀饰演的名叫威洛比的倒霉的前棒球运动员进来了——“人类中的废物……缺乏想法”，卡普拉形容道——他刚好需要一份工作，因此同意扮演多伊。在接下来的过于繁缛的“大杂烩”中，卡普拉用轻松而粗俗的方式抨击了太多目标——民主党和共和党（说他们串通勾结），使人失业的公

---

① 这一句以及本章接下去的对卡普拉话语的引用均来自 Frank Capra, *The Name Above the Title: An Autobiography* (New York: Da Capo, 1997; originally published 1971), 297-303。

司，以及新闻媒体。由于剧情需要，他们被卡普拉描绘成有见识的怀疑者，或是轻易被动摇的乌合之众。随着剧情推进，在库珀的信条的启发下（“成为一个更好的邻居”“可以拯救这个荒唐的世界”，呼应了《史密斯先生到华盛顿》中的一句台词），成千上万的约翰·多伊涌现。很快，约翰·多伊党成立，一个正独立发展的第三党可能会竞选总统，破坏现状。

这到底是好事还是坏事，《约翰·多伊》一直避免正面回
答。“希特勒的高压手段胜过了民主政治，这点很吸引人，”卡 67
普拉写道，“美国几乎没有什么‘独裁者’涌现……而‘新浪潮’是血腥的权力！里斯金和我会用当代的现实来让批评家大吃一惊：仇恨的丑陋面貌、穿红白蓝制服的偏执者、愿景幻灭的苦恼和乌合之众狂野黑暗的热情。”但卡普拉始终挥之不去的是他所在年代对墨索里尼的敬仰。在电影里，他和里斯金通过高度赞扬一个理论上的普通人来表现他们对于一个可能的独裁者——在这个故事里是一个报业巨头——有多容易对群众施以催眠术而感到震惊；影片结尾漫不经心地暗示道，任何容易受影响的百姓都是不能被信任的。而“多伊”则如评论家安德鲁·萨里斯（Andrew Sarris）在 20 世纪 60 年代所写的，是“一个赤裸裸的法西斯主义者，不信任任何想法和教义，但相信普通人内在的奉从主义”。①

《约翰·多伊》与其说是一个故事，不如说是卡普拉在拍摄时过于痴迷和难以捉摸的政治冲动的写照。他把故事里容易受骗的美国人和他电影的潜在观众混为一谈，把他们称作“我的约翰·多伊”，这大概是电影不幸命运的预兆。但他并不需要

① Andrew Sarris, *The American Cinema: Directors and Diretions, 1929 - 1968* (New York: Dutton, 1968), 87.

观众的意见；在开始制作前他就知道自己有麻烦了。“前两部电影相当不错；第三部是一个累赘，”他写道，“我们自作自受：为了让重要的评论家相信不是每部卡普拉的电影都是波利安娜（Pollyanna）写的，里斯金和我把自己写进了死胡同。”或者，更准确地说，是写上了一个屋顶：卡普拉和里斯金知道电影的结局必然是“约翰·多伊”兑现他的承诺，从一幢建筑物的屋顶跳下来，但他们都不知道怎么把他从这个困境中解救出来。卡普拉一度打电话给朱尔斯·福瑟曼（Jules Furthman），一个自 1915 年就开始获得赞誉的经验丰富的编剧，希望他考虑帮忙改写。福瑟曼拒绝了。“你们没法为你们的故事找到一个结局，”他告诉导演，“是因为你们从一开始就没有故事可言。”

卡普拉对自己故事的不确定恰恰发生在最不恰当的时候。拍摄《约翰·多伊》的那个夏天和秋天，美国电影院突然涌现了一批明确知道自己想说什么和怎样去说的电影。查理·卓别林（Charlie Chaplin）的《大独裁者》（*The Great Dictator*）成为第一部讽刺希特勒的重要好莱坞电影。《致命风暴》终于开拍，
68 尽管米高梅公司在其剧本中不愿意点明德国和希特勒的名字，但《综艺》杂志依然说它是“至今为止最有效表现极权主义思想的电影……融娱乐和民主宣传于一体”，[1]《纽约客》杂志把它看成第一部在反抗希特勒方面“可以被视为具有极大重要性”的电影。[2] 联美公司引进了一部名叫《牧师礼堂》（*Pastor Hall*）的英国剧情片，该片讲述了一名爱好和平的牧师由于抵抗纳粹党员对他的小村庄的蹂躏而被关进集中营的故事，影院

---

① *Variety*，1940 年 6 月 12 日。

② John Mosher，“The Current Cinema：A German Story，” *New Yorker*，1940 年 6 月 22 日。

在放映时还播放了一段埃莉诺·罗斯福（Eleanor Roosevelt）的介绍短片。在美国开始在和平时期征召21~31岁男人入伍的同一天，派拉蒙影业公司放映了《时代儿女》（*Arise*，*My Love*），这部电影讲述了一名欧洲战地记者（克劳德特·科尔伯特）和一名士兵［雷·米兰德（Ray Milland）］之间的浪漫故事。比利·怀尔德（Billy Wilder）的剧本公然表示美国对于希特勒的崛起的无动于衷在道德上是邪恶的。派拉蒙影业公司出于谨慎，坚持拍摄“保护性镜头”来缓和电影中大量明确的反希特勒对白以便在海外放映，[①] 但既然制片厂在欧洲的市场已经走到尽头，好莱坞没有什么可以再失去了。未经处理的版本广泛流传，观众可以听到米兰德提到希特勒和德国，“我们会再给这些大家伙一击。战争正在来临，我可以嗅到它的味道”。电影最后一句台词直接催促美国人“坚强些，站直身子，在上帝的天空下对所有人说，‘好吧——该用谁的方式生活，你们的还是我们的’”？

“过去被轻浮地回避或绕开的主题，在相对不那么危险的最近，于银幕上带着超常的热情和坦率一起被提出来，”《纽约时报》写道，“电影迅速承担起这个危机时代注定会赋予它们的角色。”[②] 拍摄完《约翰·多伊》的那个星期，对伦敦的轰炸开始了，卡普拉依然不知道电影该怎样结束。

---

① Kevin Lally, *Wilder Times*: *The Life of Billy Wilder* (New York: Henry Holt, 1996), 94.

② Bosley Crowther, "Propaganda – Be Prepared: 'The Ramparts We Watch' 'Pastor Hall,' 以及 Other Current Films Provoke Thought upon an Inevitable Trend," *New York Times*, 1940年9月22日。

4 “一条信息有什么意义?”

好莱坞，1941 年年初

69 比尔摩酒店的一个正装宴会上，威廉·惠勒站在台上，耐心地等待着被羞辱。那是 1941 年 2 月 27 日，第 13 届奥斯卡颁奖典礼的晚上，他 5 年内第 3 次以提名者的身份出席。他的电影——11 月上映的《香笺泪》获得了广泛赞誉，惠勒和贝蒂·戴维斯二人均获得了提名。但当晚当他和塔利在开车前往颁奖典礼的时候，他们都清楚今晚很可能并不属于他。没有预料到的是，当弗兰克·卡普拉走上颁奖台准备说话时，等待着他们的是始料未及的当众难堪。卡普拉此前一直在剪辑室里为《约翰·多伊》忙碌，可能因为实在是太忙碌了，他没有时间考虑一下自己即将要做的事将会多么失礼。宣布最佳导演的时候，他决定打破传统，不宣读候选人名单，而是把他们全部叫上台，让这些导演在全场观众面前互相握手。

惠勒离开妻子身边，一脸严肃地离开自己的桌子，加入他的对手们——凭借《蝴蝶梦》（*Rebecca*）第一次被提名的阿尔弗雷德·希区柯克，在《女人万岁》中为金格尔·罗杰斯执导的经验丰富的山姆·伍德（Sam Wood），以及有望凭借《费城故事》（*The Philadelphia Story*）获胜的乔治·库克（George Cukor）。四名导演陆续到位，互相轻声说着客套话，卡普拉打
70 开了信封，宣告最佳导演的获得者是唯一提前表示毫无兴趣露面的约翰·福特和他的《愤怒的葡萄》。当时福特已经完成了

为二十世纪福克斯电影公司拍摄的另一部电影，该电影改编自经久不衰的百老汇戏剧《烟草路》（*Tobacco Road*）。福特已经告诉所有人，输或赢，他都要和当年另一名提名者——《愤怒的葡萄》的主演亨利·方达去墨西哥远航。“只要鱼儿依然上钩”,[①] 他的诺言就仍然有效。当达里尔·扎努克上台为他领走小金人时，惠勒和此时台上的伙伴们都尴尬地走下台阶，如塔利回忆的，“灰溜溜地回到了自己的座位上”。[②]

当福特的一名同事向他发去电报，祝贺他获得第二个奥斯卡奖时，这位导演却严肃地回应道：“在这种时刻奖项只是琐碎的东西。”[③] 这基本上是在摆姿态；实际上，福特如卡普拉一样充满对认可和荣誉的渴望，至少是同样热衷于塑造自己的声望。(就在颁奖礼前不久，他批准福克斯的出版物以报道为幌子发表了一个头版故事《约翰·福特的电影口碑票房双赢》；很多发行量较小的报纸将这篇报道当作新闻来报道，这在当时很平常。)[④] 他之所以决定不参加当年的奥斯卡颁奖典礼很可能有两个原因：一是和当时业内一个普遍的预测（结果显示也是正确的）有关，那就是《蝴蝶梦》将会打败《愤怒的葡萄》赢得最佳影片奖；二是欧洲正处于水深火热之中，而此时参加这种集体的自我庆祝的典礼显得并不合适。此外，也可能是考虑到《烟草路》收到的令人难堪的评价，他乐于短暂地离开这个国

① Mason Wiley and Damien Bona, *Inside Oscar*: *The Unofficial History of the Academy Awards*, 10th anniversaty ed. (New York: Ballantine, 1996), 109 - 111.

② Jan Herman, *A Talent for Trouble*: *The Life of Hollywood's Most Acclaimed Director*, *William Wyler* (New York: Da Capo, 1997), 216.

③ Wiley and Bona, *Inside Oscar*, 111.

④ *Brooklyn Citizen*, 1941 年 3 月 22 日。

家。《烟草路》是一部荒诞不经的讲述美国南方佃农故事的电影，福特本人在这部电影中并没有太大的发挥。[1] 它对于贫穷地区和家庭挣扎的现实写照如《愤怒的葡萄》一样真实和尖锐，但尚不清楚为何福特在一开始会决定执导这部电影，以及为什么如此迅速而草率地拍摄了它。

心烦意乱可能是一部分原因。即使是在拍摄期间，他都把更多的时间和精力投入为战争做准备。在这方面，他有一个志同道合的伙伴扎努克，他长久以来的上司，一个现在他更愿意称之为“上校”的人。那个 1 月，扎努克接受了一个任务——
71 作为通讯部的储备中校以及学术研究委员会的主席，监督四部训练影片的拍摄。扎努克站起来只有 5 英尺 2 英寸高，这让他倾向于表现出来的精力旺盛的特点显得滑稽；福特有时会把他称作“达里尔 · F. 滑稽”。[2] 而扎努克则会取笑这个导演的焦虑习惯——他在工作的时候会咬一块湿漉漉、破破烂烂的手巾。但这两个男人都有一种共同的感觉，那就是美国参与战争这一点迟早要成真，并且参与的程度将超出大多数同事的预期。当扎努克让福特监督通讯部的一部指导电影的制作时，福特毫不犹豫地答应了。

这简直是最不可能由福特拍摄的一个主题了。官方训练电影 8 - 154 是一部由通讯部、学院和军医总监办公室联合制作的电影，名为《性卫生》（*Sex Hygiene*）。这部直白的、只适用于应召入伍士兵观看的纪录片，讲述年轻的军人在接触到了梅毒

---

① Claudine Tavernier 于 1966 年对福特的采访，重印于 Gerald Peary and Jenny Lefcourt, eds. , *John Ford Interviews* (Jackson: University Press of Mississippi, 2001), 101。

② Dan Ford, *Pappy: The Life of John Ford* (Englewood Cliffs, NJ: Prentice Hall, 1979), 97.

和淋病之后应该怎样做，影片充满了裸露镜头和口味很重的对软下疳的近镜拍摄。福特本人在性方面却是循规蹈矩的：他与一个女人结婚超过 12 年，虽然偶有对女主角的浪漫冲动，但众所周知他的弱点是酒精，而非女人。但无论他如何不喜欢这个主题，他都必须要么克服它，要么将它转化为一种生硬的坦诚的语言：《性卫生》就是一部充满着对话的电影，讲述与“被污染的女人”接触的危害，使用避孕套（还有测试它有没有漏）的重要性以及男人为了“满足性冲动”而面临的后果，里面尽是福特那严厉的天主教说教，包括一个值得一提的主张——任何让士兵在性上随意享受的女人都“很可能”携带疾病。

虽然这部时长 26 分钟的《性卫生》基本通过坦率直白的
方式传递它的信息，但依然可以通过这部电影精致的结构察觉
出它出自福特之手——它展现出一群士兵正在观看一部性卫生
知识指导片，而福特在故事主线和电影中的电影二者之间无缝
切换。他把镜头对准士兵观众，用近镜按顺序记录每一个士兵 72
的脸，士兵们则慢慢接受关于自己身体的一些残酷的事实，一
些“大多数男人比了解自己的坐骑……更不清楚的事实”，那
个不苟言笑的演讲者说道。而福特似乎旨在利用一个尖锐的警
告结束这部电影，他通过一位医生之口告诉那些男孩，再没有
什么比在醉酒时做出的决定更加可能将士兵的健康置于危险境
地。“扎努克……告诉我：‘这些孩子需要被教导这些事……你
介意做这件事吗?’”福特告诉皮特·博格丹诺维奇（Peter
Bogdanovich），“这很容易做到，我们在两三天内就拍完了。不
能公映确实很糟糕。我们可以做任何需要做的事——我们有那
么多带着性病或其他病的人在那里。我相信它表达了该表达的

东西，帮助了很多年轻的孩子。我看这部电影的时候吐了。”①

福特同时也在更认真地履行着作为实地摄影小组负责人的职责。他从各个制片厂搬来相机和音响设备，把花费了数月招募而来的摄影师、编辑、声控人员分成 9 个独立的单元，为海军军械库的人安排训练课程。1 月，他为实地摄影小组拟定了一份预算提议，建议海军方面在第一年分配 500 万美元，第二年 300 万，第三年 200 万，用在他相信需要长期投资的东西上。此外，他还为预留用于新相机开发的基金做了贡献，这种相机专为海上战斗而设计，能够承受日常的损坏。② 福特还让他那位多少有点明星情结的圣地亚哥海军上级再安排他和“亚兰纳”一起在马萨特兰海岸执行准间谍任务。③ 这个三个星期长的任务看上去确实不像是紧急的国家安全事务，但和他想在奥斯卡期间出去钓鱼的计划吻合。

对于惠勒来说，奥斯卡的失意是一个令人扫兴的结局，意味着他在秋天和冬天投入的项目最终换来一场空。此时他正进入和戈尔德温签约的第 6 年。在为这位固执、反复无常的制作人工作了一年后，惠勒写过一封信恳求他，既然二人都不开心，不如中止他们的合约。④ 从那时起，他们紧张的、备受考验的
73 关系，即使不是成熟了，也至少加深为一种对双方价值的互相尊重和理解。戈尔德温拥有资金并且愿意去为他最好的导演购买优秀作品的版权，且不会强迫他像个电影厂的驴子一样一年

① Peter Bogdanovich, *John Ford*, revised and enlarged ed. (Berkeley and Los Angeles: University of California Press, 1978).

② 约翰·福特写给梅里安·C. 库珀的信，1941 年 1 月 24 日，JFC。

③ *Araner*: Joseph McBride, *Searching for John Ford: A Life* (New York: St. Martin's, 2001), 274.

④ A. Scott Berg, *Goldwyn* (New York: Alfred A. Knopf, 1989), 289.

拍摄三部电影。而惠勒自身拥有极大的影响力，用他朋友莉莉安·海尔曼的话说，惠勒是“在戈尔德温这棵大树下唯一……不是疯子的人”。[①]

1940 年，惠勒准备开始拍摄一部改编自海尔曼的百老汇戏剧《小狐狸》（*The Little Foxes*）的电影，戈尔德温为此设法从华纳兄弟电影公司挖来了贝蒂·戴维斯。但到了 9 月，海尔曼改编的台词还没有准备好。就在惠勒无所事事的时候，他发现自己成了戈尔德温和另外两个电影公司策划的一场复杂交易中的棋子。为了得到戴维斯，这位制作人同意把惠勒和贾利·库珀借给华纳兄弟电影公司拍摄《约克军曹》（*Sergeant York*），一部关于一个和平主义者成为第一次世界大战时期最勇敢的英雄的电影；哈利和杰克·华纳相信它作为传记片，拥有一切该有的元素，能够勾起人们为国家而战的光荣感的回忆。库珀是《约克军曹》的完美人选；而惠勒，这个早就表现出了没有动作片天分和沙文主义品味的人，却并非如此。惠勒一接到任务，意识到剧本距离可以拍摄的版本还差好几个月的工作——他的朋友约翰·休斯顿正要被调到国外去做另一个改写——惠勒恳求免除这个任务。不到一个星期，戈尔德温又把他借了出去，这次是借给了二十世纪福克斯电影公司，那里的扎努克提供 8.5 万美元的薪水让惠勒执导《青山翠谷》。[②]

这一次，惠勒非常热情：比起《约克军曹》，理查德·卢埃林（Richard Llewellyn）这部刚刚出版、关于威尔士煤矿小镇的小说，以及扎努克对此部作品的野心更贴近惠勒的期望。大

---

① A. Scott Berg, *Goldwyn* (New York: Alfred A. Knopf, 1989), 269.

② 二十世纪福克斯电影公司写给威廉·惠勒的合同便条，1940 年 9 月 26 日，221 号文件，WWA。

卫·O. 塞尔兹尼克凭借《乱世佳人》打破的记录令每个电影公司都壮了胆，这部电影在上映9个月后依然是美国影院最受欢迎的电影。最初惠勒和扎努克似乎都打算将它制作为一个高预算、4小时长的运用彩色技术的改编剧，用以和塞尔兹尼克的作品抗衡。但在惠勒出国前，扎努克那边就已经出现了问题：后者决心要反对任何试图将电影变为争取工人权利的武器的主
74 意，以至于他无视了一个事实——在这部由卢埃林创作的、500页长的畅销书中，最激动人心的、最戏剧化的情节正是围绕着矿工们为不受保障的工作条件而抗争的事件。福克斯在夏天拒绝了一份由作家欧内斯特·帕斯卡（Ernest Pascal）创作的剧本草稿，这个版本强调了小镇工人的动荡。扎努克很可能认为，在这么一个全美国对英国的同情心达到最高点的时候，不能将英国矿工们表现为反面人物，但他同时也抱怨帕斯卡的剧本将小说变成“一个劳工故事和一个社会学问题，而不是一个伟大的、温暖的、人性化的故事……劳工问题只应该作为一个背景出现……这不是一部宣扬改革的电影”。①

奇怪的是扎努克对此做出的改变却是将帕斯卡换成菲利普·邓恩，邓恩是美国导演工会的创办人，活跃的好莱坞左派成员，并且可能是行业内最精力充沛的亲劳工作家。在1940年的最后3个月里，邓恩和惠勒一起合作，每天斟酌如何将一个时间跨度为60年的故事压缩成可以拍摄的剧本。邓恩不断写了又改，而惠勒则将书从头到尾看了一遍，草草写下对白、道具、

---

① Story conference memo by Zanuck，1940年5月22日，重印于 Rudy Behlmer, ed.，*Memo from Darryl F. Zanuck*：*The Golden Years at Twentieth Century - Fox*（New York：Grove，1993），40。

姿势，甚至是他期待出现在最终电影中的颜色。[①] 由于拍摄定于 1941 年年初，因此他亦专注于选角。每个角色都有长长的备选演员列表，从劳伦斯·奥利弗（Laurence Olivier）和亨利·方达到梅尔·奥勃朗（Merle Oberon），从杰拉丁·菲茨杰拉德（Geraldine Fitzgerald）到艾达·卢皮诺（Ida Lupino）。但在挑选主角“休”时，惠勒却早早做出了决定。福克斯的卢·施赖伯（Lew Schreiber）给他写信，说有一个 12 岁的“叫作罗迪·麦克道尔（Roddy McDowall）的男孩”最近和父母从英国逃亡到这里并且进行了一次试镜。惠勒看了试镜片段便在选角名单的“休”下面简单地写道，“那个英国小避难者”。[②]

选择麦克道尔将会被证明是《青山翠谷》获得成功的基本因素之一，但在其他方面，扎努克处处与邓恩及惠勒作对。鉴于战争造成世界电影市场收缩，扎努克此刻打算放弃原先的史诗般宏大的电影计划。当邓恩交给他一份 260 页的初稿时，他感到非常惊骇。[③] 扎努克与惠勒也争吵不断，这是由于惠勒本身对编剧经验的缺乏（“威利一句台词也写不出，但他知道你可以做什么”，邓恩说道），[④] 再加上扎努克将自己想象成一个 75
故事结构专家，因而争执无可避免。很多个星期以来，他一次又一次用拒绝来打击惠勒：他和邓恩对故事的缩减和精炼不够高效；劳工动荡问题所占比例依然太大；他们心目中的电影依

---

① 惠勒的私人手写注释版《青山翠谷》，202 号文件，WWA。

② 二十世纪福克斯电影公司的卢·施赖伯写给威廉·惠勒的便条，以及惠勒的手写笔记，217 号文件，WWA。

③ 菲利普·邓恩剧本的草稿，1940 年 8 月 23 日，以及 1940 年 11 月 11 日，207 号文件，WWA。

④ Philip Dunne, *Take Two: A Life in Movies and Politics* (New York: McGraw-Hill, 1980), 93.

然冗长昂贵得没法拍摄；书中温和、谦卑的品质流失了。

即使当惠勒将邓恩的剧本删减成形时，他还是感到丧气。“把这个剧本缩减到一个适合的长度是一个非常简单的工作，”扎努克告诉他，“而我相信此刻我的判断比你的更贴近观众的观点。”[①] 同时，惠勒自己的助理也争辩道，他的流水账导致故事“平缓甚至沉闷……那些留在故事里的人物……丝毫不能令人兴奋，毫无色彩”。[②] 邓恩在再次修改了草稿后收到了一张字条，上面写道：“依然感觉缺少悬疑。每一个片段自身都很有趣但……故事从来没有到达过高潮。”[③] 12 月，扎努克采取了更严厉的措施，他告诉邓恩和惠勒“目前为止依然未能完成多个星期前计划好要做的事……不得到些帮助你们永远不可能达到目标……你们被给予了足够多的机会，即使是你们自己也必须承认，目前结果看起来不尽如人意……看来是时候停止扮演我一直以来不干涉的角色，再次参与到创作中来……这是我唯一知道的可以制作出这部电影的方式”。[④]

惠勒终于受够了，他回信说道：“我必须要求你在品味方面控制一下你的干涉。我惧于你对这个剧本的攻击是因为显然你有最终决定权……但你和我有截然不同的讲故事风格，而我非常诚实地告诉你，我认为在这一点上，我更胜一筹。在我开始为你工作之前，我为你表面上对这部电影的热忱而极度激动。

---

① 达里尔·扎努克写给威廉·惠勒的便条，1940 年 11 月 14 日，222 号文件，WWA。

② 弗雷达·罗森布拉特（Freda Rosenblatt）写给威廉·惠勒的便条，1940 年 11 月 18 日，214 号文件，WWA。

③ 弗雷达·罗森布拉特写给威廉·惠勒的便条，1940 年 12 月 28 日，214 号文件，WWA。

④ 达里尔·扎努克写给威廉·惠勒和菲利普·邓恩的信，1940 年 12 月 6 日，222 号文件，WWA。

(但) 假如要我按照你所有的指示去执导一部电影，恐怕我就不是一个好导演了。”[1]

从来没有人告知惠勒他被解雇了；一天，当他来到片场，他遇见一个执行官才得知电影被取消了。[2] 惠勒感到非常震惊，因为他终于开始觉得剧本有点像样了。不过他还是回到戈尔德温身边去继续为《小狐狸》做准备。奥斯卡颁奖典礼后不久，他听说扎努克决定无论如何也要继续拍摄《青山翠谷》，约 76
翰·福特将会是导演。菲利普·邓恩被叫去参加了一个会议，会议上福特“咬着他的手巾”告诉邓恩，他的剧本糟糕透了。[3] 然后福特基本上没有做任何改变便把它拍出来了。

比尔摩酒店的奥斯卡之夜，关于战争的讨论充斥着整个宴会，而好莱坞史无前例地决定参与讨论。领奖人表现出了一种致力于参与的决心，而非逃避。那一晚以罗斯福总统致晚会的无线电广播演说开场，罗斯福赞扬了电影行业的社会责任感以及为国家防御募集基金的领导能力——这是对这个近期正遭受密集火力攻击的行业的一种欢迎和认可——然后敦促每一个人支持租借法案。当极具煽动性的《时代儿女》——它明确地请求美国对战争给予关注并采取行动——被授予最佳原创故事奖时，两位得奖者之一，本杰明·格雷泽（Benjamin Glazer）在领奖台宣布他的合作伙伴约翰·托尔迪（John Toldy）由于使用了假名而无法出席，后者其实是一名奥匈裔的犹太人，名叫汉斯·塞凯伊（Hans Szekely），正在躲避纳粹分子的追捕。一个特别的奥斯卡

① 威廉·惠勒写给达里尔·扎努克的手写草稿信，1940 年 12 月（未标明日期），221 号文件，WWA。

② 威廉·惠勒写给达里尔·扎努克的便条，1940 年 12 月 20 日，222 号文件，WWA。

③ Dunne, *Take Two*, 97.

奖项被授予内森·莱文森（Nathan Levinson），一名录音师，以表彰他在协助制作军事训练电影中为整合好莱坞资源做出的贡献。① 对于英美团结的表达也无处不在——在讲述伦敦被包围的最佳短片提名之一《伦敦可以坚持》（*London Can Take It*）中，在最佳电影《蝴蝶梦》中，以及获得3个奥斯卡奖的制作人亚历山大·柯达出品厂的《巴格达大盗》（*The Thief of Bagdad*）中，它也是当年获奥斯卡奖项最多的电影。这部视觉效果出色的彩色神话历险片最初在英国拍摄，但在闪电战开始后被迫中止，随后转移到好莱坞继续拍摄。电影的年轻演员约翰·贾斯汀（John Justin）刚刚加入英国皇家空军，成为飞行教练员。②

弗兰克·卡普拉为颁发最佳导演奖而将候选人们都召集上台的那晚，他已经在为尚未完成的《约翰·多伊》担心了。他曾期望《约翰·多伊》能够成为下一部《愤怒的葡萄》，现在却可能要成为，用他自己的话来说，"令美国大失所望之作"。③ 早在4个月前他和里斯金就完成了制作，但他们一直未能解决结局问题。里斯金认为贾利·库珀饰演的主角应该要兑现他的
77 自杀承诺，但被卡普拉以结局过于黯淡为由立即驳回，后者说道，"不能杀死贾利·库珀"。④ 相反，他们尝试了另外一个结局，在里面当库珀试图发表一场激动人心的演说时，麦克风被

---

① Wiley and Bona, *Inside Oscar*, 109 – 111.

② Andrew Moor, "'Arabian' Fantasies," supplement to Criterion DVD release of *The Thief of Bagdad*.

③ Frank Capra, *The Name Above the Title: An Autobiography* (New York: Da Capo, 1997; originally published 1971), 304.

④ Richard Glatzer 对卡普拉的采访，1973 年，重印于 Leland Poague, ed., *Frank Capra Interviews* (Jackson: University Press of Mississippi, 2004), 119。

切断了，群众转而对他表示了反对。在那个版本中，《约翰·多伊》以一位报纸编辑的冷言嘲笑结束：“很好，孩子们，你们可以把刽子手的角色套到另一个人身上。”参与试映的观众恨死了这个结局。

对于卡普拉来说，还有比他的自尊更危如累卵的东西。他将新房子抵押了，用来为公司的电影处女贷款。而且他还不止一次抱怨过，由于政府拿走他去年挣的 30 万美元中的 80% 作为收入所得税，他几乎要破产了。[①] 卡普拉无法承受《约翰·多伊》的失败，因此 1 月的时候，他把主演们重新召集过来，拍摄了一个新的结局。电影的主要反面角色，一个法西斯主义出版商，意识到了自己的错误并且放弃了坚持。卡普拉这是故技重施，一如在《史密斯先生到华盛顿》结尾处突兀的改写——由克劳德·雷恩斯扮演的受贿议员突然崩溃。这正是那种卡普拉认为的，能让评论家们不会太严肃地看待他的那种最后一分钟情感大逆转。奥斯卡颁奖之夜，这个版本正在等待着几天之后的首次试映。

一直到死，卡普拉都公开坚持《约翰·多伊》最终为他赢得了他长久以来努力争取的尊敬，但事实并非如此。这部电影恰恰极不幸运地遇上了刚看过奥森·威尔斯（Orson Welles）的《公民凯恩》（*Citizen Kane*）的评论家们。卡普拉对于灵魂腐朽的报业巨人的描绘，无可避免地相形见绌。但除了时机之外，卡普拉这次的执导和他的想法都受到了那些喜欢《公民凯恩》的人的攻击。《综艺》杂志首次写道：“与其说这位导演是讲故事的人，不如说他是狂热者……人造的故事结构是这部电影制

---

① Capra, *The Name Above the Title*, 299.

作中最根本的弱点。”[①]《新共和》杂志藐视地称它为“神圣的废话”，“毫无目的地说了太多”，不欢迎“这次卡普拉回归到他最熟悉和最为人喜爱的美国电影类型，这个蹒跚前行的年轻男人……一个惹人喜爱的无辜的人，不要踩在他身上”。[②]《纽约时报》赞同电影传递出来的反法西斯信息，但形容它“过
78 多”。[③]《时代周刊》认为这部电影试图“通过华而不实、头重脚轻的内容从艺术上进行一次推翻”。[④] 评论家们一如试映观众们讨厌旧版本般讨厌新版本的结局。

卡普拉依然认为这部电影还可以被挽救，并做出了引人注目的决定：在纽约两家电影院上映 9 天后，他拍摄了另外一个新结局。这一次，多伊将会被当地约翰·多伊俱乐部的一个职员的话所鼓舞，这位职员说他为自己和另一个男孩“表现得像个暴徒”感到很抱歉。全新的、鼓舞人心的最后一句对白是，“来了来了……这些人！来试试战胜他们吧”！这句话无耻地剽窃了《愤怒的葡萄》里面玛·约德（Ma Joad）的对白：“他们无法战胜我们，因为我们是人民！”在全国公映前卡普拉把新的结局粘贴到《约翰·多伊》的所有宣传单页上，结果招来了公众的冷嘲热讽。一位专栏作家开玩笑地写道：“你知道为什么今天这么与众不同吗？……因为今天卡普拉没有为《约翰·多伊》拍摄新结局。”[⑤] 但最新的调整依然没法说清电影含糊的论

---

① *Variety*，1941 年 3 月 19 日。

② *New Republic*，1941 年 3 月 24 日。

③ Bosley Crowther，“Meet John Doe，‘an Inspiring Lesson in Americanism，Opens at the Rivoli and Hollywood Theartres，” *New York Times*，1941 年 3 月 13 日。

④ “Cinema：Coop，” *Time*，1941 年 3 月 3 日。

⑤ Capra，*The Name Above the Title*，304.

点；《约翰·多伊》在公众方面是一次失败，而卡普拉首次尝试的独立制作公司也很快失败了。

1941 年 3 月 23 日，新结局拍摄后的一天，卡普拉在节目《我是美国人!》（*I'm an American!*）上露面，这档节目每星期邀请一位移民来表达他或她的爱国之情。监督这个节目的司法部门要求卡普拉“为好莱坞和其中的人辩护，表现他们强烈的美国主义和对民主理想的忠诚”。[①] 卡普拉答应了。除去财富和成功，他知道自己移民者的身份令他在上百万美国人眼中只是一个二等公民。就在同一个星期，《妇女家庭》（*Ladies' Home Journal*）杂志就刊登了他的资料，评论他看上去“像那些会隔着一个水果摊对你眉开眼笑的颇年轻的、讨喜的意大利人”。[②] 考虑到这种偏见的普遍性，不难理解为什么卡普拉会感到这次受邀在直播中的讲话是薄纱掩饰下的当众宣布忠诚。在认真准备的台词中，他对于战争含糊其辞，说它“令人厌恶”，但警告这场战争很可能无可避免，然后他没有解释为何要拍摄战争信息片，他说道：“就我个人看来，我不相信美国公民需要在民主方面受教育指导。”[③]

直到最近，卡普拉还在暗暗计划拍摄《约翰·多伊》的续 79
集，现在他不得不放弃这个计划了；这部电影的制作和反响让他心灰意冷。在他向《纽约客》表示电影可以比希特勒和罗斯福更有力量后的短短一年，他似乎已经准备放弃借助这个媒体传递什么信息了。在当年 4 月的一个采访中，他告诉一名记者

---

① Joseph McBride, *Frank Capra: The Catastrophe of Success* (New York: Simon & Schuster, 1992; revised 2000,) 437.

② Margaret Case Harriman, “Mr. and Mrs. Frank Capra,” *Ladies' Home Journal*, 1941 年 4 月。

③ McBride, *Frank Capra*, 438.

自己最近拒绝了一部暗杀希特勒的电影的拍摄。“你可以让 100 万观众静静地坐在那里听你通过电影发表社论吗？我不这样认为，”他说道，“世界如今已经这样了，一条信息有什么意义？”①

5 月 19 日，奥斯卡之夜的几个月后，卡普拉决定不再竞选美国导演工会的主席一职。他此前数次当选，并且有效地增强了组织讨价还价的能力，因此很有希望可以按照他的意愿无限期连任。但他并没有这样做，他接受了一个终身成就奖的致敬——惠勒的建议——然后将权力转交给了乔治·史蒂文斯。这是传递这支火炬的一个恰当时机，就在一年前，史蒂文斯基本上取代了卡普拉在哥伦比亚电影公司里的位置，而史蒂文斯在美国导演工会位置的上升，在某种程度上，是对于他已是主要导演的一种官方认可。

史蒂文斯在开始担任为期一年的美国导演工会主席的那个星期，也迎来了新电影的开拍，这是他签约哈利·科恩后的第一部电影。史蒂文斯花了好些力气才适应在哥伦比亚电影公司的生活，因为他在到达那天起就发现他的新上司对于让他拍摄一部政治电影并未如雷电华电影公司一般感兴趣。

卡普拉后来将史蒂文斯的加盟归功于自己，他声称，“因为我得以连续按自己意愿拍摄 5 部电影，其他讨厌被干涉的导演都被吸引到这家制片厂了”。② 但实际上，哥伦比亚电影公司从史蒂文斯到达的那一刻起就开始干涉他，先是要求他制作一部名叫《爱情这件事》（*This Thing Called Love*）的浪漫喜剧，然后又唐突地把这部电影拿走，让他去做更大的项目。制片厂购

---

① McBride, *Frank Capra*, 444.

② Capra, *The Name Above the Title*, 202.

买了《麦考尔》杂志一篇名为《幸福婚姻的故事》(*The Story
of a Happy Marriage*)的短篇虚构小说的版权，认为这部电影能
够让两位主要明星加里·格兰特和艾琳·邓恩（Irene Dunne）
团聚。在 1937 年的喜剧片《春闺风月》(*The Awful Truth*) 和 80
最近上映的大热片《我的爱妻》(*My Favorite Wife*) 中，这对搭档展现出了让观众无法抵挡的魅力。在史蒂文斯的新项目，后来被改名为《秋缠断肠记》(*Penny Serenade*) 的电影里，两位演员不再饰演欢喜冤家——在这部为煽情而煽情的催泪电影里，格兰特和邓恩将扮演一对夫妇，妻子在一场地震中流产，之后再也没法怀上孩子。后来他们收养了一个小女孩，但最终也失去了她。

这个故事稍显做作，而它的故事架构模式让其人为痕迹更加明显，婚姻生活中每一段回忆都由一首歌所触发。史蒂文斯稍后也承认他被《秋缠断肠记》吸引很可能是出于对当中的“轻快、肥皂泡般的喜剧”的过度反应。“我猜可能是因为我刚好有这个心情做这件事，因此这些可怜的演员不得不参与到我的自我陶醉中，”他说道，“但他们全身心地投入其中。”[①] 史蒂文斯也一样；随着拍摄从 1940 年秋天跨越到冬天，科恩开始对场景的拍摄次数提高警觉。但史蒂文斯不让他逼近，要他遵守诺言远离拍摄现场，而自己则力图寻找一个适合的基调，避免故事显得过于多愁善感。

众所周知，在拍摄现场，史蒂文斯是让人无法理解的，他“沉默寡言，总是严肃沉重，即使是在讲笑话的时候”，他的朋

---

① Marilyn Ann Moss, *Giant: George Stevens, a Life on Film* (Madison: University of Wisconsin Press, 2004), 71.

友欧文·肖（Irwin Shaw）后来说道。[1] 当他尝试解决一个拍摄问题或者场景问题时，他会无休止地来回踱步，不和任何人对视。他乐于对人说自己有印度血统，并且“他看上去非常像一个印度大厨，”约瑟夫·L. 曼凯维奇说道，“恬淡寡欲。他无法说话。突然之间，他不说话了。他那种疏离感！他会坐在那里，聆听着，带着那副表情，你会被逼疯的。”[2] 他的朋友把这个状态称作“那阵冷风”。拍摄《夜奔》的时候，备感受挫的演员卡洛尔·隆巴德（Carole Lombard）终于在某个夜晚打给他的经理人，告诉后者，“我刚刚意识到史蒂文斯的来回踱步和沉思的模样意味着什么了——什么也不是”。[3] 但史蒂文斯同时也对和演员进行亲密而精准的沟通很有心得。在《秋缠断肠记》中，他鼓励两个演员深入挖掘角色的心理。“我的演员都很谦虚，会创造出表露人性的角色，而不是让自己带着光环出现在屏幕面前。”他说道。[4] 这也是他的目标，尤其是对于格兰特来说；这
81 位演员恳求取消一幕对于自己来说太过严肃的戏，但史蒂文斯曾在《古庙战笳声》中和他合作，史蒂文斯相信他能表现出他那标志性的浪漫气息以外的更多特质。他亦清楚观众在看到一个一直挂着微笑的演员展露出愤怒、悲伤和失落时会受到触动。

《秋缠断肠记》的拍摄持续了 4 个月——比任何制片厂批准的期限都要长，尤其是对于时刻计算着预算的哥伦比亚电影公司来说。1941 年 1 月，电影关机前几天，一个悲剧来临了。

---

① Susan Winslow 对欧文·肖的采访，1981 年 10 月 14 日，FJC。

② 约瑟夫·L. 曼凯维奇在纪录片 *George Stevens: Filmmakers Who Knew Him* 里的采访，作为补充资料出现在 Warner Home Video DVD of Giant。

③ “The New Pictures”, *Time*, 1942 年 2 月 16 日。

④ Robert Hughes 采访乔治·史蒂文斯的未经编辑的文字记录，1967 年，3677 号文件，GSC。

正当格兰特在拍摄现场工作时，一条消息传来：德国空军轰炸了布里斯托——他 20 年前离开的故乡。格兰特的 5 个家庭成员在这场空袭中死亡：他的阿姨和叔叔、二者的女儿和女婿，以及二者的孙子。格兰特依然是一名英国公民；当英国对德国宣战的时候，他曾想过回家入伍，但当时他在好莱坞的声望正在上升，因此他最终还是决定留在美国，将部分电影拍摄薪水的一半捐给英国战争救济基金。得知家人离世的消息时，格兰特痛不欲生，但拒绝让制片厂取消哪怕是一天的拍摄。①

史蒂文斯在春天完成了《秋缠断肠记》的拍摄，并进行了试映，将它从 165 分钟删剪到不足 2 个小时，并凭此赢得了职业生涯中部分最好的关注。他和格兰特的合作得到了回报，这位主演第一次获得奥斯卡提名。史蒂文斯也因他对故事做出的紧凑处理而得到了赞誉，一位评论家写道，他“运用了 5 ~ 6 种公认的悲情故事伎俩，而不止一种……带上你的笔记本和一块海绵吧……甚至可以带上一个洗衣盆”。②

史蒂文斯很快又开始新的拍摄，只要制片厂同意把他借给米高梅，让他和《寂寞芳心》(*Alice Adams*) 的主演凯瑟琳·赫本为《小姑居处》再次合作，他愿意把和哥伦比亚电影公司签下的 2 部电影的合约提高到 3 部。他试图拍摄战争电影的计划受到了各种阻挠，以至于他似乎终于放弃了；这部赫本的电影标志着他回归到浪漫喜剧这个更安全的领域，这也是他最为出名的电影类型。那个春天，整个电影行业似乎也在罢工。史蒂文斯接管美国导演工会的那天，《纽约时代》杂志发表了一篇

---

① Marc Eliot, *Cary Grant: A Biography* (New York: Harmony, 2004), 222.

② Bosley Crowther, “Cary Grant and Irene Dunne Play a ‘Penny Serenade’ at the Music Hall,” *New York Times*, 1941 年 5 月 23 日。

82 广受讨论的报道，主要重述弗兰克·卡普拉最近对于拍摄战争信息电影的心灰意冷，它声称宣传电影“被证明是一个代价沉重的错误……那些致力于激起美国对抗德国的电影，都只能获得短暂成功”。它引述了《一个纳粹间谍的自白》和《致命风暴》的票房反响一般，这两部电影在最初看上去确实像是大热门，但这股热潮消退得很快。杂志最后总结道：“观众已经非常清楚纳粹的罪行，而觉得屏幕上的一再重复如此沉闷……那些必然是毫无希望的结尾让人沮丧……人们没有兴趣花钱在听人说教上。”①

这一意见得到所有焦虑的制片人和坚守底线的执行官的赞同，并在 1941 年春天成为这个行业最新的信念，电影行业短暂而大胆的挑逗看上去就此结束了。即使好莱坞很多高层人员在私人生活或者慈善活动中都是干涉主义者，但他们深信假如他们允许自己的政治观点在屏幕上表现出来，这将会无可避免地赶走观众。但就在几星期后，华纳兄弟电影公司发布了一部由约翰·休斯顿和霍华德·霍克斯（Howard Hawks）共同拍摄的电影，完全颠覆了这个传统的信念。这个影响结果的重要转折，将会改变好莱坞和华盛顿之间的力量天平，并且最终影响战争的长度。

① Douglas W. Churchill, “The Hollywood Round-Up,” *New York Times*, 1941 年 5 月 18 日。

5　“我们国家最危险的间谍”

好莱坞和华盛顿，1941 年 7～12 月

艾文·C. 约克（Alvin C. York）至少在理论上是理想的电 83
影主题。20 年以来，在美国人民的认知中，他都是一战中勇敢英雄的例子，一个简单、信教、贫困的田纳西州乡下小伙子，他读圣经，爱国家，为世界和平而祈祷。当初约克参与战争仅仅是因为他的信仰未能让他免除服兵役的义务。但在战争中，他坚守阵地，保护部队，杀敌 28 人，俘获战俘 132 人。前线报纸恭敬地把他称为“单人战队”。[①] 从战场全身而退回到美国后，他拒绝借自己的英雄主义事迹获利。相反，他环游全国发表演说，呼吁通过非军事方式解决世界问题，之后回到田纳西州的家中，利用自己的声望去帮助建设和资助一个农业学校的成立。即使是在他破产、需要抵押自己的田地时，他也拒绝将自己的人生故事卖给电影制片厂。

当制作人杰西·拉斯基（Jesse Lasky）飞到纳什维尔去试图让约克改变主意时，他很清楚他要买到的并不是约克的人生故事，而是让他同意被用作一个战争案例，然后，最理想的是他保持沉默。到了 1940 年，53 岁的约克或多或少成了一个问
题人物。体重 275 磅的他不再是一副精干、结实的美国勇士模 84
样，而虽然他在多年的巡回演讲下慢慢变成了一位优雅的演说

---

① “Cinema：Sergeant York Surrenders,” *Time*，1940 年 4 月 1 日。

家，但回到乡下后他会很容易地又滑进那种旧思想的种族主义中（他喜欢说黑人不能在镇里的土地上留太久，因为土地工作对他们来说太艰难了）。拉斯基，派拉蒙影业公司的联合创始人之一，是一个足智多谋、坚持不懈、经验丰富的交易老手，他从不轻易退缩。约克很快称他为一个“肥胖的小犹太人”，[①] 告诉他合同里面说的话太花哨了，并且坚持要加上让贾利·库珀饰演自己这一条规定，然后，用以结束这次谈判，约克宣布道：“我不喜欢战争片。”拉斯基丝毫没有退缩，支付 5 万美元后，他们达成了交易。[②]

库珀也被游说了一番。当电影公司的其中一个代表向华纳兄弟电影公司的哈尔·沃利斯肯定约克军曹的故事可以被改编成这位演员最热门的电影之一时，他已经决定了要和拉斯基搭档；在剧组现场，他们甚至已经把它称作《迪兹先生去打仗》。但 40 岁的库珀却觉得自己年龄太大，不能在电影中展示约克在穷乡僻壤中的青年时光；此外，他还说道：“我不觉得我可以饰演他。他对我来说太伟大了……他的影响范围太广了。”[③] 在某种程度上说，库珀是对的。约克这个角色，以及他的故事，被要求履行两个职责——这部将由霍华德·霍克斯执导的电影，不只被看作关于一个人的道德准则如何指导他在战争之前、之中和之后行事的激励人心的神话，而且要为下一场战争充当征兵海报。《约克军曹》这部电影毫不掩饰它的意识形态目的：它意图说服数以千万计的憎恨战争的美国人，以及那些依然持

---

① Michael E. Birdwell, *Celluloid Soldiers: Warner Bros.'s Campaign Against Nazism* (New York: New York University Press, 1999), 105.

② Sergeant York Surrenders.

③ Todd McCarthy, *Howard Hawks: The Grey Fox of Hollywood* (New York: Grove, 1997), 303.

有美国不应加入第一次世界大战这一主流观点的人，告诉他们，支持美国反对希特勒并不意味着他们要抛弃自己的信念。

而在传递和平主义不等于孤立主义这一信息时，华纳兄弟
电影公司发现约克本身就是一个很好的同盟者。这位军曹常常
为和平突发运动机构（Emergency Peace Campaign）宣讲。1939
年夏天于纽约的世界博览会上，他就曾发表言论认为美国应该
专注于国内问题，而非海外事务。但欧洲的战争改变了他的想
法，到 1941 年年初，随着电影拍摄日期接近，约克已经变成了 85
一名热诚的干涉主义者，他因为“希特勒可以、将会，而且必
须被打败”这一言论而登上多个头条。①

起初两位编剧把他们的项目命名为“约克军曹的精彩故事”。但这部本来只是单纯作为一部激励人心的作品的电影，现在却需要一种不同的、更有说服力的演绎方式。为了达到这个效果，华纳转而向约翰·休斯顿寻求帮助。从《锦绣山河》失败到现在的两年间，他已经成了这家电影公司最有效率、最成功的编剧。休斯顿对政治的热心依然保持到现在，而自从他亲眼看着保罗·穆尼对他的剧本全然不理睬到现在，他对好莱坞政治的把控也极大地提高了，《锦绣山河》后，华纳让休斯顿改写一部关于一位生物学家发现了有效对抗梅毒的第一种药物的剧本。休斯顿认为原来的剧本“一团糟”，而被安排拍摄这部电影的导演——威廉·迪亚特尔，无法如在拍摄《锦绣山河》时一样在拍摄现场为自己而抗争。但这次，休斯顿赢得了这部电影的男主角爱德华·G. 罗宾逊（Edward G. Robinson）的支持，他巧妙地将电影从浪漫故事改编为科技侦探故事，并

① “Sergeant York：Of God and Country,” 华纳影业家庭娱乐公司发行的《约克军曹》DVD 中的补充纪录片资料。

且艰难地赢得了一场斗争，保留了自己在编剧上的功劳。①

这部电影，《埃尔利希博士的魔弹》（*Dr. Ehrlich's Magic Bullet*）获得的好评足以为休斯顿赢得一项更高制作的任务——为拉乌尔·沃尔什（Raoul Walsh）的黑帮电影《夜困摩天岭》（*High Sierra*）担任编剧。这部电影改编自 W. R. 伯内特（W. R. Burnett）的犯罪小说，讲述一个刚被释放的罪犯打算做最后一次大买卖。休斯顿非常喜欢这部小说，极力将自己推销给华纳，告诉哈尔·沃利斯自己非常清楚要如何捕捉小说当中独特的早期黑色电影特质，也就是那“随着我们对角色以及促使他们这样做的动机的深入了解，由之而来的那种无可避免感”。② 唯一的问题是华纳让休斯顿的老敌人穆尼饰演主角。这位对作者们毫无帮助（更加不用说休斯顿）的演员，拒绝让休斯顿担当编剧，穆尼要求让伯内特参与合写剧本，然后又拒绝了伯内特和休斯顿一起上交的草稿。意识到这位演员逐渐减弱的票房号召力，并且厌倦了他的脾气，华纳从那天起不再让穆尼参演这部电影。当乔治·拉夫特（George Raft）也因为认为这部电影无
86 法展现他的能力而拒绝了剧本后，华纳兄弟电影公司决定将主角交给一位一直不怎么找事做的签约演员饰演。“我希望你给予最大的专注力去建立亨弗莱·鲍嘉的形象”，一张写于 1940 年 7 月 17 日的华纳兄弟电影公司内部便条写道，这一天也是穆尼和华纳兄弟电影公司合同终止的那天。“让我们看看在接下来的两到三个月之内，我们能不能让这个国家充满关于鲍嘉的艺术

---

① Lawrence Grobel, *The Hustons: The Life and Times of a Hollywood Dynasty*, updated ed. (New York: Cooper Square, 2000), 206.

② 约翰·休斯顿写给哈尔·沃利斯的便条，1940 年 3 月 21 日，Warner Bros. Archives, University of Southern California。

品和专栏文章……能不能让他星途一帆风顺。”①

到12月，休斯顿就凭借《埃尔利希博士的魔弹》获得了奥斯卡最佳编剧奖提名，这也是他的第一个最佳编剧奖提名。此外《夜困摩天岭》广受好评，使公司再次允许他和鲍嘉合作，并且得到了第一次担任导演的机会。华纳喜欢休斯顿的想法——重拍一部已经被拍过两次的电影《马耳他之鹰》（*The Maltese Falcon*），但沃利斯要求他首先完成《约克军曹》的改编。接受任务的时候休斯顿信心满满：经历了10年的错误尝试和个人危机后，他的事业终于要起飞了。起初，华纳让他和另一位作家，他的老朋友霍华德·科赫合作。但休斯顿说道：“我接手了这部电影，我就一个人来做。”② 在和艾文·约克的几次会面后，休斯顿遵照公司的命令将电影写成“不是一个关于成功的故事，不像其他电影传记故事那样”，而是“关于一个在穷乡僻壤长大的农民的故事，他是认真负责的人，反对战争，但最终参与战争并且成了一个英雄”。③

休斯顿对《约克军曹》的处理并不微妙。他增加了很多战争的场景，削弱了约克在战后作为一个激进教育改革者的生活，将约克的英雄主义提升到一个如此不合理的程度，以至于和他曾在同一个排的36个同伴要被华纳用钱封住口，而且他给约克的乡村生活融入了如此多的乡巴佬般的喜剧元素，以至于被他换下来的其中一位编剧亚本·芬克尔（Abem Finkel）给沃利斯写了一张充满怒气的便条，表示新剧本“笨拙愚蠢”，并且预

① S. Charles Einfeld 写给 Martin Weiser 的便条，1940年7月17日，Warner Bros. Archives，University of Southern California。

② Grobel，*The Hustons*，213.

③ Thomas Brady，“Mr. Goldwyn Bows Out,” *New York Times*，1941年2月6日。

言如果电影继续，等待华纳的是“一团糟”。[①]

在后来的日子里，休斯顿也略微对他在《约克军曹》这部电影上所做的工作感到尴尬。在详尽的自传《一本公开的书》（*An Open Book*）中，他仅用三言两语便说完了这部电影，而且他告诉为霍华德·霍克斯写传记的作者——评论家托德·麦卡
87 锡（Todd McCarthy），“我不敢相信这部电影传递了如此深远而重大的信息……我们不是在尝试拍摄《西线无战事》，那部电影意在展现一战及它的骇人之处，它希望让观众震惊，让他们不再重蹈覆辙”。[②] 事实上，休斯顿完全明白他被要求去展现的那种意识形态的力量，也证明了自己有能力并且愿意拍摄好莱坞目前最大胆的亲战宣传片。在《约克军曹》中，他和霍克斯有意识地尝试取代《西线无战事》给人们留下的一战印象，转而以神化等手段传递出一战其实是好的这一信息——战争并非毫无意义，它是崇高的，而它所要求的牺牲也非意义全无，相反这种牺牲是英雄的表现。（在 1939 年，《西线无战事》本身也不幸受到了修正主义的影响。环球影片公司决定对它重新进行剪辑后再次放映这部电影：同情德军士兵的片段被删掉，增加了一个多次干扰电影的旁白，讲述战争的凶残，强调德军主宰世界的企图，特别提到了希特勒。《纽约时报》称新版本是“愚蠢而有敌意的破坏”，故意删掉原版的反战信息。凭借着不诚实的标签“未经审查的版本”，它确实一直到 1940 年都非常卖座。）“我是不会去参军的。战争会杀死人民！而我们的书本是反对杀戮的！所以战争是反对我们的书本的！”电影中的约克这样说道。而在参军并成为一名英雄后，他解释了自己内心的

---

① McCarthy, *Howard Hawks*, 305.

② McCarthy, *Howard Hawks*, 307.

改变：“我一如既往地反对杀戮……但我意识到枪手们在杀害成百上千，甚至成千上万的人。”“你的意思是你这样做是为了拯救生命?”他的指挥官表示怀疑。“是的，先生。这就是为什么。”

休斯顿为《约克军曹》写的大多数解释性的率直对白在上映之际刚好迎合了当时的群众运动。宣传广告称电影的制作是“二战对民主威胁的结果”。[1] 而在 1941 年 7 月 2 日——德军入侵苏联的 10 天之后，也是美国第二次战前草案登记开始的第一天，华纳兄弟就在纽约的阿斯特影院安排了一场首映。这场首映看上去更像全副武装的阅兵仪式，而不是好莱坞电影的首秀。电影公司聚集了数量足够坐满剧院的一战老兵，包括和约克同一个排的士兵，并且从华盛顿邀请了部分现役军官。首映夜的出席名单包括埃莉诺·罗斯福（Eleanor Roosevelt）和温德尔·威尔基（Wendell Willkie）。[2] 约克作为荣誉嘉宾，受到了市长菲奥雷洛·拉瓜迪亚（Fiorello LaGuardia）的亲自接见，[3] 华纳 88
兄弟电影公司亦安排贾利·库珀接受外国战争老兵机构颁发的“杰出市民勋章”。[4]

《约克军曹》是一部兼具回首和展望的电影。一小部分评论家认为这是一部艺术杰作，还有大部分评论家认为它有效地

---

① Michael S. Shull and David Edward Wilt, *Hollywood War Films, 1937 - 1945* (Jefferson, NC: McFarland, 1996), 134.

② Clayton R. Koppes and Gregory D. Black, *Hollywood Goes to War: How Politics, Profits, and Propaganda Shaped World War II Movies* (New York: Free Press, 1987), 39.

③ Hal Wallis and Charles Higham, *Starmaker: The Autobiography of Hal Wallis* (New York: MacMillan, 1980).

④ Mason Wiley and Damien Bona, *Inside Oscar: The Unofficial History of the Academy Awards*, 10th anniversary ed. (New York: Ballantine, 1996), 114.

传递了一个信息。"刻意的宣传在电影中显而易见"，《纽约时报》评论家博斯利·克劳瑟（Bosley Crowther）写道，它"有一点幼稚"，但是一部"优秀的本土剧情片"。[①]《新共和》杂志把它称作"噱头电影……在人们需要军队的时候讲述关于军队和军事的电影"，[②]《时代周刊》说它是"好莱坞首次为国防做出的切实贡献"，[③]《综艺》杂志赞扬它是"一部号角电影，在最需要激励和爱国信息的时候将它传递给了公众，及时得就像白宫的炉边谈话"。[④] 华纳原先计划逐步公映《约克军曹》，但电影立刻引起了全国轰动，只在小部分城市放映时就已经成了全国票房收入最高的电影，并且驳倒了好莱坞最近盛传的言论：观众对战争片不感兴趣。

但这部电影的成功也成为压垮孤立主义政治者的最后一根稻草。1941 年上半年，伯顿·K. 维勒（Burton K. Wheeler），一名来自蒙大拿的民主党议员，对罗斯福总统支持更大程度地参与战争感到越来越愤怒，预言希特勒"会埋葬四分之一的美国男孩"。当新闻短片制作人无视他的请求，拒绝给予他足够的时间去进行演说时，他将这个问题个人化，警告如果好莱坞不撤回他们制作"为战争而拍摄的宣传片"的承诺，他会通过提议立法来表达"一个更加公正的态度"。[⑤]

维勒得到了约瑟夫·布林非官方的强有力的意识形态上的支持。布林是一个狠毒的反犹太天主教教徒，直至最近依然在

---

① Bosley Crowther, "'Sergeant York,' a Sincere Biography of the World War Hero, Makes Its Appearance at the Astor," *New York Times*, 1941 年 7 月 3 日。

② *New Republic*, 19419 月 29 日。

③ "New Picture," *Time*, 1941 年 8 月 4 日。

④ *Variety*, 1941 年 7 月 2 日。

⑤ Koppes and Black, *Hollywood Goes to War*, 17 - 20.

负责《电影制片法典》的运营，并且私底下将犹太人称作“肮脏的虱子”；布林最近感到被好莱坞的反纳粹联盟冒犯，他声称这个组织“几乎全由犹太人组建和资助”。[①] 随着战争逼近，好莱坞当中的犹太领导者们越来越不惧于那些质疑他们忠诚度的 89
攻击。当年4月，一封紧急的邀请信发给了“所有不在电影和相关行业、有犹太信仰的重要成员”，它邀请他们去参加一个为犹太复国主义者哈伊姆·魏茨曼（Chaim Weizmann）举办的晚宴；邀请信得到来自8家电影公司的犹太领导人或者高级犹太执行官的签名。这种集体的对身份的主张在一年前依然是行业的禁忌（威廉·惠勒是出席者之一）。[②] 反对的声音也很大。维勒和他的孤立主义者同伴决定要和反犹太分子合作（这两个团体之间的成员早就存在很多重合处），并且在措辞中更具针对性地提及电影行业从业者的种族和宗教特点。

好莱坞一直以来试图避免的对抗局面终于在1941年8月1日被点燃了。来自北达科他州的共和党参议员杰拉尔德·P. 奈伊（Gerald P. Nye）向孤立主义团体——美国第一协会（America First）发表了一通充满咒骂的演说，直接攻击那些统治好莱坞的“外国人”，尤其是姓氏“非日耳曼”的那些人。他指控这个行业“于过去一年内……在至少20部电影中”宣扬战争，“全部都意在毒害美国人的理智，煽动他们的情绪，将他们的仇恨变成利刃，让他们充满了恐惧，惧怕希特勒会过来这里抓他们，（并且）让他们处于一种病态的兴奋状态”。他提

---

① Thomas Doherty, *Hollywood's Censor: Joseph I. Breen and the Production Code Administration* (New York: Columbia University Press, 2007), 198, 206-207.

② 给威廉·惠勒的电报，1941年4月1日，743号文件，WWA。

到的电影包括《约克军曹》和查理·卓别林的《大独裁者》。他继续强调隐藏在这些电影背后的动机，运用了诸如疾病和感染之类让人不安但熟悉的类比。“这些公司都有相当数量的制作人和导演来自苏联、匈牙利、德国和波罗的海各国……这些人……每周可以面对8000万人说话，狡猾而固执地给观众注射战争的病毒。他们为什么这样做？这么说吧，他们对外国事务感兴趣……去好莱坞吧。那里有一座包含战争熔岩的火山正准备爆发。那地方挤满了难民。”奈伊提醒他的听众，当中包括一个全国范围的广播电台的听众，告诉他们，多年前在制定《电影制片法典》时，他们就曾经不得不通过“基督教大教会”来清理好莱坞的不恰当行为，随后他通过发问来结束演讲：“这些电影大亨们这样做是出于本意吗？还是因为美国政府强迫他们
90 去成为……宣传的机构？……你准备好了让你的男孩们去欧洲流血送死，来为巴尼·巴拉班（Barney Balaban）、阿道夫·朱克尔（Adolph Zukor）和约瑟夫·申克（Joseph Schenck）创造一个更安全的世界吗？”[①]（巴拉班和朱克尔是派拉蒙影业公司的联合创始人；申克是二十世纪福克斯电影公司的主席，最近因逃避缴纳个人所得税被判有罪。）

奈伊的话自相矛盾——他先是指责犹太人正在领导一场宣传阴谋，之后又声称他们是受到政府指示来行事的。他甚至没有尝试修饰一下或者隐藏一下他的用语，他认为那是“可以接受的”词语。他的言论招来了包括电影行业（一份出版物形容他所说的话“就是最典型的纳粹党员风格”）[②]及新闻报纸社论

---

① *Vital Speeches of the Day 7*, no. 23（1941年9月15日）。

② Wayne S. Cole, *Senator Gerald P. Nye and American Foreign Relations* (Minneapolis: Unicersity of Minnesota Press, 1962), 190 - 191.

版左翼作家的尖锐回应（他们把他称为反犹太分子）。但他的演说正反映了美国民意的分歧：随着战争的可能性变得越来越大，投票显示一半的美国人相信犹太人在美国境内影响力太大。兴许是因为受到孤立主义团体美国第一协会的崛起的鼓励——这个协会甚至在好莱坞内部都有一小部分成员——奈伊准备采取行动来支持自己的煽动性语言。就在他发表演说的那一天，他和密苏里州的议员贝内特·克拉克（Bennett Clark）建议通过主持参议员听证会来调查“那每周传递到1亿人眼前和耳边的宣传，那掌握在兴致勃勃地让美国参战的团体手中的宣传”的源头。[①] 此外，这个建议还包括一项关于垄断的指控，他们相信好莱坞电影公司不只和罗斯福政府勾结，而且与另一个政府也有勾结。听证会定在9月9日开始。电影行业面临审判。

大部分新闻报道的关注点都聚焦在指控电影公司进行战争宣传这一点，但其实垄断这个指控是更加严重的潜在问题，任何独立剧院的拥有者都可以为该指控作证，这个指控也反映了罗斯福的司法部门曾经表达过的忧虑。但由于委员会自己很明显地将垄断当作备用指控来处理，电影公司主要负责人决定赌一把，认为他们可以将其忽略而专注在为自己的电影拍摄动机回击上。为了应对这次听证会，他们组成了备受瞩目的同盟： 91
行业的官方游说团体美国电影制片人与发行人协会雇用温德

① *Propaganda in Motion Pictures*: *Hearings Before a Subcommittee of the Committee on Interstate Commerce*, *United States Senate*, *Seventy-Seventh Congress*, *First Session on S. Res. 152*, *a Resolution Authorizing an Investigation of War Propaganda Disseminated by the Motion-Picture Industry and of Any Monopoly in the Production*, *Distribution*, *or Exhibition of Motion Pictures*, *September 9 to 26*, *1941* (Washington, DC: Government Printing Office, 1942)，本章接下来所有对听证会的引用都来自这份资料。

尔·威尔基作为听证会的代表。威尔基，收入 10 万美元，[1] 一年前是共和党总统竞选提名人。输给罗斯福之后，他由于支持租借法案和总统的战争政策而在某种程度上被自己的党派抛弃了。1941 年春天，在和查尔斯·林德伯格（Charles Lindbergh）于《科里尔》杂志上公开辩论后，他成为这个国家最有声望的、采取坚定的亲战立场的共和党政治家。[2]

电影公司不可能找到比威尔基更好的辩护者了，他既不是好莱坞的傀儡更不是罗斯福管理层的伙伴，因此对这些指控均免疫。基于战争需要，罗斯福自己也在极力尝试巩固好莱坞和华盛顿之间的纽带，因而也密切关注威尔基参与接下来的听证会这一消息。就在最近，他指派了前任记者洛厄尔·梅利特（Lowell Mellett）作为电影行业和陆军部的联络人。听证会开始的 2 个星期前，梅利特向总统写道，在威尔基的指导下，“这个行业里最优秀的人都准备好了参与这场听证会斗争。他说他们会解释电影行业正在尽自己的一切努力让美国意识到它所面临的危险；他们不打算道歉”。[3]

私底下，好莱坞的一些人觉得采取绥靖政策可能更明智。随着听证会逼近，海斯办公室正匆忙收集数据以证明 1940 年只有一小部分电影是和战争有关的，希望让华盛顿相信“电影的基本目的是娱乐”。[4] 但威尔基对好好战斗一场饶有兴味，拒绝了任何带有道歉意味的策略，他在让行业内的人采取坚定且强

---

① Koppes and Black, *Hollywood Goes to War*, 42.

② Steve Neal, *Dark Horse: A Biography of Wendell Willkie* (New York: Doubleday, 1984), 210 – 212.

③ Neal Gabler, *An Empire of Their Own: How the Jews Invented Hollywood* (New York: Crown, 1988), 346.

④ Koppes and Black, *Hollywood Goes to War*, 20 – 22.

势的行动上起了极大作用。在一系列和电影公司负责人商议的午夜会议中，他鼓励他们大胆地讲述他们的生活，他们的爱国主义情怀，甚至是他们的犹太人身份。[①] 他得到了好莱坞贸易工会等的支持——听证会前夕，电影编剧协会发出一封电报，接二连三地质问这次听证会的合宪性[②]——而他们的报纸，包括《好莱坞记者报》（*the Hollywood Reporter*），几乎每天都在表达对议员们的轻蔑和指责。天时也助了威尔基一臂之力：听证 92
会的前两天正值闪电战一周年纪念日，铺天盖地的新闻报道提醒了大家希特勒带给世界的威胁。总统的母亲也恰巧在这一天离世，引起了公众同情，使“奈伊委员会”没法在第一天通过密集的反罗斯福抨击来先发制人。

实际上奈伊并非五人委员会中的成员——这个委员会由四名孤立主义者和一名干涉主义者组成——但他被允许作为第一天的唯一证人出庭作证。在奈伊说话之前，威尔基就已经强势开场，说他可以为委员会省下大量时间，因为他愿意坦率承认电影公司“对向纳粹德国或者残酷的独裁统治假装友好毫无兴趣。我们憎恨希特勒代表的一切”。他声称自从欧洲开战以来，好莱坞制作的1100部电影中只有55部是和战争有关的（实际上是接近140部）；[③] 无论如何，他坚定地支持这些电影，反对任何关于罗斯福给予好莱坞压力去拍摄干涉主义电影的指控，

---

① Joseph Barnes, *Willkie: The Events He Was Part Of - The Ideas He Fought For* (New York: Simon & Schuster, 1952), 269 - 270.

② Larry Ceplair and Steven Englund, *The Inquisition in Hollywood: Politics in the Film Community, 1930 - 1960* (Berkeley: University of California Press, 1979), 160 - 161.

③ Michael S. Shull and David Edward Wilt, *Hollywood War Films, 1937 - 1945* (Jefferson, NC: McFarland, 1996).

他说道："老实说，假如我们不是出于自愿去做现在这些爱国主义之举，整个电影产业都会觉得羞愧。"

眼看威尔基就要主导整个进程，委员会决定让他闭嘴并告诉他，他不被允许质疑他们的证人［民主党议员欧内斯特·麦克法兰（Ernest McFarland）——陪审团唯一的干涉主义者——对此表示反对］。然后他们把场地交给了奈伊。这位议员首先备感受挫地反驳公众对他的反犹太指控（"我在电影行业内外都有大量的犹太朋友"），然后把好莱坞电影公司的领导人说成"我们国家最厉害和最危险的'间谍'（fifth column）"。他痛骂了一大堆电影，说它们将英国描述成"一个群众正处于水深火热之中但英勇抗战的国家……正在对抗丑陋的敌人的暴力轰炸"，还解释道，"德国和意大利的人民……也同样在忍受着……他们的血液也是鲜红的"。他引用了华尔街对好莱坞海外利润的一项调查，暗示各个电影公司支持英国仅仅是为了保护
93 这个主要的海外市场。此外他还攻击福克斯的达里尔·扎努克，指责后者敦促自己的雇员们加入一个反纳粹联盟。

之后威尔基发现了可以插话的机会。奈伊列出了十几部计划调查的电影，威尔基无视自己不被允许和证人对质的规定，跳出来问奈伊是否全部看过这些电影——《车队》（*Convoy*）、《飞行太保》（*Flight Command*）、《汉密尔顿夫人》（*That Hamilton Woman*）、《万里追踪》（*Man Hunt*）、《大独裁者》或者《约克军曹》。奈伊先是回避，但最终还是承认他没有"全部看过"。威尔基主动提出可以在委员会方便的时候为他们放映相关影片。

奈伊完成作证后，出席了听证会的部分记者写报道取笑该听证会，说它只不过是一场秀，用来给孤立主义者一个攻击好莱坞的机会，而不是抛出新消息或者进行任何严肃的调查。听

证会第二天也使他们确信了他们的怀疑：它完全由议员贝内特·克拉克的证词主导。克拉克抱怨道，“电影行业……由6个人主宰，而……他们当中的大多数……都下定决心，为了对阿道夫·希特勒这只残忍的野兽实施报复，要代表另一只残忍的野兽（指斯大林）将整个国家扔进战争中”。他攻击了“二十世纪福克斯电影公司，这间公司之前一直由约瑟夫·申克先生担任主席，直到最近他被判刑，转而由达里尔·扎努克先生担任负责人”；之后又谴责制作人亚历山大·柯达和查理·卓别林，“在这个国家活了30年却从来没有认真地以一个好公民的身份为这个国家着想”。然后他阴沉地说道：“如果这个行业不停止它对战争的宣传，恢复它正常的作为娱乐手段的功能，我会立刻并且永远运用我的能力去采取行动，彻底地摧毁这个操控在少数人手中的垄断性行业。”

在接下来的晚上，整个形势开始决定性地转向不利于孤立主义者的一方。一部分原因是其中一天的作证下降为——或者说上升为——一场闹剧。这一天的证人是时任美国第一协会的主席约翰·C. 弗林（John C. Flynn）。到此刻，麦克法兰议员对这个听证会已经感到厌倦，甚至建议取消后面所有的听证，改为放映《约克军曹》。当他提到这部电影时，前三天一直没有怎么吭声的汉普郡新任议员查尔斯·托比（Charles Tobey） 94
突然来了兴致。“那是一部好电影！”他叫道。

威尔基也跳了出来。“让我们停止废话一起来看看这部电影吧！……这些垄断骗子又想拖延时间了，又来转移大家的注意力，让大家忘记调查的真正目标——对国家外交事务的蓄意破坏！”

弗林并没有被吓住，杰克·华纳在1939年曾说过电影可以用来宣扬“美国主义”，弗林把接下来的一天用在暗示这些话语背后的险恶意图上。弗林提供了自己的 49 部电影的清单，并认为它们是战争宣传片；和前两位证人不同，他实际上看过了当中的大部分，并且可以引用当中一些他觉得听起来像“一场典型的 1941 年战争演说”的台词。他对于电影中的亲战信息的说法是正确的，但和奈伊及克拉克一样，他由于确信电影公司是在执行罗斯福的命令而步入了圈套。

接下来麦克法兰议员开始质疑他。如果华盛顿对于好莱坞有如此大的控制力，怎么还会有像弗兰克·卡普拉的《史密斯先生到华盛顿》这种对官员如此不敬的电影被拍摄出来？“毕竟，”麦克法兰说道，“你不觉得人们都有能力识别出政治宣传片吗?”

“当然不，议员先生。”弗林回答道。

“你觉得你比绝大多数人更有能力辨认出来?”麦克法兰问道。

“我当了一辈子的记者，”弗林说道，“我一直以来都在阅读成堆的政治宣传物，读关于政治宣传的书。议员先生，如果你觉得自己不会受其影响，你最好小心一点。当心某天有人会向你宣传些什么。”

麦克法兰丝毫没有犹豫。“我在这里听你花了好几个小时尝试向我宣传的东西。”他说道。

听证厅内爆发出一阵笑声。

接下来的那个早上，很多报纸报道了这番对话，但头条被一些更令人震惊的消息主宰。就在那天听证会进行的时候，查尔斯·林德伯格在德梅恩的美国第一协会集会上发表了一番讲
95 话，公开指责三个组织是“战争煽动者”——“英国、犹太人

和罗斯福政府”。他尤其被其中一个团体激怒，而在这番极具煽动性的讲话到达高潮时，他警告道，假如在美国的犹太人宣扬军事干涉，“他们将会是最先承受后果的那部分人”。“他们是我们国家的威胁……因为他们在我们的电影、新闻、广播电台和我们的政府中拥有强大的权力和影响力，”他下结论道，“他们不是美国人，却希望让美国人参与战争……我们不能容许别人的激情和偏见将我们的国家带向毁灭。”

在过去的一年，由于他越来越敢于说话，林德伯格渐渐将自己变成孤立主义运动的英雄。美国第一协会集会的时候，支持者有时候会大喊“我们的下一任总统！”来迎接他。但由于他的种族纯洁论，他对于希特勒军队人数和力量的公开敬畏，以及他对于犹太人令人心寒的缺乏同情使他与这个国家大多数人格格不入；4 月时，由于罗斯福公开将他比作内战时的“铜头蛇”（copper head），[①] 他因而愤怒地辞掉了空军职务。林德伯格的妻子安妮曾经劝说他使用收敛一点的语言。当在电台听到他的演讲后，安妮在自己的日记中写道，她感到了“黑暗中的黑暗……无论他的目的是什么，是他点燃了战争。我宁愿看见这个国家参战，也不愿看到这种骇人的反犹太暴力”。[②]

这已经是这次演说招致的最友好的言论了。即使是林德伯格原先的支持者也开始反对他：孤立主义者和反罗斯福的赫斯特集团的报纸用一篇首页社论公开指责他是“非美国人”且“不爱国”。[③] 这个指责如此毫无异议以及极具摧毁性，并在一

---

① A. Scott Berg, *Lindbergh* (New York: Putnam, 1998), 420 - 422.

② Anne Morrow Lindbergh, *War Within and Without: Diaries and Letters of Anne Morrow Lindbergh, 1939 - 1944.* (New York: Harcourt Brace Jovanovich, 1980), 日记标明日期为 1941 年 9 月 11 日和 1941 年 9 月 14 日。

③ Berg, *Lindbergh*, 401 - 402.

夜之间结束了孤立主义运动；美国第一协会甚至考虑解散，因为他们意识到他们闪亮的星星已经变成——用他的妻子的话来说——“这个国家的反犹太标志”。[①]

两天后，艾文·约克通过自己的一番演说参与了这场舌战，而他也成为第一个将林德伯格和奈伊联系在一起的公众人物。他说道，这两个人“实在应该被关进监狱好让他们闭嘴——就
96 在今天，不是明天……要么他们是戴着玫瑰色的眼镜在看这个世界，要么他们就是有彻头彻尾的纳粹倾向，这两者一样危险”。

“我是一名反纳粹分子，而我为此感到骄傲，”约克继续说道，“而我很乐意将这些告诉那个正在调查所谓的好莱坞‘战争宣传’的议员委员会。”[②]

突然间这个听证会似乎没那么紧要了——包括对那些要求举行听证会的议员们来说。在多次延期后，奈伊委员会在 9 月底再次聚集起来，听取电影行业部分高层的辩护。这一天以来自加利福尼亚的民主党议员谢里丹·唐尼（Sheridan Downey）的优雅回击开始。他告诉他的同行：“如果对于宣传的定义被延伸为——正如我们往往会做的——为了使他的同伴相信他而进行的个人观点的强烈表达，那我们平均每天做这种事 10 次。”唐尼之后发问：“我们是否应该期望好莱坞无视我们世界的现实，将我们扔进无边无际的幻想之中？它是否应该忽视我们所处世界的混乱、斗争和悲剧，只将自己献身于歌剧、男孩遇见女孩的情节和西部片？天都知道这已经是一个普遍的趋势，根本不需要美国议会的鼓励……老实说，各位先生们，让我震惊

---

① Lindbergh, *War Within and Without*, 日记标明日期为 1941 年 9 月 15 日。

② Birdwell, *Celluloid Soldiers*, 145 – 146.

的是这个小组委员会将调查聚焦在了一个如此错误的方向上。这个世界正处于水深火热之中，仅仅因为这场大火的阴影在屏幕上闪烁了一两次……你们就决定向加利福尼亚泼冷水。你们在追求一种幻想。这场战火在欧洲和亚洲蔓延，不在我们国家。你们所寻求的战争宣传就是历史本身。”

在接下来的这个星期，随着每一天调查的开展，好莱坞都在建立更高的声望。那些曾经被认为是局外人、移民、煽动者的人现在都作为爱国者出现在委员会面前；此刻受到审判的似乎突然变成了孤立主义者们的忠诚和团结。哈利·华纳在咨询过公司律师后，费尽心思地提前准备好了证词，此刻他非常自信地告诉议员们：“我已经准备好要将我自己和我所拥有的个人资源全部捐献出来，为对抗纳粹带给美国人民的威胁做出贡献……在我们国家可以承受的范围内，我毫不含糊地支持给予英国和它的同盟们所有支援……诚实地说，华纳兄弟电影公司 97
犯下的唯一罪恶就是准确地在屏幕上记录下这个世界现在以及曾经是怎样的。”他一点接一点地解释了委员会扔给他的每一项指控，说明了华纳兄弟电影公司一丝不苟地检查过他们的每一部电影，“在过去 20 多年间制作了如此多的电影……我们的政策和以前别无二致，和存在希特勒这个威胁之前一样”。然后他回击了关于电影公司无视观众对政治电影毫无兴趣，依然坚持制作此类电影的指控，他指出：“我相信《约克军曹》这部电影会比这些年我们制作的其他电影挣更多的钱。”（他是正确的，在放映两年后，这部电影是公司历史上利润最高的电影。）

议员们不肯罢休，但每一次对质后他们都越发被逼到角落。那个下午，华纳和爱达荷州的孤立主义者，议员 D. 沃斯·克拉克（D. Worth Clark）与华纳进行了一番对质，这位议员指控他意图拍摄“可以点燃美国人民对德国仇恨之火”的电影。

“它并不会煽动你，”华纳回应道，“它只会向你描绘已经存在的事情。比如说，你会看见你或多或少错过了的东西，亲爱的议员先生。”

“我在问问题，”卡拉卡严厉地说道，“我自己会处理好我错过了的东西……我在问你，普通美国家庭在晚上（去看电影）的时候，是不是有可能出现……憎恨德国人民并且希望和他们交战的倾向。”

“我不能为这个世界上的其他人代言，”华纳说道，“我相信在美国，人们有自己的判断，并且会好好运用它。”

随即爆发的掌声本可以结束这场听证会，但议员们还是再坚持了一天。扎努克·F. 达里尔的证词帮助好莱坞重新找到了定位，将其从多年来一直被谴责是反美国主义颠覆分子躲避的温床，变成这个国家最坚实的爱国主义堡垒。他通过巧妙而迷人的自我贬低向委员会介绍了自己：作为一个卫理公会教徒，一个根在内布拉斯加州的中西部人，以及一个从不掩饰过去的一战老兵，扎努克这样开场，“当我第一次读到和听说了这场调查或者说质询时，我自然而然地产生了深深的愤恨。过了一会
98 儿，再三思考后，我冷静了许多。它给予了我一次机会去陈述我即将要说的事。我为自己是电影行业的一员而感到骄傲”。

他之后带领议员们进行了一番时空穿梭，回顾了电影 30 年的历史，巧妙地引用了受到赞誉和被视作经典的影片——《一个国家的诞生》（*The Birth of a Nation*）、《战地之花》（*The Big Parade*）、《爵士歌手》（*The Jazz Singer*）、《英官外史》（*Disraeli*），以及他自己最近的成功作品——福特的《愤怒的葡萄》，他找到机会向在场的议员们复述当中的“我们是人民”这句台词。“我一部

接一部地回望、回顾这些影片，如此强有力的影片不只向美国人民，更是向整个世界宣传着美国的生活方式。他们的宣传是如此强有力，以至于那些独裁者接管意大利和德国之后，希特勒和他的墨索里尼做了什么？他们做的第一件事是禁了我们的电影，将我们驱逐出去。他们不想要任何美国式的生活。”

扎努克说完话后，议员麦克法兰告诉他，他希望扎努克的陈述可以“让全世界听到……我觉得它……是我听到过最好的演说之一”。即使是沃斯·克拉克也做出了让步。“你不只是一位极具创意的艺术家，扎努克先生，”他说道，“你还是一位相当出色的销售者。我觉得我可能会去看看那些影片！”

正如麦克法兰议员所说，即使是那些议员也知道，如果他们将那些问题搬到整个议会面前，他们“都不会得到 18 票的”。(关于垄断的问题也被放弃了，直到 1948 年也没有再被成功提出。) 之后麦克法兰开始扬言要亲自进行调查，搜查出谁该对美国政府控制好莱坞电影这个谎言负责，其后这个听证会也草草地休庭了。下一次召集的日期定了好几个，又都被推迟了。10 月底一个新的听证会时间表宣布了：1942 年 1 月。

这个委员会的成员没有再碰面。它在 1941 年 12 月 8 日解散了。

6 “我需要等待命令吗?”

好莱坞、华盛顿和夏威夷，1941 年 12 月 ~1942 年 4 月

101 1941 年 12 月 7 日早上，全美国的天主教教堂里都回荡着对格里塔·嘉宝的喜剧《双面女人》（*Two-Faced Woman*）的指责。多亏全国道德联盟（the National Legion of Decency）组织的一场运动，吹毛求疵的教会监察团体对电影的腐败和堕落进行了严厉谴责。即使是根据当时的标准，米高梅这部轻快浪漫喜剧也说不上有什么不妥之处，当中最有伤风化的台词也不过是“我喜欢老男人，他们多么令人愉快”。但教区居民依然警告要抵制这部电影，而且要求他们的家人朋友也这样做。①

这将是之后的一段时间内最后一次发生这样的事。虽然珍珠港事件对好莱坞最初的影响绝对不是让其团结一致，但轰炸的消息至少给好莱坞带来了一个直接后果：战争暂时中止了道德捍卫者们的文化讨伐，他们一直把电影当作一个可以随意攻击的对象。抵制《双面女人》这个未遂的运动变成了一种符号，象征的并非对大银幕污秽情节愈演愈烈的反对，而是一种方向错误的病态兴奋；那些一度通过诽谤电影来制造新闻的人，现在很可能被看作是在做毫无贡献的愚蠢责骂。在这段时期，政治家、煽动者、专栏作家或者教会即使反对他们认定的

---

① W. R. Wilkerson, “Trade Views,” *Hollywood Reporter*, 1941 年 12 月 8 日。

电影行业里面的“不当之处”，也基本没有成效。一夜之间，102
将好莱坞贬低为充满污秽的亚文化这种做法不再流行。相反，电影行业迅速地被视为这个国家最典型的，被杰克·华纳所形容的美国主义生产者。好莱坞和华盛顿的不少人都希望这个定义模糊的产品无论如何可以给予盟军物质上的支持。

电影圈内部对珍珠港事件的反应囊括了炽热的爱国主义、回避现实的唯我主义和论及底线的实用主义。事件发生后的第一个早上，电影公司老大们一觉醒来看到的是《好莱坞记者报》的头条新闻《战争冲击电影票房》。星期天让人沮丧的收入报告通过电报传到了全国各地的电影公司，电影上座率下降了 15% ~50%，最差的数字来自西海岸，当地的人们都因可能要到来的空袭而感到恐慌。[①] 行业报道均表现出忧虑，它担心美国人可能会选择继续留守在家里，黏着好莱坞当时在娱乐方面唯一的敌人——收音机。三个星期后，当报纸宣布门票销量在圣诞节期间反弹，电影行业明显松了一口气。就在那场为争夺北太平洋环礁威克岛而和日本进行的艰苦而不成功的战役之后的一个星期，公众明显准备好回到电影院，去“忘记惶恐”，“寻找欢乐”。[②]

“好莱坞！跳出来！”《好莱坞记者报》的头版社论大喊，“从绝望中跳出来，打起精神。在这场战争中，拍摄电影和制造子弹、飞机或者船只一样重要……这个处于交战状态的国家需要娱乐。”[③] 但到底是什么样的娱乐，好莱坞的“战争付出”应该在电影当中反映多少，依然是具有争议的问题。有人强力推

---

① “War Wallops Boxoffice,” *Hollywood Reporter*, 1941 年 12 月 30 日。

② “Nation’s Boxoffice Booming,” *Hollywood Reporter*, 1941 年 12 月 30 日。

③ “War’s Effect on Hollywood,” *Hollywood Reporter*, 1941 年 12 月。

崇一条“如往常一样的商业”路线，无须做出任何其他努力就可以推动电影院的票房销量，但这些人的声音很快被另一拨支持者盖过，后者提倡更多地拍摄“士气电影”——那些在几个月前曾一度使各大电影公司备受质疑的战争宣传电影。

惊醒于珍珠港受袭事件，好莱坞中很多人开始相信即使是
103 喜剧，幻想片和爱情片都或多或少可以贡献一些关于民主、自由、集体牺牲或者“美国式生活”的言论和意见。但起初电影公司依然感到不安——在刚开始的几个星期，考虑到某些电影可能会被认为是对军事力量的嘲讽，他们取消了部分已经完成的军事滑稽剧的公映。这是一个错误的决定。在过去的一年，一系列成本低廉的服役喜剧成功地让巴德·阿伯特（Bud Abbott）和卢·科斯特洛（Lou Costell）这对电台戏剧家成为电影行业票房收入最高的明星，并且将环球影片转变成一股令人印象深刻的票房力量。事实很快证明，战争只会增加观众在每一类电影上看见穿制服的军人的渴望。这些饥渴的观众当中包括小孩子；1941 年 12 月一项针对未成年电影观众的调查显示，小孩子们在去年最喜欢的电影是《约克军曹》。①

电影公司对于拍摄战争片的不安在几个星期之内就消失不见了。国会听证会期间，约克发表了一次演说，他说道：“好莱坞的人有责任告诉我们希特勒外表下的真相，这和报纸所承担的责任一样重要。”② 各大电影公司均对此表示同意，并且派出他们在纽约的编辑搜寻恰当的材料——“鼓励士气的故事，海

① “Annual Poll of Nation’s Kids Puts ‘York’ on Top as Best Pix,” *Hollywood Reporter*, 1941 年 12 月 15 日。

② Michael E. Birdwell, *Celluloid Soldiers: Warner Bros.’s Campaign Against Nazism* (New York: New York University Press, 1999), 145 - 146.

军的传记和美国战争英雄；反纳粹，尤其是反意大利的作品；宣扬中国抗日战争的故事。”但要将这腔热情转化成作品还面临着重重阻碍。夜戏现在已经被禁止，在可见的将来工作日将会缩短至下午5点，由于灯火管制整个加利福尼亚海岸都会在夜晚降临之前关灯。洛杉矶繁华的夜生活被剥夺了，晚间电影的上座率非常低。珍珠港事件后的一个星期，一个专栏作家写道：“唯一还在亮着灯的地方……是那些得以免受灯火管制影响的脱衣舞夜总会。”①

或许是因为奈伊委员会听证会给人们留下的印象如此鲜活，没有一个电影公司主管，包括哈利和杰克·华纳，热切地想要掌控，或者建议某种单方行动；这些巨头们最想要的是一个来自政府的集体接头人，他的出现将可以正式确认这样一个事实：每个人都将无视最近激烈而尖刻的讥讽，每个人都将站在同一 104
阵线。正如一位记者在12月11日写道：“好莱坞想知道他们应该向谁或者向哪个办公室报告。”二个星期之内，一项计划开始成形：罗斯福总统将会让洛厄尔·梅利特，他最近任命的好莱坞和华盛顿之间的联络人，搬到加利福尼亚并且成立办事处，在应急管理办公室（the Office for Emergency Management）的帮助下处理和电影有关的事务。达里尔·扎努克，现在是一位中校，将会作为梅利特的“镜像”，每个月到华盛顿拜访陆军部以及国防部的官员，并担任电影行业实际上的第一位说客。②

虽然梅利特的管辖范围理论上是好莱坞为政府机构拍摄的

① “Hollywood Works 8 to 5 Daily,” *Hollywood Reporter*, 1941年12月12日，以及“The Rambling Reporter”, *Hollywood Reporter*, 1941年12月11日。

② “Mellett Likely H’Wood Boss,” *Hollywood Reporter*, 1941年12月11日，以及“Mellett Boss for Hollywood,” *Hollywood Reporter*, 1941年12月23日。

电影，但存在一种普遍以及准确的推测，即他亦将对娱乐电影施加影响。电影业内的疑虑在圣诞节前被消除了，罗斯福毫不含糊地宣布："我不想对电影施加任何审查。我不希望有任何限制……这些限制会削弱电影的有用性。当然有些必需的口头规范是无可避免的。"[①] 但各大电影公司在接受梅利特的命令时仍然有些不自在。这位来自华盛顿的前任报纸编辑和电影打交道的时间只有几个月。《综艺》杂志暗示找一个已经获得好莱坞尊重的人可能是更明智的选择，它认为罗斯福应该任命约翰·福特。[②]

但福特对于坐上这个位置没有兴趣。虽然他对军事等级存在一种敬畏，但他对听命于其中的任何人并不感兴趣。之前在9月9号那天，"野蛮的"比尔·多诺万——他很快会成为新成立的战略情报局（Office of Strategic Services）的负责人——就曾向海军部部长弗兰克·诺克斯（Frank Knox）正式要求让这位导演加入现役部队。[③] 两天后，当林德伯格正在发表他充满争议的演讲的时候，福特也登上了从洛杉矶开往华盛顿的联合太平洋铁路公司的列车，在那里他将接受身体检查，并会收到放弃追查他视力问题的文件，最后在海军正式就职（"恭喜你，"扎努克
105 向他发了一份电报，"但你依然要向我敬礼，因为我的资历比你老。"）[④] 根据为他写传记的作家约瑟夫·麦克布莱德（Joseph McBride）记载，原始体检报告在主动性、智商、领导力、专注

① "President Says No Censorship," *Hollywood Reporter*, 1941年12月24日。

② Clayton R. Koppes and Gregory D. Black, *Hollywood Goes to War: How Politics, Profits, and Propaganda Shaped World War II Movies* (New York: Free Press, 1987), 57.

③ Scott Eyman, *Print the Legend: The Life and Times of John Ford* (New York: Simon & Schuster, 1999), 245.

④ 达里尔·扎努克给约翰·福特的电报，1941年10月11日，JFC。

和成功的天资等方面对他的评价是高于一般水平，但在军事资质、机敏和合作等方面的评分则不如其他项目令人印象深刻。[①]

福特在夏天拍摄了《青山翠谷》，采用了威廉·惠勒监制、菲利普·邓恩撰写的剧本，并且保留了惠勒挑选的主角罗迪·麦克道尔。在拍摄前，福克斯对于这部影片依然稍感不安，尤其担心在描述矿工们抗议的时候会出现任何反英国的言语。“现在拍摄这部电影不合时宜，”一位制作人在开始拍摄前给扎努克写信，“不应该指责英格兰。把它推迟到战争结束吧。”[②] 扎努克没有听他的，而福特则在他为数不多的对剧本的文字审核中对抗议一幕进行了修改，在矿工们的对白中转述了一些罗斯福的亲工会言论。经过处理后，电影中的威尔士家族在精神上变成了如他自己的爱尔兰家族一样的存在——福特后来说当中饰演高雅老妇人的女演员莎拉·奥尔古德（Sara Allgood）“感觉很像我母亲，而且我让她在行动上也变得像我母亲”。[③] 当扎努克看见福特仅靠黑白色以及比预料中还要少的预算，依然拍摄出了一部情感丰富而且极具感染力的家族传记，福克斯可能存在的所有疑虑都消除了。“电影给人留下了不可思议的印象，每个人都为之疯狂”，当福特的火车驶近华盛顿时，他给这位导演发了一份电报。[④] “如果这不是最好的电影之一，我吞一盒胶卷。”[⑤] 影评也表现出欢迎的态度；虽然很多评论家也如所

---

① Joseph McBride, *Searching for John Ford: A Life* (New York: St. Martin's, 2001), 336 - 339.

② Eyman, *Print the Legend*, 235.

③ 约翰·福特对丹·福特说的，JFC。

④ Dan Ford, *Pappy: The Life of John Ford* (Englewood Cliffs, NJ: Prentice Hall, 1979), 162.

⑤ 达里尔·扎努克给约翰·福特的便条，1941 年 6 月 13 日，JFC。

有参与电影拍摄的人一样留意到书中那种自然逸事式、闲聊般的叙事手法没有得到充分的体现，但他们为电影的画像展示技艺所震惊。观众也无法抗拒它的魅力。

整个秋天，福特都处于一种不确定状态，远离妻子玛丽、儿子帕特里克（Patrick）以及处于青春期的女儿芭芭拉，一个人住在离陆军部四个街区远的一间酒店里面，随时准备好为一场美国尚未参与，且不确定接下来要怎么做的战争而服务。（在他的官方准入报告中，他在“离校后的经历”一栏下面写道
106 “完全是电影产业”，而在“最能胜任的工作”一栏下写道，“所有关于摄影的……宣传片……纪录片、训练片，等等。”）[①] 在首都，他被当作一个重要的来访人物对待，因为他来自一个有能力使政治家和海军官员变成眼睛睁得大大的粉丝的行业。10 月下旬，他为《青山翠谷》的首映去了一趟纽约，第二晚就回到了华盛顿，作为第一家庭的客人出席白宫晚宴。[②] 海军要人将福特看作一位极具才华、极其重要的人物。但由于并未正式参与战争，他尚无用武之处，此外他是否具有相关能力也还是一个问题。虽然曾经成功组建了一个 150 人的实地摄影小组，[③] 但当中包括他在内没有一个人有任何海军经验，部分人还不确定在经历过海军服役的乏味单调的日子后，福特想要为其服务的欲望是否还会持久。“这都在我的理解能力以外，”一位高级海军指挥官——福特的一位朋友——在给另一个人写信时写道，“为什么一个年薪过 25 万美元的人不仅是愿意而且是急

① 约翰·福特填写的申请表，约 1941 年 8 月，JFC。

② 第一夫人的秘书 J. M. Helm 小姐写给约翰·福特的信，1941 年 10 月 27 日，JFC。

③ V－6 特别摄影小组花名册，1941 年 7 月 24 日，JFC。

于全身心地投入这一切，而目的只是为了在这次紧急状况中加入现役部队并且为之工作?”①

多诺万，一个备受罗斯福信任的实力强大的人物，喜欢福特并且有意给予他极大的不加监控的自由，但这只让这位导演的角色更加备受质疑：一个毫无军事经验却头顶指挥官军衔的人是不是真的能指挥?而且，他想不想指挥?福特在1941年11月接受采访时说过他在华盛顿最大的心愿是去参观一个艺术画廊。报道称他“很奇怪”，还指出他完全没有提及好莱坞，更不用说海军；他更愿意说起爱尔兰。② 这一切让人们无法对他产生信心。

福特并非闹着玩的，他知道旁人认为他这个决定很奇怪，而他自己的举动也不能为他赢得信心。福特马虎、草率，并且毫不在意他用来保护双眼的那副墨镜会让他看起来吓人而且有疏离感。在拍摄电影期间，他可以在前一刻非常多愁善感，后一刻马上变得尖酸刻薄。这样的性格特点对某些被招募进来的人来说非常具有吸引力——罗伯特·帕里什（Robert Parrish），一个25岁时转行成为二级下士的电影编辑，成了福特在实地摄影小组最可靠的代表，他喜欢福特的自以为是和独裁统治，如帕 107
里什的妻子凯思琳所说，他带着“尊崇、敬畏和一点点‘那个混蛋’的态度”③ 对待福特。但其他和福特在好莱坞工作过的人都对他敬而远之。当有人找到菲利普·邓恩，希望他加入实地摄影小组时，他明确地拒绝了，说道：“如果福特是指挥官，

① A. Jack Bolton 写给 Calvin T. Durgin 指挥官的信，1941年8月13日，JFC。

② Frank Farrell, “John Ford Dons Naval Uniform Because ‘It's the Thing to Do,’” *New York World-Telegram*，1941年11月1日。

③ Kathleen Parrish 在 *John Ford Goes to War* 中的采访（最初于2002年在 *Starz* 广播），由 Tom Thurman 担任制作和导演，由 Tom Marksbury 编写。

我不觉得我会想当一名少尉。”[1] 福特在多年后曾为自己解释道，在片场的时候“我对于和我相当的人非常谦恭有礼，而我对于比我优秀的人出人意料的粗鲁。我指的是所谓的比我优秀的人”。[2] 这句话一半是开玩笑，一半是夸张。

福特已经准备好听从命令，接受军事任务，但海军方面依然把他看作未知数。珍珠港事件后的几个星期，他接到了两个任务，都是一些风险低、时间短、让他与实际行动保持距离的工作。多诺万把他派去雷克雅未克拍摄一部报告电影，考察将冰岛作为盟军未来的降落和运输中心的可行性。[3] 然后让他去巴拿马，准备一卷胶卷（10 分钟）对运河安全性研究的电影。[4] 两部电影都只用作军事，且都不需要用到整个实地摄影小组；它们是用来测试福特是否拥有高效执行命令的能力，而福特当然清楚这点。

两部电影，加上福特详尽的文字报告，给多诺万留下的深刻印象足以让他安排福特去做一些更为重要的事。1942 年年初，福特被委派去监督陆军部的第一部重要战争宣传电影的拍摄。珍珠港受袭后的几星期内，海军就决定要制作一部纪录片，让美国人消除疑虑，相信舰队准备充分，并聚焦在曾成为日军目标的船只和飞机的迅速重建上。实际上，这次轰炸造成的破坏令人震惊：虽然它放过了美军的航空母舰，但 2/3 的海军航空兵被摧毁和破坏，8 艘战舰中的 4 艘沉没、倾覆或者被炸毁。福特准备将为海军拍摄的电影取名为《珍珠港故事：美国历史

---

① McBride, *Searching for John Ford*, 339 - 343.

② Philip Jenkinson 对福特的采访，1968 年，BBC。

③ 导航局主要官员写给约翰·福特的便条，1941 年 12 月 12 日，JFC。

④ 导航局主要官员写给约翰·福特的便条，1941 年 12 月 20 日，JFC。

上的史诗性事件》（*The Story of Pearl Harbor: An Epic in American History*），[1] 电影并非意在对受损情况进行估量，或者诚实地评价海军是否能够对袭击做好充分准备，这两点已经引起了公众的激烈讨论。这部电影只想单纯地向美国公众传递一个消 108
息：舰队已经逐渐恢复战斗状态。海军方面希望这部影片尽快拍摄出来。

当初在协助福特组建实地摄影小组时起了较大作用的电影摄影师格雷格·托兰德一直渴望得到一次执导机会，于是福特把这次任务委派给了他，1 月初便把他和上尉塞缪尔·恩格尔（Samuel Engel）一同送去火奴鲁鲁（又称檀香山）。塞缪尔是一个可靠、能干但不出色的作家兼制作人，其好莱坞制作经验大多是诸如《陈查理在里约热内卢》（*Charlie Chan in Rio*）和《恩科小子万岁》（*Viva Cisco Kid*）的作品。福特希望他协助托兰德准备剧本。6 个星期过去了，福特没有收到任何消息，亦没有收到哪怕一帧电影内容，因此多诺万让他亲自前往夏威夷看看到底发生了什么鬼事情。[2]

福特在海军官方口述记录里报告道，当他抵达火奴鲁鲁时，陆军和海军“状态良好，一切都得到认真照料，巡逻部队定时巡视，每个人都神采奕奕……珍珠港事件给每个人都上了一课”。[3] 但到底为这堂课付出的代价值不值得依然备受争议，而

---

① *The Story of Pearl Harbor: An Epic in American History*: McBride, *Searching for John Ford*, 353.

② Frank Knox 写给海军秘书处的便条，约 1942 年 1 月，JFC（关于恩格尔的资料），Robert Parrish, *Hollywood Doesn't Live Here Anymore* (Boston: Little, Brown, 1988), 18 – 21；Henry Stimson 写给 William J. Donovan 的信，1942 年 2 月 3 日，JFC。

③ 约翰·福特口述历史，海军历史中心。

福特也觉察到，自己给予托兰德和恩格尔的自由很可能导致最后拍出来的是一部谴责美国在受袭前无动于衷、疏忽大意的影片，而非一部能够激励士气的电影。在得到了足够的自由度后，托兰德决定把珍珠港项目变成自己实际上的导演处女作；本来应该拍摄一段20～30分钟，可以在正片之前播放的纪录片，他却描绘出了一幅拥有正片长度的剧情片蓝图，其中详尽再现了珍珠港受袭事件。要执行托兰德的想法，还需要在二十世纪福克斯电影公司位于洛杉矶的片场进行较长时间的拍摄。沃尔特·修斯特已经同意出演“山姆大叔”一角（在剧本中被描绘为一名在山顶闲适地偷懒的、疏忽大意的老人），同时哈利·达文波特（Harry Davenport）将会饰演山姆那备受打击的良心的化身，而新人达纳·安德鲁斯（Dana Andrews）则会扮演一位在事件中丧生的美国士兵的灵魂。

托兰德开始将脑海中的构想转变成现实中的电影场景，福特什么也没说，但对于托兰德构思出来的画面之宏大感到不安。[①] 福特没有中止电影的拍摄，但飞抵夏威夷后不久他就决定要将部分摄影工作接过来，用基本的、新闻短片式的风格拍
109 摄船只和飞机被重建，军需品仓库被更新，数量庞大的士兵正精力充沛、泰然自若地一起工作的片段。他并没有要求托兰德和恩格尔完全放弃他们的拍摄计划，但他确实曾提醒二人要谨慎，[②] 并且清楚暗示道：海军越察觉不出演员、特效和补拍的痕迹越好；这些工作全部都可以在好莱坞完成拍摄，远离那些窥探的眼睛。但托兰德依然觉得自己能够让福特拥有信心，在一封写给塞缪尔·戈尔德温的信中，他说他和恩格尔“都在这

---

① Parrish, *Hollywood Doesn't Live Here Anymore*, 16.

② McBride, *Searching for John Ford*, 356.

次任务中表现出色”。[①]

福特留在夏威夷监督电影的制作直到4月初，而该部电影也已被命名为《12月7日》（*December 7th*）。那段日子，由于各种命令和规定，福特和他的团队的工作需要高度灵活；在火奴鲁鲁，晚上7:30后街道上不得有车辆行驶，宵禁执行得非常严厉，假如有人晚上9点以后还在朋友家中，就要做好留在那里过夜的准备。[②] 这听上去很容易带来一个个喝得醉醺醺的晚上，但福特保持了清醒和专注。他在给玛丽的信中写道，虽然他想她想得要命，但同时也多年未感觉这么良好过。他很开心在夏威夷做着这些“无比重要”的工作，并且告诉她，“这里发生的事没什么可以写的，但某种程度上我比之前任何时候都要喜欢这里”。[③] 他拿那些突然想成为实地摄影小组的同事来和她开玩笑（“我喜欢弗兰克·波萨奇的那个要求——‘他难道不能因为自己喝的东西很糟糕而得到一个任务吗?’亲爱的，恐怕他需要一个更好的理由了。”）[④] 福特又拿自己对沃德·邦德（Ward Bond）和约翰·韦恩的轻蔑开玩笑，想象他们拿着电影公司的薪水，抬眼望着加利福尼亚南部的天空，搜寻着可能要来的空袭的痕迹（“啊，很好——这种英雄主义应该被嘉奖，”他写道，“它生存在时间的肛门中”）。[⑤] 几个星期后，当一位上将暗示该开始拍摄了，福特终于发脾气了。“先生，你执

---

① 格雷格·托兰德写给塞缪尔·戈尔德温的信，1942年3月22日，3902号文件，SGC。

② 格雷格·托兰德写给塞缪尔·戈尔德温的信，1942年3月22日，3902号文件，SGC。

③ 约翰·福特写给玛丽·福特的信，1942年2月24日，JFC。

④ 约翰·福特写给玛丽·福特的信，约1942年3月，JFC。

⑤ McBride, *Searching for John Ford*, 343.

导过一部完整的电影吗?”福特呵斥道,“抑或你无所事事的时候就爱多管闲事?”他转身离开上将后,又向他的摄影师,年轻的海员杰克·麦肯齐(Jack Mackenzie)喊道:“把相机放到三脚架上,不要再浪费时间了,我们今天有很多事要做。”①

第二天早上,当福特收到要求他立刻离开火奴鲁鲁的命令时,罗伯特·帕里什认为这是作为他对上司不敬的惩罚。② 事
110 实却是,福特在夏威夷的工作更加增强了海军对他的信心,他现在要被分派到航空母舰“大黄蜂”号上去拍摄这场战争最早的秘密任务之一——4 月 18 日的杜立德空袭。这次任务是盟军首次对日空袭,它不只是一个重要的策略性举措,还是一场建立信心的战役,一部分原因在于,用詹姆斯·杜立德(James Doolittle)将军的话来说,“美国人民非常需要鼓舞士气”。③ 福特拍摄的影片不会充满令人激动的情节——大多只包括 16 架 B-25轰炸机从移动的航母甲板上起飞和降落。[1944 年,导演默夫云·莱罗伊(Mervyn LeRoy)在米高梅关于这场空袭的电影《东京上空三十秒》(*Thirty Seconds over Tokyo*)中使用了福特拍摄的片段。] 但福特格外注重捕捉战争中的男性友谊,在空中拍摄的间隙点缀了非裔美籍水手在甲板上对飞行员挥手和微笑的场景,提醒大家虽然每个部队彼此独立,但大家都是空军的一员。这一系列简短的镜头经过剪辑后(有时候把非裔美籍水手的镜头剪掉了)被用在新闻短片中,是美国摄影机拍摄到的最接近战争的镜头。

---

① Parrish, *Hollywood Doesn't Live Here Anymore*, 18-21.

② Parrish, *Hollywood Doesn't Live Here Anymore*, 16.

③ General James H. "Jimmy" Doolittle with Carroll V. Glines, *I Could Never Be So Lucky Again* (New York: Bantam, 1991), 2.

如果罗斯福想在好莱坞内部任命一位负责协调的主要人物，最显而易见的选择应该是卡普拉，而不是福特。主管着美国电影艺术与科学学院以及美国导演工会的卡普拉有自己的一套周旋在众多官员之间的方式，他是一名经验老到的谈判专家。此外，由于《史密斯先生到华盛顿》带来的隐隐的痛还萦绕在心头，卡普拉正需要来自华盛顿和好莱坞的尊敬。大家对卡普拉的信任是洛厄尔・梅利特永远无法得到的，而且卡普拉也没有福特和其他很多导演所表现出来的那种对权威的厌恶。但他是一位外国人，而美国正在和他的国家处于交战状态；就在珍珠港事件之后，他那位并未入籍的姐姐安很快被列为“敌国侨民”。[1] 假如卡普拉坐上如此高的位置，他将无可避免地面临争议。

无论如何，卡普拉已经准备好为军队服务。意识到加入军队意味着大大减少的薪水，他在 1941 年秋天为华纳兄弟电影公
司拍摄了《毒药与老妇》作为对他家庭的一项保险：12.5 万美 111
元的薪酬可以让他的妻子和孩子维持一段时间，而且等到电影公映，算上他的分红，将会有更多的钱滚滚而来（但由于华纳同意签订了一项不寻常的协议，答应在百老汇版本的《毒药与老妇》戏剧结束上演之前不会放映电影版，却未料到这部戏剧一路走红到 1944 年，这项协议最终给卡普拉带来了极大的经济压力）。[2]在 10 月和 11 月拍摄这部喜剧时，卡普拉似乎已经同时做好了两种对未来的不同准备，他在华纳兄弟电影公司和

---

① Joseph McBride, *Frank Capra: The Catastrophe of Success* (New York: Simon & Schuster, 1992; reivised 2000), 450.

② *Arsenic and Old Lace files*, FCA and Warner Bros. Archives, University of Southern California.

二十世纪福克斯电影公司之间要手段，好让自己得到一份能保证他每部电影得到25万美元的合同，同时制订能够让他离开好莱坞一段时间的计划。在部队里面，他最高能得到的年薪是4000美元。[1]

珍珠港事件数天后，卡普拉回到华纳兄弟电影公司的片场拍摄《毒药与老妇》的最后几个镜头。塞·巴特莱特（Sy Bartlett）和理查德·施洛斯伯格（Richard Schlossberg）在那个时候拜访了他。这两个人来到好莱坞，试图通过唱红脸唱白脸的方式来引诱电影行业内一些知名人物加入军队。巴特莱特曾经是一名编剧，现任陆军上尉，他相信部队可以从像卡普拉那样的人中获益；同时他也知道如何和那些想要加入，但在职业生涯中不习惯处在权力链较低位置的导演和制作人沟通。“我太知道你生活的标准以及给予你创作空间的必要性了”，他告诉卡普拉，向他保证有“一个任务……绝对对得起你超常的天赋的任务”。[2] 施洛斯伯格是一名陆军中校，是巴特莱特的指挥官，他对于电影人的骄傲自大和经验不足感到不耐烦，但他明白他们潜在的价值。二人早在刚进入秋天时就接近过卡普拉，巴特莱特的恭维和使他安心的话，加上施洛斯伯格一副全商业式的态度，让这个组合产生的效果正如他们期待的那样有效。当再次找到卡普拉时，他们轻而易举地说服卡普拉在谈话结束后填了一份加入陆军的申请书。

巴特莱特和施洛斯伯格回到华盛顿，计划设计一个适合卡普拉的特别角色。他们把他的申请表格交给了将军弗雷德里

---

① McBride, *Frank Capra*, 448, 451.

② 陆军部上尉 S. S. Bartlett 写给弗兰克·卡普拉的信，1941 年 12 月 20 日，FCA。

克·奥斯本（Frederick Osborn），一位来自老派贵族家庭的迷人、尊贵的纽约人，现在统领着军队的士气部——一个意在监督所有宣传电影制作的部门，包括给普通市民看的宣传片以及 112
给新入伍士兵看的训练片。[1] 奥斯本，这个将会成为卡普拉的资助者以及在陆军部最有力的盟友的人，强烈地赞同为卡普拉度身定做一个职位。“鉴于奥斯本将军是如此著名而重要的人士，”巴特莱特写给卡普拉，“我想你应该非常高兴……我建议你尽快赶到华盛顿……奥斯本将军急切地想知道你何时可以报到。”[2] 来自奥斯本本人的一封电报也承诺“你可以在任何时候来到我身边，我会和你紧密合作”。这封电报决定了这门生意。[3] 卡普拉在 1942 年 1 月初正式入伍，申请并且获得了 30 天缓役批准，之后才去华盛顿报到，以便让他完成《毒药和农妇》的后期制作。即使是在剪辑、试映和再剪辑期间，他也抽空进行了军事体检并且准备好作为一名少校回去报到。

卡普拉后来写道，“我估计我的血液里面就流淌着对专制权威的厌恶”。他声称在 1942 年 2 月 11 日，当露西尔开车送他到火车站时，她给他的离别词是：“亲爱的，拜托你！不要尝试指挥军队！答应我好吗?”[4] 但事实是，他热切地想要讨好军队，为服役做好了充分准备，并且格外担心自己能否达到雇用他的人定的标准。“我需要等待命令吗？还是说直接过来就可以

① David Culbert, “Why We Fight: Social Engineering for a Democratic Society at War,” in *Film and Radio Propaganda in World War Ⅱ* , ed. K. R. M. Short (Kent, UK: Croom Helm Ltd., 1983).

② 巴特莱特写给弗兰克·卡普拉的信，1941 年 12 月 20 日，FCA。

③ 弗雷德里克·奥斯本将军发给弗兰克·卡普拉的电报，1942 年 1 月 8 日，FCA。

④ Frank Capra, *The Name Above the Title: An Autobiography* (New York: Da Capo, 1997；最初发表于 1971 年)，315 - 316。

了?”他给施洛斯伯格发了一份电报。“我应不应该穿着制服来?”[①] 当奥斯本和卡普拉见面时，他对卡普拉的第一印象是“有着一种带着目标的真诚和简单的忠诚，这能够帮助他在政府、军队和好莱坞得到数不尽的帮助；他对自己的事业有着不屈不挠的精神和信念”。

不过施洛斯伯格依然充满怀疑，并且很快成为卡普拉在陆军权力体系里的阻力。卡普拉认为这位中校“有着一袋水泥黏合剂的魅力”，而施洛斯伯格对于他权力范围内出现的唯一的电影人极其反感，告诉他，“你的好莱坞大片都一个样，令人讨厌。如果得不到想要的，就哭。一个达里尔·扎努克在这里已经够了”。守旧狭隘，官僚作风的通讯部是施洛斯伯格的领地，自 1929 年
113 起便统管着军队的电影拍摄；他简单地告诉卡普拉他“不会习惯陆军拍摄电影的方式”，然后指示他等待进一步命令。[②]

直到乔治·马歇尔将军出面，卡普拉才从施洛斯伯格手下调到奥斯本的士气部。马歇尔将军比其他高级官员更加认为电影可以在战争中扮演关键角色。他把它视作一种可以帮助军队赢得市民和士兵的情感和理智的媒介。10 年前，作为罗斯福平民保育团项目的一位领导者，马歇尔就曾安排拍摄火车上的工人，并且知道拍摄这类电影是激励和启发工人的本轻利厚、富有效率的方式。[③] 此外，他还愿意指任专业的电影制作人来负责在战争宣传项目中做出每一个重要抉择——其首选就是卡普拉。

1942 年 2 月，马歇尔会见了卡普拉，并给他安排了第一个

---

① 弗兰克·卡普拉发给理查德·施洛斯伯格的电报，1942 年 2 月 4 日，FCA。

② 卡普拉转述施洛斯伯格的话以略微不同的形式出现在 *The Name Above the Title*, 318 和 Jan Herman, *A Talent for Trouble: The Life of Hollywood's Most Acclaimed Director, William Wyler* (New York: Da Capo, 1997), 239 -241.

③ Culbert, “Why We Fight.”

任务。这项任务最终演变成为人熟知的《我们为何而战》（*Why We Fight*）系列电影，该系列电影是二战中最重要的战争宣传片。珍珠港事件前的秋天，军队开展了一个项目：通过 15 场讲座来教育新兵和志愿者。讲座内容按时间顺序，囊括了从一战结束到 1939 年的世界军事历史。这些讲座不仅是近期历史的速成班，而且是对危在旦夕的民主原则的明确肯定。讲座开展仅数月，种种迹象就已经表明这个项目完全失败了。士兵们在讲座上涂鸦、聊天甚至睡觉。讲座中用来作为补充材料的通讯部的过时电影更糟糕，这些电影常常招致士兵们喝倒彩并且发出嘲笑的嘘声。[①]

通讯部内部存在一种呆板的抵制，不允许任何电影通过情节、角色、幽默、动画技术甚至非军事音乐来表达它的观点。部队内的一位中尉在抱怨时说出了很多高级官员的心声：任何带有如好莱坞电影意味的影片都“严重违背了训练片的原则……一本教科书没有义务进行娱乐或者讨好”。[②] 马歇尔无视 114
了这个抱怨。他希望这些讲座和旧电影会被新的短片取代，希望它们足够激动人心，能够捕捉这些年轻士兵的注意力。这位将军已经看过纪录片导演制作的军事电影，根据卡普拉的说法，马歇尔将军“不喜欢这些电影。他觉得这些电影不够专业。它们给不了他他想要的……而且他还说：‘如果我病了，我会去看医生。如果我想拍一部电影，为什么我不应该去找拍电影的家伙？’”[③]

---

① Michael Birdwell, “Technical Fairy First Class,” *Historical Journal of Film, Radio and Television* 25, no. 2（2005 年 6 月）。

② Michael Birdwell, “Technical Fairy First Class,” *Historical Journal of Film, Radio and Television* 25, no. 2（2005 年 6 月）。

③ Leland Poague, ed., *Frank Capra Interviews*（Jackson: University Press of Mississippi, 2004）, 127.

马歇尔告诉卡普拉，他“希望拍摄的一系列电影，能够让那些穿着军服的人知道他们为什么而战，美国加入战争的目标和目的，我们敌人的天性和类型，以及这场战争的原因和导火线，为什么这 1100 万人穿上了军服，为什么他们必须不惜一切代价赢得战争”。[①] 而且他希望这些电影要按好莱坞的专业程度来拍摄，就算这意味着要把电影公司的团队和编剧搬过来。卡普拉兴高采烈，准备好要大干一场。马歇尔和奥斯本把他安排到一位年轻、有活力并且招人喜爱的上校莱曼·T. 曼森（Lyman T. Munson）手下做事。当曼森问他是否需要几个星期来准备一下，卡普拉回复道，在几个星期时间内他给自己的期望是完成 6 份剧本。他毫不迟疑地开始给好莱坞电影公司的负责人发电报，让他们准备好借出一部分他们最好的作家。

随着卡普拉在华盛顿开始新生活，他那股热情在起初的几个星期也变得失去控制：他接二连三地发来提案、预算、想法和信件催促他在好莱坞的同事过来加入他。他找到洛厄尔·梅利特，建议罗斯福总统拍摄一个简短的演讲影片用来欢迎新入伍的士兵，并且自己写好了草稿。“我来到你们面前，没有敬礼，没有正步，没有哗众取宠的话，”他让罗斯福说道，“不，我是诚恳地来到你们面前的……正如在你们之前其他自由的人们在危急时刻所做的那样，你们需要放下手中的工具、犁耙以及笔墨，拿起枪支，因为我们的国家和人民正处于危机之中！……无论原因是什么，这场严峻的考验来临了。赌注已经押上。要么我们赢得这场战争，要么希特勒和日军在白宫会师，决定着我们要成为何种奴隶才能最大化地满足他们那残酷成性

① Leland Poague, ed., *Frank Capra Interviews* (Jackson: University Press of Mississippi, 2004), 57 - 61.

的欲望。”演讲的结尾是：“去吧！让那些自封的超人见识到， 115
自由的人们不仅是最快乐的、最富裕的，而且还是最强大的。”[①] 卡普拉谦虚地备注道，他确信总统或者负责为总统撰写讲稿的人肯定可以写得更好，但他依然因开始为战争工作而感到激动和战栗，因为他不只是在传递战争信息，还能把建议交到总统手中。梅利特非常喜欢他的作品，甚至向罗斯福说道，卡普拉是“我们最好的电影导演之一”，梅利特觉得卡普拉的想法会成功。[②] 罗斯福在次日回信称这是“一个好主意”，并且让梅利特把演讲缩减到 4 分钟，然后让一些年轻的军官审查内容。在接下来的一段时间，罗斯福对电影和电影工作者的尊敬会让战争电影拍摄项目一直活跃。[③]

开始工作后，卡普拉将自己视作并且把自己形容为他某部电影中的主角——一个毅然坚定的局外人，准备好了要反对任何华盛顿的犬儒主义者。当专栏作家德鲁·皮尔逊（Drew Pearson）在一个晚上邀请他出席一个只有男人的交谊会时，他走进了一间满是“将军、议员、内阁成员，还有 J. 埃德加·胡佛（J. Edgar Hoover）和巴西大使等人”的房间。谈话充满悲观和焦虑的情绪，其中一个被谈论得较多的话题是太平洋舰队是否能够及时重建以便阻止另一次袭击或者重大伤害。“我受不了了，”他写给露西尔，“所以我发表了一番言论，告诉他们，作为领导者他们未免有点太不知所措了，而且也是时候让人民

---

① Frank Capra, “A Proposed Address by the President,” 1942 年 12 月 24 日，梅利特文件，战争信息办公室记录，1432 号盒子，NA。

② 梅利特写给罗斯福总统的信，1942 年 2 月 25 日，梅利特文件，战争信息办公室记录，1432 号盒子，NA。

③ 罗斯福写给梅利特的信，1942 年 2 月 26 日，梅利特文件，战争信息办公室记录，1432 号盒子，NA。

来接管了，因为他们似乎不堪重负了……我告诉他们美国比他们知道的要强大得多……诚然，一个穿着军服的少校告诉他们这些肯定让他们感到意外……但实际上我把军服的事忘记得一干二净，只是在对一群恐惧的老男人们说话。离开他们之后我觉得我可能做得有点过头了……我最后可能是夹着尾巴离开的……但是……我在做着正事。”

组建起一个办公室后，卡普拉告诉露西尔他正在华盛顿郊区找一间有4个卧室的房子，并且告诉她，她应该搬到东边逗留一段时间：“这开始有点像一份全天无休的工作了，但它是一份崭新的和有趣的工作。不要告诉任何人我在做什么，因为这应该是暗中进行的。”

“我已经提了足够的建议来为一整年的拍摄工作做准备，”
116 卡普拉告诉露西尔，“有6个作家正从好莱坞过来。我给每个人安排了一个项目。我随时准备好聆听那些给予意见的教授、心理学家和专家，但除了实际行动之外我对其他都没兴趣……日本人不会等着我们完成讨论的……亲爱的，请为我亲吻我的孩子们。下一封信将会完全不同。我什么也不会再谈起，除了我们之间的事。”①

---

① 弗兰克·卡普拉写给露西尔·卡普拉的一些信，未写明日期但全部都在1942年2月，FCA。

7 “我这里只有一名德国人”

好莱坞，1941 年 12 月 ~1942 年 4 月

1942 年 2 月 26 日举行的奥斯卡颁奖典礼被部分人称为 117
“简朴的奥斯卡”，这是好莱坞第一次集体尝试重塑公众形象来
配合一个处于交战状态的国家。2 个月前，理事会的部分成员
就曾严肃地提出要取消奥斯卡之夜。珍珠港事件之后，理事会
内部曾产生了重大的意见分歧。一部分人认为在炸弹到处爆炸，
美国军人冒着生命危险而战的时候举办铺张奢华的宴会不合时
宜，另一部分人则认为这场表演应该尽可能盛大热闹，以作为
国家恢复得很好的证据。学院的新任主席贝蒂·戴维斯想出了
一个有意思的妥协方法：她建议将这项年度盛会转变为战争基
金的筹款晚会，并且首次向公众售票。她的想法遭到了来自业
内评论家和理事会不少老成员的强烈反对。计划被“枪毙”
后，精疲力竭、情绪激动的戴维斯告诉学院，她无意担任一位
名义上的主席，并且气冲冲地辞掉了只接受了几个星期的职位。
传统派在这轮争论中胜出：奥斯卡依然是奥斯卡，但不会有舞
蹈，并且不鼓励太正式的着装，宾客们被要求为红十字会捐款， 118
而不是把钱花费在奢华的穿着上。①

那一夜，电影业内人士在比尔摩酒店出席了一场奇特的、

---

① Mason Wiley and Damien Bona, *Inside Oscar: The Unofficial History of the Academy Awards*, 10th anniversary ed. (New York: Ballantine, 1996), 115 - 116.

集欢庆和阴沉于一体的颁奖礼。酒店里充满了对战争同心协力的支持和不约而同的恐惧。一周前，出席晚会的很多人都去参加了电影《你逃我也逃》（*To Be or Not to Be*）在洛杉矶的首映礼，这部恩斯特·刘别谦（Ernst Lubitsch）的尖锐讽刺剧讲述了一个波兰剧团的演员们智胜纳粹的故事。电影的上映伴随着一种压抑感。电影的女主角卡洛尔·隆巴德是美国最受欢迎的女演员之一，但她在当年1月死于空难。当时她刚参加完战时债券的义卖活动，乘坐飞机从印第安纳州返回洛杉矶，飞机撞到了山上。观赏着她的最后一场表演，评论家和观众发现自己试图重新定义什么是被允许的，什么是乏味的。在某种程度上，隆巴德是死于二战的首位名人，而她的死亡亦给奥斯卡之夜蒙上了一层阴影。这场盛会，一如整个好莱坞，试图在挣扎中切中要点：它艰难地在鲍勃·霍普（Bob Hope）随意带过的俏皮话和行业新英雄温德尔·威尔基精力充沛的演说之间转换。威尔基称赞当时的电影业首脑们聚集到一起，担当向公众揭露“纳粹阴谋和暴行的恶毒本性”的先锋。①

惠勒一家和休斯顿一家决定一起出席晚宴。惠勒的《小狐狸》有机会角逐最佳电影，该电影改编自莉莉安·海尔曼的一部南部哥特小说，讲述了一个没落却贪婪的家庭争夺越来越少的财富的故事；同时他再度获得最佳导演提名，并且第三次让戴维斯获得最佳女演员提名。但这部电影的拍摄对于双方来说都不堪回首，并且是二人最后一次工作上的合作。戴维斯曾在

① Mason Wiley and Damien Bona, *Inside Oscar*: *The Unofficial History of the Academy Awards*, 10th anniversary ed. (New York: Ballantine, 1996), 115 - 116, 119.

百老汇观看过塔鲁拉·班克赫德（Tallulah Bankhead）饰演的雷吉娜·吉登斯（Regina Giddens），这是一个笑里藏刀的魔鬼，饶有兴味地看着自己的丈夫在眼前慢慢死去；惠勒却用尽一切机会赋予这个角色人性和复杂性。二人在《红衫泪痕》和《香笺泪》中迸发出的浪漫火花和友好关系在电影开拍数天内便瓦解了，他们在剧组的矛盾十分尖锐，甚至连在前来探班的记者面前都懒得遮掩。惠勒抱怨戴维斯“毫无技巧地扮演雷吉娜”，[①] 戴维斯的情绪随之崩溃，在惠勒为其他演员拍摄时离开了剧组三个星期。当她回来后，二人之间的问题并没有解决。一位亲眼看见他们之间紧张关系的《纽约时报》记者写道： 119
“戴维斯小姐看来倾向于……用高兴和勇敢来表现她的角色；而惠勒希望有更微妙的压抑……戴维斯小姐对于导演的要求显得冷冰冰，双方又极其有耐性。当某个场景拍了八九次后，惠勒先生告诉戴维斯小姐她是在念台词。她的反应如此冷淡，让人觉得剧组需要一个索尼娅·海尼（Sonja Henie）的溜冰护目镜。戴维斯说她觉得他的评价很有趣，因为在浪费胶片的人不是她。二人之间一直维持着这种谨慎的礼貌。”[②]

戴维斯在完成《小狐狸》的拍摄后非常肯定那是她最糟糕的表演之一，[③] 而惠勒在接受《纽约世界电报》的采访时，把他对戴维斯表演风格的委婉批评公之于众（“你是在思考角色应该思考的问题呢，”他在讨论她的演技时说道，“还是在思考，‘我应不应该再给她一点前人的轮廓？’或者‘我应不应该

---

① Ed Sikov, *Dark Victory: The Life of Bette Davis* (New York: Henry Holt, 2007), 180.

② Thomas Brady, “Peace Comes to ‘The Little Foxes,’” *New York Times*, 1941 年 6 月 22 日。

③ Bette Davis, *The Lonely Life* (New York: G. P. Putnam's Sons, 1962), 207.

挥手再用力些？'"），① 戴维斯因此发誓二人将永远不再合作。虽然她对他的喜爱消失了，她对他的尊敬却没有。惠勒拍摄下一部电影《忠勇之家》时，他的主角——37 岁的英国女演员葛丽亚·加森（Greer Garson）不满导演总是要求重拍，并且坚持认为自己看上去太年轻了，不适合扮演一位 40 多岁的女人，觉得自己需要戴上衬垫并且把头发染灰才能与角色外貌相匹配。当这位女演员寻求如何让惠勒听取她意见的建议时，戴维斯在信中警告加森最好停止抱怨并且听从导演的指示，"在惠勒的指导下你会给出你职业生涯中最好的表演"。②

惠勒于 1941 年 11 月 11 日开始拍摄《忠勇之家》。与卡普拉和福特不同，惠勒尚未考虑加入军队，但这点将在珍珠港事件之后改变。不过他确实将《忠勇之家》视作离开过时材料，接触具有当代性和时事性故事的机会。《忠勇之家》的剧本是基于一系列英国报纸栏目编写的，那些栏目是一系列简洁明了、轻松愉快、趣闻逸事般的专栏，让人得以一窥战时典型的英国家庭生活。1940 年 6 位作家将一系列松散的小插图编成一本
120 书，版权被米高梅电影公司购得。在经过一次又一次的修改之后，他们成功将剧本写成一个关于牺牲的故事。电影前半部分塑造出了一个与美国富裕小城镇看起来很相似的英国乡镇中，一户中上阶层家庭无忧无虑的幸福生活。开场一段文字告诉观众，他们即将见到"在那个轻松友好的英国，欢乐无忧的人们工作和玩乐，养育孩子，照料庭院，却很快便要为继续保持自

① *New York World-Telegram*，1941 年 9 月 9 日，引用于 Barbara Leaming，*Bette Davis*（New York：Cooper Square，1992），181。

② Michael Troyan，*A Rose for Mrs. Miniver*：*The Life of Greer Garson*（Lexington：University Press of Kentucky，1999），129.

己的生活方式而绝望地抗争”。在电影后半部分，战争夺取了米尼佛一家人的平静、安逸、食物和亲人，甚至包括他们头顶的那片瓦。米尼佛一家和乡民们逐渐成长，勇气随之增加，在面对纳粹威胁时忘却了相互之间的那点争吵，抛弃了曾一度定义他们世界的阶级界限。战争使他们高尚，面对严峻境况和重大损失时，家庭和整个小镇的团结象征了危机面前整个国家的团结。

“我迫不及待地接受了它，因为它是一部彻彻底底的战争宣传电影，而（在 1941 年秋天）你是不被允许拍摄这类宣传电影的，”惠勒说道，“这是一次机会，一次小小的机会，为战争贡献一点点力量。”[①]《忠勇之家》同时也是米高梅电影公司的一个完美选择，它一直以来都是几大电影公司中最谨慎和最有品位的一家。路易斯·B. 迈尔（Louis B. Mayer）从那个秋天起就尽量远离奈伊委员会，当孤立主义者将米高梅电影公司出品的部分电影，如《致命风暴》和《逃刑记》（*Escape*）等列为战争宣传电影时，他也一度躲闪。虽然听证会最终以电影公司的大获全胜结束，迈尔依然对任何可能引起偏见指控的电影过分谨慎。但这一部电影是安全的，他向惠勒解释道，因为它是关于英国的英雄主义。“它非常同情英国——但没有把矛头直指德国，”他告诉惠勒，“我们并非和任何人处于交战状态。我们不恨任何人。”基于这一点，迈尔指示惠勒要把米尼佛夫人在家中智斗一位受伤德国飞行员这一幕处理得低调一些，提醒这位导演不要把那位士兵弄得像一个“自以为是、残酷不仁”的、

① 威廉·惠勒接受 Catherine Wyler 采访，1981 年，重印于 Gabriel Miller, ed., *William Wyler Interviews* (Jackson: University Press of Mississippi, 2009), 112。

滔滔不绝地喊着口号的希特勒政策拥护者。

惠勒表示这令人难以置信。“迈尔先生，”他说道，“如果
121 在这部电影中有不少德军，我不介意其中一个是年轻得体的家伙。然而，我这里只有一名德国人。如果由我来拍摄这部电影，这名德国人就将会是一名典型的狗娘养的纳粹分子。他不会是一位友好的小飞行员，而会是戈林的怪物。”

“好吧，拍完后我们会看看那一幕的，”迈尔回复道，“但记住我告诉你的。”珍珠港事件后一天，他打电话给惠勒。“我一直在想那一幕，”迈尔告诉他，“你按你的方式拍。”①

惠勒喜欢这个故事，每一次重述这个故事时他都忍不住将他的蔑视和迈尔的胆怯添油加醋，但毫无疑问，在所有因珍珠港事件而受到影响的电影中，《忠勇之家》的改变最大。惠勒一直希望剧本可以添加一些关于战争的具体情节，而在电影拍摄和放映的这段时间里，米尼佛一家在战争期间的遭遇也令美国人感到熟悉。1939 年 9 月这个家庭知道了战争爆发的消息，1940 年 5 月米尼佛先生［沃尔特·皮金（Walter Pidgeon）饰］驾驶成百上千艘小船中的一艘，帮助 30 万英国和法国士兵撤离敦刻尔克，这一幕被称为“小船的奇迹”。纳粹于整个夏天和秋天对英国的轰炸造成的灾难性后果构成了整部电影的高潮。但美国加入战争的消息戏剧性地改变了美国人对米尼佛一家的看法：他们不再只是值得同情的外国人，而是美国人民可以效仿的刚毅的例子。在珍珠港事件之前，美国人很可能会将贯穿整部电影的

① 这个故事的各种版本，各自带有一点点不同，出现在 Jan Herman，*A Talent for Trouble：The Life of Hollywood's Most Acclaimed Director，William Wyler*（New york：Da Capo，1997）；Michael Anderegg，*William Wyler*（Boston：Twayne，1979）；以及 1979 年 Ron Davis 对惠勒的采访 Miller，ed.，*William Wyler Interviews*，96 –97。

音乐听成《天佑国王》（*God Save the King*）；但现在他们更有可能把它认为是《我的祖国》（*My Country 'Tis of Thee*）。那些让人窥视“开心、无忧的人民”的窗口现在看起来更像是一面镜子。

关于战争的话题渗透了《忠勇之家》的整个剧组。达姆·梅·惠蒂（Dame May Whitty），这位饰演镇上恃才傲物的贵妇人的76岁女演员，不断为红十字会织围巾，并且回忆起她在上一次战争时作为英国妇女应急部队领导人的日子。12月7日后没多久，演员亨利·威尔柯克森（Henry Wilcoxon）就告诉惠勒他要加入海军。威尔柯克森扮演教区牧师，而在电影的最后一幕，当米尼佛一家为他们的儿媳妇和众多邻居的死亡进行哀悼时，他扮演的角色将会在一间被炸毁的教堂中——一间
“有着一个被炸出窟窿的屋顶”的教堂，“但也是一间阳光从未 122
如此灿烂的教堂”——发表一篇颂文。在惠勒批准通过的1941年10月版的台词中，这篇布道文以《诗篇》第91篇结束：[①]

> 他是我的避难所和堡垒；我的上帝；我相信他……他会把你从陷阱里解救出来；把你从瘟疫中解救出来；
>
> 你不用恐惧夜晚的黑；也不用害怕白天的箭；
>
> 也不用担心在黑暗中迷失方向；也不用害怕正午的毁灭。
>
> 他会用他的羽毛保护你，在他的羽翼下你应该放心。

惠勒准备拍摄这一幕时，威尔柯克森已经在服现役，因此

---

① 《忠勇之家》的剧本，1941年10月18日，7号盒子，13号文件夹，WWUCLA。

需要请2天假回到米高梅电影公司片场来完成他的拍摄。[①] 拍摄的前一夜，他和惠勒重新改写了布道词。在《诗篇》后面，牧师将会发表一通更加具有现世性的讲话，明确地回应罗斯福和丘吉尔的讲话："这不是一场军队的战争，这是一场人民的战争——所有的人民——而且不仅在战场上作战，也要在城市和村庄作战，在工厂和农场作战，在家里和每一个热爱自由的男人、女人以及孩子们的心里作战！……我们已经埋葬了死者，但是我们不能忘记他们。相反，他们更坚定了我们战斗的决心，为了我们和后代的自由，向一切暴政和威胁宣战！战斗吧！竭尽我们的全力去战斗！上帝会保佑正义。"《忠勇之家》的最后一幕中，镜头移向头顶上被炸毁的屋顶，以"前进的信徒士兵，向着战争进发"的歌声结束——通过窟窿可以看到30架盟军飞机正飞往前线迎战纳粹。随着影片最后打出"在每一个发薪日购买战时债券和邮票吧"的文字，惠勒终于拍出了一部战争片，一部比他曾经想象的更加具有即时性和影响力的影片。

随着《忠勇之家》的拍摄接近尾声以及战争逐渐逼近，米
123 高梅同意惠勒的请求，在2月到3月之间的3个星期暂停电影拍摄工作。葛丽亚·加森此前已经同意参加战时债券义卖活动，而在惠勒12月18日递交了申请加入通讯部的表格之后，他妻子回忆道："他疯了似的想进去做些事……还想去欧洲。他极其反对希特勒。他希望成为参与抗战的人当中的一员。而且，以他的性格，他是不会错过任何东西的。"[②] 和卡普拉一样，巴特

---

① Troyan, *A Rose for Mrs. Miniver*, 134.

② 塔利·惠勒在 *Directed by William Wyler*（American Masters 的剧集，最初于1986年在PBS上播放）中接受采访，制作人是 Catherine Wyler，旁白和采访人是 A. Scott Berg，导演是 Aviva Slesin。

莱特和施洛斯伯格也找到了惠勒，但他仍然在等待命令。就在暂停《忠勇之家》拍摄的第二天，惠勒给施洛斯伯格发了一通电报，让后者知道他不再浪费时间等待命令了，他会在奥斯卡颁奖典礼之后立即去华盛顿了解“自己的状态和应该采取什么行动”。[①] 惠勒当时 39 岁，他的第二个儿子快要出生了，但“即使他有任何不安，他都不会显露出来的”，约翰·休斯顿回忆道，“不过我对他有不安的时候很怀疑。威利是一个无惧的男人”。[②]

奥斯卡之夜对于惠勒来说就像一场告别，在好长一段时间内这一晚将会是他和塔利共享的最后一次特别时光，而与他们共度这一晚的亲密朋友的婚姻却摇摇欲坠。约翰和莱斯利·休斯顿已经结婚五年了，但休斯顿的不忠行为几乎随着婚姻的开始而开始，并且轻率得让人感到羞愧。1941 年夏天拍摄《马耳他之鹰》时，他和他的主演玛丽·阿斯特（Mary Astor）关系暧昧；此后他拍摄另一部新电影——《姐妹情仇》（*In This Our Life*）时，和女主角奥莉薇·黛·哈佛兰（Olivia de Havilland）开始了新的不当关系。这次他们如此明目张胆，以至于当休斯顿的妻子坐在他身边时，他和黛·哈佛兰还越过一个空旷的舞池向对方送着飞吻。这让塔利·惠勒感到“十分不舒服”。[③]

休斯顿得意扬扬的时候往往也是他最胆大妄为的时候，而他在两部电影中的表现让他成为除了奥森·威尔斯（Orson Welles）以外当季最有名的年轻导演。《马耳他之鹰》被提名为

---

① 威廉·惠勒发给理查德·施洛斯伯格的电报，1942 年 2 月 12 日，NA。

② 约翰·休斯顿在 *Directed by William Wyler* 中接受采访。

③ Lawrence Grobel, *The Hustons: The Life and Times of a Hollywood Dynasty*, updated ed. (New York: Cooper Square, 2000), 229.

最佳电影，此外休斯顿还在写作领域获得两项提名，包括《马耳他之鹰》的剧本和《约克军曹》的改写。作为一名新导演，他挣的钱只不过是他更有建树的同事的一小部分——《马耳他之鹰》为他挣得的薪水仅仅是每周 1250 美元，而他最近和华纳兄弟电影公司签下的 5 年合同最终只会为他挣得惠勒所挣的
124 1/3。[1] 华纳兄弟电影公司在《马耳他之鹰》开拍之初并未对这部电影抱太大期望，公司只批准了 37.5 万美元的预算。原定扮演达希尔·哈密特（Dashiell Hammett）笔下的侦探萨姆·斯佩德（Sam Spade）的演员乔治·拉夫特（George Raft）气呼呼地辞演该角色，给杰克·华纳写道："正如你所知道的，我有一种强烈的感觉，这部《马耳他之鹰》……不是一部重要的电影。"和《夜困摩天岭》一样，亨弗莱·鲍嘉在开拍前 4 天得到了斯佩德的角色，成了拉夫特的自恋和错误判断的受益人。

休斯顿有一个本领，就是在拍摄时向他的团队灌输"我们携手与世界抗争"的精神。那些于 1931 年和 1936 年并未成功地为华纳兄弟电影公司改编并拍摄《马耳他之鹰》的电影制作人，都被他称为"笨蛋"和"混蛋"，而这次他们要将《马耳他之鹰》拍得像样些。"我们有一种奇怪的、幼稚的、领土性的使命感，"阿斯特说道，"一种觉得我们在做一件与众不同和令人兴奋异常的事的鬼祟感。"[2] 他们是坏孩子，尤其是鲍嘉，那个从来不是公司第一选择的明星，还有休斯顿。鲍嘉为休斯顿取了一个亲热而恰当的昵称。"这只怪物让人兴奋，"他说

① Lawrence Grobel, *The Hustons: The Life and Times of a Hollywood Dynasty*, updated ed. (New York: Cooper Square, 2000), 217.

② Lawrence Grobel, *The Hustons: The Life and Times of a Hollywood Dynasty*, updated ed. (New York: Cooper Square, 2000), 221.

道，“不同寻常、稀奇古怪、脱离中心。他杰出且不按常理出牌，从来不令你沉闷。”（一位前来探班的《看客》杂志记者形容休斯顿是“一个一等一的角色，鼻子很塌，面色苍白，驼背，橡皮脸，发型狂野——这一切都为他的昵称‘双重难看’锦上添花”。）[①] 起初华纳兄弟电影公司的哈尔·沃利斯密切监督休斯顿的工作，他告诉休斯顿，场景的节奏“太缓慢太刻意，有一点用力过度”；而休斯顿则用上了他从惠勒那里学来的安抚焦虑的制片人的方法，消除了沃利斯的疑虑，说自己“收紧了所有的慢镜头并且加快了所有行动”，但他同时告诉沃利斯他在给每一幕设定节奏时“心里面都有整部电影的构思”。[②] 沃利斯喜欢最终的结果，但华纳兄弟电影公司依然未抱太高期待，电影低调地于 1941 年 10 月公映了。

电影获得一致好评。“华纳兄弟电影公司对于这部新悬疑片……以及那位年轻的新人导演约翰·休斯顿一直缺乏信心，”《纽约时报》在一篇狂喜的影评中写道，“大概……他们想给大家一个惊喜……至于这部《马耳他之鹰》……它成了年度最优秀的悬疑惊悚片，而年轻的休斯顿先生也成为这个领域最睿智的导演之一……他找到了自己的风格，轻快而极其硬派。”[③] 詹 125
姆斯·艾吉称它为“吓人的证据，证明英国人［阿尔弗雷德·希区柯克，卡洛尔·里德（Carol Reed）等］无法垄断制作悬

① Stuart Kaminsky, *John Huston: Maker of Magic* (Boston: Houghton Mifflin, 1978) 48.

② Rudy Behlmer, *Inside Warner Bros.* (1935 - 1951) (New York: Viking, 1985), 151 - 152.

③ Bosley Crowther, “ ‘The Maltese Falcon,’ a Fast Mystery-Thriller with Quality and Charm, at the Strand,” *New York Times*, 1941 年 10 月 20 日。

疑片的技巧……这是美国范围内极具价值的生肉”。[①]《纽约先驱论坛报》(*New York Herald Tribune*)给电影贴上“该领域的经典之作”的标签,并且说道:“就他的这次成就来说,你很难选择,到底称他为改编者休斯顿,还是初出茅庐的导演休斯顿比较负责任。”[②]

华纳的反应是给予休斯顿相当于升职的一次机会,安排他去拍摄一部由刚刚获得普利策奖的小说改编的电影,与公司两个最重要的女演员戴维斯和黛·哈佛兰合作。“我挺羞愧于自己接手了《姐妹情仇》这部电影,”他后来说道,“我的野心占了上风……我想,噢,我终于达到了……我接手这部电影是因为这对我的职业生涯有利。”[③] 休斯顿对于这个故事内容抱有轻蔑的态度,这导致他将戴维斯饰演的角色塑造成一个问题家庭的邪恶中心;在拍摄期间,他将大多数的精力放在向黛·哈佛兰献殷勤上。“每个人都能看出来……在剧组简直就是情人节,”杰克·华纳说道,“看见这一切时我告诉自己,‘噢噢,贝蒂得到了台词,但莉薇得到了最好的镜头’。”[④] 休斯顿允许戴维斯在镜头前做她想做的任何事,以此来让她保持冷静。“在贝蒂身体内有一些可怕的东西——一只随时可能冲出来吞噬每个人的恶魔,从他们的耳朵开始吃,”他写道,“我把那只恶魔放出来了。”[⑤] 倾向于争取自己的方式而不是让导演向她投降的戴维斯,认为电影的最终版本是“世界上有史以来拍得最差的电影

① “The New Pictures”, *Time*, 1941 年 10 月 20 日。

② *New York Herald Tribune*, 1941 年 10 月 4 日。

③ Grobel, *The Hustons*, 223.

④ Jack L. Warner with Dean Jennings, *My First Hundred Years in Hollywood* (New York: Random House, 1964), 255.

⑤ John Huston, *An Open Book* (New York: Alfred A. Knopf, 1980), 81.

之一”;[①] 影评家们也没有太慈悲，他们认为它比不上《小狐狸》。休斯顿没有太在意。当时有人拍到休斯顿和黛·哈佛兰进行着浪漫的胡闹：他把她推进游泳池，然后跟着跳了进去；她将双手缠在他的脖子上然后爬上他的背。[②]

惠勒夫妇同情休斯顿的妻子，而休斯顿在奥斯卡颁奖礼上（惠勒和休斯顿都空手而回）的调情让一个本来就不轻松的夜晚更加让人不舒服。这一次，曾四度得到提名的惠勒开玩笑说，他准备带一个空的箱子去奥斯卡颁奖礼，以备投票的人突然觉
得想投些什么进去。在第二年的角逐中，惠勒输掉了最佳导演 125
奖，而获奖的福特正在夏威夷拍摄《12 月 7 日》，因此未能接受他因《青山翠谷》而获得的奖项。达里尔·扎努克代表他接过了小金人，而惠勒则坐在那里看着他花了好几个月筹备的电影获得了最佳电影。[“你把新的奥斯卡奖杯放在幕布（原文如此）上了吗?”福特在得知消息后给玛丽这样写道，“海军为我感到骄傲。这给他们留下了极其深刻的印象。上将、将军都打来电话给我庆祝。多奇怪!”][③]

惠勒耸了耸肩，很快从失望中走出。《小狐狸》似乎已经是很久以前的记忆了。在典礼数天后，他去了华盛顿，恳求施洛斯伯格正式给他指派任务并且给他一项工作。施洛斯伯格一如不欢迎卡普拉那样不欢迎他，他说惠勒“令人讨厌”。[④] 除了等待之外无事可做的惠勒决定自己策划一部电影。惠勒曾和莉

① 戴维斯在 *The Dick Cavett Show*，1971 年，引用于 Sikov，*Dark Victory*，188。

② 来自 Richard Schickel 的片段，The Men Who Made the Movies，系列纪录片（1973）。

③ 约翰·福特写给玛丽·福特的信，1942 年 4 月 4 日，JFC。

④ Axel Madsen，*William Wyler*：*The Authorized Biography*（New York：Thomas Y. Crowell，1973），223.

莉安·海尔曼在首都会面，二人自《小狐狸》之后就保持着紧密的联系。他们秘密计划制作一部关于苏联反抗纳粹的纪录片。海尔曼获得了苏联大使馆方面的许可，二人可到当地去拍摄该电影。[①] 虽然据说这部纪录片获得了罗斯福总统的庇护，但惠勒和海尔曼依然需要找到一位好莱坞制作人来资助他们的拍摄。他们飞往纽约和戈尔德温碰面，戈尔德温热情地同意给予他们一个侦察任务，并把他们送往莫斯科。但当惠勒提到他希望他的薪水能以每月分期付款的方式支付给塔利时，谈话破裂了。戈尔德温的脸立马就白了。“你说你热爱美国，你告诉每个人你是爱国主义者……结果现在你想要我给你钱?”他语无伦次地说道。“塞缪尔，”海尔曼回复道，“你的问题，是你觉得你就是一个国家，而你身边的每个人都理所当然地应该冒着生命危险为你做事!”[②]

虽然戈尔德温确实同意了资助海尔曼撰写一部关于苏联抗争的虚构类作品，但关于纪录片的话题到这里戛然而止。[③] 惠勒的任务依然没有下文，因此他于 3 月回到洛杉矶为《忠勇之
127 家》拍摄最后几个场景，并且考虑是否有途径可以绕过施洛斯伯格直接为军队服务。

休斯顿则没那么急于离开好莱坞。当年早些时候，巴特莱特和施洛斯伯格曾招募休斯顿到通讯部，眼前存在一场战争的可能性也让休斯顿异常兴奋，但他突如其来的事业上的成功也

---

① Herman, *A Talent for Trouble*, 239.

② A. Scott Berg, *Goldwyn* (New York: Alfred A. Knopf, 1989), 369.

③ 海尔曼写的电影《反攻浴血战》(*The North Star*) 由《西线无战事》的导演路易斯·迈尔斯通执导并于 1943 年公映。电影讲述了一个乌克兰村庄由于纳粹的入侵变得支离破碎。它是战争时期少数来自好莱坞的亲苏联宣传片。

给予他同样的兴奋感。在为华纳兄弟电影公司做了多年报酬很低的编剧工作之后，仅通过一次执导机会，他便成为公司最有价值的导演之一。哈尔·沃利斯正在努力为他保住 B. 特拉文（B. Traven）的《浴血金沙》（*The Treasure of the Sierra Madre*）的版权，[①] 休斯顿想要尽快完成这部小说的剧本改编和电影拍摄。此外，《马耳他之鹰》的成功给杰克·华纳留下了极深的印象，以至于在 1942 年年初他要求拍摄一部续集。当华纳失望地听说小说家达希尔·哈米特保留了自己作品中角色的所有权利时，他只是简单地将想法转移到另一部电影上，并且决定在一部轻惊悚片《越洋记》（*Across the Pacific*）中重新把休斯顿、鲍嘉、阿斯特和悉尼·格林斯特里特（Sydney Greenstreet）聚集到一起。公司购买了拥有先见之明的《周六晚邮报》上罗伯特·卡森（Robert Carson）的连载小说《爱意味着再见》（*Aloha Means Goodbye*）。该小说发表于 1941 年夏天，内容是一位政府军官卧底登上一艘货船，挫败日本间谍想炸毁珍珠港 2 艘军舰的阴谋。战争开始后，很多关于间谍和外国阴谋的剧本和故事都被相应改写以增加时效性和相关性；《越洋记》是少数被重新定位为远离这场战争的作品之一。此时对于一部基本上是异想天开、不严肃的娱乐片来说，用珍珠港事件作为背景并不合适，因此沃利斯让日军将目标改为巴拿马海峡。与电影标题相反，这艘货船从未进入过太平洋，更不用说穿越太平洋。

休斯顿在当年 3 月开始拍摄这部电影，那是好莱坞迅速变化的时期。日本坏人被写进了大量电影中，他们通常以一种荒诞不经的固定形象出现：露着龅牙，带着虚伪的微笑，夸张的

---

① Behlmer, *Inside Warner Bros.*, 176.

礼仪，戴着瓶底那么厚的镜片。多个剧本把他们称为猴子或者狗。在好莱坞工作的日本人数量比较少，而在 2 月 19 日颁发的总统命令之后，他们当中的大多数都成为被送到俘虏收容所的 10 万美国公民中的一员。为了取代他们，电影公司往往起用华
128 裔美国演员或者化了浓妆的白人演员。在早期电影中，休斯顿尤其避免种族偏见（《姐妹情仇》得到的唯一赞誉就是它对于一名黑人角色进行了罕见且具有改革性的塑造）。但他对于片中运用的反日本的讽刺并没有太多顾虑；他把更多的时间放在了让电影基调更明快和充满活力上。1 月上交的剧本初稿结尾清楚、直白且让人不安地提到珍珠港事件带来的损失。鲍嘉饰演的角色抬头望着“密集的日本机群”，说道，“真可怕”，“就是这样。我们太迟了。我们所有人都太迟了……这些日本人就像一个傲慢无礼的小个子，招惹一个强大的家伙。小个子捡起了一个瓶子，他拿着它在那里摇晃，这招可能有用，但他最好瞄准一点。如果他瞄不准，强大的家伙会将他一把抓起，扔出窗外”。

在一阵“异乎寻常的爆炸声”后，电影的女主角回答道：“在我看来那小个子瞄准了。”

休斯顿尚未加入军队，但他将《越洋记》视作他的第一项宣传任务。他用一个更简单且更乐观的结局取代了最后一幕。他编写的结局在 1941 年 12 月 6 日结束，起码在这个故事中，日军被彻底击败，由格林斯特里特扮演的角色试图切腹自尽，而鲍嘉则告诉敌人：“你们一直想来一场战争，不是吗？……可能你们开始了战争，但我们会将它结束。”

如果《越洋记》的大部分情节显得有点仓促和草率，很可能是因为休斯顿在拍摄的时候，他的另一只脚已经踏进军营了。

军队给了他一个 60 天的缓役去完成这部电影的拍摄，但即使加快进度，时间还是不够。当要求他去报到的命令到达时，休斯顿以为它是垃圾邮件而将它扔掉了，后来才发现原来他本应该在 4 月 29 日以通信兵中尉的身份到华盛顿报到。[1] 当明确知道他将无法拍摄电影高潮部分的动作戏时，公司起用了一个它最信赖的二线导演——文森特·谢尔曼（Vincent Sherman）来完成最后 10 天的拍摄。休斯顿很喜欢这样形容，他让鲍嘉饰演的角色被绑在一张椅子上并且被敌方特务包围，然后跟谢尔曼说，“剩下的你想办法”。但谢尔曼回忆时认为这背后有着更复杂的理由。“我不敢相信军队不让他完成电影的拍摄。”他告诉杰 129
克·华纳，华纳回应道：“那个可怜的家伙有别的麻烦。他的妻子从前门进，奥利佛·黛·哈佛兰从后门出，有时候他都不知道自己在做什么……早上醒来的时候。”在谢尔曼看来，休斯顿知道在 12 月 7 日后的仓促修订导致了一个低水平的剧本，并且“在情事纠纷的情绪压力下，他用军队作为一个借口逃离”。[2] 在开始服现役时，可能是由于认为自己的婚姻即将走到尽头，休斯顿在亲属一栏上填上了父亲的名字，而不是他妻子的名字。[3]

送别朋友后，惠勒更感空虚。施洛斯伯格依然告诉他通讯部没有容纳他的位置。越来越多的同事现在都在华盛顿为军队服务了，即使是留在好莱坞的人，也通过电影中的一种新式的“后珍珠港”风格来为战争做贡献，这些都让《忠勇之家》差

---

① 1719 号文件，JHC。

② Vincent Sherman, *Studio Affairs: My Life as a Film Director* (Lexington: University Press of Kentucky, 1996), 189 - 191.

③ 约翰·休斯顿的军方记录，1942 年 4 月 29 日，1719 号文件，JHC。

点在上映之前就已经显得过时。二十世纪福克斯电影公司刚刚上映了讲述海军陆战队应征入伍士兵的故事的《勇冠三军》(*To the Shores of Tripoli*)；派拉蒙影业公司开始拍摄《复活岛》(*Wake Island*)，这是第一部讲述美军抗击日军的电影；华纳兄弟电影公司则在筹备霍华德·霍克斯的《空中堡垒》(*Air Force*)，它属于刻画一整个排的形象的早期电影之一。惠勒没办法再等了。当弗兰克·卡普拉找到他和他讨论纪录片的事时，他立刻答应了。这个任务可以让他逃离施洛斯伯格的控制，而且不需要再等待新任务。他和塔利道别，在第二个女儿出生后的第二天，收拾好行李向华盛顿出发了。

8　“这将成为一个问题，一场战斗”

华盛顿，1942 年 3～6 月

那 7 个被要求在华盛顿档案大楼一个临时办公室等待弗兰 130
克·卡普拉的人，并不清楚自己为什么被召集到这里。卡普拉给他们本人和电影公司发了一份介乎于请求和命令之间的电报：他们需要到首都进行一个月的工作。他们扔下所有东西来了。对朱利叶斯·艾柏斯坦（Julius Epstein）和他的兄弟约瑟夫来说，这意味着他们要暂时离开《卡萨布兰卡》（*Casablanca*）的剧本，也引起了杰克·华纳的不满。公司“挺生我们的气”，朱里乌斯后来说道，“但我们的确觉得我们应该去”。[①] 其他几个人则忙于做相对没那么重要的工作并且乐于扔下它——当你可以，即使不是冲到前线，也至少可以尽可能地接近前线的时候，那还有什么必要去辛苦地为《墓碑谷：求死不能的小镇》（*Tombstone: The Town Too Tough to Die*）或者《男人介意这小孩》（*Butch Minds the Baby*）长时间工作？没有人会拒绝卡普拉的。他们甚至没有抱怨自己接下来 4 个星期唯一的补偿就是免费住宿和 20 美元一天的酬劳。[②]

“你们都听说过好莱坞的人怎么说我，”卡普拉告诉那些

---

① A. M. Sperber 和 Eric Lax, *Bogart* (New York: Willia, Morrow, 1997), 187.

② Otto Friedrich, *City of Nets: A Portrait of Hollywood in the 1940's* (New York: Harper & Row, 1986), 136.

人，当中没有一个此前曾和他合作，“‘他说不出来他想你怎样，但当他看到了他就知道是这样。’这基本上就是事实。”卡
131 普拉引用了他最喜欢的场景之一——在《一夜风流》里面那段没有对白的场景，克劳德特·科尔伯特教克拉克·盖博怎样招揽一辆过路车，她掀高裙子，调整丝袜，露出自己的一截腿。“那，”他说道，“就是我希望你们在把这些讲座变成训练片的时候给我的东西。我希望你们把话语转变成电影。”①

卡普拉清楚地告诉这些人，他将会监督马歇尔将军委派下来的讲座电影拍摄的每一个方面。当一个作家开玩笑地说道：“所以我们需要扮演邪恶的化身了?”卡普拉回答道：“正是如此”。② 他要求在1个星期或者10天之内创作出一系列20页的剧本，每一份基于不同时间段的历史编写，按时间先后顺序引导新兵们了解从1931年日本入侵满洲一直到珍珠港事件的历史。③ 完成剧本的写作后，他们需要大声向卡普拉读出剧本，能让他满意的唯一方法就是让故事清楚明白得即使是一个小孩子也可以理解。他期望这些电影展现的观点非常简单：美国人正在为一个自由世界而战，裕仁（即昭和天皇）和希特勒正在为一个奴隶世界而战。他所形容的在大厅里面观看这些电影的美国兵是这样的：“当他们把他招募入伍，让他穿上军装时，他只有18岁，他是如此毫不知情。”他相信，一段非黑即白的历史“是你目前唯一可以传递给那些孩子的东西。你给他们太多

① John Sanford, *A Very Good Fall to Land With: Scenes from the Life of an American Jew, vol. 3* (Santa Rosa, CA: Black Sparrow, 1987), 210 - 216.

② John Sanford, *A Very Good Fall to Land With: Scenes from the Life of an American Jew, vol. 3* (Santa Rosa, CA: Black Sparrow, 1987), 210 - 216.

③ Frank Capra, *The Name Above the Title: An Autobiography* (New York: Da Capo, 1997; originally published 1971), 335.

‘另一方面呢’的观点，会让他们觉得困惑”。[1]

在那次会面上，卡普拉让 7 位作家各自负责不同的部分——中日战争，德奥合并问题，英国抗战，法国沦陷。当一位将名字从朱利安·夏皮罗（Julian Shapiro）改为约翰·桑福德（John Sanford）以求在好莱坞找到一份工作的作家说他有兴趣编写苏联前线部分内容的时候，卡普拉解雇了另一个人而保留了他。“有没有任何东西，”他谨慎地问桑福德，“会阻止你去宣读那份效忠宣言？”桑福德告诉他没有，于是卡普拉把这项工作交给了他。[2]

卡普拉可能或多或少考虑了一种旧式的部落文化。他所招募的撰写剧本的人大多数是犹太人，而且全部承认自己是左派，在政治上自西班牙内战起就和卡普拉截然相反。“他支持佛朗哥，而且总觉得我们是激进分子，”其中一位被招募的作家莱纳 132
德·史皮杰盖斯（Leonard Spigelgass）回忆道，“他受不了这点。”[3] 但卡普拉同时也在尝试让这些人明白他们任务的重要性，他认为这些电影在早期的战争准备中是必不可少的。卡普拉的热情具有感染力，作家们立刻投入工作。虽然这个项目还没有指派的官方办公室，卡普拉还是为他的团队征用了美国国会图书馆里面一小块未被占用的地方，[4] 而且他让作家们可以不分昼夜、不分工作日和周末地找他谈论进度、阻碍点或者历

---

① George Bailey 对弗兰克·卡普拉的采访，1975 年，收录在 Leland Poague, ed. , *Frank Capra Interviews*（Jackson：University Press of Mississippi，2004），127.

② Sanford，*A Very Good Fall to Land With*，210 – 216.

③ Joseph McBride，*Frank Capra：The Catastrophe of Success*（New York：Simon & Schuster，1992；revised 2000），458 – 460.

④ 弗兰克·卡普拉写给电影作家工会的 Ralph Block 的信，3 月 4 日，1942 年，FCA。

史问题。很多个晚上他把他的团队召集起来共进晚餐，以便让他们向他汇报进度。

卡普拉确实有危机感：在战争开始的几个月里，他像很多美国人一样，相信另一场对西海岸的袭击很可能迫在眉睫，没有更多时间可以浪费了。即使是当他告诉露西尔他将会很快"开始认真考虑你应不应该来这里"，他也警告她要注意空袭："假如发生任何事，把所有孩子带上车，开到圣博娜迪诺，然后去亚利桑那州或者里诺。"[①] 无论如何，卡普拉监督这些作家的心情在最初是压抑不住的高兴。"我称他们为我的 7 个小矮人，"卡普拉欢喜地说道，"我给他们派了一个中国速记员，我叫她斜眼白雪公主。他们像疯了似的工作……终有一天我会故意病得很重于是可以睡到 8 点。"[②]

但这股欣喜在卡普拉于几个星期之后看到剧本时消失不见了。"我目瞪口呆，"他在自传《银幕上的名字》中写道，"未曾预料到的无趣的事发生了……这些大纲带有共产主义色彩。"[③] 基于仅存的少数早期的草稿来看，这很可能是卡普拉想象出来的。很可能是因为和这群不羞于表达自己意识形态倾向的作家们的深夜政治讨论，唤醒了他曾经在《史密斯先生到华盛顿》剧组表现出来的恐惧——他缺少的政治方面的精明，可以让一个作家偷偷地把亲共产主义的言辞在他注意不到的情况下掺进剧本里（"弗兰克觉得任何东西都充满着共产主义宣传"，史匹杰盖斯后来抱怨道）。[④] 在任何情况下你都不可能和

---

① 弗兰克 · 卡普拉写给露西尔 · 卡普拉的信，1942 年 3 月上旬，FCA。

② 弗兰克 · 卡普拉写给露西尔 · 卡普拉的信，1942 年 3 月上旬，FCA。

③ Capra, *The Name Above the Title*, 338.

④ McBride, *Frank Capra*, 458 – 460.

卡普拉争吵：他只留下一个作家，而立刻把其他作家都派回好 133
莱坞，并告诉他们，他本人对于他们的工作没有不好的看法，但他担心戴斯委员会会寻找任何亲红军的蛛丝马迹，以此为借口停止资助他尚未起飞的事业。① 他抛弃了他们的剧本，并且开始和电影公司们协商要一批新作家。

卡普拉后来回忆道，这些初稿“谋杀了我们的信心”，但那个时期的便条显示他把这一件事看作创造更宏大计划的助跑，而不是退步。3 月初，在奥斯本将军的监督下，他开始起草一份全面的关于一系列宣传电影的提案——其中的 52 部将会在 1943 年年末之前完成制作。除了那些用来取代讲座的改编电影外，被他称为“入伍培训电影”的清单中，还包括另外两个进行中的系列《了解你的盟友》（*Know Your Allies*）和《了解你的敌人》（*Know Your Enemies*），一个为军官候选人制作的训练片，一个拍摄公共关系局举行的所有讲座的项目，以及一个两周一次的“让我们的军队了解世界大事”的军事信息短片。他要求得到更多的资金，以便从好莱坞引进更多作家、导演、编辑和制作助理等。当他要求军队为他寻找一处办公室的申请被堆在陆军部一堆乱七八糟的文件中时，他只是简单地绕过上司，直接和内政部进行沟通，使用了他们大楼中一座冷却塔的空旷区域。②

由于马歇尔将军曾“强调尽快向军队阐明我们为谁而战以及我们为何而战”，卡普拉说服奥斯本申请 40 万美元的拨款——在那时相当于一部中等预算的好莱坞电影的花费——资

---

① 弗兰克·卡普拉写给 John Sanford 的信，1942 年 5 月，FCA。

② 弗雷德里克·奥斯本将军的便笺，1942 年 3 月 4 日，梅里特文件，战争信息办公室的记录，1432 号盒子，NA。

助这一系列可以“告诉军队这场战争原因”的电影。卡普拉的计划非常宏大，而且他基本上只依靠自己。卡普拉好胜的本性被施洛斯伯格在他第一天到华盛顿时表现出来的冷漠所刺激，而现在他在马歇尔和奥斯本手下工作，而不是在通讯部的指令下工作，他觉得他需要证明自己。“我在预算方面遇到困难。你无法知道要得到使用 1 美元的许可有多难，”他告诉露西尔，
134 “我给他们展示了一些令人难以置信的计划……如果我可以让我心中的那个项目实施，那我就真的会成为重要的人。扎努克和通讯部都会黯然失色，他们知道这点，所以这将成为一个问题，一场战斗。”①

卡普拉最重要的想法之一是起用威廉·惠勒——拍摄一部在奥斯本的草案中被形容为“‘黑人的战争贡献’的纪录片……展示黑人为这场战争做出的贡献，告诉他们这是一场他们的战争，而不是一场‘白人的战争’，证明这不是一场‘种族战争’”。奥斯本又补充道，“这个问题需要审慎处理，这一点不用多说”，② 而卡普拉认为惠勒是这项工作的合适人选。在当时，当其他好莱坞电影依然充斥着毫无羞耻感的种族主义的陈词滥调，将黑人人物描绘为卑躬屈膝、缺乏才干、粗鲁无礼、懒惰幼稚的喜剧性调剂元素时，他却是少数几个会小心翼翼地避免这种成见的导演之一。即使他的电影中有黑人仆人角色，例如在《小狐狸》中，他依然赢得了如《新共和》杂志的赞誉：拥有“罕见的在幽默和尊严中的平衡，其他众多电影和戏

① 弗兰克·卡普拉写给露西尔·卡普拉的信，1942 年 2 月 22 号和 3 月 1 号，FCA。

② 弗雷德里克·奥斯本将军的便笺，1942 年 3 月 4 日，梅里特文件，战争信息办公室的记录，1432 号盒子，NA。

剧虽努力实现这种平衡，但最终不外乎变成一出类似《汤姆叔叔的小屋》那样的演出”。[①]

卡普拉和奥斯本知道一部备受赞誉的关于军事领域中的黑人的纪录片，将会在白人影迷和黑人影迷中产生良好的效果。在好莱坞，洛厄尔·梅利特很快会代表政府发起一项持久的运动，呼吁电影公司增加黑人演员在他们电影中的出镜率；他敦促电影拍摄者将他们放到群众镜头中，放在球类比赛的观众席上，放在商店、餐厅、酒店里或者作为背景路人，放在任何可能的地方。战争信息办公室相信，随着越来越多的年轻人加入，好莱坞可以帮助美国白人习惯于看见黑人在尚未对后者开放的岗位上工作。但奥斯本同时亦知道，考虑到在美国的黑人每天所面对的种族压迫，他们需要被一种直接的吸引力所说服。战争刚开始时，一项在黑人住宅区进行的调查显示，非洲裔美国人投票表示他们不觉得日本赢了会给他们带来更糟糕的影响，[②]而在南部，甚至有讨论认为一个“日本－黑人联盟”会变得越来越普遍。[③]

在4月初，刚完成《忠勇之家》的剪辑，惠勒就听闻了卡普拉的想法并且热情地同意拍摄这部电影。他得到了充分的自
由——到当时为止，军队除了来自好莱坞的训练片之外没有任 135
何事实上的经验，而卡普拉没有太多时间或者精力来给予指导和监督。惠勒的第一直觉是尝试和莉莉安·海尔曼在剧本方面

---

① Otis Ferguson, “The Man in the Movies,” *New Republic*, 1941年9月1日。

② Clayton R. Koppes and Gregory D. Black, *Hollywood Goes to War: How Politics, Profits, and Propaganda Shaped World War II Movies* (New York: Free Press, 1987), 86.

③ John W. Dower, *War Without Mercy: Race and Power in the Pacific War* (New York: Pantheon, 1986), 174.

进行合作。但她提供的版本比军队心目中的版本更具煽动性：一个 13 岁报童和一名名为约翰的黑人士兵之间的谈话，背景设在一场以“士兵乔·路易斯”为主题的重量级冠军争霸赛之夜。海尔曼的想法非常与时俱进——自从于 1938 年打败德国人马克斯·施梅林（Max Schmeling）后，路易斯成为一名国家级的英雄，也是反纳粹力量的标志。而在 1942 年 1 月，在一次为海军救灾协会进行慈善拳击比赛后，他入伍了并说道：“让我们来和这些日本人打一场吧。”他入伍一事被众多新闻短片播报，他的脸被印在海报上，贴在黑人众多的城市。海尔曼提到要让这位年轻的报童抱怨道，路易斯把冠军奖金的一部分捐给军事家庭，是在帮助不怎么关心像他那样外貌的人的命运的一个国家。海尔曼让那个士兵向报童解释道，路易斯能够“从苦难中崛起”，而且他加入的队伍并非为了“坏的事”而战，“（而是）为了好事而战，这个好事会变得越来越好”。“坏的事”在她剧本中非常明确，包括如“白人邻居拒绝黑人租客入住”等新闻头条。[①]

海尔曼希望保罗·罗伯逊（Paul Robeson）同意饰演士兵，但她和惠勒从来没有商量好这部电影应该怎么拍摄，而且当惠勒告诉她，他倾向于拍摄一部纪录片而不是一部戏剧时，海尔曼退出了。为了找到一部对他来说更合适的作品，惠勒之后雇用了一位名叫加尔顿·莫斯（Carlton Moss）的黑人作家来和他及剧作家马克·康奈利［Marc Connelly，他赢得普利策奖的作品《青草地上》（*The Green Pastures*）是百老汇首部全部由黑人主演的戏剧］合作。

---

① Carl Rollyson, *Lillian Hellman*: *Her Legend and Her Legacy* (New York: St. Martin's, 1988), 192 – 193.

5月，卡普拉给了惠勒放行证，让他带上他的两个作家踏上考察位于中西部和南部的军事基地的旅程：他们会去堪萨斯城、新奥尔良、路易斯安那州亚历山大市、亚拉巴马州的蒙哥马利和塔斯基吉、佐治亚州的班宁堡，以及最后回到华盛顿之前的北卡罗来纳州布拉格堡。这个旅程令惠勒沮丧，因为他发现自己恨南方。每一次当他们被告知莫斯要坐在不同的车厢， 136
或者在一间“只限有色人种”的酒店找一个房间，他就深深感受到美国种族主义的恶意。当他在佐治亚州遇见一群黑人陆军航空兵时，那些飞行员告诉惠勒当地人憎恨他们，觉得他们“自负到”要去驾驶飞机；他们说他们长久以来生活在被当地三K党分会袭击的恐惧中。①

惠勒开始对拍摄这部电影产生疑虑，而当他于6月到达首都后，他完全失去了拍摄的兴趣。卡普拉告诉他《黑人士兵》(*The Negro Soldier*) 依然是最优先的工作，② 但相比起让惠勒制作一部坦白的纪录片，他的兴趣显然更在于避免重大错误和潜在的造成不和的描述中。在卡普拉的指令下，军队研究员给出了一系列电影拍摄的指示条例，足以让任何导演都觉得他似乎是在踮着脚尖走过一片雷区；这些条例有时让人尴尬得明显（“避免任何偏见，例如说黑人与西瓜和猪肉类同”），有时属于政治性的权宜之计（“展示黑人军官们指挥军队，但不要把他们抬得太高”），有时是明明白白的冒犯（“对黑人士兵的外表进行低调处理”并且省略所有提到“林肯、解放或者任何黑人

---

① Jan Herman, *a Talent for Trouble: The Life of Hollywood's Most Acclaimed Director, William Wyler* (New York: Da Capo, 1997), 241－242.

② Axel Madsen, *William Wyler: The Authorized Biography* (New York: Thomas Y. Crowell, 1973), 226.

种族领袖或其朋友”的信息）。[①] 一直到 1937 年，一项由美国战争学院实施的研究将典型的美国黑人士兵描述为“温驯的、无忧无虑的、脾气好的”，但同时“粗心、得过且过、不负责任、遮遮掩掩……没有辨别是非的能力，不诚实，做好事的意识相对没有那么强……拥有音乐天赋和显著的节奏感”。[②] 惠勒说，他没有任何兴趣帮助一个本来就是问题本身一部分的政府，去拍摄一部关于黑人士兵生活的玫瑰色电影——到 1942 年这些黑人士兵将会达到 30 万名——他跨越美国的旅程让他感受到了黑人所承受的可怕的隔离、怀疑和偏见。卡普拉极不情愿地指派了另一个导演去拍摄这部电影。

惠勒依然乐意留在华盛顿；他觉得这样比在洛杉矶可怜地等待电报更有机会让军队加快他入伍的进程。他的朋友乔
137 治·史蒂文斯还在好莱坞，在和哥伦比亚电影公司的合同结束前没法抽身出来，但与他亲密的大部分同事都到东边来了。卡普拉和福特已经在各自的领域完全投入竞争，一个在陆军，一个在海军；安纳托尔·李维克刚刚抵达，在卡普拉的指示下为士气部工作；而和惠勒不同，休斯顿的任务进展得非常顺利，他已经在一个月前抵达了华盛顿并且开始负责一部短片。

惠勒一定嫉妒他的门徒如此顺利地得到了一个任务，但实际上，休斯顿无聊得要死并且快要在军队的威严之下发怒。他刚到华盛顿时神采奕奕：4 月，奥莉薇·黛·哈佛兰参加了马克·桑德里奇（Mark Sandrich）的好莱坞胜利之旅——一个集

---

① Thomas Cripps and David Culbert. “The Negro Soldier (1944): Film Propaganda in Black and White,” *American Quarterly*, Winter 1979.

② Stephen E. Ambrose, *D-Day-June 6, 1944: The Climactic Battle of World War II* (New York: Simon & Schuster, 1994), 147.

合了众多明星，意在为军队筹款的旅行，这些明星将会义务参与一个为期3周，在洛杉矶和华盛顿之间众多城市访问的旅行。当她完成了与老瑞（Laurel）和哈迪（Hardy）、查尔斯·博耶、伯特·拉尔（Bert Lahr）、詹姆斯·卡格尼和格劳乔·马克斯（Groucho Marx）等的合作，并且这趟旅程得到了白宫的认可后，[①] 她和休斯顿计划在首都进行一次浪漫的约会。但当约定时间到来的时候，黛·哈佛兰不得不重新踏上旅程并且立即出发前往旧金山，而休斯顿原先以为军队会立刻让他开始拍摄，却发现自己独自在一间闷热的办公室里面，穿着让人发痒的军装，注视着一堆图表和草案。

“一个又一个星期过去了，但我什么都没做，”他说道，“天啊，这里非常热。我恳求把我派到能够有所行动的地方——中国、印度、英格兰。我动用关系但毫无效果。就好像我将在一张桌子后面看到一场战争。”[②] 当休斯顿终于接到了自己的工作，接见他的那位军官形容他“有说服力，有能力，有智力”，但也警告说他“以自我为中心”，并且“性格古怪”。[③] 陆军部似乎决定了要让他听话，军队唯一在意的是休斯顿有没有把他的军大衣一直穿在身上。当休斯顿告诉李维克自己有多可怜时，他几乎要哭出来。卡普拉派他短暂回到好莱坞监督一部关于B－25轰炸机的制作过程的短片——“一部宣传片”，休斯顿说道：“让人们加入军队去制造飞机，还有……让人们知道他们在

---

① Herb Golden，“Capital Gives Victory Caravan Rousing Welcome，” *Daily Variety*，1942年5月1日；以及 *New York Times*，1942年4月13日；Theodore Strauss，“That Sandrich Man，” *New York Times*，1942年7月12日。

② John Huston，*An Open Book*（New York：Alfred A. Knopf，1980），88.

③ Jeffery Meyers，*John Huston*：*Courage and Art*（New York：Crown Archetype，2011），47.

138 做的是一件伟大的事情。”[1] 这个小任务可能确实提高了军队的士气，但这对休斯顿没有起丝毫作用，尤其当他意识到卡普拉基本上把这项工作视作琐碎的工作。

但惠勒抵达首都的时机非常理想。他对于《忠勇之家》的预期一般；莉莉安·海尔曼在观看完试映后抹着眼泪出现在他面前，惠勒问她为什么哭，她哽咽道，“因为这真是一出垃圾，威利！你应该为自己感到羞耻！这根本不是你的水平”。[2] 但当电影在6月5号公映时，反响却极其热烈。《纽约时报》称它为“关于战争的最好的电影”，是第一部“将战争对平民百姓的残酷影响具体化”的电影，并且担心“称这部电影为最伟大的电影之一是否为时过早”。[3] 《时代周刊》称赞这部电影使用了“几乎不可能的技术，是一部拍摄出内在意义的伟大战争片，而不只是展示二战的外在现实”，并且高度赞扬它那位“说话温和、善于言辞、头发硬硬”的导演的“不屈不挠精神和过人天资”，为他尚未赢得任何一个奥斯卡奖深感愤慨。[4]《纽约邮报》声称电影“处理得如此恰到好处，以至于它从内而外散发出来的光芒确实启发人心”，[5]《纽约邮报》所用的语气反映出了一种接近敬畏的态度，《忠勇之家》不仅仅被视作一部电影，而且如《综艺》杂志所言，是所有拍摄出来的电影当中，“反对

---

① Lawrence Grobel, *The Hustons: The Life and Times of a Hollywood Dynasty*, updated ed. (New York: Cooper Square, 2000), 234 - 235.

② 莉莉安·海尔曼在 *Directed by William Wyler* 中的采访（American Masters 的节目，最初于1986年在PBS播放），由 Catherine Wyler 制作，A. Scott Berg 担任旁白和采访，Aviva Slesin 执导。

③ Bosley Crowther, review（无法获取头条），*New York Times*, 1942年6月5日。

④ “New Picture”, *Time*, 1942年6月29日。

⑤ *New York Post*, 1942年6月5日。

各种自满自足最强有力的宣传片”。[①]

《忠勇之家》几乎立刻变成了美国人对于这场战争的部分理解。有评论家抱怨它的多愁善感和操控篡改——詹姆斯·艾吉是如此反感米高梅寄给他的电影剧照，以至于他在接下来一年都直接拒绝去观看这部电影[②]——但批评的声音很快被好评淹没。不止一本全国性杂志把高潮部分的牧师布道整篇重印出来，罗斯福总统亦要求美国之声将这段话作为一次演讲向海外广播。[③] 尼尔逊·波因特（Nelson Poynter），梅利特在战争信息办公室好莱坞部的左右手，在电影公映后一星期向各大电影公司重点强调，敦促他们拍摄更多关于美国海外盟军的电影，恳求他们“给我们一个中国版或者俄罗斯版的《忠勇之家》”。[④] 约瑟夫·戈培尔或多或少在当中找到了可供利用的点，他把这部电影形容为“值得德国电影界模仿的宣传电影范例”。[⑤]

罗斯福敦促米高梅电影公司尽快在尽可能多的地方公映 139
《忠勇之家》；在纽约无线电城音乐大厅放映了 10 个星期之后，它在全国各地公映并且成为当年票房收入最高的电影。公司还进行了一个主要的宣传活动，包括卡普拉在内的众多电影界名人均在活动上表示这部电影是十大最佳电影之一。[⑥] 而且这是第一次将惠勒当成主角，而非他的女主角：《时代周刊》发表

---

① *Variety*，1942 年 5 月 13 日。

② *Nation*，December 26，1942，以及 1944 年 4 月 15 日。

③ Herman，*A Talent for Trouble*，235.

④ 战争信息办公室收藏，尼尔逊·波因特在 1942 年 6 月 13 日发表的演说，1556 号文件，NA。

⑤ Herman，*A Talent for Trouble*，250.

⑥ 米高梅宣传资料，1942 年 8 月，WWUCLA。

了一篇详尽的文章报道了他的背景，作为一名在阿尔萨斯－洛林长大的男孩，惠勒在一战期间曾“疑惑自己到底是法国人还是德国人”，[①] 而《天主教世界》的评论家写道“也许上帝正是为了反对反犹太主义而选择了威廉·惠勒”。[②]

《忠勇之家》获得的赞誉让惠勒得到了一手好牌。在华盛顿，他突然成为代表国家声望的人物，说明好莱坞有能力转变公众对战争的理解，而惠勒的名字也出现在每一份宾客名单上。有一晚，塞·巴特莱特邀请他到卡尔·施帕茨（Carl Spaatz）上将的欢送派对，这位上将即将前往欧洲担任第八空军的指挥官和陆空军欧洲战区负责人。“当我和他说话时，”惠勒说，“我说，‘将军，我不知道你要去哪里——这不是真的——或者你要去做什么，但总有人应该为它拍一部电影’。”施帕茨叫来了另一位将军，告诉他要照顾好惠勒。“你想要什么？想要成为一位少校吗？”他问惠勒。“我以为他在开玩笑，”导演后来回忆道，“我说是的，他说好，下一分钟你就是一位少校了。”第二天早上惠勒就赶着去做体检了，军医同意忽略他的大腹便便、不整齐的牙齿以及他即将年满 40 岁这几点。“没有人告诉我要怎样敬礼，”他说道，“我去给自己买了一件军装，然后我就为空军服务了。”[③]

惠勒一夜之间的身份转变是官僚主义中一个少见的例外。珍珠港事件后的 6 个月，军队已经暂停了将好莱坞电影制作人整合进军队并让他们的作品在士兵和公众中上映的步伐。“我

---

① *Time*，1942 年 6 月 29 日。

② *Catholic World*，1942 年 9 月。

③ 威廉·惠勒接受 Catherine Wyler 的采访，1981 年，重印于 Gabriel Miller, ed.，*William Wyler Interviews*（Jackson：University Press of Mississippi, 2009），130－131。

急于要为其服务，向这场战争贡献我的天赋，”卡普拉在5月时写给露西尔，“结果我发现了一个百般阻挠我工作的巨大组织”。[1] 到1942年年中，关于管辖权的疑惑非常常见：电影制作人是应该向梅利特和政府报告办公室报告呢，还是向由菲奥雷洛·拉瓜迪亚（Fiorello LaGuardia）监管的民防局报告，140
又或者是向由主管美国国会图书馆的诗人阿奇伯尔德·麦克利什（Archibald MacLeish）监管的战况和数字统计室报告？应急管理办公室的信息分部位处情报协调办公室之上吗？通讯部或者士气部会不会监督宣传电影的拍摄？讽刺的是，管辖范围上的争论虽然使华盛顿的电影制作人们不能正常工作，但它给了电影公司在战争之初未曾预料到的自由度。没有人告诉他们该做什么，他们便简单地一路绿灯地开始研究拍摄战争浪漫片、间谍惊悚片、战斗片、军事喜剧和前线剧情片；他们将夏洛克·福尔摩斯（Sherlock Holmes）和隐形人（The Invisible Man）变成反纳粹的犯罪斗士；每一个电影制作负责人仅凭直觉判断什么能娱乐观众，什么是爱国主义，以此决定剧本通过与否。等到罗斯福增加了美国战争信息办公室的电影局的权力时，300部以战争为主题，准备在1942年和1943年之间上映的电影都已经在筹备或者拍摄中了。虽然在夏天时公布了部分需要遵守的条例，但有关部门始终无法跟上好莱坞的生产计划。

而在华盛顿，卡普拉却发现自己正处于奥斯本的特别行动部以及先前让他走现在想他回来的通讯部两者的激烈争斗之中。“简直就是一部10美分小说，”他告诉露西尔，“他们觉得自己

---

① 弗兰克·卡普拉写给露西尔·卡普拉的信，1942年5月3号，FCA。

可以解决所有军队的电影拍摄问题。好吧……我开始自己购买、偷、收集影片，用我自己的声望和吓唬的手段来得到它。我开始雇用作家写剧本。我找到（编辑们）并且开始工作……当他们终于醒悟我在独自制作电影时，他们发怒了，要求我和我组织的 18 个人转而为他们工作，包括我搜集到的多达百万英尺的电影胶卷，以及我的剪辑室和装备。让我走回我的桌子前面，成为一名顾问……不可以，长官。”[①]

卡普拉向华纳和派拉蒙写信要求为这项工作安排新的作家，他们照做了。（“坦白诚恳地说，”华纳宣传部的负责人给他回
141 信道，“我们在考虑将这个华纳变成另一个政府机构……我们都想为赢得这场战争做更多事。”）[②] 其他电影公司则相对谨慎，他们警告卡普拉，他们的作家在好莱坞以外的工作时间都要在合同上做相关延长，这一点在战争之后将产生深远的影响。无论如何卡普拉最终得到了人手，而且开始着手讲座的改编项目。

早在 3 月 15 日，卡普拉就已经向新闻界透露风声，说他正在筹备一系列意在向美国人展示“他们为何而战”的电影。[③] 但关于如何拍摄这些电影的想法则是在 4 月到纽约的研究之旅中才成为讨论的焦点。在过去的几年，现代艺术博物馆积累了详尽的亲纳粹宣传片和新闻短片资料。这些并不难找。一直到 1941 年，德裔美国人聚居的临近曼哈顿的约克维尔还会通过《征战波兰》（*Campaign for Poland*）和《西线的胜利》（*Victory in the West*）等亲希特勒的纪录片来吸引大批支持纳粹的影迷。

---

① 弗兰克·卡普拉写给露西尔·卡普拉的信，1942 年 5 月 3 号，FCA。

② S. Charles Einfeld 写给弗兰克·卡普拉的信，1942 年 4 月 24 号，FCA。

③ “First Capra Documentary Service Pic Due May 1,” *Daily Variety*，1942 年 3 月 15 日。

这些电影，在戈培尔的监督下拍摄，意在向第三帝国的人们灌输德国在过去的时代中是“被迫一次又一次为自己防卫”的概念，而且《凡尔赛合约》是“对德国的强奸”。通过从愿意卖出自己私人收藏的德国人手中收集过来的资料，这间博物馆收集了足够多的影片给卡普拉展现一番清晰的景象，让他清楚另一方看到的是什么。

这些电影中包括了《意志的胜利》，博物馆拥有据说是美国仅存的两部中的一部。[1] 卡普拉的很多导演同事早在 20 世纪 30 年代雷妮·瑞芬舒丹（Leni Riefenstahl）拜访好莱坞的时候就看过该电影，但卡普拉没有看。而到了 1942 年，她的作品被认为太具煽动性，以至于他需要获得来自通讯部的特别许可才可以观看。当他和李维克从放映室走到第 53 号大街西边，卡普拉痛苦地说道：“我第一次看这部影片的时候，我说，‘我们死定了。我们完了。我们赢不了这场战争’。”

卡普拉的忧郁也恰恰反映了美国人对于这场战争结果的预期达到了最消沉的时刻。菲律宾人刚刚在巴坦战役中输了，3 个月内，1 万名盟军死亡，1.5 万名美军被俘。科雷希多岛，这
些群岛的最后一个反抗点，将会在数星期之内沦陷。在太平洋 142
和欧洲，敌人看起来都不可战胜。看了瑞芬舒丹的电影，“我可以明白为什么这些德国孩子们愿意到任何地方去，为这个家伙送命，”卡普拉说道，“他们知道自己在做什么——他们明白怎样触及内心。‘投降，不然你就会死’——这就是这部电影向你说的。所以我们怎么对抗它？我怎样触及街上那些美国孩子

① Triumph of the Will：Thomas Doherty，*Projections of War*：*Hollywood*，*American Culture*，*and World War II*（New York：Columbia University Press，1993），20，23.

的内心？"[1] 这是一个严峻的问题，既然卡普拉和奥斯本得到了他们要求的预算，他们就要以平均每部 2 万美元的超低预算制作出所有他们计划的电影。

之后，卡普拉想出了一个方法，赋予了《我们为何而战》极大的力量：通过包含尽可能多的轴心国宣传片段，但通过一种新的叙事方式来强调正在播放的片段的恐怖之处，他节省了成本并且表达了他的意思。"让我们的男孩们听听纳粹和日军是怎么叫嚣他们是优等民族这东西的，"他说道，"我们的斗士们就会知道他们为什么穿着军装。"[2] 卡普拉并非第一个有这种想法的人；两年前，一部由新闻短片公司时光流逝出品的，名为《我们守护的城墙》（*The Ramparts We Watch*）的备受尊敬的纪录片，运用了相似的手法，在影片中加入了一部名为《战斗洗礼》（*Feuertaufe*）的亲纳粹电影。卡普拉因将纳粹电影转变为对抗纳粹的资料这个想法而跃跃欲试。他的这个新构想也会让他有机会开发被奥斯本称为"金矿"的，[3] 被财政部束之高阁的日本、德国和意大利影片资料。

卡普拉发现了可能是小组新招募的成员里面最有价值的左右手。埃里克·奈特（Eric Knight）不像一位政治宣传者；他是英国移民，直到最近才在费城一家小小的报社撰写电影评论，

---

① 卡普拉多次说到这个关于《意志的胜利》的故事；这段话引用自 Richard Schickel, *The Men Who Made the Movies: Interviews with Frank Capra, George Cukor, Howard Hawks, Alfred Hitchcock, Vincente Minnelli, King Vidor, Raoul Wallace, and Willia, E. Wellman* (New York: Atheneum, 1975), 82; Dower, *War Without Mercy*, 16; and "WWII: the Propaganda Battle," in *A Walk Through the 20th Century with Bill Moyers*, documentary series。

② Dower, *War Without Mercy*, 16.

③ 弗雷德里克·奥斯本将军的便笺，1942 年 3 月 4 日，梅里特文件，战争信息办公室的记录，1432 号盒子，NA。

他也是一个不成功的二十世纪福克斯电影公司的签约剧作家。1941 年，他写了一部名为《高于一切》（*This Above All*）的动人小说，讲述了如米尼佛一家似的英国战时勇气的故事，也正是它引起了卡普拉的关注。卡普拉给奈特发了一份电报，提出了一个简洁的要求：“为军队制作重要的系列信息片。你的经验和天赋对我们来说是无价之宝。请通过陆军部号码 6700 转分机 5208 打给我，或者在华盛顿或纽约安排和你见面。”①

那简直是，如卡普拉后来所说：“一见钟情。奈特有所有可以整合成一个独立作家的天赋：才智，恻隐之心，敏感，一种 143
动人心魄的风格和对人类伟大的爱。”② 虽然奈特和卡普拉年纪一样——44 岁——但他似乎有一两代人的知识和智慧；奈特在 20 世纪 20 年代曾任美国第三陆军上将，并且已经是一名爷爷了。而和其他也在卡普拉小组的人不同，奈特完全无惧于告诉导演他的想法。当卡普拉让他审阅卡普拉团队对已被弃用的剧本进行的修订时，他回复了一封 8 页长的，单倍行距的慷慨激昂的回信。“你让我读的剧本我读了一整个晚上，”他以这句话做开始，“我相信你可以承受我准备要说的关于这些剧本的看法。这不是好莱坞，而你是这场游戏里面最不好莱坞的人之一……无论如何，这是我觉得真实的东西，也是我知道怎样写的唯一方法，那也是我在福克斯熬了 8 个月的原因。剧本写得很好。可是，这也是最该受诅咒的话了。这些电影的观众是一个军队，这个军队不能是‘很好’。它要成为这场战争中最他妈好的军队。而你也不是一个‘很好’的制作人和导演，你是

---

① 弗兰克·卡普拉写给埃里克·奈特的电报，1942 年 4 月 16 日，埃里克·奈特文件，EKP。

② Capra, *The Name Above the Title*, 331.

在这个时刻还活着的最他妈好的电影人。这些电影需要成为最好的电影。”

奈特觉得这些剧本枯燥、罗列事实，麻木地提供信息，极度缺乏激烈的修辞和统一的主题。他说，任何一个对这个剧本负责的作家都需要“把他们集合起来成为一个强有力的统一体”，而它的目的在于“让军队里面的每个士兵清清楚楚地意识到这是一场公正的战争……这个角度需要被强调，强调，再强调。如果我听上去有点激动的话，我很抱歉，但……我们正在抗击的是一场真实存在的战争，我们受上帝的旨意要通过电影来参与这场战争……我读到的剧本没有那种团结……多数时候它让我觉得，写它的人只是在冷酷地罗列事实，而不在意看电影的人会如何接收这些信息。该死的，这就不够好”。他继续在所有剧本上一页一页地加上注释，直到结束时说道：“该死的，我累了。我希望你不要认为我是一个自以为是（原文如此）的混蛋……能和你会面真的很荣幸。你是如此伟大的家伙，正如我所认识的你，总是拍出你已经拍出来的那类电影。”①

卡普拉只是让奈特尝试起草《我们为何而战》中关于英国
144 战争的一份剧本，但他被奈特信中表露出来的激情以及其中的注释所打动，于是他让这位英国人成为实际上的整个系列的作家总监。卡普拉原本希望让第一部电影《战争序章》（*Prelude to War*）在5月前能让观众看到，但这个截止日期很快就过去了。而他现在有一系列关于这些电影的清晰目标可以向梅利特提出：他告诉梅利特，电影将会致力于“明晰敌军残酷无情的目标，增加我们军队赢得胜利的信心，清晰地表明我们正在为

① 埃里克·奈特写给弗兰克·卡普拉的信，1942年4月15日，FCA。

国家的生存和自由而战，清晰地表明如果我们输掉这场战争，我们将会失去自由，（以及）明晰我们正拿着自由的火炬”。[①]

在陈述完主要的原则之后，卡普拉列举了一些其他目标，不过这些目标最后都会被视作是无关紧要的，它们包括揭露第三帝国在“经济上的罪恶”并且倡导“国家和人民之间更好的理解”。但梅利特同意了他的计划，并且在 1942 年 6 月 6 日颁布了一项指令，建立第 834 通讯服务摄影队特别行动分队——电影制作部。卡普拉手下有 8 名军官（包括刚刚接到任务的惠勒）和 35 名入伍的士兵；到 1943 年年底他将会管理 150 个人。[②] 在当时他是这场战争中最有力量的美国宣传家。但他很快会在他的长期对手面前黯然失色。就在指令下达的那天，约翰·福特正在 6000 公里外的一艘海军船只上，等待前一天由弹片造成的伤口慢慢复原。福特刚刚拍摄了中途岛战役。

① 弗兰克·卡普拉写给洛厄尔·梅利特的信，1942 年 5 月，引用于 Matthew C. Gunter, *The Capra Touch: A Study of the Director's Hollywood Classics and War Documentaries, 1934 – 1945* (Jefferson, NC: McFarland, 2011)。

② McBride, *Frank Capra*, 457.

9 “我所知道的是我并不勇敢”

中途岛和华盛顿，1942 年 6 ~ 8 月

145 把约翰·福特送到中途岛并非海军的主意。在 5 月下旬，海军上将查斯特·尼米兹（Chester Nimitz）致电福特，告诉后者需要实地摄影小组的数名摄影师去记录太平洋地区的一项任务，这项任务被尼米兹称为“危险的”但没有具体描述，他要求福特选择数名优秀的人员来进行这项工作。[①] 海军对福特在杜立德空袭中的表现表示满意，但他主要的任务只是作为一名高级管理者，而不是一个流动的战争摄影师。就在 2 个星期前，比尔·多诺万给福特寄了一封官方信件，让他“全权负责”华盛顿的实地摄影小组，给他权力去监督工资单，保证办公空间和物资供应，并且批准任何他认为有必要的旅行。[②] 福特的小组已经有超过 100 人，并且获批了一笔 100 万美元的年度运营预算——这是卡普拉需要的花费的 2 倍多。[③] 当卡普拉还在反复抱怨自己常常需要经过 20 多个不同部门和机构来签署一份请求时，福特几乎只需向多诺万报告，多诺万给予了福特非常高的自由度。

接到尼米兹的要求后，福特在不知道任务是什么以及在哪

---

① 约翰·福特的口述历史，海军历史中心。

② Scott Eyman, *Print the Legend: The Life and Times of John Ford* (New York: Simon & Schuster, 1999), 257.

③ Joseph McBride, *Searching for John Ford: A Life* (New York: St. Martin's, 2001), 345 - 346.

里的情况下，立刻自愿请求参与这次任务。尼米兹让他收拾好行李去珍珠港，在那里登上一艘快艇，快艇会把他带上一艘西 146
行的驱逐舰。几天之后，在500公里以外，一个鱼雷小舰队加入了他们，鱼雷舰就是那种低廉的、用木头做船身、装备鱼雷、行动极快而有效率、被日本人称为“恶魔之船”的船。驱逐舰和它们接应之后，这支船队继续向西进发，福特开始感觉到似乎有一些比杜立德空袭更重大的事情即将发生。①

中途岛环礁是位于北太平洋，受美国控制的一群小型岛屿中的一座，地处加利福尼亚海岸和东京之间。它在战略上的重要性通过名字就可以看出来。自珍珠港事件后，海军就知道，假如美国没有办法继续控制这些岛屿，让其作为飞行员补给的站点，美国是没有希望赢得太平洋战争的。日本对中途岛的攻击肯定无可避免，因此海军自4月起就做好了大规模战斗的准备，而这一点福特和船上大多数人都毫不知情。当驱逐舰抵达中途岛后，福特以为海军希望他拍摄一部关于远方前哨基地生活的纪录片，于是他开始拍摄当地荒无人烟的多沙小岛和海鸥、信天翁，也包括海军基地、鱼雷舰和那些大笑着互相开玩笑的男人。用他的话来说，他在制作“中途岛的画像历史”，而丝毫不担心正要到来的是什么。“来这里做一个短暂的拜访，”就在攻击前几天他还给玛丽写道，“这个地方真的非常迷人……食物很好吃，是我在军队吃过最好吃的食物。”②

“我当时想应该是有些报道说某些任务迫在眉睫，”他后来回忆道，“但我总觉得它丝毫不会伤害到我们。所以我……每天

① 约翰·福特的口述历史，海军历史中心。

② 约翰·福特写给玛丽·福特的信，1942年6月1日，JFC。

花 12 个小时工作，在那里玩得很愉快。”①

福特在袭击前两晚才知道等待他的是什么。6 月 2 日晚上，机长西里尔·西马德（Cyril Simard）——中途岛飞机场的指挥官，告诉他他们收到了一份情报，上面显示 6 月 4 日他们将会受到由“零式战斗机”——日本帝国海军在袭击珍珠港时使用过的远距离战斗机——主导的大规模进攻，中途岛的飞机、鱼雷艇、驱逐舰和海军将准备予以还击。

西马德建议，在攻击的当天早上，福特把自己安顿在主岛发电站的屋顶上。福特同意了，并告诉他，“那是一个绝好的拍
147 照地点”。令他意外的是，西马德对于福特的拍摄计划毫无兴趣；对西马德来说重要的是发电站的屋顶有可以使用的电话。“尽可能地忘了那些照片，”他告诉福特，“我想要关于轰炸的精确报告。我们预料到要被袭击了。”

福特在当晚测试了设备。第二天，一个亲密的朋友——机长弗朗西斯·马西·休斯（Francis Massie Hughes）带他参与了一个空中侦察任务，休斯慢吞吞地说，“好吧，看来那边会有一点麻烦”，然后转而对福特说，“无论怎样，你和我对于这场战争来说都太老了”。军官、年轻船员和飞行员在攻击前几天的那种安静，公事公办、几乎和平时一样的态度给福特留下了深刻印象并且深深打动了他。没有夸口或者虚张声势，他说，实际上，“他们是我见过最冷静的人”。就在他和休斯飞过多云的天空时，他们看见了远方一队日军飞机，并将他们的位置报告给尼米兹。“我为这懒散的氛围而感到惊奇，”福特说道，“就像

① 约翰·福特写给玛丽·福特的信，1942 年 6 月 1 日，JFC。除了特别注明的地方，下面所有福特讲述的关于中途岛和他在这一部分的行动都来自他的海军历史中心口述历史。

他们这辈子都活在这种状况中一样。”

6月4日上午大约6:30，福特和他的团队蹲守在混凝土屋顶上。他们的装备包括携带式电影摄像机、贝尔－霍威尔16毫米摄影机和许多柯达彩色胶片。福特派了一位名为肯尼斯·皮埃尔（Kenneth Pier）的海军上尉到附近的航空母舰“大黄蜂”号上进行拍摄，而他则亲自挑选了24岁的小杰克·麦肯齐和他一起在岛上工作。这位年轻人之前在雷电华电影公司当学徒摄像师，曾在火奴鲁鲁协助福特完成格雷格·托兰德的《12月7日》项目。福特很喜欢这个和他儿子年纪相仿的麦肯齐：当有迹象表明麦肯齐可能要被调到复活岛时，这位导演对此加以干涉，将他留在了自己的庇护之下。这位年轻人非常热衷于实际行动，当他沿梯爬上发电站的顶层时，他觉得他需要的唯一保护是口袋里的兔脚（rabbit's foot）。他说道，那个塔“是我可以工作的最高地方……我可以畅通无阻地看见整个岛和远方的海……在这里有各种优势让我可以拍到我想要的照片”。①

当第一波袭击接近时，福特和他的队伍已经开始拍摄了。这波袭击最终有超过100架零式战斗机参与。“我估计我看见
了……56～62架飞机”，他报告道。在拍摄的同时，福特也保持 148
着电话联系，无论什么时候看见一个炸弹掉落或者一架飞机被击落，他都向50英尺下的动力室中的官员们传达信息。那些部署在岛屿和鱼雷艇的海军也开始还击。福特看见他们击落了3架飞机。零式战斗机低空飞行想要轰炸中途岛机场，一开始火力集中在一架海军部署于空油罐旁边作为分散注意力的诱饵的飞机，这是用于浪费日军精力和弹药的（真正的飞机已经在伪装之下离开

① Jack Mackenzie Jr. 对 Alvin Wyckoff 描述的，“Fighting Cameramen,” *American Cinematographer*，1944年2月。

跑道）。之后“恶魔开始挣脱……真真正正的袭击开始了”。

“飞机一架架地掉落——有一些是我们的，大多是日军飞机，”福特说道，“一架（零式战斗机）俯冲下来，扔下一颗炸弹然后试图撤离，但它冲到了地面。”福特看见那些战斗机“向诸如水塔那样的目标扔炸弹……（那些日本飞机）立刻摧毁了飞机棚”。福特让他的相机瞄准一幢建筑物，看着“一架零式战斗机飞到离他大约 50 英尺高，扔下了一颗炸弹然后……整幢建筑被炸毁了。我所在的地方，那个动力室，他们终于决定去炸毁它。我觉得我数到了 18 枚炸弹”。

最后一枚炸弹把动力室屋顶掀起了一个角，冲击力让福特整个人飞了起来，而他的摄像机依然在拍摄——它造成的效果可以在电影里面看到。“我被震到失去了意识，”他说道，“我的脑袋空白了一会。”一两分钟之后，他恢复了意识，一些年轻的士兵告诉他他的手臂被弹片击中了；他们希望把他抬下屋顶，去相对没那么暴露的地面。“他们走进来帮我包扎好，然后说，‘不要走近那些海军医生，我们会照顾你的……’就在战火之下这样说话，确实很有趣。”

麦肯齐也被一枚在动力室 20 英尺内爆炸的炸弹击倒，在那之前，他还说道，“我拍到了一个极棒的镜头，一队日军飞行队直接向我冲来”。在那之后，他急急地爬下了梯子，跑到了塔的前端“去继续拍摄余下的战斗……那间医院……被夷为平地并且起火了，物资供应所全部被破坏了，火势猛烈”。同时，皮埃
149 尔上尉正在一架从“大黄蜂”号起飞的美军飞机内，尽可能捕捉空中战斗镜头。

福特并未处于行动的正中位置，大多数行动分散在很远的海上。动力室的屋顶是一扇大门，虽然他有一个理想的有利地

形可以观察到零式战斗机的接近，但在环礁上最密集的攻击和战斗发生在他身后，而战斗中最关键的交火在遥远的海上，岛屿上的人用肉眼根本看不到。但在众多参与战斗的导演当中，福特毫无疑问是第一个出现在最佳时间、最佳位置的人。中途岛的大多数战斗发生在当天，最后一簇火被扑灭，小规模的战斗也在 3 天之后结束，美国打赢了太平洋上最重要的一场战斗。中途岛战役前的数月，美国人在报纸、电台广播和新闻短片看到的都只是虽败犹荣的故事——关于年轻的美国斗士们在威克岛、巴丹省或者科雷希多岛的坚忍不拔，关于他们尝试为军队赢得极其重要的时间，以便从珍珠港事件中恢复。他们的英勇，是以他们能够在日军最终无可避免地在人数和火力上压制住他们之前坚持多少天或者多少个星期来计算的，而他们的故事将很快在一堆好莱坞电影中展现出来。[①] 中途岛战役给美国带来的好消息不仅是一次胜利，而且是时势的转变。美国海军损失了 150 架飞机和超过 300 名士兵，但日军的伤亡数字要用千来计算，而且美国摧毁了日本 6 艘航空母舰中的 4 艘，是日本海军之后永远无法恢复的损失。[②]

中途岛战役的重要性将在一星期之内得到显现，但在战争第一天的时候，福特已经彻底震惊了。他目睹一名美军飞行员跳伞逃生，却被一名日本枪手射断降落伞背带。“那孩子跌入水中，日军上上下下地猛烈向他所在的水面射击，甚至降落伞都沉没了，”他说，“我唯一想向上帝祈祷的是我能拍到这画面。”

---

① 在关于太平洋地区早期战争的电影当中，最值得留意的有《复活岛》《巴坦战役》《科雷希多岛》（*Corregidor*）和《哭喊浩劫》（*Cry Havoc*）。

② David M. Kennedy, *Freedom from Ffear: The American People in Depression and War, 1929 - 1945, Oxford History of the United States* (New York: Oxford University Press, 1999), 543.

并未受伤的麦肯齐在战斗后的数天不停地“拍摄着被破坏的地
150 方，只在救援队把小橡皮艇上受伤和筋疲力尽的士兵抬进来时才停下来”。①

在海上获得胜利的新闻断断续续地传到中途岛。在那一刻，美军的损失显得更加即时和真实。福特看着那些在一两天前还如此漫不经心和对人爱理不理的、自信的年轻人被抬上担架或者被放入装尸袋。在中途岛战役之前，他曾花时间和其中一队人相处，拍摄第八鱼雷中队②的士兵，他们中的大多数毫无经验，有一些才刚刚度过青春期。相机捕捉到他们或单枪匹马或成群结队地胡闹，玩着傻瓜游戏，在“大黄蜂”号上自己的飞机前骄傲地摆着姿势，用粉笔在鱼雷上画着花脸或者对日军的警告。在战斗当天，他们是第一队接近日军航空母舰的，而且是在没有任何掩护的情况下。日军在数分钟之内就把他们全部扫射下来。中队 30 人中的 29 名被报告失踪或者死亡。唯一的幸存者，一个名叫乔治·盖（George Gay）的年轻少尉，看着自己的战友死去，而自己躲在漂在海上的飞机座位垫下，只露出鼻子和嘴巴，希望日军错把他当作垃圾。③

“我实在是一名懦夫，”福特后来说道，“勇气是这样一种东西，我不知道，它很难找得到……我所知道的是我并不勇敢。噢，你走上去完成一件事，但完成之后，你的膝盖开始颤抖。”④

---

① Mackenzie，“Fighting Cameramen.”

② 第八鱼雷中队的故事被拍成名为《飞翼与祈祷者》（*Wing and a Prayer*）的电影，由二十世纪福克斯电影公司于 1944 年公映。

③ 乔治·盖口述历史，海军历史中心。

④ 约翰·福特于 1968 年接受 BBC 的 Philip Jenkinson 采访（视频，由一位作家转述，原视频展示在巴黎 Mémorial de la Shoah，Musée，Centre de documentation juive contemporaine）。

他目睹的那些前去战斗的孩子们，大多数在生命结束前数日才第一次和福特见面，他们的勇敢让他谦逊。“他们只是孩子，”福特说道，“有着极好的时光。没有人警告他们，我指的是，(一枚炸弹）会被扔下来……他们会笑着说，‘我的天，那真近啊’……我真的非常惊讶。我以为那些孩子，至少一个或者两个，会被吓到，但没有，他们正在过着他们的生活……我从来没有见过比这更能展示勇气的景象了……我明白了，‘好吧，当这场战争结束，至少我们会赢得这场战争，因为我们有那样的孩子’。”

当海军军医处理福特那被官方报告形容为左手手臂 3 英寸表皮撕裂的伤口时，[①] 福特并没有时间考虑自己在这场胜利中的损失，或者他自己和他所看见的当天参与战斗的人之间的胆 151
量比较带来的感受。这场战争是一个故事，他被派去中途岛并不只是记录一场战斗，而是把它转变为一个可以告诉美国人民的故事。福特关于这场战争的第一句话非常简单：“没事。爱你的，约翰·福特。”他在数天后给妻子发去一通电报。[②] 新闻界完成了其他的事。当福特再回到美国时，他已经是一名英雄了，他需要做的只是同意成为一名英雄。他在完成任务时受伤这事成了全国头条，八卦专栏作家鲁埃尔拉·帕森斯（Louella Parsons）形容他的手臂被弹片伤得“几乎废了”（事实上，他的伤口被海军归类为毫无影响）。[③] 帕森斯同时亦趁玛丽·福特不备，进行了一次一句话“采访”，设法将她描绘成有着类似《忠勇之家》表现的战争后方的淡泊主义者。“玛丽是一位睿智

① H－8 报告的医学历史，6 月 4 号，1942 年，JFC。

② Eyman, *Print the Legend*, 259.

③ H－8 报告的医学历史，6 月 4 号，1942 年，JFC。

的海军妻子，几乎不说话，”她故意写道，“我所能让她谈到的关于福特拍摄中途岛战役的英勇事迹……仅仅是‘我希望我们可以看到所有镜头’……但你不会听到她提到自己也在家中参与了中途岛战役，或者说她在半夜想念着她那正在炮击和轰炸最密集的地方拍摄电影的丈夫，直到烛火燃尽。”①

福特被推荐获得各类奖章和荣誉，并由他的同事向他通知了此事（“我们一提到中途岛行动就激动，为你所做出的出色表现而恭喜你”，乔治·史蒂文斯代表导演工会给他发了一份电报），② 而官方对他的英雄主义行为的讲述有着不同程度的改编，从仅仅是心照不宣的赞许到热情的反复重申。随着时间的流逝，其他摄影师在中途岛的大部分工作几乎没有被提到。［“我拍摄了大部分，”福特在数十年后告诉彼特·博格丹诺维奇（Peter Bogdanovich），“我们只有一台摄影机。”］③ 福特开始讲述他的故事，提到有一名日军飞行员靠得如此之近，以至于他甚至可以看到他险恶的微笑，④ 而他在形容他和实地摄影小组的摄影师们的工作关系时，甚至用了肆无忌惮的自夸语言。“只有一位男孩跟着我，但我说，‘你太年轻了，不会被杀害的’，然后我把他藏在一个我觉得安全的地方。我继续拍摄，”他说道，“我当时伤得挺厉害的……但我坚持到最后，完成了工作。”⑤ 到

---

① McBride, *Searching for John Ford*, 366.

② 乔治·史蒂文斯写给约翰·福特的电报，1942 年 6 月 18 日，JFC。

③ Peter Bogdanovich, *John Ford*, 修订和增改版（Berkeley and Los Angeles: University of California Press, 1978）。

④ Dan Ford, *Pappy: The Life of John Ford* (Englewood Cliffs, NJ: Prentice Hall, 1979), 170.

⑤ 约翰·福特于 1968 年接受 BBC 的 Philip Jenkinson 采访（视频，由一位作家转述，原视频展示在巴黎 Mémorial de la Shoah, Musée, Centre de documentation juive contemporaine）。

1944 年，麦肯齐被如此彻底地从中途岛的故事中删去了，以至于他感到自己不得不以第一人称的身份纠正这个历史。他给《美国电影摄影师》杂志（*American Cinematographer*）详细地写了他和 152
肯尼斯·皮埃尔分别拍了什么，亦另外提到了福特，但只提到了一次。麦肯齐说道，皮埃尔拍到的片段“在给公众播放的影片的成功中贡献了非常大的力量”。[①]

福特在 6 月中旬回到洛杉矶，带着时长 4 小时的默片，包括大约 5 分钟来之不易的清晰的战斗片段，而他作为导演的直觉很快超越了他所有的关于海军礼仪的想法。他——并非没有正当理由地——非常急于保护自己的影片。福特知道他和他的团队捕捉到的片段和美国观众之前看过的任何东西都不一样，并不仅仅在于它拍摄到的战争与其伤亡的近距离镜头，而且也因为他们选择用彩色胶卷拍摄，而这在 1942 年的时候还被观众视为相比起黑白的新闻短片缺少“真实”。当时的电影公司都将彩色胶片运用于幻想作品、音乐剧、壮观的景色和旅行纪录片，而福特自己也只拍摄过一部彩色电影《铁血金戈》（*Drums Along the Mohawk*）。

福特知道一旦海军得到了这些胶片，他会失去对它的控制；最好的片段将会被更加热心于分享美国胜利的陆军部毫无差别地包裹好，然后被送到新闻短片公司，而不是等待成为一部经过雕琢的、他相信影响会成倍地增加的成片。在好莱坞，福特将所有底片印出来，然后回到华盛顿将它展示给实地拍摄小组的成员罗伯特·帕里什，后者曾协助福特剪辑《青山翠谷》。利用多诺万在一个月前给予他的权力，福特把底片交给帕里什，

① Mackenzie, “Fighting Cameramen.”

命令他在当天将它带回洛杉矶。“不要担心那些（旅行）许可，我稍后会将它寄给你，”他告诉帕里什，“而且不要花时间换衣服了，就拿起这些影片立刻去机场。海军监督员会在这附近寻找我们的影片，我希望我可以告诉他们我身上什么也没有。”[1]福特担心海军会立刻派“助理制片和公共关系官员”来监督这个项目。[2]“这几个部门会对此争论不休，而这该死的东西将会导致我们的项目困在官僚习气中停滞不前，我们永远不能将它向公众放映……到你妈妈（在洛杉矶）的房子，躲在那里直到我通知你。”

帕里什按照他说的去做了。他在圣费尔南多谷发现了一个
153 小型的电影制片厂和剪辑设施，他远离监督的人，开始组织影片并且将一些连续的镜头剪到一起。福特告诉他不要担心“到处巡视”的海军人员，让他确信“不会有问题的。他们永远不会想到一位应征的人员在没有命令的情况下为一项保密项目工作”。[3] 由于实地摄影小组捕捉到的是可怕的，而且比以往通过审查的影片更加生动的影像，帕里什询问福特：他是仅仅想将电影拍成一部情报纪录片，只向陆军部、白宫和新成立的战略情报局高级官员放映，还是想将它制作成一部意在让公众消费

---

① 罗伯特·帕里什，*Growing up in Hollywood*（New York：Harcourt Brace Jovanovich，1976）。帕里什于 1995 年离世，他是一个回忆和讲故事高手，多次讲述关于《中途岛战役》的剪辑和录制的故事，很多时候带有一点变化和润色。关于这部分的内容，我尝试选择他相对没那么极端的版本。虽然帕里什回忆的对话可能听上去有改编的嫌疑，但没有理由怀疑当中大致的方向。

② 罗伯特·帕里什，*Growing Up in Hollywood*（New York：Harcourt Brace Jovanovich，1976），145。

③ 罗伯特·帕里什，*Growing Up in Hollywood*（New York：Harcourt Brace Jovanovich，1976），145。

的宣传片？

非常憎恶“宣传”（propaganda）这个词的福特让帕里什永远不要再用这个词。“这是一部为美国的母亲们拍摄的电影，”他说道，“是为了让她们知道我们正处于交战状态，我们被狠狠地打了5个月，而现在我们开始回击了。”① 实际上，福特已经开始认真考虑他希望《中途岛战役》变成什么样：他预期电影将会有18分钟长——这个长度可以允许它在全国数百家电影院同时放映，因为可以预定在任何数量的主片之前放映它。

福特很快在西海岸加入了帕里什，在那里他们和一位名叫菲尔·斯科特（Phil Scott）的声效剪辑师一起工作，开始将《中途岛战役》变成不仅是一部电影，而且是一部约翰·福特的电影——一部短片，其中的对话、音乐、意味深远的观点和对损失、责任、牺牲的强调都会毫无疑问地和《愤怒的葡萄》和《青山翠谷》一致。完整的电影配音——音乐、旁白、对话，以及呼啸而过的飞机、海浪鱼雷艇的马达、交战声和坠落及爆炸的声音——都将被制作出来，而每一层叠加到那简单而直白的影片中去的内容，都会更加体现福特的鲜明特征，虽然大部分都不是由他来拍摄的。由于清楚地认识到为了弥补同步自然声效的缺失，大量的音乐和录制的语言将必不可少，福特让《关山飞渡》的作家达得利·尼科尔斯和米高梅电影公司的剧作家詹姆斯·凯文·麦吉尼斯（James Kevin McGuinness）两个人准备好两个不同的短剧本。他抛弃了麦吉尼斯的，采用了

---

① 我选择了由约瑟夫·麦克布莱德在《寻找约翰·福特》第362页中的版本，因为它给出的回复最有可能而且最有福特的特色。值得注意的是，帕里什在这些年当中讲述过关于这次事件的非常不同的版本，包括在接受电视节目 *Omnibus* 采访时将福特的话引用成“这是一部给美国母亲们的电影。父亲们知道这场战争。母亲们不知道她们的儿子面临死亡”。

尼科尔斯的一部分，但大多依靠自己的直觉，创作了由四种声
154 音组成的富有创意的混合物——一个男中音，新闻播报员式的旁白；一个第二旁白，音量更低，在特别庄严的时候作为主导；一个老母亲和一个见多识广的、热情的年轻男人的声音。后两个声音是作为看不到的观众代表，在那里观看影片并随着影片的播放展开评论，每一个都反映出福特认为的普通观众可能存在的意识流。

为了提供这些声音，福特找来四位演员配音。据他所了解这些演员都能够在不知不觉的情况下唤起观众感同身受的情绪。开场白将会由唐纳德·克里斯普（Donald Crisp）——《青山翠谷》里面的老爷子——配音。温和一点的旁白将会由欧文·皮歇尔（Irving Pichel）配音，他曾在《青山翠谷》里担任旁白。而关于扮演母亲和年轻人的演员——美国的声音——福特雇用了《愤怒的葡萄》的两位演员简·达维尔（Jane Darwell）和亨利·方达，他们被批了一个下午的时间，短暂离开威廉·维尔曼（William Wellman）的《龙城风云》（*The Ox-Bow Incident*）剧组去录制 2 页的台词。为了进一步加强这些镜头之间的联系，福特请来阿尔弗雷德·纽曼（Alfred Newman）。纽曼曾监督《愤怒的葡萄》的制作，是二十世纪福克斯电影公司的音乐总监。他需要制作一段密集的配乐，这段配乐根据福特的特别要求，要包含《红河谷》这首曾被用在《愤怒的葡萄》中表达激奋人心主题的配乐。①

福特工作时带着异乎常人的速度和果断。回到好莱坞的 6 天后，《中途岛战役》的配乐和初剪就已经完成了。帕里什质

① Parrish, *Growing Up in Hollywood*, 146.

疑导演的部分选择，尤其是在播放受伤士兵的影像时，插入了一段达维尔录制的呼喊——“让那些孩子们去医院!”她在《信徒精兵歌》的音乐声中恳求道，“请送他们到医院吧，快一点！把他们放在干净的小床上！盖上冰冷的床单！给他们医生和药物，护士柔软的手！……快点，拜托!”帕里什觉得这一段过于刻意和多愁善感，但福特保留了它。考虑到假如某部门或者某部队在影片中未被充分代表，他可能会受到官员的反对，福特于是亦让帕里什精确计算好放映的时间，在这里剪一些，在那里补一些，直到没有人可以抱怨自己被忽视。就在帕里什觉得电影完成了的时候，福特交给他一小卷时长 3 秒的胶卷，让帕里什把它粘接到最后 1/3 展示中途岛上为牺牲士兵举办的 155
追悼会的影片中。这是总统的儿子詹姆斯庄严肃穆的近镜，他在当时已经是海军陆战队的上尉。这个镜头和其他镜头并不一致：罗斯福在向上望着，而不是向下，其光线也暗示着这个场景是在稍微不同的时间或者稍微不同的天气下拍摄的。帕里什说他印象中没有听说过罗斯福上尉当时在中途岛。福特回复说可能罗斯福到那里的时候没有官方命令，并且让帕里什停止问问题。①

根据福特的指令，完成了的电影被带到每间电影公司进行私人放映。电影播放的时候，帕里什和一位早期实地摄影小组的成员杰克·波顿（Jack Bolton）少校会在旁边待命，准备着将影片送到下一家好莱坞公司。波顿告诉帕里什，除了哥伦比亚电影公司的哈利·科恩，其他人的观影反馈都“非常棒”。②科恩当时敦促导演使用重拍和微缩镜头来让战斗场景更加生动。

---

① Parrish, *Growing Up in Hollywood*, 146.

② 杰克·波顿少校写给约翰·福特的信，1942 年 11 月 2 日，JFC。

“我们不会使用重拍镜头”，福特说道。电影完成了。

福特回到华盛顿，把影片留给帕里什，让他在把电影带到首都之前再安排一个放映。格雷格·托兰德和山姆·恩格尔已经从夏威夷回来并且开始在二十世纪福克斯电影公司的制片厂内为《12 月 7 日》拍摄余下的场景，好将已经拍摄完的镜头扩展成一部长度适中的故事片。福特希望为他们放映自己的影片，并且指示帕里什在事后给他打电话，向他报告他们的反应。根据帕里什的讲述，托兰德和恩格尔安静地观看《中途岛战役》，直到电影差不多结束，他们看见福特为海边的葬礼配上了《我的祖国》的音乐。这一场景和他们在向刚抵达火奴鲁鲁的福特兴奋地描述的那一幕太接近了。

“那狗娘养的偷了我们的场景！”恩格尔对着大屏幕大喊道，而脸色苍白的托兰德则跌坐到座位上。“那混蛋破坏了我们的电影——破坏了我们在过去 6 个月一直在努力的一切。”

当帕里什把他偷听到的一切向福特报告时，这位导演只是简单地回答道，“可能他是对的”，然后耸了耸肩，告诉他尽快带着电影坐上飞机。[①] 海军越来越不耐烦了，官员们开始越来
156 越频繁地在圣费尔南多的剪辑室出现。帕里什将底片藏在他母亲房间里的床下面，然后飞到华盛顿，在那里他终于明白为什么福特要插入詹姆斯·罗斯福的镜头了。《中途岛战役》的首次官方放映不是给海军军官看的，而是给总统、他的妻子和他的高级顾问看。美国参谋长联席会议成员也会参加，福特也深知他们会像看电影一样紧紧地看着总统。

罗斯福和他的团队在那个下午看到的，可能是二战期间联

---

① Robert Parrish, *Hollywood Doesn't Live Here Anymore* (Boston: Little, Brown, 1988), 19.

邦政府赞助下好莱坞导演制作的最个人、最怪异、最具导演风格的电影。《中途岛战役》以一段音乐大杂烩开场——《起锚》接着是《我的祖国》，然后是《胜利之歌》和《蒙提祖歌的大厅》，与此同时美国士兵们挥舞着第六海洋防卫营的旗帜，在中途岛附近的海域乘风破浪。然后福特剪接了他在袭击开始前拍摄的自然景象——礁石，海平面上的灌木丛和摇摇摆摆地走着的小鸟。“这些是中途岛的原住民，”旁白滑稽可笑地伴着兔八哥似的音乐伴奏说道，“东条发誓要解放它们。”手风琴拉着《红河谷》，太阳缓缓停留在奇特而天然的景象之上，抵达那里的人们在出神地想着事情，然后，伴随着不祥的电闪雷鸣，克里斯普解释道，袭击要来了。

当士兵和水手们为战争做准备时，福特引入了方达和达维尔的对话——“那小伙子走路的方式看起来很熟悉！……为什么，因为那是年轻的威尔·金尼（Will Kinney）！他来自我的家乡俄亥俄州的春田！他不会是要驾驶那架巨型轰炸机吧！……”“是的，夫人。那是他的工作。他是一名机长！”“好吧，小金尼！祝你好运！上帝保佑你，儿子。”

当美军飞机准备从中途岛跑道上起飞时，福特使用了后期录制的马达的呼啸声来盖过音乐的声音。在接下来的几分钟，罗斯福和他的团队看见了美国摄像机至今为止捕捉到的最鲜活的战斗场景。建筑物被点燃，烟雾的出现让白天变成黑夜。一架着火的飞机呈螺旋状地冲到水中。战火从一艘航空母舰的甲板上喷射出来，一架战斗机在远处发出巨响。福特基本上使用了他所拍到的每一帧真实战斗片段，并且使用美国飞行员从航空母舰起飞，而队员们在甲板向他们欢呼的片段作为补充。福 157
特在历史上第一次采用了最真刀真枪的形式来展现一枚炸弹对

电影造成的影响，福特选择包含一些“错误”在其中，也就是当一个爆炸发生时摄像机发生的剧烈抖动致使胶卷从齿轮链上脱出。这一切，包括每一个黄色的火球和着火的飞机与蓝色的天空背景相映衬，都是如此新鲜，以至于它很难让习惯黑白镜头的观众将它视为“新闻”，而不是好莱坞最新魔法技术的展示。福特清楚这一点，这也是为什么他让欧文·皮歇尔录制了一句台词来结束电影最令人震惊的战争片段，这句旁白最终也成为电影中人们印象最深的一句。就在美国海军在中途岛升起美国国旗时，他安静地说道：“是的，这一切的的确确发生了。”

这是《中途岛战役》中间部分唯一被听到的一句话。在战斗片段播放的时候，福特不允许任何旁白抢了观众对“真正发生的事”的注意力。这些片段结束后，电影在某种程度上出现了更为人熟知的纪录片轮廓，虽然风格依然非常个人化。两位旁白回来了——“美国的男士们和女士们，这是你们邻居的儿子，他们从今天的工作中回来了！……那是吉米·帕奇（Jimmy Patch）——他的飞机射中了七颗肉丸。”（一颗“肉丸”就是一条生命，大概指代日本国旗。）方达和达维尔兴奋地继续他们的对话，带着一种刚刚从肃然起敬中回过神来的感觉。

在电影的最后1/3，福特避免了炫耀胜利和欢欣狂喜。“中途岛战役结束了，”克里斯普说道，“我们的前厅安全了，但更多的工作需要我们去做。”电影的最后几分钟充满忧郁和哀痛，展现的是巨大的损失而不是战争胜利带来的好处。观众被告知飞机依然在搜寻着生还者，“他们战斗到只剩最后一颗子弹，最后一滴汽油，然后冲进大海中”。观众们可以看见疲倦和受伤的美国士兵，微笑着绑着绷带，衣服上血迹斑斑，被人从担架上

抬进被炮火轰炸过的红十字会医院——“那是敌人应该尊重的，
同情心的代表”，旁白说道。他尝试向美国公民和军人灌输这个
概念——日本人尤其危险，因为他们不尊重战争的规矩。最后
一些镜头展现了为“英勇牺牲的士兵”举行的葬礼，在这个仪
式上一部分海军人员能够在相机前被辨认出来。他们的最后一 158
个是罗斯福上尉（到底詹姆士·罗斯福有没有出现在中途岛依
然没有明确说法）。他的名字是电影说的最后一个词。

当天《中途岛战役》给白宫观众带来的冲击极大，房间里面没有人有足够时间去考虑这部电影还有什么没有做，或者还可以怎样做。福特的这个作品并不具有实验性，也没有提供太多信息——他没有花费多少句旁白用于报告战况或者危急情况。这部电影甚至完全舍弃了洛厄尔·梅利特和弗兰克·卡普拉勾勒出的部分要求；福特对于解释美国为什么而战，或者重申民主原则，或者挑起任何更高昂的反日情绪不感兴趣。最令人震惊的是，他选择了一种哀歌和失败的形式作为美国第一次重大胜利的结尾。但这也是这部电影的力量所在，任何其他可能的表现方式都没有实际意义。当总统看见他的儿子出现在屏幕上时，他转身对他的参谋长威廉·莱希（William Leahy）说道：“我希望美国每一位母亲都看到这部电影。”① 福特的心愿达成了；海军不会被允许删除《中途岛战役》中的任何一个画面，而且这部新闻短片将会被观众看到。500 份影片拷贝被冲印出来，与好莱坞战争活动委员会合作的二十世纪福克斯电影公司同意在 9 月将这部电影分发到全国上映。

福特回到华盛顿履行他的工作职责，等待他的下一个命令，

---

① Robert Parrish, *Hollywood Doesn't Live Here Anymore* (Boston: Little, Brown, 1988), 19.

但他还有一件事要做。第八鱼雷分队的损失在他脑海中萦绕不
散。部分死亡的士兵的片段通过一种极细微的时间上的伪装用
在了《中途岛战役》中来使中间部分更加有血有肉，因为飞行
员在自己飞机前的镜头其实是开战前几天拍摄的。但福特希望
给他们一场更大的悼念。在《中途岛战役》完成后的几个星
期，他将所有关于这个分队人员的片段——总共大约 8 分
钟——集合到一部纪念他们的短片中。他补充了一段开场白，
赞扬这些人“谱写了我们海军航空部队辉煌历史上最出色的一
页”，并且确保每一个人在镜头前的短暂出现都伴随着他们的名
159 字和职位。然后福特将电影转换成 8 毫米的胶卷——这个大小
将会允许它在不昂贵的家庭电影投射仪上播放——并且亲手将
《第八鱼雷分队》寄到每一个牺牲士兵的家中。他几乎没有说
起自己做过的事，而这部电影也在接近 50 年后才得以在公众面
前放映。

10　“你能雇用我吗?”

华盛顿和好莱坞，1942 年 8 ~ 9 月

在《中途岛战役》中，福特决定让日本人不露面并且不明确 160
说明其身份，这与其说是出于他自己的谨慎或者敏感，不如说是
1942 年夏天所有人在宣传时对于美国的敌人应该是什么样子的糊涂
和困惑的反映。陆军部的一些人认为军事电影应该借鉴好莱坞的新
电影，这类新电影被媒体忧心忡忡地称为“仇恨电影”，它们不仅
将日本人描绘成另外一个种族，而且是一个非人的、骨瘦如柴的死
亡交易者。其他人则相信，即使是在战争最黑暗的日子，盟军的胜
利都是必然的，之后将会是一次日裔美国人的融入过程。他们要求
电影人追求另外一种方式，将日本人展示为简单的、天真的人民，
他们被阴森可怕的宗教——神道教，以及狂妄自大、决意要征服世
界的领导者所催眠。但即使是在那种观点之中，分歧也依然存在。
有人认为在陆军部的宣传中，裕仁应该作为一个国家恶魔的化身，
就像希特勒和墨索里尼在美国人心目中一样，但另外一些人则声称
由于裕仁很可能在战争之后依然握有权力，更明智的做法是用东条
将军作为日本征服世界欲望的化身。但当时也有这样一个说法：
“假如美国人不被某个错误的想法蒙蔽，不认为敌人是一群贫穷且 161
被误导的人，不觉得敌人需要的是同情而不是子弹和炸弹，那么他
们……将会是更好的仇恨者，也将会是更好的斗士和工人。”①

---

① *Variety*，1942 年 5 月 20 日，引用自 John W. Dower, *War Without Mercy*: *Race and Power in the Pacific War* (New York: Pantheon, 1986), 322。

就在卡普拉准备开始制作《认识你的敌人》系列时，怎样处理日本形象这个难题也让他不得不暂停。他计划用3部电影向美军士兵解释日本、德国和意大利人民和军队的文化、军事和社会历史。随着项目花名册的不断加厚，他开始受挫于一个个事实：他需要的作家和导演都在另一片大陆上，要让好莱坞放人并让军队支付他们的薪水要经过无休止的谈判。到了7月，他说服奥斯本将军将他的队伍从华盛顿带到洛杉矶，在那里扎努克同意了以1美元一年的租金把二十世纪福克斯电影公司在西大街闲置的场地租借给他。[①] 奥斯本告诉卡普拉："既然这意味着我们会越来越少地见面，我们都很遗憾。"但他热情地接着说："我们都知道你正在拍摄的电影会带来一种品质的标志……假如由于时间和难度问题，它们未能达到你预想的效果，那只是因为战争，而你不必因此而担心。"[②]

自己的努力得到了认可，卡普拉受到鼓舞——奥斯本在8月把他升为中校——而且对于可以回到加利福尼亚的家中他也兴高采烈，在那里他可以管理好自己那个没有官僚主义的王国。他在空旷的场地——他把它称为"福克斯堡"——召集了他的队伍，告诉他们："有些陈腐可笑的人会说你是在参加'好莱坞的战争'，不要和他们争吵。这是一场大战，需要用到可以想到的任何武器。你们的武器是电影！你们的炸弹是想法！好莱坞是一间战争工厂！"[③]

但假如事实真是如此，这些炸弹是不会爆炸的，而这间工

---

① Frank Capra, *The Name Above the Title: An Autobiography* (New York: Da Capo, 1997年；最初发表在1971年), 339。

② 奥斯本写给弗兰克·卡普拉的信，1942年7月16日，FCA。

③ Joseph McBride, *Frank Capra: The Catastrophe of Success* (New York: Simon & Schuster, 1992；于2000年修订), 474。

厂生产的东西的价值依然有待商榷。在关于如何处理日本人形象方面，好莱坞不比华盛顿强多少。而在给予了极大的自由度后，电影公司选择的处理方法说得好听点是明显的种族主义，说得严重点是残忍的种族主义。在哥伦比亚电影公司，哈利·科恩将卡普拉 1937 年的电影《消失的地平线》（*Lost Horizon*）剪辑成了 25 分钟长的影片并向公众公映，意在利用罗斯福总统的一个不友好的笑话，说美国军队“在香格里拉建立 162
了一个秘密基地”，会在那里攻击东京。[①] 当时这只是一个关于喜马拉雅乌托邦的幻想故事，现在却被重新包装成宣传资料来卖，还附加了一段直白的开场白，把背景设在中日战争。而二十世纪福克斯电影公司也刚刚完成了一部名为《小东京，美国》（*Little Tokyo, U. S. A.*）的低预算电影，影片利用了一个说法，即认为日本一个秘密机构早已在美国活动 10 年之久。电影将日裔美国人描绘成“一大群志愿者间谍”中的一部分，他们以花商的身份和友好的、装作已经融入当地的市民身份活动，实际上仍在呆板地效忠于——用一个口音很重的角色所说的——“我们可敬的家国”。密谋摧毁洛杉矶的供水系统的时候，他们嘲笑道：美国那“愚蠢的自鸣得意会给我们提供极大的帮助”，并且预言“白人统治的终结”。电影的英雄，一个洛杉矶警察，说这群人是一个“东亚国家”，单洛杉矶就有 2.5 万人——“矮个儿的阴谋者”，正准备“将我们撕碎”。旁白接连不断地重复这个观点，警告观众，美国不能陷入一种“错误的安全感”，因为它已经疏忽大意过一次了。

除了一份形式上惯例声明，简单地在某一幕提到“很多在

---

① “Screen News Here and in Hollywood,” *New York Times*, 1942 年 6 月 25 日。

洛杉矶的日本人都是对美国忠诚的”以外，《小东京，美国》的抨击是如此激烈，导致梅利特和电影局在监督好莱坞的内容时实施了更严厉的监管。电影局说这部电影会“引起政治迫害”并且强烈谴责它的“盖世太保般的策略”，问道：“有没有人提到我们是在为《权利法案》而战的?”负责监管美国的日本俘虏收容所的战时人员调动管理局亦对这部电影表示反对。当时它正在考虑实施一项社会工程实验，把被收押者在全国分散开来，意在阻止他们聚集并且实施阴谋；管理者担心这部电影多虑的措辞会在中西部社区引起对日本人的抵抗情绪。①

面对激烈的争议，电影公司同意让梅利特的办公室在剧本创作阶段就对他们的新电影进行审核，而不是在完成之后，这
163 是对政府监管的一个重大让步。梅利特要求电影公司不仅考虑他们的电影如何塑造敌人和盟军的形象，并且要考虑他们拍摄的电影是否存在“错误展现美国”的风险；同时也提醒他们不要只是“为了电影的利润而使用战争作为主题”，以及不要太夸张以至于“让当今的年轻人……有理由说自己正在被战争宣传误导”。② 他对电影公司的命令非常接近于政府审查——把品味这事情汇编成联邦授权的制作准则。由于电影局没有能力推行自己的观点，很多时候它都被忽略掉。但梅利特有一张强大的牌：美国政府保留可以将什么电影送至海外的权利。对于电影公司来说，一个来自他办公室的“不推荐出口”的标签意味着一次严厉的经济惩罚。

---

① Clayton R. Koppes and Gregory D. Black, *Hollywood Goes to War: How Politics, Profits, and Propaganda Shaped World War II Movies* (New York: Free Press, 1987), 75 -76.

② *Government Information Manual for the Motion Picture Industry* (Washington, DC: Office of War Information, 1942).

卡普拉看着一边是好莱坞和华盛顿的领导人在这些事及那些人之间纠缠不清，而在另外一边，自己则几乎没有办法为《认识你的敌人——日本》创作一份剧本，或者给它的作者任何有用的建议。他邀请曾写过詹姆斯·卡格尼（James Cagney）最受欢迎的新电影当中的两部——《一世之雄》（*Angels with Dirty Faces*）和《法网惊魂》（*Each Dawn I Die*）的多产编剧沃伦·达夫（Warren Duff）为他起草一份剧本，但达夫构想的剧本充满恐吓且不切题。“过去我们并不关心你们怎么生活，那与我们无关，”他的旁白直接向日军而不是美军说道，“但现在我们有兴趣了，而且我们非常有兴趣——因为你们是我们的敌人。我们相信自己会给你们惊喜的。”[①] 卡普拉一读到剧本就把它扔掉了。基于目前还没有任何办法修补它，他把这个系列保留到了接下来的春天。

但依然有很多事让卡普拉在洛杉矶继续忙碌。他正在紧锣密鼓地筹备系列电影《认识你的盟友》，正在就电影的其中一部分和加拿大国家电影局联系，[②] 而《纽约客》驻巴黎记者也很快会开始为“战斗中的法国”这部分工作。[③] 更重要的是，《我们为何而战》第一集的制作接近尾声了。在埃里克·奈特的敦促之下，卡普拉停止对剧本进行修改，将历史讲座的计划删减了不少。（“我们删除了大西洋之战和地中海战役以及巴尔干战役的大部分，”他给西点军校的一个上校写道，“因为意识到我们可能可以迟一些再回到这些主题上。”）[④] 迪士尼的员工 164

① William J. Blakefield, “A War Within: The Making of Know Your Enemy-Japan,” *Sight and Sound*, Spring 1983.

② 加拿大国家电影局写给弗兰克·卡普拉的信，1942 年 8 月 21 日，FCA。

③ 弗兰克·卡普拉的备忘录，1943 年 2 月，FCA。

④ 弗兰克·卡普拉写给上校 Herman Beukema 的信，1942 年 8 月 26 日，FCA。

正忙着执行卡普拉极具创新性的想法，通过动画地图的形式来展示德国对欧洲的入侵，运用了扩散的黑色墨水和螃蟹用钳子抓住邻国的形象，另外也借用触角的图案展示日本侵占中国和太平洋以外地区的野心。在奈特的帮助下，卡普拉终于为这个系列构思好了一个切实可行的结构。第一部电影《战争序章》将会带领美国士兵回顾日本对中国东北的入侵和意大利向北非的推进；此后将会无缝连接《纳粹的入侵》（*The Nazis Strike*），讲述德国对奥地利、捷克斯洛伐克和波兰的征服；然后是《分而治之》（*Divide and Conquer*），内容是法国的沦陷。第四、五部电影将会探讨不列颠之战和苏联前线，第六部电影分析日本侵略中国的企图，第七部《美国参战》（*War Comes to America*）将会以珍珠港事件作为结尾。每部电影持续大约 1 小时。

在早秋的时候，这 7 个剧本都还有很长的时间可以用于制作，卡普拉团队的士气也非常高涨，他和奈特监管的作家们尚有余力拿眼前的困难开开玩笑。负责第六部电影《苏联战场》旁白的莱纳德·史匹杰盖斯——最初那 7 个作家中唯一被留下来的——在一封信中告诉这位导演："像《凡尔赛和约》一样难写。领事和苏联代表要用细齿梳子梳理每一个字……在非常辛苦地教中尉帕夫利琴科（Pavlinchenko）英语之后，我们不得不得出这个结论，她永远无法说出一个英文单词，即使是按照发音读出来而已，但通过巨大努力，我们终于让她说出了，'士兵同志们，向胜利进发吧'……我觉得这样应该可以通过了。"①

在好莱坞的时候，卡普拉终于招募到了他团队的最后一名

① 莱纳德·史匹杰盖斯写给弗兰克·卡普拉的信，1942 年 9 月 22 日，FCA。

成员，也许是最重要的一位。根据他自己的回忆，当时他正在哥伦比亚电影公司片场指挥其他人将一些二手桌子、椅子和办公设备搬上卡车运到福克斯堡，乔治·史蒂文斯漫步到他身边。“你?”史蒂文斯说道，“你需要旧桌子? 我以为你是哪个地方的主管。”

卡普拉回答说他是。“你能雇用我吗?”史蒂文斯问道。在谈话的结尾，史蒂文斯以少校身份得到了一个任务。[①]

虽然两人的会面是偶然事件，但史蒂文斯的决定并非如卡 165
普拉所说的那样冲动。作为年轻导演中最慎重的一位，史蒂文斯最近被《时代周刊》杂志形容为：为了“解决一个（拍摄中的）的难点而大步地、没完没了地前前后后踱步，让其他人在那里干等”并因此而闻名。[②] 珍珠港事件之后他就一直在思考入伍。《小姑居处》这部于珍珠港事件发生期间拍摄的赫本和屈塞主演的浪漫喜剧在 2 月公映，得到了广泛的好评。虽然它是一部评价不俗的热门电影，但史蒂文斯知道电影依然包含了太多战前时刻的妥协、胆小的痕迹。当初路易斯·B. 迈尔焦虑地让他不要把赫本流利地讲意第绪语的一幕放进去以免引起反犹太情绪，现在看来这显得荒谬可笑。[③] 当然也有一些评论温和地说道，让一位热心的拥有全球性眼光的记者，把自己优先考虑的范围从所有人缩小为一个足球记者似乎是一种倒退。《纽约客》杂志也写道，可能将这部电影改为讲述关于一个女人说服自己的男人“放弃写一些别人玩的游戏，转而对这个星球的

---

① Capra, *The Name Above the Title*, 338.

② “The New Pictures,” *Time*, 1942 年 2 月 16 日。

③ Scott Eyman, *Lion of Hollywood: The Life and Legend of Louis B. Mayer* (New York: Simon & Schuster, 2005), 342.

崩溃产生兴趣”会是一个更好的主意，但《小姑居处》却“反过来了”。①

史蒂文斯并没有为这部电影辩论太多，他太了解这一切都取决于“观众……如何接受这些在很多方面都备受争议的主题”。② 电影上映后不久，他收到在《时代周刊》做编辑的老朋友一封语气略带责备的信。“《小姑居处》真是热门，这一点给你带来了很多好处，”他说道，“（但）我觉得你应该考虑给你的电影一点深度——不要如此容易被理解，而且最好有一点挑衅。”他亦暗示在军队工作可能会对他作为艺术家和作家带来一点帮助，“幸运的是你足够年轻，可以以平常心态来面对这场战争，而不会在它结束之后成为一位老人家。我觉得你拍了很多很棒的电影，但我知道你10年之后拍的电影肯定不只是这样”。

“我知道很多军事秘密，但我一个都不能告诉你，”这封信以此结尾，“从现在开始，无论怎样，在相当长一段时间里，准
166 备好一堆坏消息头条和一点点让人愉悦的意外惊喜吧。这场战争真是一场硬战。这已经是第三季度了，我们还远远落后。真需要全美国人组成一个队伍来把我们拉出这个境地。”③

史蒂文斯完全领会了这封信的言外之意。他知道这位朋友是指，当他的所有同事都去战斗的时候，他却选择坐在工作台旁，或者至少是坐在华盛顿等待命令。他有充分的理由留在家里。史蒂文斯有一个妻子和一个他十分宠爱的10岁儿子小乔治，他的哮喘严重到可以帮他免除兵役。史蒂文斯作

---

① Russell Maloney, “The Current Cinema: A Good Movie,” New Yorker, 1942年2月7日。

② 乔治·史蒂文斯在1973年接受采访，重印于Paul Cronin, ed., *George Stevens Interviews*（Jackson: University Press of Mississippi, 2004）, 87。

③ “比尔”写给乔治·史蒂文斯的信，1942年3月1日，3196号文件，GSC。

为导演工会主席，责任非常重大，并且他和哥伦比亚电影公司还有 2 部电影的合约。假如他去参军，意味着正在上升的事业将会停滞。①

但史蒂文斯越来越感觉到一种使命感，他决心要尽可能快地完成他和哥伦比亚电影公司之间的买卖。拍摄完《小姑居处》之后，他立即开始筹备《小镇话语》（*The Talk of the Town*），这是一部具有高尚情怀的剧情片，卡普拉离开之后，哥伦比亚电影公司一直在寻找机会拍摄的那种稍微复杂、政治模糊，在某种程度上能够取悦追求浪漫的群众的电影。史蒂文斯巧妙地讲述了一个被陷害谋杀之后逃狱的人（加里·格兰特饰）以及一个试图帮他免罪的最高法院法官候选人［罗纳德·考尔曼（Ronald Colman）饰］之间发生的故事。但在制作过程中，史蒂文斯比以往独自思考的时间更多，他会花上好几个小时周密考虑每一部分，那种冷漠的态度和冷冰冰的沉默令他的主演和团队快疯了。②

虽然评论家们非常欣赏出来的结果——它成为史蒂文斯第一部获得最佳电影提名的电影——但他们中的很多人也提到史蒂文斯正在顺着卡普拉走出来的路前进，这一点因他起用《史密斯先生到华盛顿》中的明星（琪恩·亚瑟）和编剧（西德尼·巴克曼）而进一步加强。《小镇话语》是史蒂文斯首次尝试“沉重一点”的话题——它发表了一个政治宣言，但这个宣言是关于动用私刑的暴民的可怕和义警警员的歇斯底里的，而

① Bruce Humleker Petri, “ A Theory of American Film: The Films and Techniques of George Stevens. ” (doctoral thesis, Harvard University, May 1974; copyright 1987)

② *The Talk of the Town*: John Oller, *Jean Arthur: The Actress Nobody Knew* (New York: Limelight Editions, 1997), 136 - 144.

这一点自从1930年年中起便是好莱坞最喜欢的主题，对于1942年来说便是一个相对安全的主题了。尼尔逊·波因特，电影局年轻、开明的代表，赞扬《小镇话语》表现了“我们正在争取的基本东西之一——一份体面的社会契约”。[①] 但史蒂文斯知道
167 自己还没有拍摄出一部后珍珠港电影，这个问题在他于观众面前试映两个不同结局时就赤裸裸地展现在他面前。由于无法决定琪恩·亚瑟扮演的角色是应该和由格兰特扮演的纵火者在一起，还是和更年长、更有学者派头的考尔曼在一起，他把问题留给了观众，猜测他们是更喜欢一个有行动力的男子还是一个有智慧的男人。观众们选择了格兰特，但理由出乎史蒂文斯的意料。“当屏幕上出现处于应征年龄的男人时，女人们应该嫁给他，”一张非常具有代表性的卡片上这样写道，“迟些成熟的男人自然会得到一切。”另一个支持考尔曼的观众写道：“让格兰特去参军，不让他得到亚瑟，这才是人生。”[②] 这正是4-F电影英雄年代的开始——前前后后3年里，假如一个年轻人出现在以美国为背景的当代电影中，观众们都会想知道为什么他没有穿着军装。

史蒂文斯遇到卡普拉时，《小镇话语》才刚刚上映，而当时他已经在心里面做好了决定。他的代理人查尔斯·费尔德曼（Charles Feldman）最后一次尝试吓唬他，让他打消这个念头。“你参与进去，这场战争会持续7年，或者5年——就电影行业来说你已经完蛋了，还不算上可能有更糟糕的事发生在你身

① Marilyn Ann Moss, *Giant: George Stevens, a Life on Film* (Madison: University of Wisconsin Press, 2004), 95.

② Marilyn Ann Moss, *Giant: George Stevens, a Life on Film* (Madison: University of Wisconsin Press, 2004), 96.

上。”他告诉他的客户。[1] 史蒂文斯并未动摇。他告知哈利·科恩他为哥伦比亚电影公司拍摄的下一部电影将会是他的最后一部。这部名叫《房东小姐》（*The More the Merrier*）的浪漫喜剧将会重新集合格兰特和亚瑟。在剪辑室完成工作后的几天之内他就要开始服现役了。“这场战争正在进行……我想参与其中，”他之后说道，“很难得到这样一个50码线处的座位。”[2]

第二次世界大战不再是一个令人震惊的消息了，它是正在进行中的现实生活，在视野范围内看不到尽头。美国将会迅速取得胜利的希望随着新的人员伤亡消息和太平洋地区新作战区的开辟而破灭。夏天的时候，美军飞机在法国进行了首次试验性飞行任务，军队也将很快展开火炬行动，通过第一支部署在北非的地面部队打开一条新的前线。随着夏天结束，秋天的到来，好莱坞再没有人将这场战争称为“冒险”，有充满担忧的说法认为这场战争会持续到1950年。好莱坞导演为军队服务的承诺才刚刚开始兑现。在劳动节前后，他们全都回到洛杉矶的家中和挚爱进行短暂相聚，随之而来的是一系列告别，比他们第一次到华盛顿、穿上军装、学习敬礼和军队礼仪时的告别更伤感、更持久。约翰·福特离开家几乎有一年了，他的妻子不 168
开心地适应着只有一个人的生活；他们因为不想改变女儿芭芭拉的生活而没有搬到华盛顿。福特夫妇之间的关系是温柔的、友好的，但不是特别亲密——他们长时间以来都分房睡，而玛丽也对他偶尔的不慎重行为睁只眼闭只眼，只是在20世纪30年代后期福特和凯瑟琳·赫本发生那段热情浪漫的关系时划定

① 乔治·史蒂文斯接受Robert Hughes采访的未修改的版本，1967年，3677号文件，GSC。

② Cronin, ed., *George Stevens Interviews*, 112.

了一条界线。（“她不再喜欢我了，”赫本在 1938 年后期说道，“但我无法为此责怪她。”）[1] 不在身边的时候，福特会通过频繁写信和满怀情感的便条来和玛丽保持联系。“亲爱的玛，”他写道，选择了他喜欢的亲热话语，“你在星期二写的那封信让我很开心——给我寄些我们漂亮的家的照片——我们为之奋斗的家……给你我所有的爱。非常想念你。孩子他爸。”[2]

随着 1942 年夏天的结束，福特和家人进行了一次苦乐参半的聚会。被他们称作帕特的儿子迈克尔·帕特里克（Michael Patrick）刚刚和他大学的女友结婚并且从缅因大学毕业。怀抱着如父亲一样加入海军的希望的帕特由于视力不好，被一项任务拒之门外。当帕特里克应征入伍的时候，福特尝试帮助儿子，让他分配到他的双轨纵帆船“亚兰纳”号上去执行任务。（“那孩子真的很顶尖，”他给掌管这艘船的指挥官写道，“你做的事将会给福特夫人和我帮一个大忙。”）[3] 但福特的恳求失败了；他沮丧的儿子将会在一张桌子前为这场战争服务，在海军西海岸公共关系办公室做一名见习水兵，在他父亲环游世界时，帕特里克感觉自己“好像很失败”。[4] 福特很快就被召回去服役。他告诉玛丽要勇敢并且让自己忙起来。贝蒂·戴维斯、约翰·加菲尔德（John Garfield）和 MCA 的主席朱尔斯·斯泰因（Jules Stein）刚刚成立了好莱坞餐厅，这是位于卡汉加大道（Cahuenga Boulevard）的一家夜总会，在那里所有等级的军人都可以吃饭、跳舞甚至和明星们交往。餐厅在 10 月开业，玛丽

---

① “Mimi”写给约翰·福特的信，明显是 1938 年 12 月 5 日，JFC。

② 约翰·福特写给玛丽·福特的信，1942 年 1 月 10 日，JFC。

③ 约翰·福特写给指挥官 W. J. Morcott 的信，1942 年 7 月 29 日，JFC。

④ 帕特·福特写给约翰·福特的信，1943 年 7 月 20 日，JFC。

打算在当中饰演一个比较积极的角色。福特于 8 月底回到华盛顿，想要再在家过一周需要等到整整一年之后了。

威廉·惠勒正在洛杉矶进行军事出差。他尝试游说米高梅电影公司捐出摄像机、剪辑间和音响设备以供战争使用，但是虽然《忠勇之家》正在慢慢成为一部大热电影，电影公司依然 169
和他保持距离。“我很少如此忙碌，或者如此努力工作但得到这么少的回报，”他向塔利生气地抱怨道，“我们完全没有合作，这让人觉得很羞耻——让他们放弃一些他们承担得起的设备的时候就只有借口。他们都喜欢说大道理，但真的要做些什么的时候，语调就变了。有时候我觉得我应该登上一艘船走掉算了……但不带上恰当的设备，我的离开就完全没有意义。”[1] 路易斯·B. 迈尔，一个奉行实用主义的人，可能觉得帮助惠勒自己得不到什么，毕竟惠勒还和另一间公司有着一份合同。由于战争，当惠勒依然在当地的时候，惠勒通过律师暂停了他和塞缪尔·戈尔德温的续签。[2] 惠勒在短期内没有拍摄另外一部电影的兴趣；他最想做的是，一旦他在陆军航空队基地的职位通过了，就招募一班电影制作人组建团队。

惠勒得到了他心愿清单上的大部分人员：编剧杰罗姆·乔多洛夫（Jerome Chodorov，《我们为何而战》中被卡普拉由于自己的反共产主义恐慌辞掉的作家之一）；摄像师威廉·克洛西尔（William Clothier），他的相关经验包括 1927 年在电影《翼》（*Wings*）中进行空中摄影；还有雷电华电影公司的录音

---

① Jan Herman, *A Talent for Trouble: The Life of Hollywood's Most Acclaimed Director, William Wyler* (New York: Da Capo, 1997), 245.

② 塞缪尔·戈尔德温写给威廉·惠勒的信，8 月 25 日，1943 年，1942 年7 月15 日，WWA。

师哈罗德·坦南鲍姆（Harold Tannenbaum）。唯一拒绝了他的人是欧文·肖，一位事业正在上升的新星，他年仅23岁就完成了自己的第一部百老汇反战戏剧《埋葬死者》（*Bury the Dead*）。6年之后，肖，一名来自布朗克斯的第一代美国犹太人，变成了一名吃香的编剧，刚刚帮史蒂文斯完成《小镇话语》。他仰慕惠勒并且同意进行会面，但他不确定自己是不是想在通讯部为这场战争做贡献。"经过清醒的思考后，"肖给导演发电报，"我意识到私底下跟随着你可能意味着一长串挫败——军事上、艺术上、经济上和社交上的。因此对战争做出的努力也不会有相应的回报……所以我将在今天早上6:45加入正规军。我觉得我为此已经等待太久了。"[①]（肖试图通过志愿者的角色参与这个系统的尝试失败了，军队看完他的简历之后毫不迟疑地把他分配到通讯部。在一年之内，他最终会在史蒂文斯手下做事。）

离开塔利后，惠勒觉得特别痛苦。他们还在学步的女儿凯
170 茜和只有一个月大的小宝宝朱迪也跟着母亲。他只带着一个16毫米的摄像机回到华盛顿。他答应会经常写信回家。和福特一样，他将要和妻子儿女分别一年。

而约翰·休斯顿的离开则有所不同。他的忠诚宣言是给奥莉薇·黛·哈佛兰的，而不是他那被疏远的、备受羞辱的妻子莱斯利。在离开之前，他和华纳兄弟坐下来商谈生意，希望他们不要在他试手之前把《浴血金沙》安排给其他编剧，并且和公司讨论他写的一个叫作《中东谍影》（*Background to Danger*）的剧本，该剧本改编自埃里克·安布勒（Eric Ambler）

---

① 欧文·肖发给威廉·惠勒的电报（为表达明晰，此处做强调），1942年7月10日，WWA。

的一部间谍小说。[1]（华纳兄弟电影公司同意保留《浴血金沙》，但把安布勒的那个项目另外安排给了《夜困摩天岭》的合作者 W. R. 伯内特。威廉·福克纳（William Faulkner）也参与了《中东谍影》的编剧工作，该电影在 1943 年上映。）

休斯顿以为自己很快就会回来；在他心目中，回归到稳定的好莱坞工作似乎只要完成一个战时任务就可以了。但他等待这个任务等得不耐烦了，而当这个任务到来时，他看到的是拍摄一部伟大电影的机会。6 月 6 日，就在中途岛战役进行的时候，日军又发起了一次进攻，登陆并且占领了基斯卡岛——一个位于阿拉斯加州和苏联之间，白令海的阿留申群岛西边尽头的小“鼠岛”。500 个日本士兵俘虏了 10 名美国海军，这 10 名成员组成了这个遥远基地的全部人口；第二天，日军也占领了邻近的阿图岛。在这次对美国领土仅有的一次地面入侵之前，大多数美国人都不知道基斯卡岛、阿图岛或者阿留申群岛在哪里。现在它们的战略重要性已经成为头条新闻，而它们也将很快变成一次重要反击的焦点所在。基斯卡岛东南部有一个大一点的岛屿艾德克岛，那里有一个海军飞机场。通讯部希望休斯顿去那里拍摄一部纪录片，意在戏剧化地展现美军如何战斗以夺回两座岛屿。

休斯顿急切地接受了这项工作，他于 1942 年 9 月离开好莱坞来到阿拉斯加，并且被提升为上尉。[2] 用哈佛兰这位演员的

---

① Lawrence Grobel, *The Hustons: The Life and Times of a Hollywood Dynasty*, updated ed. (New York: Cooper Square, 2000), 235.

② 备忘录，1942 年 11 月 6 日，1719 号文件，JHC。

171 话来说，休斯顿与自己的告别“非常艰难”并且“痛苦”,[①] 而且也非二人想象的那样私密。休斯顿已经被监视了好几个星期。而就在他离开之后，军队展开了一项正式调查，“调查该对象的诚实度和忠诚度，他被怀疑是一名共产主义者”。[②]

---

① Grobel, *The Hustons*, 235.

② Jeffrey Meyers, *John Huston: Courage and Art* (New York: Crown Archetype, 2011), 86 - 97.

11 “危机时的好搭档”

英格兰、北非和好莱坞，1942 年 9 月 ~1943 年 1 月

《中途岛战役》于 1942 年 9 月 14 日在全美上映时，约翰·福 172
特已经在英格兰了。在众多播放该电影的场地中——一般是和《忠勇之家》或者《小镇话语》一起播放——最大的是可以容纳 6000 人的纽约无线电城音乐大厅。有些人看了之后激动得晕了过去。屏幕上只简单地表示这部短片是由“美国海军摄影师”拍摄的“目前世界上最伟大的海军胜利”，而福特的名字并没有出现在上面。但每一个电影评论都会提到福特——例如，《纽约时报》称他为“美国海军指挥官约翰·福特，前好莱坞导演”——并且重复讲述“未被提到的摄影师、指挥官福特，在操作一部 16 毫米的手持式摄像机时受伤，冒着生命危险拍摄这部令人震惊的史实片”。[1] 人们花了 3 个月等到这些彩色片段从中途岛运过来，但大多数评论家都提醒道，假如你们想看到的是对这场战争的清晰记录，你们可能会感到失望。《新闻周刊》说它是“匆忙组合起来的”，《时代周刊》对简·达维尔“平淡的”旁白很挑剔，[2]《纽约客》警告道该电影“什么也没
有提供……间谍看了也得不到什么信息……当时发生的事明显 173
太过激烈和沉重，根本不可能被恰当地拍摄下来”。[3] 此外他们

---

① “Film of ‘Midway’ Released by Navy,” *New York Times*, 1942 年 9 月 15 日。

② “The New Pictures,” *Time*, 1942 年 9 月 28 日。

③ “The Current Cinema: Epidemic,” *New Yorker*, 1942 年 9 月 19 日。

还提问，为什么当中没有出现地图或者对日本策略的解释，或者关于该战役对美国胜利的军事重要性的分析？

很多评论家期待的是比现在更加明确、感情化和主观性更少的电影。但他们也几乎一致承认，他们的意见都不重要。观众看到屏幕上展示的东西后目瞪口呆，认为它“如此真实，以至于会给你带来不快的影响”，而基本上每个写到《中途岛战役》的人都会注意到福特决定将“因炸弹爆炸造成的冲击导致摄像机从摄影师手中掉落的很多镜头”包含在其中。[①] 那种在中途岛战役期间捕捉到的颤抖、震动、不完整的图像，反而创造了新的现实主义标准，缺少精心的润色却反而首次被看作一种真实的参照。结果正如詹姆斯·艾吉所写到的，“战争是所有行动中最难以拍摄的，虽然这一次福特失败了，但这也是一次勇敢的尝试——快速、忽动忽停、逼真、支离破碎、清楚——记录了国家处于危险绝望境地的一刻……油乎乎的蓝黑色烟雾，飞机和高射炮产生的怪异黑色花朵和白色蒸汽喷涂了天空，血液闪耀着致命的光彩，10 前年彩色印片技术出现之初时人们对它的评价成真了，‘好莱坞准备好拍摄最后审判日了’。”

艾吉在《时代》周刊中写道，福特的纪录片“应该让所有美国人看到”，[②] 这个再三被提到的希望首次实现了。500 份拷贝被制作出来，在不同地方上映，但依然无法满足需求。最后，《中途岛战役》被安排放映了 13000 多次，[③] 在全美 3/4 的影院上映。频繁去电影院的人经常可以看到这部纪录片，在各种不

---

① John T. Mcmanus, “America Cheers Midway Battle,” PM, 1942 年 9 月 15 日。

② “The New Pictures”, *Time*, 1942 年 9 月 28 日。

③ Thomas Doherty, *Projections of War: Hollywood, American Culture, and World War II* (New York: Columbia University Press, 1993), 253.

同的正片之前播放。而福特关于这场战争的粗制、多愁善感、爱国和悲伤哀悼等情绪构成了这个国家对于太平洋那边正在进行的战争的基本印象和了解。

8 月，多诺万让福特收拾一下，准备好延长在欧洲逗留的时间；福特即将到伦敦拍摄英美两军登陆摩洛哥、阿尔及利亚和突尼斯的准备工作。但在离开华盛顿之前，他依然挤出时间 174
为他的电影进行竞选。福特获得了三次奥斯卡最佳导演奖，但都缺席颁奖典礼。虽然他乐于营造出一种对此漠不关心的感觉，但依然有兴趣获得第四个奖杯。制作过《关山飞渡》和《归途路迢迢》（*The Long Voyage Home*），现任学院主席之一的沃尔特·万格刚好来到华盛顿，福特为他安排了一次《中途岛战役》的私人放映，在电影播放的时候福特默默地坐在放映室后排。

“这绝对是拿奖的料，约翰。”灯光亮起时，万格说道。

“噢，看在基督的份上，万格，”福特打断道，“我对奖项没有兴趣，我只是希望提醒你们这些好莱坞的家伙记得有人正在远方的战场上战斗。”

福特点燃了他的烟斗，万格礼貌地回应道，这场战争已经催生了大量让人印象深刻的纪录片，今年的相关决定尤其困难。[1] 到万格离开放映室的时候，福特已经成功让他改变了奥斯卡的规矩。在接下来的 2 月，万格将宣布奥斯卡最佳纪录片提名名单将会有包含《中途岛战役》在内的 25 部电影——超过半数由美国政府机构或者军事分支制作——并且，首次而且是只有一次地，将会有 4 位赢家，而不是 1 位。

福特也在编写着自己的规则，而他的专横也开始为他招来

---

① Robert Parrish, *Hollywood Doesn't Live Here Anymore* (Boston: Little, Brown, 1988), 19 – 20.

一些敌人。当战争信息办公室要求他移交所有他在中途岛拍摄的影片以便他们使用时，福特拒绝了，他认为一个文官宣传机构没有正当理由要求拿走任何属于海军的东西。他的难以驾驭激怒了梅利特。梅利特希望战争信息办公室的电影局监督所有拍摄材料，无论是好莱坞的还是华盛顿的。梅利特并非《中途岛战役》的拥护者之一，他认为这部电影偏离既定政策，并且将自己的不欣赏清楚地向福特表示。而福特则回应道，假如梅利特想要这些片段，他需要去战略情报局，按规矩向比尔·多诺万申请。梅利特关于地盘之争的重视已经逐渐成为他在领导决策方面的阻碍。他威胁福特他将阻止电影在海外上映。福特
175 飞到伦敦后，山姆·斯皮瓦克（Sam Spewock），一个离开了好莱坞来到梅利特手下工作的编剧，尝试充当两人之间的和事佬。

“我和约翰·福特谈了 36 个小时，”他给梅利特写道，“他终于放软态度并且说他倾向于（在欧洲）播放所有他在太平洋拍的东西……顺便说一句，福特对于你提出的对《中途岛战役》的批评感到非常受伤。我觉得在这种时刻要性子是一件很愚蠢的事。他是一个极其有能力的导演，也是很友好的同事，但为什么他能在这样一个可以决定要不要放映某部电影的职位上，这一点确实解释不清。”① 梅利特和斯皮瓦克两人都知道原因，但无法一致地准确表达为什么福特会在那样一个位置上。美国参与战争快一年了，罗斯福管理层没有做任何事来划清不同部门在制作、检查和放映电影之间的界限。在某种程度上，管理层的不情愿源自不愿意创造出一种足够正式化和中央化的宣传系统，以免引起议会中共和党人的愤怒。但结果是，作为

---

① 山姆·斯皮瓦克写给洛厄尔·梅利特的信，1942 年 9 月 4 日，梅利特文件，1446 号，战争信息办公室记录，NA。

一名习惯于按照自己方式办事的前任报纸编辑并且对好莱坞电影人一直抱着一种局外人的怀疑态度的梅利特，发现自己一次又一次被导演们打败，他们有用尽一切办法保护自己的工作免受干扰的多年经验。

斯皮瓦克成功安抚了福特，让他将电影片段移交电影局，但福特并没有等待梅利特的许可。他给罗伯特·帕里什发了一份电报，指示后者带着一份《中途岛战役》的拷贝飞到英国，把电影展示给英国最高指挥部看。福特认为这部电影能够“证明我们在这场战争中是和他们站在一起的”① ——到 1942 年年末，英格兰有很多人变得越来越不耐烦，他们认为当英国已经有 6 万人丧生于炸弹之下时，美国只把焦点聚放在太平洋。整整一年，美国士兵和军官陆续进入伦敦，当中的大多数都表现良好。陆军部给他们发放了一些小册子，里面有各种指示条例诸如“不要炫耀”，“如果你想加入一个飞镖游戏，先等他们开口邀请你”，“说‘我看起来像一个笨蛋’在他们听来是一种冒犯”，以及“你要是说‘我们赶过来赢了最后一场’，这句话将会激怒一个英国人”。即便如此，英美关系依然高度紧张。“你 176
没有办法让一个英国人‘接受它’，”小册子上写道，“他们没有兴趣再接受它了。他们更有兴趣和我们建立坚固的友谊，一起对抗希特勒。”②

为了达到这个目的，在战略情报局的协助下，福特接受了组建团队拍摄即将要到来的火炬行动的任务。海军把他安顿在

---

① Parrish, *Hollywood Doesn't Live Here Anymore.*

② *Instructions for American Servicemen in Britain* (Washington, DC: War Department, 1942).

伦敦梅菲尔区一间奢华的酒店——克拉里奇酒店，[1] 当时这家酒店相当于高级盟军军官、流离失所的欧洲贵族和志愿为战争做贡献的英美导演们聚集的俱乐部。福特到达时，已经有众多宾客出现在酒店内，包括制片人兼导演亚历山大·柯达，刚刚离开二十世纪福克斯电影公司、全身心加入军队的达里尔·扎努克，[2] 以及年轻的英国导演卡洛尔·里德——他是英国陆军电影小组里面最有才华的人之一。

此外福特还遇见了他长期以来的对手之一。威廉·惠勒抵达了第八空军总部，比福特早几个星期住进了克拉里奇酒店。惠勒很快就和柯达、里德成为朋友，并且沉醉在为一系列战争纪录片做计划当中，同时亦在等待陆军航空兵的任务。惠勒希望拍摄一部电影，记录美国空军和英国皇家空军的联合任务；此外他还计划拍摄一部关于神鹰突击队的电影，神鹰突击队是这场战争中自愿进行冲锋任务的飞行员，也是环球影片公司刚刚上映的一部电影的主角。惠勒另外两个想法尤为强烈，包括一部打算叫作《九条命》（*Nine Lives*）的电影，拍摄一场轰炸任务中的一整个美军团队；另一部叫作《菲利斯是一个堡垒》（*Phyllis Was A Fortress*）的电影，跟踪一项由美国陆军航空兵B－17轰炸机执行的飞越法国的任务，这种轰炸机被称为飞行堡垒轰炸机。[3]

惠勒的纪录片计划反映出了一个打算长期逗留在军中并且尽可能做出贡献的男人的关注点和野心。但当他到达英格兰后

---

① 约翰·福特写给玛丽·福特的信，1942 年 8 月，JFC。

② Rudy Behlmer, *Memo from Darryl F. Zanuck: The Golden Years at Twentieth Century-Fox* (New York: Grove, 1993), 63.

③ Jan Herman, *A Talent for Trouble: The Life of Hollywood's Most Acclaimed Director, William Wyler* (New York: Da Capo, 1997), 247.

他发现自己坐在克拉里奇酒店的房间里，除了等待以外无事可做。军队依然没有把他招募的人员派过来，而除了他自己随身带来的摄像机外，他需要的其他设备都在一艘行驶得极度缓慢、正在穿越北大西洋的船上。当福特隆重地抵达后，“这简直让威利疯了”，塔利·惠勒说道，“威利不知道陆军的行事方式。他 177
甚至连一台打字机都申请不到，更不用提摄像机了”。[①]

“突然，约翰·福特出现了，戴着眼镜，叼着雪茄，全副武装，”惠勒说道，“他为海军服务，而他的设备是由海军运过来的。我不知道他是怎么做到的。”他后来抱怨道，当他的设备终于抵达的时候，“其中的一半都被德军击沉了”。[②] 惠勒认为那部 35 毫米的摄像机将对他计划的纪录片起重要作用，但最终它却没能穿越大西洋；相反，他将需要依赖一部在伦敦千辛万苦地乞求租借过来的 16 毫米设备。而福特的到来也帮不上任何忙；当惠勒传话过去说他需要一些摄像机时，福特唐突地回复说自己没有一样东西可以空出来。“（福特）不喜欢威利·惠勒，”福特的长期同事威廉·克洛西尔说道，“我真的不知道（为什么）。”[③]

惠勒情绪低落。“目前伦敦的问题在于有太多美国人了，”他在给塔利写的很多封长信之一中写道，“英国人把它称作‘入侵’……晚宴邀请很少而且相隔时间很长。威士忌需要额外的费用，所以单单是邀请你来喝一杯已经是一种很有诚意的

---

① Jan Herman, *A Talent for Trouble: The Life of Hollywood's Most Acclaimed Director, William Wyler* (New York: Da Capo, 1997), 248.

② Axel Madsen, *William Wyler: The Authorized Biography* (New York: Thomas Y. Crowell, 1973), 231.

③ 威廉·克洛西尔未公布的采访内容，采访者为 Dan Ford, JFC。

表示了。”[1] 每当他有机会自己宴请一个或者两个宾客时，他都会阴郁地把自己的房间称为“惠勒的太平间”。

《忠勇之家》在伦敦的上映突然改变了他阴冷的心情。对于美国导演对他们国家和人民的描绘，英国评论家一向抱着怀疑的心态来对待，因此惠勒也没有觉得惊讶。“每当好莱坞的摄像机瞄准战争中的英国的时候，它都不免要被扭曲”，伦敦《时代周刊》的评论家鄙视道。[2] 《旁观者》则认为电影中的米尼佛一家是公认的中产阶级，他们的那种铺张奢华生活和普通英国家庭并没有相似之处，它认为电影是“对资产阶级特权的辩护”，并且谴责电影开头将英国人描述成“一群开心、无虑的人”，他们丝毫未察觉即将到来的战争，这是“亲法西斯宣传”。[3] 而当时仍在兼职写电影评论的埃里克·奈特，形容这部电影是“猪食……噢，上帝，这就是那些好莱坞家伙对于这场战争的滑稽了解！”[4]

惠勒非常确信批评家的意见毫无影响。结果是，普通的英国民众像美国人一样喜欢《忠勇之家》。到底温斯顿·丘吉尔
178 有没有对路易斯·迈尔说过“宣传的作用相当于多艘战舰”已经不重要了，比起去澄清被米高梅电影公司广泛宣传的这句话的真实性，首相有更重要的事要做，[5] 而其他人则公开表示他

① Herman, *A Talent for Trouble*, 246.

② Michael Troyan, *A Rose for Mrs. Miniver: The Life of Greer Garson* (Lexington: University Press of Kentucky, 1999), 149 – 150.

③ Clayton R. Koppes and Gregory D. Black, *Hollywood Goes to War: How Politics, Profits, and Propaganda Shaped World War II Movies* (New York: Free Press, 1987), 230.

④ Troyan, *A Rose for Mrs. Miniver*, 150.

⑤ John Douglas Eames, *The MGM Story*, 2nd revised ed. (New York: Crown, 1982), 176.

们对惠勒的赞赏：英国驻美国大使哈利法克斯勋爵给导演发了一份电报，说这部电影“以一种足以打动所有观众的方式描述了今天居住在英格兰的人们的生活。我希望这部电影能让美国公众意识到普通英国人是发生危机时的好搭档”。[①]

在伦敦，惠勒新获得的显赫声名让他的受欢迎程度甚至超越了福特。邀请信开始来得频繁，其中一封来自劳伦斯·奥利弗（Laurence Olivier）。惠勒上一次到英格兰是 1938 年，当时他设法说服这位明星出演《呼啸山庄》(*Wuthering Heights*)。这一次，是奥利弗试图说服惠勒。5 月，奥利弗加入皇家海军，成为一名飞行员——大家都说他是英国军事历史上最差的飞行员之一。在数星期的飞行课程之后（当中不止一次结尾近乎灾难，据说他摧毁了 5 架飞机），皇家海军和奥利弗达成共识，认为他最好留在陆地上为国家做出贡献。奥利弗获得了军队的批准，通过拍摄电影来为战争服务。[②] 这位演员正着手准备拍摄一部名叫《二人的冒险》（*Adventure for Two*）的普通剧情宣传片，在里面他将饰演一位俄罗斯工程师，在英国逗留期间给予了当地人温暖。但当他和惠勒会面时，他提出的却是另外一些更有野心的东西——改编莎士比亚的《亨利五世》，他认为这将激起英国人在战争期间的英勇。他确信惠勒是这项工作的最佳人选，因为他曾说过“一部宣传片不一定要充满血腥和暴力”。“别担心，”他告诉这位导演，“我了解莎士比亚，你了解如何拍电影。”[③]

---

① Lord Halifax 发给威廉·惠勒的电报，7 月 3 日，1942 年，WWUCLA。

② Donald Spoto, *Laurence Olivier: A Biography* (New York: HarperCollins, 1992), 165.

③ Herman, *A Talent for Trouble*, 237, 253.

惠勒拒绝了他的提议，他解释道，自己现在的首要任务是完成他的纪录片工作，而他非常乐意推荐福特。虽然在军队里面他们受到的对待极其不平等，但在电影行业，这位曾两度在最佳导演奖上击败他的人，至少在眼前这一刻是一名亚军。奥
179 利弗听取了惠勒的建议，在几星期后去见了福特。他得到的是另一番拒绝，福特大笑着告诉他自己没有资格导演一出莎士比亚的戏剧。[①]（在被多番拒绝后，奥利弗决定自己执导《亨利五世》，影片在第二次世界大战后于美国上映，奥利弗凭借该电影获得名誉奥斯卡奖。）

福特比惠勒更早接到要离开的命令。10 月 28 日，在克拉里奇酒店逗留 2 个月后，福特去了苏格兰并且登上了一艘驶向阿尔及尔的货船。这艘船向南行进了 2 个星期，如此太平无事的行驶甚至让福特说道，“我们可能踏上了另一场愉快的航行”。他和船上大部分英国战斗部队的士兵每天在甲板上“四处走走，晒晒太阳”。[②] 他和一行 32 人的实地摄影小组成员最终抵达了阿尔及尔，而 4 天前美国部队刚刚抵达这里并且开始向东边的突尼斯推进，在那里将会爆发最激烈的战斗。

在中途岛的时候，福特是等级极高的电影制作人。但在阿尔及尔，他发现自己仍然要向二十世纪福克斯电影公司的老上司报告。被第十三装甲团在背后嘲笑为“那个小上校”（这个称呼意指他身材矮小，同时也是 1935 年秀兰·邓波儿的一部电影的名称）的扎努克正在管理着北非的电影制作。“我难道就始终不能摆脱你吗？”在双方第一次见面时，福特兴许并非完全亲切友好地说道，“我押 1 美元赌我去天堂的时候你会在那里等

---

① Spoto, *Laurence Olivier*, 165.

② 约翰·福特口述历史，海军历史中心。

着我，拿着一块牌子，上面写着‘制作人达里尔·F. 扎努克’。”[1] 福特喜欢扎努克，但他不喜欢在这项任务中他的实地摄影小组要在通讯部的管辖下行动，而他也不是唯一对这位福克斯负责人的行为表示不喜欢的。在所有人都选择使用军队或者海军运输工具时，扎努克想方设法拥有了一辆私家车；[2] 他计划要写一本关于自己在阿尔及尔和突尼斯的经历的书，他按照自己的时间表行事，毫不掩饰自己更感兴趣于为想要制作的纪录片收集片段，而不是拍摄盟军行进的新闻短片这一事实。

福特希望尽快让他的小组成员前往前线。前线位于一个名叫布恩的港口城市附近，在阿尔及尔东边大约300英里。当扎 180
努克设法为自己和自己的团队保住运输工具时，福特则尽可能地不引人注目，尝试去认识D连的人，[3] 并且意识到他自己的行为对于平复扎努克引起的愤怒和不满于事无补。盟军成功逼迫德军撤退，虽然如此，但根据福特的回忆，“德军依然在不定时进行空袭……有时候是在我们打算离开一个港口的一个半小时后，德军飞机会飞过来摧毁整个小镇，很明显是在找我们”。福特的实地摄影小组沿着海岸移动，由一艘被人装上了马达的纵帆船带领。[4]

福特和他的团队抵达布恩后，跟随着第十三装甲军向着内陆的泰布勒拜进发，在离突尼斯20英里的地方他们遇到了一场激烈交火。D连受到德军坦克和俯冲轰炸机接连不断的密集火

---

① Darryl F. Zanuck, *Tunis Expedition* (New York: Random House, 1943), 63 - 65.

② Dan Ford, *Pappy: The Life of John Ford* (Englewood Cliffs, NJ: Prentice Hall, 1979), 177.

③ 约翰·福特口述历史，海军历史中心。

④ 约翰·福特口述历史，海军历史中心。

力攻击，而只要未到不得不躲避的时候福特就得抓紧拍摄。通过沿着海岸线一直前进，他成功超过了刚刚抵达附近小镇迈贾兹巴卜（Majae al Bab）且忧心忡忡的扎努克。“整个行程中我一直在询问约翰·福特和他战略情报局的伙伴们的消息，”扎努克在12月1日的日记中写道，“我无法对他们做出定位，虽然我成功联系上了几个通讯部的摄影师……我收集了他们拍摄的片段并且给他们提供了新胶卷……我相信福特就在这个区域附近，找不到他让我很担心。”[①]

12月3日扎努克成功到达泰布勒拜，而福特早在3天前就抵达那里了。12月6日扎努克命令福特和他的队员们撤退到安全的地方，并且换上了通讯部的摄影师。福特后来告诉詹姆斯·罗斯福，他“整整6个星期，每天24小时”在密集火力攻击下，几乎没有东西吃。[②] 这是毫无意义的夸张。但毋庸置疑的是，就如在中途岛时一样，他把自己置于险境。但这一次不会再有约翰·福特的电影了：在撤退之前，福特不得不移交他拍摄到的一切——泰布勒拜的围攻，布恩的围攻，被俘获的德国轰炸机飞行员站在自己被击落的飞机旁——给正准备飞回家制作前线纪录片的扎努克。福特由海岸巡逻队的运输船接送回美国，在扎努
181 克离开2个星期后回到家中。他在大西洋上和实地摄影小组部分成员度过了圣诞节，并且及时回到华盛顿度过新年前夜。[③]

福特极度怀疑扎努克有没有能力制作出可靠的北非行动影像记录片。卡普拉也一样，扎努克的镜头并没有给他留下深刻印象，而他也为此感到越来越沮丧，认为目前拍摄给电影观众

---

① Zanuck, *Tunis Expedition*, 125 - 126.

② 约翰·福特写给詹姆斯·罗斯福的信，1943年3月20日，JFC。

③ 约翰·福特写给詹姆斯·罗斯福的信，1943年3月20日，JFC，377。

看的关于这场战争的电影未尽如人意。卡普拉觉得，当英国人成功地通过纪录片、剧情片和诸如记录空袭的《今夜目标》（*Target for Tonight*）的混合物来震惊美国观众时，通讯部却不断被权力纠纷所阻碍——尤其是被洛厄尔·梅利特阻挠。9 月时，备受梅利特重视的项目《世界大战》上映了。这是第一部在全国公映，开场标明“美国政府出品”的电影。这部纪录片由战争信息办公室出品，把 10 年历史压缩成一部非常简短的电影，而这 10 年历史正是卡普拉打算用《我们为何而战》的 7 份剧本来讲述的。这部填鸭式的电影，如卡普拉正在做的那样，回顾了日本自入侵中国东北起的历史，以及从 1931 年到珍珠港事件期间希特勒的崛起和德军的扩张。

在过去一年里，梅利特在两种身份之间来回切换——对电影公司来说的道德监管者和按自己风格与华盛顿沟通的利益代表者。战争初期，他试图平息行业内的担忧，让他们确信战争信息办公室和相关机构会将他们的电影控制在 30 分钟以内，以便电影可以在四部制作中的好莱坞商业片之前放映，而不会取代这些商业片的位置。但对于《世界大战》，他违背了自己的指令；他让自己的部门准备了该电影的两个不同版本，一个版本时长 40 分钟，另一个版本时长 66 分钟，并且通过免费发放给影院来鼓励将后者作为一部长片在多地上映。

梅利特那种规范的、新闻报道式的纪录片获得了部分好评——《纽约时报》说它是“那种打破我们自鸣得意的情绪的电影，一部早该在 6 个月之前就制作出来的电影”，并且赞扬它那种“气势磅礴的表现方式”。[①] 但这部电影票房惨淡，很可能

① Bosley Crowther, “‘The World at War’, A Powerful Documentary Survey of the Past Decade, at Rialto”, *New York Times*, 1942 年 9 月 4 日。

因为它并未给观众带来任何关于战争的新信息，完全依赖于档
182 案资料和已有的新闻短片，而不是新拍摄的材料。无论如何，他那种类似于《我们为何而战》，但通过历史叙事方式表现的手法折磨着卡普拉。整个夏天，卡普拉亲眼看着福特因《中途岛战役》收获各种赞誉，他越来越不满于自己困在这里拍摄训练片，而他的同事们却在记录着真实的战争。

卡普拉花了近一年的时间在《我们为何而战》上，而现在，第一部《战争序章》正准备上映。10月，他和奥斯本在华盛顿为马歇尔将军放映了这部电影。在整个53分钟的放映过程中，马歇尔将军兴奋地观看着早在给予卡普拉命令之初就期待看到的东西——由动画、新闻片段、旁白（由沃尔特·休斯顿以亲切朴素的语气讲述），以及直白的语言共同组成的一场讲座，在历史课和战争号召之间很好地找到平衡。《战争序章》采用了卡普拉最早期想法中的一个——提出这场战争是那些想要自由和想要奴隶的人之间的战斗——并且将这个想法扩展成一种真诚的美国意识形态，比官方塑造的更深远。这部电影开头提到了摩西、穆罕默德、孔子和基督，然后迅速回顾华盛顿、杰弗逊、林肯、加里波第（Garibaldi）和科希丘什科等人物，再突然跳到日本、意大利和德国，给这些国家贴上邪恶标签——德国“天生的对组织化和纪律性的爱”，日本人民“对天皇的狂热崇拜”，以及导致法西斯在意大利崛起的那种“群众的随大流”，这同时也反映了卡普拉长期以来对平民暴徒的憎恨。该电影解释道，这三个国家的人民都“为同一个想法而激动。他们的领导人告诉他们，他们是超人”。

电影利用蒙太奇手法展示德军的不敬神，它拍摄下他们对教堂的摧毁，将希特勒、墨索里尼和裕仁打上“三名歹徒”的

标签，赞扬“中国和俄罗斯追求自由的人民”与英美两国共同抗战，展现“入侵的日军在宾夕法尼亚大道上行进”这样的噩梦，同时荧幕上的一座迪士尼动画画出来的广播电视塔从大西洋到太平洋广播着“谎言”这个词。《战争序章》总结起来就是，“要么我们赢，要么他们赢，”休斯顿说道，“赌注已经押下。两个世界势不两立。一个必须死亡，而另一个将会生存下 183
来。”在没有任何官方指导的情况下，依靠自己的直觉和埃里克·奈特对电影的“顽强而凶猛……如刺刀一样”的热情，①卡普拉似乎拍出了《史密斯先生到华盛顿》和《约翰·多伊》的非虚构延伸版。

《战争序章》结束后，马歇尔将军转过他的椅子，目光扫视房间寻找卡普拉。“棒极了！”他呼喊道，②“卡普拉中校，你怎么做到的？这是最美妙的东西。”③

“亲爱的——我有太多事想告诉你了，不知道要从何说起……马歇尔喜欢它！”兴致勃勃的导演给妻子写信道，“他把我叫过来说道，‘卡普拉，这真是出色。每一个士兵，每一个市民都应该看看这部电影’。我们聊了将近 15 分钟……第二天（陆军部部长）史汀生来了！他带来了他的妻子……这部电影让他们震惊。他们是一个难关。看完电影之后史汀生从椅子上站起来，一路穿过房间（走）到我跟前和我握手，告诉我这部电影有多好……现在华盛顿的人都知道了……而且还初步安排于星期二在白宫进行一场放映！……我有点眩晕了。”④

---

① 埃里克·奈特写给弗兰克·卡普拉的信，1942 年 4 月 15 日，FCA。

② Forrest C. Pogue, *George C. Marshall: Organizer of Victory* (New York: Viking, 1973), 473.

③ 弗雷德里克·奥斯本写给露西尔·卡普拉的信，1942 年 10 月 23 日，FCA。

④ 弗兰克·卡普拉写给露西尔·卡普拉的信，1942 年 10 月 25 日，FCA。

卡普拉把马歇尔那句“每一位平民都应该看看这部电影”放在了心上。虽然《战争序章》本意是为军人而拍，但他开始设想在剧院的放映，并且带着一份拷贝去好莱坞，在那里他把它拿给电影业的同事们看，并且开始为奥斯卡最佳纪录片提名进行游说活动。

觉得受到威胁的梅利特愤怒地做出回应。他写了一张便条给罗斯福，说这部电影“在某些方面是一部糟糕的电影，甚至可能是一部危险的电影”，并且还说道，“它会在军队或者平民中引起焦虑和病态兴奋，这虽然可能对赢得战争有帮助，但我对此表示怀疑”，在停战协议后“它并不能对于建造一个稳健社会起到作用”。[①] 梅利特对于有关一战的词汇的引用反映了一种看法，就是这场战争可能会以停战的方式结束，而不是盟军的胜利，这也很可能是他对于会燃起美国人反德和反日情绪的电影表示厌恶的原因。但由于《世界大战》和《战争序章》基本上用相同的口吻讲述相同的材料，所以他的反对很明显并不真诚。

梅利特真正的动机可能在一封他此后写给美国电影艺术与
184 科学学院的电报中有更真实的反映。学院想为其成员安排一场《战争序章》的放映，梅利特就此事尖刻地回应道，“我很感激卡普拉中校在学院里面的朋友的好意，但我真诚地建议他们先克制一下以免让卡普拉和其他才华横溢的导演难堪。他们加入了军队，却将自己目前作为士兵的任务和他们的私人职业混为一谈”。[②] 福特的《中途岛战役》丝毫没有战争信息办公室的贡

---

① 洛厄尔·梅利特写给 Franklin Delanao Roosevelt 的信，1942 年 11 月 9 日，梅利特文件，战争信息办公室记录，NA。

② 洛厄尔·梅利特发给美国电影艺术与科学学院的电报，1942 年 11 月 9 日，梅利特文件，战争信息办公室记录，NA。

献，而扎努克得到批准可以拍摄北非行动的电影，对此梅利特觉得自己受到了冒犯。卡普拉绕过他的批准行事是压垮骆驼的最后一根稻草。“这已经是第三次了，一个好莱坞导演穿上军装，花着政府的钱，搞出来一个彻头彻尾的好莱坞产品而全面躲开了战争信息办公室的监管，”他抱怨道，“我讨厌要花这么多时间和这些小子过招。”① 他的评论激怒了卡普拉和奥斯本将军，导致奥斯本将军写信给梅利特，告诉他他质疑了导演的人格，需要对此道歉。②

奥斯本让卡普拉不要发怒，他承认道：“我不知道洛厄尔·梅利特在想什么。”③ 但梅利特并没有退让，甚至对电影院拥有者们的担忧加以利用，他们担心政府会尝试控制战争期间的电影放映安排。在信中，梅利特阴沉地暗示，如果卡普拉的电影得到在电影院上映的许可，军队很可能会觉得自己可以随意强迫他们定期放映宣传片。卡普拉反击道，梅利特和战争信息办公室根本不应该拍摄电影。“我并不特别反对他们拍摄半宣传电影和信息片，但那样的话我们就不应该也拍那些”，他补充道，梅利特的办公室削弱了通讯部的作用，因为它紧握着所有最好的片子不放，让卡普拉“恳求、讨要和偷窃可以获得的片段。如果我们之间没有一个清晰的责任界定，我们将不断为相同的材料进行争夺”，卡普拉警告道，“而且一定会……给出不相关的观点”。④

① Koppes 和 Black, *Hollywood Goes to War*, 122 - 123.

② Joseph McBride, *Frank Capra*: *The Catastrophe of Success* (New York: Simon & Schuster, 1992; revised 2000), 476.

③ 弗雷德里克·奥斯本写给弗兰克·卡普拉的信，1942 年 11 月 26 日，FCA。

④ Tony Aldgate, “Mr. Capra Goes to War: Frank Capra, the British Army Film Unit, and Anglo-American Travails in the Production of ‘Tunisian Victory,’” Historical Journal of Film, Radio and Television 11, *no.* 1 (1991).

随着 1942 年接近尾声，这两个男人依然处于僵局中。卡普拉得到了在学院的放映，但梅利特依然阻止电影在全国上映。虽然如此，得知《战争序章》现在也向所有新入伍的士兵播
185 放，卡普拉感受到了些许安慰，这些士兵从 10 月开始就吵嚷着要看这部电影。而参与合写这部电影并且给这部电影塑造出一种强硬风格的奈特则极为激动。他依然在华盛顿那座冷却塔里面的临时办公室中工作，为《我们为何而战》接下来几部的剧本做最后的修改，而卡普拉则留在加利福尼亚。每一次《战争序章》在首都放映，奈特就会告诉他，“每次的现场反应都一样：美国所有人都应该看这部电影”。奈特也承认，由于电影中用到的激励手法，看完这部电影之后，“我担心士兵会觉得他需要战胜世界上每一个德国人和日本人才能取得胜利”。他还为他的信加上了一个让人意外的附言——这位约克郡出生的加拿大老兵在 45 岁的时候成为一个美国公民——“你知道吗？我现在是一个美国人了，”他写道，“我没有办法再说‘那就是我们烧毁的白宫’了。现在每次回家我都说，‘这是我们那座被英国混蛋军人烧毁的白宫’。”[①] 公民身份使奈特进行军事出差时更加方便。6 个星期之后，在去摩洛哥的卡萨布兰卡会议途中，他乘坐的飞机坠毁了，原因极有可能是被德军一艘潜艇的高射炮击中。[②] 机上 35 名乘客全部死亡。罗斯福、丘吉尔和戴高乐准备在这个会议上决定盟军在欧洲的下一阶段战略。

---

① 埃里克·奈特写给弗兰克·卡普拉的信，1942 年 11 月 21 日，FCA。

② Charles Hurd, “Eric Knight Victim; Author Among Group of 26 Specialists and 9 in Crew to Die,” *New York Times*, 1943 年 1 月 22 日。

12 “迎击或者逃避结果可能都一样”

阿留申群岛、好莱坞、华盛顿、北非，1942年9月～1943年5月

约翰·休斯顿的人生中尚未有任何经验可以为他在阿留申 186
群岛的生活做准备，更不用提他接受的那一点点军事训练。他在1942年9月中旬离开艾德克岛，那也是《越洋记》——那部他未能在入伍之前完成的亨弗莱·鲍嘉的侦探惊悚片——在纽约上映的一个星期前。他像他准备所有故事片时那样有条不紊，准确无误地准备他的第一个主要战时任务。在方格纸和差额表上，他用小而清晰的字迹记录着即将拍摄的纪录片所需要的东西（“基斯卡岛的航拍照片”“战术地图”“得到那些被授予勋章的人的名字”），清单旁是他借以度过这个白令海上难熬秋天的东西——“盥洗物品”“酒精”“烟草”“金条”和“每人两套的厚睡衣”。作为一名出色的绘图员，他还用蓝黑色的钢笔在笔记本上涂鸦故事板：俯拍军官和飞行员在一张桌子旁研究作战计划；同一群人的另一个画面，这一次拍摄其中一个军官的一只手放在地图一角，从军官的身体和他的手之间的间隙找角 187
度。“通过这些镜头，”休斯顿在一张写给自己的便条中写道，“解释了在每一项任务背后，军官们是如何制订战略计划的（原文如此）。”

休斯顿终于上战场了。但他并不指望那个荒凉单调的地方会欢迎他的到来。休斯顿一边研究新住处，一边开始列出一个

详尽的、想象性的列表，描绘出他想要的每一个镜头，并且粗略地写出一个实验性的剧本，上面写满他想展示的图像和相关的旁白。[1] 他在脑海里构思的这部电影，类似于严肃的英国纪录片，伴有轻快的旁白来描述策略、计划和空袭的实施。但他想象中的景象与眼前这片贫瘠荒芜、刺骨寒冷的寂静的地方没有任何相似之处。休斯顿和他的团队距离被日军占领的岛屿基斯卡岛大约 500 英里——“比世界上任何一块美国领土都更接近敌人”，休斯顿写道，[2] 可是同时距离又是如此之远，以至于逗留在那里的第一个星期，军官们都非常确定日军对他们的存在毫不知情。他形容阿留申群岛有一种“怪异的美——蜿蜒的山脉覆盖着一层薄雾……1500 英里之内没有一棵树，甚至连类似于树的东西也没有”，晴朗的天空会在一分钟之内就被阴冷浓重的雾所覆盖。这种美对他来说充满神秘感，没有任何迹象让这里看起来像战争前线。

艾德克岛上的一切似乎都是临时的。轰炸机指挥部和战斗机指挥部的高级官员们住在一种由带有波纹的钢和胶合板制成外壳的半圆形活动房里，这种房屋从战争开始时就已经在使用了。而包括休斯顿和他的五人团队在内的普通士兵则住在沿海边散落分布的帆布帐篷内。岛上有一条由海军工程营铺成的飞机跑道，两边的矮山中全部是错落的高炮掩护部。有消息称日军将在 10 月——休斯顿为期 45 天的任务即将结束之时——发
188 起一次空中袭击，试图夺回基斯卡岛和阿图岛，但似乎没有人

① 来自 478 号文件的未标注日期的笔记本、草图、笔记和备忘录，JHC。

② 除了特别标注外，本章所有来自休斯顿的关于他在艾德克岛的经历的引用和回忆均来自他的自传《一本公开的书》（New York：Alfred A. Knopf，1980，88 –96）。

急于弄清楚日军的具体计划。持续不散的浓雾造成休斯顿所说的“世界上最差的飞行环境”，军队打算使用的 B－24 轰炸机也存在问题：虽然它们可以进行这项任务要求的长距离飞行，但在硬着陆的过程中很可能会断开，而大容量燃料箱所处的位置使它们比在欧洲使用的 B－17 飞行堡垒轰炸机更容易着火。

在艾德克岛生活了几个星期后，他意识到自己这部电影很可能是枯燥和敬畏的独特混合体，这也是这个基地的特点——那种预期，那些平凡的琐事，那一个个等待着太阳下山的平静下午，那样的无精打采（“每一天都是星期天”，他在一份早期剧本上潦草地写道），[①] 这一切都可能被一个要求他们停止聊天或者打牌，登上飞机去基斯卡岛或者阿图岛上空进行飞行演习的命令所打断。

一天，当休斯顿在飞机跑道上散步的时候，他突然听到了陌生的引擎声。他抬头发现一架零式战斗机在头顶上空 500 英尺的地方进行侦察任务。日军现在知道美军在那里了，自那之后，重夺这些岛屿的计划有必要加快了，而休斯顿也开始强烈地感觉到，他把自己想象成流浪士兵的浪漫想法可能要受到没那么美好的现实的考验了。首先，无论从所受的训练还是天赋来说，他都不是一名摄影师——“我单独拍摄的影片没有一帧效果是可以的”，他写道。这意味着他要极大地依赖自己团队的成员。离开艾德克岛之前，他曾向备受尊敬的摄影师黄宗沾（James Wong Howe）咨询过他需要什么类型的制作团队。黄宗沾极其希望加入福特的实地摄影小组，可惜虽然他已经在美国

---

① 陆军部写给约翰·休斯顿的备忘条，1943 年 3 月 11 日，夹在剧本中，477 号文件，JHC。

生活了40年，但作为中国人他还是不符合加入的条件。[1] 一心想帮忙的他最后为很多好莱坞导演提供过关于怎样在困难的战争条件下拍摄的建议；他告诉休斯顿要申请三名摄影师，并且留意那些可以“同时作为灯光、领班、电工和摄影助理”的人，“这是到时候的四大刚需”。[2]

休斯顿得到可以带五个人的许可，其中有一位名叫雷伊·斯科德（Rey Scott）的摄影师，曾在1941年写过并且制作了一部正
189 片长度的纪录片《苦干：中国不可战胜的秘密》（“*Kukan*”: *The Battle Cry of China*），讲述了1940年日本对中国的攻击。斯科德设法从英格兰的《每日电讯报》那里获得了这个任务，从香港一路来到重庆，站在重庆美国领事馆的屋顶上，拍摄200吨日军炸弹落在他身边这座城市上的画面。他的努力为他赢得了奥斯卡特别奖，因其“在最困难和危险的情况下”完成拍摄。现在他已经成了一名中尉，是休斯顿在艾德克岛的左右手。休斯顿充满仰慕地形容他，“一个他妈的一无是处的流氓”和一个“疯狂的狗娘养的——一个渴望被射中的摄影师”。[3] 身材魁梧、留着胡须、常常喝醉，按休斯顿所说的，斯科德“完全不注意外形，而且不会特别在意权力”。他还是大家所说的那样无所畏惧，曾在6天内进行了9次飞行任务。[4]

不会再有更糟糕的拍摄纪录片的条件了。休斯顿亲自带

---

① Sott Eyman, *Print the Legend*: *The Life and Times of John Ford* (New York: Simon & Schuster, 1999), 252 - 253.

② 约翰·休斯顿写给将军 James Landrum 的备忘条，1942年11月9日，478号文件，JHC。

③ Peter S. Greenberg 对约翰·休斯顿的采访，*Rolling Stone*，1981年2月9日，重印于 Robert Emmet Long, ed., *John Huston Interviews* (Jackson: University Press of Mississippi, 2001), 115 - 116。

④ Scott Hammen, “At War with the Army,” *Film Comment*, 1980年3月/4月。

来的柯达彩色胶卷需要一定的光线条件，而这正是阿留申群岛所稀缺的。此外，虽然对冒险一直颇有兴趣，休斯顿此次却发现了这项工作的可怕之处。他过于认真地对待自己的角色了：他觉得军队不只要求他充当一名宣传者，而且要求他饰演一名战地通讯员，逃避任何能获取信息的机会都会构成失职，所以他从来不拒绝任何一次在 B－24 战斗机上的飞行任务。但他很快意识到他出现在飞机上是一个坏的征兆。“每次我跟着他们，”他回忆道，“该死的，糟糕的事情总会发生，而我也被当作带来不幸的人。炸弹出问题，人们会在我下方中枪。”①

休斯顿第一次跟随任务出动时，任务被中止了。由于找不到尾炮炮手，飞机延迟起飞，然后由于燃料储备不足没有办法跟上其他轰炸机，又被命令在距离基斯卡岛 100 英里的地方返回。当它在一个乌云密布的风雨天降落到艾德克岛机场跑道上时，飞机的制动器被冻住了，B－24 轰炸机呼啸着在跑道上滑行，切断了另两架飞机的机翼，在一片田地上急刹停下，飞机上依然满载着炮弹。“我的天！我们要赶在炸弹爆炸之前离开这里！”有人大声喊着。休斯顿跟着机组成员往机上唯一未被卡死
的门跑去。休斯顿小心摸索着前进，尝试拍摄地面救援队的人 190
设法把陷入无意识状态的飞行员和副驾驶员带离飞机的画面。然后，他回忆道，“我开始不受控制地颤抖。我把摄像机放下后立刻跑开了”。在第二次飞行任务中，休斯顿搭乘一架 B－24 轰炸机，在飞机中央一名腰部炮手的肩膀上拍摄一架零式战斗机的时候，这架战斗机突然开火击中士兵，士兵倒在休斯顿脚边死

① Greenberg 对约翰·休斯顿的采访，在 Long, ed., *John Huston Interview*, 115－116。

去，而他装上摄像机后，忘记要先用完“片头”——在未曝光的胶卷前面那些开头部分——因此一帧图像也没有捕捉到。①

每次雷伊·斯科德坐上一架飞机执行任务时，他都会冷静地把他的手表、保险单以及一封写在夹板上的指示信放在衣服旁边，总是假设自己一去不返。和福特在中途岛时一样，休斯顿被身边那些人表现出来的漠不关心震撼了。有一次他亲耳听见指挥阿留申群岛轰炸任务的上校威廉·厄尔克森（William Eareckson）对他的飞行员说，如果他们受到零式战斗机的攻击，逃避毫无意义。“轮到你的时候，留在那里，”他告诉他的士兵们，“迎击或者逃避结果可能都一样。如果有人拉你的衣襟，你向四周环顾，发现一个有着白色胡须的男人，很好，你从此再没烦恼了。”②

休斯顿原本计划在艾德克岛停留 45 天，结果变成了 2 个月，然后是 3 个月、4 个月，他发现自己“陷入了高度紧张”之中。有一晚当他和他的团队在帐篷里睡觉的时候，突然被一阵爆炸声惊醒，随之而来的是三声刺耳的枪响——军队“准备击退日军登陆”的信号。深信他们将要和日本帝国海军进行正面战斗，休斯顿军人跑到早已挖好的壕沟中等待了 90 分钟，直到解除警报的信号响起，才回到自己的帐篷中，尝试冷静下来去休息。同样的警报在接下来的一晚又响起了，然后在第二晚、第三晚。“警报发出的雷鸣般的响声让地面震动、乌鸦腾飞，”炸弹在远方落下时他在自己日记上写道，“很快地面就会被仇恨点燃。”③ 12 月下

---

① Huston, *An Open Book*, 89 –90, 92.

② 休斯顿在 *The Men Who Made the Movies* 中的采访，系列纪录片（1973）。

③ Lawrence Grobel, *The Hustons: The Life and Times of a Hollywood Dynasty*, updated ed. (New York: Cooper Square, 2000), 236.

旬，休斯顿觉得自己已经拍到足够多的片段了。基斯卡岛和阿图岛依然在日军手中，没有人知道什么时候，甚至是否要把它 191
们夺回来。他申请离开 30 天并且得到了批准，在这段时间内他会回到好莱坞，探望家人，并且开始制作一部纪录片。登上“格兰特”号的时候休斯顿明显松了一口气，他一路上经过科迪亚克，然后是安克雷奇，之后是育空的怀特霍斯、乔治王子城、温哥华、西雅图，最后到达好莱坞。

回到家中，休斯顿终于可以好好放松一下。由于阿留申群岛那边的行动似乎没有什么进展，军队也不特别要求他尽快完成电影的制作，调查员也不再监视他的一举一动了。在休斯顿毫不知情的情况下，军队在他留在艾德克岛期间对他可疑的共产主义倾向进行了调查，派出军事调查员询问他在华纳兄弟电影公司的朋友、同事和上司。和好莱坞很多人一样，休斯顿之所以被调查是因为在 20 世纪 30 年代，他曾加入由美国共产党创办的美国作家联盟，意在支持西班牙共和国；他同时也是援助俄罗斯国家基金筹集活动的赞助者之一。没有人知道是谁导致了这次调查，但当询问到休斯顿在军队的直属上司时，这次调查就戛然而止了。上校施洛斯伯格虽然不赞同好莱坞导演加入军队，但他在最终报告中驳回了对休斯顿的相关质疑，他写道：“他对美国的忠诚和正直毋庸置疑……休斯顿上尉与纳粹、法西斯或者共产主义没有任何联系。”虽然休斯顿对美国的忠诚不再受到质疑了，但他优先考虑的事备受讨论。他的一位同事形容他“除了电影事业之外丝毫不关心也不谈及其他事”，而且“以自我为中心”。[①] 施洛斯伯格的报告建议不要给予他“可

① Jeffrey Meyers, *John Huston: Courage and Art* (New York: Crown Archetype, 2011), 96 - 97.

以接触到机密信息”的任务，在阿留申群岛期间“要保持对他的关注”。[①] 无论如何，自休斯顿从艾德克岛回来后，军队停止了在战争期间对他的调查。

在加利福尼亚的时候，休斯顿终于有时间陪在父亲身旁，他的父亲刚刚在托兰德的《12 月 7 日》中扮演了“山姆大叔”这一角色，并且为卡普拉办公室的众多宣传片和信息片承担了大量的旁白工作。约翰告诉父亲，他希望《来自阿留申群岛的报告》（*Report from the Aleutians*）完成剪辑后，父亲
192 可以为他的电影配旁白，此外他还花了一些时间在卡普拉的福克斯堡里面处理电影。30 天假期结束后，休斯顿转移到西海岸，军队在皇后区的阿斯托利亚制片厂为他们的电影制作人租了场地。

休斯顿依然和莱斯利·布莱克保持婚姻关系，同时与奥莉薇·黛·哈佛兰保持关系，但这都无碍于他再寻找一段新的浪漫感情。在纽约，他迅速恋上一位名叫玛丽埃塔·菲兹杰拉德［Marietta Fitzgerald，后来更为人熟知的名字是玛丽埃塔·特里（Marietta Tree）］的年轻漂亮的已婚名流。两人在“21”餐厅一场由剧作家西德尼·金斯利举办的晚宴上相识，菲兹杰拉德因为在休斯顿面前晕倒而给后者留下了深刻的印象。菲兹杰拉德的丈夫远在战场上，而他们之间的关系一开始也仅保持着纯精神上的爱慕。“那段时间非常浪漫，他有一种迷人的魅力，”她告诉休斯顿的传记记者劳伦斯·格罗贝尔（Lawrence Grobel），“约翰的外表如此引人注意和让人兴奋。他说的每一件事都很令人惊奇，而且非常有趣。我被他渊博的知识深深吸

---

① Jeffrey Meyers, *John Huston*: *Courage and Art* (New York: Crown Archetype, 2011), 96 - 97.

引……他身上没有任何浅薄或者表面的东西。”[①]

休斯顿迫不及待要离开洛杉矶了。演员、经纪人和经理们满场飞的派对不久前还是他社交生活的中心，现在却令他备感陌生。“刚刚和真正的英雄们合作完回来，”他写道，“我实在没有心情忍受这些银幕前的浮华”。[②] 纽约看起来更有活力，更多样化，有一种令人愉悦的混乱感。在一次曼哈顿酒吧大冒险中，他前一晚发现自己身边的人是 H. L. 门肯（H. L. Mencken），后一晚变成罗伯特·弗拉哈迪（Robert Flaherty）。而阿斯托利亚的军事摄影中心——他于 1943 年年初在那里完成了《来自阿留申群岛的报告》的大部分工作——则如他所写的那样，“多姿多彩，至少可以这样说”，那里设备齐全，管理轻松，包括威廉·萨洛扬（William Saroyan）、克利福德·奥德茨（Clifford Odets）和布吉斯·梅迪斯（Burgess Meredith）在内的众多天才都在那里为不同的项目辛苦工作。休斯顿喜欢他在那里的短暂时光，并且认为在那里一起工作的人的出色程度超过和他在好莱坞合作的“大多数好莱坞专业人士”。[③]

他那无所畏惧的艾德克岛摄影师雷伊·斯科德，最终也会来到军事摄影中心。同样来到这里的还有欧文·肖，现在他是一名一等兵，但依然在摄影小组寻找着自己的位置。他被军队派到东边，作为卡普拉团队的一员，需要在纽约和华盛顿之间 193
为各种短期任务来来往往，但他几乎没能躲过各种麻烦。有一晚他在一间酒店的私人宴会厅入口，准备给阻碍他入内的管家一记耳光。肖觉得自己不被允许入内是因为反犹太主义，而就

① Grobel, *The Hustons*, 238.

② Huston, *An Open Book*, 96.

③ Huston, *An Open Book*, 102.

在他几乎要和一位平民打一架的时候——这可能会使这位士兵被送上军事法庭——一位和家人一同来吃饭的少校看到了这一切并冲了过来。他让肖冷静下来，向他解释他被拒之门外并非因为他是一名犹太人，而是因为级别问题：这家酒店的餐厅只允许军官就餐。①

那晚把肖从麻烦里拉出来的少校正是乔治·史蒂文斯，而他冷静从容之下的威严给这位性急的年轻作家留下了深刻的印象。肖看见史蒂文斯穿着军服很受触动，一如几个月前看见惠勒参军一样。“这些人早已过了参军年龄，而且都是和平主义者，”他回忆道，“虽然在和公司负责人交接时可能不是和平主义者……但他们都是非常开明的人，在和平主义理念的影响下成长。他们一个接一个地放弃了非常挣钱且备受尊敬的工作，一心加入军队。他们任凭军队随意安排，即使他们知道……在军队中是不可能拍摄出伟大的电影的，因为军队需要的是能帮助赢得战争的宣传电影，（而）宣传电影不可能是一部伟大的电影。”②

相比起其他比他早加入战争的好莱坞导演来说，史蒂文斯可能并没那么急于拍摄“伟大的电影”，他只是单纯地觉得兴奋，想快点开始服役，并且依然不知道自己能做什么。1942 年秋天，他拍摄了在哥伦比亚电影公司的最后一部电影《房东小姐》（*The More the Merrier*）。由于他三部电影的主角和永远的第一人选加里·格兰特当时没有档期，史蒂文斯转而和乔尔·麦克雷以及琪恩·亚瑟搭档，结果成就了那个年代最复杂、精致、

---

① Marilyn Ann Moss, *Giant: George Stevens, a Life on Film* (Madison: University of Wisconsin Press, 2004), 103.

② 欧文·肖的采访，67 号文件，Filmmaker's Journey Collection, Margaret Herrick Library。

令人陶醉的浪漫喜剧之一。电影的背景被设定在华盛顿，但尽可能地不提到战时头条：大量的士兵于珍珠港事件之后几个月被安排到华盛顿居住，导致该地区突然面临严重的住房短缺。 194
与现实不同，电影中的华盛顿是一座满是年轻的“政府女孩”和短暂停留的吵闹美国士兵的城市，史蒂文斯借用这个半现实背景制作出了一个浪漫的童话故事。在电影中，亚瑟饰演年轻的姑娘康妮，她把自己公寓的一半租给慈祥的退休老人丁格尔［由有趣的演员查尔斯·科本（Charles Coburn）饰］，而丁格尔又把他那一半的一半租给帅气的年轻小伙乔（麦克雷饰），乔暂时滞留在华盛顿等待他那模糊的命令（他会“到任何他们——政府——派我去的地方”）。

拍摄《房东小姐》时史蒂文斯目的明确且放松，就像是终于得到了想要的东西，但这部电影几乎让参与制作的每个人都感到极其焦虑。他们就算不是全然惊恐，看起来也不知所措。这部电影充满滑稽的把戏，而剧本又如此与时俱进，不仅提到了住房短缺，还包括了太平洋战争的最新消息（“噢，吉米·杜立德飞过了海面，他想紧追着日本人打”，丁格尔一度唱道）。麦克雷，一个毫无拍摄成人喜剧经验的西方小演员，在第一天排练后要求他的经理人带他离开，剧组最后不得不找人说服他回来。① 哈利·科恩担心电影会表达出对军队人员的轻视；史蒂文斯不得不向他保证，一群陆军妇女队聚在华盛顿酒吧玩乐的场景里面不会出现任何穿军装的人。② 管理《电影制片法

---

① Robert Hughes 对乔治·史蒂文斯的采访，未经编辑的版本，1967 年，3677 号文件，GSC。

② 乔治·史蒂文斯写给哈利·科恩的备忘录，11 月 10 日，1942 年，2723 号文件，GSC。

典》的布林办公室对电影的影射非常不满，包括其中表现的众多床铺挤在极其狭窄的地方，以及对华盛顿那种“八个女孩一个小伙”的氛围的描述。“我们认为非常有必要给这些床铺留几英寸，与那块隔开两间房间的薄隔墙保持一点距离，”布林警告道，“这一点非常重要。”另外，布林还建议“减少甚至删掉部分‘浴室的插科打诨’……乔只穿着 BVD 内裤的画面实在不能接受。他应该一直穿着浴袍”。[①]《电影制片法典》办公室还坚持剧本需要通过 FBI 的批准，因为对话中提到了该机构（这一点获得了 J. 埃德加·胡佛的亲自审批）。[②] 布林还要求删除那句“该死的鱼雷，全速前进!”不过这个要求太呆板了，科恩觉得完全可以忽略。科恩甚至不知道电影叫什么名称才好，
195 哥伦比亚电影公司甚至提供了 50 美元的储蓄债券，用来奖励任何一个能想出电影名称的公司雇员（考虑过的电影名包括《爱国也是爱》《来一个，全部来》）。[③]

史蒂文斯丝毫没有受到这些问题的影响。他带着谨慎和优雅工作，尤其在塑造麦克雷和亚瑟之间那种温柔、成熟和色情的关系时，他没有让剧组受到他那标志性的拖延和沉默的影响，也没有徘徊。1943 年 1 月他把电影剪好，在观众面前试映过两次，之后再没有看一眼，直接收拾好行李；从科恩明显的悲痛可以看出来，他的合同完成了。[④] 而科恩还没有做好放手的准

---

① 约瑟夫·布林写给哈利·科恩的信件，9 月 10 日，1942 年，2723 号文件，GSC。

② 胡佛写给哈利·科恩的信，9 月 18 日，1942 年，2723 号文件，GSC。

③ Duncan Cassell 的备忘录，10 月 16 日，1942 年，以及 Audience Research Institute 的报告，11 月 30 日，1942 年，2721 号文件，GSC。

④ Paul Cronin, ed., *George Stevens Interviews* (Jackson: University Press of Mississippi, 2004), 112.

备：“乔治·史蒂文斯准备在周末离开哥伦比亚，投身到为国家的服务中去”，他在一张备忘录中写道，当中同时表现出仰慕和失望。之后他还充满希望地补充道，“无论你把史蒂文斯的办公室安排给谁，他都必须明白，当史蒂文斯回来的时候，他必须把办公室重新腾出来”。[①]

经过一年的准备，史蒂文斯突然从导演变成少校。他的儿子回忆道，“有一天他回家告诉我妈妈，‘我加入了军队’”。[②] 1月6日，卡普拉办公室给史蒂文斯所属的位于北好莱坞的征兵局寄了一封信解释道，他将会“被陆军部的特别行动分队无限期地派送到美国大陆以外的地方执行任务”。[③] 史蒂文斯在两天之后收到了他的信。“显然我完全不知道我还会不会重新过起拍摄电影这种生活，”他说道，“每个人都跟我说，谁知道呢，他们说这可能是我生命的终结。”[④]

史蒂文斯似乎比其他导演更能接受这个可能性。38岁的他认为自己已经完成一段辉煌的电影生涯并且“退休”了，而现在他进入了生活的另一个阶段。2月，他打包好自己的军服，带上他能够带的柯达胶卷，和家人一起来到纽约为离别做准备。他带着小乔治到处观光，把自己的相关法律权利移交给他的妻子伊冯娜。[⑤] 然后他到华盛顿和卡普拉进行了短暂的报告，再乘坐环

---

① Moss, *Giant*, 100.

② 小乔治·史蒂文斯在纪录片 *George Stevens in World War II* 中的采访，收录在《安妮少女日记》（*the Diary of Anne Frank*）二十世纪福克斯50周年纪念版DVD中。

③ 弗兰克·卡普拉写给第179号征兵局的信，北好莱坞，1月6日，1943年，FCA。

④ 乔治·史蒂文斯在1964年接受的采访，在 Cronin, ed., *George Stevens Interviews*, 39-40。

⑤ 律师文件，2月22日，1943年，3806号文件，GSC。

球航空公司的航班回到纽约，向妻子和儿子做最后的道别。[①]

史蒂文斯一家已经开始调整生活以适应军事家庭那种精简的生活了：他们在华尔道夫－阿斯托里亚的房间是军队批准的，
196 专门准备给军官的，那种一晚只需要支付5美元的小小的房间。史蒂文斯接受了疫苗注射，但就在开始服役前一两天生病了。几个星期之内，他的肺炎由于受到慢性哮喘的影响，严重到他不得不在纽约上湾总督岛的杰堡住院，并在那里进行了紧急的阑尾切除手术，之后留院观察了几个星期。整个3月，史蒂文斯和他的家人都徘徊在一种远离加州的不稳定状态——伊冯娜和小乔治在纽约酒店的房间里，史蒂文斯在医院的病床上。到他康复出院时已经快到4月了。[②]

史蒂文斯和家人乘坐火车回到华盛顿，在那里遇见了他在军队的上司——上校莱曼·曼森和依然在制作那部纪录片的达里尔·扎努克，三人就关于派遣他到北非的任务进行了讨论。之后他还有时间和小乔治一起享受棒球赛季的开幕日。但5天之后，在复活节当天，"分别终于到来了"，他在日记中写道。"一早起来和我亲爱的家人共享了早餐。我们都觉得相当沮丧……吻别我亲爱的小男孩和小妻子时，我做了很大努力才让自己不至于流泪。我很开心能拥有他们两个，他们都如此美好，拥有他们是我的幸运。可以回到他们身边的时候我一定会非常开心。"[③]

---

① 乔治·史蒂文斯的15号笔记本，2月22日，1943年，GSC。

② 史蒂文斯当时的笔记本，George Stevens Collection 的第15号，显示他在1943年2月25号回到纽约城，在3月初生病，在1943年3月11日入院，1943年3月28日从杰堡康复出院，于1943年4月6日和家人一起来到华盛顿。

③ 乔治·史蒂文斯的15号笔记本，1943年4月7日，1943年4月20日，1943年4月25日的记录，GSC。

接下来的一个星期是史蒂文斯经历过的最令他错乱的一周了。在一些极其模糊的指令下，他开始外出执行任务，而每次乘坐军事运输设备准备踏上下一段旅程时，他都发现自己又陷入另一种陌生。他一路从华盛顿飞到迈阿密，到英属圭亚那，之后到巴西，然后是尼日利亚，在那里他抵达了迈杜古里一个闷热的军事驻防区，把东西放在一个临时的简易工棚里，但依然不知道他到这里来要做什么。“几乎每个人都病了”，他写道，“我们在兵营门边的门廊睡觉。”他汗流浃背地在蚊帐中入睡，然后又被冻醒去找被子。[①] 第二天，他又回到一辆军事越野车中，向东边的喀土穆前进。他和他的团队在那里抓紧时间打了一个小盹——他们几乎不再知道时间——然后在凌晨1∶15被叫醒，拿到了分发的早餐，之后开车到了一条飞机跑道上。“我们在黑暗中一直飞行，一直到尼罗河河谷”，他写道。他们被黑暗围绕，身体倚靠着金属机身，一直颤抖到早上 5 点，终于看到太阳出来了。飞机遇到气流颠簸，他们努力不吐出来。[②]

他们最终抵达开罗，在那里史蒂文斯意外地重遇好莱坞，这个现在看来是隔了好几个世界的好莱坞。他被带到一个圆形露天剧场，在那里，成百上千个渴望着哪怕一丁点娱乐或者家的感觉的美国士兵在观看两年前的一部二十世纪福克斯电影公司出品的惊悚片《醒时尖叫》（*I Wake Up Screaming*），该电影由年轻的女明星贝蒂·格拉布尔（Betty Grable）主演，她的海报让她成为军队士兵们的最爱。“那是一部你会选择避开的电影，”史蒂文斯说道，“那真的不是我喜欢的。但我和 2 万名士兵坐在那里，而我竟然看到了耶稣受难复活剧！……这里面有

---

① 乔治·史蒂文斯的 1 号笔记本，1943 年 5 月 5 日，GSC。

② 乔治·史蒂文斯的 1 号笔记本，1943 年 5 月 7 日，GSC。

一个好女孩和坏女孩，还有一个外国小伙子，你猜怎样——那个坏女孩一路赢了下去。贝蒂·格拉布尔是那个好女孩，她耀眼而可爱，是所有美国士兵的梦想。”电影的每一个瞬间，史蒂文斯回忆道，“给每一个人带来的冲击”都比制作人预想的“要大 50 倍”。没有了家乡生活那种简单日子——约会、晚上外出、冷饮柜、一个吻——这些男人通过史蒂文斯一直急于脱离的那种东西得到了他所说的“宣泄”。“那之后我觉得自己更像一个人了”，他说道。[①]

但第二天他又启程了，这一次要去的黎波里，然后是班加西，在那里他看见的唯一和战争有关的东西是一个用粉笔在混凝土上画的“希特勒是混蛋”的涂鸦。[②] 他知道他们正慢慢接近执行行动的地方，因为他和他的团队在飞往阿尔及利亚的时候都有护航，先是到康斯坦丁，然后是阿尔及尔。他到达的那天，在离开华盛顿的两个多星期后，《房东小姐》在 4000 英里外的纽约上映。《时代周刊》称它“是一部睿智、开明的关于战时状况的（喜剧），一切归功于导演乔治·史蒂文斯（现在是一名陆军少校），这是他最后一部作为平民拍摄的电影”。[③]

史蒂文斯终于到达他想到的地方了——他准备拍摄北非的
198 行动，盟军已经成功行进了 6 个月，迫使轴心国力量一路撤退至意大利。他走下飞机，来到已经成为行动指挥中心的城市阿尔及尔，结果却意外发现自己处于一片从容不迫的友好氛围和全面的放松之中。希特勒在突尼斯中部的军队受到重创，距离投降只剩下一天时间了。这项行动结束了。没有什么战争可以

① Cronin, ed., *George Stevens Interviews*, 112 – 113.

② 史蒂文斯 1943 年 5 月 10 日的一页散落的日记，1943 年，GSC。

③ “Current & Choice: New Picture,” *Time*, 1943 年 5 月 17 日。

拍摄了。史蒂文斯一路都在日记上写下各种缜密思考过的笔记和观察。“生活是一种旅程，”他在这次战争之旅早期曾写道，“而最有趣的往往是你并不知道你要去哪里。”① 但在他得知自己到阿尔及尔的时间太迟了的那天，他的日记只写了这几个字：“这场该死的战争。”②

① 乔治·史蒂文斯的日记，引用自 *George Stevens: A Filmmaker's Journey*，未发表的版本，13 号文件，FJC。

② 乔治·史蒂文斯的 1 号笔记本，1943 年 5 月 12 日，GSC。

13 “足以令它失去真实感”

英格兰、好莱坞和华盛顿，1943 年 1 ~5 月

199 新年伊始，威廉·惠勒开始疑惑他是不是命中注定要在伦敦的酒店房间里坐到战争结束，而没有机会拍下哪怕一帧电影。1943 年，他在克拉里奇酒店和威廉·克洛西尔及哈罗德·坦南鲍姆喝着劣质的苏格兰苏打辞旧迎新，二人都是他团队的成员，虽然他们很难被称作一个团队，因为他们要做的只不过是定期到格罗夫纳广场的陆军航空总部露露面，看看有没有什么命令。[①] 4 个月之前惠勒得到一个指示，要他“组织和指挥第八空军训练电影技术小组的活动”，但正如他的监督者在一份充满同情的备忘条中写到的那样，那些命令“既没有说明他要组织和指挥‘什么’，也没有告诉他去哪里和怎样得到这些‘什么’”。[②]

秋天的时候，惠勒询问第八空军的领导伊拉·埃克（Ira Eaker）将军，问他是否有办法协助自己前往一个空军基地。惠勒之前已经要求过接受飞行训练，这样他和他的小团队就可以登上 B -17 轰炸机拍摄轰炸任务；[③] 如果没有这个训练，他们

---

① Axel Madsen, *William Wyler*: *The Authorized Biography* (New York: Thomas Y. Crowell, 1973), 232.

② 有小贝尔尼·莱中校签名的来自第八空军总部的备忘录，1942 年 12 月 20 日，777 号文件，WWA。

③ Jan Herman, *A Talented for Trouble*: *The Life of Hollywood's Most Acclaimed Director*, *William Wyler* (New York: Da Capo, 1997), 249 -250.

就只能作为地面部队服役，教炮手怎样在不射击的时候使用摄像机，然后就眼睁睁看着飞机起飞，希望这些从来没用过摄像机的年轻人可以带着有用的影像资料回来。埃克用一份备忘录 200
做出回应，当中他命令要给予惠勒“必要的指示……资金……和权力”去开始制作一部关于“美国陆军航空兵在空中和敌人作战”的纪录片。他还给惠勒安排了一位上司，而这位上司非常同情惠勒所受到的挫败。这位上司就是中校贝尔尼·莱（Beirne Lay），曾担任 1941 年一部备受欢迎的关于陆军航空兵团的剧情片《金粉银翼》编剧的他，此次被安排去协助惠勒取得他需要的设备，同时对后者进行激励。

当莱在克拉里奇酒店第一次见到惠勒的时候，“威利穿着他那件崭新的军装，他的军事经历也包括这一点——衣柜的焕然一新，”他告诉惠勒的传记作家阿克塞尔·马德森（Axel Madsen），“我立刻被他的温暖、智慧和强烈的自卑感击中……他曾经是好莱坞的将军，而在这里，他完全迷失了。”① 莱很快意识到惠勒完全不知道如何和军队官僚机构谈判，相反，他浪费了很多时间在两败俱伤的争论中停滞不前。惠勒和自己亲手挑选的作家杰罗姆·乔多洛夫相处得不太融洽，这位作家催促惠勒使用场景再现的手法制作他的纪录片，而不是坚持用真实的飞行片段。此外，致力于让自己的独立电影公司全力打造战争纪录片的现居伦敦的制作人哈尔·罗奇（Hal Roach），也一直在用强有力、故意阻碍的方式监督着他。莱重新安排了这两个人的工作，并且在军队准备因无效率和无表现而放弃这位导演的时候，成为惠勒的护卫。

---

① Madsen, *William Wyler*, 230.

惠勒依然只有一件装备——他自己带来的相机，而他的团队“只有部分在运作”，莱在一份尖锐的军队备忘录中写道。被带来负责录制声音的坦南鲍姆现在被当作摄影师来培训，因为没有人相信他需要的那些音响设备能越过大西洋。[①]“供应机构显然对于摄影分队的存在觉得困惑不解”，莱写道，因为那个6月在华盛顿的派对上交予惠勒任务的将军此后并没有给出任何官方的命令。结果，“世界上最优秀的导演之一，被命令来到这里拍摄电影，没有一个称职的军方助手，没有来自华盛顿的
201 书面指令，没有一个像样的组织。在没有一间办公室、一辆汽车甚至一台打字机的情况下，惠勒少校试图开始执行这项任务，并且他对于军队的处事方式完全不知情”。莱在报告的结尾总结道，他“认为少校的身上反映出了最高的信誉，在最令人沮丧的条件下他表现出了耐性、主动性、谦让和忠诚”。[②]

莱能够做到惠勒做不到的事，他严肃的报告打败了军队的官僚习气。2月初，惠勒和他的团队终于得到可以参加为期4天的射击培训的许可。在这段漫长的等待时间中，惠勒将他关于纪录片的两个最好的想法合二为一——他现在想制作一部讲述B－17轰炸机机组成员执行一项任务的纪录片。但在被允许飞行之前，他需要接受短期的空中战斗摄影培训。“我们需要学习飞机识别技能，这样我们就可以瞄准敌机而不是我们自己的飞机”，他说道。此外，由于B－17轰炸机不保温、不承压，再加上霜寒等问题，部分飞行员没有办法参加行动，因此惠勒和他的团队还需要学习怎样“在零下60度的温度下拆解和组装一

---

① Thomas M. Pryor, “Filming Our Bombers over Germany,” *New York Times*, 1944年3月26日。

② 来自贝尔尼·莱的备忘条，1942年12月20日，777号文件，WWA。

把手枪”,[1] 以及怎样在带着厚重氧气罩的情况下使用他们的设备。

但惠勒的任务差点在他踏出第一步时就被取消。他在学习如何使用 50 毫米的大炮时，它在他脸旁爆炸了。他匆忙地写了一封信给塔利，安抚她，说美国当地的新闻头条（“导演躲过一劫”）夸大了他当时面临的危险，但是，他补充道，“很高兴我没有被忘记”。[2]

几个星期之后的某天午夜，他被叫醒，上车，经过长长的灯火管制下的道路，在凌晨 4 点到达巴辛伯恩军用机场，那是位于伦敦北边 20 英里的地方。在这里他将执行他的第一项任务，坐上一架名为“泽西反击”号的 B－17 轰炸机。轰炸机的机长罗伯特·摩尔根（Robert Morgan）是一个来自南卡罗莱纳州的 24 岁年轻人；自 11 月开始他一直驾驶着另外一架飞机，但在一个星期前的一次任务中，“孟菲斯美女”号遭到了严重损坏，暂时不能执行任务，[3] 只有 12 架 B－17 轰炸机会在当天外出。被人称为“衣衫褴褛的非正规军”的第 91 轰炸队，早已飞越被占领的法国和德国境内，惠勒到达那里的时候，36 架 202
飞机组成的编队中几乎一半被击落或者迫降待修。

第 91 轰炸队执行的任务即使在未进入敌军领空时也是极具风险的。那些 B－17 轰炸机会带着 10 人团队向东北边飞过北海，他们必须从 6000 英尺快速上升到 26000 英尺，因而引擎或

---

① Catherine Wyler 对威廉·惠勒的采访，1981 年，重印于 Gabriel Miller, ed., *William Wyler Interviews* (Jackson: University Press of Mississippi, 2009), 131－132。

② Herman, *A Talent for Trouble*, 250.

③ Patrick Healy, “Robert Morgan, 85, World War Ⅱ Pilot of Memphis Belle,” *New York Times*, 2004 年 5 月 17 日。

燃料常常出现压力问题。[①] 1943 年 2 月 26 日，黎明降临前，他们需要轰炸德国西北部的不来梅。忧心忡忡的惠勒在起飞前给塔利写了一封短信："我所有的想念都在你和孩子们身上——只是以防万一——但我会回来的。爱你的，威利。"[②]

当天的任务并不成功。"事情都没有按照计划进行"，"泽西反击"号的腰部炮手克拉伦斯·温切尔（Clarence Winchell）在他的日记中写道。由于导航失误，飞机飞到了远在不来梅南边的地方，直接进入了德军的攻击范围。北海上的"炮火非常吓人，"惠勒回忆道，"我们需要飞过整片区域，而炮火密集得……整个蓝天看起来像被刺穿的滤网。"[③] 不来梅被浓密的云层掩护着，盟军飞机再次被带到西北方向 60 英里外的沿海小镇威廉港，在那里建有一个海军基地。

飞行过程中，惠勒在飞机狭窄的过道上前前后后地移动，尝试通过飞机侧面和尾部的炮孔拍摄外面的情况。由于每个人都戴着氧气面罩，而飞机 4 个引擎的轰鸣声掩盖了除炮火声之外的所有声音，因此他们唯一的沟通途径是通过共用的开放式对讲机对话。炮手和领航员搞不明白这个胖胖的、戴眼镜、说话带着含糊的外国口音的男人在干什么，他的年龄几乎是他们的两倍，他没有固定位置，配备的是一部摄像机而不是一杆枪。"我们可以通过内部通信系统听到他的咒骂，"文森特·埃文斯（Vincent Evans），这个团队的 22 岁的投弹手说道，"他摆弄他的摄像机，对准炮弹爆炸的方向，可是没拍到。然后他看见另

---

① "Working for Uncle Sam," http：//www.91stbombgroup.com/mary_ruth/Chapter_3.htm.

② Herman, *A Talent for Trouble*, 251.

③ Madsen, *William Wyler*, 233.

外一次爆炸，尝试捕捉它，没拍到，看见另一个，再试，又没拍到，又试，还是没拍到。然后我们听到他从对讲机那里传来声音，问飞行员可不可以让飞机靠近那串爆炸火花。”①

“泽西反击”号最后将运载的炸弹投放在威廉港附近。惠
勒尝试从飞机前部拍摄这个过程，但在零下 60 度的环境下，他 203
的摄像机结冰了。飞机在当天下午回到巴辛伯恩，很显然美军这次损失惨重。7 架 B－17 轰炸机被击落，多人死亡、失踪、受伤或者体温过低。由于这是第 91 轰炸队首次给予 6 名盟军记者参与飞行的机会，让每个人乘坐一架飞机，因此这个伤亡数字显得更为震撼。这些记者中包括 26 岁的沃尔特·克朗凯特（Walter Cronkite），他形容这次飞行是“在地面 26000 英尺之上的地狱”，并且形容“那些飞行堡垒轰炸机”和（B－24）“解放者轰炸机”在我们附近像被从飞机队伍中抽出来般垂直坠落到海中。但克朗凯特也写到他看见刻有“去你的希特勒——爱你的，马贝尔”字样的炸弹击中目标时那无与伦比的兴奋感。他对于投弹手（“来谈谈专注！”）、领航员、飞行员和炮手（“那些 20 岁出头的家伙现在已经是空中作战的老手了”）的英雄主义的慷慨激昂的报告，刚好在美国的焦点从太平洋转移到欧洲，而像霍德华·霍克斯的《空中堡垒》那样的好莱坞电影抓住了人们的想象力的时候，创造出了新的战争英雄。②

惠勒迫不及待想要再飞一次，他终于做到了他想做的事了。在执行第一次飞行任务的一个星期后，奥斯卡颁奖典礼在洛杉矶大使酒店的椰子林会议中心举行。《忠勇之家》凭借 12 项提

① Madsen, *William Wyler*, 233.

② Walter Cronkite, “ ‘Hell’ Picture as Flying Forts Raid Germany,” *Los Angeles Times*, 1943 年 2 月 27 日。

名独占鳌头，并被看好会赢得奖项。但当惠勒回想起这部电影和这段时间的经历时，那是一种骄傲与尴尬混合的复杂感觉。就在他去巴辛伯恩之前，贝尔尼·莱曾为英国的高级官员们安排了一次放映。在第一个小时结束之前就已经可以看到他们受到了电影的感染。“这是一部催泪的电影，”莱说道，“你能听到房间每个角落都有人在哭泣和抽泣。”而坐在房间最后的惠勒则感到非常尴尬。“我拍了这部电影，但我不知道自己在做什么，”他事先告诉莱，希望自己能够不参加这次放映，“而现在，有这样一群观众……”电影结束后，惠勒的脸颊布满泪痕，但他没有谈自己做的工作，只说道：“天啊，这部电影真催泪！”①

但目睹过伦敦人如何在灯火管制的约束和闪电战的压力下
204 生活，看过他们怎样在生命备受威胁时依然每天生活下去后，惠勒感到自己给公众灌输的是一种过于感情用事、粉饰过的战时生活。“一到英格兰，”他在战争之后不久说道，“我开始意识到自己（在拍摄《忠勇之家》时）犯下的错误，强调的错误，一些本身不重要，但足以令它失去真实感的小细节。”② 奥斯卡之夜，每一个错误对他来说都成为羞愧的原因。“我在处理我了解甚少的地方和时期的时候真是智力低下，”他说道，“葛丽亚·加森（Greer Garson）的儿子在一架‘喷火式战斗机’中起飞时我竟然让她跑到一个飞机场去满含泪水地和儿子挥手告别。荒唐至极！”③

惠勒没有为了奥斯卡而回家，塔利代他出席了颁奖礼。时

---

① Madsen, *William Wyler*, 232.

② 威廉·惠勒在 *Theatre Arts* 31, no. 2（1947 年 2 月）中接受的采访。

③ 威廉·惠勒在 *Action!* 8, no. 5（1973 年 9 月/10 月）中接受的采访。

至今日，人们对于这个典礼到处都是关于战争的讨论习以为常，而且这个典礼已经被设计成一次爱国主义的展示：珍妮特·麦克唐纳（Jeanette MacDonald）以一曲国歌拉开了典礼的序幕；泰隆·鲍华（Tyrone Power）和艾伦·拉德（Alan Ladd）穿着军服，挥舞着旗帜；而鲍勃·霍普则开玩笑说现在离那些年轻主角们都参军，浪漫戏都由年长演员来拍摄的日子不远了。[①]时间越来越晚，沃尔特·万格向异常拥挤的观众席宣读了一封罗斯福总统的信。“对于我来说，这是一种深深的满足，相信你们也有一样的感受，我们成功地将电影强大的力量转变为有效的战争工具，而丝毫没有像我们的敌人那样诉诸极权主义”，罗斯福写道。他继续警告道，“在接下来的日子里，战争现状可能（要求）电影行业在反抗轴心国暴虐统治的斗争中发挥更大的作用……我知道你们不会让美国人民和民主事业失望的”。[②]

当晚的奥斯卡冗长乏味，满是长长的演讲和展示，以至于当宾客们已经坐下就餐 5 个小时后，学院的联合创始人玛丽·璧克馥（Mary Pickford）告诉记者，面对这样一个彻底的失败她不知道应该责怪谁，因为“安排出这么一场无聊的东西不是任何一个人可以独自做到的”。[③] 不过最终，《忠勇之家》获得 6 个奖项，惠勒经过五度尝试之后终于赢得了一个奥斯卡最佳导演奖。“我希望他可以在这里，”塔利一边从弗兰克·卡普拉手中接过奖座一边说道，“一直以来他都想获得一个奥斯卡奖。我知道这会让 205

① Mason Wiley and Damien Bona, *Inside Oscar*: *The Unofficial History of the Academy Awards*, 10th anniversary ed. (New York: Ballantine, 1996), 128 - 129.

② 富兰克林·德兰诺·罗斯福写给沃尔特·万格的信，重印于《好莱坞记者报》，1943 年 3 月 5 日。

③ Wiley and Bona, *Inside Oscar*, 131.

他兴奋不已，几乎和飞越威廉港那次任务一样兴奋。”[①]

几个小时后，军队报纸《星条旗报》的一个作家抵达巴辛伯恩，对惠勒进行了采访。“你有没有一张自己的照片？”记者问道。

“不知道，”他说道，“你要它来做什么？”

“你赢得了奥斯卡奖”，记者告诉他。

惠勒笑着回应道，“嗯，我会被诅咒的”。[②]

祝贺的电报从四面八方涌进空军总部，米高梅电影公司刊登庆祝广告祝贺“少校威廉·惠勒”，用《洛杉矶先驱报》的话来说，《忠勇之家》“横扫各大奖项，几乎和《乱世佳人》一样赢得了大多数荣誉”，[③] 惠勒给自己留了一些时间来回味他的胜利。塞缪尔·戈尔德温告诉他这是“最受欢迎的奖项”。“威尔，你这个老做陪衬的人！”休斯顿开玩笑道。而塔利则写道：“亲爱的，今晚我多么想念你，但我喜欢收集奥斯卡奖。我们应该多做点这种事。”

“亲爱的，我们家的兴奋程度现在因奥斯卡而更上一层楼了，”惠勒的电报回复道，“一定要制订战后计划，建造奖杯陈列室……给你我所有的爱，还有不要让凯茜玩我的新娃娃。”

“此刻我觉得我可以赢得这场战争，”惠勒告诉他的宣传代理人麦克·米勒，“只希望时间不要拖太久。”[④]

---

① Herman, *A Talent for Trouble*, 254.

② 威廉·惠勒接受 Ronald L. Davis 的采访，南卫理公会大学口述历史项目，1979 年，重印于 Gabriel Miller, ed., *William Wyler Interviews* (Jackson: University Press of Mississippi, 2009), 98。

③ *Los Angeles Herald Express*, 1943 年 3 月 5 日。

④ 塞缪尔·戈尔德温、约翰·休斯顿和塔利·惠勒发给威廉·惠勒的电报；威廉·惠勒发给塔利·惠勒和 Mack Millar 的电报，全部在 329 号文件，WWA。

福特和卡普拉当晚也出席了奥斯卡颁奖典礼，取得了属于
他们的胜利。这二人对这个系统的纯熟操纵得到了回报，为最
佳纪录片设置的4个奖项中的2个颁发给了《中途岛战役》和
依然未获得在影院上映许可的《战争序章》［另外2个最佳纪
录片奖项也颁给了战争纪录片——澳大利亚新闻信息局的《科
科达前线》（*Kokoda Front Line*）和俄罗斯的《莫斯科反击战》
（*Moscow Strikes Back*）］。但这些奖项的获得是有代价的：福特
和卡普拉各自都和梅利特发生了冲突，梅利特坚持要将自己的
权力范围扩展到好莱坞内外，这让他迅速成为这个行业内最不
受欢迎的人之一。梅利特对好莱坞的影响无可否认，当晚他受
邀在奥斯卡颁奖典礼上的讲话也几乎是强制命令式的，而他反 206
复强调的内容在当晚椰子林会议中心的很多人看来相当空洞。
“要是聚集在这里的电影业的人真想从梅利特那里听到些什么新
信息，他们必定很失望，”《好莱坞记者报》第二天写道，“因
为他在讲话中只不过是在反复申明……他一直以来说的话——
政府没有任何欲望或者意图去告诉这个行业怎么拍电影。”

当然这不包括那些由政府拍摄或者为政府拍摄的电影，而且甚至在福特因《中途岛战役》收获众多称赞的时候，梅利特也在《12月7日》方面让福特和整个实地摄影小组非常难堪。被派到夏威夷一年后，格雷格·托兰德终于完成了初剪，但梅利特优先看完成果后非常惊骇——不单是因为电影长达85分钟，或者是托兰德随意使用场景重现来展示珍珠港遇袭的过程（只有少数时刻是那天由摄像机拍下的画面）。电影中表现出来的对日裔美国人的憎恨和痛骂，恰恰是电影局在《小东京，美国》之后反复下令反对的；任何观众看到了都会认为，带着警觉过度的种族主义来看待国内潜在的叛变行为已然成为政府的

官方政策。托兰德利用他的电影指责美国政府，尤其是海军在珍珠港事件之前的毫无防备，并且暗示夏威夷大批移民人口中存在很多间谍。

《12 月 7 日》在暗示，任何一间店铺中的双语标志都是对国家安全的威胁，这一点比最直白的好莱坞电影都要更进一步。根据电影的旁白，夏威夷岛上的 15 万日裔居民是一个严重威胁：“逐渐地，他们的儿孙……开始渗透这个岛屿的每一方面。而他们的人口将会一直增长。是的，会有很多很多的他们。”在沃尔特·休斯顿饰演的山姆大叔和哈利·达文波特饰演的“C 先生”那充满空想和妄想的对白中——“C 先生”代表他的良知——山姆认为所有日裔移民都带有“美国精神”，而“C 先
207 生”则反驳道，“那是一种带有复杂背景的精神”。接下来是一段蒙太奇镜头，表现白人在温和但带着典型的无法预测的表情的日裔理发师和园丁前，漫不经心地谈论着国家安全问题，这暗示隔墙有耳，每个旁观者都可能是个间谍。夏威夷的日本人甚至还有一本“为他们出版”的电话本，旁白警告道，“用日文写的”。

梅利特相信一旦看到托兰德的完整版本，《12 月 7 日》肯定无法上映。1942 年年末，他给海军副部长詹姆斯·福莱斯特（James Forrestal）写道：“这个项目，作为向公众展示的电影，应该被停止……不仅因为它从本质上看起来就必然是一部非常非常糟糕的电影，而且因为它的整个处理方法，我觉得，从政府的立场来说不明智。这是对于一个不争的事实的一次虚构性处理，关于珍珠港发生的那次灾难性悲剧的讲述，而我不相信政府应该涉足虚构领域。”

完整的电影印证了梅利特最担忧的情况。福特和托兰德只

借到了攻击期间拍摄的有限的影像片段，包括造成了美国“亚利桑那”号战舰上1177名军官和海员丧生的轰炸。但他们利用这些片段创造出了另外一种版本的珍珠港遇袭，当中运用了由二十世纪福克斯电影公司特别效果部制作的零式战斗机飞机模型，加上好莱坞风格的美国士兵和水手的近景镜头——一些在夏威夷拍摄，一些在福克斯片场拍摄——拍摄他们在敌军用炮火扫射港口时的反击。

梅利特是第一个就宣传电影中的准确性、所披露事项和场景重现的道德标准高调发表意见的重要政府官员。珍珠港事件一年多后，陆军部依然未对在它的许可下制作或放映的电影制定任何正式的政策。看完这部电影后，梅利特向上层指挥系统表达了他的抱怨。一方面他相信公众应该看到福特和托兰德看到的太平洋舰队的重建，另一方面他觉得它必须从《12月7日》中抽取出来用另外一种方式表现。梅利特得到了他的上司埃尔默·戴维斯（Elmer Davis）的支持。戴维斯掌管着战争信息办公室，他同意了梅利特的评估，认为“以虚构的形式来展示……对于美国政府来说似乎并不恰当”。

福特自战争开始以来第一次感到失宠，即使有比尔·多诺万的保护也于事无补。《12月7日》从一开始就受到了罗斯福 208
的特别关注，他认为海军在太平洋力量的重建对鼓舞国家士气非常关键。现在电影拍摄耗费了如此长的时间却又如此处处不足，以至于陆军部部长亨利·L. 史汀生也同意这部电影不能上映。1943年春天，罗斯福颁布了一项指令，规定日后实地摄影小组制作的电影都必须经过陆军部的审查。托兰德希望利用这部电影从摄像师一跃成为导演的愿望成了泡影；虽然他依然是实地摄影小组的一部分，但他申请调派到南美，此后他和福特再也没有合作过。

正如电影历史学家泰格·加拉赫（Tag Gallagher）所述，托兰德电影中那强烈的反日声音很可能是试图对罗斯福的收容政策进行修正，而不是个人偏见或者信念的反映。[①] 正如它所展示的，电影反映了陆军部和管理层之间关于如何描绘日本、日本民族和日裔移民之间的冲突——同样的问题也在卡普拉制作《认识你的敌人》系列纪录片时困扰着他。从抵达火鲁奴奴的那一刻起，福特就在关心托兰德选取的方向，但到底他是在收到负面的反响之后将自己和《12 月 7 日》保持距离，还是说由于太过沉迷于《中途岛战役》之后的工作，以至于没能给予托兰德足够的关注，因而最后也被托兰德的偏离轨道吓了一跳，这些都没法说清。但毫无疑问，他应该为电影的失败承担一份责任。

福特回到了华盛顿的办公室，并且在可见的将来被非官方地禁足。托兰德离开之后，他和罗伯特·帕里什没有浪费任何感情和时间就开始试图将《12 月 7 日》重新塑造成可以放映的资料，以求挽回面子。福特最信任的两个作家——弗兰克·威德和詹姆斯·凯文·麦吉尼斯开始为电影撰写修改后的剧本，麦吉尼斯建议福特删除任何带有社论或者虚构意味的东西："尽量安排有关抢救行动的有趣镜头……最后，当战舰重新回到海上时以喷薄而出的荣誉感结尾。"[②] 福特几乎完全舍弃了托兰德

---

① 加拉赫在一篇题为"Two Big Missing John Ford Stories"的充满争议的文章中提出了他的观点。该文章最先于 2005 年刊登在一份名为为 *Film Journal* 的在线刊物的第 12 期，但后来因为来自约瑟夫·麦克布莱德的抱怨而被编辑撤掉，约瑟夫·麦克布莱德认为这篇文章错误描述了他的工作（该文章由于《12 月 7 日》而出现在 IMDB. com）。加拉赫提出的托兰德可能是在试图修正美国的收容政策的观点并没有遭到麦克布莱德的质疑，因此在这里写出。

② 詹姆斯·凯文·麦吉尼斯写给约翰·福特的信，1943 年 3 月 24 日，JFC。

前40分钟的镜头。他保留了休斯顿睡觉的短暂镜头但删除了C 209
先生对山姆大叔的责备，“你今年真是休了不少假啊”。同样被删掉的还有展示夏威夷店铺上不祥的日文标识的蒙太奇镜头和关于日本人在夏威夷进行种族迫害的片段。此外福特还放弃了电影的最后一幕——一个设在天堂的长镜头，在那里一名于珍珠港事件中死去的士兵［达纳·安德鲁斯（Dana Andrews）饰］和美国战争中死去的其他老兵一起回忆往事，用了一种特别令人痛苦的隐喻来讨论二战的最终结果。“我把我的钱押在名叫理性的重击手上，”安德鲁斯说道，“押在名叫常识的投掷手身上，押在被称为正派、信念、兄弟情谊、宗教的外场上。像那样的队伍正在全世界升温。他们正在进行精神上的训练。但只要比赛开始，他们就会在那里，猛击、投掷，找寻他们夺取世界和平的方法。”

福特和帕里什修改后的《12月7日》从85分钟缩减为34分钟，并且被重新制作成一部更富感情、更直白和毫无疑问的福特式的电影——《中途岛战役》视觉上相对没那么戏剧化的兄弟版。一如他在早前的电影中所做的一样，电影片头是一座安静天然的岛屿，但很快被战争的声音和景象破坏。他用喜欢的歌为电影配乐，其中的很多都曾被用在《中途岛战役》中，包括《我的祖国》和《起锚》。而他也通过一个观众遇见部分死去海员的镜头来打断影片的新闻式叙事风格——这可能是他一直以来的想法。“这些年轻的美国人是谁？让我们在他们神圣的坟墓前暂停一下，让他们自我介绍一番，”旁白说道，“你们是谁啊孩子们？来，大声说，找些人来说说！”这些“孩子们”明显是一个来自不同种族的人组成的团体——一个来自俄亥俄州的爱尔兰人，一个来自爱荷华州的德国人，一个来自布鲁克林的名叫罗森塔尔的犹太人，一个来自北卡罗来纳州的黑人，一个来自阿尔伯克基城外的墨西哥裔美国人。在每个例子中，我们看见这些人的照片，然后是他们父母的镜头，有些人拿着照片或者坐在他们失去了的儿子的照片旁。那个黑人水手（他是唯一爸爸没有出现的人）的妈妈一个人在那里，往绳子上晾着衣服。

210 福特将托兰德的种族挑衅换成了几句，意指大多数日裔美国人都忠于美国的台词——一个年轻男人被拍到在珍珠港事件之后将他的“万岁咖啡店”（Banzai Café）的招牌换成了“保持飞行状态咖啡店”（Keep 'Em Flying Café）［（《保持飞行状态》（*Keep 'Em Flying*）是一部近期获得巨大成功的热门电影，一部由雅培（Abbott）和科斯特格（Costello）主演的 1941 年战争喜剧］——而且他让旁白教育“东条先生”，说珍珠港事件只会“进一步让夏威夷的日本人本来已经很复杂的生活更加复杂”。此外，他还舍弃了托兰德将海军描绘成在掌舵的时候睡着了的处理方法，相反提到了“轴心国风格的战争——在一个周日早上从背后捅人一刀”。陆军部依然不希望电影得到公映——34 分钟的长度对于上映来说非常尴尬，而且这部电影在当时已经被视作残次品——但福特的修改足够让《12 月 7 日》被批准在当年晚些时候向军人和军工厂的工人放映。虽然梅利特成功阻止了这部电影的公映，但他最重视的争论点——在一部声称是纪录片的电影中使用人造的战争景象的道德标准——并没有被重视。福特则重新得到了海军的青睐，但他依然干坐在一张桌子前。随着春去夏来，福特开始疑惑，如果真的有机会，到底什么时候他可以再一次参与行动。

梅利特设法不让自己和《12 月 7 日》之间的争吵被登上报

纸，但他和卡普拉因《战争序章》而起的较量则很快被新闻媒体获悉。珍珠港事件之后，众议院和参议院的孤立主义者一度退回到尴尬的沉默中，但他们很快重新露面，这次反对的不是战争本身，而是罗斯福，他们控诉他加重了美国人的忧虑，点燃了美国人的怒火以便让自己继续掌权——通过战争宣传来实现这一点。2 月，参议员鲁弗斯·霍尔曼（Rufus Holman），一名俄勒冈州的共和党党员，公开指责《战争序章》是“个人的宣传”，[①] 只是为了保证总统的第四次当选。通过这样做，他将陆军部的整个电影拍摄战略置于质疑声之中。很多人认为在国家勒紧裤带的时候，政府拍摄的电影是对有限资源的挥霍，只会导致毫无意义的自我沉溺。这些人对鲁弗斯给予充满赞同的关注。“我希望将军们把时间放在赢得战争上，而不是打心理战，”鲁弗斯大怒道，“难道管理层好意思说我们的战士们不知 211
道他们为什么要打这场仗吗？”[②]

在珍珠港事件后一度沉寂的人带着气势再次出现，这让好莱坞的人措手不及。而无视电影局最近还放映了自己版本的《我们为何而战》电影这个事实，梅利特竟公开和霍尔曼联手，震惊了整个电影界。在一次接受《好莱坞记者报》采访的时候，梅利特公开表明《战争序章》只应该向士兵放映，因为它“会在公众中激起过多仇恨”；此外他还表示欢迎霍尔曼就政府的宣传策略促成一次国会听证会。[③] 这次令人尴尬的事件标志

---

① John Morton Blum, *V Was for Victory: Politics and Propaganda During World War* Ⅱ (New York: Harcourt Brace Jovanovich, 1977), 39.

② Thomas Doherty, *Projections of War: Hollywood, American Culture, and World War* Ⅱ (New York: Columbia University Press, 1993), 70.

③ Prelude to War: “Mellett, War Dept. Clash over Prelude to War Film Release to Public,” *Hollywood Reporter*, 1943 年 2 月 11 日。

着自战争开始以来，战争信息办公室和陆军部首次公开质疑对方的电影宣传。虽然卡普拉的电影被提名角逐奥斯卡，梅利特依然没有任何让步的意思。

一时之间，这个把众多电影制作人带到军队中来的整个项目受到了质疑。一个由孤立主义者、对战争宣传的道德标准抱有怀疑的人、反好莱坞的雄辩家和想要电影行业恢复往昔那种运行模式的娱乐媒体组成的非正式联盟，凭借惊人的动力试图阻止几乎所有政府赞助的战争电影纪录片的制作。那些中止了自己事业的导演，那些因此而在几个月前才被塑造成爱国主义者的导演现在却被视作寻求刺激的闹着玩的人，被认为是在自私地逃避自己真正的职责，也就是娱乐大众。罗斯福管理层“应该意识到那些最好的工作者，电影行业最伟大的艺术家”，“应该留在他们应该停留的地方”，也就是好莱坞，评论家利奥·米什金（Leo Mishkin）在《纽约晨报》中写道。“约翰·福特跟着海军到处环游世界对他原本的行业来说毫无益处。弗兰克·卡普拉和威廉·惠勒自从《约翰·多伊》和《忠勇之家》之后就没有任何消息了。达里尔·扎努克现在剪辑着的东西，除去所有废话和喧嚣，就只是进攻非洲的新闻短片……但他们当中没有人在为美国人民拍摄电影。”①

212 他们现在将会被要求进行说明。1943年年初，自珍珠港事件前的“奈伊委员会”听证会后，国会首次决定召集好莱坞最著名的人前往华盛顿，在那里他们将要为自己在战争时期做了什么以及为什么要这样做而进行辩护。

---

① Leo Mishkin, *New York Morning Telegraph*, 1943年1月11日。

14 “跟着我们只为了拍电影?”

华盛顿、英格兰和纽约，1943 年 3 ~ 7 月

1943 年 3 月，《时代周刊》选择了哈利·杜鲁门（Harry 213
Truman）作为封面人物，也就是那个作为美国“亿万美元监管者”（billion-dollar watchdog）的密苏里州参议员，那个表示由他任主席的两党委员会“最接近国内最高领导班子”。杜鲁门的智囊团——每个人都把它称为杜鲁门委员会，虽然它的官方名称是参议院国防调查委员会——负责监管所有和战争有关的开支。这位主席一直敏锐地关注着军队在浪费、草率行事和贪污腐败方面的表现，因此在战争开始的 15 个月内，这位之前并不引人注目的 58 岁议员一举成为这个国家最受欢迎的政治家之一。“委员会中每一个人的目标都是，将为战争做出的努力发挥到高效率的极限”，他说道，但同时委员会也会将那些做得不好的领域全部置于公众焦点之中。“在战争之后重提旧账没有任何意义，就像上一次那样，”杜鲁门告诉记者，“我们要做的就是现在就把它找出来并改正它。”①

当杜鲁门将注意力转向好莱坞时，业内人士都知道他不像戴斯、奈伊或者早年的孤立主义者那样容易被反击、羞辱或者嘲弄。事实上，好莱坞或者华盛顿没有任何一个人完全清楚对
战时各种宣传项目最好的辩护是什么。美国想要关于战争和战 214

---

① “Billion-Dollar Watchdog,” *Time*, 1943 年 3 月 8 日。

争本身的最精确的画面，但加入军队后的电影制作人们的声望依然非常脆弱，常常受到喜怒无常的报道的影响：头条新闻会在某个星期将他们塑造成无私的英雄，但下一个星期又将其变成沾沾自喜的讨厌的人。

达里尔·扎努克丝毫帮不上忙。从突尼斯回来后，他将大多数精力投放在将北非的那项任务变成一出自我崇拜的独角戏。当年早些时候，他出版了一本书讲述了自己的经历——《突尼斯探险》（*Tunis Expedition*）；虽然扎努克把版税都捐给了军队作紧急救济金，但人们依然对受他委托由达蒙·朗伊恩（Damon Runyon）所写的简介充满怀疑。朗伊恩发誓："没有哪个活着的人比达里尔·扎努克更加严肃地对待国旗及国家给予的任务……假如（他）是一名记者，他很可能是当代最伟大的战地记者之一。"如此浮夸的措辞丝毫不是后面那些天真的日记似的回忆可以承担得起的。（"阿尔及利亚的一切让我想起了加利福尼亚"，以及"我看起来依然不明白这确实是一场战斗，而我身处其中"，这些是典型的扎努克一瞥。）[①]《突尼斯探险》不断在新奇的、孩童式的天真和自夸之中转换，超出了很多批评家可以容忍的限度。"读者读到的就像是……扎努克上校一小时接一小时的冒险故事，关于那些拍摄的人，关于他们的想法和感受，关于他们遇到的问题"，《纽约时报》的评论家给出的书评中较为温和的之一。[②]

这一切压力扎努克除了自己以外无人可怪。管理着20世纪福克斯的那段期间，他总将自己幻想成一名作家，但他同

---

① Darryl F. Zanuck, *Tunis Expedition* (New York: Random House, 1943).

② John K. Hutchens, "War Front Diary," *New York Times Book Review*, 1943年4月1日。

时亦是一位多愁善感的人，用一些不恰当的比喻手法将电影写进一本理应是新闻报道的书中。他和商船上的一位黑人甲板水手的对话（“过去10年我一直在水上生活，这些鱼雷之类的小东西吓不跑我的”）将这位水手转变成——以扎努克自己愉快的估计来说——“一个十足的逆来顺受的黑人奴仆（Stepin Fetchit）”。而他对于德国人的描述（“该死的，你想要冷血地将他们全部杀死，残杀这整个该死的种族……是的，先生，我们别无他法”），即使以当时的标准来说，也是不合 215
适的。抨击希特勒是一回事，让他的种族灭绝幻想合理化则是另外一回事。[①]

在北非期间扎努克也没有给人留下好印象，他驾驶着自己的蓝色雪佛兰到处闲逛，搬着一箱箱雪茄和一个贵重的睡袋，坚持拜访他公司在阿尔及尔被遗弃的总部。陪伴着他的上士回忆道，扎努克“在他的领地游逛，在这片外国土地上带着他那点治外法权给予的踏实感”。有时候他看起来分不清战争和战争电影——“我觉得我是爱德华·G. 罗宾逊时代的一个角色”，扎努克写道——并且在一次空袭中，他坚持要自己使用一支冲锋枪。[②] 扎努克在阿尔及尔期间引起的憎恶一路传到了美国，而当他的纪录片《北非前线》（*At the Front in North Africa*）公映时，新闻媒体给予了彻底的嘲笑，说这部电影是“达里尔·扎努克的战争”。很多看过这部电影的人都觉得它是填充出来的，它对于实际的战斗场景轻描淡写，却填满了——用其中一个评论的话来说——“充满艺术感的坦克履带、黎明、日落，

① Zanuck, *Tunis Expedition.*

② Mel Gussow, *Darryl F. Zanuck: Don't Say Yes Until I Finish Talking* (New York: Doubleday, 1971), 105 - 110.

（以及）很多其他放错地方的多余虚华的东西……它有着非常鲜明的扎努克特色：过分华丽、有戏剧性，时而平淡，时而歇斯底里”。[①] 扎努克那由通讯部和实地摄影小组超过40人组成的团队确实捕捉到了一些在围攻泰布勒拜时具有冲击力的空中战斗和坦克战斗画面，但他没法抗拒将自己放在电影中心的诱惑；在《北非前线》中的他看起来威严严肃，像监督者一样，还夹着一支雪茄。

当杜鲁门委员会决定寻找目标时，扎努克成为最容易找到的一个，而且毫无疑问是最大的一个目标。在一系列的听证会中，委员会质疑他是否在借自己作为学术研究委员会和陆军训练电影项目的领导者之便，为二十世纪福克斯电影公司促成军事合作合同，是否通过将自己在公司的股份放到保密委托中从而有效地将自己和二十世纪福克斯电影公司分开（他并没有），是否在领取军队薪水的同时还收着二十世纪福克斯电影公司的酬劳，从而领到了两份工资，损害了美国纳税人的利益，以及他和其他电影制作人在珍珠港事件之后收到的官方任务是不是因其荣誉和名声而得到的。[②] 扎努克愤怒至极，感到自己被侮辱了，他告诉委员会这是“对一名爱国的美国人做出的卑劣、
216 恶心的侮辱……我只怪自己选择了做这样一名傻瓜，还尝试去帮助我的国家……他们永远不会再看见我……再为任何人做任何事”。扎努克立刻提出要辞去他的军队职务，但他充满愤怒的表现遭到了轻蔑的回应。“我觉得他是一名陆军军官，应该留在军队，”杜鲁门回复道，“军队花了很多时间训练他……

---

① “New Picture,” *Time*, 1943年3月15日。

② George F. Custen, *Twentieth Century's Fox: Darryl F. Zanuck and the Culture of Hollywood* (New York: Basic Books, 1997), 258 - 259.

为什么你不把他送进学校培育成一名真正的军官?我实在不明白为什么一名军官会想要离开……我不敢相信这些家伙会打退堂鼓。”[①]

委员会公开表示扎努克没有任何不当行为,但陆军监察长办公室并不这样认为,它发起了一项针对扎努克和二十世纪福克斯电影公司财务关系的独立秘密调查,而扎努克确实在当年春天同意辞去职务以免带来更多不良影响。他的经历对福特和卡普拉来说像是一种警示,因为他们俩的名字也在听证会上被提到。在北非期间福特一直小心谨慎地进行着记录,并且确保几乎所有实地摄影小组的工作都保密;[②] 经历过《12 月 7 日》的一塌糊涂后,他不再向记者吹嘘自己体验过的高风险战争,并且在华盛顿保持低调。当广撒网的委员会要求他就自己所持股份和在海军两年间从电影拍摄中得到的收入提供信息时,他让比尔·多诺万写了一封信,向委员会保证自己没有任何不良的记录。[③] 卡普拉同样被要求为他凭借《约翰·多伊》和尚未上映的《毒药与老妇》挣得的钱做出解释,但和福特不同的是,他身上并没有明显的利益冲突,因此议员们在弄清没有任何导演在从电影公司收着全职薪水的同时还领取着军队的薪水后,他们失去了兴趣。[④] 但杜鲁门委员会的做法赢得了赞同,他们成功地运用了扎努克的例子对陆军部和电影行业之间复杂

① 引用于一篇由 David Robb 撰写的题为 “Zanuck Caught in D. C. Gunsights” 的文章,*Variety*,日期不明。

② Dan Ford, *Pappy*: *The Life of John Ford* (Englewood Cliffs, NJ: Prentice Hall, 1979), 178 – 180.

③ Scott Eyman, *Print the Legend*: *The Life and Times of John Ford* (New York: Simon & Schuster, 1999), 269.

④ 弗兰克·卡普拉写给上校 K. B. Lawton 的信,1943 年 2 月 20 日,FCA。

的权力共享安排提出质疑。听证会结束后，关于权力的界限被简化了；珍珠港事件之前，作为陆军部和电影公司之间重要联系的学术研究委员会现在被边缘化，此外，不是奥斯本将军松
217 散但更亲电影制作人的士气部，而是通讯部从此以后将有权力监督任何穿着军服为军队制作电影的人。

听证会一方面让人们意识到让电影公司高层在接到军方任务后依然插手电影行业的财务的不当性，另一方面也对宣传电影的制作及军队电影制作人的监管提出了更大的质疑。杜鲁门明确表示他认为让导演加入军队从一开始就是个错误的决定，他认为他们作为咨询顾问而不是军官，将会更有效地为国家服务，但要撤销一项罗斯福管理层和陆军部已经批准的政策为时已晚。

对于参议员霍尔曼指控《战争序章》是政府资助的、为罗斯福再次当选做广告的说法，马歇尔将军并没理睬，[①] 但卡普拉和梅利特依然围绕这部电影是否应该在影院上映陷入了僵局。一方面，在赢得一个奥斯卡奖后，卡普拉找到陆军部副部长罗伯特·帕特森（Robert Patterson），向他表示这部电影应该在全国上映；另一方面，梅利特也说服了为战争相关纪录片寻求在剧院上映的赞助商——战争活动委员会来支持他。

最后是梅利特过度使用了自己的权力，甚至公然反抗自己的上司。战争信息办公室的主管埃尔默·戴维斯就曾告诉他要做出让步。“那该死的洛厄尔·梅利特！”帕特森在奥斯卡颁奖典礼几星期后唾沫横飞地说道，“我和埃尔默·戴维斯谈过了……他告诉我这套值得推崇的（《我们为何而战》系列电影）

---

① Joseph McBride, *Frank Capra*: *The Catasrophe of Success* (New York: Simon & Schuster, 1992; revised 2000), 477.

应该上映，本来就不应该再做什么蠢事，现在更不应该再做蠢事!”[①] 终于在4月22日，梅利特让步了。“今天是热情的会议日,” 上校斯坦利·罗根（Stanley Grogan）给亚历山大·苏雷斯（Alexander Surles）将军发了一份电报，他管理着公共关系局并且希望《战争序章》尽快在影院上映，“业内人士认为这部电影不值得上映并且不会吸引到观众，缺少娱乐价值，等等……埃尔默·戴维斯在帮倒忙，洛厄尔·梅利特完全帮不上忙……军队准备用《战争序章》来试水……战争信息办公室将会给纽约的（无线电城）音乐大厅提供一份拷贝，在5月上映一个星期……这是这个僵局唯一的出路，因为电影业、陆军部和洛厄尔·梅利特都不同意。”[②]

卡普拉的胜利代价惨重。到《战争序章》终于可以上映的时候，从各方面来说，它已经是旧闻，是迟来的历史课，此时 218
此刻公众对于上个星期发生了什么更感兴趣，而不是1931年在埃塞俄比亚的军队行动。博斯利·克劳瑟在为《纽约时报》撰写电影评论时说道，他希望美国人会觉得这部电影“鼓舞人心”，但也承认“它对于公众的影响……值得怀疑。它的归纳比较模糊，并且非常依赖爱国主义的象征手法……它没有回答出来很多‘为什么’”。[③] 此外虽然詹姆斯·艾吉觉得由埃里克·奈特监督和重写的剧本“写得相当好”,[④] 但他觉得《战争

---

① Clayton R. Koppes and Gregory D. Black, *Hollywood Goes to War: How Politics, Profits and Propaganda Shaped World War II Movies* (New York: Free Press, 1987), 123 - 124.

② 斯坦利·罗根写给亚历山大·苏雷斯的信，1943年4月22日，FCA。

③ Bosley Crowther, “ ‘Prelude to War’ Shown to Public,” *New York Times*, 1943年5月14日。

④ *Nation*, 1943年6月12日。

序章》并不比马歇尔将军最初的要求有更多的表现——就是一部给人印象深刻的、用示例和图画来解释的课程，“大家对主要内容已经熟知到无感了”。[①]

战争活动委员会拥有250份《战争序章》的拷贝，并且同意将电影免费提供给任何愿意放映的人，所有电影票收入将会被捐给战争救济基金。[②]（电影院的宣传语写道，“有没有55分钟的时间看电影”？）[③] 但即使浮夸的广告词将它说成“史上最伟大的黑帮电影……比你看过的任何恐怖电影都要更加恶毒……更加残忍……更加恐怖！”[④]《战争序章》还是在电影院惨败，影院也对要在战争期间把放映时间让给一部故事片长度的宣传片而感到不快。被想要战胜梅利特的欲望冲昏了头脑的卡普拉并没有考虑到，一群每个星期都会被两三部新的战争电影喂饱的观众对于付费看一部关于法西斯的不那么新的历史速成课没有什么兴趣。梅利特对于普通美国人可能会因《我们为何而战》而变得警惕和惊慌的担忧并没有变成现实，但他们的冷淡反应至少让卡普拉有点失望。最后的侮辱来自苏雷斯将军，他酸溜溜地认为，是梅利特办公室向电影院负责人说了这部电影的坏话，蓄意进行破坏。苏雷斯坚持认为，毕竟电影院总有能力吸引“大批观众观看差劲的电影，（只要）他们喜欢这部电影”！[⑤]

---

① “The New Pictures,” *Time*, 1943年5月31日。

② Crowther, “Prelude to War's Shown to Public.”

③ Thomas Doherty, *Projections of War: Hollywood, American Culture, and World War II* (New York: Columbia University Press, 1993), 79.

④ John W. Dower, *War Without Mercy: Race and Power in the Pacific War* (New York: Pantheon, 1986), 17.

⑤ Koppes and Black, *Hollywood Goes to War*, 124 - 125.

战争进入第二年，惯用的讨好爱国主义者的技巧和对新闻短片的熟练运用已经不再能够使腻烦的观众们振奋，或者制作出一部值得在影院上映的纪录片了。电影观众们不想看到战争背后的故事——他们想要看战争，想要在国内看到他们在其他 219
地方看不到的影片。当威廉·惠勒坚持认为通过场景重现重塑空战和轰炸景象绝对比不上真实的画面时，他已经离家 6 个月了，但他对于不断改变的美国人品味的理解非常具有先见之明，而他的固执也为他带来了即使是约翰·福特也得不到的一手战争经历。威廉港任务后，惠勒留在巴辛伯恩的第 91 轰炸团，开始了解机组成员，尝试弄清楚怎样可以让设备不在高空中再次被冻住，同时等待另一次飞行任务。修理好的“孟菲斯美女”号重新回到现役 B－17 轰炸机队伍中，惠勒再次等来了他的飞行机会。曾驾驶载有惠勒的“泽西反击”号的机长罗伯特·摩根回到了“孟菲斯美女”号，而随着惠勒和这架飞机的年轻领航员、炮手、无线电技师和副驾驶相处的时间渐渐变多，他对于这些人几乎是父亲般的感觉让他更加相信他找到了一部伟大电影的主题。

另外，“孟菲斯美女”号的机组成员也非常佩服惠勒的勇敢和不做作，即使惠勒从来不是他们中真正的一员，他也被慷慨地带着尊敬地欢迎加入他们的队伍。“我知道他，那位伟大的好莱坞导演，”领航员查尔斯·莱顿（Charles Leighton）告诉惠勒的传记作家简·赫尔曼（Jan Herman），“我喜欢他工作的方式。完全不专横无礼。最让我惊讶的是为什么一个如他那样的人物会做一些他根本不需要做的事情。我记得我当时想过：‘这是什么谋生的方式啊。跟着我们只为了拍电影?’这家伙有胆识。”[①] 为了

---

① Jan Herman, *A Talent for Trouble: The Life of Hollywood's Most Acclaimed Director, William Wyler* (New York: Da Capo, 1997), 255 - 256.

拍到好画面，惠勒敢于冒险，他的做法连即使是最自信的年轻飞行员也会觉得太鲁莽。当惠勒和比尔·克洛西尔（Bill Clothier）坚持要在一架 B－17 的腹部躺平，以便他们可以通过炮塔拍摄时——那是飞机下侧一个允许机枪向所有方向射击的位置——摩根和他的搭档们惊呆了。惠勒希望利用这个有利位置捕捉“孟菲斯美女”号的起飞和下降，但假如飞机做出颠簸、剐蹭跑道的硬着陆——已经有超过一架 B－17 因此无法执行任务——这个决定足以让他丧命。最终惠勒得到了他想要拍摄的片段，但有些人认为他从一开始做这个决定时就已经疯了。

惠勒执行了在“孟菲斯美女”号上的首次任务，于 1943
220 年 4 月 16 日轰炸在布雷斯特和洛里昂的潜艇。拍摄条件一如既往的恶劣。“你必须绑好这些 16 毫米摄像机，”他说道，“如果你想更换胶卷，必须脱下手套，但假如你摘下手套超过一分钟或者两分钟，你就会因霜冻失去手指。戴着氧气面罩，效率会降到最低。进行这三个步骤就像走了 1 英里。假如你从一侧拍摄——窗是打开的，因为机枪要伸到外面——曝光和另外一边是不同的。到你终于从镜头望出去的时候，本来正在飞向你的战斗机已经离开了。假如你花时间去瞄准，到你准备拍摄的时候你已经错过目标了。”①

当天一共出动了 21 架飞行堡垒轰炸机和解放者轰炸机，而“孟菲斯美女”号尚未回到巴辛伯恩机场，惠勒就已获悉自己失去了少数亲自挑选的人中的一员。哈罗德·坦南鲍姆所乘坐的 B－24 轰炸机被击落，46 岁的他因此殉职。作为他所在小组

① 威廉·惠勒于 1975 年在美国电影学会接受的采访，重印于 George Stevens Jr.，*Conversations with the Great Moviemakers of Hollywood's Golden Age at the American Film Institute*（New York：Alfred A. Knopf，2006）。

的主管，惠勒需要负责给他的遗孀写一封慰问信。“我见过太多人出去了就再没回来，”他给塔利写道，“但当他是你队伍中的一员，你亲自将他带进军队，派他去执行这一项任务时，突然一切都不同了。”惠勒动摇了，但一个月之后他又回到洛里昂的上空，在一堆德军战斗机闹哄哄地围绕着 B－17 编队飞来飞去的时候，“他手中举着一个摄像机对着窗外”。[①]

在那之前，埃克将军就已经非常担心惠勒会被德军抓住。他绝对是军队中最有声望的犹太电影制作人，凭借《忠勇之家》蜚名全球。而在威廉港任务之后他正在德国和法国占领区上空飞行这件事已经不再是秘密了。一个身处现役空军基地的名人是极具诱惑力的目标，也是对每个人安全的潜在威胁。为了提高士气以及加强英美关系，英格兰国王和女王到巴辛伯恩进行了一次正式访问，当他们到达的时候，甚至连这二人也想见见惠勒。“和女王聊了 5 分钟，国王和将军们在一旁等待着，”负责拍摄这次来访的惠勒在日记中写道，“聊到了《忠勇之家》，执行的任务，英国皇家空军，等等……她很有魅力，很有趣——她喜欢《忠勇之家》。”[②]

那个时候贝尼尔·莱告诉惠勒，惠勒被要求停飞，但他无 221
视了这个命令，进行了第四次飞行，这一次是在一架昵称为“小顽童”（Our Gang）的飞机上，这架飞机是根据哈尔·罗奇备受欢迎的《小淘气》系列短片命名的。他的这个决定几乎让他丧命。“小顽童”参与了空袭德国北部的港口城市基尔的任

---

① Herman, *A Talent for Trouble*, 256－257.

② 威廉·惠勒在他的日记中写下的，1943 年 5 月 25 日，引用于 Axel Madsen, *William Wyler: The Authroized Biography* (New York: Thomas Y. Crowell, 1973), 236。

务，这是惠勒目前参与过的最大规模的一次空袭，他当时从一个飞机炮塔上往外看，数到了160架B－17轰炸机排出了完美队形。基尔在米卢斯北部550英里外的地方，米卢斯是惠勒长大的地方。在学校的时候他一直被教育这座城市的战略重要性。“小顽童”带领着整个队列向基尔飞去的时候，惠勒在飞机腹部到处爬行，尝试捕捉好的空中镜头，同时节约使用胶卷，打算把大多数胶卷用于拍摄真实战争。结果他氧气瓶的管子在他没有注意的时候松开了，他失去了氧气供给。“糟糕的一幕，”他在日记中写道，“我遇到了好事……昏昏沉沉的我以为我要死了……奇怪的感觉……我觉得我不喜欢这感觉。我很自然地想到了塔利和凯茜，想到自己为什么这么愚蠢要执行这次任务。”惠勒用尽全力、集中所有意识慢慢爬行，爬了几英尺回到了飞机的前端，在那里他终于重新接上了他的氧气管，感觉就像“跑了5英里”。[①] 惠勒和他的团队安全返回。3天之后，“小顽童”被击落。

在再次违抗命令，于5月29日进行了第五次和最后一次飞行任务后——那是一次极其危险的空袭圣纳泽尔的任务，超过12架飞行堡垒轰炸机被击落——他知道自己已经得到了拍摄相关电影需要的一切。[②] 虽然他在心里设想的那部电影将会用到过去几个月里他和比尔·克洛西尔多次在不同飞机上执行不同飞行任务时拍到的画面，但它只会讲述一架B－17轰炸机的故事——“孟菲斯美女”号。这架轰炸机刚刚完成了第25次飞

① 威廉·惠勒在他的日记中写道，1943年5月19日，引用于Axel Madsen, *William Wyler: The Authroized Biography* (New York: Thomas Y. Crowell, 1973), 235。

② 有关惠勒的所有故事的日期和地点都来自第324轰炸中队一份备忘录，1943年5月29日，777号文件，WWA。

行任务，这个数字标志着所有机组成员都能得到回家休息的资格。惠勒被授予了“空军奖章”,[①] 这个奖章是在一年前设立的，奖励给任何执行过 5 次飞行任务的军人或者军官。埃克和莱让惠勒回到美国，用接下来的 90 天将他收集到的影像制作成一部电影。“为了迎接爸爸，我建议帮凯茜好好梳洗一番，然后 222
让朱迪早早准备一下”，他给塔利发了一份电报。[②] 在和妻子及两个小孩说了再见之后，惠勒终于回家了。

他于 6 月下旬抵达纽约，刚好错过了朋友约翰·休斯顿的《来自阿留申群岛的报告》在现代艺术博物馆的首映。这次上映对于休斯顿来说是来之不易的胜利，他在差不多 6 个月前从艾德克岛回来。通讯部尚不清楚应该给予回到美国的休斯顿什么任务。在当年上半年，曾经有过关于拍摄一部讲述中国和缅甸的故事的宣传电影的讨论，让他和黄宗沾以及实地摄影小组部分成员进行监督。休斯顿预计会有命令传达过来，安排他 3 月到亚洲，但计划在毫无解释的情况下中止了，令他疑惑他的上司是否对他有些不满。[③]

1943 年前几个月休斯顿都忙于制作一部个人的电影，该电影的最终风格是在他自己想拍的关于阿留申群岛的电影和军队期待他拍的版本二者之间的明显妥协。《来自阿留申群岛的报告》的前几幕意在让观众们沉浸在一度让他心生敬畏的浓雾弥漫、冷峻自然的景观中。镜头在山峦、冰川、火山和持续不断的暴风前徘徊。休斯顿参考《中途岛战役》的手法，将战争描

① “Major Wyler Wins Medal,” *New York Times*, 1943 年 6 月 12 日。

② 威廉·惠勒写给塔利·惠勒，1943 年 6 月 4 日，引用于 Herman, *A Talent for Trouble*, 259。

③ 洛厄尔·梅利特写给山姆·史皮瓦克的信，1943 年 1 月 15 日，洛厄尔·梅利特文件，战争信息办公室档案，1446 号盒子，NA。

述成对自然的打扰；他自己为该片段配音，旁白台词夸张，几乎从来没有平缓过。他告诉观众关于“岛上鸟类的生活——食腐动物乌鸦”是这个“像月亮一样遥远而且并不比月亮肥沃”的土地上唯一不迁徙的动物，“这里对于人类的生存来说几乎毫无价值”。休斯顿对于这块贫瘠土地上光线的消逝总是很关注。之后他向观众介绍了这里的人和他们的任务，努力营造一种他在艾德克岛曾经历的那种与世隔绝、时间变慢的感觉。摄像机一边寻找着瑰丽而超乎想象的美（一名抱着吉他的士兵，一架战斗机在绚丽彩虹的映衬下在跑道上着陆），一边让观众看到和之前的激励人心的新闻短片不同的二战前线景象——一个安静、
223 遥远的世界，“司空见惯的军事礼节被朴实的平民生活取代”。即使有来自家乡的信件，但它们一般都已隔了很长时间。载有食物的船只驶来，但从来没有蔬菜。USO 的表演和户外电影让远离家乡的美国士兵们得到一丝宽慰，但这些活动从来到不了艾德克岛。休斯顿和大熔炉里面的人打招呼，包括“东部口音……得克萨斯州拖长的腔调、西部的鼻音和布鲁克林口音，会计、杂货店伙计、大学生和自耕农”，这一切的不同都因手头的工作被清扫一空。他将《来自阿留申群岛的报告》的前 20 分钟变成了一幅忧郁、充满诗意的肖像画，关于等待和守望，关于没有战争可打的美国战士们的寂寞和倦怠。

到了影片中段，休斯顿的语调和风格突变，让接下来的片段看起来像另一部电影，似乎就像是，在探索完自己的兴趣之后，他现在决定按要求拍摄。《来自阿留申群岛的报告》第二部分是关于冒险和成就的，看起来明显像早期的他写出来的故事脚本。勘察专家们学习空中侦察术并且选择他们的目标。炸弹被运到海湾，旁白提供关于这些炸弹的规格和火力的信息，

以及美国军队的准备工作。飞行员和投弹手——健壮的戴着头盔和护目镜的高手——对着镜头咧嘴笑。之后观众们迎来了电影的高潮，他们被带上了一次空袭任务。对休斯顿电影的定论是：它高效且充满活力，在某种程度上和个人风格无关——甚至连旁白也换了，休斯顿那充满个人特色的吓唬人的抑扬顿挫让位给了他父亲那更令人安心而且权威有力的声音，这个声音在那时已经为许多通讯部纪录片充当过旁白，以至于对大多数美国人来说他的声音是鼓舞人心的军队纪录片的默认声音。

休斯顿用一种优柔寡断的手法结束了电影——他不得不这样做，因为在他离开艾德克岛的时候，重夺基斯卡岛和阿图岛的任务并没有比刚到的时候有太大进展。但在 5 月，当他完成电影后，美军参与了一场激烈而持久的战斗，他们将日本帝国军队赶离群岛。500 名美国士兵牺牲，此外还有 250 名日军士兵死亡。当这场战争在 3 个星期之后结束时，盟军重新夺回了阿图岛。

整个月，美国人每天都在报纸上阅读着阿留申群岛前线的
新闻报道，热切地想知道军队的最新进展。突然，休斯顿那部 224
已经被通讯部和战争信息办公室忘记了的电影，成了自《中途岛战役》之后陆军部向电影院和观众提供的最振奋人心的“士气电影”。但梅利特再一次干涉了。阿图岛战争进入第一个星期，他观看了休斯顿的电影，向他的上司报告道：“人们应该会想看这部电影，而且应该有权利立刻去看——这是这场战争的真实新闻。”但梅利特觉得 45 分钟的长度不利于吸引影院负责人，因为他们自《战争序章》之后就明确表示，他们没有兴趣放映任何长于 2 部新闻短片的——也就是大约 20 分钟的——来自通讯部的东西。

梅利特乐于看到“轰炸基斯卡岛”的片段（实际上是在战争真正开始前的几个月中执行的几场小型任务的混合物）以及“美军岛上基地的建设工作”，但他觉得《来自阿留申群岛的报告》“过于戏剧化”，并且并不准确地把它称作“好莱坞和军队的混合产物”。此外，他不相信休斯顿有能力将自己的电影剪到要求的长度。梅利特已经亲自请求扎努克对影片进行剪辑，而扎努克也答应会尝试。但陷入了杜鲁门委员会听证会问题的扎努克准备离开现役军队，因此他“无法完成这次剪辑”。梅利特转而让自己的代表山姆·斯皮瓦克将休斯顿的电影剪成一部可以立刻在影院上映的短片。[①] 6 月，他手中已经握着斯皮瓦克的 16 分钟版本，并且请求苏雷斯将军允许向战争活动委员会放映，以便电影可以尽快在各电影院上映。梅利特告诉苏雷斯将军“这个版本必定比 44 分钟的版本更易在影院获得成功”。[②] 苏雷斯拒绝介入；知道自己电影面临威胁的休斯顿立刻采取行动，为纽约重要的评论家安排了完整影片的放映。苏雷斯告诉梅利特，评论家的反响“一致的好，而且我们认为完整的版本对故事的叙述非常重要”。[③]

225 休斯顿并非只是简单地向评论家放映了电影；他确保他们明白电影处于危险之中，需要他们立刻站在他那边。“美国军队在制作战争纪录片方面一直落后于它的英国盟军，现在可以赶上几步了”，《综艺》杂志在一篇相当有影响力的文章中说道，

① 洛厄尔·梅利特写给埃尔默·戴维斯和 Gardner Cowles Jr. 的信，1943 年 5 月 18 日，梅利特文件，战争信息办公室档案，1446 号盒子，NA。

② 洛厄尔·梅利特写给亚历山大·苏雷斯的备忘条，1943 年 6 月 22 日，梅利特文件，战争信息办公室档案，1431 号盒子，NA。

③ 亚历山大·苏雷斯的写给洛厄尔·梅利特的备忘条，1943 年 6 月 23 日，梅利特文件，战争信息办公室档案，1431 号盒子，NA。

这是发表的第一篇评论。这份杂志的评论家表达了他的忧虑：电影将会“面临战争活动委员会要求的大幅删减。那种长度基本无法保留完整版本中那精致、友好和充满人性的特点以及暗淡的背景之间的反衬，那是它的优势”。①

随着时间慢慢过去，电影局因其干涉和阻碍成为媒体愤怒攻击的对象。看过休斯顿版本的《纽约时报》的西奥多·施特劳斯（Theodore Strauss）表示，这样的耽搁是“可悲的”，并且为《来自阿留申群岛的报告》“无法在最好的时机上映”感到惋惜，他认为“渴求信息的公众一直受到恶劣的对待。2 个月以来至少已经有一部优秀的纪录片被扣了下来……因为一个应该在很短时间内就可以解决的分歧”。由于来自基斯卡岛和阿图岛上真实战争的报告受到了严格的审查，媒体尤其愤怒。“确实，这不是讨论功绩最好的时机或者地点”，施特劳斯写道，但他和其他很多人都认为，“好莱坞最优秀的年轻天才导演之一”休斯顿和摄影师雷伊·斯科德——休斯顿告诉了媒体他在 9 次飞行任务中的勇敢表现——都像公众一样受到了恶劣的对待。“诚实而具有才华的人能让我们离真实的战争更近，”他总结道，“但他们的努力在国内被缠绕上了官僚作风和无谓的争吵。”②

《来自阿留申群岛的报告》是洛厄尔·梅利特的最后一搏。他用尽了所有政治资本，失去了所有盟友。陆军部觉得他是一名蓄意破坏者。影院负责人厌烦了他那神圣的安抚，发现他是他们利益毫无效率的捍卫者。而对于电影公司来说，他是一个

---

① *Variety*, 1943 年 7 月 14 日。

② Theodore Strauss, “A Delayed Report – The Signal Corps's Fine Film on Aleutians Was Held up by Lamentable Argument,” *New York Times*, 1943 年 8 月 8 日。

渴望权力而独断专行的人，极其想要控制他们的电影，以及他们事业的规模和模样。梅利特一度提出要他们将产出减少一半
226 并且放弃双片放映制以节约资源，他们一直无法接受这个建议——直到发现根本没有人理会他的这个建议时，梅利特才不情愿地放弃了。①

虽然梅利特小气而笨拙，但他确实利用战争信息办公室的力量和影响力让很多好莱坞剧本向相对更进步、更国际主义的世界视角转变。梅利特的意图是好的，但往往因强硬的手段而被扣分。自同意掌管电影局一年半以来，梅利特恳求好莱坞和陆军部的电影制作人避免沙文主义，对于会在公众中引起种族仇恨的电影保持警惕，并且对后期重现等手法的道德问题进行了提醒，虽然这几乎没有用。到了 1943 年夏天，战争信息办公室成为那些质疑官方宣传成果的人的替罪羊，虽然梅利特依然纠缠在休斯顿事件中，但他的影响力已经开始慢慢坍塌。当国会为 1943 ~ 1944 财年进行预算批准时，电影局成了众议院共和党人和南方民主党人缔结同盟的牺牲品。部分国会议员认为罗斯福越级，利用他在新闻处的人脉为自己创造永久任期；其他人则认为战争信息办公室是共产主义的温床，会把它的意识形态渗透进任何它接触到的东西。在二比一的优势下，众议院投票通过要大幅削减战争信息办公室的预算，并且完全从电影局撤资。②

7 月，梅利特在办公室收拾东西，准备离开他那份没有薪

---

① Thomas F. Brady, "Government Film Chief on Hollywood Tour; Lowell Mellett Finds Opposition to His Anti-Double Bill Stand – Other Matters," *New York Times*, 1942 年 11 月 29 日。

② Allan M. Winkler, *The Politics of Propaganda: The Office of War Information, 1942 – 1945* (New Haven, CT: Yale University Press, 1978), 70 – 71.

水的工作，回到华盛顿做主席的行政助理。离职那天，梅利特最后一次尝试关心那被他称作“未竟的事业”的工作——提醒他的上司埃尔默·戴维斯，《来自阿留申群岛的报告》“本来可以在 4 月就上映的”，而且陆军部坚持放映完整版电影意味着只有“一小部分”观众会看得到。[①] 他是对的：虽然休斯顿的作品受到了广泛赞誉，但当它在 8 月与一部 B 级片《轰炸机之月》（*Bomber's Moon*）捆绑公映时并未获得成功，那时离基斯卡岛和阿图岛最后一次出现在新闻头条上已经过去 3 个月了。[②]
渴望在新闻短片中看到战争影像的美国公众对于付费去看这部 228
电影再一次表现得毫无兴趣。

虽然战争信息办公室依然在好莱坞露面，但它对于为通讯部工作的导演来说不再具有任何实际影响力了。梅利特离开后，二战的电影宣传失去了最接近监管者和调查官的代表。在接下来的两年，电影制作人将完全依靠自己的力量。梅利特常常提到的那个比任何其他东西都重要的问题——“这部电影会帮助我们赢得这场战争吗?”——将完全被忘记，电影宣传将会进入最黑暗、最麻烦的日子。

---

① 洛厄尔·梅利特写给埃尔默·戴维斯的备忘条，1943 年 7 月 9 日，梅利特文件，战争信息办公室档案，第 1431 号盒子，NA；以及“Mellett Drops out as OWI Film Head”, *New York Times*, 1943 年 7 月 10 日。

② Doherty, *Projections of War*, 113 - 115.

15 “如何在军队生存”

北非、好莱坞、佛罗里达州和华盛顿，1943 年夏天

231 二战期间军队宣传历史上最让人遗憾和丢脸的一幕——一个设计拙劣的项目耗费了 3 位导演的时间，连累他们在 3 个不同的大陆上陷入危险——而这一幕的开端也充满着不幸征兆。1942 年 11 月，达里尔·扎努克来到阿尔及利亚监督陆军拍摄北非军事行动，为了将得到好材料的概率最大化，他决定将手下的摄影师分成不同的小分队，分别派往不同城市。除了福特以外，扎努克手下最有经验的好莱坞导演是安纳托尔·李维克，而他也得到了最称心的一项工作：他是第一个被派往卡萨布兰卡的电影制作人，巴顿将军带领 3.5 万名美军登陆当地并开展了火炬行动。在这场战役中，盟军成功控制了由傀儡维希政府占领的港口城市。对于扎努克试图制作的纪录片来说，卡萨布兰卡之战非常重要，它不仅是重夺摩洛哥、阿尔及利亚和突尼斯的开场战役，而且是自战争开始以来盟军最惊人的力量展示。巴顿将军和他的队伍将会为电影人首次提供真实机会，让他们得以向国内的观众展示美军地面部队在攻击时的优势。

232 虽然事后扎努克被批评只派了一小队人到卡萨布兰卡那样重要的地方，但在摄影资源相对有限的情况下他已经尽力了。巴顿将军的部队到达之时，超过 7 万人的地面部队、突击队员和伞兵也从阿尔及利亚的 4 个地点登陆，每一支力量均在东边

数百英里处。扎努克不想错过任何一项重要部署。而当天，卡萨布兰卡这个地方的摄影人员恰好拍到了最生动而吸引人的画面。和其他为扎努克工作的人一样，李维克也使用了一个配备了柯达彩色胶片卷的16毫米手持摄像机拍摄——它够轻，使用简便，而且可以快速再启动，适合用来捕捉长时间战斗和突然交火的画面。在夺回城市、军队开始向东移动后，李维克立刻将他和同伴拍摄到的所有短片胶卷打包好，放到一艘向欧洲方向航行的海军运输船上。李维克离开船只，到达岸上后不久，这艘运输船被德军鱼雷击中沉没，所有胶卷都丢失了。[①]

多年后，不少当年参与这次最大也是最认真安排的、为军事宣传目的而重演北非行动的项目中的人声称，他们之所以决定伪造相关短片是因为不敢向罗斯福承认当时只派了2名人员前往卡萨布兰卡进行拍摄。[②] 但他们似乎并没有努力要向白宫隐瞒这个事实：扎努克在他于1943年出版的书《突尼斯探险》中对于李维克资料的损失直言不讳，而在那部反响平淡的纪录片《北非前线》中，他对于自己没有巴顿将军登陆摩洛哥的片段这一事实也并没掩盖。几星期前美国公映了《沙漠的胜利》，一部由英国版本的战争信息办公室——信息部——属下的英国陆军电影小组制作的纪录片，它进一步突出了通讯部的总体表现欠佳。第一次看到这部英国电影时，评论家和观众都震惊不已，自战争以来他们从没有通过美国电影人的作品看到过如此

---

① 达里尔·扎努克的日记，1942年11月17日，重印于 Darryl F. Zanuck, *Tunis Expedition*（New York: Random House, 1943）, 70。

② 约翰·休斯顿在 *An Open Book*（New York: Alfred A. Knopf, 1980）中讲述了这个故事，另一相关资源来自 Brigadier General William H. Harrison, Joseph McBride, *Frank Capra: The Catastrophe of Success*（New York: Simon & Schuster, 1992; revised 2000）, 483。

令人激动而及时的东西。《时代周刊》把《沙漠的胜利》这部展现向突尼斯推进的电影称为“关于这部战争实际战斗情况的最好电影”，而它强调了英国战斗力量这一点也可以理解。[①] 此外，《时代周刊》的评论家詹姆斯·艾吉在《民族周刊》中再
233 次表达了他的赞许，他写道：“没有任何一个镜头因其戏剧化、重新处理或者过于感情化而影响了它的……华美。”这部电影，他写道，相当于“一本绝佳的教科书，教导如何拍摄非虚构战争电影”，明显暗示美国的战时电影人应该以此为机会向更好的例子学习。[②]

《沙漠的胜利》不仅是作为电影接受这些赞誉，更作为战士得到这些称颂。“在拍摄过程中受到的损失，”戴维·拉德纳（David Lardner）在《纽约客》中写道，“或许可以因它带给盟友们的信心而得到补偿……至少对外行人来说，它展示了这一点，那就是在设备和时间方面都做好充足准备后，这个国家可以完成一个极好的项目。”[③] 这部电影审慎地使用了重演手法来表现开往利比亚的托布克路上的重要时刻，但它如此让人兴奋，以至于大多数评论家都愿意忽略这一事实。“吹毛求疵的人当然可以从这部以100%真实战争片段作为卖点的电影找到批评之处，但对一些人来说，对任何熟悉电影制作的人来说，这种挑剔明显不当，”《综艺》杂志评论家写道，“毕竟，应该考虑的是它的总体效果。”[④]

对于那些负责军队电影制作的人来说，后果是双重的：《沙

---

① “The New Pcitures,” *Time*, 1943年4月12日。

② *Nation*, 1943年5月1日。

③ David Lardner, “The Current Cinema: Westward Ho!” *New Yorker*, 1943年4月17日。

④ *Variety*, 1943年3月31日。

漠的胜利》的成功，带着它那震耳欲聋的夜间战斗声音、一排排士兵在沙尘中行进、可怕的德国空军轰炸，进一步证明英国在战争电影的质量和影响力方面继续胜过美国；更不利的是，它还暗示如果美国陆军不提高自己电影的质量，美国观众心中留下的印象将会是英军带领着盟军为赢得这场战争而努力。这部值得让他们骄傲的、以英国为中心的《沙漠的胜利》集中强调了第二场战役——埃及的阿拉曼战役，这场战役于1942年11月以盟军取得胜利告终，而当时美军还没有抵达；相比之下，扎努克的电影未能为美军力量在该地区的领导做出相似的展示。就陆军部来说，宣传行动停留在这个水平是不可接受的。他们需要制作第二部电影——当然不是由扎努克——来展示美军领导盟军在突尼斯夺得胜利的景象。

为了实现这个目标，通讯部找到了卡普拉。扎努克的电影
上映时，卡普拉正追求着公众的认可，而他清楚单凭《我们为 234
何而战》系列电影，他不可能得到他想要的。在某些方面来说，卡普拉的队伍从没有这么强大过。虽然他想要《我们为何而战》的每一部分都可以在影院上映这个愿望随着《战争序章》惨淡的票房而破灭了，但剩下的三部现在都已经完成制作而且正在为新入伍的士兵播放。此外，考虑到之前拍摄的成本如此之低，一年前定下的计划总体实施得不错，卡普拉为停滞了最久的项目中的两个——《黑人士兵》和《认识你的敌人——日本》——安排了一队全新的作家和导演来构思新的表现手法。此外他还开始了一部新闻短片的制作，最初取名为《战争》（*The War*），很快又改名为《陆海军电影杂志》（*Army-Navy Screen Magazine*），这部短片将会在接下来的2年内，每2个星期为世界各地的美国士兵提供最新的军事资讯和国际新闻，直

到在欧洲的战争结束。

卡普拉还一时兴起，构想并委托制作了最终变成当时在战时为军人制作的最受欢迎的系列训练片。抵达华盛顿后不久，他委派手下一名作家为一部名叫《嘿，士兵!》（*Hey, Soldier!*）的短片起草一份轻快的剧本，在短片中一位爱抱怨的士兵将会被用来说明各种军队规则和条例的重要性。这部电影从来没有被制作出来，但士兵们对于《我们为何而战》中动画的反应给卡普拉提供了灵感，他将《嘿，士兵!》重新构想为一部卡通片。他想出了一个叫“斯纳夫”（SNAFU）的角色，一名爱抱怨、天真且能力低下的美国士兵，这个角色将会在接下来的黑白卡通短片中饰演主角，一般是作为灾难性的负面例子，而且不止一次以他的死亡而结束。斯纳夫将会让年轻士兵们知道保守秘密的重要性和信件监管的必要性，以及疟疾、性病、懒惰、八卦、陷阱和毒气的危害。

为了监督这个系列短片的编写和制作，卡普拉从纽约招募了一名社论漫画家，后者之前一直为一份左翼报纸 *PM* 画辛辣的讽刺漫画。西奥多 · S. 盖泽尔（Theodor S. Geisel）——后
235 来更为人熟知的名字是苏斯博士（Dr. Seuss）——在 1942 年年初便引起了卡普拉的注意，当时盖泽尔将孤立主义者——参议员拉尔德 · 奈伊，盖泽尔最喜欢的目标之一——画成一个实实在在的傻瓜。盖泽尔是一个极其亲罗斯福的德裔美国人，他的单格漫画准确无误地展现出他在伤害人的同时让人大笑的能力。他那毫不留情的寥寥几笔足以将希特勒变成一个乱发脾气的婴儿，而孤立主义则被缩小成一只骨瘦如柴的小鸟，它在珍珠港事件之后被吹到了英国。在众多令人印象深刻的作品中，查尔斯 · 林德伯格变成了一只鸵鸟，一头埋进沙子里，他的屁

股——有时候用一些贬低的信息装饰着——在微风中震颤。[1]

卡普拉派了他的作家之一莱纳德·史匹杰盖斯到纽约去招揽盖泽尔，然后史匹杰盖斯传回了这样的话：“他有很好的头脑，而且在我看来他远远比一名卡通画家有用。”[2] 毫无动画或者电影拍摄经验的盖泽尔在纽约被宣布成为一名上尉，并被带到了西边的福克斯堡，在那里卡普拉带他在动画制片厂内绕了一圈。他们最后在一堆剪辑工具前停下来。“他带我转了一圈，”盖泽尔说道，“然后他说的最后一件事是，‘这些，上尉，是声画编辑机’。我问道：‘什么是声画编辑机?’他挺突然地看着我，然后说：‘你会知道的。’”[3]

迪士尼和华纳兄弟竞争制作斯纳夫短片，但迪士尼坚持要对人物和图像保留权利，华纳兄弟没有坚持，但它胜出了。在这次历史上极其恰当的组合中，卡普拉将盖泽尔和一位30岁的动画家查克·琼斯（Chuck Jones）组成一个队伍。[4] 在之前的几年，琼斯一直在《梅里小旋律》系列短片中创造一个名叫埃尔默·福德（Elmer Fudd）的新人物。在每一部新卡通片中他都在优化埃尔默的外表，并且试验性地给予他不同的声音。和盖泽尔一起工作的时候，他选用了一些早期的画，将福德变成士兵斯纳夫。

《士兵斯纳夫》由梅尔·布兰科（Mel Blanc）为角色配音，盖泽尔写初稿，加上一队动画片导演合作制作，当中除了琼斯，

---

① Judith Morgan and Neil Morgan, *Dr. Seuss and Mr. Geisel: A Biography* (New York: Random House, 1995).

② 莱纳德·史匹杰盖斯写给弗兰克·卡普拉的信，1943年1月4日，FCA。

③ McBride, *Frank Capra*, 474-475.

④ *Frank Capra's the War Years: Two Down and One to Go* 视频的补充纪录片（RCA/Columbia Pictures Home Video, 1990）。

还有弗立兹·弗里伦（Friz Freleng）、弗兰克·塔许林（Frank Tashlin）和鲍勃·克兰皮特（Bob Clampett）。[①] 总共26集的系列短片将会在接下来的18个月全部制作完毕。它将会成为为通讯部制作过的电影中最有趣和毫无疑问最不修边幅的原创电影。和平主义者曼罗·里夫（Munro Leaf）那本畅销的儿童绘本讲
236 述了公牛费迪南德的故事，它被广泛视作一个反战寓言。他本人也参与了这一系列短片的创作，而盖泽尔和琼斯从他那里得到了极大的帮助——曼罗建议他们，如果想引起美军士兵们的注意，应该“令它生动”——然后保持下去。[②] 这一处理方法在第一集中就得到了很好的体现：斯纳夫的名字SNAFU“意味着没什么大不了的事都给搞得一塌糊涂”，旁边说道，而且在“一塌糊涂”前面滑稽地停顿了一下，这一切永远不会符合《电影制片法则》或者洛厄尔·梅利特的要求。盖泽尔和琼斯利用观众都是成年男性这一事实获得了许可，解除了电影遇到的每一个障碍，而卡普拉也把他的祝福给予了他们。第一套斯纳夫短片介绍了当中的主要人物——一个总希望事情会有所不同的士兵和他那童话般的教父。电影“制作精良，为第一等级”，每一集制作费约为2500美元。电影随着具有苏斯式节奏感的旁白发展，有一种《格林奇偷走圣诞节》（*How the Grinch Stole Christmas*）初稿的感觉，当中包含了如“见鬼”和“该死的”等词，一闪而过的裸露画面，滑稽可笑的笑话，厕所幽默，还有一些连制作者也不敢相信能通过的台词。“外面冷得能让一

---

① Phlip Nel, “Children’s Literature Goes to War: Dr. Seuss, P. D. Eastman, Munro Leaf, and the Private SNAFU Films (1943 – 1946),” *Journal of Popular Culture* 40, no. 3 (2007).

② Michael Birdwell, “Technical Fairy First Class,” *Historical Journal of Film, Radio and Television* 25, no. 2（2005年6月）。

辆吉普车冻得掉链子!”盖泽尔大胆地写出这样的台词给了琼斯，琼斯毫不迟疑地画出一格画，上面一辆冷得发颤的军事运输车的车轱辘掉了。[①]

卡普拉一度收获了胜利——斯纳夫短片首次在他团队制作的2周一次的新闻短片中出现，便在全世界的美国士兵中大受欢迎——但他越来越不满足于自己的战争输出仅限于穿军服的人看的电影。然后他收到了一封来自鲍勃·赫勒（Bob Heller）的信，后者此前曾为《我们为何而战》撰写过部分剧本，现在正在阿斯托里亚为军队进行后期制作等工作。“我猜你已经看过《沙漠的胜利》，”赫勒写道，“我们认为它是这场战争中最优秀的纪录片，可能你会同意我们的看法……如果在美国的我们也可以如此有效地利用战争片，那就会是我们最好的服务方式。”[②] 失去卡萨布兰卡资料的危机，以及通讯部和英格兰之间越来越激烈的竞争为卡普拉提供了一个机会。他将赫勒的话视为挑战，卡普拉要拍摄一部以公众为目标观众，重要的故事片 237
长度的纪录片，而他也决定了，如果通讯部没有这场已经结束的北非军事行动的足够好的战争片段，他们就伪造出来。

他找来团队精英中最好的两人来负责这项工作。乔治·史蒂文斯依然在阿尔及尔，疑惑着自己为什么走了这么远来到这里拍摄一场已经结束的战争。在那里以及在埃及，他几乎没什么好拍的——家庭电影式的镜头拍摄着士兵们游泳，明信片图像式地展现动人的景色、洞穴和雕刻，新闻短片式地偶尔记录着升旗仪仗队、衣着检查或者奖章展示。在过去的几个星期里，他除了观察英美军队不同的军事行动风格外无事可做，而他并

① Morgan 和 Morgan, *Dr. Seuss and Mr. Geisel.*

② 鲍勃·赫勒写给弗兰克·卡普拉的信，1943 年 4 月 1 日，FCA。

不是唯一觉得英军比美军更熟悉该地区的人。“我们的……军服就像威奇托的基瓦尼俱乐部会用的外出服……没有什么是运作良好的，”他在日记中写道，“如果我们稍稍向英军学习一下，我们的穿着会更合时宜。”懒散又毫无方向感的史蒂文斯不断给家里写信，和他的同伴们计划喝酒派对。“买了 4 品脱玛姆香槟和 1 品脱干邑白兰地，白兰地花了 7 美元。很贵，但最近我花的钱一直很少——而且那些男孩想在星期四晚开一个派对，我将会贡献（香槟）。白兰地我留作‘医疗用品’。”①

6 月 4 日，收到卡普拉办公室的命令时，史蒂文斯正在高级官员食堂。“他让我把我们团队组织起来，拍摄一些重新排演的场景，用来完成非洲突尼斯行动那部电影。”史蒂文斯写道。事实上，他们手头几乎没有任何好一点的材料可以用来完成这部电影——最好的都已经用在了扎努克的电影当中——而重新布置将需要调用大量军队和物资。“我们需要用到一些步兵部队和 5 辆坦克，”史蒂文斯写道，“一些配备了 75mm 地炮的装甲车、巡逻车、吉普车和其他必需的车辆来模仿实际战斗场景。我们准备在接近水域的地区拍摄，那样炮火就可以落到海中。”②

在接下来的一个星期，史蒂文斯开始组织想法，考虑重演的战争场景在每一个镜头和场景中应该怎样展现，开始拍摄并
238 且在日记中记录每一天的工作。在阿尔及尔，他挑选了威廉·梅洛（William Mellor），一名在军队没有得到重用的优秀好莱坞摄影师——“他们不知道应该把他派去宪兵部队还是炊事班之类的队伍”，史蒂文斯说道（梅洛在战后将会继续凭借他

① 乔治·史蒂文斯日记，2 号笔记本，1943 年 6 月 1 日，GSC。
② 乔治·史蒂文斯日记，2 号笔记本，1943 年 6 月 4 日，GSC。

的好莱坞电影赢得两个奥斯卡奖)。[①] 为了替卡普拉拍得他想要的动作场景，这两个人拍摄“破烂的村庄被炸得更破，坦克驶进村庄”。当地的人“在你乘坐着吉普车穿过村庄的时候总是尖叫”，他回忆道，“无论是在战争中，还是战争结束后都一样”。史蒂文斯并非简单地重现向阿尔及利亚进发的场景，他将一些英军做的事换成了美军的功绩。“我们让坦克驶过水面，就像英国第七装甲师此前阻断德军时所做的那样（他们在陆地上设置了路障，阻止坦克驶过)，他们当时就让坦克驶进了水中”，史蒂文斯回忆时补充道，这样做是因为激烈的战时宣传竞争给我们上了现实一课。“我们……学会了一点如何在军队中生存的知识。”[②]

史蒂文斯丝毫没有掩饰自己要重演战争场景的意图，对于当时有电影制作经验的人以及眼光锐利的观众来说，要看出重演是很容易的事。他的作品构图完美，摄影师似乎总在士兵之前踏进战斗区，而士兵们也在小心地从镜头右边移到左边，煞费苦心地要找准一个位置。每当有爆炸，相机都能完美捕捉到画面，而图像也不会晃动，因为摄影师根本没有受到惊吓（甚至有时正在行进的部队也忘了做出反应)。大多数场景都由史蒂文斯和梅洛同时从不同角度拍摄，有时候在有些镜头中还可以看见另一部摄像机。[③]

史蒂文斯用了2个星期来为卡普拉拍摄，但他对工作并未十分热情。在阿尔及尔，他对他的上司上校梅尔文·吉莱特

---

① 乔治·史蒂文斯于1974年接受的采访，Paul Cronin, ed., *George Stevens Interviews* (Jackson: University Press of Mississippi, 2004), 113。

② 乔治·史蒂文斯于1967年接受Robert Hughes采访的片段，未编辑版，3677号文件，GSC。

③ 乔治·史蒂文斯未剪辑的二战片段，第6卷，美国国会图书馆。

（Melvin Gillette）产生了一些抵触情绪。吉莱特是通讯部一名有15年经验的老兵，但史蒂文斯觉得他不可信而且不太聪明。史蒂文斯极其渴望对自己的战争摄影师队伍拥有自主权——类似
239 于福特的实地摄影小组——但他通过寄往华盛顿的便条游说奥斯本将军的做法并不成功。他相信正是吉莱特的过度谨慎导致了要重演战争场景，觉得是他让史蒂文斯及通讯部的其他通讯员在战争结束之前无法接近真实的战斗。“虽然吉莱特同意让我按照我的方式进行拍摄，”史蒂文斯在日记中写道，“但我不相信他。”他补充道，部队“会给我们一切，（除了自由）”。史蒂文斯耐心地向吉莱特解释道，让他接近实际交火前线不仅可以为军队提供更好的影像资料，减低他们要进行场景重现的概率，而且如果有需要的话，可以让他制造出更真实的重现场景。“我们可以通过和军队一起行动，然后回来利用下一波人员模仿这次行动来拍摄最伟大的战争电影。后来我希望我没有告诉他这个厉害的伎俩，”史蒂文斯在他的日记中坦诚道，“但他似乎笨到看不出其中的价值。”①

史蒂文斯给卡普拉寄去了他拍摄的所有片段，但他无法再忍受待在北非的不愉快的时光了。当让他出发到伊朗的命令传来时，他兴高采烈。“第25天——从阿尔及尔逃离”，他写道。② 史蒂文斯花了2个星期通过陆路抵达他在阿尼米斯卡的下一站，一个在伊朗－伊拉克边界附近的小镇，在过去两年这里一直作为难民逗留的小站，当中大多数是女性，从自己的国家逃出来，现在在等候安全地前往印度或者南非的机会。在阿尼米斯卡，幸运的人可以通过洗衣服或者在食堂工作挣得一些

① 乔治·史蒂文斯日记，15号笔记本，1943年6月14日，GSC。
② 乔治·史蒂文斯日记，15号笔记本，1943年6月16日，GSC。

钱，不幸运的人则成了妓女。性病肆虐。史蒂文斯离开美国开始为军队服务已经有半年了，但这次是他第一次看到战争给人类造成的伤害，而他并不慌张或者排斥。他描写自己进入了“一个污秽的小村庄，孩子会跟着你，一直哭喊着要小费，而老太婆则会在你经过的时候用手抓着你……要尽量避免和他们接触，因为他们身上都有虱子带来的斑疹”。[①]

阿尼米斯卡也是美军和英军进行生意交易的十字路口，他们几乎不和村民或者俄罗斯人交流，俄军的军队物资护送队常常经过这里。史蒂文斯觉得那里并没什么是特别协调或者有效
的。“货车刚刚才组装好，车门上用粉笔标记着有什么东西坏 240
了，”他写道，“门上有一句直接写了‘糟透了’。这是适用于两支军队的形容词，英军和美军。”[②] 在当地有些方法可以消磨时间——晚上，军官们会喝酒，有时候加入士兵去看迟来的电影，像《复活岛》（*Wake Island*）和《青山翠谷》[③] ——但对于史蒂文斯来说，目前为止他在这场战争中唯一实际的任务就是为卡普拉伪造片段，因而在新的伊朗前哨站，他的毫无目标感进一步加剧了他的挫败感。

“好吧，”他在日记中写道，“我在这里6个月了……我需要这些经历来寻找我在新环境下要完成工作可能遇到的困难……现在，重新再来吧。”[④] 那个7月，在写给自己的便条上，他第一次列出了自己的目标。一个目标是要向在家中的观众们准确地展示军队正在做什么——“如果你买过那么一些战

---

① 乔治·史蒂文斯日记，未标记序号，1943年7月8日，GSC。

② 乔治·史蒂文斯日记，未标记序号，1943年7月8日，GSC。

③ 乔治·史蒂文斯日记，15号笔记本，1943年7月16日，GSC。

④ 乔治·史蒂文斯日记，未标记序号，未标明日期，但明显是在1943年7月，GSC。

争债券，这是我们的表演。这就是你们付出的金钱的回报。”相比其他大多数的导演来说，史蒂文斯更加相信他的责任之一是要让美国人准备好战后生活。他觉得通讯部应该“通过分享士兵们的经历让平民做好准备，与离开他们去参军的人重新恢复关系”，以及“帮那些遭受丧亲之痛的人（原文如此）更容易接受这些伤亡”。但他相信要实现这些目标，唯一的方法就是尽快将真实的战争片段在荧幕上展示出来。“为那些英勇奋战的人建立一座电影胶片纪念碑，”他在给自己列的一串指示中写道，“展示这场战争。”①

史蒂文斯越来越确信在华盛顿没有任何一个人，包括卡普拉，拥有足够的知识来判断在地面应该拍摄什么；他重演战争场景和伪造军队前进的经历让他相信通讯部严重错用了它从好莱坞招募来的人员。“放弃我个人的电影项目，尽我最大能力来为这场战争拍摄电影”，他在准备给奥斯本将军寄去的信的草稿中写道。史蒂文斯提醒这位将军，他早期在西部的工作经历已经让自己成了“一名执行过最艰难的户外项目的摄影师……25年的经验在为这项工作做准备。现在我准备好了”。② 他告诉卡
241 普拉的上司莱曼·曼森，通讯部是一个缺乏组织、蹒跚学步的机构，“我们应该去（西西里的潘泰莱里亚岛）拍摄枪支和炮台的损毁——展示我们炮火造成的巨大损害”；而事实却与之相反，“我们等着更高级的人来告诉我们该做什么。但我们从未被告知，因为我们的上一级并不知道该告诉我们做什么。美国人

① 乔治·史蒂文斯日记，未标记序号，未标明日期，但明显是在1943年7月，GSC。

② 乔治·史蒂文斯写给奥斯本将军的信的草稿，未标明序号、未标明日期的日记，GSC。

拍摄电影的强大能力”，他总结道，“在我们为战争而努力的过程中丢失了”。[①]

他的抱怨被忽略了。在华盛顿，卡普拉依然固执地要将盟军在突尼斯的胜利变成一部故事片，但史蒂文斯的工作只帮他完成了一半。为了完成这个项目的下一步，卡普拉找到了约翰·休斯顿。休斯顿当时正在纽约过夏天，除了和玛丽埃塔·菲茨杰拉德公开调情和争取《来自阿留申群岛的报告》在电影院的上映以外无所事事。卡普拉告诉他是时候回到工作中了，并将休斯顿和曾和他一起在艾德克岛逗留的中校杰克·陈纳德（Jack Chennault）一起召集到华盛顿。[②] 这两个人被告知他们的新任务是重演盟军在突尼斯行动余下的镜头，但不离开美国。

休斯顿和陈纳德一开始飞到了加利福尼亚州南部的莫哈韦沙漠，这是卡普拉可以找到的看上去最像突尼斯的地方。他们收到命令要“‘制造’一部关于北非行动的电影，并且要快”，休斯顿写道。[③] 卡普拉和他们同行并且监督他们沿途的每一步，他们进入了被称为沙漠训练中心的军事基地，很多美国士兵在被派往北非之前都要来这里接受训练以便熟悉沙漠环境；此外，军队亦利用这个中心来对仪器进行测试并且演练战术行动。休斯顿得到了大量的“临时演员”——尚未被派往国外的美国士兵——并且告知他们要开始拍摄了。“我们让军队在假的火力攻击下在山脉之间爬上爬下，”他说道，“最假的那种。”当休斯

① 乔治·史蒂文斯写给莱曼·曼森的信的草稿，未标明序号、未标明日期的日记，GSC。

② 陈纳德是美国陆军航空部队重要将军克莱尔·陈纳德（Claire Chennault）的儿子。陈纳德将军因带领飞虎队作战而成了美国英雄，并且因在珍珠港事件后不久的第一次和日军交战时击落了 4 架日军飞机而得到广泛认可。

③ Huston, *An Open Book*, 102 - 103.

顿专注于拍摄地面军队时，陈纳德被允许控制一些 P－39 战斗机——一种低海拔、单引擎战斗机。他让这些飞机飞到空中投
242 下炸弹、用机枪扫射沙漠，而摄影机则在一旁拍摄。军队为休斯顿提供了一些仿制坦克——金属框架上面覆盖着涂了颜色的帆布——然后他从一段距离以外拍摄陈纳德的飞机轰炸空坦克。①

之后卡普拉和休斯顿回到纽约进行电影的制作工作。休斯顿在这座城市就像回到了家，他过着花花公子般的生活，和离开好莱坞之前的生活几乎别无二致：他白天去和朋友碰面，或者偶尔到陆军在阿斯托利亚的总部露露面，晚上则在夜总会度过，夜里要不在圣瑞吉斯，要不在富有的朋友坐落于林荫大道的公寓过夜。而不得其所的卡普拉则急于尽快完成这部电影。“这项工作越来越复杂，”他给露西尔写道，“看起来我们一直停滞不前……在这种闷热的天气你似乎永远做不完什么事……那些女人发现了约翰·休斯顿逗留的地方。他们不得不（为了他）搬出来才能完成工作。她们就这样闯进来然后控制了这个地方……我讨厌这里和所有人。”②

一个星期后，卡普拉让休斯顿拍摄前者委派过的最精心设计的重演镜头。这一次目的地在佛罗里达州的奥兰多，在那里休斯顿将和从阿尔及利亚回来的比尔·梅洛（Bill Mellor）合作，模拟强大火力轰炸轴心国在北非的筑垒，以及盟军和德军飞机的空中作战场景。“我设计好了，战斗机——按设定是德军的——会和我们摄影机所在的轰炸机离得非常近，近得你几乎辨认不出来，”休斯顿后来写道，“感谢上帝，并没有伤亡！……轰炸机上

① Huston, *An Open Book*, 102－103.

② 弗兰克·卡普拉写给露西尔·卡普拉的信，1943 年 7 月 17 日，FCA。

的人在流血，他们在某几个时刻几乎把攻击的飞机击落了。我的摄影团队成员对此不知所措。我记得我向我的首席摄影师大喊：‘他们正从 2 点钟方向飞过来！’然后我看见他看了一下自己的手表。”①

休斯顿知道自己正在拍摄的东西是“垃圾”，并且以一种看待笑话的方式来对待它。“回望这一切，它真是荒唐极了，不好意思，我一直意识到它的不合理。但弗兰克真的是严肃认真地想要从中制作出一部不错的电影，而且……他非常善于隐藏他的诡计。”②

8 月，《突尼斯的胜利》（*Tunisian Victory*）的后期处理工作即将在纽约完成，卡普拉和休斯顿被召回华盛顿，与陆军部以及军队公共关系局的苏雷斯将军会面。③“我们见了面，一起看 243
了一下材料，这些材料让我觉得非常丢脸”，休斯顿说道。然后他和卡普拉得到了一个坏消息：他们拍摄的这部电影将不仅被用来欺骗公众，而且要被用来欺侮美国最亲密的盟军。军队得到消息，英国人正在制作《沙漠的胜利》的续集，名叫《解救非洲！》（*Africa Freed!*），而且制作已经到了最后阶段，因此《突尼斯的胜利》无可避免地将会被用来做比较。苏雷斯告诉休斯顿和卡普拉，他们的下一个任务是让英国人为了和美国的合作项目而放弃他们自己的电影。作为诱饵，他们被告知要利用他们刚刚在加利福尼亚和佛罗里达拍摄的东西来展示通讯部可以提供的高质量资料。“英国人听说我们有北非行动的资料，”休斯顿说道，“而且我们是盟军，把它变成英美联合制作

① Huston, *An Open Book*, 102 – 103.

② McBride, *Frank Capra*, 484.

③ 弗兰克·卡普拉写给露西尔·卡普拉的信，1943 年 8 月 16 日，FCA。

的项目难道不是让联系更加紧密、显示双方友谊的最佳表示?”[①] 1943 年 8 月，卡普拉收到命令，让他放下管理第 834 通讯服务摄影队的全职责任，全力投入这项任务。卡普拉把他的管理工作交给安纳托尔·李维克，准备离开华盛顿。几天之后传来命令，命令要求卡普拉和休斯顿带着他们的电影前往伦敦，和英国陆军电影小组交涉，以求达到目的。

---

① McBride, *Frank Capra*, 484.

/ 乔治 · 史蒂文斯（中）和他的儿子小史蒂文斯（左），以及迪米特里 · 迪奥姆金出席《巨人传》首映式。//

/ 威廉 · 惠勒。/ /

/ 约翰 · 福特站在自己的肖像画和自己所获得的奥斯卡小金人前（约 1946 年）。他共获得 4 次奥斯卡最佳导演奖，至今仍是获得该奖项次数最多的人。//

/ 弗兰克·卡普拉（20 世纪 30 年代）。/ /

/ 弗兰克 · 卡普拉在《史密斯先生到华盛顿》的片场研究剧本（1939 年）。他是当时好莱坞收入最高的导演。/ /

/ 中途岛战役中，美国“约克城”号航空母舰（CV-5）左弦及中部被日本“飞龙”号航空母舰舰载飞机投掷的91型空投鱼雷击中（1942年6月4日）。/ /

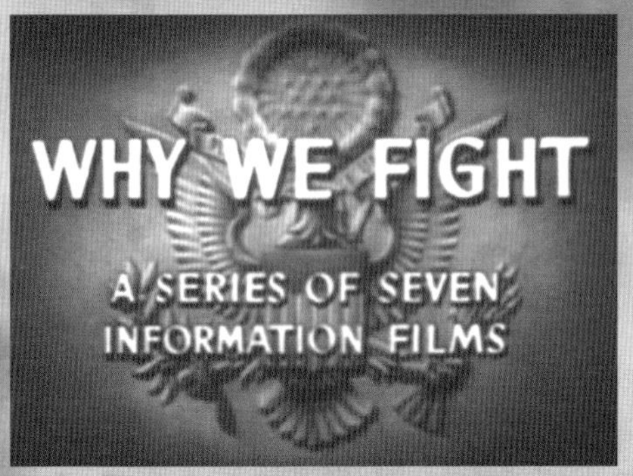

/ 身为陆军通讯部少校的卡普拉正在为军方剪辑电影（约 1943 年）。（上图）/ /

/《我们为何而战》。（下图）/ /

/ 福特和实地摄影小组的部分成员。在珍珠港事件发生之前，他对小组成员进行训练以便在海军的拍摄小队里执行任务。/ /

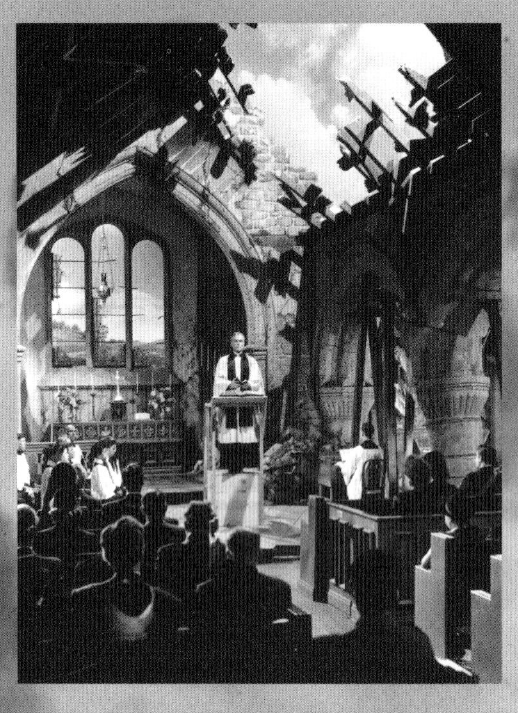

/ 惠勒和演员亨利 · 威尔科克森（中）重写了《忠勇之家》中战争开始后牧师布道词的高潮部分，使其更像一个鼓舞人心的丘吉尔式的参战演说。/ /

/ 德克萨斯州州议员马丁 · 戴斯是最先声称好莱坞被共产主义者控制而寻求并且获得了公众注意的政治家之一。/ /

/ B-17 “孟菲斯美女”号飞行堡垒在英国一个空军基地成功执行了 25 次任务后返回美国。电影《孟菲斯美女号》的音轨是在好莱坞工作室内录制的，但所有的空中作战片段均由惠勒及其团队于战斗时拍摄。/ /

/ 休斯顿（左）和与他共同编写《锦绣山河》剧本的沃尔夫冈·莱恩哈特、埃涅阿斯·麦肯齐，还有制作人亨利·布兰克。这是他首次尝试政治片。//

/ 虽然《圣彼得罗之战》是以战争纪录片形式播放给观众的，但电影中所有的战斗场景均是场景重现。/ /

/ 史蒂文斯与凯瑟琳 · 赫本在《小姑居处》的片场（1942 年）。战后凯瑟琳 · 赫本催促史蒂文斯重新执导喜剧片，但他再也没有拍过。（上图）/ /

/ 凯瑟琳 · 赫本在《小姑居处》中的剧照。（下图）/ /

Photograph of bearer

DEPARTMENT OF STATE
WASHINGTON

4

This Special passport is valid only for travel in the countries designated and in connection with, and for the duration of, the official business indicated herein. If the travel on official business for which this passport is issued extends beyond 2 years the passport is subject to renewal.

This passport to be valid must be submitted to the Department of State for endorsement after each return of the bearer to the United States.

SEE PAGES 6, 7, AND 8 FOR RENEWAL, EXTENSIONS, AMENDMENTS, LIMITATIONS, AND RESTRICTIONS.

5

IMPORTANT

The person to whom this passport is issued must sign his name on page three immediately on its receipt. The passport is NOT VALID unless it has been signed.

The bearer should also fill in blanks below as indicated.

WAR DEPARTMENT
Bearer's address in the United States

ROOM 2E-590 PENTAGON BLDG.
ARLINGTON, VA. U.S.A.
Bearer's foreign address

IN CASE OF DEATH OR ACCIDENT NOTIFY
MRS. YVONNE STEVENS
Name of person to be notified

4300 FORMAN AVENUE
Exact address

NORTH HOLLYWOOD, CALIFORNIA
U.S.A.

Should you desire to obtain a new passport after this passport shall have definitely expired, this passport should be presented with your application for a new passport.

№ 28183

Special Passport

United States of America
Department of State

I, the undersigned, Secretary of State of the United States of America, hereby request all whom it may concern to permit GEORGE COOPER STEVENS a citizen of the United States, safely and freely to pass and in case of need to give to HIM all such aid and protection as would be extended to like citizens or subjects of Foreign Governments resorting to the United States.

S 16950

/ 史蒂文斯的军事护照。他是五位导演中最后一个参与战争的，也是最后一个回家的。/ /

/ 美国士兵和巴黎民众庆祝巴黎解放，史蒂文斯（中，未佩戴头盔）及欧文·肖（前排右边）。//

/ 史蒂文斯在达豪集中营拍摄的片段中包括多名被释放囚犯对着摄影机直接做出证词的场景。（上图）/ /
/ 史蒂文斯用彩色胶卷记录了很多纳粹对犹太人犯下罪行的一手资料。（下图）/ /

/ 二十世纪福克斯的达里尔 · F. 扎努克把他在突尼斯的短暂经历写成了一本书，并且拍摄了一部反响平平的电影，之后他很快离开军队并回到了好莱坞。（左图）/ /

/ 在参议院开始关注被其认为是浪费资源的电影宣传项目前不久，杜鲁门登上了《时代》杂志封面。（右图）/ /

/ 在《黄金时代》中，霍默（拉塞尔饰）向他的未婚妻维尔马尔（凯茜·奥唐纳尔饰）展示他的义肢。这一幕向观众展示了个人为战争付出的代价。（上图）//

/ 达纳·安德鲁斯、弗雷德里克·马奇和未接受训练的非专业演员哈罗德·拉塞尔（前排）在《黄金时代》中搭乘飞机回家。（下图）//

/ 吉米 · 斯图尔特（中）、唐娜 · 里德（左）和卡洛琳 · 格莱姆斯在《生活多美好》中的剧照。这部电影是弗兰克 · 卡普拉命运多舛的自由电影公司在战后的第一次尝试。（上图）/ /

/ 自由电影公司在《生活多美好》中的标志。（下图）/ /

/ 惠勒凭借《黄金时代》赢得奥斯卡最佳导演奖，图为他从自己很欣赏的同事比利·怀尔德手中接过小金人。/ /

16　“我不适合做这种事”

华盛顿、好莱坞和英格兰，1943 年 6～12 月

“孟菲斯美女”号的船员比威廉·惠勒早 10 天回到美国。244
他们于 1943 年 6 月 16 日的抵达就像一部电影；实际上，是被编得像一部电影。军队计划将“孟菲斯美女”号 25 次完美无缺的纪录描述成一种坚持的胜利，这一点，在美国加入战争的第二年，已经取代“做好准备”这一概念成为军队宣传的最重要思想。“带着一只新机翼和一条修修补补的机尾，今天一架飞行堡垒轰炸机在国家机场降落到一群欢呼雀跃的人面前，”美联社报告道，“它是第一架凭借自己的能力从欧洲战场飞回来的战斗轰炸机。”新闻短片摄影师出现在现场拍摄降落过程，负责指挥空军的将军 H. H. 阿诺德私下和 10 名队员打招呼，告诉记者“这当中最伟大的……只有一个人，尾部炮手，他受伤了”。[①]之后，机长罗伯特·摩根，轰炸机的飞行员，迅速被带到田纳西州和玛格丽特·波尔克（Margaret Polk）进行了一次非常公开的重聚，正是这位年轻女士启发了队长为飞机起这个名字；在海军的吩咐下，二人亲切地告诉簇拥着他们的记者，他们会在 8 月结婚。[②]（离开公众视线后，他们的关系几乎立刻结束。245

① “Big Bomber Flies Home from Europe; Scarred Veteran Still Has Original Crew,” Associated Press，1943 年 6 月 16 日（重印于 *New York Times*）。

② “Greets Memphis Belle,” *New York Times*，1943 年 6 月 19 日。

8 月的时候，摩根和另一名女士订婚。)① 空军有一个很好的故事可以讲述，而 10 位年轻的战争英雄会帮忙宣传：从孟菲斯开始，队员和“孟菲斯美女”号开始了为期 6 个星期的激励士气之旅，前往全国的工厂、飞行学校和空军基地等，最后才回到首都。②

惠勒的回家之旅则显得安静。那段在军事货物运输工具上越过大西洋的回家之旅，停靠在了冰岛、格陵兰岛和新斯科舍，一路断断续续但如梦似幻。大多数时间惠勒都是独自一人，条件允许的时候就睡觉，从飞机窗口满怀惊叹地看着窗外的北极光，并且感到有点不知所措。经历几个月的英军空军基地生活后，现在他一点点地准备回到轻快又舒适的名人生活了。在雷克雅未克，他作为荣誉宾客住进了奢华的金克大酒店。正在拜访纽芬兰的欧文·柏林（Irving Berlin）想在他短暂逗留期间和他一起进餐。当他终于在离开伦敦一个星期后，于某个半夜抵达纽约，他几乎没有时间睡觉和梳洗就被塞缪尔·戈尔德温带去吃午餐，又被埃尔莎·麦斯威尔（Elsa Maxwell）强迫去聊天，而且受温德尔·威尔基邀请出席为沃尔特·李普曼（Water Lippmann）而设的晚宴。“（累）死了，”当晚盛会后他在日记本中写道，“靠冗长的演讲和表演来为战争向有钱人要钱。想到这是他们得到这些钱的唯一方法，我就觉得很沮丧，用一个盛大的晚宴表演和大量的明星光彩。”③

塔利也来到了纽约，这两个人的重聚就像电影中的浪漫时

① “Major Morgan to Wed Texas Girl,” *New York Times*, 1943 年 8 月 12 日。

② 标题为“修改后的‘孟菲斯美女’号巡回日程，”第 20 号盒子，13 号文件，WWUCLA。

③ 惠勒的日记本，1943 年 5 月 20～23 日，引用于 Axel Madsen, *William Wyler: The Authorized Biography* (New York: Thomas Y. Crowell, 1973), 237。

刻。“我站在普拉泽酒店一条长廊尽头的一个房间门前”,[①] 她说，然后突然她的丈夫出现在远处的电梯组，满是疑惑。“我知道房间号码,”他回忆道，“我一开始找不到房间。我终于看见了塔利……那有一点不正常。我们不得不向对方跑去。”[②]

惠勒夫妇前往华盛顿，在那里惠勒接受了电台广播《军事时间》（*Army Hour*）的采访。被问及在法国和德国上空执行任务是什么感受时，他告诉记者：“恐惧。是那种直接的，对上帝诚心的恐惧。你明白，害怕死亡这种感觉如果没有被击中你永远不会有。但还有一种感觉同样强烈，而这种感觉帮了很大忙。当你看见围绕四周满是飞行堡垒轰炸机时，当你向下望过去看见敌军海岸时，你宁愿留在你所在的地方，而不是下面……这
种恐惧不时袭来——忙碌的时候不会有。首先，它在很短时间 246
内掌控了你的心思——起飞前那些时间。当你登上飞机的时候，你满怀信心，对这架飞机、对战友、对你自己。然后有数分钟的时间，感觉像过了几个小时，而几个小时的时间，就像过了几天——在你到达目标之前，以及你离开目标，回基地途中。”[③]

当惠勒开始考虑那部暂时被称为《25 次任务》（*25 Missions*）的纪录片想要表达什么的时候，他希望表现一种肾上腺素狂升、充满恐惧和欢庆的混合体，以及“孟菲斯美女”号队员之间复杂而紧密的联系。广播的时候，他说道：“你会变得

① 塔利·惠勒的口述历史，751 号文件，WWA。

② 威廉·惠勒接受凯瑟琳·惠勒的采访，1981 年，重印于 Gabriel Miller, ed., *William Wyler Interviews*（Jackson: University Press of Mississippi, 2009）, 136。

③ 威廉·惠勒接受《军事时间》采访的抄本，1943 年 6 月下旬，20 号盒子，14 号文件，WWUCLA。

崇拜机长，宠爱那架飞机，而且把机上其他所有男人都看作兄弟，你们互相依赖，每天拯救着对方的性命。他们也是人，他们很自然地也会犯错，但他们宁愿自己被杀也不想让其他人失望。我听到一名中部炮手说道：‘我有了一个新家……我们10个人，我了解他们甚于了解自己的兄弟姐妹，失去任何一个都像失去亲人一样难过。’”①

惠勒决心只用他、比尔·克洛西尔和后来的哈罗德·坦南鲍姆跟随第91轰炸团执行任务时的拍摄片段；他的电影不会包括任何外景场地重演或者模型。但有必要对电影从头开始配音，因为B－17轰炸机4个引擎震耳欲聋的轰鸣声使空中录音无法进行。即使如此，惠勒依然力求逼真，7月的时候，他说服空军部队答应在“孟菲斯美女”号巡回旅程结束后，让队员们飞到洛杉矶，亲自为自己曾通过轰炸机内部交流系统向对方说过的评论和指示录音。② 惠勒写了一份极其简单的剧本，保持印象中那种简练的对白——“用1030射击”“击中”“高点还是低点”；此外他还保留了这些人说的话（“过来吧，狗娘养的！”）。他将亲自监督对白的录制以便保证录音自然不生硬。

惠勒和通讯部一开始将《25次任务》构想为一部25分钟的短片，但当他开始将从欧洲带回的16000英尺的16毫米胶卷片段拼凑起来后，③ 他兴奋地发现可以开始计划一部长一点的、
247 40～50分钟的电影。他给贝尼尔·莱发了一份电报，告诉他那

① 威廉·惠勒接受《军事时间》采访的抄本，1943年6月下旬，20号盒子，第14号文件，WWUCLA。

② Richard G. Elliott上尉写给威廉·惠勒的信，1943年7月19日，326号文件，WWA。

③ Thomas M. Pryor, “Filming Our Bombers over Germany,” *New York Times*, 1944年3月6日。

些影像资料“完全真实，而且摩根和他的队员们已经成了国家英雄”（他们正在南部和中西部进行空中特技表演，作为胜利巡回之旅的一部分）。这两个理由都足够支持拍摄一部更长的电影。[①] 而在惠勒离开华盛顿回到加利福尼亚家中准备制作电影之前，他和卡普拉会面了，给他看了自己汇编起来的最好的片段。卡普拉很喜欢——“非常令人兴奋的空中资料”，他向依然和3个孩子住在洛杉矶的妻子报告道。[②]

惠勒开始为在加利福尼亚为期90天的逗留做准备，他终于得到了极其渴望的，可以和塔利、凯茜和朱迪重聚的时间。与此同时，卡普拉也收拾好行李准备出发前往英格兰，他并不清楚利用高压手段逼英国参与《突尼斯的胜利》的合作要多久。离开家的这段时间长到开始触动到他的内心：近两年间他几乎没有回家，而且两岁的儿子汤米自出生以来也几乎没有见过他。“最后说一句，”他给露西尔写道，“想告诉你我生命中最开心的时刻就是回到你和孩子们身边。亲爱的汤米，”他补充道，“即使你读不懂我的信，但我知道你能感受到爸爸有多爱你。”[③] 但正如他所解释的，这件事没有办法回头。他写道，突尼斯的项目，“是一项艰巨的任务——我们没有很多资料片段……这一切都取决于我。我要为将来所有（英美）联合项目谈成交易……这看起来像一次机会，苏雷斯给我权力去达成我希望的任何交易……似乎我终于能自由做出决定了”。[④]

卡普拉、休斯顿和安东尼·维勒（Anthony Veiller）在英美

---

① Jan Herman, *A Talent for Trouble: The Life of Hollywood's Most Acclaimed Director, William Wyler* (New York: Da Capo, 1997), 261, 263.

② 弗兰克·卡普拉写给露西尔·卡普拉的信，1943年7月27日，FCA。

③ 弗兰克·卡普拉写给露西尔·卡普拉的信，1943年8月12日，FCA。

④ 弗兰克·卡普拉写给露西尔·卡普拉的信，1943年8月16日，FCA。

关系尤其紧张的时候抵达了伦敦。维勒是一位通讯部的英美混血编剧，他此行的目的是缓和紧张关系和文化冲击。从“政治上来说，这场战争并不新鲜，”乔治·史蒂文斯写道，在从伊朗回美国的途中——他被批准离开军队60天——他短暂停留在伦敦，“人们……开始越来越想要恢复和平时期的正常活动。”①在伦敦，一些政治家敦促放松空袭的预警措施，甚至提倡停
248 止晚上的灯火管制，但总体气氛还是保持警惕。数百个60英尺长的“防空气球”——由固定的软式小型汽船组成的网，用于阻挠低空飞行的德军轰炸机——挂在整个城市的上空，提醒着人们伦敦进入了危机中的第五年。戈培尔承诺要毫不留情地轰炸英国，作为英国空军对德国空袭的报复，街道上都是充满忧虑的谈话，报纸专栏传播消息说轴心国有一种新的“秘密武器”。

美国电影制作代表团已经做好准备，认为英国可能毫不动摇，并且知道他们会反感美国干涉一部他们已经完成的电影，但卡普拉和他的人这次越洋之旅并没有特别计划好要怎样展示自己。“我甚至没有时间买一把剃须刀，”休斯顿说道，“军队每一件事都是匆匆忙忙完成的——和拍电影时一样的感觉。”②而对于任何关于美国在他们电影中没有得到公平对待的抱怨，他们的英国主人已经准备好反驳。一个月之前，英国陆军电影小组向战争信息办公室联系人山姆·斯皮瓦克警告道，他们的电影《解放非洲!》（*Africa Freed!*）几乎没有“表现……美国在突尼斯行动中的贡献……完全是因为缺少美军部队在行动中

① 未标明日期的日记，8月5~16日，1943年，GSC。

② Lawrence Grobel, *The Hustons: The Life and Times of a Hollywood Dynasty*, updated ed. (New York: Cooper Square, 2000), 241.

可用的电影素材”，以此来先发制人，反驳任何可能的“国际歧视”指控。[①] 斯皮瓦克告诉卡普拉，英国人同意在他们的电影旁白中强调美国人的英勇，但他发来一份紧急电报，上面指出通讯部将需要立刻干涉以阻止电影给出“联合行动不足的印象……英国人急于在这个月以原来的方式上映这部电影，除非卡普拉尽快出现”。[②]

卡普拉和休斯顿几乎还没在克拉里奇酒店登记入住，事情就开始变糟。他们在酒店享用晚宴，商讨合作事项。在这个首次会面中，卡普拉和《解放非洲!》的作家詹姆斯·霍德森（James Hodson）进行了一番激烈争论。霍德森毫不掩饰地表示他相信美国人是来参与制作一个英军成功故事的。此外他也不认同卡普拉在纪录片中大量使用重演效果。第二天，卡普拉和休斯顿被邀请观看《解放非洲!》。他们“说那是一部非常棒的电影，而我相信他们这话是发自内心的”，霍德森写道，“但他们认为我们应该有一部合作的电影”。[③]

这部电影“非常好，但没有展现美国的贡献”，当晚卡普拉 249
在自己的日记中写道，“我照这样和他们说了。英国人声称我们没有给他们相关素材。确实如此”。作为回应，卡普拉尝试展开攻势，暗示英国人拥有美军的素材，但他们不但不放到《解放非洲!》中，还不让美国得到，借此弱化美国电影《突尼斯的胜利》

① 信息部电影分部负责人 Jack Beddington 的会议记录，1943 年 7 月 20 日，引用于 Tony Aldgate, “Mr. Capra Goes to War: Frank Capra, the British Army Film Unit, and Anglo-American Travails in the production of ‘Tunisian Victory,’” *Historical Journal of Film, Radio and Television* 11, no. 1 (1991)。

② 塞缪尔·斯皮瓦克发给苏雷斯将军的电报，1943 年 8 月 2 日，陆军部公共关系文件，NA。

③ 这一条以及接下来本章中所有来自詹姆斯·霍德森日记的引用都出自 Aldgate, “Mr. Capra Goes to War”。

的影响。这一观点没有任何证据支撑，但卡普拉说服自己去相信这个观点。英国否认了。“这里有些古怪”，卡普拉写道。[①]

在接下来的几天，卡普拉都在和英国人就他们电影的命运不断争吵。“辩证法，”他写道，“他们想谈以后，而不是这部电影。我们威胁要离开。终于英国方面和信息部（MoI）进行了一次重要会面。合作电影将继续。信息部和部分美国机构将做最后决定。”（到夏天将近结束，军事宣传电影的管辖权问题依然复杂，以至于卡普拉无法估计陆军部哪个部门会最终签名批准这部电影。）在日记中，他有那么一刻向《解放非洲！》的制作者们表示了同情，为了通讯部可以保全面子，他们的作品将完全被藏起来。“（英国）电影男孩们心都碎了，”他写道，“因为他们觉得自己有一部很好的电影，但现在要……交给美国人决定。”[②]

休斯顿闷闷不乐地耐着性子出席完一整个星期充满争吵的会议，并且清醒地看到自己这一方的人以不真诚的想法行事。他认为《解放非洲！》是一部有力量的电影，充满“优秀的原创材料”，而他憎恨自己也是要撤掉它的人之一。“我必须说我对这些事都没有任何兴趣，”他回忆道，“他们有了一部差不多可以上映的电影，但因为我们它被延误了。”[③] 他总是尽可能快、尽可能经常地离开松林制片厂——英国和美国电影制作队正在那里尝试合作——然后逃回伦敦。“战时的英格兰美妙极了，”他写道，“你总是想彻夜不眠，永远不会想睡觉。”很快，他和一位20岁的年轻演员莱尼·琳恩（Leni Lynn）坠入疯狂

---

① 标记为“旅行日记”，由卡普拉保留的日记本，1943年8月16日，FCA。

② “旅行日记”，1943年8月17日和1943年8月18日，FCA。

③ Grobel, *The Hustons*, 241.

的爱恋，他通过伦敦娱乐社交圈追求她，不断给她写纸条、送花、许下承诺来让她动心，然后在送给她钻石作为分手礼物后 250
便离开了她。同时，他还和一名加拿大记者上床，结果发现她是一名恶毒的反犹主义者，“我遇过最黑暗的婊子”，还可能是一名纳粹特工，她在送给他淋病作为分手礼物后便离开了他。[①] 此外他尽可能地避开任何《突尼斯的胜利》的相关工作，尝试忘记自己施加过的影响。

当卡普拉、休斯顿和维勒清楚地认识到自己要在伦敦待好几个月而不是几个星期后，他们搬离了克拉里奇酒店，住进了伯克利广场附近希尔街上的一套公寓。[②] 但他们几乎不会同时在家：休斯顿整夜在外面，而他的上司则在松林制片厂工作到很晚。在英格兰，卡普拉的生活全部围绕着公事，即使是非常偶尔地参加伦敦的社交生活，结果也是感觉身在异乡、思念家乡。“在约翰·米尔斯（John Mills）的家参加派对，”他写道，“鲍勃·霍普、弗朗西丝·兰福德（Frances Langford）和其他人都在那里。有很多食物和伏特加。我患上了幽闭恐惧症，所以在灯火管制下走回家。（我）迷路后倒下了。几乎不可能在晚上 9 点以后拦到出租车……（我）突然意识到自己离家有多远。”[③]

当卡普拉和他的英国对手就新版本的电影开始数星期的合作时，卡普拉一直保持着警惕。每一次他以为这项英美合作项目的某个决定确定无疑了，都会被告知还需要得到另一层级的

① Grobel, *The Hustons*, 242 - 243.

② Joseph McBride, *Frank Capra: The Catastrophe of Success* (New York: Simon & Schuster, 1992; revised 2000), 485.

③ “旅行日记”，1943 年 8 月 29 日，FCA。

英国军队当局的同意。他不止一次控制不了自己的脾气。“（这是）生命中一件让我震惊的事，”他在8月结束时写道，“那些英国人还没有决定要合作。有个叫特里顿的小子（苏雷斯将军的对手，英国陆军部公关负责人）要求看那部电影……要我们把电影带过来，播放，然后他们做决定……我发怒了。”由于意识到美国方面场景重演的可怕质量，卡普拉坚持英国要在不看电影的情况下达成交易。“我不会把电影播放给任何人看，直到我知道这次合作是达成了还是告吹了。”①

明显地，即使是在自己私密的日记中，卡普拉都成功让自己相信他这样做是出于原则而非策略。“我现在很相信我们是对的，”他写道，“我们的要求是只要双方都有相关影像资料，我们就合作，而不只是当这些资料适合时才合作……英国方面则对于不能按照他们的方式行事感到恼怒。他们对于合作的理解是按照他们的方式行事。我不适合做这种事。”②

终于，一项新的最终的交易达成了：英国和美国电影小组会互相提供所有的电影片段。英格兰的实际行动录像和卡普拉
251 的重演场景会被组合成一部新的作品，而一旦完成一个粗剪，两个国家都可以选择做出调整甚至取消整个项目。③ 卡普拉对这个安排表示满意，现在他终于可以卷起衣袖，投入实际的电影制作，而不需要进行另一次讨价还价了；他很快放松下来，而他那固有的好胜让位给了开明的欣赏，“顽强的人，那些英国人，”他给露西尔写道，“这明显不是我们以前了解的那个国家了。他们忍受着这一切而没有任何抱怨，这一点很伟大。事实

---

① “旅行日记”，1943年8月30日，FCA。

② “旅行日记”，1943年8月31日，以及1943年9月1日，FCA。

③ “旅行日记”，1943年9月3日，FCA。

是，他们全部都不怕麻烦地变得更友好，更让人舒服。”[①] 在他的日记中，他补充道：“（我）从来没有停止对英国人的惊奇。他们就像高尔夫球。柔软的外表，坚硬的内心——一层比一层坚硬。”[②]

9 月初，卡普拉把休斯顿叫到松林制片厂，他们二人、维勒和霍德森将会在接下来的 2 个星期试图撰写一份全新的剧本。代表英国的霍德森在人数和话语权上占了劣势，他发现自己“做了一点点抗争来阻止我们的电影……变得失衡地偏向于美国——毕竟，我们做了绝大多数的艰苦工作，而且我们的死伤人数几乎是他们的 2 倍”。[③] 他还抱怨这 3 个美国人起草的剧本“太长了……可以和《战争与和平》（*War and Peace*）以及《乱世佳人》组成很棒的三部曲”，但他开始喜欢上卡普拉和他的团队了。“当我们写到一些让他们满意的东西时，他们是非常大方的，”他写道，“我们坦白地谈论了到底是谁领导了突尼斯战役，然后一两天之后弗兰克·卡普拉来到松林制片厂，建议我们不应该担心是谁领导了这场战役，我们电影的主题应该是盟军的团结以及将这种团结延续到和平时期的必要性。他不确定我们会不会赞成，但其实我们是 100% 同意的。”[④]

卡普拉提到要强调战后世界的未来合作这一点得到了每个人的同意，这成为剧本最后 1/3 的理想主题。他现在对于电影的进展非常满意，但也极其孤独，他几乎每天都给露西尔写信。信件来往缓慢而且不可靠，因此战时的私人通信都断断续续，

---

① 弗兰克·卡普拉写给露西尔·卡普拉的信，1943 年 8 月 22 日，FCA。
② “旅行日记”，1943 年 8 月 29 日，FCA。
③ 詹姆斯·霍德森日记，1943 年 9 月 21 日。
④ 詹姆斯·霍德森日记，1943 年 9 月 15 日。

回信常常很迟才到来，甚至会丢失，除非用珍贵的电报。“拜托你，”他于9月16日他们女儿的六岁生日那天给露西尔写信，“偶尔给我发一份电报，让我知道你们都很好。常常有那么一些时候我因为担心你们而恐慌。”[①] 有一晚，当卡普拉、休斯顿和维勒都在希尔街上租住的公寓中时，他们听到了空袭警报那刺
252 耳的、时高时低的声音，然后是炮火声。那是他们来到伦敦后的第一次。“这是真真切切的空袭，”他在日记中写道，“炸弹在远方掉落。海德公园传来的炮火声震动了整幢楼。托尼和约翰像新来的人一样走到外面。老妇人和孩子们蜷缩在过道。女仆和男仆不断说话安抚他们……我也感到恐慌，但一想到为什么要让这些可怜的老妇人和小女孩们受这些折磨时，我更多的是反感。人类到底有多疯狂？难道我们就不能好好相处，偏要将炸弹扔到对方身上？上帝真的不是有心让这一切发生的吗？拜托上帝将爱和理解传递进人类的心中。”[②] 30年后，卡普拉说，那晚，当他在街上颤抖时，“战争对我来说魅力不再”。[③]

英美两国电影小组人员在松林制片厂夜以继日地工作，新电影在10月初几乎完成，但参与其中的所有人员心情变得非常差。根据卡普拉所说的，维勒对于他们制作出来的妥协后的纪录片感到“不高兴”，卡普拉自己则“对任何事情都没有感觉，也不感到兴奋——我们如此好地完成了我们的工作，对其他什么都不在意了”，[④] 而筋疲力尽的休斯顿则向卡普拉申请到北部

---

① 弗兰克·卡普拉写给露西尔·卡普拉的信，1943年9月16日，FCA。

② “旅行日记”，1943年9月16日，FCA。

③ 弗兰克·卡普拉接受Richard Glatzer采访，1973年，重印于Leland Poague, ed., *Frank Capra Interviews*（Jackson: University Press of Mississippi, 2004），122。

④ “旅行日记”，1943年9月26日和9月27日，FCA。

去休假一段时间。

10月7日，当卡普拉自己也感到“身心疲惫”时，[①]在“一个（月光）明亮的夜晚，冷得像地狱一样”，他遇到了第二次空袭。“探照灯像疯了似的，”他写道，“他们时不时找到一个德国人，然后控制住他。高射炮不断发出爆裂声……这一切在我看来都如此没有效率。数千枚炮弹被扔下来但似乎从来没击中些什么……我很想知道这个世界的正常人还能忍受这些状况多久。我估计要（持续到）德国人意识到战争的徒劳无功……多么令人发指的罪行。”[②]

第二天早上，卡普拉向信息部播放了《突尼斯的胜利》以便看他们是否会通过这部电影。他丝毫没有受人评估的心情。“英国的重要人物……全部紧绷着脸，一副严肃的样子，让你觉得自己就是一名盗贼，”他写道，“不知道是什么阻止了我叫他们全部滚下地狱。”[③]

在等待着他们意见的时候，卡普拉想出了一项任务，觉得可以让休斯顿重新振作，而且还可以帮后者离开那分散注意力 253
的私人感情纠纷。“在他的天赋和社交生活之间，”卡普拉告诉露西尔，“他差不多就是一个混乱的人。”[④]在伦敦的时候，休斯顿和一位年轻、倔强的英国间谍小说家埃里克·安布勒见过面，休斯顿欣赏他的作品。安布勒只有33岁，但已经出版了6本以当代政治事件为背景的间谍故事畅销书，这些作品引起了好莱坞的注意。奥森·威尔斯刚刚才合写并制作了《长夜漫漫

① 弗兰克·卡普拉写给露西尔·卡普拉的信，1943年10月6日，FCA。
② “旅行日记”，1943年10月7日，FCA。
③ “旅行日记”，1943年10月8日，FCA。
④ 弗兰克·卡普拉写给露西尔·卡普拉的信，1943年10月3日，FCA。

路迢迢》（*Journey into Fear*）的改编本，而休斯顿自己也已经为华纳兄弟起草了另一本安布勒作品的改编剧本《中东谍影》（*Background to Danger*）。安布勒是一名坚定的反法西斯主义者，他于 1939 年停止写作并以士兵身份加入战争，之后他被提升为英国军队电影部的高级助理。[①]

在伦敦的时候，休斯顿就已经接近过安布勒，探讨战后是否有合作好莱坞电影的可能性，但卡普拉有自己的打算。几个星期前，盟军开始了雪崩行动，试图通过登陆西部海岸一步步解放意大利。他们已经成功夺取萨勒诺并且正在向内陆推进。弗兰克·卡普拉中校凭空想象的“那个主意”，安布勒写道，“就是让约翰·休斯顿和美国通讯部一支电影分队与盟军一起出发前往罗马，制作一部电影……讲述在新占领者统治下的意大利”。[②] 当时福克斯堡的军队图像服务部正在全力准备 2 部新的训练片《占领友好国家》（*Occupation of Friendly Countries*）和《占领敌军国家》（*Occupation of Enemy Countries*），[③] 卡普拉相信现在正是让通讯部将宣传计划从国内前线扩张到国外的时候。他的计划得到了奥斯本将军和战争信息办公室的热情支持。“我第一次听说那些陈词滥调是从战争信息办公室一个人的口中传来的，但关于“为得到整个国家的‘情感和理智而努力’”在当时是很新的一个想法，安布勒写道，“无论怎样，这都有点小困难。之前在高级会议上已经达成了共识，所有在占领地区为战争宣传而制作的战争精神片都应该是英美合作

① 来自 M. Carsans 的信，陆军部，1943 年 10 月 27 日，JHC。

② Eric Ambler, *Here Lies: An Autobiography* (London: Weidenfeld & Nicolson, 1985), 190 - 191。

③ 奥斯本将军的备忘条，1943 年 9 月 27 日，FCA。

的。因此约翰·休斯顿需要一名象征性的英国人。”对于这次
任务，安布勒感到意外，而且不是十分高兴，但他没有其他选
择，而这次不快的插曲也被随之而来的提拔软化了：英军将他 254
提升为上尉，因此休斯顿的军衔不会比他高。他和休斯顿于10月结束时乘坐空军运输飞机离开，先出发到马拉喀什，然后是那不勒斯。①

卡普拉在英格兰的逗留接近尾声。在一番考虑后，英国信息部和英国陆军办公室告诉他只要美国陆军部照做，他们同意《突尼斯的胜利》作为联合项目公映。他们一如第一次见面时那样有礼貌，甚至在11月4日卡普拉要出发回到华盛顿的当天为他举行了一次欢送派对。②“那些英国人通过了这项作品，说它比他们自己的要好很多”，他给露西尔写道。漫长的分别已经给他们双方带来了负面影响，露西尔让他知道她对此感到不开心。“请你振作起来，亲爱的，”他回信道，“我离开你并非因为我想。这不是野餐……毫无疑问我热切希望可以尽快再见到你。那很可能是我生命中最好的款待……这件事总有一天会结束，但在它结束之前我们必须忍耐。这世界上每个人都有他需要尽的责任。”③

卡普拉带回华盛顿的电影毫无疑问充满他的风格，但也是一部多方妥协后的大杂烩，混杂着现实主义和弄虚作假，互相冲突的风格和声音，英国和美国各自的利益。在75分钟的内容中，《突尼斯的胜利》里不只满是史蒂文斯和休斯顿拍摄的重演场景，而且还有过分强调英国士兵工作时的镜头，

---

① Ambler, *Here Lies*, 190 - 191。

② 詹姆斯·霍德森日记，1943年11月4日。

③ 弗兰克·卡普拉写给露西尔·卡普拉的信，1943年10月19日，FCA。

这些都充满公式化的感觉。合作项目的优势在电影较安静的时刻得到了体现——非工作时间的士兵们，忧郁的圣诞节庆典，在艰苦的天气下艰苦作业。但整个基调前后不一致，而对于行动本身的表现也质量不一。美军在这次行动中最重要的胜利之一，高潮部分的“609 高地战役”，一场由奥马·布拉德利（Omar Bradley）将军领导的残酷、持久的，意在夺取突尼斯最高的有利位置之一的战役，完全通过美国方面的场景重现来表现。在很多地方，录像之间的间隙都要用叙述来填补——丘吉尔和罗斯福在华盛顿会面，镜头远距离展示一
255 个亮灯的白宫，画外之音解释道“灯光持续了一整夜”。旁白之间还互相竞争，一个声音来自一名美国士兵（由布吉斯·梅迪斯配音），另外一个由带着伦敦腔扮演英国士兵的演员配音，卡普拉让观众们偷听他们生硬而不自然的对话。战争期间为公众制作的宣传电影很少像这样对宣传意图几乎完全不加掩饰。卡普拉坚持认为，考虑到德国人固有的对无须思考的组织化的嗜好，希特勒的崛起是有迹可循的，这一点在电影中得到了充分的表达。“假设有人说，把那家伙的眼珠挖出来，又或是用消防水管喷那个犹太人或者那个女人，”带着伦敦口音的人对那个美国佬说道，“我们会这样做吗？你和我，乔，我们可能不总是有同样的想法，但我们会去思考啊。你和我，还有老阿方斯”——电影快速地切换到一名法国士兵的镜头，旁边附注了“法国”——“还有其他人，我们当然会思考，对吧。”

“你听一听，乔治，我有一个想法，”美国士兵回答道，“为什么我们不可以，在战争之后——我是指同样一帮人——继续一起多姿多彩？为什么我们不可以一起……建造些东西，而

不是摧毁它？比如，我不知道，沙漠中的水库和丛林中的公路。”《突尼斯的胜利》以一段展现越洋交情的蒙太奇镜头结束。最后一句绝对是卡普拉式的台词。“孩子们啊孩子们，工作就是这样，”美国士兵总结道，“把欢笑带回给了孩子们。”

卡普拉觉得已经完成了任务，但对于自己必然要为这部电影收到的负面评论而负责这一点，他同时也表达了愤怒。“我就是那个要承担这一切的人，”回到华盛顿后不久他告诉露西尔，“（我）尝试提高效率（原文如此）和提高最近降到新低点的军队图像服务部的声望，主要因为他们害怕死亡、害怕移动、害怕争吵……我一直试图告诉他们绝不能输掉一场争论，无论是对的还是错的。那是我从前用来对付制作人的旧伎俩。”①

卡普拉赢了，但他坚持要通过劣质作品来联结英美宣传力量的做法将为日后埋下隐患。“没有一部战争纪录片的拍摄过程是绝对正直和真实的，”卡普拉离开后不久，霍德森在日记中写道，“为了故事可以顺利被表述，一些重建是无可避免的……存
在着两种不同的思路。第一种说，‘保留正直——让它真实…… 256
即使出来的作品质量低下’。另一种说，‘制作一部好电影。如果‘真实的’东西不够好，伪造一些更好的。结果是最重要的’。第二种，据我所理解的，就是美国人的看法，而（《突尼斯的胜利》）非常好地遵循了这一想法。”②

---

① 弗兰克·卡普拉写给露西尔·卡普拉的信，1944 年 1 月 17 日，FCA。

② 詹姆斯·霍德森日记，1943 年 12 月。

17 “我需要做出一部好电影”

英格兰和意大利，1943 年 10 月 ~1944 年 1 月

257 威廉·惠勒和乔治·史蒂文斯于 10 月底回到伦敦，此时休斯顿和卡普拉正准备离开。惠勒的回来充满紧张感和紧急感——第八空军指挥官埃克将军在一份简单的电报里写道，“要么你回来，要么我找另一个人”。①整个夏天和秋天前期惠勒都在西岸的家中制作《25 次任务》，但他的固执、有条不紊和缓慢进度引起了上司的注意。这当中的部分耽误是无可避免的：负责处理录像的制片厂花了数星期来将 16 毫米的胶片转换为 35 毫米，由于惠勒确信他要“在全国数千家电影院”上映这部电影，因此这种处理是必需的。②但这位导演在回到好莱坞后，又转换为“40 次惠勒”模式，按照自己的步调来工作，以求准确得到他想要的效果，而丝毫不担心规定的时间表。

8 月下旬，“孟菲斯美女”号的队员们终于结束了全国巡回之旅，抵达洛杉矶为电影配音。惠勒抓住这次机会对他们的成就致敬，而作为款待，他和塔利在自己家为他们举行了一场欢迎派对，提前询问了每一位成员他们最想见到的好莱坞明星是
258 谁。没有人拒绝他的邀请——那个时候，这 10 位飞行员，当中

---

① Jan Herman, *A Talent for Trouble*: *The Life of Hollywood's Most Acclaimed Director*, *William Wyler* (New York: Da Capo, 1997), 263.

② “Report on CU－12 Activities,” 1943 年 12 月 15 日，326 号文件，WWA。

最年轻的只有 19 岁，他们都已经是名人了。一整个夜晚，他们开心地和维罗妮卡·莱克（Veronica Lake）、海蒂·拉玛（Hedy Lamarr）、奥莉薇·黛·哈佛兰和丹娜·肖尔（Dinah Shore）等聊天调情。[①] 第二天，队员们和惠勒以及他的后期制作团队会面。惠勒听取了他们的建议，对要录音的台词做了部分修改，然后让他们开始彩排。惠勒不得不迁就他们的时间来安排工作——海军依然按照自己的计划让他们每天出现在南方加利福尼亚海岸的洛克希德和道格拉斯飞机厂。完成录音和部分短暂的插入镜头的拍摄后已经是 9 月了，而惠勒还没有写出旁白剧本或者剪出一个粗剪版本。[②]

惠勒可能并不着急完成这部电影，但他在好莱坞徘徊并非因为他想回到电影事业。当塞缪尔·戈尔德温问他准备好回家没有——公司和制作人都越来越急切要让他们这位顶级天才回来——惠勒告诉他自己打算留在军队直到战争结束。戈尔德温听说后便要求他签署处罚性的合同修订条例，规定他要在离开军队 60 天之内到好莱坞恢复工作，此外如果战争到 1945 年 12 月 31 日还没有结束，戈尔德温将有权力单方面终止他们的合同。[③]

到 10 月的时候，军队开始对这部电影以及惠勒恢复工作的速度感到不耐烦。惠勒已经花了 3 个月着手处理《25 次任务》，但现在电影还有原创音乐、旁白、音效和进一步剪辑等工作没有完成。他给埃克发了一份电报，申请 60 天的延长逗留，而当他收到这位将军只有一句话的严厉威胁，警告要取消他这次工

---

① Herman, *A Talent for Trouble*, 262.

② “Daily Reports of Activities,” 1943 年 8 月 17 ~ 22 日，326 号文件，WWA。

③ 塞缪尔·戈尔德温和威廉·惠勒之间的合同补充条款，1943 年 8 月 25 日，170 号文件，SGC。

作时，他决定亲自向将军说明情况。因此他乘坐一架 C-54 军用运输飞机前往伦敦。[1]

当惠勒走进位于格罗夫纳广场的空军总部后，埃克将军很快得到了安抚且平静了下来，并为这位导演提供了他想要的一切——在洛杉矶额外 2 个月的逗留时间，提升为中校，以及经过几个星期的进一步远距离谈判和哄骗后允许将这部电影从 20 分钟的短片变成 5 卷长的故事片上映。[2] 但在这一年剩下的时
259 间里，军队将会更加密切地关注惠勒；尤其是那些在洛杉矶的军官，他们怀疑他是在故意拖延。12 月的时候，他被指控在一次音效录制会议上迟到了 2 个小时，收到了一份似乎是直接来自哈尔·沃利斯或是塞缪尔·戈尔德温的军方训斥。“录制团队……收到的录制时间是 19:00”，备忘条上写道，“需要注意的是这支队伍在同一天的 8:00 就已经上班了。负责这项工作的中校威利尔（原文如此），一直到 21:00 之后才出现……拍摄了 17 个镜头……这在我看来是对人力、物力的不必要浪费，也是对于一支尽职尽责（原文如此）想要做好工作的团队的不合理安排。”[3] 惠勒写了一份轻蔑的回应否认自己迟到了，并且提醒监督他的军官们，他正在处理的事是“为 47 岁的录音师，上尉哈罗德·坦南鲍姆拍摄的镜头录制声音，他……躺在了布雷斯特半岛一个坟墓里，被敌军所埋葬……（而他）在国家处于战争，需要他负责拍摄时，并没有觉得‘对他的不合理安排’

---

① Herman, *A Talent for Trouble*, 263.

② “Report on CU-12 Activities”, 1943 年 10 月 6 日 ~12 月 15 日, 326 号文件, WWA。

③ OIC Sound Dept. 的 George Groves 少校写给 CO, AAF First Motion Picture Unit 的 Paul Mantz 中校的信, 1943 年 12 月 9 日, 326 号文件, WWA。

有什么大不了”。[①]

坦南鲍姆的死对惠勒影响很大，在制作《25 次任务》时，他一直努力在来之不易的空军胜利故事的喜悦和失去一位情同手足的同伴的持久疼痛之间寻找平衡点。他发现自己这部电影比在巴辛伯恩时描绘出来的更加忧郁、个人化以及令人伤心，他在尝试为它找到一个合适的基调。1943 年年末，惠勒让作家马克斯维尔·安德森——他获得赞誉的作品包括《百战沙场》（*What Price Glory?*）以及《西线无战事》的剧本——观看电影最新的剪辑版本，然后尝试为它撰写旁白。惠勒一直计划《25 次任务》的结尾将会展现摩根机长和他的队员在最后一次飞行后于空军基地庆祝，而安德森为这一幕构想的旁白是亲密而痛苦的。

“副驾驶员问驾驶员他是否要在这片土地上低飞。绕着它飞，也就是，去庆祝”，安德森写道，“驾驶员摇了摇头。他们失去了一些飞机。虽然他很开心自己熬过去了，可以得到一些休息，但他无法庆祝——无法再和心中那些再也不能见面的同伴庆祝……这不全是开心……那一晚有一个派对，有女孩， 260
有酒。一位自从加入空军之后便没有尝过酒精的老兵在酒桌上欢乐而安静地庆祝。但在一片欢闹中，之前从未被人见过流露出伤感情绪的机长摩根却被目睹坐在房间角落，两颊流着泪水。原因很简单。他负责给他的分队分配任务，而他派出去的一队成员也只剩这最后一个任务要完成——但他们没有回来。要是他给了他们另一架飞机，或者选了另一位飞行员！……这之后女孩们再也无法令派对欢乐起来。”

---

① 威廉·惠勒的书面回应，1943 年 12 月 13 日，326 号文件，WWA。

安德森用一种阴冷而强硬的注释结束了他的剧本：“这场战争没有塑造出任何英雄。这不是一场会有英雄挺身而出的战争。世界历史上的伟大英雄，从来没有那些现在正在欧洲上空驾驶着飞行堡垒轰炸机的士兵们那么坚强和坚定。他们当中的极少人，能完成最后一次任务。”[1]

惠勒因安德森的作品而惊异不已，并且把它寄给贝尔尼·莱，请他给出注释和建议。莱同样喜欢它，并且毫无修改地把它还给惠勒，只附带了一张手写的便条：“我润色之后的《哈姆雷特》怎么样?”[2] 但二人很快意识到安德森表达出来的悲痛和伤感——关于身在异乡的胜利，庆典之中的失落，任务胜利之后萦绕不去的丧亲之痛——都违背了军队当初拍摄这部电影的原意。惠勒最终在电影中使用了安德森大部分的剧本——该电影现在命名为《孟菲斯美女号》(*The Memphis Belle*: *The Story of a Flying Fortress*)。但他极不情愿地将安德森的结局全部丢弃，取而代之的是惠勒团队拍摄的国王和女王的庆祝访问。而电影最后几分钟说的话，由惠勒小组成员莱斯特·凯尼格（Lester Koenig）改写之后，表达的是另外一种情感。“地勤人员穿着工作服，有点害羞，”旁白说道，“但女王觉得他们非常好看。”接下来是无可避免地讨好埃克将军的镜头，展示他给“孟菲斯美女”号全体队员新的命令：“执行第 26 次，也是最重要的一次任务——回到美国训练新队员，告诉人们我们在这里做什么，
261 感谢他们的帮助和支持，告诉他们要坚持下去，因此我们也能坚持下去！因此我们可以一次又一次地轰炸敌军，直到他们投降。然后我们所有人都可以回家。”就连安德森草稿的最初部分

---

① 马克斯维尔·安德森的剧本草稿全稿，20 号盒子，14 号文件，WWUCLA。

② 马克斯维尔·安德森的剧本草稿全稿，20 号盒子，14 号文件，WWUCLA。

也被舍弃了：《孟菲斯美女号》的终剪中，罗伯特·摩根机长欢快地在这片土地上低飞。

当史蒂文斯在 1943 年 10 月下旬抵达伦敦时，他已经做好了长时间逗留的准备，并且带着全新的目的。他在北非、埃及和伊朗的 6 个月没有制作出任何东西，而只是拍摄了已经交给卡普拉的那些后期补拍的突尼斯镜头；最近两个月他回到了美国，尝试忘记他做的那些徒劳无功的事，尽可能地让生活充满欢乐。在加利福尼亚的家中，他带小乔治去看联赛。在纽约，他和贝内特·科夫（Bennett Cerf）吃饭，陪年轻女演员安·雪莉（Ann Shirley）到威基伍德房（Wedgwood Room）听弗兰克·辛纳屈（Frank Sinatra）唱歌，并且和伯特·惠勒（Bert Wheeler）重聚，10 年前这位演员曾主演史蒂文斯部分早期喜剧。[①] 但史蒂文斯并没有逗留太长时间，只要有一项实际的任务，他随时准备好重新回到军队。“当我被要求拍摄一部电影，我就要做出一部好电影，”那个秋天他在日记中写道，“这些业余的人可以无限期地离开一项工作，不努力拍摄电影，只要他们可以和当地的负责人保持良好的社交关系，他们的工作就会被视为优秀的……（但）我没有办法突然做其他事而不去拍电影。”[②]

史蒂文斯的新任务非常重要，一系列的任务将会在接下来 2 年把他留在欧洲，而现在他需要去完成当中的第一个：卡普拉让史蒂文斯组织一队由 45 名摄影师和录音师组成的专题报道小组（SPECOU），去拍摄美国即将在欧洲登陆的镜头。早在 1942 年夏天，盟军就已经开始计划解放法国，当时的行动代号为巨锤行

① 乔治·史蒂文斯的第 15 号笔记本，1943 年 9 月 12 日 ~10 月 23 日，GSC。
② 乔治·史蒂文斯日记，未标明日期，1943 年年末，GSC。

动，但这个行动并不可行：它依赖于资源紧张的英国战斗力量和美国并不充分的支援，当时美国将所有人力、物力都倾注到了太平洋战场。第二次尝试，虽然计划会有更大量的盟军部队力量支援，并且目标日期已经定为1943年4月，但最终还是被取消了。
262 当年8月，在魁北克会议上，盟军首领开始认真部署第三次尝试——霸王行动，他们很可能在1944年5月登陆诺曼底海岸。

毫无疑问，史蒂文斯能知悉的情况和所有在那个秋天抵达英格兰的其他军官一样——盟军即将尝试进入欧洲，可能通过法国，可能通过斯堪的纳维亚半岛，而这毫无疑问会在这场战争中起到决定性作用。就在他抵达伦敦的时候，有消息传来，德怀特·D. 艾森豪威尔（Dwight D. Eisenhower）将军已经从地中海战场调过来，负责指挥同盟国远征军最高司令部（SHAEF），他将以伦敦附近的城郊特丁顿为根据地。史蒂文斯和艾森豪威尔曾在夏天于突尼斯会面，当时二人尝试性地交谈过，史蒂文斯问将军，他是否准备和刚刚俘获的隆美尔替代者——上将汉斯-于尔根·冯·阿尼姆（Hans-Jürgen von Arnim）谈话。艾森豪威尔回答道："我要坚守岗位，我是来这里杀死德国人的，不是来和他们谈话的。"史蒂文斯离开时极其不喜欢艾森豪威尔，他认为后者"真是一个混蛋……我永远不会忘记这件事"。[1] 但这经历丝毫不碍事，这项任务将会把史蒂文斯置于战争的中心直到战争结束。

在伦敦，他开始和即将成为他在前线的队友以及最亲密的陪伴的几个人一起工作：欧文·肖，现在被分派到他的小组；比尔·梅洛，他在突尼斯的摄影师；托尼·维勒，他在室友卡普拉

① Bruce Petri 对乔治·史蒂文斯的采访，未经编辑的抄本，1973年，GSC。

搬回美国后第二天决定和史蒂文斯分享住处；[①] 还有伊凡·莫法特（Ivan Moffat），一位温文尔雅、幽默风趣、有优越社会关系的英国剧作家，他搬到美国，成了美国公民，应征进入通讯部，现在回到英国成为史蒂文斯的手下。英国陆军电影小组把卡普拉和惠勒视作身份显赫的美国人，但已经成名多年的史蒂文斯对英国人来说依然显得陌生——那些英国人除了《古庙战茄声》外没怎么看过他的电影。“我不太了解……他的作品或者其他东西，”莫法特说道，“在英格兰没有特别的对乔治·史蒂文斯的崇拜。”[②]莫法特和史蒂文斯最终会在接下来 20 年共同工作，但他们并非一开始就在合作。“第一次见到他的时候，乔治不喜欢《公民凯恩》（*Citizen Kane*）！”莫法特回忆道，“在那之前他的衣着看起来像个庸俗的人，而且 263
对于任何带有理智意味的东西都相当闹腾。”[③]

组织好一大队人员对于史蒂文斯来说并不容易，他不爱社交，结交朋友慢，而且他既希望成为这些手下的同伴，又必须饰演他们的上司这一角色，这让他相当为难。和惠勒一样，他对于请求资源和加快执行命令时面对的困难感到惊诧；在他之上的权力争斗如此错综复杂，以至于他常常不知道谁可以，或者说谁应该，给专题报道小组提供它所需的东西。1944 年年初，他向卡普拉寻求帮助，恳求他帮忙绕过那些条条框框。“正如你所知道的，我们一直急于了解这里的总体状况，”他写道，“很多不同的权力机构在制订计划……我们已经遵照了这里的简

---

① 乔治·史蒂文斯日记，1943 年 11 月 5 日，GSC。

② Susan Winslow 对伊凡·莫法特的采访，1982 年，52 号文件，FJC。

③ Gavin Lambert, ed., *The Ivan Moffat File: Life Among the Beautiful and Damned in London, Paris, New York, and Hollywood* (New York: Pantheon, 2004), 217 - 219.

单程序，提醒政策制定者们，我们被派到这里来是要做什么的，并且请求给予完成这些工作的优先权。”①

虽然卡普拉已经亲身体会过人在伦敦工作，而决定却远在一个大洋之外做出的挫败感，但他还是向史蒂文斯承认他忙得没有办法帮忙。“粗略来说”，他从华盛顿写信过来，“我是应该为所有海外战地摄影师负责的”，但“正如你可以想象的……我们和前线的摄影人员没有直接的沟通或者联系”。他告诉史蒂文斯要坚持下去，并且乐观地做出预言，“假如有一天有一大群人突然过来”给你提供支援，“不要感到惊讶”。② 那一天一直没有到来，延误而不明确的鼓励就是史蒂文斯可以从华盛顿得到的一切。

当《房东小姐》在第七轮投票时，以一票的微弱胜利让导演史蒂文斯当选为纽约影评人协会奖当年最佳导演时，惊讶的史蒂文斯正身处异乡。③ 这是他赢得的第一个重要奖项，而当他的朋友，《小镇话语》的编剧西德尼·巴克曼在全国广播的颁奖礼上为他接过这座奖杯时，他赞扬了史蒂文斯作为导演的“与众不同、无可替代”的品质。④ 史蒂文斯很开心赢得了这个奖项。他的电影充满温柔、轻快的感觉，让人觉得那场战争不过是抽象的阻碍和浪漫的推力，但现在看来，那种感觉遥远而天真。“我对你和孩子的想念，远比你知道的要多，”他在颁奖晚宴后不久给伊冯
264 娜发了一通电报，“无止境地接受困难的工作，对我来说大多是挫

① 乔治·史蒂文斯写给弗兰克·卡普拉的信，1944 年 2 月 18 日，GSC。

② 弗兰克·卡普拉写给乔治·史蒂文斯的信，1944 年 1 月 14 日，引用于 Joseph McBride, *Frank Capra: The Catastrophe of Success* (New York: Simon & Schuster, 1992; revised 2000), 490。

③ “‘Watch on Rhine’ Voted Best Film,” *New York Times*, 1943 年 12 月 29 日。

④ 西德尼·巴克曼的领奖演说抄本，1944 年 1 月 21 日，2721 号文件，GSC。

败感……我最期望的事就是这一切尽快以我们的胜利结束……希望希特勒下地狱，（我）愿意竭尽所能送他下地狱。”[①]

纽约影评人协会在当年冬天也为休斯顿和卡普拉颁发了奖项，将一个为电影纪录片而设的特别奖项一分为二，颁给了《来自阿留申群岛的报告》以及《我们为何而战》的前五部。正是《我们为何而战》最新的一部《苏联战场》（*The Battle of Russia*）让评论家们相信卡普拉这一系列电影不仅仅是新兵的历史课，它们共同构成了一份民主宣言，鼓励美国人民将这场战争视作国际盟军的奋斗，而不仅仅是美国士兵的努力。1942年春天，当埃里克·奈特审阅过剧本，将切中要害的评估寄给卡普拉时，奈特轻蔑地把《苏联战场》删掉了，说这是唯一“听起来就像是一个肚子痛的人写出来的”。[②] 卡普拉表示同意。没有梅利特的妨碍，依然身在伦敦的卡普拉准备全力以赴为这套纪录片在全美影院上映而努力，他为学院成员们安排了放映，并且保证了11月的全国公映。

《苏联战场》是自《战争序章》后《我们为何而战》系列电影中第一部被允许向普通观众播放的。它最初由卡普拉监督制作，由维勒编写剧本，当卡普拉身在海外时，由安纳托尔·李维克完成余下工作，因此李维克也被广泛认为是该电影的导演。就像该系列之前的电影一样，正如《纽约客》所描述的，这是一部“剪刀加糨糊”[③] 的制成品，拙劣地将此前拍摄的电影粘到一起——反苏暴动的外国新闻短片、25年前的默片和谢尔

---

① 乔治·史蒂文斯发给伊冯娜·史蒂文斯的电报，1944年2月7日，GSC。

② 埃里克·奈特写给弗兰克·卡普拉的信，1942年4月15日，FCA。

③ David Lardner, “The Current Cinema: Pro Bono Publico,” *New Yorker*, 1943年11月20日。

盖·爱森斯坦（Sergei Eisenstein）1938年的电影《亚历山大·涅夫斯基》（*Alexander Nevsky*）中的镜头等，都被用来填充苏联历史。但那些苏联人也凭借技巧和力量记录了自己的抗争，他们向通讯部提供了详尽的镜头，包括自己的新闻电影、战争报告和宣传电影，因此卡普拉和李维克有丰富的资料可以利用，包括围攻列宁格勒以及英勇而漫长的斯大林格勒战役。不同于前4部的55分钟大片，这部80分钟的《苏联战场》意在让它的观众，包括穿着和不穿着军服的人，感受爱国主义的狂热状态。
265 它是如此有效，以至于詹姆斯·艾吉一反常态地表示出热情，坚持认为这部片中没有任何一个时刻是“为了宣传而存在的，它所表现的一直是最大化的人性和情感力量”。[①] 一个月前正是艾吉敦促战争活动委员会同意该部电影向公众播放，说它“是这个国家制作过的最好且最重要的战争片”。[②] 苏联人也同意，苏联对外文化关系学会电影部开会讨论这部电影的影响力，充满欣赏地说它是“一个真正的超强电影炸弹”。[③]

战争结束后，《苏联战场》展现的完美无瑕的苏联历史，以及被艾吉称为苏德条约之间的“花样滑冰”的描述，将会被雏形阶段的麦卡锡主义者利用，认为卡普拉同情共产主义。但在1943年，它对于一群“一直以来都在打击纳粹之不败言论”的人民的描绘——电影的开场白就是这样描述的——在观众心中产生了深远的影响，并且巩固了卡普拉在众多为战争做出贡献的电影制作人中作为最优秀一员的声望。评论家阿尔弗雷德·卡津（Alfned Kazin）当时还只是一名驻扎在伊利诺伊州军

---

① “The New Picture,” *Time*, 1943年11月29日。

② *Nation*, 1943年10月30日。

③ 苏联对外文化关系学会电影部备忘条，1944年3月25日，FCA。

事基地的年轻士兵，他在看到这部电影后感到深深的震撼和兴奋。这不是“那些一直沿用的老美国电影魔法，要像解放风暴一样对我们产生影响”，它是“真实的……苏联作为我的父母，从前是不被允许看这些的”。在基地观看过这部电影后，他说他不再“感到孤独，（觉得）和黑暗的电影院中的士兵融为一体。那是身体上的震惊……我被彻底改变，被完全吸引”。[①]

《来自阿留申群岛的报告》为休斯顿赢得的奖项证明了他和梅利特之间的斗争结果的正确性，但他并没有到纽约品味这一胜利时刻。11 月初，他和埃里克·安布勒抵达意大利，雄心勃勃地计划要拍摄这场战争中第一部严肃的美国非虚构电影，讲述盟军一次地面行动的结果。朱尔斯·巴克（Jules Buck）加入了他们的团队，他是一位活泼又稳健的通讯部中尉，曾是休斯顿带到阿留申群岛的小分队的支柱人物。导演形容巴克是“我整场战争的单人部队”，[②] 并且在卡普拉将他派到意大利后立刻要求让他成为自己的左右手。

休斯顿到达那不勒斯的时候，该地已经遭受过上百次来自 266
双方部队的空袭，包括 8 月 400 架盟军 B－17 轰炸机的进攻，它到现在还没有办法开始复原。休斯顿写道，这座城市“像一位妓女承受着禽兽的抽打。小男孩把自己的姐妹和母亲出售……老鼠成群结队地出现在建筑物外，只是站在那里，用红红的眼睛看着你，并不移动……人们的灵魂被强奸了”。[③] 那不勒斯变成一片“不神圣”的土地，在当时就像一块磁石，吸引

① Alfred Kazin, *New York Jew* (Syracuse, NY: Syracuse University Press, 1996; originally published in 1978), 85－86.

② Lawrence Grobel, *The Hustons: The Life and Times of a Hollywood Dynasty*, updated ed. (New York: Cooper Square, 2000), 236.

③ John Huston, *An Open Book* (New York: Alfred A. Knopf, 1980), 107.

着想要记录战争最水深火热和最具毁灭性时刻的美国人。在这里的最初几天，他遇到了罗伯特·卡帕（Robert Capa），一位匈牙利裔犹太战地摄影师，他曾为《生活》杂志报道盟军在西西里和意大利的行动。厄尼·派尔（Ernie Pyle）——为斯克利普斯－霍华德报系工作的流动通讯员也在当地，他从美国士兵的视角出发撰写的专栏，让他成为作品被最多人阅读的美国战地记者，派尔来到这里用纸张来完成休斯顿试图用电影来完成的东西。

安布勒依然对他的美国对手保持警惕，觉得后者“有一点自命不凡”；他忍受不了休斯顿那夸张、矫揉造作的说话方式，或者那仿佛以空军的视角观察景色的习惯——那副规定要戴的墨镜似乎给予了他“某种夸大自己权力的视角”。他还觉得休斯顿并不由衷的言行是为了掩盖他在亲眼看到每一个街角这些可怕的现实后，越来越感到这项任务的愚蠢之处的想法。“他可能过于害怕而不敢说……说那亲爱的老弗兰克·卡普拉梦想的拍摄意大利人的想法……在那不勒斯来说是荒谬可笑的。”① 但这两个男人不得不共同面对同一个对手——上校梅尔文·吉莱特，那个曾让乔治·史蒂文斯无法接近北非行动的通讯部军官，现在负责卡塞塔的军队摄影部门，并且丝毫没有兴趣帮助休斯顿实现他的雄心。

没有吉莱特的批准，就没有资源和设备，也就没有纪录片，而吉莱特也让这个队伍等待了一个月。“约翰开始着手让上校吉

---

① 本章中这一条及其后所有对埃里克·安布勒的引用，以及他和休斯顿在那不勒斯、韦纳罗夫和圣彼得罗的细节，都来自他的自传 *Here Lies*，第 198 ~ 209 页、第 211 页和第 249 ~ 251 页，特别标明的除外；关于休斯顿在圣彼得罗第一阶段的工作，安布勒是最完整和详尽的资料来源。

莱特相信，一部在他管辖下制作的好电影将会给他带来赞誉，”安布勒写道，“最终，我觉得，是因为约翰太烦人了，吉莱特才做出让步。”吉莱特和休斯顿达成了一项协议：他们拍摄一些公 267
式化的关于美军和北非部落成员的新闻片段。这个北非部落是一队由摩洛哥人和阿尔及利亚士兵组成的，刚刚抵达意大利的队伍。如果这些片段可以取悦吉莱特的指挥官，吉莱特会向他们提供他们想要的一切。

数星期的等待让休斯顿、安布勒和巴克更为亲密，尤其是流行性肝炎肆虐导致军队总部众多房间变成隔离恢复病房后，他们三个不得不睡在同一间房。至少安布勒开始尊敬休斯顿的坚持；休斯顿也承认安布勒“除了鼻鼾声外……是一个很好的同伴”。[①] 到了12月，根据安布勒所言，他们制订了一项计划，要寻找“一个敌军刚刚离开的小镇，然后拍摄接下来在这里发生的一切”。他们选定了圣彼得罗，这是一个古老的小镇，位于那不勒斯西北43英里外。在10天的密集轰炸后，德军终于被赶走，在这场战争中很多美国士兵牺牲，3/4的盟军坦克在战争中被炸毁，而小镇本身也面目全非。

巴克找来一辆吉普车，他、休斯顿和安布勒，还有一支通讯部的三人摄影团队开到韦纳夫罗附近，在那里的一间农舍里他们搭起一个帐篷，开始计划第一天的拍摄。但在一次自发的侦查探险后，负责监督摄影人员的军士回来了，显得很慌乱。通讯部从那不勒斯发给休斯顿的解除警报被撤回。德军的地雷、炸弹、陷阱和绊网在圣彼得罗依然星罗棋布，而且整座城市都被遗弃了，视野所及之处没有如释重负或者欢欣喜悦的村

① Huston, *An Open Book*, 113.

民。

不管怎样，通往圣彼得罗的道路依然是开放的，而休斯顿也决定，他们要带着巴克的便携式摄像机出发，徒步冒险，看有没有什么值得拍摄的东西。被休斯顿称为“战火下我见过最冷静的人”[①] 的安布勒却担忧不已，觉得休斯顿“依然不明白”他把自己和团队带到如何危险的境地。旅程开始的时候很顺利：他们遇到了一群来自得克萨斯州的欢欣的士兵，看见摄像机，这些士兵都很兴奋，觉得自己可能会幸运地出现在一部美国新
268 闻短片上。巴克为他们拍摄了一些镜头，然后休斯顿一行继续向前走。当他们快要到达小镇时，休斯顿突然停下了。他和安布勒转过身，看见一名美国士兵跪在一棵树旁边，抬起来复枪瞄准。“有那么一瞬间他看起来是活着的，但只是一瞬间，”安布勒写道，“一块迫击炮弹碎片切掉了他的半个头。”

就在他们开始环顾这片光秃秃的、满是岩石的树林时，他们看见前面的路上散落着美国士兵的尸体，而 0.25 英里之外的圣彼得罗小镇，很明显只剩碎石瓦砾和破裂的外墙，只有很少一部分建筑依然屹立。意大利翻译不肯再向前走，军士和他的摄影小组也不肯——不会为一部电影再向前走。休斯顿、安布勒和巴克继续向前移动，穿过那些死去的人。就在巴克准备拍摄的时候，突然一枚迫击炮弹从他们头顶呼啸而过，摄像机还在拍摄的时候，他们一起摔倒在壕沟。他们飞快地离开了圣彼得罗。

回到韦纳夫罗后，休斯顿和安布勒怒气冲冲地和他们的团队碰面，他们对于军士和他的队伍拒绝向前走而感到恶心，

---

① Huston, *An Open Book*, 113.

把他们称为逃兵。对于接下来要做什么，大家都紧张而不知所措。安布勒在避开迫击炮弹的时候伤到了腿，走路也有点困难。通讯部关于这个小镇的错误情报将他们的生命置于危险之中。但第二天，休斯顿决定要回去。对他来说，圣彼得罗仿佛就是战争的中心。派尔也已经前往那里，并且有人看见他在路上走动，寻找士兵来采访。[1] 一支来自英国陆军电影小组的队伍也在那里露面，队伍由戴维·麦克唐纳（David MacDonald）带领，他曾监督《沙漠的胜利》的制作，现在可能是要来这里为意大利的英国军队完成之前在突尼斯做过的事，建立他们的声望。《沙漠的胜利》进入后期制作的时候，安布勒也在英格兰，尽管这部电影得到了美国人民的赞誉，但他清楚地知道电影使用的技巧——“精巧设计的……用光讲究的近景镜头……在松林制片厂……（和）化了妆的人，等待着抹上人造汗水”——安布勒对任何声称百分百真实的电影都带有一种偏见。但休斯顿的竞争意识被激起了，他不允许自己被英国人超越。他、安布勒和巴克再次出发，这一次他们乘坐吉普车， 269
不理会安布勒受伤的腿。

他们一直来到圣彼得罗中心广场的废墟，在那里休斯顿开始计划拍摄并且为电影构思开头。他们的工作被头顶的飞机声打断——可能是盟军的，也可能是轴心国的——然后是榴弹炮。他们向依然完好无损的建筑物之一——一座教堂——奔跑过去并且躲在了地下室，在那里，他们第一次遇到了一些圣彼得罗的居民——6 名脏兮兮的、蜷缩着的村民，其中 3 名是小孩，他们在这里可能已经有数小时甚至数天了。

---

① Lance Bertelsen, “San Pietro and the ‘Art’ of War,” *Southwest Review*, 1989 年春天。

炮弹声停止后，3 个男人跑回吉普车上，一路开回韦纳夫罗。在阿留申群岛，休斯顿曾有几个时刻感受到了不受控制的恐惧，一次是当他的飞机迫降的时候，另一次是当一次半夜空袭即将发生的时候。而现在的他也近乎失控。就在他们通过一座离开小镇的桥的时候，他们的吉普车车轮被卡住了，他们坐在一辆没有顶的汽车上，全方位地暴露出来。休斯顿的坏脾气爆发了。“下贱的东西!”他向负责开车的巴克喊道，“肮脏的犹太混蛋!”

那晚在韦纳罗夫，铁青着脸的安布勒问休斯顿：“这场战争中我们是站在那一方的？盟军这一方，还是《攻击者》的编辑这一方的?”感到羞愧的休斯顿向巴克道歉了。很明显，卡普拉想拍摄小镇村民羞怯地前来和美国士兵庆祝解放这个想法是个幻想。没有一个人知道下一步应该做什么。

休斯顿没有选择向上校吉莱特表达他的担忧，因为后者必然会让休斯顿和他的队伍退出。休斯顿决定尝试直接和卡普拉联系，从华盛顿要求进一步的指示。他把白天用在写信上，而当晚他们一起开车到那不勒斯附近的军用机场，休斯顿有军队中的朋友在那里，可以把他的官报带上下一架飞机。由于当晚余下的时间无事可做，休斯顿、安布勒和巴克走进了一间宅邸，这里现在被用作第五军在意大利的总部。一间通风良好的大房间被改成了临时酒吧。一对孤寂的夫妇坐在那里，很显然他们在那里已经喝了好一会儿了。男人转过身来。“你还在拍电影吗，孩子?”亨弗莱・鲍嘉问道。

这位演员和他的妻子梅奥・梅索特（Mayo Methot）来到意大利进行友好访问之旅。休斯顿介绍了他的同事，然后他们坐下来度过了一个漫长、别扭、酩酊大醉的晚上。曾经是百老汇音乐剧表演者的梅索特是一名严重的酗酒者，她喝醉的时候斗志如此旺盛，以至于鲍嘉帮她起了个昵称“小烈酒”。她和休斯顿一直不喜欢彼此，由于休斯顿忽略了她，她变得尖刻起来。那一晚以她迷迷糊糊地唱着15年前自己在百老汇的歌曲《你怎会明了》（*More Than You Know*）结束，她的哼唱走调，像是有人尝试用一架旧钢琴为她伴奏一样。

无论你是对
还是错
我心中的爱人
我将永远跟随
我如此需要你
你怎会明了

休斯顿觉得这一晚“尴尬极了”。[①] 至于安布勒，他发现有好莱坞导演陪伴的时间不但令人讨厌，而且毫无意义。休斯顿毫无回到韦纳罗夫或者等待卡普拉回复的意愿，就他所知，圣彼得罗项目已经无法挽救。他们需要重新出发，寻找一个符合他们概念的新城镇。“我们依然认为有可能可以在一个前方地域，不通过‘重建’‘重演’或者其他弄虚作假，拍摄期望中的那种纪录片，”他写道，“我们仍然没有明白，根据来自华盛顿的简报，对于我们来说，只有弄虚作假会有用，或者说只有弄虚作假是可行的。”

① A. M. Sperber 以及 Eric Lax, *Bogart*（New York: William Morrow, 1997）, 232.

18 “我们真的不知道这表面之下在发生什么”

华盛顿、中国—缅甸—印度战区、意大利和纽约 1943 年 9 月 ~1944 年 3 月

271 约翰·福特不知道对于他来说战争是否已经结束。《12 月 7 日》带来的纷乱没有导致任何责难；事实上，福特凭借对电影做出的挽救获得了一些赞誉。但当他在好莱坞的同事们为高级别任务来回穿梭于欧洲和华盛顿之间，抵达前线工作的时候，他却被安排在华盛顿为实地摄影小组监制资讯短片和训练短片，而自己不负责拍摄任何东西。当初他为加入海军而离开好莱坞的时候，他从来没有料想到自己会成为一名困在办公室的官员，而虽然他有大量的责任要承担，但无能为力之感还是向他涌来。有些导演——比如约翰·休斯顿——并不把自己视作实际的电影拍摄者，他曾经说过：“在整场战争中没有拍摄过一张成功的照片……我带着摄影机其实是一种象征……一架摄影机可以把一个人和整个世界区分开来。”[①] 但对于福特来说，事实正好相反；正是摄影机把他和世界联系起来，当他没有身处一架摄影机之后时他会觉得失落，甚至几乎是失职的感觉。

---

① 约翰·休斯顿接受 Peter S. Greenberg 采访，Rolling Stone，1981 年 2 月 19 日，重印于 Robert Emmet Long，ed.，*John Huston Interviews*（Jackson：University Press of Mississippi，2001）。

他的服役时间比其他任何导演都要长，也许是时候回到加利福尼亚的旧生活，拍摄一部战争片而不是拍摄战争本身。米高梅一直积极地催促他回到实际的工作中去。路易斯·B. 迈尔 272
得到了一部名为《菲律宾浴血战》（*They Were Expendable*）的非虚构畅销书的版权，这本书讲述了1942年一支美国鱼雷舰队为保卫菲律宾、对抗势不可挡的日军而进行的一次勇敢却难逃一死的抗击。迈尔觉得这个项目很适合斯宾塞·屈塞，[①] 并且认为同样粗野、酗酒的爱尔兰天主教徒福特会是他的好搭档，尤其是加上福特在太平洋战场的亲身经历。福特喜欢这个想法，早在1943年春天，他就知道自己想将这部电影变成他的下一部作品。[②] 但当米高梅询问比尔·多诺万可否考虑让福特停止服现役以便立刻拍摄这部电影的时候，多诺万拒绝了。[③] 福特觉得没什么问题——任何海军仍然相信他还有些许用处的迹象对他来说都是一种鼓励——但这位导演自己也很挣扎。他现在已经55岁了，还有几个月他的第一个孙子就要出生，他的第25个结婚周年纪念日也快到了。而他和玛丽的长期分离似乎加强了他对她的情感依赖。“我觉得我们不如别撑下去，就承认我们很思念对方吧——该死的，”他给她写道，[④] “我向上帝祈祷这一切很快可以结束，然后我们可以和孩子、孙子还有我们的‘亚兰纳’一起生活……我不是容易相处的人——天知道，而好莱坞也帮不上忙——爱尔兰人和天才合不来。但你知道你是

---

① “Screen News Here and in Hollywood”, *New York Times*, 1943年5月20日。

② Garry Wills, *John Wayne's America: The Politics of Celebrity* (New York: Simon & Schuster, 1997), 332.

③ Eddie Mannix 发给队长 L. P. Lovette 的提议电报，以及 Frank Wead 写给约翰·福特的信，均在1943年3月9日，JFC。

④ 约翰·福特写给玛丽·福特的信，1943年7月19日，JFC。

我唯一爱过的女人。"①

让福特考虑提前退伍还有一个现实一点的原因。每年他只能从海军那里挣到4000美元，虽然战前拍摄的电影每年给他带来的利润是这个数目的10倍，但他的年薪依然只占当年在好莱坞的一小部分。他的商业经理最近告诉他他透支了，因此他和玛丽在1943年余下的日子预算将会变得紧张。② 但他从未认真考虑过离开海军，他觉得这样是自私的表现，甚至是懦弱。自从战争开始以来，看着约翰·韦恩一次又一次做出要加入军队的模糊承诺然后又背弃承诺，福特越来越对韦恩表示轻蔑。③ 韦恩在完成《关山飞渡》的突破性演出后事业势头开始上升，现在的他在好莱坞片约不断；他曾真诚地说过要加入陆军或者海军，但总是说在下一部电影之后。春天的时候，福特直截了当地向韦恩提供一个实地摄影小组的位置，他拒绝了，然后8
273 月当这件事再被提起时，他又拒绝了。1943年年末，拥有4个孩子的韦恩从3－A（对于那些有特殊家庭义务的男人延期许可）被重新分类为1－A（完全符合资格）。韦恩所属的共和制片公司（Republic Studios）立刻跳出来干涉并且使他重新被分类为2－A，也就是被军队视为出于国家利益应该继续以平民身份工作的人。④ 韦恩永远没有加入战争，他将会通过一次劳军联合组织巡回旅程兑现他关于军事服务的承诺，而他最接近战争的一次不过是在共和制片公司的电影《海蜂》（*The Fighting*

---

① 约翰·福特写给玛丽·福特的信，1943年6月26日，JFC。

② Scott Eyman, *Print the Legend*: *The Life and Times of John Ford* (New York: Simon & Schuster, 1999), 270－271.

③ 约翰·韦恩写给约翰·福特的信，约1942年5月，JFC。

④ Randy Roberts 以及 James S. Olson, *John Wayne*, *American* (New York: Free Press, 1995).

Seabees）中担任主演。福特觉得他这种行为应受指责。

9月的时候，多诺万将福特带离了这种不稳定状态，派他前往中国—缅甸—印度战区为战略情报局充当观察员。同样是前往前线的旅程，这一次却缺乏中途岛战役的那种紧急感。福特和两名实地摄影小组成员被送到纽约，然后坐上一艘货船，需要2个月才能到达目的地，而这次任务也要求福特暂时将他掌管且由他创立的实地摄影小组的职责移交给同事雷·凯洛格（Ray Kellogg）。[①] 但福特并不介意，他很开心可以再次回到战场。

他在缅甸和中国的2个月并没有拍摄出重要的纪录片，但确实让他回到了战争最激烈的地方。一开始事情并不顺利，出于对军装的过分热爱，他在加尔各答逗留了一会，等待剪裁合身的军装。战略情报局缅甸分队的负责人卡尔·艾弗勒（Carl Eifler）上校告诉他：“你最好在12个小时之内来到这里，不然我把你这个混蛋送上军事法庭！”“你个混账——你他妈觉得你在对谁说话？”福特回答道。并不知情的艾弗勒告诉他他不在意。但二人见面之后紧张关系便缓和了，而福特也开始着手工作。很快一切就清晰起来，多诺万越过太平洋把他送到这里，与其说是因为这个特别的前线需要一名伟大的导演，不如说是出于华盛顿的内部政治考虑。福特的工作是要通过影像资料证明多诺万的新海外情报机构的有用性，他需要拍摄这些官员工作时的录像，以便在需要的时候向国会播放，进一步证明战略情报局的合理性。福特毫无怨言地完成了任务。[②] 他和他的团

① Andrew Sinclair, *John Ford* (New York: Dial, 1979), 115.

② Tom Moon, *This Grim and Savage Game: The OSS and U.S. Covert Operations in World War II* (New York: Da Capo, 2000; originally published 1991), 165 – 166.

队为新闻片和短片拍摄了一些材料，大多表现美军和缅甸军之
274 间的合作，还有运载物资的飞机的抵达。此外他还进行了一些空中侦察，甚至进行了第一次也是仅有的一次跳伞行动，他降落到丛林中，一路念着圣母经，目的是拍摄和情报局一起合作的土生土长的克钦族部落。[①] 此外他还花时间训练摄影师使用35 毫米设备从空中进行地形勘察，用作情报纪录片拍摄项目的一部分，这在实地摄影小组内部被称为“伊皮迪皮情报”。[②] 他在中国度过除夕夜，然后在几个星期后启程返回华盛顿。

福特政治观中的右倾思想大概是在这个时候萌芽的，其间断断续续而难以追踪。在战争之前，像大多数保守党支持者所做的那样，他从来没有和孤立主义者结盟；不像卡普拉，他一直是一名坚定的反法西斯主义者，而且在很多问题上的观点和罗斯福一致。但在 1944 年年初，狂热的反共产主义思想开始主导他的思考。

在福特的自传《寻找约翰·福特》(*Searching for John Ford*)中，约瑟夫·麦克布莱德暗示福特正是在缅甸逗留期间，尤其是在极右派成员上将阿尔伯特·魏德迈（Albert Wedemeyer）的影响下改变了政治观。麦克布莱德注意到福特担心共产主义意识形态正在默默地渗透进美国人的生活以及他自己的产业，这种怀疑，在福特的家族中，往往和一定程度的对犹太人的敌意联系到一起，这一点也使福特与他的导演同事们有所不同。在德国和欧洲发生的一切，似乎并未改变福特家族成员之间在信

① Joseph McBride, *Searching for John Ford*: *A Life* (New York: St. Martin's, 2001), 389.

② Dan Ford, *Pappy*: *The Life of John Ford* (Englewood Cliffs, NJ: Prentice Hall, 1979), 185.

件措辞中体现出来的一定程度的反犹主义。在到缅甸的路上，他给玛丽写信时提到一位一同乘船的犹太医生，使用了带有贬义的“犹太佬”。而在家乡忙于为好莱坞餐厅义务工作的玛丽也向他抱怨道，这个机构被憎恨爱尔兰人的左翼犹太人所主宰，[1] 而差不多是同时，福特的儿子帕特里克也对于他所供职军队的公共关系部犹太人泛滥这一点表达了厌恶之感。[2] 各种诸如“犹太佬”甚至更轻蔑的用语出现在福特家族成员之间的信件中，但这种情况似乎更多是来自一种中产阶级爱尔兰天主教成长环境下固有的文化狭隘主义，而不是一种深层的憎恨。福特自己也相信，天主教徒和犹太人，作为局外者，应该有着 275
共同的事业；他曾在战争开始时，对他一直以来的代理人哈利·沃策尔（Harry Wurtzel）说道：“我们一定要赢……因为你这样的犹太人，和我及我家庭那样的天主教徒，在这个世界上没有位置，我们不能让这些混蛋成功。”[3] 而虽然他不相信犹太人这个群体，但他乐于声称他部分最好的朋友——包括沃策尔——都是犹太人。（在给沃策尔的一封信的开头，福特热诚地写道，“亲爱的基督杀手”，[4] 这暗示了虽然福特接受的教育是将犹太人视作历史敌人，但他往往掩盖自己原有的忧虑而将他们视作友好的朋友。）

1944 年年初，福特首次公开加入一群恶毒的反罗斯福好莱

---

① 玛丽·福特写给约翰·福特的信，1943 年 12 月 8 日，JFC。

② 帕特里克·福特写给约翰·福特的信（“这个名叫公共关系部的犹太人区……全都是犹太男孩和有钱人的儿子”），1944 年 2 月 12 日，JFC。

③ McBride, *Searching for John Ford*, 第 374 页（“The Yid”），第 370～371 页（玛丽·福特），第 369 页（帕特里克·福特）；约翰·福特写给哈里·沃策尔的信，1942 年 1 月 12 日，JFC。

④ Eyman, *Print the Legend*, 261.

坞同事，他们的反共产主义言论帮助麦卡锡主义奠定基础。他们的领导者是山姆·伍德，一位知名的好莱坞导演，获得赞誉的作品包括《万世师表》（*Goodbye, Mr. Chips*）和《扬基的骄傲》（*The Pride of the Yankees*），以及最近的欧内斯特·海明威（Ernest Hemingway）的改编剧《丧钟为谁而鸣》（*For Whom the Bell Tolls*）。在最近这部电影当中，他设法从剧本中删掉所有反法西斯主义和左翼意识形态的内容，将这个故事变成一部几乎超过 3 个小时的电影。伍德的女儿相信，他正是因为无法凭借《万世师表》赢得奥斯卡而开始对好莱坞发脾气；他开始不停地抱怨共产主义，在一个小黑本上列出他认为是颠覆分子的同事，很快从“一位迷人的人”变成“一个咆哮的、不讲道理的人”。[①] 伍德的措辞赢得了好莱坞部分人的支持，从维克多·弗莱明到贾利·库珀，从华特·迪士尼到约翰·韦恩，这些人共同成立了保卫美国梦电影同盟。执行委员会成员中还有福特的朋友詹姆斯·麦吉尼斯，[②] 当初福特需要为《中途岛战役》撰写一份旁白剧本时，麦吉尼斯就是他寻求帮助的作家之一。由于促成保卫美国梦电影同盟于 1944 年 2 月公开成立的系列会议和讨论进行时，福特并不在好莱坞，因此很可能是麦吉尼斯把他带进来的；不管怎样，福特写了一张 40 美元的支票，让自己成为创始成员之一，[③] 并且也导致他和大多数在通讯部和实地

① Larry Ceplair and Steven Englund, *The Inquisition in Hollywood: Politics in the Film Community, 1930 – 1960* (Berkeley: University of California Press, 1979), 209.

② Larry Ceplair and Steven Englund, *The Inquisition in Hollywood: Politics in the Film Community, 1930 – 1960* (Berkeley: University of California Press, 1979), 210 – 211.

③ McBride, *Searching for John Ford*, 371.

摄影小组的好莱坞同事意见相左。

这当中包括卡普拉，其本人的反共主义——基本出于担心自己会被扣上“赤色分子”的帽子——并没有令他决定加入保 276
卫美国梦电影同盟。在漫长的伦敦之旅后回到美国的卡普拉，将自己视作军队的仆人，甚至是罗斯福管理层的仆人，只要他还在服现役；他的工作是传递政府的政治理想，而不是表达他自己的。对于他来说，要解释这些政治理想是什么并不容易。开始构想《认识你的敌人》系列电影几乎 2 年后，卡普拉依然在为第一部关于日本的电影苦恼。在一次错误的处理方式导致了过分的反亚裔种族主义后，他向一位答应会用完全不同的方式来处理的制作者寻求帮助。

尤里斯·伊文思（Joris Ivens）是一位荷兰出生的社会主义纪录片制作者，他的亲苏政治观导致 FBI 将他标记为一名“危险的共产主义者”。如果不是因为他作为电影制作者那无可挑剔的声誉和他的国际经历，他根本不可能成为卡普拉团队的候选人：他曾为美国电影部和加拿大国家电影局在荷兰和俄罗斯拍摄纪录片以及新政时期宣传短片，而 1937 年他关于西班牙内战的反法西斯纪录片《西班牙土地》（*The Spanish Earth*）在白宫上映，放映后他还和罗斯福一起用餐。卡普拉在至少两部《我们为何而战》电影中用到了伊文思拍摄的影像。当卡普拉请求他执导《认识你的敌人——日本》时，伊文思同意了，但后者提出了一个条件，他有权选择自己的编剧——卡尔·佛尔曼（Carl Foreman）。佛尔曼曾是一名共产党员，现在是军队中的一名士兵。[①] ［战后，佛尔曼继续写了

① *Know Your Enemy-Japan*: William Blakefield, “A War Within: The Making of Know Your Enemy-Japan,” *Sight and Sound*, 1983.

《正午》（*High Noon*）和许多其他电影；由于拒绝向非美活动调查委员会提供名单，他成为黑名单上最著名的好莱坞编剧之一。]

伊文思搬到了洛杉矶，为了勉强维持生活，他在一家造船厂找了一份冶炼工的工作，同时和佛尔曼为这个项目工作了9个月，这一切都在FBI的监视之下。他们最终制作出来的20分钟电影包括一幕由华特迪士尼动画制作公司制作的动画，其中裕仁被塑造成一位俯冲向地面的神风特工队队员，在他俯冲的时候，他的长袍慢慢变成了帝国军队的军服。佛尔曼为伊文思的电影写的旁白直白地表示，一个由日本商团和军
277 队领导组成的阴谋集团是“日本真正的统治者——渴望权力的上将，追逐利益的企业家，笑嘻嘻的伪善政治家想要统治这个世界。”①

伊文思和佛尔曼希望《认识你的敌人——日本》不只教育美国士兵和电影观众，而且可以在某种程度上激起日本人民对自己国家腐败系统的厌恶，一旦盟军攻占了这个国家，便可以让日本人暴露于美国的宣传之下。这个想法碰了壁：当卡普拉在1943年年末将伊文思完成的电影上交后，军队和管理层都立刻拒绝了。② 这部电影对裕仁不留情面的处理方式与国务院的信念背道而驰，由于美国几乎确信要在战后和天皇重新建立某种关系，因此理智的做法是在非必要的时候不要对天皇进行诋毁。[娱乐性电影制作人也得到了同样的警告，晚至1945年，

① Hans Schoots, trans. David Colmer, *Living Dangerously*: *A Biography of Joris Ivens* (Amsterdam University Press, 2000), 174 – 176.

② Hans Schoots, trans. David Colmer, *Living Dangerously*: *A Biography of Joris Ivens* (Amsterdam University Press, 2000), 174 – 176.

战争信息办公室还提醒即将要公映詹姆斯·卡格尼抗日电影《太阳之血》（*Blood on the Sun*）的联美公司，将裕仁描绘成“只是……日本军国主义的道具，而不是其个人做出决定”。][1]伊文思关于把裕仁看作一名战犯的建议也被军队拒绝了，军队希望对于战争的责任更多地直接指向日本人民本身，即使这种做法很容易导致某种种族主义，而在梅利特的监管之下，这种种族主义直至近期还是被要求避免的。

卡普拉完全舍弃了伊文思的电影，将伊文思从他的小组中移除，然后和佛尔曼以及一位有抱负的年轻编剧和小说家欧文·华莱士（Irving Wallace）重新开始。华莱士之前一直在福克斯堡和西奥多·盖泽尔一起工作。华莱士声称卡普拉“在政治方面的想法非常简单。他只知道一件事：美国对他好，美国很美……他想出来一个简单的对外政策……唯一的好日本是死了的日本”。[2] 华莱士讨厌这种处理方法，他争取到了伊文思制作的，更精致的反工业主义、反军国主义的内容，但他也知道卡普拉是在黑暗中摸索着：要拍摄一部电影来表达一项实际上连政策制定者都还没有确定的政策是不可能的。“从富兰克林·德兰诺·罗斯福到马歇尔将军及之下的人，”华莱斯说道，“没有人知道该告诉士兵们他们的真正敌人是谁。”是裕仁、东条英 278
机和他的军队，还是日本人民这个非常诱人的目标——当时的调查显示，超过一半的美国士兵相信，要将整个日本民族消灭才能保证持久的和平。“这里存在政策真空，”华莱士说道，

---

① Thomas Doherty, *Projections of War: Hollywood, American Culture, and World War Ⅱ* (New York: Columbia University Press, 1993), 135 – 136.

② Joseph McBride, *Frank Capra: The Catastrophe of Success* (New York: Simon & Schuster, 1992; revised 2000), 498.

“而事实是我和佛尔曼被要求独自决定我们的战士们应该对日本采取何种态度。”①

2 年的服役经历让卡普拉厌倦了不明晰的政策、含糊的沟通以及军事官僚主义。在英格兰待了几个月，被给予了实质性的自制权、完全按照自己的方式制作了《突尼斯战役》后，他已经很难回到华盛顿，重新成为那位似乎是永久地捆在权力链之间，永远要受事后审查影响的官员。《苏联战场》的成功让他敢于说出自己所想，在一封写给苏雷斯将军的信中，他要求获得更多权力。1943 年 11 月下旬，一队并不属卡普拉管理的通讯部电影制作者被派往埃及记录开罗会议，那是一场在击败隆美尔、于北非取得胜利后的战略峰会，出席者包括罗斯福、丘吉尔和蒋介石。卡普拉看过他们拍摄的影像后，告诉苏雷斯：“我差点吐了。调焦不准、光线不足、不称职、笨拙、外行得让人无法忍受。如此震惊世界的会议却由一群如此业余的人来拍摄，真是丢尽了专业人士的脸，丢尽了军队的脸，丢尽了我们国家的脸……我理应是特别报道小组的负责人。为了未来着想，我真诚地要求我能有机会去为这些重要的工作安排正确的人员和设备。”②

圣诞节当天，卡普拉从中校被提拔为上校，但他没能成为他想成为的角色。③ 他的新官衔也没有为他在好莱坞增加多少影响力。和福特一样，当美国迈入战争的第三个年头，他发现自己的财政状况并不乐观，而他所依赖的一大部分收入来源——《毒药与老妇》上映带来的利润——并没有如计划那样

---

① Blakefield, “A War Within.”

② 弗兰克·卡普拉写给亚历山大·苏雷斯的信，1943 年 12 月 14 日，FCA。

③ Frank Capra, *The Name Above the Title: An Autobiography* (New York: Da Capo, 1997 年；首次出版于 1971 年), 357 - 358。

到来；华纳兄弟将这部加里·格兰特的喜剧播放给驻扎海外的士兵，[①] 但完成这部电影的两年多后，它依然没有确定在全美上映的日期，并且在其百老汇戏剧停止放映之前都不能定下契约性的时间表。1 月，卡普拉——他现在和扎努克一样 279
更喜欢被称为“上校”——请求哈利·华纳让电影在电影院上映。华纳拒绝了。这场战争给电影公司带来越来越多的不便：在屏幕上，它已经被过度曝光，观众的疲倦感已经通过票房日益显现；屏幕之外，它继续榨干天才和资源。华纳告诉卡普拉他打算将《毒药与老妇》搁置到战争结束——“我希望很快会结束，”他补充道，“以免观众忘记你。”[②]

1944 年 1 月 10 日，厄尼·派尔的报告《他是上尉瓦斯科》出现在全国的报纸上。这篇报告讲述了一名 25 岁的美国士兵在圣彼得罗战争中的死亡，成了派尔职业生涯中最广为阅读的故事之一；这篇报道帮助他赢得了普利策奖，在下一年启发了一部电影《美国大兵乔的故事》（*The Story of G. I. Joe*），并且将圣彼得罗这个小村庄以及盟军士兵的英勇带到了数百万美国人面前，如果不是这篇报道，他们可能永远不会听说这场战役。派尔比休斯顿和他的团队早 4 天到达圣彼得罗；他在那里等待了 3 天，直到瓦斯科的尸体被发现，并且在回程路上一直跟在背着瓦斯科尸体的骡子旁边，看着那受到重创的分队中年轻的幸存者们在埋葬这位上尉前心碎地向他告别。[③]

---

① Frank Capra, *The Name Above the Title: An Autobiography* (New York: Da Capo, 1997 年；首次出版于 1971 年), 353。

② 哈利·华纳写给弗兰克·卡普拉的信，1944 年 1 月 11 日，FCA。

③ Ernie Pyle, “This One Is Captain Waskow,” Scripps Howard wire copy, 1944 年 1 月 19 日。重印于 *Reporting World War II, Part One: American Journalism, 1938 - 1944* (New York: Library of America, 1995), 735 - 737。

派尔的故事正是身在意大利的休斯顿想在圣彼得罗拍摄的那种不畏惧的一手报道，虽然在这篇文章出现的时候，圣彼得罗战役已经结束了，但这并没有造成太大影响。毫无疑问，现在休斯顿需要找寻一座新的小镇来作为电影的主题，而它只可能是瓦斯科上尉和如此多年轻美国士兵为国家牺牲的地方。埃里克·安布勒被英国情报处重新分配到北非，但休斯顿、朱尔斯·巴克和一名通讯部成员则留在了韦纳罗夫，在接下来的6个星期里，在军队的全力支持下，构想、搭建并且拍摄了一部将会在美国影院上映的战争纪录片《圣彼得罗之战》（*The Battle of San Pietro*）。

在自传中，休斯顿并没有说明这部电影完全是重演的产
280 物。相反，他详细讲述了他和团队第一次对圣彼得罗真正危险的探访——润色之下的故事不仅包括炮弹、躲藏以及惊险的吉普车逃离之旅，而且还有一名他考虑要收养的意大利小孤儿——而他还暗示这部纪录片实际上是在这两天于现场拍摄的。他记录下了自己的恐惧，但他将这些恐惧说成是一位跟随他们的、没有名字的上尉所表现出来的，这位上尉在和他们一起等待爆炸停止的时候不断发抖。他详细讲述了当吉普车的轮胎被卡住时，他的坏情绪向巴克爆发了，但没有谈到安布勒回忆中的反犹太主义用语。并且在战争之后，他发明了一个欢乐的场景——“圣彼得罗的人们给了我们多大的欢迎！整块的奶酪和一瓶瓶红酒，天知道它们是从哪里冒出来的”。①休斯顿在这部电影中的自我神话化是他多年来的实践，战争后不久，他在一次报纸采访中说道：“当我制作《圣

---

① John Huston, *An Open Book* (New York: Alfred A. Knopf, 1980), 110 - 113.

彼得罗之战》时，我就是那些摄影人员的奶妈，尝试把他们从地雷和陷阱中拯救出来。”①

这当中没有一点是真实的。《圣彼得罗之战》是编好的、演出来的电影，当中只包括2分钟未经处理的真实片段。电影中最“真实”的镜头就是朱尔斯·巴克第一天拍摄到的片段，他们接近这个小镇的时候遇到了一群微笑着的、热心的得克萨斯州士兵——当中大多数在这之后死于其他战役——以及在巴克、休斯顿和安布勒为躲避迫击炮、扑向掩护的时候，巴克那依然在运转的摄像机记录下的那个疯狂的、震颤的、无法看清的镜头。由于它的突然、猛烈和混乱，这个镜头显得和电影其他镜头都不同：这不是对于战火下恐慌的模仿，这是战火下恐慌的真实表现。

《圣彼得罗之战》余下的部分就是想象的产物。无论如何，休斯顿在位于意大利的通讯部的大力协助下顺利完成了拍摄。通讯部为他提供了时间、设备、人员以及所有他需要用来装作解放小镇的美国士兵。休斯顿和军队都希望这部电影的细节不要出错。1943年年末，他得到可以接触关于这场战争的详尽而机密的书面档案的许可，这些档案由第143步兵部队汇编自对在圣彼得罗作战的士兵们进行的采访。他利用这些档案创作出了这场战役精确的时间轴。②

有了这些报告作为基础，休斯顿开始匆匆记下剧本的想法， 281

---

① 约翰·休斯顿在 *The Triumph of the Good Egg* 中接受 Ezra Goodman 的采访，未标明日期、无法辨别的剪报，约20世纪40年代末，圣彼得罗剪报文件，New York Public Library for the Performing Arts。

② “Operations in Italy December 1943, 143rd Infantry Regiment,” 由 William H. Martin 汇编，143rd Infantry Commanding，504号文件，JHC。

他的拍摄将精确地跟随卡普拉在构想这项任务时想象出来的叙事线——解释这次胜利的战略重要性，之后是军队接近小镇，战争本身，然后是兴高采烈地返回小镇的人民。休斯顿的部分标注是很实际的——“地图需要有更高的清晰度，”他写道，“人物和名字不够清楚。”但其他人则明确指出他为了制作出一个适合军队宣传需要的故事愿意偏离事实多远。虽然德军和美军飞机都曾轰炸过这座小镇，他写道，“但那些从废墟中被挖出来的妇女只能是德军炮弹伤害的”。此外，“美军攻占圣彼得罗后——然后平民们回来了——德军应该在撤退的时候继续轰炸这座小镇”。[①]

拍摄《圣彼得罗之战》的时候，休斯顿关于战争场景重建已经有很丰富的经验了。他在英格兰制作《突尼斯的胜利》的经验，他接触过英国人更精致的场景重现，都教会了他如何弥补自己在场景重建上的不足。在为《圣彼得罗之战》搭建类似纪录片的战争场景的6个星期里，休斯顿致力于实现一种粗糙的逼真感，帮助塑造美国人对于“真实的”战争电影的理解，这种电影中粗糙的逼真感在战争结束后依然持续了很长一段时间。当枪支发射子弹或者炮弹爆炸时，他确保影像在摇晃，模仿地面震动或者摄影师被吓到造成的效果。他把行动放慢，拍摄士兵们在迫击炮火下于多石地形上爬行，或者充满迟疑地前行，以一种时而蹒跚、时而紧张的断断续续的节奏前行，而不是以稳定的步调。他甚至允许一部分士兵发现镜头，就像真实战斗环境下会发生的那样，镜头和他们的眼神对上了那么一秒钟，然后他们继续面无表

① “关于圣彼得罗的笔记”，明显来自约翰·休斯顿的手写备忘条，未标明日期，501号文件，JHC。

情地做自己正在做的事情。

1944 年 2 月 22 日——圣彼得罗之战结束后超过 2 个月——休斯顿完成了所有拍摄工作。他在圣彼得罗的作品中的 14 卷未经剪辑的影片盘在国家档案馆被保留下来。[①] 这些丰富的资料展现出他为了重现这场战争所尝试的多种不同的技巧，其中一些比另一些更成功。那些未被采用的影片也揭露了他如何系统地舍弃任何显得太完美或者过分夸张的镜头——在一些镜头中 282
摄影师变换了焦点，从近镜即时切换到远方的地平线，成功捕捉到一次远距离的爆炸；而在其他场景中则有士兵或者摄影师忘记对突发的炮火或者炮弹做出反应。没有被采用的录像提供了丰富的资料，让我们一窥休斯顿如何教导未经训练的人在镜头前表演——一个微笑的美国士兵在他的暗示之下，从“活着”切换到“死去”；一队士兵小心翼翼地走进一间被遗弃的农舍寻找炸弹和地雷，然而因为捕捉到其中一位士兵漫不经心地踢走一个放错位置的道具手榴弹而停止了拍摄。村民最终确实回到了圣彼得罗，而休斯顿充分利用了他们，劝诱他们表现出卡普拉要求的如释重负和欢天喜地。一些相似的、构造出来的场景确实保留到了最终的电影中——一位摄影师在壕沟里面拍摄，一位士兵在完美对焦的情况下跟着他跳进来，而在很多镜头中，当屏幕上的士兵们还在尝试攻占密集炮火之下的某些地方时，摄影机却似乎已经可以非常平缓地在这些地区前进。但在影片的大多数镜头中，休斯顿根据自己的直觉包含了一些稍微不完美的图像来作为真实性的标志，例如跳跃的而不是平

① 所有对于休斯顿未被使用的录像都来自作者本人对于日记标为 1944 年 1 月 3 日 ~2 月 22 日未剪辑的电影卷盘的看法，国家档案馆，College Park，Maryland。

缓的镜头，或者短暂的失焦。这是休斯顿从《中途岛战役》中学来的技巧，约翰·福特给国内观众看胶卷从仪器里面弹出来的画面时，观众的反应极其热烈。

在意大利的4个月里，在一个依然处于战争中心的国家重现一场血腥战争的紧张感，这一切开始对休斯顿产生影响。数月前，他对于刚到圣彼得罗头两天的经历依然心有余悸；现在拍摄的压力消失了，他那挥之不去的恐惧感又回来了。意大利依然处于德军的猛烈轰炸之下，休斯顿对于突如其来的声音开始变得异常敏感，他有时会把吉普车车轮尖锐的声音当成敌军迫击炮的声音。“我以前从来没有见过这么多尸体，”他写道，“对于某个在传统美国家庭长大的人来说……这真是来自内心深处的震惊。我感觉我有所改变了。我记得有一天在意大利，我对自己说，我现在终于真的适应了，作为一名合格的士兵。但同一晚我在梦中惊醒，口中喊着母亲。我们真的不知道这表面之下在发生什么。”①

283 军队把休斯顿送回家，回到纽约的阿斯托利亚制片厂，为纪录片做后期处理。虽然他从来没有对通讯部的任何人隐瞒在圣彼得罗拍摄的内容——这根本没有必要，因为他得到了上司的全力支持——但在1944年年初，军队内部对于大量使用重演手法的道德性和有用性存在极大的争议。《突尼斯的胜利》的完整版很快要在电影院上映，它还没有向任何媒体或者公众播放，但通讯部通过搭建场景重现北非行动的消息已经传遍了军队，而其中一些回应非常尖刻。“大多数重演的质量如此之差，而且缺乏军事监督，”负责电影安全部的少尉詹姆斯·费赫尼

---

① Huston, *An Open Book*, 120.

（James Faichney）写道，“看过这些材料的军官都带着看笑话和反感的心态看待它。”在他的备忘条上，费赫尼写道，他并不反对在无法拍摄某些实际战争场景时使用场景重现的方法表现一两个场面，但他认为卡普拉和他的团队所做的远远不只是这样，他们是在“尝试以好莱坞规模来重现这场战争”。1 月底，在一份尖锐的报告中，费赫尼敦促在意大利的电影人不要犯同样的错误，建议他们“尽可能地接近前线，而不要……在战线之外‘来到现场’，就像是他们在印第奥或者棕榈泉”。而休斯顿当时正准备开始在圣彼得罗的拍摄。①

费赫尼的报告遭遇了休斯顿自以为是的暴怒，后者向上级申请要求对方道歉。② 这位 26 岁的军官受到了责备，并且被逼撤回他对于通讯部正在拍摄“一场‘假的’战争”的指责。在看完休斯顿在圣彼得罗拍摄的录像后，费赫尼说它和之前为军队电影部制作的场景重现相比，“在总体质量上好多了”，但他并没有退让，依然坚持他那极其理性的担忧，“带有重演性质的资料依然不应该成为主流，因为这些资料是如此容易被辨认出来”。③

休斯顿凭借在圣彼得罗的工作被晋升为少校，④ 但那个春天在纽约期间，他冲动任性且反复无常。这些行为现在可以被定义为创伤后遗症。他把他那一直以来都拥挤的感情生活推到了几乎是自我毁灭的边缘：虽然他依然和莱斯利·布莱克保持 284

---

① 少尉詹姆斯·费赫尼写给上校柯蒂斯·米切尔的备忘条，“Subject：North African Re-enactments，”1944 年 1 月 28 日，1443 号文件，JHC。

② 约翰·休斯顿写给上校 Kirke B. Lawson 的备忘条，chief，Army Pictorial Service，1944 年 3 月 4 日和 3 月 26 日，1443 号文件，JHC。

③ 费赫尼写给米切尔的备忘条，1944 年 3 月 4 日，1443 号文件，JHC。

④ 约翰·休斯顿军队纪录，日期为 1944 年 4 月 14 日的晋升纪录，1719 号文件，JHC。

婚姻关系，但他继续着他和黛·哈佛兰之间长久的关系，并且还在追求玛丽埃塔·菲兹杰拉德，同时和桃瑞丝·莉莉（Doris Lilly）开始了一段外遇。莉莉是《城里城外》杂志的一名编辑，她毫不尴尬地靠近、追求着休斯顿。费赫尼的报告伤害了休斯顿，而正如黛·哈佛兰后来说的，他“无法承受……任何形式的拒绝，只有绝望地爆发，并且通过一些女性俘虏来安抚自己……他毫无自制力。而且他也不怎么有品位”。[①] 黛·哈佛兰知道菲兹杰拉德和莉莉的事，对于前者，她表示喜欢而且觉得她配得上休斯顿，但对于后者，她将其视为一名粗俗的攀附者。莉莉被休斯顿迷得如此神魂颠倒，以至于她根本不在意别人怎么看她，即便他们之间的恋情登上了报纸。“他穿着军装，”她之后说道，“一想到他的军靴上粘着意大利的泥土，就觉得迷人极了。他是如此神圣。”[②]

当初休斯顿带着自己对蛮勇的渴求以及想要测试自己无畏的欲望加入战争；而现在，即使是身处纽约进行一部电影的制作，他在同事和自己身上都看出来某种崩溃，这种状况他从前从来没有想象过。雷伊·斯科德，那位强大的、常常吓唬人的《来自阿留申群岛的报告》的摄影师，当初看起来是如此无惧于将自己的生命置于险境之中，因而曾令休斯顿印象深刻。此刻他正在阿斯托利亚，他的精神状态向着某种精神分裂急剧发展。斯科德之前也在意大利，在那里他因敢于冲向任何枪支正在射击或者炮弹正被扔下的地方而知名。“但阿斯托利亚，”休

---

① Lawrence Grobel, *The Hustons: The Life and Times of a Hollywood Dynasty*, updated ed. (New York: Cooper Square, 2000), 258–259.

② Lawrence Grobel, *The Hustons: The Life and Times of a Hollywood Dynasty*, updated ed. (New York: Cooper Square, 2000), 254.

斯顿写道，“不是雷伊想要的。多年来他一直在地下室和帐篷里生活，在那些平民的建筑物环绕下他觉得不舒服……终于他受不了了。”[①] 有一天晚上斯科德正在皇后区的电影设备室值班，突然他给正在家中的上校打电话说有紧急情况，然后开始用他的点 45 手枪射击。没有人受伤，但第二天休斯顿前来工作时得知斯科德被逮捕了，并且被扣留在军队的精神病房。

休斯顿回到美国后，卡普拉给他发了一份电报，上面写道：“亲爱的约翰，欢迎回家。你在做什么，为什么这样做?”[②] 他
不知道该如何回答这些问题。他将会在阿斯托利亚整天工作， 285
和一个或者更多的女人在这里大喊大叫一直到晚上，然后回到他在圣瑞吉斯的房间。在那里他将躺在床上无法入睡，直到他受不了了。然后他会起来穿衣，把左轮手枪装满子弹，乘坐电梯下楼，然后独自走过第五大道一直到中央公园。后来他说他希望自己被抢劫，然后就可以用枪杀掉某个人。[③]

---

① Huston, *An Open Book*, 187 - 188.

② 弗兰克·卡普拉发给约翰·休斯顿的电报，1443 号文件，JHC。

③ Grobel, *The Hustons*, 255.

19 “如果你相信这点，我们会非常感激”

好莱坞和英格兰，1944 年 3 ~5 月

286 1944 年年初，战争开始 2 年后，电影公司和华盛顿的联系达到前所未有的紧密，而它们也开始从委婉到强硬地要求取回自治权，并且反复主张他们是公众品味的仆人，而不是国家利益的仆人。珍珠港事件数月后，他们很快满足了政府的要求，制作了关于前线英勇故事和大后方以牺牲为主题的电影。但美国观众越来越回避战争电影，转向其他类型的电影寻求娱乐——音乐剧、喜剧、像《圣女之歌》（*The Song of Bernadette*）那样的宗教史诗片，以及《居里夫人》（*Madame Curie*）那样的历史传奇电影——或者将战争作为背景而不是主题的具有话题性和异域风情的外国探险片或阴谋电影。1944 年 3 月，奥斯卡最佳影片被颁予了《卡萨布兰卡》，在这部电影中，战争被用来提供氛围以及增加恋爱的难度。部分业内人士对于这部纯娱乐片能击败更深刻以及更具高尚情怀的电影而感到惊讶，但《卡萨布兰卡》的获奖反映了电影行业内外正在变化的品位：直接讲述战争现实和国际政治的电影空手而回，并且越来越遭到观众的忽视。

287 一些评论家谴责这是好莱坞为了逃避现实、抛弃责任的权宜之计，并且叹息道，电影公司现在正急于迎合公众对世界其余地方发生的大事的漠不关心。“我们遭受的……是独特而持久的、越来越紧张的矛盾，这种状况并没有在其他参战

国中出现”，詹姆斯·艾吉在一篇题为《骄傲导致失败》的文章中讲述好莱坞抛弃了自己教育观众和士兵的责任。他在文章中不快地写道：“那些正在抗争的美国人似乎和他们无关，他们依然毫发无损、未被玷污、还处在胎儿期，而地球上的其他人都已经长大成人了。每一条信息都在告诉你美国军队在战区被击溃……一种难以言传的置身事外、玩忽职守，缺少沟通、信任、团结和提及……明显是灾难的中心。”①

但电影观众觉得自己已经和战争及其衍生物接触过多。除了几乎每部电影之前都会播放的新闻片和短片的密集轰炸外，电影本身也和战争有关。1943 年年末，战争信息办公室的报告显示，目前正在制作或者处于筹备阶段的 545 部故事片中，264 部的内容直接或间接和战争或者战争信息办公室的宣传目标有关。② 但随着这些电影带来的经济收入变得不稳定，电影公司纷纷缩减战争主题的剧本数量。“好莱坞终于放弃再去绝望地企图跟上新闻头条的节奏了”，米尔德里德·马丁（Mildred Martin）在《费城问询报》中写道，她点出了“观众全然的冷漠”，并且主张“即将到来的进攻欧洲似乎是最后一根稻草，（因为）没有作家、制作人或者导演在为拍摄关于这场行动的相关纪实电影做准备”。③

1944 年春天在好莱坞格劳曼中国大剧院举行的奥斯卡颁奖典礼尽职尽责地向士兵致敬，一如它近年来所做的：在《星条旗之歌》播放后，10 排座位被升起到舞台背面，受邀的士兵和

---

① James Agee, “So Proudly We Fail,” *Nation*, 1943 年 10 月 30 日。

② 战争信息办公室备忘条，1943 年 10 月 8 日，Ulric Bell/W. S. Cunningha correspondence files, Records of the Office of War Information, NA。

③ Mildred Martin, “Hollywood Producers Have Jitters About War Films,” *Philadelphia Inquirer*, 1944 年 4 月 30 日。

水手坐上这些座位，并且作为当晚荣誉嘉宾一直到典礼结束。①
288 但这场晚会的致意比以往更敷衍。洛厄尔·梅利特对在座人士讲话后的一年，再没有来自战争信息办公室的命令要求他们要通过电影传递信息，当晚也没有来自罗斯福、马歇尔或者温德尔·威尔基的鼓励电报在颁奖台上宣读。好莱坞在某种程度上取回了自己的自治权，而他们选择授予奖项的电影人大部分是留在国内的人。虽然卡普拉、史蒂文斯、休斯顿和福特都有电影被提名，但信封一打开，基本都给他们带去了失望。相当讽刺地，当晚唯一赢得纪录片奖项的美国电影，是那部没什么人特别想提起的作品：福特对于格雷格·托兰德的《12 月 7 日》的重剪版赢得了最佳纪录短片。

一年前，卡普拉和福特共同赢得了最佳纪录长片，成为学院主席同意设立 25 名候选人和 4 名得奖者的决定的受益人。但这慷慨的赠予只实验性地存在了一年。当年只有 5 部电影被提名。休斯顿的《来自阿留申群岛的报告》有份角逐，同样在候选名单中的还有卡普拉的《我们为何而战》系列的《苏联战场》，以及《陆军部报告》——一部由福特的实地摄影小组制作、由沃尔特·休斯顿配音的战略情报局宣传电影。沃尔特在一开始就宣布“这不是一部宣传片”。这个词被再次玷污了——政治家、电影公司和观众都对它深恶痛绝。这 3 部电影，以及同样由军队制作的名为《战火的洗礼》（*Baptism of Fire*）的电影都输了。奥斯卡奖授予了《沙漠的胜利》，那部卡普拉倾尽全力想要超越的英国片。

---

① Mason Wiley and Damien Bona, *Inside Oscar: The Unofficial History of the Academy Awards*, 10th anniversary ed. (New York: Ballantine, 1996), 138.

虽然《突尼斯的胜利》还有几个星期才上映，但评论家们已经告诉卡普拉他输了。每一个谈到1943年由卡普拉监督的英美合作项目的人，都会找到不同的不喜欢它的地方。《纽约时报》觉得它对于军队行动的讲述“不足”“不准确”并且“描述得相当可以”，还对一部在行动结束后一整年才在美国影院上映的电影的实用性提出质疑。[1] 根据《纽约客》所写，卡普拉、休斯顿和史蒂文斯在突尼斯、加利福尼亚和奥兰多拍摄出来的战争场景，“太像其他电影中的机枪、飞机和炮弹，而不像特别 289 来自突尼斯行动的”。[2]《时代周刊》挑剔卡普拉对于旁白毫无品味，包括“那不幸运的……一名英国士兵和一名美国士兵模糊地构想战后世界的画外音”。[3] 曼尼·法伯（Manny Farber）抱怨道：“整部电影的持续性被切碎成五彩纸屑。电影像经过了数千次的篡改，每个人都要加进一句评论、更多地图，或者在其他纪录片中看到的令人兴奋的东西。”[4] 而艾吉非常清楚那另一部纪录片是什么。“这部电影，”他在《民族周刊》写道，“每隔几秒就会陷入一种纯粹悲剧性的兴奋，而这，被《沙漠的胜利》证明过有效……我……觉得在屏幕上的人以及屏幕前的人都在不知不觉中被人以高人一等的态度对待。根据我看过的英国电影和美国电影来判断，我颇为确信我知道这种国家性疾病是哪一方的。”[5]

观众对战争纪录片的口味一如对好莱坞故事片的口味那样

---

① Bosley Crowther, “ ‘Tunisian Victory’, Picture of the Allies’ Cooperation, at the Rialto,” *New York Times*, 1944年3月24日。

② “The Current Cinema: Chapter Two,” *New Yorker*, 1944年3月25日。

③ “The New Pictures,” *Time*, 1944年4月17日。

④ *New Republic*, 1944年4月3日。

⑤ *Nation*, 1944年4月25日。

变幻无常。厌倦了过多的爱国主义宣言、同心协力的乐观主义以及生拉硬拽的关于美国生活方式的画外音后，电影观众现在正寻求一种对战争的简洁、直接和不留情的报道。在《突尼斯的胜利》上映的同时，一部由路易斯·海沃德（Louis Hayward）拍摄的名为《与陆战队在塔拉瓦》（With the Marines at Tarawa）的海军陆战队短片也抵达各大影院。[①] 它对于1943年11月重夺太平洋一处2公里长的环礁战争的记录，展现了一场令人震惊的血腥围攻，当中1.7万名海军陆战队士兵和海军队员牺牲。这部电影让观众看到了从未在报道中见过的严肃甚至令人沮丧的画面（为这部短片拍摄的15名海军陆战队摄影师中的2名在行动中牺牲）。一部来自军方的电影第一次让观众长久地直视死尸——不只是日军尸体丑陋地堆在一起，还有年轻的美国士兵躺在沙石地面或者在浅滩上前前后后缓慢地漂浮，海浪被血染红。“这是我们付出的代价，”那简洁的旁白总结道，“为一场我们不想发生的战争。”正如《纽约客》所形容
290 的，《与陆战队在塔拉瓦》一片“让人无法忍受地真实”，并且和《突尼斯的胜利》突然且是意料之外的票房失败相比较，[②] 它标志了美国非虚构战争片的转折。

依然在伦敦为盟军进攻法国建立特别报道小组的乔治·史蒂文斯也出现在当晚的候选人名单上。他因为执导了《房东小姐》，有史以来第一次被提名。伊冯娜·史蒂文斯出席了宴会，准备为她缺席的丈夫接受奖杯，一如一年前塔利·惠勒所做的

---

① 海沃德出生在南非，是好莱坞侠客电影中一名受欢迎的演员。他在珍珠港事件后不久成为美国公民，然后以战地摄影师身份加入海军陆战队。他凭借在塔拉瓦的作品赢得了铜星勋章。

② Bosley Crowther, “Element of Time: Observations on War Documentaries as Inspired by ‘Tunisian Victory,’” *New York Times*, 1944年4月2日。

那样，她还带上了11岁的小乔治作为她的伴侣。史蒂文斯输给了《卡萨布兰卡》的迈克尔·柯蒂斯（Michael Curtiz），这导致小乔治写了一封充满失望的信给父亲，上面写道：“《卡萨布兰卡》糟透了，我们被骗了。”

“让你如此失望令我觉得自己就像一个游手好闲的人，”几星期后当他得知结果时，他给伊冯娜写了一封信，“当时我们完全没有得到相关消息，当然也不知道我亲爱的你们会前去出席。一想到他们离开剧院时那失望的小脸蛋我就觉得非常难过……那垃圾对我来说如此遥远而且不重要，我一点都不在乎奥斯卡奖这种傻东西。假如我当时在家我也会这样的。然后我突然意识到我亲爱的家人也身处那里，这令我极其希望我会赢。令乔治失望的感觉糟透了……大概失望对他来说是件好事。不过我可以告诉你这不是非常好的哲理思想。然后就收到了他那封‘我们被骗了’的信……然后我不再为我们的小男孩担心了。我记得当贝伯·赫尔曼（Babe Herman）三振出局时，他脸上的阴云只持续了一个小时还是两个小时，然后阳光重回他的脸上，照亮了他的小雀斑，让他看起来像霓虹灯。”①

史蒂文斯给他儿子另外写了一封信，就如他一向以来的做法。“出席如此重大的盛会，你就像一个大人物。我打赌我们几乎要赢了，”他告诉小乔治，“但由于我们没有赢，我同意你的话，我们被骗了——让我们好好地谴责那些笨蛋！你收到我寄给你的生日礼物了吗？那两个游戏……我尽力把它们包得好看，但是纸张很稀缺啊。”②

史蒂文斯知悉即将要来的进攻的部分细节，他利用这仅有

---

① 乔治·史蒂文斯写给伊冯娜·史蒂文斯的信，1944年3月21日，GSC。
② 乔治·史蒂文斯写给小乔治·史蒂文斯的信，1944年4月6日，GSC。

的信息来制订暂时的计划，决定特别报道小组怎样可以得到最
291 佳部署，以便拍摄一部记录盟军登陆的电影，有些人觉得进攻会在 5 月发生，其他人觉得在 6 月。当史蒂文斯和他的团队在等待行动的命令时，他除了学习法语以外没有其他事做了（他的很多军官同事都在恶补法语），或者和欧文·肖、鲍勃·卡帕（Bob Capa）及比尔·萨洛扬（Bill Saroyan）等人打扑克，① 以及读信写信。比起其他参战的导演，史蒂文斯和家人保持了更紧密的通信，而从 1944 年春天起，他写给伊冯娜和小乔治的信反映出一种更深、更明显的希望成为他们日常生活一部分的感情。当他被安排在伦敦的时候，史蒂文斯将家人寄来的信件装订成一本书，每当感到孤独和难过的时候他就会一页一页地翻阅重读，而他的回信总是篇幅很长且洋洋洒洒。“你好啊我的朋友，”他写给小乔治，“这封信来自一名在这个冬天非常想念他儿子的父亲。我想出了太多太多我们可以一起做的事。比如打球啦，看一堆篮球比赛啦，或者一堆曲棍球比赛，然后一起打打高尔夫球，去泽弗的棕榈泉旅游，……‘啊，对，还有这场战争’。但我不担心，我的小男孩，妈妈、你和我，我们会在这场令人厌烦的战争‘终止’后弥补我们失去的时间。然后等我回家忘掉所有悲惨的事情（之后），等我挣够钱可以让我们都穿上鞋子、有充足的食物之后，我就会带上你和亲爱的妈妈去从没有任何人、我也没有去过的最大、最美妙的地方旅行……我有很多事想告诉你，不过当然我不可能在信里面提到这些事……阿道夫可能听着我们呢。附注：我在学习法语单词，而且还对着一只小狗念法语。那就是你。”②

① 乔治·史蒂文斯写给小乔治·史蒂文斯的信，1944 年 4 月 14 日，GSC。
② 乔治·史蒂文斯写给小乔治·史蒂文斯的信，1944 年 2 月 14 日，GSC。

即使是隔着几千英里的距离，史蒂文斯都努力像一位父亲一样参与到儿子的生活中去。他会和儿子开玩笑，会和他搞阴谋，取笑他，将他的作业说成一场战争，将战争本身说成这个小男孩的冒险。有时他会严格对待他的成绩（“体育得了 D 是什么意思？平足怪！赶快追上去。我不是开玩笑的”），[①] 有时会为他的成就而高兴［“（你）在有很多男孩的班里面拿了第三名。在爸爸心中（你）已经是第一名了”］，[②] 并且信中也满是温柔的座右铭、提醒和建议。“看在吉普车的份上，当心那 30 磅的弓箭啊儿子，”他在小乔治 12 岁生日后不久写道，“记住，人们的眼睛是他们拥有的最宝贵的东西。我猜我忘了你是一个大男 292
孩，你知道怎样照顾自己，不过无论几岁，我们都可能考虑不周。”[③]

只有在给正在加利福尼亚军事医院工作的伊冯娜写的信中，史蒂文斯才会忘掉那令他沮丧和彻夜难眠的悲伤和不确定感。“真是沉郁，最近这几个月，”他给她写道，“假如没有你的信……”他写道，“生活将毫无意义”，然后他又划掉这句话，换上“就再没有什么值得兴奋了”。[④] 史蒂文斯的军事任务让他觉得毫无意义，那就是一堆没有任何结果的计划、后勤工作和书面工作。他努力让肖和比尔·梅洛得到晋升，但他依然感到沮丧和被忽视。“你知道我发现这一切都让人很难从根本上去相

① 乔治·史蒂文斯写给小乔治·史蒂文斯的信，1944 年 3 月 26 日，GSC。

② 乔治·史蒂文斯写给小乔治·史蒂文斯的信，1944 年 4 月 3 日，GSC。

③ 乔治·史蒂文斯写给小乔治·史蒂文斯的信，1944 年 4 月 14 日，GSC。

④ Marilyn Ann Moss, *Giant*: *George Stevens*, *a Life on Film* (Madison: University of Wisconsin Press, 2004), 108.

信，”他告诉伊冯娜，[1] “我们这些海外工作的同事们真是孤儿……而真正让我们生气的是，他们把晋升机会全部留给在国内接电话的那些人。不管怎样……我需要让这些士兵对此感兴趣（原文如此）……没有你我做不到这点。”[2]

在英格兰，史蒂文斯从和军官同事的社交中得到的欢乐不及偶尔到剧院看戏或者在黎明时分长长的独自散步。和卡普拉一样，他开始深深地敬佩伦敦人在战争时期面对艰难境况的乐观精神。有一次他去观看一出“舞剧”，这是冬天假日里走上伦敦舞台的众多季节性演出中的一种，他听到全场观众喜气洋洋地跟着一名喜剧演员唱出关于食物限量供应的副歌：“我什么时候能再得到一根香蕉啊？”他被触动了。“这些观众……如此享受这个小笑话，”他在日记中写道，“没有因家园被轰炸或者每次轰炸都要失去数百名同伴而哀怨——他们只是将战争简化为简单而细小的不便……假如 1941 年的戈林，在自信满满地派遣他的德国军队摧毁伦敦的时候，是一位能够看到这种结果的先知，他一定会意识到他所有的轰炸其实是徒劳无功的。他只成功地……夺取了伦敦人早餐中的香蕉和奶油并为他们提供了取笑自己的大笑话。”[3]

这段时间，在史蒂文斯的信件中，令人惊讶地缺少了任何回到好莱坞的兴趣或者战后恢复工作的想法。他和福特不同，
293 因为福特已经在积极地考虑回到导演的椅子上，他和休斯顿也不同，因为休斯顿在整场战争中都频繁地和华纳兄弟接触，确

---

① Marilyn Ann Moss, *Giant*: *George Stevens*, *a Life on Film* (Madison: University of Wisconsin Press, 2004), 108.

② 乔治·史蒂文斯写给伊冯娜·史蒂文斯的信，1944 年 2 月 13 日，GSC。

③ 乔治·史蒂文斯日记，1944 年 1 月 6 日，GSC。

保电影公司把《碧血金沙》留给自己。史蒂文斯明显将电影推离了他的脑海。5月，史蒂文斯的代理人查尔斯·费尔德曼给他的客户写了一封信，尝试让史蒂文斯考虑回到好莱坞，并且提醒他不要受到拍摄战争片的诱惑。“（他们）好莱坞在过去一年有一个禁忌。电影公司坚持说公众不想看战争片。”[①] 大卫·O. 塞尔兹尼克试探性地要和他签约，而华纳兄弟电影公司和二十世纪福克斯电影公司也表达了他们的兴趣。

史蒂文斯对此漠不关心。在海外的时候，他几乎没有看过一部电影，因为有朋友告诉他，在缺少了最耀眼的天才之后，电影公司现在正在制作和上映“你可以想象到的最糟糕的废品”。[②] 但4月18日的时候，他破例抵达美国陆军航空部队放映室观看一部下午6点播放的、由通讯部一位同事制作的电影，这部电影在几天前刚在美国上映，而史蒂文斯喜欢这部电影。“我们播放了空军的电影《孟菲斯美女号》，”他在日记中写道，“这是威利·惠勒用去年他和比尔·克洛西尔跟随第八空军拍摄的片段制作出来的电影。这是一部非常好的电影，我们这边目前为止最好的战争片之一。值得回味的镜头：一架飞行堡垒轰炸机急速旋转坠下。这一幕是为留下悬念而设的，旁白在数着跳出来的降落伞数量，白色的伞和远方多沙的地面的全景图像形成对比。”[③]

自惠勒第一次执行飞越法国和德国的飞行任务后已经过去一年，而这之后他什么都没做，一心在忙《孟菲斯美女号》。

---

① 查尔斯·费尔德曼写给乔治·史蒂文斯的信，1944年5月27日，引用于Moss, Giant, 113。

② 查尔斯·费尔德曼写给乔治·史蒂文斯的信，1944年5月27日，引用于Moss, Giant, 113。

③ 乔治·史蒂文斯日记，1944年4月18日，GSC。

在舍弃马克斯维尔·安德森的剧本后，他一直努力寻找他想要的基调，一种展露出幽默感，但依然包含弱点、缺点的旁白声音。他曾一度考虑在屏幕上打出提词，只一闪而过，完全颠覆过往战争纪录片标准的、夸夸其谈的演讲式开场白。“这部电影的制作者希望为接下来展现轰炸任务场景的不足之处道歉，”惠
294 勒提议的开场白中这样写道，“他们在不利的条件下拍摄，换句话说，有人在向我们射击。这令人遗憾的事实使我们无法得到相应的合作，导致我们的摄像机无法进行更精细的细节拍摄，比如对于我们炸弹的摧毁效果的更近距离拍摄，或者敌军飞行员在火焰中垂直落下的近镜。观众也可以看出来，在战争场景下拍摄的镜头有时候会震动或者摇晃。这是由于高射炮或者枪炮的冲击，而不是举着摄像机的手不稳定造成的。如果你相信这点，我们会非常感激。”①

最终，惠勒没有选择用这种方式开始这部电影；《孟菲斯美女号》以一种更简单但更传统的方式开始，但依然明显地将它与其他同时拍摄的、满载场景重演的电影区分开来：“所有空中战斗片段都是在敌军上空进行空中战斗时拍摄。”镜头拍摄英国乡间的时候，旁白说道：“这就是战争前线。人类战争的漫长历史中没有过这样的战争前线。这是空中前线。”要是说还有什么卖点可以卖给对战争感到疲惫的观众的话，这就是了：空中战斗给观众们提供了一种真正全新的视角来观看二战。一年前，霍华德·霍克斯曾在战争剧《空中堡垒》中虚构了战斗中飞行团队的英勇抗战，当时它为华纳兄弟电影公司带来了巨大的成功，增加了公众对军队中最年轻分支的兴趣。在这部电影中，

---

① 未被采用的《孟菲斯美女号》介绍，20 号盒子，12 号文件，WWUCLA。

惠勒对这种好奇加以运用，通过激动人心的、详尽的、一分钟接一分钟的第二人称旁白叙述来使《孟菲斯美女号》成为以这场战争为题材最好的非虚构片。他捉住每一个机会清晰地表达参与或者接近一场空中战斗的感官上的感受：“如果你是一名机械师，你会拥有你自己的轰炸机。你会一直和它联系在一起。但你知道当你的飞机出去执行任务的时候，你可能永远不会再见到它了。”如果你是机组成员之一，一旦你知道你的目的地，“你的脸色可能会变得苍白……有时候你会从心底感到你不会再回来了。”

之后惠勒一个接一个地介绍摩根机长和他的队员。随着轰炸任务开始，叙述中的反德国措辞变得越来越直白，说德国人民已经“在 100 年内两度……让世界充满煎熬……煎熬程度在
人类历史上前所未有”。随着作为电影中心的空中片段开始，旁 295
白沉默了数分钟，取而代之的是机组成员在内部交流系统中传来的、于好莱坞录制的毫无感情的声音，只有在看见己方一架飞机被击落、朝着地面旋转直下的时候他们的声音才会变得大声。“3 点钟位置的 B－17 失去控制……机上还有 8 个人，加油啊，伙计们，快逃出来……出来啊，你个狗娘养的!”《孟菲斯美女号》最后 1/3 的部分展现了轰炸后的机场，虽然安德森那充满忧伤的旁白没有被用上，但惠勒依然大胆地展示地勤人员焦急地数着回来的飞机——“焦急地等待出去执行任务的飞机”，旁白解释道——以及将严重受伤的人从 B－17 轰炸机中拉出来抬上担架的场景。“我们损失惨重，”观众被告知，“但敌军损失更惨重……由于这些轰炸机和飞行员的英勇表现……谁知道有多少德军鱼雷无法再被发射，多少护卫队现在可以顺利通过，多少场战斗可以反败为胜呢?”

惠勒一开始向指挥官播放这部电影时，他们不知道该怎样处理它。《孟菲斯美女号》令人印象深刻这一点毋庸置疑：没有任何一部关于空中战斗的电影能接近它的及时性和真实性，甚至是那听不清的、单调的、重录的配音也不像任何一部好莱坞电影。“这是一部出众的电影”，准将 L. S. 库特（L. S. Kuter）写道，在看完这部 41 分钟的纪录片后，他建议授予惠勒军功勋章。[①]“这是真实的。”也许太真实了。军方觉得当中有一幕表现年轻飞行员在获悉他们的飞行指示后接受了一位牧师的祝福，这一幕应该被删掉——它“暗示了一种顺从的结局”，库特写道，而不是军队一直想要塑造的勇往直前的精神。库特同时也担心在战斗中说的一句旁白台词——“尝试不要被下一个高射炮击中”——会暗示美军飞行员在忙于“逃避防空炮火”。[②]

战争活动委员会，那个负责审查所有想要在电影院上映的
296 电影的董事会，也有自己的顾虑，并且直接向陆军部部长传达了自己的意见：那句“看在基督的份上，从那架飞机里出来”亵渎了上帝，应该被删掉；“该死的，不要对着内部通信系统喊叫”也无法被接受；而即使惠勒将台词“出来啊，你个狗娘养的”的最后几个字用机关枪声掩盖，但是暗示这句话被说出来了已经触犯了禁忌。1942 年，委员会的副主席提醒陆军部部长史汀生，诺埃尔·考沃德（Noel Coward）和大卫·里恩（David Lean）合作拍摄了一部名叫《与祖国同在》（*In Which We Serve*）的英国战争片，在里面水手们被发现使用了“下地

---

① 惠勒一直到 1946 年年初才得到这个荣誉。

② L. S. 库特准将写给空军参谋长的备忘条，1944 年 2 月 2 日，326 号文件，WWA。

狱”“该死的”和“混蛋”等词。[①] 布林办公室拒绝批准这部英国电影在美国上映，而当布林办公室收到包括美国士兵在内的广泛批评，指责他禁止一部由盟军拍摄的爱国电影上映时，办公室嗤之以鼻地回应道：“《电影制片法典》的作用不是用来爱国的，是要符合道德规范的。”这番话引起如此大的愤怒，以至于布林被迫让步，并且痛苦地发布了一份相关豁免公告，说明这些语言的使用是由于“服现役的人员在面临强大力量带来的巨大压力，而且这一点在电影上明显表现出来……政府同意这些语言的使用在本质上没有冒犯之意。”[②] 战争活动委员会担心对考沃德和里恩的豁免会让情况越来越糟，并且催促史汀生要意识到“做出这些小小删改的智慧”。[③]

史汀生不会这样做。他支持这部电影，而且他有罗斯福的支持。罗斯福在白宫放映室和惠勒看完《孟菲斯美女号》之后告诉这位导演：“这部电影应该立刻上映，在所有地方。”2 月初，军队同意让这部电影在全国上映。有人要求把电影的名字改得更激动人心，比如，《大联盟空战》（*Big League Air War*），惠勒礼貌地忽略了这些高级军官的最终要求。

《孟菲斯美女号》被安排于 1944 年 4 月 15 日在全国公映，这一天惠勒差点要在军事监狱等待军事审判。离下一个任务的命令到达还有几天，当时他正在华盛顿的史达特勒酒店外面，亲眼看见一名酒店门卫和一位宾客就下一辆出租车应该给谁的

---

① 战争活动委员会副主席 Francis Harmon 写给亨利·史汀生的信，1944 年 2 月 18 日，326 号文件，WWA。

② Thomas Doherty, *Hollywood's Censor: Joseph I. Breen and the Production Code Administration* (New York: Columbia University Press, 2007), 157 - 158.

③ Francis Harmon 写给亨利·史汀生的信，1944 年 2 月 18 日，326 号文件，WWA。

事而争吵。就在宾客抢过出租车，大力关上门之后，门卫转向
297 惠勒，并且朝着离开的出租车做了一个手势，低声咕哝道："该死的犹太人。"

"你看，你说话的对象选错了"，惠勒回应道。

"我不是说你，我是说他"，门卫说道。

惠勒朝他脸上打了一拳。在这混乱之间，一位刚好站在旁边的军官问了他的名字，惠勒对此没有想太多。第二天他离开首都出发前往纽约时，却收到一份电报要求他立刻回到华盛顿。他向位于博林场的空军基地报到，被告知他将被指控"做了军官和绅士不该做的事"。他在没有"合法的愤怒原因"的情况下打了一位平民。惠勒解释说那位门卫使用的语言正是当初让他愤怒的、促使他离开好莱坞穿上军服的原因。调查官无动于衷。惠勒被逮捕了，并且被告知他有两个选择：在军事法庭上为自己辩护，可能需要几个月时间；或者接受一份官方谴责。他不情愿地选择了官方谴责。①

《孟菲斯美女号》上映后，它成为历史上第一部在《纽约时报》首页被评论的电影，这份报纸将它称为"这场战争最优秀的纪录片之一……完美地展示了有能力的电影人如何将这场战争展现在眼前"。② 惠勒成功拍摄了一部和《与陆战队在塔拉瓦》精神一致的战争片——比屏幕上的先行者们更黑暗、更坚

---

① 惠勒对于这件事的讲述略有不同，出现在 Axel Madsen, *William Wyler: The Authorized Biography* (New York: Thomas Y. Crowell, 1973), 240 - 242，以及 Jan Herman, *A Talent for Trouble: The Life of Hollywood's Most Acclaimed Director, William Wyler* (New York: Da Capo, 1997), 266 - 268。

② Bosley Crowther, "Vivid Film of Daylight Bomb Raid Depicts Daring of Our Armed Forces", 1944 年 4 月 14 日，以及 Bosley Crowther, "The Real Thing," 1944 年 4 月 16 日，*New York Times*。

定、更直面美军在战争中伤亡的现实。这部电影的目的不单单是把观众扔进一种爱国狂暴中，而且是要震撼这些因面对过多战争资讯而漠不关心的观众。《电影生活》杂志写道，该电影“应该走得更远，有效地粉碎任何自我满足”。[①]

一些评论注意到《孟菲斯美女号》的空中片段实际上是数
次飞越或者飞近威廉港的合成品——惠勒在各种访问中都没有
试图掩盖这个事实——但大多数看过电影的人都受到了它的现
实主义极大的震撼，即使他们不太确定这个现实是什么。《纽约
客》的评论家说它“最大的特点”是“在进行攻击时那些男孩
们的对话”，[②] 但没有意识到他们的对话都是在事件发生数月后
录制的，而此前曾直率地取笑卡普拉《突尼斯的胜利》中的弄 298
虚作假成分的艾吉，也在《民族周刊》中承认，当他观看惠勒
电影的时候，他“无法猜测哪一个镜头是重演的，哪一个是真
实记录的”。[③] 令评论家们尤其意外的是，一部如此强有力而且
没有过于多愁善感的电影，竟是来自那位被他们称为“精明但
奢华的战争海报”的《忠勇之家》的导演，[④] 而艾吉也说道，
那些“战后计划者应该为他找到一条更好的出路，而不是回到
好莱坞”。[⑤]

惠勒似乎也同意这个说法。他告诉记者《孟菲斯美女号》“说尽了一切我想说的话——这是一份来自空军的官报”，[⑥] 但

---

① “The Memphis Belle – A Life Story,” *Cue*, 1944 年 4 月 1 日。

② David Lardner, “The Current Cinema: More of the Same,” *New Yorker*, 1944 年 4 月 15 日。

③ *Nation*, 1944 年 4 月 15 日。

④ “The New Pictures,” *Time*, 1944 年 4 月 17 日。

⑤ Nation, 1944 年 4 月 15 日。

⑥ “The Memphis Belle – A Life Story,” *Cue*, 1944 年 4 月 1 日。

他也表示自己为通讯部负责的工作还没有结束。好莱坞极其渴望他回来，戈尔德温依然和他签约，而扎努克也希望说服他拍摄莫斯·哈特（Moss Hart）的时事讽刺剧《翼的胜利》（*Winged Victory*）的电影版，这部戏剧的大部分演员都是士兵，主要用来为军队紧急救济基金筹款。惠勒可以在继续服现役的同时完成这项工作，因为这部戏剧实际上就是由空军自己在百老汇制作的。但惠勒拒绝了，他告诉哈特："我希望制作更多纪录片。我强烈地感到这是我最能发挥自己才能的地方。"① 《孟菲斯美女号》上映一个月后，惠勒飞到意大利，到卡塞塔的盟军总部报到，开始为下一部纪录片做准备，那将是一部关于被称为"共和雷电"的 P－47 战斗机的短片。他渴望尽快带着摄影机回到空中。这个几乎是未经考虑的决定，将会永远地改变他生活和事业的轨道。

---

① 威廉·惠勒发给莫斯·哈特的电报，1944 年 2 月 20 日，引用于 Herman, *A Talent for Trouble*, 265。

20　“欧洲大陆上会有零星的突袭”

好莱坞、华盛顿和纽约，1944 年 3～5 月

约翰·巴尔克利（John Bulkeley）是当海军极其需要英雄 299
的时候出现的一名为电影而设的英雄。1942 年，这位在太平洋舰队的鱼雷快艇第三中队中指挥 6 艘船的年轻上尉，在巴丹落入日军手中时，驶过了数百英里危险水域，救起麦克阿瑟将军、他的家庭以及他的团队，并且把他们带到安全的地方。“你把我从死亡之爪中拉了出来，”据说当他们抵达港口时麦克阿瑟将军这样对他说，“我永远不会忘记这件事。”巴尔克利的英勇事迹成了威廉·怀特（William White）的《菲律宾浴血战》（*They Were Expendable*）的主题，这是一部米高梅费了一年时间催促约翰·福特将其拍成电影的畅销小说。

但仅按照这本书的内容拍摄出一部电影几乎不可能。虽然关于拯救麦克阿瑟将军的故事在某方面非常适合好莱坞，但怀特的讲述大部分都是对于损失毫不畏缩的愤怒的研究，是关于珍珠港事件后几个月，人员不足的海军在毫无胜利希望的情况下为保卫菲律宾而战的口述历史。巴尔克利和战友们决心要拖延日军注定的胜利的到来，以便为美国舰队在夏威夷的重建争取时间。海军坚持了 3 个月才被击败，这是盟军的策略性胜利，代价是 1 万名美国士兵的生命；当日军夺取巴丹后，另外 7.5
万名盟军士兵被俘。怀特明白无误地将他的故事塑造成警示故 300
事，他写道：“我们是一个民主国家，在参与一场战争。如果我

们不直面错误，这些错误将永远不会得到改正，这些……悲伤的年轻人和那些……身处欧洲的年轻人的不同只在于前者是美国人，他们所承受、目睹的悲剧正是我们自身的失败，他们所反抗的沾沾自喜正是我们的自鸣得意。”①

说得委婉一点，怀特整体的叙述方式并不是在 1944 年时可以被拍成电影的天然材料。正如一位海军军官所说，怀特在书中表达的观点是：“在一场战争中，什么都是可消费的——大多数情况下是人。他们为了争取时间而消费你以及你那支枪。他们并没有打算要再见到对方。他们期望你留在那里，用钢铁铺出一条路，直到你被杀害或者捉住，拖延敌军几分钟甚至宝贵的一刻钟。你知道……那几分钟时间值得牺牲你军队里一名士兵的生命。”即使巴尔克利本人也不确定自己的故事是否值得向观众讲述，这些观众对战争的好奇已经在近期让位给了不耐烦和疲惫。他告诉怀特：“瞧，永远不要担心这个。人们不喜欢听这些。我在回来的那个星期就意识到了。”②

如果不是因为《菲律宾浴血记》如此畅销，很难想象米高梅为什么会购买它的电影拍摄权。1943 年，在多诺万拒绝让福特结束服现役去执导这部电影后，这个项目似乎失去了活力。弗兰克·威德，一名四肢瘫痪的前陆军飞行员，后来成为成功的编剧，写出了《试飞员》（*Test Pilot*）和《俯冲轰炸机》（*Dive Bomber*）等电影剧本。威德曾尝试对《菲律宾浴血记》进行改编，当他暂时将剧本放到一边，转而忙其他工作的时候，电影公

① W. L. White, *They Were Expendable* (New York: Harcourt, Brace & Company, 1942), vii.

② W. L. White, *They Were Expendable* (New York: Harcourt, Brace & Company, 1942), 3-4.

司找到了巴德·舒尔伯格（Budd Schulberg），让他对巴尔克利的私人生活稍加充实，给他增加一名妻子和孩子以便吸引女性观众。整个1943年，福特都和这个项目保持一定距离，从不给米高梅一个绝对的不，但也总是找到新的理由来说明它为什么可能行不通。他告诉他的朋友詹姆斯·麦吉尼斯，如果他离开海军回去拍摄电影，“每一个美国国会议员都会跟在我的屁股后面”；[①]此外，他也不怎么相信米高梅可以让这部电影通过审批。路易斯·B. 迈尔和其他电影公司高层一样被战争片市场的崩塌吓坏 301
了，而假如公司真的决定制作《菲律宾浴血战》，毫无疑问它将会软化这个故事，将它变成一部剧情片，或者在结尾旁白附上太平洋战区的胜利以便给它一种胜利的基调。福特告诉威德，无论米高梅选择怎样处理，“都很可能会搞砸它”。[②]

但福特依然不放弃。他花时间在伦敦监督实地摄影小组，也拍摄了北非一座被包围的城市，但对他来说，这场战争依然由他在中途岛的经历所定义，由他亲眼看见的那些生命备受威胁的人的勇气和牺牲所定义，以及由年轻人在战后令人震惊的损失所定义。这部电影直视一场几乎注定失败的战争的高尚之处，而这正是福特想要拍摄的，但它看起来又是如此不可能被拍出来。另外，他在军队可以做的事如此之少，也许正是他回到导演这把椅子上的时候了。实地摄影小组的工作在雷·凯洛格的管理下进展顺利，而福特在华盛顿的任务如此无足轻重，以至于1944年3月海军让他回到洛杉矶的

---

① Joseph McBride, *Searching for John Ford: A Life* (New York: St. Martin's, 2001), 381 - 382.

② Joseph McBride, *Searching for John Ford: A Life* (New York: St. Martin's, 2001), 403 - 404.

家中休息几个星期。①似乎正是那段时间他开始将自己投入《菲律宾浴血战》的创作，和重新负责编剧的威德详细讨论剧本事项。

但福特很快要被召回军队执行任务。当月迟一些时候，命令传来，要他到伦敦报到，为即将到来的登陆欧洲做准备。②福特告诉威德在这段时间他将无法拍摄这部电影。他语调中那考究的漫不经心感传递着这样的信息——“我明白在不久的将来欧洲大陆上会有零星的突击，而我将在下周离开，前往当地参与其中”③ ——他没法掩饰自己的骄傲。毕竟海军依然需要他。

福特回到华盛顿，在那里他被提拔为上校，并且开始为海外之行做准备。由于过去几个月的散漫生活，他的行为和态度大大退化。他几乎没有离开过酒店房间，生活在邋遢的环境中，而且重度酗酒，一如他过去在电影拍摄间隙那样。即使已经有
302 了新任务，他的心依然被执导《菲律宾浴血战》所吸引，而在前往欧洲前不久，他同意和巴尔克利见面。巴尔克利现在已经是一位上尉，同样准备前往伦敦，在那里他将负责指挥一队鱼雷艇分队。巴尔克利被叫到福特肮脏的套房，在那里他发现这位现在头衔已经比他高的导演，裸身躺在床上。④ 很显然他整晚或者是整个早上都在喝酒。根据巴尔克利的回忆，男男女女、“奉承者”们随意进出这间房。当福特看见巴尔克利之后，他扔掉了床单，一下跳起来，宣布他想向拯救了麦克阿瑟将军的

① 战略情报局记录，1944 年 4 月 6 日，JFC。

② 战略情报局记录，1944 年 3 月 24 日，JFC。

③ McBride, *Searching for John Ford*, 392.

④ Scott Eyman, *Print the Legend: The Life and Times of John Ford* (New York: Simon & Schuster, 1999), 274.

人敬礼。但这种尊重并没有维持多久；依然裸着身体的福特爬回床上，叫他的新访客打开衣柜，好让他可以欣赏一下自己军服上新的上校条纹。感到厌恶的巴尔克利向他反击道：“你这算什么上校?”在他离开房间的时候，福特把一盘吃了一半的食物扔向他。[①] 他和巴尔克利将会在英吉利海峡的一艘鱼雷艇上再次见到对方。

5 月，弗兰克·卡普拉得知自己将会在进攻期间留在华盛顿。他负责的工作将不会是回到伦敦配合通讯部拍摄登陆的影像，而是负责接收他们的片段，并且确保最有力量的材料在最短的时间内被分配到新闻短片制作者手中。作为执行主编的工作让他离实际行动有好几步之遥，但至少这个任务的紧急程度可以让陆军部、战争信息办公室或者其他相关政府机构没有机会干涉。卡普拉现在面对的问题是，他两年前构想的野心勃勃的战争纪录片项目的制作可能要比战争持续的时间更长。他原本期望会包含几乎 12 部电影的《认识你的盟友》/《认识你的敌人》系列纪录片，现在成了研究外交事务和官僚作风如何联合其他力量一起阻碍几乎是所有项目进展的研究实例。经过数年的计划后，只有一部《认识你的盟友——英国》的电影完成了，但它让人感觉过时，作为宣传电影几乎毫无用处。连续 4 年观看好莱坞和海外关于英国英勇抗战的电影后，电影观众一定会取笑这部 40 分钟电影的论点：所有盟军中，英国是“最难以理解的”。剧本所依赖的隐喻站不住脚且傲慢自大——苏联、 303
中国、英格兰和美国作为一支“足球队”的“四个强大后卫”参与了“一场与众不同的游戏——守住城门!”而电影声称其

① McBride, *Searching for John Ford*, 393 - 394.

中一位球员“约翰·不列颠”（John Britain）是一个“上了年纪的、固执的人，有时候他移动得缓慢。但经过3年的血汗和眼泪，不列颠找到了自己的灵魂”。卡普拉的小队现在资金极其不足，而且由于苏联和中国在战争中的重要性已经在《我们为何而战》系列中被详尽报道过，因此《认识你的盟友》余下的部分都被取消了，其中包括澳大利亚、加拿大和法国。

一部卡普拉曾考虑拍摄的电影被军队自己在极其困难和极大的阻碍下成功完成了。2年前，在美国中西部和南部遭遇种族歧视和种族隔离后，灰心的威廉·惠勒放弃了《黑人士兵》的拍摄，但卡普拉没有放弃这个想法。他引入了导演斯图尔特·海斯勒（Stuart Heisler），这位导演在1940年拍摄了一部名叫《傻狗立大功》（*The Biscuit Eater*）的儿童电影，电影讲述了一个白人小男孩和一个黑人小男孩一起养大了一只小狗。卡普拉觉得他处理该材料的手法非常灵活，而海斯勒也认真地对待他的新任务。当海斯勒在1942年后期被告知要开始为《黑人士兵》撰写一份剧本时，他的第一个要求是要和卡尔顿·莫斯签合同，即惠勒发现的那位黑人作家。莫斯毕业于巴尔的摩的一个黑人学院，志愿是成为一名编剧。他来到华盛顿，在美国国会图书馆的一张午餐桌上开始他的剧本创作，那是少数设有非种族隔离咖啡厅的研究场所之一。①

在几乎每一场关于电影制作的争吵中，奥斯本将军都是卡普拉最亲密的盟友，但当卡普拉给他寄去莫斯和海斯勒的剧本，并且写了一封信表达自己的强烈支持后，这位将军对于这部电影却表现出令人灰心的冷漠。“毫无疑问这是一份强有力的剧

① Thomas Cripps and David Culbert, “The Negro Soldier (1994): Film Propaganda in Black and White,” *American Quarterly*, 1979年冬天。

本，”他给卡普拉写道，“但事实是，就如你在信中写到的，对于黑人为战争做出贡献的情感上的美化，将会令它变成和我们想要制作的（电影）有所不同，而且我们非常怀疑是否可以不经修改便向军队放映。[①] ……谁要看一部黑人电影？在什么情况下？它想要（产生）什么效果？”[②]

军队当时正被自己的伪善所约束：它希望拍摄一部可以 304
让充满怀疑的非裔美国人和他们的家庭相信这也是他们的战争的电影，但这部电影必须避免任何种族歧视的话题，并且找到一种能设法不去动摇美国士兵地位的处理方式。电影几乎没有什么可以展示：军队依然根据种族进行分队，而陆军航空兵此前甚至不允许队伍中出现黑人飞行员或者机械师，直到1940年选择性服务法才宣布军队中的种族歧视不合法。很多高级军官依然自在地表达他们相信军队中的87.5万名黑人士兵缺乏驻扎海外的智力，[③] 而种族歧视在普通士兵中如此普遍，以至于当战争信息办公室的山姆·斯皮瓦克在1942年年末前往英格兰的时候，他向卡普拉报告：“这里一个明显的大问题是，英国人对我们的黑人士兵很友好，而白人士兵对此表示愤恨。”[④]

好莱坞也并没有好多少。1943年，在有黑人角色出现的电影中，80%的情况下将他们描述成低人一等的，[⑤] 而黑脸歌舞

---

① 费雷德里克·奥斯本写给弗兰克·卡普拉的信，1942年9月2日，FCA。

② 费雷德里克·奥斯本写给弗兰克·卡普拉的信，1942年9月23日，FCA。

③ Cripps and Culbert, “The Negro Soldier.”

④ 山姆·斯皮瓦克写给洛厄尔·梅利特的信，1942年9月4日，梅利特文件，1446号盒子，战争信息办公室记录，NA。

⑤ Clayton R. Koppes and Gregory D. Black, *Hollywood Goes to War: How Politics, Profits and Propaganda Shaped World War II Movies* (New York: Free Press, 1987), 179.

秀带来的偏见依然占主流，尤其是在展现非裔美国军人的娱乐片中。当年票房收入最高的电影——音乐时事讽刺剧《从军乐》（*This Is the Army*），以乔·路易斯（Joe Louis）和全黑人男性合唱团合唱《穿着考究的人在黑人区会穿什么》（“What the Well-Dressed Man in Harlem Will Wear”）作为亮点。歌词解释道“杜德先生消失了”而黑人正在“莱诺克斯大道上……”用“华丽的领带”交换“草绿色的军服”。这个合唱团在一幅绘画出来的、荒诞不经的背景前跳舞，穿着花哨俗气的大衣和帽子、趾高气扬、瞪大眼睛、滑稽可笑地走路。这段兴高采烈的歌舞试图传达的信息是，军队是在给予黑人一次改邪归正的机会，而不是因为他们能对美国赢得战争有所贡献。直到 1944 年，战争信息办公室的指示条例还列明“涉及少数族裔的电影应该在任何地方避免种族隔离，并且不要对少数和多数族裔之间的条件进行时间过长的鲜明对比”，这进一步强调了在美国要避免有关种族关系的令人不愉快的评论。[①]

305 卡普拉坚持拍摄《黑人士兵》，并没有做出让步，也没有重新分配任务。在接下来的一年，海斯勒和莫斯继续为这部电影工作。“我愿意为他说话，”莫斯在多年后说道，“我们拥有我们需要的资金，而卡普拉确实给了我们完全的自由……如果卡普拉存有敌意，在种族歧视方面的敌意，这部电影将永远不会被制作出来。他早可以蓄意破坏它。”[②] 1943 年 10 月，他们手上已经有一部可以播出的影片，由于卡普拉还在英格兰为

---

① “Operational Guidance on OWI Documentary Film,” 1944 年 11 月 21 日，对 1944 年 4 月 21 日指示条例的重申，Ulric Bell/W. S. Cunningham Files，战争信息办公室记录，NA。

② Joseph McBride, *Frank Capra: The Catastrophe of Success* (New York: Simon & Schuster, 1992; revised 2000), 492 – 493.

《突尼斯的胜利》而忙碌，替代他的安纳托尔·李维克为高级军官安排了一次放映。他得到一系列要求，全部都意在安抚缓和白人的敏感点。即使电影原本的目标观众是所有黑人士兵，而不是白人美国士兵，但战争中黑人士兵的作用将不再被给予强调，以免引起非裔美国人的期望，以为他们在前线将会受到欢迎。在其中一幕中，一位白人理疗师给一名黑人士兵给予帮助的片段也被要求删除，因为军队担心它暗含的意思很可能引起误会——在新军队，白人是可以顺从于黑人的。基于同样的原因，电影中对于黑人军官的描述，即使没有被完全删除，也被淡化处理了。[①]

海斯勒和莫斯对此做出了相应的修改，1944 年 2 月电影向纽约媒体播放，之后不久也在黑人区一间影院向受邀的非裔美国观众播放。[②] 海勒斯和莫斯屏息静待结果。灯光暗下来，在陆军部标志之后他们在屏幕上看到的第一个画面是一大群非裔美国人——由以一天 10.5 美元的薪水雇来的演员扮演[③]——进入一间教堂。一位黑人士兵开始了一段独唱，然后是一位牧师——目前为止美国电影中出现的说话最简明扼要、未用滑稽手法处理的黑人牧师——站上了讲台开始进行传道。由于莫斯和海斯勒无法找到适合的人选，所以牧师由莫斯本人扮演。他借助新闻短片中出现的乔·路易斯和马克斯·施梅林之间的比赛告诉人们，现在，“这两个人……再次对阵，这一次舞台更大，赌注更大”。各种年龄段的非裔美国人，穿着保守，肃静而

---

① 莱曼·T. 曼森写给安纳托尔·李维克的备忘条，1943 年 10 月，引用于 Cripps 和 Culbert，“The Negro Soldier”。

② A. D. 苏雷斯少将的放映邀请函，1944 年 2 月 14 日，《黑人士兵》的特别收藏文件，纽约表演艺术公共图书馆。

③ Cripps 和 Culbert，“The Negro Soldier.”

专心，坐在教堂长凳式的座位上，聆听着莫斯扮演的牧师开始讲述黑人如何自1660年起协助保卫这个国家的自由，一直到第
306 一次世界大战的第371黑人步兵部队。之后他带大家以一种快速的、卡普拉式的方式回顾了历史上伟大的黑人美国人——布克·华盛顿（Booker T. Washington）、乔治·华盛顿·卡佛（George Washington Carver）、法官、一名北极探险家、一名手术医生、音乐家、出版人、教育家、图书馆馆长、雕刻家、演唱家［由玛丽安·安德森（Marian Anderson）的镜头表现］、一名乐团指挥家和杰西·欧文斯（Jesse Owens）。

然后，这部40分钟的电影过去了一半，人群中传来一个问题："那些步兵呢?"提问的人是一名名叫罗伯特的士兵的母亲，罗伯特正准备前往军官候选人学校。随着她开始朗读一封儿子写的回忆经历的信，观众们也跟着她以蒙太奇的方式看着一名品格优秀、衣冠楚楚的年轻人参加就职典礼和参军面试，然后是训练和服役，一直到珍珠港（通过借用《12月7日》中搭建的场景片段表现）。海斯勒和莫斯的本意是向黑人观众们介绍军队生活的严谨和骄傲，但给观众留下更深印象的是在军队中的黑人第一次被直接地而非喜剧性地展现：他们在放松、打乒乓球、使用基地图书馆［有一个在读《美国黑人文学作品集》（*An Anthology of American Negro Literature*）］，甚至在全是黑人的俱乐部里跳舞。然后观众被告知"黑色的、棕色的、黄色的和白色的人"都将给纳粹一个大惊喜："那些我们认识的伙食管理员、印刷员、砖匠、厨师、娱乐家、木匠、门童、教师、农民今天都是现代化军队中的士兵……每一个人都接受团队工作的教育……每一个人都准备奉献自己的力量。"《黑人士兵》的最后一个画面是一个代表胜利的V标志，也是卡普拉小组制

作的所有电影的结束画面。

《黑人士兵》收获的赞誉远远超出卡普拉或者它的制作者们的预期。几年前出版了小说《土生子》（*Native Son*）的理查德·赖特（Richard Wright）出席了黑人区的放映，之后他告诉《布鲁克林之鹰报》的一名记者，在电影开始前，他基于自己对项目的调查，写下了13条对黑人的冒犯性偏见——过多的演唱、懒散以及废话连篇等——然后准备好，只要屏幕上出现一条，就在旁边做一个标记。最终他一个勾也没有打，并且告诉记者他认为这部电影是“一个让人愉悦的惊喜”。[①] 兰斯顿·休斯（Langston Hughes）称这部电影“独具一格、令人激动、值 307
得一看”，而纽约的黑人报纸《阿姆斯特丹新闻》也赞叹道：“谁会想到这样一件事可以做得如此精确……没有粉饰美化也……没有愚蠢的丑化？”[②]

莫斯知道《黑人士兵》并非完美，他告诉记者这部电影是经过设计以便“忽略军队做错的，告诉大家做对的”。[③]《时代周刊》评论道，“这部电影并没有包含任何关于这个主题的能引起轰动的含义”，比如“黑人士兵和白人士兵之间的摩擦”。《纽约邮报》一位专栏作家喜欢这部电影，并且尊敬它对于“在军队服役的黑人男人和女人的尊严和专业”的展示，但他依然提醒道“它所没有展示出来的……是这样一个现实，即使在我们自己的国家，我们对待白色人种和对待有色人种的方式

---

① “Negro Film Pleases Novelist,” *Brooklyn Eagle*, 1944 年 3 月（准确日期未知）。

② Frank Capra, *The Name Above the Title: An Autobiography* (New York: Da Capo, 1997 年；首次出版于 1971 年)，第 359 页和第 262 页。

③ McBride, *Frank Capra*, 492.

都是不同的”。[1] 不过这部电影的整体反响都认为它是令人愉悦的惊喜。在黑人区的放映后，不少观众问莫斯：“你会把这部电影播给白人看吗？”当莫斯问为什么的时候，他们说：“因为这会改变他们的态度。”[2] 试映后不久，通讯部决定将不只向美国士兵播放《黑人士兵》，而且还会向公众播放，它的商业宣传口号是“美国的乔·路易斯对阵轴心国”！[3]

军队制作了 100 份 35 毫米的电影拷贝提供给电影院播放，但它原本的意识形态意图保持不变：《黑人士兵》意在吸引黑人加入军队，而不是让剩余的美国人意识到他们的贡献。相应地，电影几乎在南部所有黑人电影院被预订，它的分布范围甚至覆盖到北部和西部一些以白人为主的城镇和地区。当年年中，它成了一份报纸所称的“当季真正意料之外的成功”，纽约超过 300 家电影院和底特律及其周边 250 家影院放映了这部电影。[4]

莫斯希望《黑人士兵》可以让好莱坞为他打开大门，但数十年后他告诉卡普拉的传记作者约瑟夫·麦克布莱德，直到电影获得成功后他才和卡普拉进行了第一次实质性的对话。“为什么你不去向那些有色人种的家伙寻求帮助，然后自己开一间公
308 司？”卡普拉问他。当莫斯回答道，因为没有足够有钱的黑人可以资助任何一间有竞争性的电影公司，卡普拉看起来有点失望，并且向莫斯建议，如果这是真的话，他最好还是离开这个国家。[5]（在之后的时间中，卡普拉凭借亲手让该电影成形的形象

---

① Dorothy Norman, “A World to Live In,” *New York Post*, 1944 年 3 月 6 日。

② *Time*, “The New Pictures”, 1944 年 3 月 27 日。

③ 宣传资料，《黑人士兵》的特别收藏文件，纽约表演艺术公共图书馆。

④ John McManus, “McManus Speaking of Movies,” *PM*, 1944 年 7 月 12 日。

⑤ 加尔顿·莫斯接受麦克布莱德的采访，*Frank Capra*，494。

而得到的赞誉比他实际参与应得的要多。他声称莫斯是一位鲁莽的人，“让自己的黑色皮肤像绷带一样惹人注目”，并且剧本填满了“愤怒的激情”，卡普拉不得不将其删掉，并解释道“当一些东西变得炽热的时候，热情的火把只会搞砸它的光亮”。)①

随着这部电影的成功，卡普拉至少有一个项目完成得让他满意。《认识你的敌人——日本》正在由它的第四个团队，也是最不可能的创作团队负责，即艾伯特·哈克特（Albert Hackett）和弗朗西丝·古德里奇（Frances Goodrich）组成的夫妻组合，他们在好莱坞以撰写《瘦人》（*Thin Man*）系列电影而知名。②《认识你的敌人——德国》也被暂停了。卡普拉最近将西奥多·盖泽尔从《士兵斯纳夫》系列卡通中抽出来，让他尝试为纪录片写一份新草稿。③ 卡普拉不得不恳求奥斯本将军为两部电影的完成提供资源，他争论道，“对于日本本身缺乏总体的信息这一点很可怕，如果是这样我们会被认为是玩忽职守……《认识你的敌人——日本》和《认识你的敌人——德国》都在要被完成的名单上而且得到了官方批准。我现在请求的是你坚持让它们完成”。④ 但由于陆军部正准备向欧洲投入资源，它比以往更加不可能向通讯部分配资金和人员。正如卡普拉生气地向苏雷斯将军描述的那样，《我们为何而战》的最后两部《中国之抗战》（*The Battle of China*）和《美国参战》，

---

① Capra, *The Name Above the Title*, 358.

② William Blakefield, “A War Within: The Making of Know Your Enemy-Japan,” *Sight and Sound*, 1983.

③ Judith Morgan and Neil Morgan, *Dr. Seuss and Mr. Geisel: A Biography* (New York: Random House, 1995).

④ 弗兰克·卡普拉写给奥斯本将军的信，1944 年 2 月 25 日，FCA。

“由于有关人员被抢走而在人员不足的情况下一瘸一拐地行进。安东尼·维勒……和李维克以及其他重要人员的调离绝对引起了强烈的抗议……我不得不再次申明这些电影从现在起境况会很艰难”。①

卡普拉依然在寻找新的故事，而根据部分档案显示，他选择了委派拍摄一部关于美国在租借法案下给苏联提供 110 亿美元援助的电影，派乔治·史蒂文斯前去拍摄伊朗和当时还属于
309 苏维埃共和国的土库曼斯坦边境间的物资供应链。这项任务的时间似乎并不正确，此处有记录显示史蒂文斯在盟军登陆诺曼底前到德黑兰进行了一次短暂到访这一点几乎可以肯定是来自政府记录印刷上的错误。(关于卡普拉委派史蒂文斯完成这项任务的时间多年来一直充满疑惑和不确定性。在他 1971 年的自传中，卡普拉写道，他构想了一部租借法案的短片，并且在 1942 年 5 月派史蒂文斯前往伊朗 - 苏联边境，这明显是记忆错误，因为当时史蒂文斯还没有加入军队。20 年后，传记作家约瑟夫·麦克布莱德发现了这个错误，参照卡普拉的军队资料，认为这项任务实际上是两年之后安排的。麦克布莱德的证据是一封 1944 年 5 月 27 日的信件，在里面卡普拉和奥斯本向苏联申请前往“拍摄租借法案物资进入苏联的活动”的许可。但间接证据强烈表明军队文件出现打印错误，这个要求实质上是一年前提出的，也就是 1943 年 5 月 27 日。在信中，奥斯本将军指出即将要拍摄的电影将会记录“波斯湾勤务司令部的全部运作”，这个司令部是一个负责安排物资供应的美军前哨站。但这个指定的“波斯湾勤务司令部”只在 1942 年 8 月到 1943 年 12

① 弗兰克·卡普拉写给亚历山大·苏雷斯的备忘条，1944 年 6 月 9 日，FCA。

月之间被使用，那之后，它的名字被改了。此外，一个1943年5月安排给史蒂文斯的任务也很顺理成章地导致了一个月之后他和小组成员之一——《古庙战笳声》的编剧约尔·赛尔（Joel Sayre）从埃及前往伊朗。1943年7月4日，史蒂文斯身处德黑兰，并且在日记中写道：“在这里拍摄庆典、庆祝美国独立日和将一大堆物资运往苏联。”无论如何，这部短片都由于苏联军方拒绝让史蒂文斯和赛尔越过边境导致他们无法拍摄美军物资抵达目的地而取消了。）史蒂文斯依然在伦敦，等待在法国部署他的特别报道小组——卡普拉不可能让这项任务因其他不紧急的项目而受到阻挠。5月，史蒂文斯前往西边的布里斯托——军队的分段运输区域。他乘坐了一列夜晚的火车离开了这座城市，也在日记中记录下了周围忧郁的氛围。“火车开出的时候正是一片暮色，”他写道，“我们离开火车站的时候，那些灯火管制（的窗帘）还没有被拉下来。室内的灯都熄灭了，我们在英国春季那漫长而平静的夜色中隆隆地前进……从火车里面向外看，几乎没法辨别人们在道别时的表情。站在车门旁的海军军官向穿着粗花呢大衣、戴着毡帽的女士道别——他站在那里……一直到最后。要关门的命令传来了——那位女性警卫大喊道，‘拉上窗帘’，然后火车开出了——于9:50准时开出。薄雾中的战时伦敦站台。绝望的再见。”①

几个星期后，每一个在英格兰的美国士兵等待了数月的命令传来了。史蒂文斯、福特和他们的团队将会越过海峡，准备拍摄15.6万名盟军士兵登陆法国北部海岸的行动。离诺曼底登陆只剩一个星期了。

---

① 乔治·史蒂文斯日记，1944年5月1日，GSC。

21 “看见什么就拍什么”

法国，1944 年 6 ~7 月

310 喜欢讲述战争故事的约翰·福特 20 年来没有提到 D 日。[1]多产的写信人和日记书写者乔治·史蒂文斯一反常态地沉默，他的日记中有 3 个星期几乎是空白。[2] 起初，1944 年 6 月 6 日发生的事件对他们来说过于庞大，无法和挚爱的人讲述清楚——在两天后给妻子寄的信中，福特完全没有提及他在法国海滩看见和经历的事[3]——甚至是对他们自己。这两个男人都在那里监督着关于 D 日情况的影片拍摄，但他们发现几乎不可能简单地描述在他们眼前发生的事情。福特后来说他对那最初的 24 小时的理解是：“不连贯的镜头，像未经剪接的片段被放到一部电影中。”发生在奥马哈海滩上的战争规模如此之大、场面如此令人毛骨悚然，以至于他觉得他无法捕捉它；他只是简单地聚焦到发生在他面前的事。“我的团队和我都有责任为这个世界‘观看’整场进攻，”他说道，“但我们所有人看到的都只是自己眼前那一小片区域……就像我现在回想起来，我怀疑我是否看见了——真正看见了——同时有超过 12 名我们的人员。”

---

① “这是我第一次谈起它。”约翰·福特对 Pete Martin 讲述的，“We Shot D-Day on Omaha Beach (an Interview with John Ford),” *American Legion Magazine*，1964 年 6 月。除了特别提到的，本章所有来自福特的对他 D 日经历的叙述都来自这次访问。

② 乔治·史蒂文斯第 12 号笔记本，GSC。

③ 约翰·福特给玛丽·福特，1944 年 6 月 8 日，JFC。

为了构建一部全面、实时的对军事行动的纪录片而聚集如此多力量来拍摄盟军在法国的登陆，这在战争史上是前所未有 311
的。500 部 35 毫米摄影机——每一部装满包含 4 分钟影片的胶卷盒——被安装在船只和坦克的前端，将在没有人工监控的情况下运作，[1] 而另外 50 部摄像机则被安装在第一批登陆舰上。[2] 众多美国摄影师以及 200 名剧照摄影师被部署在盟军队伍中，为新闻短片、报纸和杂志捕捉素材，[3] 而福特和史蒂文斯也各自负责众多士兵，这些士兵将会发现在敌军的炮火下自己配备的是摄影机。

福特和史蒂文斯并非亲密的朋友——他们都属于内向的人，而且都很难被理解，在好莱坞他们都尽量避免和其他导演相处——但他们确实欣赏和尊敬对方。福特觉得史蒂文斯是一名“艺术家”[4]，这个词他几乎不用在导演同事身上；史蒂文斯也觉得福特身上有一种亲切感，他们都是那种常常会发现自己找不到话的人，而在福特身上，史蒂文斯看到了像他一样的“电影才是可以表达自己的媒介”的特点。[5] 福特在海军和战略情报局的比尔·多诺万的监管下掌管着实地摄影小组，而史蒂文斯则为卡普拉和军队图像服务部工作，他们典型地都没有被军队要求协助工作。不管怎样，在 D 日到来前的那几个星期，福特主动向他的同事寻求帮助。福特此前一直和其他盟军摄影团

---

① OSS 报告，引用于 Joseph McBride, *Searching for John Ford: A Life* (New York: St. Martin's, 2001), 395。

② Thomas Doherty, *Projections of War: Hollywood, American Culture, and World War II* (New York: Columbia University Press, 1993), 242.

③ Thomas Doherty, *Projections of War: Hollywood, American Culture, and World War II* (New York: Columbia University Press, 1993), 242.

④ 约翰·福特写给沃尔特·万格，Wanger, *You Must Remember This* (New York: Putnam, 1975)。

⑤ McBride, *Searching for John Ford*, 179.

队合作，给英国人和加拿大人上战地摄影速成课，并且告诉他们在拍摄的时候要对准他们自己国家的士兵，但英国军队船上没有足够的摄影人员，而福特的实地摄影小组的人员要被分配到众多海军船只上因而人手紧张。福特联系史蒂文斯，问他可否从他的特别报道小组中为英国腾出一些摄影师。史蒂文斯乐意地点头了，[①] 并且主动要求在穿越海峡时亲自在一艘英国船上工作，还开玩笑说福特将会因为解放法国而欠他“两瓶酒”。[②]

史蒂文斯率先到达，带着他 16 毫米的摄像机和装满柯达日光彩色胶片的胶卷盒；[③] 和他一同前往的包括欧文·肖、威廉·萨洛扬、比尔·梅洛和伊凡·莫法特。特别报道小组完成的将是团队工作，在成功保存下来的片段中没有特别标明每一
312 帧画面由谁拍摄。但史蒂文斯得以保存下来的影片显示，在准备离开伦敦向英格兰海岸进发时，还在火车站抽烟和聊天的健康的人们，在登上“贝尔法斯特”号后变得阴冷而憔悴。“贝尔法斯特”号是一艘 600 英尺长的皇家海军巡洋舰，它是出发前往指定盟军登陆地点的数千只船中最大的几只之一。当时海浪是如此狂暴，以至于艾森豪威尔将军曾一度考虑要推迟登陆日期；士兵们全部都穿着救生衣，当中大部分人在用军队罐头口粮填饱了肚子、一番激动过后，却被海浪猛烈摇晃，在东倒西歪的船只两边呕吐。在甲板上，史蒂文斯的团队尽力捕捉舰队的巨大，用长镜头捕捉密集的船只排在一起，以及保护他们免受头顶轰炸机攻击的防空气球。在登陆之前，“贝尔法斯特”

---

① Martin, “We Shot D-Day on Omaha Beach.”

② Andrew Sinclair, “John Ford’s War,” *Sight and Sound*, 1979.

③ George Steven Jr., *George Stevens: D-Day to Berlin* (1994)，由小乔治·史蒂文斯编写和制作。

号的船长要求大家集中注意力，并且为他们朗读了《亨利五世》中的圣克利斯宾日演讲:①

> 克利斯宾日，永远不会被忘记，
> 从今天直到世界末日，
> 参与这一天的我们永不会被忘记——
> 我们是少数，幸运的少数，我们是兄弟，
> 今天他跟我一起挥洒血水，
> 他就是我的兄弟。

登陆后的数小时内，史蒂文斯设法离开滨海圣奥班这个被盟军称为朱诺滩的地方。

福特则登上了美军“普朗基特”号，一艘 350 英尺、向奥马哈海滩进发的驱逐舰，它此前曾在北非和意大利执行任务，并且在一枚 500 磅的炸弹攻击下生存了下来，那次攻击中有众多船员牺牲。这艘船和其余的美国舰队一同在 6 月 3 日出发，却因法国海岸的强烈暴风雨而折返。第二天，天空和水域状况更加不理想，紧张不安的士兵在好几个小时里面都被从船的一边扔到另一边。“我永远不会忘记海浪有多汹涌，”福特在 1964
年说道，“驱逐舰左右摇晃得厉害。事实上每个人都臭臭的，臭 313
到令人恶心。我永远无法理解那些乘坐更小的登陆舰的人怎么会有勇气出发赴战，不过不管怎样，他们确实做到了。”

“普朗基特”号是用来保护那些运输物资到海滩的运输船

---

① 乔治·史蒂文斯未经剪辑的彩色和黑白的二战片段。除了特别标注之外，这一条及其后所有对史蒂文斯和他的特别报道小组拍摄的片段的描述，均来自笔者本人观看的华盛顿的美国国会图书馆收藏录像。

的。快到早上6点的时候，它在奥马哈海滩抛锚，轴心国的军事力量为监督海岸线而驻扎在那里的山丘里和低矮悬崖上，那里是抵抗火力最密集的地方。几天之内，英国海军将会在这里建造一个巨大的人造港口“桑葚临时港”，来保护海边的盟军舰队。但目前这个时候，他们正处于全方位的暴露中。“事情开始发展迅速，”福特说道，“当时正处于极度低潮，所有德军放置的水下障碍物都像大孩子的稻草人一样疯狂地冒出来，缠满水雷和炸弹。在第一队登陆舰上有清拆工作组负责为后续登陆的人清除这些障碍。随着第一队登陆舰开过“普朗基特”号，我可以看见那些士兵用他们的头盔帮我们脱离困境，每一次投掷都要鼓起勇气。我甚至可以听到通往海滩的一路上都是发动机声和海浪拍打平底艏声音下的呕吐声。”

虽然福特后来回忆道，“普朗基特”号在越过海峡时突然从巨大的护航队尾驶到最前，因此他“拿着自己的摄像机带领了登陆”，但这不是一艘登陆舰，而且十有八九福特在几天之后才踏足这片海滩。在舰队到达后不久，100万美元的摄影设备被卸下船，实地摄影小组的人员将它装上水陆两用运输车（被称为“鸭子”），这辆车将他们从臀部深的水域送到岸边。他们的指挥官福特告诉他们目标“简单——拍摄一切”发生在海滩上的事。福特回忆自己看见一名为供应部工作的黑人士兵（即使在诺曼底，白人和黑人都按照职责被区分开来）在面对德军扫射的时候坚持将物资从一艘水陆两用运输车上卸下来。“他……只是来回走，来回走，完全处于冷静状态。我想，天啊，要是说谁应该得到一枚奖章，这个男人就应该得到。我想去拍摄他，但我当时身处一个相对安全的地方，于是我想明白了，见鬼去吧。我愿意承认他比我勇敢。”（福特在1966年接受法国《正片》杂志采访时，流露出最后的种族歧视痕迹，他声称当他登陆奥马哈海滩时看见了“沙滩上大量的黑人尸体”，这种经过润色的声明很可能不能全信。这可能是这位衰弱无力 314
的导演在某种程度上通过夸大其词来尝试为他电影中对非裔美国人的处理手法的辩护。)

在那之后不久，福特被带到“奥古斯塔”号，奥马·布拉德利在这艘570英寸的重型巡洋舰上率美国第一集团军行动。最开始的几天，福特尝试在船上协调指挥实地摄影小组的行动，并且希望得到最好的结果。“老实说，”他说道，“我起码是一名有逻辑的军官。我的工作是要保证每一个应该有摄影机的人都有摄影机。”霸王行动正在进行。“我（或者）其他身处那里的人都无法全景且宽角度地展示当天早上第一拨美军抵达海滩的情景，”福特说道，“事件以一种极快的速度盘旋上升发展……看起来却似乎缩小到以奥马哈海滩上每一个人为中心的小旋涡中。”

在D日接下来的10天内，将会有来自5000艘船的超过50万美军、英军士兵以及海军人员在55英里长的海滩上登陆，[1]要拍摄这前几个小时以及前几个星期的全景状况根本不可能，而福特或者史蒂文斯也没有尝试这样做。相反，他们告诉自己的团队成员不要将自己置身于不必要的危险当中，关注他们自己视野所及的区域，并且留意自身的安全。虽然他随着年岁增长越来越对此坚信不疑并且越来越强调，但福特在第一天就登陆海滩的说法很可能不是真的。至少一开始他这样做的原因并非想要夸大自己的勇气。“我一抵达海滩便向前跑去，并且开始

---

① Stephen E. Ambose, *D-Day: June 6, 1944; The Climactic Battle of World War II* (New York: Simon & Schuster, 1994).

将我的部分人员部署到相关设备前，以便给他们机会拍摄，”他说道，“我知道这听起来并不十分激动人心……老实说我当时忙于为实现我在心里计划的一幅紧密结合的图像而忙碌。那天我们一直在工作，而在接下来的几天几夜都是这样。”

第一天战斗结束后，超过4000名盟军士兵牺牲。那天黎明
315 16辆尝试停到奥马哈海滩的坦克中的14辆被摧毁了。一些满载包括80磅重的火焰喷射器等设备的登陆舰在浅滩中沉没，船上的人员也被淹死。其他人则在从活动梯下到水域中时被机关枪射中，或者被放置在岸边的水下障碍物纠缠，惊慌地死去；有些人在离开海浪、脚刚踏上海滩时被狙击手或者迫击炮击杀；其他人受伤后，和尝试用担架把他们抬到有医护人员的前线处的士兵一同被杀死。有些士兵失去生命是因为地图或者导航出错，导致其在错误地点登陆而死亡；是因为被水浸透的靴子和军服加重了他们的负担，使他们无法快速移动到庇护地区；是因为他们摘下了头盔，以便能在烟雾、雨水和薄雾中看清状况，判断炮火来自哪里，并且尝试找到海岸上看上去安全的地方；或者是因为他们不幸地正是那第一批可消费的、被牺牲的人员之一，为他们身后巨大的进攻力量和物资开路。有些在第一天的行动中存活下来的士兵回忆时认为那些恐惧、痛苦和疑惑引起的令人痛苦且持续不断的叫喊声是当中最可怕的部分。到了傍晚，长长的海滩被血染成棕红色，尸体朝各个方向摊开，暴露在那里，无法被取回。①

“我见到的死去或者受伤的士兵不多，”福特说道，“我记得自己当时在想这太奇怪了。不过后来，我看见那些尸体在水

① Stephen E. Ambose, *D-Day: June 6, 1944; The Climactic Battle of World War II* (New York: Simon & Schuster, 1994).

面上漂浮。”不可思议的是，实地摄影小组在当天没有人被杀，只有一名成员受伤。但福特精心准备的大部分胶卷都无法使用：那些固定在船只上的摄像机要么被吹倒，要么失灵，要么曝光之后被毁坏，要么只捕捉到混乱一片的画面。第一批登陆舰上的摄像机只有 3 部没有被毁坏。①

接下来的几天，福特的团队跟随军队向内陆前进，而在数
英里之外，史蒂文斯和他的特别报道小组也跟随英军和美军向
前进发。最终，这两个人联系上了，虽然只是短暂的联系。史
蒂文斯喜欢讲一个故事，就是在一场交火中，当他蜷伏在诺曼
底的一处树篱下寻求庇护时，一抬头却看见福特站在他上方平 316
静地观察着行动。② 这件趣事可能只是一种神话化表述，但它
表达了史蒂文斯对福特在压力之下表现出来的坚忍克己和镇定
冷静的仰慕。史蒂文斯在尝试带领他的团队的时候经历了尤其
艰苦的几天。“乔治没有资格留在军队，”欧文·肖回忆道，
“因为他有哮喘，他只是瞒着医生。在诺曼底的时候……天气非
常差。他曾一度没有办法起床……我们支起了小帐篷……在一
些树旁边的某个地方，而他就在那里躺了三天。作为一名指挥
官，他有一点……心软。他一想到这些人要受伤就无法接受，
而且他通过对我们所有人严加约束来减少伤亡人数。”③

根据一份战略情报局的报告可知，福特会在白天下船去检查实地摄影小组的人员，但很可能大部分时间他都留在“奥古斯塔”号，即使他在多年后声称“是的，我就是最先登上岸的人之一……

---

① Doherty, *Projections of War*, 242.

② Scott Eyman, *Print the Legend: The Life and Times of John Ford* (New York: Simon & Schuster, 1999), 274 – 275.

③ 欧文·肖接受 Susan Winslow 的采访，1981 年 10 月 14 日，66 号文件，FJC。

在最初的那 1 个小时”。[①] 6 月 8 日，他给玛丽写了一封信，说道：“亲爱的玛——我最亲爱的，我如此思念你、我们的家和我们的家人，但我猜这就是我们为之奋斗的东西了。加油，我的甜心。很多个星期前我就希望可以和你待在一起。这里发生的事是很伟大的事。德国士兵必定被击溃。我爱你。孩子他爸。”[②]

D 日后不到 72 小时，实地摄影小组、特别报道小组、海岸警卫队、加拿大军队和英军拍摄的大多数可以使用的电影片段都被送往伦敦。一部分是彩色的，它们将全部被转换成黑白，以便在新闻短片中使用。美国和英国的陆军电影小组成员以 4 小时工作、4 小时休息的方式昼夜不停地工作，筛选出每一个画面，然后粗略地将这些片段剪接起来，制造出他们觉得值得使用的场景。[③] 可以使用的画面并不多。大多数图像都模糊不清，或者发疯似的忽动忽停，而最清楚的画面中的大多数太过直白，以至于立刻被视为不适合向任何公众播放。有一些镜头拍摄了极度惊慌的受伤士兵，睁大眼睛的尸体在浅滩脸朝上地漂浮，残缺的肢体，被血染红的海浪轻拍着海岸。[④] 摄影师听
317 从了福特的名言“看见什么就拍什么”，但他们拍摄到的这些景象在 50 年之内都不会在任何重要的公众场合播放。[⑤] “当时

---

① 约翰·福特告诉 Axel Madsen 的，1966 年，重印于 Gerald Peary and Jenny Lefcourt, eds., *John Ford Interviews* (Jackson: University Press of Mississippi, 2001), 90。

② *John Ford Goes to War*（最先于 2002 年在 Starz 播放），由 Tom Thurman 制作和导演，由 Tom Marksbury 撰写。

③ Martin, “We Shot D-Day on Omaha Beach.”

④ 电影片段出现在英国纪录片 *D-Day in Colour* (2004)，由 Kim Hogg 制作。

⑤ 一直到 1998 年，在史蒂文·斯皮尔伯格（Steven Spielberg）执导的《拯救大兵瑞恩》（*Saving Private Ryan*）中开始对 D 日进行虚构重现，一些长久以来被禁的图像才得以被处理运用，电影观众也终于大概看到了 D 日在拍摄它的人眼中是什么样的。

很少一部分向公众播放，”福特说道，“很明显政府害怕让这么多伤亡人数出现在屏幕上。”

一卷卷的录像片段——总时长大约 1 小时 40 分钟——向丘吉尔放映了，然后被运到华盛顿为罗斯福进行播放。这一个星期美国人成群结队地前往电影院，渴求任何关于这场战争的新闻，现在这些新闻以令人头昏眼花的速度涌来。星期一传来消息说盟军解放了罗马，这个消息在数千家电影院被广播。D 日是第二天，在接下来的第二晚，全国的电影院在故事片播放到一半时关掉了投影仪，以便让观众聆听罗斯福的 6 分钟全国讲话，中途他让美国人和他一起祈祷。电影院每个星期都在更换新闻短片，一般是在星期四或者星期五下午，一接到最新送来的短片便把它放进投影仪。由于知道诺曼底的录像很可能来不及准备、加工并且在接下来的那个星期及时运回美国播放，卡普拉让他的小组准备了一部 20 分钟的、讲述进攻前奏的、名叫《战争前夜》（*Eve of Battle*）的纪录片，以便在 6 月 8 日按时换掉旧的新闻短片，并且作为 6 月 15 日公映的，用来吸引观众的 D 日录像片段的预览。①

但那天晚上，观众们看到来自奥马哈海滩的片段，感到极度激动。在过去一星期，它一直以“第一部进攻电影!”的口号进行宣传。观众观看了 10 分钟引人入胜的且被军方批准的片段，影片全部以黑白呈现，当中包括一名美国士兵的射击，但删掉了镜头捕捉到的最残酷、最直接的画面。陆军部公共关系局赞扬这次 D 日摄影师的集体成绩，称其为“最伟大的摄影团队作品”。②

---

① Doherty, *Projections of War*, 242 - 244.

② *Variety*, 1944 年 7 月 5 日。

福特将实地摄影小组对诺曼底登陆最初几天拍摄的完成当成他职业生涯一部伟大电影的圆满完成，并且通过狂欢来庆祝。为惠勒的《孟菲斯美女号》完成大量摄影工作的比尔·克洛西尔成了福特的朋友，并且会为福特完成数部电影的拍摄；福特
318 现在正监督着他自己的空军摄影师小分队，而他们会在刚被盟军控制的法国海岸某个区域内的一间房子里睡觉。大约在6月12日某时，福特回到了他的房子——他告诉克洛西尔他要找史蒂文斯——然后开始喝酒。接下来的三天，他躺在一个睡袋里，只在需要更多酒精的时候爬出来，他甚至需要通过偷另一名军官的配给来得到这些酒精。偶尔他会蹒跚地走到外面，然后挑一个看门的法国士兵和他打一架。克洛西尔去找他，结果看见福特在一个浸满尿液和呕吐物的睡袋里喝得烂醉时，克洛西尔爆发了，他叫来实地摄影小组的一名同伴马克·阿米斯特德（Mark Armistead），让马克立即带走这位导演。等到实地摄影小组的人来到的时候，福特已经走到了一间酒馆，脱了军服，几乎说不清话。“我们不得不照顾他，”阿米斯特德说道，“他是喝一杯太多、喝一千杯都不够的那种人……当他（喝醉了），你就不得不整日整夜待在他身边，帮他脱离这个恶性循环。”①

回到“奥古斯塔”号后，清醒了但是筋疲力尽的福特开始将心思转移到下一部电影。约翰·巴尔克利也在英吉利海峡，带领一个由数十艘鱼雷快艇组成的巡逻队在该区域巡逻，以便抵挡所有来自S艇（Schnellboote，被盟军称为E艇，行进速度快，由木制船身建成，基本上是德军方面的鱼雷快艇）的袭击。

---

① 对这个意外的陈述来自威廉·克洛西尔和马克·阿米斯特德在接受丹·福特访问时的讲述，未公开的采访稿，JFC。

福特向巴尔克利的船只发出无线电，询问可否登上后者的船。他希望和巴尔克利讨论一下《菲律宾浴血战》，并且告诉巴尔克利他现在决心要执导这部电影。去年就听说过这个项目的巴尔克利承认不介意让斯宾塞·屈塞扮演自己，福特对这个想法表示嘲讽。“关于斯宾塞·屈塞他没说多少好话，不知道什么原因”，巴尔克利回忆道。

自从华盛顿的尴尬相遇后，巴尔克利对福特处处设防，他觉得这位导演是一个自吹自擂、爱卖弄的人，因此不是特别信任他。在接下来的几天，福特陪着他一起巡逻，因而给巴尔克利留下一个印象：由于福特在 D 日没有亲眼看见太多行动，因此他想把这场战争中正在发生的事弄得更清楚。当他们的鱼雷快艇遭到远方德军机关枪的扫射时，福特并没有畏缩，“他喜欢那种兴奋感”，巴尔克利说道。当共同相处的时间结束时，他对
福特的不喜欢缓和成了一种不情愿的欣赏，但他向这位导演明 319
确表示他不想成为好莱坞的一部分，他拒绝了导演提出的让他成为该电影技术顾问的请求，并且补充道，他希望这部电影最好不要被拍出来。福特告诉巴尔克利，他没有任何兴趣将巴尔克利的真实故事变成“某种该死的廉价宣传片”，并且，为了确保这部电影不会被胡乱使用，他告诉巴尔克利这部电影在战后才会开始制作。①

一两天后，一场大风横扫英吉利海峡，将美军和英军建造的防波堤和沉箱弄得凌乱不堪，而当时福特正在奥马哈海滩的“桑葚临时港”，这个人造港口是盟军每天 160 万磅物资的水道。福特将部分实地摄影小组的人部署在沉箱区域，他们拍摄

---

① McBride, *Searching for John Ford*, 399 - 403.

了沉箱的损毁情况，但他并没有意识到这将是他作为海军军官监督的最后一次摄影。[①] 福特在法国的时间结束得如此突然，原因不得而知，但他的豪饮曾挑战了一名空军上尉的耐性并且导致了超过一位海军军官的介入，这件如此令人尴尬的事已经众所周知了，他亦很可能因此受到了一些指责。这件事似乎并没有官方报告，但福特可能是受到了自己人或者比尔·多诺万的催促，要求他进入安全地带并且保持低调。6 月 19 日，他回到伦敦，入住克拉里奇酒店。“可以说是这件事的收尾”，他给玛丽写道，并没有再提供任何细节。[②] 除了和巴尔克利进行的一次短暂的南斯拉夫之行，他将会在英格兰再逗留 6 个星期。[③] 但福特在战场上已经没什么要做的了，他的战争已经结束。他准备回家了。

福特离开法国的第二天，史蒂文斯在 D 日之后第一次拿出他的口袋日记本，写下了标签为“D + 16.”的一条。“在调度区的第二个早上，”他写道，“一个非常寒冷的夜晚之后迎来了清爽而愉快的早上。使用了我们为海军工作（D 日）而挑选的睡袋。收获了自己的卡宾枪。”[④]

在盟军登陆后的数天，史蒂文斯和他的团队大多数时间都在飞机场后面隐蔽处自己搭建的帐篷中度过。在进行了之前从没有过的近距离接触之后，他开始了解这些由他指挥的士兵，
320 而士兵们同样也开始对他有所了解。伊凡·莫法特后来回忆起他时描述道，他是“一个非常不稳定、喜怒无常的男人，能够

① Martin, “We Shot D-Day on Omaha Beach.”

② 约翰·福特写给玛丽·福特的信，1944 年 6 月 23 日，JFC。

③ 战略情报局给约翰·福特的备忘录，1944 年 9 月 1 日，JFC。

④ 乔治·史蒂文斯的 12 号笔记本，1944 年 6 月 22 日，GSC。

大笑也能大怒，很容易就会难过，喜怒无常……他是一个非常独特且有趣的人，有时是揶揄的嫉妒，有时是假装的嫉妒，有时会伪装自己，有时很真诚”。① 这一点可能仅限于他和莫法特的关系，莫法特是一位温文尔雅、雄心勃勃而稍微有点爱炫耀的年轻 T/5（技术人员第五级，相当于下士）。他是史蒂文斯手下唯一可以流利地说法语的人。一开始，史蒂文斯很欣赏莫法特的这项技能；然后这一点开始激怒他了；最后，由于不确定在某些时刻莫法特说的是什么，他开始禁止莫法特在自己出现的时候说法语。莫法特写了几句歪诗作为回应，调侃他的新规定，并且展示给莫法特的同事们看。当史蒂文斯看见那些诗的时候，“他笑了”，莫法特说道，“之后这条规定就不再实行了”。②

史蒂文斯是一个“宽容的人”，欧文·肖说道，“他身上没有那种过分注意仪容的严肃。大家都很喜欢他。他的团队纪律性非常高，非常好”。但他的队员们和那些在好莱坞片场的演员一样，不知道他为什么那样怪。史蒂文斯通过一幅流行的讽刺画告诉他们他那土生土长的美国血统——一直被提到，从未被确认——是他那无法被理解的表情的来源。更可能的是，那是史蒂文斯将自己的社会不适性转变成优势。让手下一直不确定他会有什么反应是他保留控制权的笨拙方法。“他沉默寡言，总是表情凝重，”欧文说道，“甚至是在搞笑的时候。”③

他手下人员的安全一直是他关心的问题，甚至是在他们离

① 伊凡·莫法特未经剪辑的采访，52 号文件，FJC。

② 伊凡·莫法特未经剪辑的采访，52 号文件，FJC。

③ 欧文·肖接受 Susan Winslow 的采访，1981 年 10 月 14 日，66 号文件，FJC。

开了交战前线但尚未完全脱离危险的时候。整个法国的海岸线和部分道路依然满布绊网和陷阱，6 月底史蒂文斯日记中的一个条目是一张粗略的素描图，画的是有伪装的地雷的大概外观。[①] 但在史蒂文斯心里面更重要的是他的任务，而当他明确表示他相信他们的角色不只是记录战争，而是记录整个行动的时候，他令特别报道小组的成员们感到惊讶——他觉得他们要记录纳粹对法国做的事，满目疮痍的村庄和道路，受伤的人员被怎样对待。史蒂文斯此前并未去过法国，但当他偶尔产生想要像游客一样看待这个地方的想法时，他相信很多天真的美国
321 士兵在向欧洲前进的时候也会有这样的想法，他想通过他们的眼睛记录这场战争，并且跟随直觉选择应该拍摄的东西。

前一阵子，史蒂文斯疑惑自己是否偏离原来的任务太多了。毕竟他在军队是以宣传者的身份存在的：一年前，他身在北非，在真的战争结束后来到现场拍摄了一场搭建的假的战争场景，目的是让美国人觉得他们正在取得胜利。而现在他正处于一场规模如此宏大的战争中，要将它整理好，变成简单的讲述锲而不舍或者英勇无畏必定会带来胜利的故事，对任何电影人来说都是一次挑战。他相信，除了保护他的手下以外，他唯一的责任就是拍摄他看到的东西，并且以他的方式拍摄。当他和莫法特站在伊西尼滨海乡间一个制造奶酪的小镇的十字路口，看着盟军物资护送队轰隆隆地行驶过布满坑洞、被炮弹炸毁的道路时，他一想到这些战争机器要来拯救这座几天前才被另一些战争机器摧毁的乡间小村庄时，立刻想到要举起摄影机拍摄经过的卡车。“我想拍几卷，作为未来的记录”，他告诉莫法特。

---

① 乔治·史蒂文斯的 12 号笔记本，1944 年 6 月 23 日，GSC。

“那为什么不拍呢，上校？”

“然后将它们运回陆军部？”史蒂文斯说道，“他们会觉得我疯了。”[①]

尽管如此，大多数时候，史蒂文斯都允许自己在任何有冲动的时候拍摄下眼前的东西，这些影片最终会成为记录D日后的法国的家庭式电影，成为那关键的几个星期最详尽的影像记录。他和他的团队拍摄了法国小镇两位市民在一栋被毁的建筑物前面高举他们的旗帜；史蒂文斯向他们展示该怎样做，然后给了他们一个“OK”的手势。特别报道小组拍摄了一名躺在担架上的受伤美国士兵在一个棺材一样的货箱里面被抓爪吊到甲板上；他们拍摄了史蒂文斯和另一名士兵在一片草地中挖一个看起来像是坟墓的东西；他们拍摄一名年轻的美国兵和一名年老的法国男人在一张破破烂烂的战争海 322
报前聊天，史蒂文斯和比尔·梅洛在一条小路上走的时候，一个法国小男孩追在他们身后；一个刚被解放的小镇里一间房子的露天阳台上，法国国旗旁边升起了美国国旗。他们拍摄了暮光之下被摧毁的教堂外墙，午后天空下没有屋顶的学校剪影。他们拍摄了伪装下的坦克碾过丛林，美国士兵打开他们的口粮罐头，在衣物中找寻骆驼牌香烟。而无论什么时候，史蒂文斯见到路标都会让他的团队拍摄，因为他们实在路过了太多小村庄。

史蒂文斯让他的团队寻找那些有趣的、不一致的、怪异的和预料之外的东西。“他从来不会直接表达些什么，”莫法特写

---

① Gavin Lambert, ed., *The Ivan Moffat File: Life Among the Beautiful and Damned in London, Paris, New York, and Hollywood* (New York: Pantheon, 2004), 149 – 150.

道，“假如看见有一群人在望着什么，他总是会拍摄人群望着那个东西。他总是有一种间接感。”[1]

1944 年 7 月 4 日，特别报道小组已经在盟军位于卡朗唐的总部驻扎了几个星期，那是瑟堡附近的一座小镇，离敌军阵线不到 1 英里。在那里，史蒂文斯拍摄了有巴顿将军、布拉德利和英国将军伯纳德·蒙哥马利（Bernard Montgomery）参与的颁奖仪式，以及士兵们放松、晒太阳、阅读《生活》杂志过刊或者焦急地打开家人来信的彩色录像。他们在营地入口处立起了一个里程标志牌，用方向箭头指示纽约、巴黎、伦敦和“雪莉(4500 英里)”。史蒂文斯小组里的成员在电影中都可以通过他们戴着的、写着“美国官方战地摄影师”字样的黄黑色袖章辨认出来。[2] 在巴顿将军和布拉德利的指示下，史蒂文斯和他的团队将会在接下来的两个月随军队从卡朗唐向西南的布列塔尼进发，然后向西边的巴黎前进。正是在这次 450 英里长且满是危险的旅程中，史蒂文斯开始收集图像资料，这些图像将会向一整个国家的电影观众定义盟军向欧洲推进的画面及其代表的转折点。它们正是约翰·休斯顿在圣彼得罗想要找寻但结果只能后期制作出来的那些图像——狂喜的村民从破烂的家中走出来向他们的美国解放者们打招呼，年轻的女人扔着花朵，小孩子蹦蹦跳跳地跟着护卫队，希望得到一块巧克力。他的摄像机也捕捉了美国士兵们面对的危险——路中间一个地雷被意外触发后可以看见士兵四散跳开。

---

① Gavin Lambert, ed. , *The Ivan Moffat File*: *Life Among the Beautiful and Damned in London*, *Paris*, *New York*, *and Hollywood* (New York: Pantheon, 2004), 219 -221.

② *George Stevens*: *D-Day to Berlin.*

史蒂文斯也拍摄了那些死去的人们，而这些图像则因过于 323
令人不安而从未在屏幕上出现。他们拍摄法国平民——轰炸中的遇难者——躺在一条乡间小路上，他的镜头并没有在这些尸体上徘徊，而是长时间地定格在那里，那失去生命力的双眼和惊讶得嘴微张的画面足以让看见的人害怕。无论他的团队遇到什么，只要他们手持摄像机，史蒂文斯的命令就是完成他们的工作，不要逃避。军队开始向布列塔尼进发后不久，他们的队伍偶然看见两具穿着德意志国防军军服的士兵的尸体。“他们在一间农舍附近，”肖说道，“他们被医疗队的家伙遗弃在担架上。他们血肉模糊，都很年轻，但……我们拍下来了。”特别报道小组曾被告知德军有时候会在他们自己士兵的尸体身上缠上炸药，或者把他们放在地雷上面。“我们提醒每一个人，躲开一点，不要碰，”肖说道，“所以乔治拿了一根大棍子戳他们。真令人毛骨悚然。只是以防万一……然后我们走近做了该做的事情。我觉得他们是自海滩之后我们见到的第一批德军。”①

---

① 欧文·肖接受小乔治·史蒂文斯采访，1982 年 11 月 3 日，67 号文件，FJC。

22 “如果希特勒可以坚持，那我也可以”

好莱坞和华盛顿，1944 年 7～12 月

324 7 月，约翰·福特拿回了“亚兰纳”号。海军在珍珠港事件之后将他的船租下来，将它漆成黑色作伪装，然后利用它来带领一个舰队在加利福尼亚海岸搜寻潜艇。在移交这艘双桅船时，福特提出要收取 1 美元的许诺金以及在船只归还给他之后允许在上面永久地挂上海军后备队的旗帜。他一直没有去收那 1 美元，但他确实挂了那面旗帜。[①]

虽然福特在官方名义上依然处于服现役状态，但在 D 日之后回到美国的福特已经被以惊人的速度抹去了他在海军中扮演的角色。短时间内他是不可能回到前线了。8 月初，他出现在华盛顿的办公室，然后到洛杉矶和家人相处了 2 个小时，最后回到首都，但并没什么要为实地摄影小组或者战略情报局做的事了。欧洲的紧张局势逐步升级，但他已不再是其中一部分了。他的服役已经结束，而他在某种程度上渴望有一些东西可以展示。福特对于自己工作取得的荣誉一直混合着假装的漠不关心和强烈的需求，他缺席了 3 次奥斯卡向他颁发最佳导演奖的场合，但这个奖项对他来说是如此重要，以至于他一直告诉别人

---

① 来自指挥官 W. J. Morcott 写给玛丽·福特的信，1942 年 1 月 15 日，以及约翰·福特的声明，1942 年 1 月 19 日，JFC，以及约翰·福特和美国之间的 Charter Party for the Auxiliary Ketch “Araner”，1942 年 8 月 29 日，第 15 号法律文件，JFC；以及玛丽·福特接受丹·福特的采访，JFC。

他实际上赢得了 4 个，包括颁给《12 月 7 日》的那个最佳导演 325
奖，虽然他不是导演。奖项是一种证明，一种认可的基准，一种在竞争中成功的标志，即使是在 20 世纪 40 年代，它们也是好莱坞不合时宜却令人着迷的目标。

这可能可以解释，为什么在军队服役正式结束前，福特就已经成了他女儿所说的一个“荣誉成瘾者”。[1] 他想要一个银星勋章，该勋章是授予那些“在对抗美国的敌人时表现英勇”的军队成员的，他要求海军部部长批准授予他一枚。他还想要一枚战时服役优异勋章，弗兰克·卡普拉很快就会得到这枚勋章；以及一块海军预备役勋章，此勋章授予在预备役中服役达 10 年的人；[2] 还有第二枚紫心勋章，福特在中途岛战役之后就得到了一块，他声称他符合资格，因为他在伦敦一次轰炸中受伤了，而且他说，很不幸地他想不起帮他进行治疗的医生的名字。他甚至要求比利时授予他一枚军功十字章。[3] 对于福特来说，这些装饰品是少数他可以信赖的勇敢标志，一部分原因可能是他相信它们会向其子孙后代提供一种证明。秋天的时候，他听说实地摄影小组其中一名年轻成员朱尼厄斯·斯托特（Junius Stout）牺牲了。斯托特曾在奥马哈海滩上作为“桑葚临时港”的那些漂浮的长方体人造防沙堤上工作，他幸存了下来，却在飞回英格兰准备被任命为军官时因乘坐的飞机被击落而牺牲。20 年之后，当福特说起斯托特的死，勋章依然是他心中最关心的。他说，“他在那个大盒子上确实表现很好——他为此得到了

---

① Andrew Sinclair, *John Ford* (New York: Dial, 1979).

② 约翰·福特写给 CO, Naval Command OSS 的备忘录，1944 年 9 月 12 日，JFC。

③ Dan Ford, *Pappy: The Life of John Ford* (Englewood Cliffs, NJ: Prentice Hall, 1979), 207.

一块银星勋章”。[①]

即使是家庭成员也觉得福特对军事荣誉的渴望“令人羞耻”,[②] 但那很可能因为他希望减轻自己做得不够好的忧虑。他见过那么多的人为职责冒着生命危险，有时甚至因此丧命，他需要某种有形的证据来证明自己在海军的工作是有意义的。虽然他现在已经确定要为米高梅拍摄《菲律宾浴血战》，但他极其关心这部电影是否能被看作他服役的延伸，而不是终止。在他向陆军部申请转为非现役状态时，他写道，“这部电影将会有明显的海军印记，目前看来这非常及时”，然后他保证在电影拍
326 摄完后尽快回来为战略情报局服务。同时，他需要让他的海军同事们知道他的离开是非自愿的，并且违背了他的判断。“我被命令到好莱坞制作一部商业电影……我今晚就要离开了，”他向阿尔伯特·魏德迈（Albert Wedemeyer）写道，在跟随战略情报局前往缅甸和中国的时候他曾在这位将军手下工作，“虽然我有机会和家人们过圣诞，和我的孙子们玩电动火车，但我依然觉得羞耻，在好人们战斗的时候，我这样的伟大战士应该在犹太佬的土地上……我会凭借这部电影得到一大笔金钱，我会将它换成信托基金……这至少会让我的良心好过一些。”[③]

福特关于钱的问题说的是实话。虽然被广泛报道的报告上说福特会因这部电影得到 30 万美元，这是“目前为止好莱坞导演单部电影的最高酬劳”，但是这一数字明显被夸大了。不过他实际收到的低一点的 6 位数酬劳也已经是除卡普拉外的导演从未得

① Pete Martin, “We Shot D-Day on Omaha Beach (an Interview with John Ford),” *American Legion Magazin*, 1964 年 6 月。

② Ford, *Pappy*, 207.

③ 约翰·福特写给 Albert Wedemeyer 的信，1944 年 10 月 30 日，JFC。

到过的高酬劳了。如他所保证的，福特也确实将钱放到了基金中，但他在对外发公告时没有说出这样一个事实：他别无选择。扎努克由于没有在为军队服役时将二十世纪福克斯电影公司的股份放到信托基金中而遭到国会委员会的中伤，这件事他依然记忆犹新，而由于福特是一名军官，虽然处于非现役状态，但假如他通过一份平民的工作获得了一份夸张的薪水，军队也不会高兴的。

福特决定把他将要得到的钱用于资助一项持久的慈善活动：他用6.5万美元从山姆·布里斯金（Sam Briskin）——哥伦比亚电影公司的一位执行官，弗兰克·卡普拉的亲密同事——手中买下加利福尼亚州若塞达的一块8英亩大的地。[1] 在这块地上，福特建起被他称作“农场”的大型俱乐部和私人度假村，作为实地摄影小组退伍军人们的避世地。它包括一个酒吧，一个游泳池，多个网球和羽毛球场，六间睡房，其中一间永久为比尔·多诺万保留。[2] 多功能的“农场”是福特心里尊敬、感伤、自大和慷慨的直接表现。一方面，它是一种纪念——实地摄影小组中牺牲成员的名字都被刻在毗邻的一座小教堂的墙上。另一方面，这也是一次“翡翠湾游艇俱乐部”那种全男性、酒精贯穿其中的友谊之情的重塑，“翡翠湾游艇俱乐部”是他在战前数年拍摄电影时的避世胜地。而像“翡翠湾游艇俱乐部”
一样，“农场”在福特那顽皮的、充满仪式感的规章制度下运 327
行，包括一年一度的游行以及明确规定女人只能一年到访一次。不出意外地，它也是福特自己的神殿，代表他成就的照片和记

① Joseph McBride, *Searching for John Ford: A Life* (New York: St. Martin's 2001), 405.

② Scott Eyman, *Print the Legend: The Life and Times of John Ford* (New York: Simon & Schuster, 1999), 283 - 284.

录装饰在墙壁的显著位置。（在接下来的几年，福特为维护“农场”投入了至少20万美元。它于1969年被一场战争摧毁后永久地关闭了。）

媒体对福特资助“农场”的决定进行了详尽报道，它现在已经被正式称为“实地摄影小组纪念屋”。报道指出，福特将会极其大方地放弃米高梅电影公司的酬劳而将其用于为“各个战区的……前好莱坞技术员”设立“康复和福利基金”。[①]（“农场”的复健功能并不可靠，但几年之后福特愤怒地拒绝了罗伯特·帕里什建议的将该奢华避世胜地改建成低成本老兵住房的做法。）[②] 新闻故事结尾还强调了“指挥官福特”已经很稳固的战争英雄形象，明确指出在完成该电影拍摄后他将尽快回到海军服现役。

他的计划却遭到了前任上司扎努克的质疑。福特职业生涯中大部分时光都在二十世纪福克斯度过，并且还欠该公司一部电影；当扎努克听说他的回归之作将会是为米高梅拍摄时，他极其愤怒。福特甚至没有和他讨论过自己的决定；他只简单地捎来话，解释由于《菲律宾浴血战》将会在他依然服役的情况下制作，而海军自己也参与了这部电影的拍摄，因此他那条一旦结束服役便要回去为二十世纪福克斯工作的合同条例并未生效。他一边恳求同情，一边还通过公司的一名中间人让扎努克知道他从欧洲回来是为了“从在战争中受到的震惊和伤害中复原”。不过，好莱坞再没有人比扎努克更清楚这位导演爱自夸的习惯了，因此扎努克回应道：“我并不会选择完全相信福特说的

① Fred Stanley, “The Hollywood Agenda,” *New York Times*, 1945年2月4日。

② Robert Parrish, *Growing Up in Hollywood* (New York: Harcourt Brace Jovanovich, 1976), 159.

所有事实，包括那些伤害。”[1] 但他并不想饰演一个如此公开地阻挠爱国主义和慈善行为的电影公司霸主的角色，因此他咬牙切齿地告诉福特他可以拍摄这部电影。

1944 年秋天，卡普拉也在期望回到好莱坞。“战后你准备 328
做什么？”是那些相信战争即将结束的美国本土军官常见的对话开头，而哈利·华纳的那句——如果他离开好莱坞太久观众可能会忘记他的威胁——明显击中了要害。夏天快要结束的时候，他签约制作一部名叫《会飞的爱尔兰人》（*The Flying Irishman*）的电影，让最近曾尝试撰写《认识你的敌人——日本》剧本的艾伯特·哈克特和弗朗西丝·古德里奇再次编写该电影剧本。卡普拉将这个项目看作对埃里克·奈特的致敬，1943 年奈特的死依然是战争开始以来对他来说最痛苦的损失。奈特曾发表一系列新颖奇特、互相关联的、名为《会飞的约克郡人》（*The Flying Yorkshireman*）的短剧，讲述一名会飞的、来到美国的英裔移民的故事。卡普拉觉得这个项目非常适合知名演员巴里·菲茨杰拉德（Barry Fitzgerald），后者在出演了《与我同行》（*Going My Way*）之后成了家喻户晓的明星。卡普拉在几年前就购买了该电影的版权，并且无论战争持续多久他都拒绝放弃——“如果希特勒可以坚持，”他告诉他的代理人，“那我也可以。”[2] 卡普拉还没有决定是否要亲自执导该片，但他觉得自

---

① George Wasson 写给约翰·福特的信，1944 年 10 月 4 日，JFC，以及达里尔·扎努克写给 George Wasson 的信，1944 年 10 月 11 日，以及 Wasson 写给扎努克的信，1944 年 10 月 11 日，来自二十世纪福克斯档案，UCLA，引用于 Gary Wills，*John Wayne's America*：*The Politics of Celebrity*（New York：Simon & Schuster，1997），332，以及二十世纪福克斯执行经理写给约翰·福特的信，1944 年 10 月 23 日，JFC。

② 弗兰克·卡普拉写给 Phil Berg 的信，1942 年 6 月 13 日，FCA。

己已经准备好要回去工作了。不过在电影公司中受到的种种束缚导致他对于回到电影公司工作失去兴趣；在哥伦比亚电影公司工作多年的他自《约翰·多伊》之后便没有签署新合同，而他觉得这正合他意。要成为一名完全独立的制作人兼导演的计划被战争延迟了，但并没有被改变，8 月的时候他开始和山姆·布里斯金讨论成立新的自由电影公司的事，这将允许他实现完全的自主。①

卡普拉立刻开始要求军队让他卸下现在的职责。他精心撰写了一封谈及同等重要的三方面原因的申请信，包括个人经济利益考虑、未明确说明的身体原因以及一个未清楚说明但实际上会成为让陆军部最有兴趣允许他回到好莱坞的原因。很快，他写道："我离开我的平民工作已经快 3 年了。电影行业竞争激烈并且日新月异。我觉得……离开得越久就越会降低我的地位、能力和将来的收入水平。我的健康情况渐渐恶化，而我觉得这会大大地影响我的工作效率。最重要的是，我觉得我已经在培
329 训士兵方面给予了我可以提供的一切。从这一点看来我觉得我在平民工作上将有更大发展。"②

金钱是一个虽然并未表达出来但更迫在眉睫的原因。虽然华纳终于在卡普拉完成制作 3 年后的 1944 年秋天公开上映了《毒药与老妇》，但军队的薪水加上逐渐减少的来自之前拍摄的电影的版税并不足以让露西尔和他的孩子们继续过上他们早已习惯的舒适生活。而且卡普拉有自己的原因令他觉得军队已经不再迫切地需要他。他现在的任务变得模糊且无关紧要。他被派往夏威夷一个月执行任务，组织通讯部的摄影人员跟随军队

---

① Joseph McBride, *Frank Capra: The Catastrophe of Success* (New York: Simon & Schuster, 1992; revised 2000), 506.

② 弗兰克·卡普拉的信，1944 年 9 月 2 日，FCA。

前进，去拍摄被认为是太平洋战争的最后阶段的行动，但他并没有被要求监督任何一部指定的纪录片。相反，他的大多数时间都用在小规模的管辖权争论或者尝试哄骗娱乐行业和他们合作上，但娱乐行业已经不像两年前那样愿意盲目地放弃底线为战争付出。卡普拉对于反抗他的人毫无耐性：当阿尔图罗·托斯卡尼尼（Arturo Toscanini）拒绝批准军队图像服务部在《我们为何而战》的最后一部纪录片中使用他录制的《星条旗之歌》时，卡普拉给他写了一封礼貌而痛苦的信，表达对于“一项伟大的项目”没有《星条旗之歌》的“瑰丽宏大的演奏”而感到“深深的遗憾，以及些许意外”，然后让罗伯特·里斯金“告诉那可爱而年老的艺术大师，要么让我们用他的录音，要么滚去地狱而我们依然会用他的录音”。①

卡普拉也很想念他的家人。自 1941 年年末开始他就很少在家，而他觉得孩子们在没有父亲的情况下慢慢长大了，他们和他之间的对话几乎像是疏远但友好的陌生人之间的交流。孩子们在妈妈的催促下写出一封封短信。“亲爱的爸爸，”他 10 岁的儿子小弗兰克给他写道，“你过得怎样？我希望你过得很好，过得最好。我有一张很优秀的成绩单，是不是很好呢？我打赌我可以在 10 分钟之内写下所有联邦州的名字和它们的首府……你愿意赌多少钱？这里每个人都过得很好……母猫在妈妈睡房窗户的格子架上有了宝宝。我在学校表现得非常好，我知道什么是分数、分子和分母。爱你的，弗兰克。”②

军队拒绝了卡普拉的申请，告诉他华盛顿需要他。西奥
多·盖泽尔刚刚提交了一份《认识你的敌人——德国》的剧 330

① 弗兰克·卡普拉写给罗伯特·里斯金的信，1944 年 7 月 15 日，FCA。

② 小弗兰克·卡普拉写给弗兰克·卡普拉的信，1944 年 7 月 15 日，FCA。

本，但需要加工，而依然是卡普拉最可信赖的捍卫者奥斯本将军意外直白地表达了他对于第六部《我们为何而战》电影《中国之抗战》初剪版的失望。随着战争纪录片越来越依赖于真实的（至少是聪明地伪装的）战争片段，《我们为何而战》在制作和预算上采用的廉价原则现在看来过时了：观众们甚至是那些美国士兵都对由外国宣传片、新闻短片和绘制出的地图拼凑成的电影渐渐失去兴趣。《中国之抗战》严重依赖于旁白、旧电影片段和东方主义的陈词滥调（电影大规模地使用了锣声），以及激烈的反日本措辞，强调了整个民族的被奴役状态以及田中计划的邪恶——一份珍珠港事件发生前 15 年的文件认为裕仁一早就开始构思他“疯狂的梦想”，一个邪恶的统治世界计划。（田中计划在战时被广泛地认为是事实，但今天被认为是中国制造的富有技巧的反日骗局。）

奥斯本将军告诉卡普拉，《中国之抗战》是“《我们为何而战》系列中最令人不满意的”；他抱怨“大多数片段都不是历史事件的真实图片，而是从娱乐片或者其他电影中拿来的场景，用来营造想要的效果”。卡普拉这部电影塞满了所有他可以得到的资源，包括米高梅在 1937 年拍摄但没有使用的中国剧情片《大地》（*The Good Earth*）。奥斯本觉得剧本在以高人一等的口气对观众说话，并且认为整部影片质量如此之差，以至于他推荐卡普拉“完全不要放映，考虑是否可以进行可行的修改”。[①] 懊恼的卡普拉只能给出无用的辩护，说他所采用的技术和前几部一样。“我不是在为中国这部片找借口，”他受伤地补充道，“我知道陆军部有人声称我们在这些片中投入了太多‘感情’。

① 奥斯本写给陆军参谋长的信，1944 年 11 月 1 日，FCA。

他们可能是对的。单纯地朗读事实可能是展示它们的更‘保险’的方式。但根据我对于观众的了解……很早以前我就知道，如果你想事实产生作用，你就要以一种有趣的方式展示它们。”

“我觉得我可能令你失望了，”他总结道，“深知你给予我 331
的完全且慷慨的信任，这令我很不安……这……不是因为缺少研究或者努力导致的。”①

短期内卡普拉还有一部电影令他觉得可以真正产生效果。约翰·休斯顿在D日前的最后几个月一直在为他的电影《圣彼得罗之战》撰写剧本并进行剪辑，这项任务是卡普拉在二人同在伦敦的时候交给他的，但尚未成为任何一个部门的官方电影。除了卡普拉之外，军队里面没有人明确知道休斯顿花了如此多时间和精力去整合的是什么。卡普拉告诉休斯顿，为了得到足够的金钱来完成这部电影，休斯顿需要完成一个粗剪版，将其从纽约带到华盛顿，展示给苏雷斯将军看，他写道，这个人“总是有些荒唐的想法，觉得休斯顿正在为战争信息办公室制作电影”，而不是为军队。休斯顿抵达首都并且放映了这部电影的初剪版。苏雷斯喜欢他看到的，告诉休斯顿继续完成这部电影。“现在，”卡普拉写道，“我们可以正式为这部电影花钱了。”②

休斯顿开始担心他的财务安全。正当他准备接受他因《马耳他之鹰》而得到的第一批大额支票时，这场战争切断了他的好莱坞职业生涯，而他的军队薪水不够他付账单。当他89岁的外婆在7月离世的时候，他正在制作《圣彼得罗之战》。休斯顿为将她埋葬在一个朴素的松木盒子之中，而不是昂贵的棺

---

① 弗兰克·卡普拉写给弗雷德里克·奥斯本的信，1944年11月21日，FCA。

② 弗兰克·卡普拉的备忘录，1944年6月9日，FCA。

材中找到了一个正当的理由，他故意板着脸告诉停尸间负责人，说休斯顿和他的外婆都是正统犹太教徒。[①] 由于在可见的将来他的服役都不会结束，他在当年秋天签了两份剧本——为环球影片公司制作人马克·海宁格（Mark Hellinger）改编的欧内斯特·海明威的《杀手》（*The Killers*），以及最终将会由奥森·威尔斯在雷电华电影公司导演的《陌生人》（*The Stranger*）。休斯顿用化名写这两个剧本，以此来避开军队关于不能在服现役的同时收取来自平民工作薪水的规定，这个决定同时也让他得以避开华纳兄弟的监视，他和华纳兄弟还处于独家合同期。[②]

无论如何，在开始这些工作之前，休斯顿将自己全身心地投入《圣彼得罗之战》的制作。［突然，充满天主教热情的卡
332 普拉强烈建议他选择《步兵》（*The Footsoldier*）或者《圣彼特》（*St. Peter*）来作为电影名，但也“同意”选择战争发生地的名字作为可以考虑的第二选择。］[③] 8 月的时候，他回到华盛顿向一群将军和高级军队人员展示一部润色后的时长 45～50 分钟的剪辑版。

他们的反应可以说是灾难性的——不仅仅是因为休斯顿大量使用了场景再现。依然在为自己在意大利看到的生命消逝而震惊的休斯顿，选择了制作一部真实展示自己情感经历的纪录片，一部强调盟军在意大利的可怕损失的电影，而不是它的策

---

① Lawrence Grobel, *The Hustons: The Life and Times of a Hollywood Dynasty*, updated ed. （New York: Cooper Square, 2000）, 261.

② Lawrence Grobel, *The Hustons: The Life and Times of a Hollywood Dynasty*, updated ed. （New York: Cooper Square, 2000）, 264.

③ 约翰·休斯顿写给弗兰克·卡普拉的信，1944 年 8 月 5 日，501 号文件，JHC。

略重要性、谋略或者最终胜利。他使用了一个在圣彼得罗附近拍摄的镜头，展现了盟军士兵的尸体被毛毯盖着，而且他没有选择用旁白来描述这个镜头，而是用了一段采访录音，录音里面兴奋的年轻美国士兵深刻地讨论着自己的未来。

电影播放到大约 3/4 的时候，军官们开始离场——开始是一名将军，然后按照军衔降序，到他的下属们。根据休斯顿的讲述，在电影结束时放映室已经完全空了，“最没有地位的人走在后头”。毫无疑问这是一种夸张，但休斯顿最初的反应（“我摇了摇头，心里想，‘真是一群混蛋！这就是《圣彼得罗之战》’！”）在他被叫到苏雷斯将军于公共关系局的办公室时得到了确认，在那里出现的还有数名军官。

“陆军部完全不想要这部电影，”休斯顿写道，“我被其中一名发言人告知这部电影‘反战’。我高傲地回应道，要是我有那么一次制作出来的电影是赞成战争的话，我希望有人会带我出去然后毙了我。那家伙看着我，就像他在认真考虑做这件事似的。”[①] 休斯顿觉得自己将死尸和那段画外音放在一起有点过分，但烦扰他的还有一点是他没有预料到的，那就是士兵的家人可能会觉得无法承受这个场景，他觉得那些大人物告诉他要将这部分从电影中删除是有正当理由的。但他当时被将军们的整体反应激怒了，并且没有倾向要退让的表示。“我的天，没有人比我更想杀死德国人，”他说道，“或者看见他们被杀。我觉得‘反战’就是要阻止希特勒。”[②]

休斯顿不仅将《圣彼得罗之战》视作遵从良心的作品，而

① John Huston, *An Open Book*（New York: Alfred A. Knopf, 1980）, 119.

② Kaminsky, *John Huston: Maker of Magic*（Boston: Houghton Mifflin, 1978）, 41.

且作为为之前作品沉默的赎罪。他回想起《来自阿留申群岛的报告》，对自己作为军队宣传者做过的掺有水分的事情感到愤怒。[“在其中一项任务中（出现在电影里的），我们说大家都毫发无损地回来了。好吧，基本上不会有人毫发无损地回来。”][①] 而他对于软化他在《圣彼得罗之战》中展现的事实毫无兴趣，包括当中鲜明有力的陈述——部分在意大利的美国军队被摧毁的程度是如此之高，以至于几乎所有士兵都要被替换。

对于那些看过电影的军官来说，无论怎样，需要再剪辑和修改都是毫无疑问的了；《圣彼得罗之战》不能放映，甚至必须被永久地收起来。这部电影之所以被拯救了，是因为马歇尔将军要求在几星期之后观看。马歇尔同意其他人的说法，他认为这部电影对于公众来说完全不适合，但他觉得它作为训练片可能存在价值，可以利用它来向新兵介绍残酷战争的现实——假如它可以被删减到 20 分钟并且做一些改动。

333 为了挽救他的作品，休斯顿回到了工作中。1944 年秋天，他收起了自己的骄傲，对这部电影进行了重剪，记下了高级官员们给出的一切注释。公共关系局的柯蒂斯·米切尔（Curtis Mitchell）上校起初坚持“删除那些展现美国士兵尸体被……拉到卡车上的片段”以及任何“可以看出来是死尸的片段”，之后他做了一个奇怪的妥协：镜头可以保留，只要旁白明确指出这些尸体是意大利士兵的。[②] 休斯顿在意大利的上司吉莱特上校，就当中的解释性旁白说这场行动的目的是解放意大利村庄提出异议，他向休斯顿写道他“更倾向于认为这场战争的目标

---

① Midge Mackenzie, “Film: An Antiwar Message from the Army's Messenger,” *New York Times*, 2000 年 4 月 16 日。

② 柯蒂斯·米切尔上校写给约翰·休斯顿的信，1944 年 10 月 28 日，JHC。

比解放一个敌军国家的小镇更伟大”。[1] 休斯顿甚至满足了来自
陆军部部长罗伯特·帕特森——一名明显有轻微听力障碍的军
官的要求。“好吧，休斯顿，我们不要再做什么反抗”，卡普拉
向他半开玩笑地写道。他附上了一份来自莱曼·曼森上校的要
求：“由于重写之后的剧本依然没有谨慎处理单词‘意大利’
（Italian）和‘部队’（battalion）之间易招惹麻烦的读音上的相 334
近问题，帕特森很生气。他担心这会引起一些混淆……（他坚
持）使用‘部队’的同义词，比如‘小队’（units）、‘军团’
（outfits）或者其他词。要是部长第三次遇上这种发音上的相近
问题，我不会介意出现在放映室。”[2]

休斯顿做了他可以做的修改，但随着 1944 年接近尾声，他相信《圣彼得罗之战》永远不会被公众看到了。基于厄尼·派尔的专栏而拍摄的虚构电影《美国士兵乔的故事》的制作人询问休斯顿，是否可以借用部分片段来让他们的电影显得更真实，休斯顿觉得这大概是他部分战争场景重演片段得以抵达各大影院的唯一可能了。休斯顿同意了，在那个情况下似乎并没有理由拒绝。[3]

由于目前《圣彼得罗之战》方面没有什么可以做了，休斯顿回到了洛杉矶，在那里卡普拉让他进行另一个项目，把之前所有《认识你的敌人——日本》失败的草稿交给他，让他继续做下去，看他能做出些什么。桃瑞丝·莉莉，那个休斯顿在纽约

---

① 梅尔文·E. 吉莱特上校写给约翰·休斯顿的信，1944 年 10 月 28 日，JHC。

② 莱曼·F. 曼森写给弗兰克·卡普拉的信，附上了来自弗兰克·卡普拉的注释后寄给了约翰·休斯顿，1944 年 12 月 22 日，501 号文件，JHC。

③ 给约翰·休斯顿的备忘录，1944 年 5 月 31 日，665 号文件和 666 号文件，JHC。

艳遇的杂志编辑，现在以一种更坚定的决心在追求休斯顿，她常常在毫无通知的情况下出现。她跟着他到了加利福尼亚，并且似乎导致了他极大的分心。一个晚上，当休斯顿外出的时候，她在半夜3点通过窗户爬进了他的家，抓起了她看到的第一样东西——休斯顿正在手改的《认识你的敌人——日本》剧本，写了一条信息在上面。在某一页的背面，她写道："亲爱的约翰，'莉莉'正带着谦卑和尊敬和你说再见——在回家的路上——流下了难过的眼泪，因为你还在外面——但你一直都这样。疯狂地想你——并且可能会给你发电报说'再见'——好好休息我的爱人——当然了！永远爱你。备注：偷了一些香烟。"①

休斯顿似乎因为他最新的任务而感到烦闷，他的心思明显不在上面。《认识你的敌人——日本》的草稿上很多页都画满了未完成的男男女女的裸体画，而他在剧本上的修改也明显是零星分散的。剧本早期的版本包括了详尽的日本历史细节，以便证明一个世纪以来怪异的宗教习俗模式和盲目的对皇室的效
335 忠无可避免地造成了珍珠港事件。休斯顿删掉了其中的大部分，取而代之的是粗糙而且更现代的语言："日本人备受一项任务的折磨——通过武力或者他们的天皇，来将他们的神道教和神圣的优越感强加于这个世界。一个对此如此着迷的国家不会站在原地不动。它必须不停向前或者被摧毁。对于这种狂热来说没有妥协的可能性。"②

在过去两年多，军队一直为《我们为何而战》系列电影应

① 桃瑞丝·莉莉写给约翰·休斯顿的手写注释，在《认识你的敌人——日本》剧本第70页，日期为1944年9月11日，222号文件，JHC。

② 约翰·休斯顿在《认识你的敌人——日本》边缘的手写注释，标注日期1944年9月11日，222号文件，JHC。

该如何处理反日和反德问题而苦恼不堪：将目标对准他们民族特点中某些不可言喻的因素，承担战争责任的人应该是政治领导者、军队，还是这个民族？在多次错误尝试之后，卡普拉明显觉得最后一个选项是最好的；在他的指导下，休斯顿写出了民族歧视最严重的、最理直气壮地排外的版本。前面一个作家描述一名典型的日军士兵时写道，“他是内八字脚而且可能是弓形腿”；休斯顿补充道，“他近视而且有哨牙”。[①] 他还试图将电影填满任何可以把日本人塑造成处于某种奇怪习俗奴役之下的片段，使用到了过去以及当时的外国宣传新闻短片。他甚至联系了英国电影《日本天皇》（*The Mikado*）的制作人，要求在纪录片中使用他们的片段（他们同意了，但要求不能提到吉尔伯特、苏利文和小歌剧的名字）。[②]

战争的头 18 个月，洛厄尔·梅利特一直利用战争信息办公室的电影局作为讲坛，在那里提醒好莱坞和华盛顿关于电影中煽动性的种族迫害的道德问题。但随着梅利特的离开以及电影局势力的极大减弱，他的提醒被遗忘了。1944 年战争相关的娱乐片毫不尴尬地用最丑陋的语言公开指责日本民族。二十世纪福克斯的电影《紫心勋章》（*The Purple Heart*）是第一部展现日本如何对待美国战俘的好莱坞电影，当中一名士兵指出和平的唯一途径就是击败日本，确保“将这个民族从地球表面消灭”。同样的词语也被用在导演拉乌尔·沃尔什为华纳拍摄的《反攻缅甸!》（*Objective, Burma!*）中。这部电影在夏天拍摄，在电

① 约翰·休斯顿在《认识你的敌人——日本》边缘的手写注释，标注日期 1944 年 9 月 11 日，222 号文件，JHC。

② Lehman Katz 中尉给约翰·休斯顿的 Army Service Forces 备忘录，1944 年 11 月 15 日，226 号文件，JHC。

影中，不只是美国士兵，甚至连美国报业从业人员也将日本人称为“猴子”“东方鬼子”“道德堕落的笨蛋”“讨厌的野蛮人”。当美国士兵遇到被日军折磨和肢解的美军士兵尸体时，他们爆发了。在最初的剧本中，这部电影的英雄，由埃罗尔·弗林（Errol Flynn）扮演的伞兵回应道：“日本人在这件事上并没有什么特别，你会在任何有法西斯主义者的地方见到这样的情况。甚至有些声称自己是美国人的人也说自己会这样做。”这部电影的制作人在面对它两位编剧的强烈反对时依然要求删掉这些台词，让反日语言作为这个主题说的最后的话。①

休斯顿为《认识你的敌人——日本》写的剧本可以说是刺耳的。之前的作家采用了一种策略性的恐吓手段，将日本人形容为不征服北美不会满足，而且要扩大到“10 亿人口——包括日本人和他们的奴隶”。休斯顿删掉了其中一部分，但换上一种几乎同样具有煽动性的反复出现的语言，在数段旁白的开始前加上咒语般的句子：“如果你是日本人，你会相信……”紧随其后的台词便试图将他们塑造成化外之民和偏执的动物神崇拜者。②

休斯顿和卡普拉交到陆军部的剧本保留了早前版本中大部分过激的语言，包括一段旁白，暗示在日本，美国被塑造成“一个愚昧的傻瓜，有很多钱和感情，但没有凝聚力……一个巨大的甜瓜，成熟待切”，以及一段画外音补充道，日本士兵普遍“憎恨任何不是日本人的人，尤其是美国人……毕竟，他们是杀

---

① 《反攻缅甸!》的制作文件，华纳兄弟电影公司档案，南加利福尼亚大学，引用于 Bernard F. Dick, *The Star-Spangled Screen*: *The American World War II Film*（Lexington: University Press of Kentucky, 1993），228。

② 《认识你的敌人——日本》的剧本，日期为 1945 年 1 月 4 日，223 号文件，JHC。

人狂”，而且处于一种“已经给无数生命带来痛苦和死亡”的宗教的奴役下。[①]

值得注意的是，休斯顿收到的来自军队的第一个反应是他
做得还不够。国防部送回来的草稿上附上了一张纸条，挑剔这
份剧本表现出“对日本人民太多的同情”。[②] 尤其是承认存在部 337
分拥有“自由思想”的日本人的这一段内容应当被删掉。[③] 对
于电影还不能完成感到不耐烦的卡普拉决定让休斯顿离开这个
项目。在开始构想这个任务快 3 年后，卡普拉将会亲自撰写
《认识你的敌人——日本》的终稿。

---

① 《认识你的敌人——日本》的剧本，日期为 1944 年 9 月 11 日，222 号文件，JHC。

② John W. Dower, *War Without Mercy: Race and Power in the Pacific War* (New York: Pantheon, 1986), 19.

③ William Blakefield, “A War Within: The Making of Know Your Enemy-Japna,” *Sight and Sound*, 1983.

23 “时间和我们共同前进”

法国、比利时、卢森堡、德国和英格兰，1944 年 7 月 ~1945 年 1 月

338 美军离巴黎越来越近，但对于乔治·史蒂文斯来说前进速度还不够快。1944 年夏天，他和他的团队跟随第四步兵团越过了法国。对于选择什么来进行拍摄，他们都表现审慎。由于没有机会补充紧缺的胶卷，他们需要把资源保留到即将要来的城市解放中。但在前进过程中，史蒂文斯依然希望拍摄被俘的数以万计的德国士兵——他们当中有些表现顺从，有些感觉像是解脱，只有一些还在挑衅——这些德国士兵投降后被带到后方部队，在那里他们将会被扣留在路边的临时营地。到 7 月底，盟军离巴黎还剩 200 英里，他们抵达了遭到轰炸的城市库唐斯，在一次空袭后，他们将占领该城市的德军赶走。很快欧内斯特·海明威就加入了他们，他被《科里尔》杂志派来跟随军队解放法国。①

那个夏天，盟军意志坚定，即使不是兴高采烈，也至少非常乐观。他们知道夺取巴黎只需要数星期，并且有消息传来说他们将不会遭到太多的抵抗。但越接近这座城市的市郊，史蒂文斯就越确信他需要采取果断的行动，否则将会错过一切值得

---

① Gavin Lambert, ed. , *The Ivan Moffat File*: *Life Among the Beautiful and Damned in London*, *Paris*, *New York*, *and Hollywood* (New York: Pantheon, 2004), 150.

拍摄的东西。他不像惠勒、福特和休斯顿那样雄心勃勃地要拍 339
摄一部突出的纪录片，但当初那段跨过半个地球到北非拍摄，却在行动结束后才抵达目的地的回忆依然让史蒂文斯感到刺痛。史蒂文斯第一次如此坚信自己的任务是在事情发生的时候记录它的发生，并且知道这一次他只需要简单地保证特别报道小组的相机在适当的时间出现在适当的地方。

巴黎的解放和对德国及维希官员的逮捕本身并不需要太大规模的军事行动；盟军已经知道更激烈和持久的战斗可能发生在接下来要到达的莱茵河的法德边境。但重夺一座落入纳粹手中 4 年的城市的重要性相当于向世界宣布希特勒的势力被削弱。当得知艾森豪威尔将让自由的法国人以及菲利普·勒克莱尔（Philippe Leclerc）率领的第二装甲师率先进入巴黎，并让美军跟随其后之后，史蒂文斯申请更换部队并且得到了批准。[①] 他将会和法国军队而非美军驶入巴黎，并且拍摄解放日的情况。

在驶往城市的路上，史蒂文斯的镜头如往常一样为深刻、怪异和意外的细节而停留：广袤的田地上布满了插进土壤的木桩来阻止敌军滑翔机降落，一位年轻的美国士兵在路边为一位年纪稍大的士兵理发，一名戴着小丑帽子的矮个子轻松地从一辆载满被逗笑的美国士兵的吉普车上走下来。独自一人的时候，史蒂文斯也会花时间记录通讯部成员幕后工作的情况，他拍摄他的团队为自己的摄影机装上胶卷、做清洁和各种准备，而反过来他们也会拍摄史蒂文斯指导他们、和士兵们聊天、为一位和小乔治差不多大的法国小男孩读书、弄乱小男孩的头发。[②]

---

① *George Stevens*：*D-Day to Berlin*（1994），由小乔治·史蒂文斯撰写和制作。

② 这一条及其后所有对史蒂文斯和他的特别报道小组拍摄片段的描述均来自作者本人观看的华盛顿的美国国会图书馆收藏录像。

8 月 24 日晚，史蒂文斯和第二装甲师在巴黎城外几英里处扎营。他们在半夜 2 点左右暂停前进，并计划在黎明前夺下这座城市以防夜间狙击手攻击。[①] 第二天早上，当军队抵达城市边缘，史蒂文斯和他的团队无须再寻找惊喜的时刻了，他们只需要拍摄在他们眼前发生的历史时刻，而这些图像将成为美国电影人在这场战争中拍摄的最被广为记住的图像之一。巴黎市
340 民从自己的家中和商铺中涌出来，塞满整条街道，因喜悦而低泣和叫喊，当这些图像出现在美国电影院的屏幕上时，它们成了一种象征，反衬了 1940 年这座城市落入希特勒手中时美国人看到的因伤心而泣不成声的群众。这一次，男人女人欢呼着扔出一束束野花，他们高举自己的孩子并亲吻他们，从自己的窗户朝外挥动着旗帜。他们把害羞、咧嘴笑着的士兵从车和坦克上拉下来并拥抱他们，部分大胆的美国士兵把一些女孩拉上他们的吉普车短暂地开了一段路作为回报。史蒂文斯告诉他的儿子，这是他生命中最伟大的日子。

“每一个人都觉得这将是最令人振奋的一天，”伊凡·莫法特说道，“我的意思是，它不得不是，尤其是当我们相信战争很快就会结束，而德军正在急速撤退……整个氛围就是……激动不已、令人振奋，数千市民围绕着我们，在湛蓝的天空下互相拥抱，巴黎看起来真是不可思议，完全不显得破败……这氛围就像在斗牛比赛现场。”[②]

史蒂文斯作为导演的直觉立刻支配了他。在好莱坞，他的风格向来内敛而慎重；而在这里，他依靠直觉做出果断抉择，镜头内容包罗万象。每一次重要的军事仪式都出现在史蒂文斯

---

① 乔治·史蒂文斯写给伊冯娜·史蒂文斯的信，1944 年 9 月 1 日，GSC。

② Lambert, ed. , *The Ivan Moffat File*, 215.

送回美国的胶卷中——坦克和卡车以及看不到尽头的士兵队伍，
沿着香榭丽舍大街一直来到凯旋门；戴高乐、布拉德利和蒙哥
马利站在作为临时观望台的小型轻便桥上；花朵被摆放在一战
法国无名士兵的纪念碑前。但为了提醒子孙后代，史蒂文斯确
保他的团队同时记录下愤怒和报复的场景，即使他知道这些很
可能不会被用在新闻短片中。其中一幕是法国平民用力推拉从
卡车上被押下来的德国军官和维希军官。在另一幕中，一名妇
女的头发被残忍地砍掉，脸上沾满了灰尘，被一群沸腾的群众
推挤和嘲笑，有人在自己脸颊和额头上画上纳粹万字符。史蒂
文斯的团队甚至能够捕捉一些意料之外的场景：小部分拒绝投 341
降的德军依然从屋顶上开火，而他们的摄影机捕捉到了这些画
面。“他不需要这样做，”莫法特回忆道，“整个场景都暴露于
危险之中……而他并没有害怕……突然有一名狙击手开火，其
中一名司机跌跌撞撞地逃离了吉普车躲在一棵树下……乔治从
掩护下走出来亲自把吉普车驶离道路。”①

史蒂文斯明确了谁是负责人，并且用一种活泼的方式向这一天致意。他在蒙帕尔纳斯火车站放置好设备以便拍摄德军的正式投降，在这次仪式中，刚刚担任巴黎军队统治者两个星期的迪特里希·冯·肖尔蒂茨（Dietrich von Choltitz）将军将会把权力移交给勒克莱尔将军，然后被带走收押。史蒂文斯希望确保巴黎再次成为自由城市的那一刻被记录下来。投降仪式完成之后，他担心拍摄时室内昏暗的灯光会令影片无法使用。他告诉肖尔蒂茨、勒克莱尔和戴高乐，他需要他们重新进行一次投降仪式，这一次要在车站外更明亮的街道

① 伊凡·莫法特未剪辑的采访，52号文件，FJC。

上。[①] 有了酒精壮胆，史蒂文斯用法语向肖尔蒂茨大喊道：“这是战争，将军，这是战争！”[②] 三个男人都同意了他的请求，而史蒂文斯对于交接仪式的“第二次拍摄”就是全世界看到的那个画面。

6月以来的多个晚上史蒂文斯都在帐篷、营地和散兵坑中度过，他感到疲惫，但在巴黎他情绪高涨。几个星期以来，他第一次可以清洗自己的衣服，睡在一张床上。欧文·肖跟他打赌这场战争会在2个月之内结束；[③] 欧内斯特·海明威开了一瓶香槟，宣布他刚刚“解放了”丽思酒店的吧台，这家酒店在几个星期前还是德军的总部。9月1日，史蒂文斯2个星期以来第一次给伊冯娜写信。“日日夜夜就这样过去，这里的一切都只为同一件事而做：努力到达巴黎……要第一时间得到各种资讯，拍摄各种行动，”他解释道，“我们做到了，这整个过程和起初的2个星期最令人兴奋，是我生命中最令人难以置信的时刻。当然还有那些和你共度的美妙时刻，我的小天使……我们到达巴黎的那个早上是我经历过最疯狂的事。平民站满了所有
342 街道，坦克和装甲车经过时他们变得疯狂起来。身边还有炮火，但他们仍然站在街道上欢呼。我们的吉普车带来了第一批摄像机和我相信是第一批美国国旗，这是我们从城外一名法国人手中得来的。然后破晓时分我们休息了，3个小时的车程后——这段路很惊险，（西方电影特技演员）亚基马·坎纳特（Yakima Cauntt）来驾驶的话，可能会要求收取500美元——我们站在了埃菲尔铁塔下面，不过没有停留太久……绕着中心开

---

① 这件事被广泛地重述，包括 *George Stevens：D-Day to Berlin*。

② Lambert, ed., *The Ivan Moffat File*, 155.

③ *George Stevens：D-Day to Berlin.*

了一段路之后我们躲在了一个铁路车站，和纳粹分子在投降之前的最后一战僵持了一阵……我想告诉你的事情太多了，我会在接下来的信中慢慢和你说，但我确实希望你和乔治能看到我们拍摄的片段制作出来的新闻短片。我们听说巴黎的解放是同类的影片中最好的。现在我们筋疲力尽了，希望可以有几天时间让我们休息一下，但时间和我们共同前进。”①

不到一个星期，盟军部队继续前进，而史蒂文斯和他的团队重新回到美军队伍中，和他们一起向东进发。下一步计划是到卢森堡，然后到比利时，之后是德国北部。随着军队越过被解放的法国，史蒂文斯在每一个地方都找到新的灵感。抵达兰斯后，他拜访了一家香槟厂，香槟厂的经历让他在加入军队之后第一次思考回到好莱坞拍摄他那天看到的一瓶瓶香槟酒的故事可能会被拍成一部浪漫喜剧。“（每一瓶酒）都注定属于谁？”他在日记中写道，“一场婚礼？一段罗曼史？它是否会促使一些可怜的凡人做出一些会改变他们人生轨迹的事情？……什么时候，在哪里，他们会打开一瓶酒，是 1947 年（或者）可能是 1967 年？要是一个人可以就这样坐在那黑暗的洞穴里猜想，那真是一个好故事。可以拍摄一部令人愉悦的电影……如此刺激而富有想象力……今天的思考够多了。我们在晚上继续向前驶去。这里非常冷，我们穿上了军装大衣，停在了通往凡尔登的路旁，吃了配给的芝士，切了一块面包。”②

史蒂文斯让自己的摄像机随时准备着。随着他们越来越接近边境，天气也变得越来越糟糕，欧洲 20 年来最冷的秋天和冬天即将到来，他越来越忧郁。他拍摄一片片的白色十字纪念碑、

① 乔治·史蒂文斯写给伊冯娜·史蒂文斯的信，1944 年 9 月 1 日，GSC。

② 乔治·史蒂文斯日记，1944 年 10 月 7 日，GSC。

343 大卫之星，一排排为盟军士兵和死于空袭的平民而挖的坟墓。他还拍摄了返回的难民，有时候是一个人，有时候是两三个人，沿着路往士兵们来的方向走，把自己裹进仅有的衣服中，带上所有可以放进行李箱的东西，慢慢走回法国。他的小组得到了一只小狗，它会跟着他们从一个镇到另一个镇，并在镜头前跳来跳去，恳求得到一点口粮。史蒂文斯的健康再次出现问题，睡在户外的漫长而艰辛的日子对他的伤害开始显现。他不停地抽烟，随着天气越来越冷，他的哮喘恶化了。只不过几个月的时间，他明显老了。

10 月初，盟军到达卢森堡，在那里史蒂文斯拍摄了关在监狱里的一群轴心国同谋者。“真是潮湿的一天，”他在日记中写道，“非常适合拍摄这样一个廉价故事。当那些人押着囚犯在街上游行时，一个约 10 岁的小男孩勇敢地在前方跟着队伍前进。可能他的父亲就是在他旁边向前走的那个囚犯。”[1]

留给特别报道小组的是疲惫。肖的打赌现在只是一个遥远回忆，一个在某场胜利后做出的幼稚而乐观的预测。战争离结束还远得很，而随着每一天军队拖着冰和泥缓慢前进几英里，战争的结束看起来更远而非更近了。资源紧缺但酒精充足，下一个村庄永远有更多酒精。史蒂文斯小组的人不断地喝酒，并且往往超量。“我那位新的吉普车司机……在 2 点的时候醉醺醺地进来了，”他写道，“他想和上校聊天。他告诉我他喜欢自己那身衣服的，不喜欢哪里。这已经是第三个对我做这样的事的老美军人了，一个喝醉的人不知道遵守命令，不知道做什么会对自己有好处，而这样的意外会带来不好的影响。”[2]

---

① 乔治·史蒂文斯日记，1944 年 10 月 12 日，GSC。

② 乔治·史蒂文斯日记，1944 年 10 月 12 日，GSC。

随着军队进入比利时，史蒂文斯以一种奇特且在他预料外
的方式重遇他以前的生活。“我来到这座德军刚刚离开的小镇里
的一间影院，”他说道，“他们正在放映《古庙战茄声》！这里
的孩子们对这部电影的兴趣大于在谢尔曼坦克上穿过那座该死
的小镇！”[①] 好莱坞在召唤他，虽然这种召唤遥远而微弱。来
自业内同事的信件会在寄出几个星期后到达他手中，而他们分 344
享的消息总让他感到遥远。“虽然你已经不参与其中了，”他
的代理人查尔斯·费尔德曼告诉他，“每一个星期都有制作人
跟我联系，试图和我讨论你从军队服役回来之后的交易。”史
蒂文斯并不感兴趣，和卡普拉一样，他并未预见到接下来希特
勒将最终被击败，而他会回到电影公司合同的限制之中。不管
怎样，费尔德曼做出了一些试探。“杰克·华纳说他可以让你
得到最有吸引力的项目，”他写道，“达里尔觉得你属于他的
公司……自然地……我告诉他们我比较确信‘乔治·史蒂文斯
出品’将会在提出过的最独立的状态、最好的分成比例和保证
下制作出来。”[②]

当史蒂文斯第一次踏足德国领土的时候，已经快到 11 月了，盟军从比利时来到亚琛——德国最西边的城市。艾森豪威尔认为这将会是一次轻松的胜利，但抵抗非常顽强，在这场持续了 3 个星期的战斗中双方伤亡人数都以千计，而这场战斗也几乎摧毁了这座小镇，虽然镇上的居民已经被疏散了。史蒂文斯越过边界的时候，盟军已经取得了胜利，而他也往家中寄去

---

① Paul Cronin, ed., *George Stevens Interviews* (Jackson: University Press of Mississippi, 2004), 59.

② 查尔斯·费尔德曼写给乔治·史蒂文斯的信，1944 年 10 月，引用于 Marilyn Ann Moss, *Giant: George Stevens, a Life on Film* (Madison: University of Wisconsin Press, 2004), 113 -114。

了一些纪念品——一块在进攻时使用过的降落伞绸，一条德军士兵的皮带，以及所有他觉得可以让儿子兴奋的东西。“这面大大的纳粹旗帜很有价值，因为它是在第一座被拿下的德国城市投降的时候得到的，”他给小乔治写道，“两个手电筒都很好……它们属于德军士兵。随你挑……这三张希特勒邮票当时躺在一名死去的德军军官身边，他是在亚琛的墓地中反抗时被杀死的。”①

史蒂文斯履行自己职责的方法令部分和他一起工作的人感到痛苦。亚琛之战是一场重要的战役，是盟军第一次在纳粹主场和他们作战，但他的小组并没有送回任何可以用于新闻短片的战争片段。有时候连在他之下工作的士兵都觉得他对于他们过于保护，但自巴黎之后，史蒂文斯对于他们的安全更加担忧。他让小组成员一直跟着后面的部队，远离战斗前线。而他所拍摄的大量从法国前进到欧洲其他国家的作品并未令军队中的部分人满意，那些人认为他唯一应该做的就
345 是拍摄每一次胜利，以便可以拼接成一部部可以放映的新闻短片。史蒂文斯并未从华盛顿得到任何指示，直到11月才收到一封来自卡普拉的半自夸半用于挖墙脚的信。“我一直希望可以收到一封来自你的信，”他给史蒂文斯写道，“但似乎你和我一样讨厌写信。乔治，我希望你知道，一直以来我个人对你的能力和你对工作的奉献精神都充满最大的信心和崇敬……对于你的团队一直有很多的批评。我从来没有相信任何一个词而且对外也如此表达我的信心。但当中有一些批评影响很大，尤其是在我不在的时候……很不幸，我因一些

① 乔治·史蒂文斯写给小乔治·史蒂文斯的信，1944年10月底，GSC。

更优先的工作忙得不可开交，无法密切关注战场上正在发生的事。坚持住乔治，而且请你知道在这里有人在为你争取，虽然有时候你和你的伙伴们可能会觉得自己是被忘记了的人。”①

卡普拉和史蒂文斯联系也有私人利益上的考虑，他希望史蒂文斯在战争结束后成为他的新公司自由电影公司的股东合伙人。卡普拉是好莱坞最有钱的导演，但他为自由电影公司设想的计划如此之大，他知道他需要其他导演和他一起投资这项事业，而他认为史蒂文斯多年以来一直在和卡普拉所在的哥伦比亚电影公司一样有诸多限制条件的雷电华电影公司工作，很可能和他一样急于独立。史蒂文斯在回信中说“在马维尔非常欢乐”，他告诉卡普拉，他完全不在意自己成为华盛顿中伤的目标，并且感谢“你个人给予我的友善的鼓舞……我从来没有怀疑过你对我的信心，你知道我在尽我所能地、专业地处理这里的事情”。② 但史蒂文斯告诉卡普拉他还没有准备好为战后的未来做决定，并且询问是否可以在他回到美国后再和卡普拉讨论更多关于自由电影公司的事。③

“呀！圣诞节很快就要到了”，12 月 5 日史蒂文斯在日记中写道。他和他的小组在德国境内等待前进的命令，除了消磨时间外没什么可以做。“写了 8 封信，3 封给伊冯娜，2 封给乔
治……花了我一整天，”他写道，“我今晚给母亲写信的时候， 346
头顶飞过很多飞机。有那么一刻我以为是德国空军，但由于它

① 弗兰克·卡普拉写给乔治·史蒂文斯的信，1944 年 11 月 7 日，FCA。

② 乔治·史蒂文斯写给弗兰克·卡普拉的信，1944 年 12 月 17 日，GSC。

③ Joseph McBride, *Frank Capra: The Catastrophe of Success* (New York: Simon & Schuster, 1992; revised 2000), 508.

们只是飞过，我意识到那是英国皇家空军。”①

这种不稳定的状态在 10 天后突然被打断，德军发动了一次猛烈的反攻，令盟军措手不及。当外面的地面猛烈震动时史蒂文斯正给妻子写信；他们被炮弹轰炸，德军的伞兵在他们四周降落。他写道，敌军在德国—比利时—卢森堡边界附近某个区域“全方位地激烈反抗”，这个地方本已被盟军控制 2 个月了。美军开始仓促而混乱地撤退。“不可能，”史蒂文斯在 12 月 18 日的日记中写道，那一天他刚好 40 岁，“当美军要离开的消息在四周散播开来时，震惊的表情和‘反解放’（liberation in reverse）这个词是每一个人从平民那里唯一能得到的回应。这个说法一直在我心里面萦绕不去。今天的状况令人困惑。”② 突出部之役开始了，这是德军战时力量最后的重要展示。在接下来的 6 个星期，在盟军击溃德国军队之前，19000 名美国士兵将会丧生，47000 名士兵将会在这场美军参战以来最致命的战役中受伤。

突然处于战火最激烈地方的史蒂文斯拍摄了众多令他深深震惊的蹂躏场景——人们跑到庇护处躲避德军炮火，但几乎找不到完好无损的屋顶或者未被炮弹炸飞的门道。“他从未理解过或者面对过这突如其来的恐慌和残酷，”莫法特说道，“他难以接受。他非常非常想家——这种感觉一直在他心头萦绕数月。”③ 他在自己的吉普车上画上了单词“托卢卡”——洛杉矶一个邻近圣费尔南多谷的地方，他和他的家人住在那里——而当他没有精力再写信时，他转而给家里寄去录影片段当作礼物。德军开始攻击前不久，他收到了来自伊冯娜和小乔治的包裹，

---

① 乔治·史蒂文斯日记，1944 年 12 月 5 日，GSC。

② 乔治·史蒂文斯日记，1944 年 12 月 18 日，GSC。

③ 伊凡·莫法特未剪辑的采访，52 号文件，FJC。

里面满是圣诞礼物和生日礼物。10 天之后，他终于有机会打开它了，他让其中一个队员将这一刻录成一部小电影寄到家里。 347
这段录影信息的开头是一堆装好的榴弹炮炮弹的近镜——毫无疑问是设计来让小乔治兴奋的——然后相机仰拍史蒂文斯吸着烟，洋洋得意地倚在那辆被雪覆盖的吉普车上。有人尝试在雪上写上“圣诞快乐”，但胶卷用完了。当第二个录影片段开始的时候，史蒂文斯和他的团队站在他们的汽车旁边，他们身处德国埃施韦勒煤矿小镇一个被遗弃、几乎荒废的广场上，位于科隆西边约 30 英里。他打开一个纸板箱，拆开一份上面写着“妈妈和乔治送给爸爸”的礼物，将它推近到摄影机前，以便让剪出来的贺卡天使举着的五角星上的字样被看清。他打开了箱子，拿出里面的被糖果包围的剃须套装，举到摄影机前。他望着摄影机，面露喜色。里面还有一张装进信封的卡，信封上写着“给爸爸”，然后他开始读他儿子的信。就在史蒂文斯准备打开另一份礼物的时候，他们抬头看见头顶一架飞机呼啸而过，于是立刻收拾好盒子驶离了那个地方。

1945 年 1 月，卡普拉暂时让史蒂文斯离开行动。他需要这位导演前往伦敦监督一部纪录片的计划制订。这部名叫《名副其实的光荣》（*The True Glory*）、讲述盟军士兵在欧洲的电影，将会是自《突尼斯的胜利》之后第一部英美联合电影。到达英格兰后，史蒂文斯发现自己并没什么可以做；这部电影的联合导演，美国的加森·卡宁（Garson Kanin）和英国的卡罗尔·里德完全控制了电影的制作，而帕迪·查耶夫斯基（Paddy Chayefsky），一名在亚琛受伤的年轻美国士兵也已经开始起草剧本。这项新任务似乎是为了给已经跟随盟军前进 7 个月而没有放假的史蒂文斯一次机会来好好休息，恢复体力。史蒂文斯很快离开伦敦前往巴黎，在那里他和他的团队凭借他们的工作得到了艾森豪威尔的嘉奖。

威廉·惠勒几乎同时抵达了巴黎。当盟军在诺曼底登陆的时候，他在意大利拍摄罗马解放，他拍摄了纳粹徽章和墨索里尼的海报被从墙上撕下来扔到大街上。有一天在洛杉矶，塔利·惠勒拿起一份《纽约时报》，看见她丈夫的脸出现在梵
348 蒂冈的一群人中。教皇庇护十二世在盟军取得胜利之后同意接见盟军军官，并且邀请媒体进行拍摄。“你的表情庄严而令人振奋，”她在一封信中和他开玩笑，“非常积极，非常神圣。”①

当初被派往意大利时惠勒并未预料到会遇上如此具有纪念意义的时刻，他到那里是为《霹雳》（*Thunderbolt*）做准备的，那是一部讲述 P-47 战斗机的纪录片，他打算让这部电影作为《孟菲斯美女号》的后续作品。在解放之后，他留在了卡塞塔开始为剧本工作。整个夏天，这个项目进展都不顺利；不像《孟菲斯美女号》里面的 B-17 轰炸机，霹雳战斗机在空中飞行时并不能搭载摄影师，因此他需要找出方法将摄影机安装在机关枪旁边的固定位置，此外还要为这部电影设计出一种并非简单重复之前纪录片作品的旁白。

只不过是几个月的时间，军队优先处理的事情变动得如此之快，之前交给惠勒的任务现在变得无关紧要。一部像《霹雳》这样的解释性短片现在缺乏紧急性，而在意大利，惠勒与其说是被当作一名服现役的电影人，不如说是被当成一名稀客，是高级军官希望能陪伴在自己左右的名人。有一次他被召集到

① Jan Herman, *A Talent for Trouble: The Life of Hollywood's Most Acclaimed Director, William Wyler* (New York: Da Capo, 1997), 271.

卡布里岛执行“高级别任务”，结果却是和空军的埃克将军以及比尔·多诺万玩了一个星期的扑克牌。惠勒发现自己很难给予《霹雳》全部的注意力，他将夏天大部分时间花在游走于意大利，记录罗马北部小镇和城市被炮弹摧毁后的景象。夏天晚些时候，他被派往圣特罗佩拍摄盟军在那里的登陆，这是一个被他后来称为“玩笑”的决定，因为“自由法国人（军队）和抵抗力量（已经）将一切置于自己控制之下”。[①]

在法国的时候，惠勒变得着迷于前往米卢斯这个想法，米卢斯是一座他曾度过大部分童年时光的阿尔萨斯小镇。他和盟军一起从法国西部向北穿越，通过里昂到达贝桑松。当他收到命令要回到巴黎完成他的电影时，他离目的地只差 85 英里。他和约翰·斯特奇斯（John Sturges）一起为《霹雳》工作，斯特奇斯是一名即将会在好莱坞有长远发展的有抱负的导演［他会 349
在战后继续执导近 50 部电影，包括《黑岩喋血记》（*Bad Day at Black Rock*）、《豪勇七蛟龙》（*The Magnificent Seven*）和《大逃亡》（*The Great Escape*）］，但双方都对他们得到的电影片段不是很满意。11 月下旬，现在负责监督通讯部电影分队的老兵导演威廉·凯利（William Keighley）不耐烦了：惠勒在 6 个月前就被交予这项任务，但现在离完成任务还差得远。

惠勒恳请凯利能给予他更多时间。“首先，这个主题非常难处理，”他说道，“从一开始拍摄，它就不是像《孟菲斯美女号》那样的讲述单项任务的简单故事……其次，我没有自己的团队。”他告诉凯利要在高空得到有用的彩色电影片段是多么困难，并且补充道“天气如此恶劣，我们在两个月里都没拍到一

① Jan Herman, *A Talent for Trouble: The Life of Hollywood's Most Acclaimed Director, William Wyler* (New York: Da Capo, 1997), 273.

帧影片”。[①]

惠勒在结尾写道，“希望我们都可以很快回到导演的椅子上”，但好莱坞并不在他心上。他依然决心要到米卢斯去，并且决定寻求史蒂文斯的帮助。自从早些年弗兰克·卡普拉建立他的摄影小组时短暂地有过交集之后，惠勒和史蒂文斯便再没有见过对方。在巴黎，他们一起吃了一顿饭，惠勒知道史蒂文斯曾穿越比利时，并且了解那里周围的路况，因此惠勒告诉史蒂文斯他想去比利时的巴斯托涅——它在法国边境附近，离米卢斯只有半天的车程——并且询问是否有司机可以载他到那里。

史蒂文斯告诉惠勒他刚好有这样一个人——欧内斯特·海明威29岁的兄弟莱斯特，一名军队司机，同时也是一个丝毫不畏惧于驶进危险区域的勇敢的人。惠勒立刻开始制订离开巴黎的计划。第二天，他和海明威便坐上了一辆放满胶卷盒的车，并且带上了足够他们越过边界到达200英里之外的巴斯托涅的物资。从巴斯托涅出发，他们开车到卢森堡，在那里一名将军尝试说服惠勒拍摄一部《孟菲斯美女号》风格的纪录片，讲述第九空军士兵的故事。这位将军说他们只用了一天的轰炸便将德军赶离巴斯托涅。惠勒出于礼貌地为这些飞行员和他们的飞
350 机拍摄了一些片段，但他没有逗留太久。很快他和海明威便来到斯特拉斯堡，在那里作家安德烈·马尔罗（André Malraux）带领着一队由当地武装反抗战士组成的混杂的战队。“他在领导自己的战争，”惠勒回忆道，“他把我带到他的一些哨岗……在我们到达的每个地方，人们都对他极其忠诚——那些带着旧式来复枪和……一辆坦克的家伙们……不管怎样，我们讨论了电

① 威廉·惠勒写给威廉·凯利上校的信，1944年11月22日，418号文件，WWA。

影，他对于制作一部纪录片非常感兴趣……他说我们在战后一定要再见。”①

惠勒和海明威继续前进。回到自己少年时期的家园是他当时可以想到的一切，即使他不知道会在那里找到什么东西，或者什么人。他的父母都已经在 20 年前离开当地搬到加利福尼亚，住到他和他兄弟罗伯特的家附近了，他们的父亲利奥波德在战争前不久死于中风。惠勒不知道几年前他尝试协助移民的亲戚和朋友有没有成功离开法国，或者他年轻时如此熟悉的商铺和房子们是否依然在那里。米卢斯之前曾成为德军在该地区的重要工作中心，因此也是盟军的目标。

当他抵达这个城镇之后，惠勒让海明威把他载到绍瓦热街。他父亲的男子服饰用品店“L. 惠勒服装店”依然在那里，丝毫没变，而亨丽埃特·赫尔姆（Henriette Helm）站在门口，惠勒一家在前往美国之前将生意移交给了她。她热情洋溢地和惠勒打招呼，并且交给他一堆叠起来的钞票——她保留起来的，他们家过去 4 年在这间店分到的利润，总共约 4000 美元。② 她解释道，这间店能够保存下来是因为惠勒的父亲是瑞士人，而不是法国人，而且因为她遵循了占领区的守则，包括在希特勒每年生日的时候在店里挂上一幅希特勒的照片。合作成了留在那里的几乎每一个居民日常生活的一部分。但当惠勒在多年后第一次讲阿尔萨斯语，告诉她他现在在美国空军的时候，她的表情阴沉下来，悲伤地指着城镇中心那些被摧毁的建筑物。她告

① Axel Madsen, *William Wyler: The Authorized Biography* (New York: Thomas Y. Crowell, 1973), 249 - 251. 接下来关于惠勒回米卢斯的旅程来自他亲自对 Madsen 的描述。

② Herman, *A Talent for Trouble*, 490.

诉惠勒，当时米卢斯人民听说美军飞机要来解放他们，他们都跑到大街上挥舞着白色床单表示友好。但飞机依然对他们进行了轰炸。孩子们死了。

351 “你知道你们这里有为德军生产的大型工厂，这是一个巨大的仓库，”惠勒回答道，“我们在打一场仗，亨丽埃特女士。”惠勒解释盟军曾散发传单警告居民们撤离，但她依然没法平静下来。

惠勒的米卢斯之行短暂而令他心碎。当地的犹太教堂依然屹立，但犹太人都离开了，他们所处的地方没有人可以逗留。他找不到任何一个母亲那边的家庭成员或者儿时的玩伴。他到市政厅寻求帮助。米卢斯的市长告诉他，“听取我的建议，不要寻找任何人。如果你看见任何认识的人，应该庆幸他们还活着。但不要寻找他们。你找不到的”。

惠勒回到巴黎，走进空军总部却发现办公室处于一片吵闹中。他忘了告诉大家他的离开。空军方面报告他在行动中失踪了，《好莱坞记者报》对此进行了报道。惠勒告诉总部他是去为《霹雳》拍摄一些其他镜头，然后匆忙写好一封给塔利的信，告诉她自己没事，便尽快离开法国回到了意大利，他现在知道自己要完成这部电影了。

24 “你为谁而工作——你自己？”

好莱坞、佛罗里达、意大利和纽约，1945 年 2 ~5 月

1945 年 2 月 21 日，经过 3 个星期的战斗后，美军和菲律宾 352
军队重夺巴丹半岛，在盟军 3 年前遭受最惨重损失的同一个地方取得了胜利。两天后，约翰·福特开始拍摄《菲律宾浴血战》，据其本人称，这部电影意在向一群在珍珠港事件后不久前往菲律宾的美国士兵的“虽败犹荣”致以敬意。

“我喜欢这样，”他解释道，“我看不起那些开心的、结尾处来一个吻的结局。我从来不这样做。”虽然近期盟军捷报频传，但福特对于为剧本加上一个拼命喝彩的结尾，或者重写美军在太平洋地区早期困难重重的历史毫无兴趣。“我心里的计划是展现它最真实的情况，”他说道，[①]“我们忠于事实。上尉巴尔克利并没有回到菲律宾。”[②] 当时美国观众正在庆祝抗日战争来之不易的形势转变，如果他的这个决定和当时的社会基调不协调，福特也不会介意。福特在第二个孙子出生之后立刻前往佛罗里达的基比斯坎开始拍摄。他希望满足国防部长福莱斯特的期望，这部电影“将对海军有所帮助”[③]，这也是战略情报局 353
同意让福特离开他的岗位，让他拍摄这部电影的唯一原因，但

① Peter Bogdanovich, John Ford, 修订和增加版（Berkeley and Los Angeles: University of California Press, 1978）。

② Fred Stanley, “The Hollywood Agenda,” *New York Times*, 1945 年 2 月 4 日。

③ 詹姆斯·福莱斯特写给 Charles Cheston（战略情报局代理导演），1944 年 9 月 12 日，JFC。

这不意味着他要拍摄一部和事实不相符的电影。《菲律宾浴血战》不但要向美国海军的英勇致敬，而且要纪念在行动中被杀的人员；用麦克阿瑟将军的话说，福特希望他的电影可以“为数以千计的沉默的人说话，为那些生命永远凝固在太平洋丛林和深水中”的人说话，他们为刚刚取得的“伟大胜利开辟了道路”。[①]

福特为坚持真相而受到的限制在某些领域相对较少。D 日之后在一艘鱼雷快艇上，巴尔克利曾尴尬地说过威廉·怀特在书中——也就是这部电影所基于的那本书——对他形象的塑造过分夸张。1942 年，巴尔克利凭借他努力守卫菲律宾、“在面对日军进攻时所表现出来的坚强和勇敢……完全置自己的个人安危于不顾”[②] 而获得了荣誉勋章，但他告诉福特他不认为自己对得起这个荣誉。“整件事发生在这个国家需要一个英雄的时候，”他说道，“老实说，我已经被宣传得太多了。”[③] 福特没有听他的话，对他来说，巴尔克利是一名英雄——“在这场战争中最应被赞扬的人”，他常常（而且不正确地）声称“他是一个很优秀的人”。[④] 海军有一个规定，不允许服现役军官的名字出现在电影中，因此在弗兰克·威德的剧本中，巴尔克利被改为“布里克利”。这小小的改变是福特对让自己掌握《菲律宾浴血战》中故事如何讲述而做出的第一个修改。他将会把这个故事转换成他想要创造的那种战争故事。

在和威德的紧密合作下，他写出了一份剧本来讲述布里克

---

① 道格拉斯·麦克阿瑟将军在日本签署投降书后的讲话，1945 年 9 月 2 日。

② 约翰·L. 巴尔克利获国会荣誉奖章的表彰词。

③ Dan Ford, *Pappy: The Life of John Ford* (Englewood Cliffs, NJ: Prentice Hall, 1979), 196 - 197.

④ Bogdanovich, *John Ford.*

利和他的左右手——虚构人物罗斯蒂·莱恩（Rusty Ryan）的故事，这两个人都代表了福特性格中的某一方面。[莱恩是根据一位名叫鲍勃·凯利（Bob Kelly）的水手的经历而虚构出来的人物，最终这个人物的原型由于极其不喜欢自己被塑造出来的形象而提出了诽谤的控告，他得到了3000美元的赔偿]。莱恩是一个鲁莽的人，一个优秀的水手，渴望指挥自己的鱼雷快艇舰队；他按自己的原则行事，并且对那些官位比他高但什么都不知道的人感到愤怒。“从这里开始，”他在电影开头说道，“我独自行动。”布里克利是一位头脑冷静的成年人，他明白纪 354
律和体系的重要性，他尊敬整条指挥链；但自相矛盾地，他因坚持个人荣誉不重要而获得了个人荣誉。（“你的目的是什么，为自己塑造声望还是为团队而战？”他问莱恩。）“听着，孩子，”威德和福特让布里克利告诉年轻的水手莱恩，“你和我都是专业的人。如果掌权的人说牺牲，那么我们就放弃顶撞，让别人击中要害……这是我们接受的训练，这也是我们要做的事。”这段话成了电影中最著名的台词。

福特希望《菲律宾浴血战》可以教育大家为了更大的利益放弃标新立异的冲动和英雄主义的梦想，并且希望其成为对失败者的致敬——不仅仅是对电影的两位主角，而且包括鱼雷快艇本身，它在电影开头那一幕被一位高级海军军官视为“不够资格”在战争中做出任何贡献，但接下来的两个小时会证明他的论断是错的。这个由福特和威德讲述的故事——作为导演和编剧，他们的名字共同出现在一张字幕卡上——不只是关于布里克利和莱恩的。它比表面看上去的走得更远，并且比海军中大多数人，包括布里克利所认为的事实走得更远，它说明了小小的船也能够为海军干苦活，在炮火下、在艰难的地方为了瞄准日本船只而冲进冲出，即使有些人轻视木制鱼雷快艇的重要性，认为他们不及驱逐舰、战舰、巡洋舰和航空母舰，声称它们唯一的价值就是运载通讯员。电影名字中的“他们”指的就是海军的鱼雷快艇以及驾驶它的水手们，而这部讲述珍珠港事件 4 个月后的故事的电影，表达了福特最喜欢的主题之一——被忽视的人也是不可或缺的。

《菲律宾浴血战》的节奏映射出福特自己的战争经历：快速而激烈的战斗场景，长时间的懒散及安静而紧张的等待交替出现。他要求詹姆斯·麦克尼斯在剧本中妥善处理各种展现男人之间友谊的场景。[①] 柔和的海上喜剧片段——脾气暴躁的海军人员对其他军队分支的看法（他们的船只参与战斗的时候，莱恩抱怨道“空军会赢得这场战争”）——以及强烈的哀悼和
355 感伤贯穿全片。福特让他的英雄在和指挥官进餐时得知珍珠港遇袭，正如他的亲身经历那样；他甚至在威德写剧本的时候插进了一个向两名牺牲的实地摄影小组成员致敬的暗示：在影片中丛林坟场上出现的两个十字墓碑。[②] 福特对于中途岛的记忆，尤其是那些只在那里出现一天便离开的年轻人，使他的电影比当时其他战时电影包含更多阴郁而不确定的离别。威德在一幕又一幕的场景中展现人们互相道别。（“像大多艺术家一样，”频繁与福特合作的达得利·尼科尔斯后来说道，“他真实的情感是关于男人和男人，或者男人和男人们之间的关系的。我没有办法回忆起他的哪部电影中男女之间的关系表现

① “给吉姆·麦克尼斯的关于《菲律宾浴血战》的注释”，未标明日期，《菲律宾浴血战》制作文件，JFC。

② Joseph McBride, *Searching for John Ford: A Life* (New York: St. Martin's, 2001), 410.

出深刻性。”[①]）将作战小队视作另一个家庭，而每次分别都可能是最后一次见面的这个想法在福特拍摄这些极其年轻的海军战士时得到强调，并且在布里克利离开他年轻的队友们时达到了高潮：“你们这些年龄大一些的、有更长服役记录的人……照顾好那些小孩子。或者……没什么了。上帝保佑你们。”那一刻表现出来的家长般的感觉，呼应了福特一直把自己视为实地摄影小组那些和他儿子一样大的成员们的照顾者的事实。

《菲律宾浴血战》的剧本中没有爱国主义演讲，没有要求国内大后方或者其他分队支援，也没有任何对战争为何发生的解释，到了1945年，这一切已经成了过度使用的战争主题，即使是战争信息办公室也不再要求好莱坞电影包含这些内容。威德和福特甚至重涉某些极具争议的领域，在剧本中提到了格雷格·托兰德在《12月7日》中曾提出的对海军在珍珠港事件前的准备做出的质疑；他们让群众异口同声地问道：“（日军飞机）为何可以在毫无察觉的情况下到达？我们的侦察机呢？我们的通讯员呢？日军飞机出发去袭击了西海岸！然后它们毫发无损地逃脱了！”[②] 也许是感觉到自己在两年前对托兰德的纪录片的重剪伤害了托兰德，福特曾经提出让托兰德一起执导《菲律宾浴血战》，他告诉后者“这对于你来说将会是一次很好的经历”；但托兰德依然在国外服役，无法参与。[③] 战争信息办公 356
室看过剧本之后没有提出反对；它觉得《菲律宾浴血战》可以为“政府的战争信息项目做出突出贡献”，只要求删除一句台

---

① 达得利·尼科尔斯写给 Lindsay Anderson 的信，1953年4月22日，引用于 Lindsay Anderson，*About John Ford*（New York：McBraw-Hill，1981）。

② Andrew Sinclair，*John Ford*（New York：Dial，1979），120.

③ 约翰·福特写给格雷格·托兰德的信，1944年9月16日，以及回复，1944年9月29日，JFC。

词：黑人士兵说菲律宾的沦陷将会“对南方产生不好的影响——没有了大麻——还留着他们干什么”?①

福特选择了一名格外合适的演员来扮演布里克利。罗伯特·蒙哥马利（Robert Montgomery）是演员工会的前任主席，曾两度获得最佳演员提名。他在3年前自己38岁的时候离开好莱坞，加入海军成为一名军官。1944年夏天，他登上了登陆诺曼底的驱逐舰之一“巴顿”号。这场战斗结束后，蒙哥马利被短暂地分配到了巴尔克利的鱼雷快艇舰队，很可能是由于福特的要求；福特希望找到一个人取代斯宾塞·屈塞——米高梅选择的主演，并且他觉得蒙哥马利可以利用这个机会研究巴尔克利。巴尔克利后来回忆道，这位演员一登上他的船就开始“认真地研究我”。② 蒙哥马利和巴尔克利略微有点相似，而知道他可以毫无问题地在屏幕上表现得像一名海军人员的福特，暗中牵线安排蒙哥马利转到非现役以便可以参与拍摄。③

1944年11月，当宣布蒙哥马利将参演《菲律宾浴血战》的消息时，米高梅告诉媒体参演这部电影的人员将“几乎完全由在军队或者海军服役的演员组成”。④ 福特原本想让实地摄影小组的众多老兵参演，但这个想法被证明不可行。这部电影和海军的紧密联系在对外宣传方面极其重要，以至于在开头的时候，福特、威德、摄影师约瑟夫·奥古斯特（Joseph August）和第二分队导演詹姆斯·黑文斯（James Havens）的军阶和服

---

① 由 Peggy Gould 撰写的战争信息办公室剧本报告，1944年11月21日，引用于 Randy Roberts and James S. Olson, *John Wayne, American* (New York: Free Press, 1995), 270。

② McBride, *Searching for John Ford*, 406.

③ Ford, *Pappy*, 197.

④ “Screen News,” *New York Times*, 1944年11月8日。

役的小队都被列出来。为了寻找扮演罗斯蒂·莱恩的人选，电影公司起初联系了军队另一名成员罗伯特·泰勒（Robert Taylor），一位名声在战时得到提升的备受欢迎的签约明星。但泰勒无法参演，他在1943年作为飞行指导员加入了空军。因此在1月，也就是按计划开始制作的几个星期前，米高梅联系了第二选择——约翰·韦恩。①

韦恩和福特自从5年前的《归途路迢迢》后便再没有合作过。从那时起，韦恩成为一名重要的明星，在近20部电影中出 357
现，并且总是能够让观众以为他再完成几部必须完成的电影之后就会加入军队。他和福特，他们的家人之间都保持着友好关系，帕特里克·福特甚至想过让韦恩成为自己孩子的教父②，但福特一直都向妻子明确表示他觉得韦恩的行为是懦夫的行为，并且不诚实。此外，每次韦恩扮演战争英雄的电影都会尤其受欢迎，这更令福特感到被羞辱：韦恩曾在《飞虎队》（*Flying Tigers*）中担任主演，扮演飞行员，然后又在《法兰西小姐》（*Reunion in France*）中扮演同样的角色，之后在《海峰》中扮演海军少校——罗伯特·蒙哥马利的实际军衔。就在为《菲律宾浴血战》签约前，他刚刚完成《反攻巴丹岛》（*Back to Bataan*）的拍摄，这是另外一部讲述菲律宾战争的电影，但这一部和福特准备制作的不同，它仓促地重新拍摄了一个结局，提到盟军最近取得的胜利，并且并不对此感到良心不安。

当韦恩抵达并开始工作的时候，福特想要对韦恩进行惩罚。这位导演战前就已经有在每一次拍摄新电影的时候挑出一名受害者的习惯——找一个人来威吓或者羞辱。这个习惯并没有改

---

① “Screen News,” *New York Times*, 1945年1月31日。

② 帕特里克·福特写给约翰·福特的信，1944年2月4日，JFC。

变，而虽然正是福特的《关山飞渡》让韦恩的事业开始起飞，但福特一直对这位演员都很严厉，指责他的懒惰和行动缓慢。现在在这根刺背后还有一个真实的原因：他把韦恩视作一名冒名顶替者，一个当别人做着实事，冲上前线时，却在背后通过扮演战争英雄获利的人。（“好吧，天啊，我已经 40 岁了并且有合理的理由，我不觉得我可以成为一名士兵，”韦恩说道，“我觉得我通过巡游或者其他事为战争贡献得更多。那些正在战斗的士兵们都是 18 岁左右的孩子，对于他们来说我就像是美国。他们会在周六把他们的甜心带到剧院，在看韦恩西部片的时候牵着手。所以我戴着一顶大帽子而我觉得这样比较好。”）①

福特并未被这个说法说服。和一堆穿着军服的人工作（即使那些军服是演出服），而且指挥着一队由 6 艘从海军处借来的鱼雷快艇组成的舰队，福特成功说服自己他正身处一次类军事行动中。电影在海军和海岸警卫队的配合下开始制作，他们将提供物资和群众演员。福特对于娇贵的电影明星毫无耐性。

358 但就在福特将注意力转向韦恩之前，他不得不先处理另一位明星引发的意外危机。当福特让蒙哥马利扮演布里克利的时候，后者“什么也没想就答应了”，因为蒙哥马利觉得饰演这个角色“似乎是回到演员生涯的一条理想的道路。但当我们到达迈阿密拍摄第一幕的时候……我们开始拍摄美军在马尼拉湾的戏，而这个场景突然击中了我”，他说，“我惊慌失措”。他已经 4 年没有站在摄影机前了，而突然从一名真实的海军军官变成一位海军军官的扮演者，从在英吉利海峡参加战斗到在佛罗里达州的海滩驾驶高速快艇兜风，他一时难以适应这种变化。

① 约翰·韦恩接受丹·福特的采访，JFC。

“我忘记了一切,”他回忆道,“忘记怎样表演,忘记这整件事是怎样的。我觉得我没有办法表演了。”早上 4 点,忧虑的他给福特打了一个电话。“你有什么麻烦吗?”这位导演冷静地问。蒙哥马利告诉福特他不拍了,说自己完全不应该答应参与这部电影,告诉福特他需要另外找一位演员。

福特听他说完,然后问蒙哥马利可否自己驾驶一艘鱼雷快艇出海——没有摄影机,没有摄影团队。蒙哥马利说他应该可以做到。

好的,福特说道:“去坐船吧。和它们玩玩。当你觉得可以拍摄了,我们就开始拍摄。可能需要 3 天,可能需要 3 个星期,或者 3 个月。我们会等到你准备好为止。”

福特遵守了诺言。接下来的一天,蒙哥马利出发兜风;第二天,在福特和他的团队等候的时候,蒙哥马利再次出海兜风,并“再次习惯了掌控的感觉”。“第三天吃午餐时,”他说,“我突然之间有感觉了。我走到福特面前说‘开拍’!然后我们就开始了。”①

福特非常理解蒙哥马利和他艰难的战后调整,开始拍摄后,他把这位演员的对白进行了删减,将长长的演说词减到只剩几句台词,并且允许蒙哥马利根据自己的军事经验和极具说服力的表演将布里克利饰演成一位话语简练、小心且安静的指挥官。“鲍勃·蒙哥马利在这部电影里是福特的宠溺对象,”韦恩说道,“无论他做什么都不算错。我猜是因为他曾在海军服役。杰

---

① 罗伯特·蒙哥马利对琳赛·安德森所说的,*About John Ford*(New York: McBraw-Hill, 1981),226 - 229。本章接下来所有对于蒙哥马利的引用均来自这次采访。

克在整个过程中都在责备我。”[①]

实际上韦恩对福特充满崇拜，并且把他称作“教练”，因
359 为10年前正是这位导演将他带到麾下。但这两个男人在一开始拍摄一幕飞机猛烈轰炸由罗斯蒂·莱恩指挥的鱼雷快艇时便出师不利。一名道具师向船上的挡风玻璃投掷用来充当子弹的弹珠球，韦恩回忆道，但他“忘了把挡风玻璃换成不会碎的树脂玻璃”。摄影机继续拍摄，“真玻璃直直地朝我脸上飞来。处于暴怒中的我抓起了一个铁锤追那个家伙。但杰克走到我面前说道，‘不，你不可以。他们是我的团队’”。

“你的团队?!”韦恩说道，“该死的，它们是我的眼睛!”[②]

那之后不久，福特做了一件有点过火的事。当时他在拍摄剧本的前几幕之一：一名上将轻蔑地检阅由布里克利和莱恩带领的鱼雷快艇舰队，认为他们无法在战争中起到任何作用，然后就离开了。这一幕场景需要众多群众演员扮演海军队员，但韦恩和蒙哥马利除了向扮演上将的演员敬礼之外没有太多其他的动作。福特拍摄了第一次，然后，在没有给两位明星任何指示的情况下要求再拍一次。当他提出要拍第三次的时候，韦恩向站在他旁边的蒙哥马利低声抱怨道：“这一幕有什么问题?”

“公爵!”福特在群众演员和团队面前向韦恩喊道，“你能不能在敬礼的时候至少装得像在军队待过?”

韦恩受够了。没有说任何一句话，他离开片场回到了自己酒店的房间。这一天没有再拍摄。蒙哥马利已经观察到他的导演和他合作的演员之间一种被他称为复杂的“父与子”的紧张关系，而这种关系现在失控了。韦恩离开之后，蒙哥马利走到

---

① Ford, *Pappy*, 200 - 201.

② Ford, *Pappy*, 200 - 201.

福特面前。“我把双手放到他的椅子上，靠过去说，‘你不要再用那样的方式对任何人说话了’。”福特一开始否认他知道蒙哥马利在说什么。“我知道你这样做是为我好，”蒙哥马利安静地说道，“但这一点也不好玩，我不喜欢。”他说福特需要向韦恩道歉。

一开始福特非常生气，然后又说他从来没有想过要伤害韦恩，最后福特哭了起来。他很快和韦恩和解，而且，作为一种
道歉，福特甚至在剧本中增加了一幕，给予了这位演员在这部 360
电影中最有力的时刻之一。在两名成员牺牲之后，罗斯蒂为自己朗诵了罗伯特·路易斯·史蒂文森（Robert Louis Stevenson）的8句墓志铭，结尾是“出海的水手已返故乡，上山的猎人已归家园”。①

《菲律宾浴血战》剩下的拍摄进行得很顺利；福特和两名演员都曾在片场经历过自己的低落时刻，在这之后，他们都可以头脑清醒地专心工作，这一点在屏幕上明显地表现了出来。“杰克非常看重这部电影，”韦恩说道，“并且比以往我所见过的他更专注。我觉得他真心想要达成某种成就。”②

在数星期的外景拍摄后，福特和他的主创们回到了洛杉矶，在米高梅片场完成《菲律宾浴血战》的拍摄。离计划完成拍摄的日期不久时，蒙哥马利和韦恩正在一个片场拍摄一些福特打算剪进电影中的近镜。当时福特正站在离他们头顶几英尺的摄影机平台上调整灯光，然后突然他往后一跌，失足掉进黑暗之中。

“天啊，你这笨拙的混蛋!”韦恩喊道，他并没有意识到福

---

① Montgomery in Anderson, *About John Ford*, 226 - 228。

② Ford, *Pappy*, 199.

特从多高的地方掉了下去。当这两位演员跑到平台后面去救他的时候，福特正躺在地上。他摔断了右脚膝盖以下的部位。[①]

“他不让任何人碰他，”蒙哥马利说道，“我们把他抬到担架上然后带他到医院。”他们和福特一起搭乘电梯时，福特瞪着一位盯着他看的女士。终于，他喊道：“酒鬼！”不知道他在说她还是在说自己。[②]

福特被告知自己将要在接下来的 3 个星期接受牵引治疗。第二天，电话响起的时候韦恩和蒙哥马利正在探访福特。米高梅的总经理埃迪·曼尼克斯（Eddie Mannix）想知道福特觉得自己什么时候可以好起来然后回去工作。

“我不会回来了，”福特告诉他，“我会留在这里等我的右脚好起来，然后我会回到海军部队。蒙哥马利会完成这部电影的拍摄。”

这真是“我第一次听说”，蒙哥马利说，“那时候我和杰克的感觉一样，就是这看起来不难。我只需要想象我要是他会怎
361 样做。”[③] 这位演员在接下来的 2 个星期拍摄了已经计划好的近镜和插入镜头，但福特不听医生的命令，回来亲自拍摄了电影阴郁的结尾。

《菲律宾浴血战》的结尾总结了福特关于个人道德的准则和更大意义上的责任感之间的冲突的看法。电影展现了布里克利和莱恩的空洞的胜利：多亏他们和他们团队的英勇表现，政府高官现在相信了鱼雷快艇的价值，但团队中的很多人都牺牲了。菲律宾即将沦陷，海军让两位主角离开太平洋，并且命令

① 詹姆斯·麦吉尼斯写给 Cheston 的备忘录，1945 年 5 月 22 日，JFC。

② Montgomery in Anderson, *About John Ford*, 226 - 228.

③ Montgomery in Anderson, *About John Ford*, 226 - 228.

他们到华盛顿监督更多鱼雷快艇的建造，让他们搭乘最后一架飞机，迫使他们离开战友。他们的战友似乎不可能毫发无损地回去了。“这对我们来说就是滑脚溜走”，布里克利低声抱怨道。但当莱恩尝试在飞机起飞前跳出飞机，要和战友们待在一起时，布里克利坚决要把他拉回来。“你为谁而工作——你自己?”他厉声说道，“我们回去是要完成一项任务，而这项任务就是做好回来的准备。”这一幕表现的阴暗事实明白无误：战争的代价之一就是这两个人——以及其他也一起回去的军官——都将要带着一种不得安宁的忧虑而生活，那就是，他们本来可以，或者应该可以，做得更多。在电影最后几分钟，他们的指挥官让布里克利和莱恩给陆军部带去一条信息：“当你看见将军的时候，告诉他这里的战争即将结束。如果他问你我们想要什么，告诉他我们想要一项海军任务、一艘装满汽油的油轮和 10 万人。给我这些，我们可以把这座岛夺回来。”布里克利和莱恩向他敬礼。这一次，不需要其他额外任务了。福特把电影带到剪辑室。在回到华盛顿之前他还有 2 个月来完成这部电影。

就在福特准备开始拍摄《菲律宾浴血战》时，威廉·惠勒回到了意大利去完成《霹雳》。在放下这部电影绕远路到米卢斯之前，他已经拍摄了足够的 P-47 战斗机的片段，因此和他合作的约翰·斯特奇斯和莱斯特·凯尼格可以开始写出一份旁白初稿。但他有一种挥之不去的预感，就是他没法像处理《孟菲斯美女号》那样处理这一次的材料。当他看到凯尼格和斯特奇斯拟出来的草稿时，他的怀疑被证实了。

开始制作《霹雳》的时候，惠勒决心不把它变成讲述某次
任务“从开始到结束”的故事。他不想重复在《孟菲斯美女 362
号》中用过的想法，而且他知道由于自己没有亲身登上过 P-

47 战斗机，因此没有办法像之前那部电影那样讲述非常个人且详细的关于执行飞行任务的经历。但他觉得凯尼格和斯特奇斯往另一个方向走得太远了。“你们缩小了这个任务，”他在一长串附在草稿上的注释中抱怨道，“A. 故事的发展过程不够完整。B. 你们没有给它足够的戏剧效果，比如，太平铺直叙了。C. 你们加进了太多并不激动人心的反高潮。”

惠勒现在愿意忘记自己曾有过的不再使用《孟菲斯美女号》结构的想法，军队希望这部电影尽快完成，而现在已经没有足够时间找到一种新的处理方法了。“你们要让这次任务变成一件大事，”他写道，“这个大纲给人的印象就是，这项任务不过是众多无聊小突击中的一个。可能它确实是平淡无奇的战事。但对于这部电影来说，它应该是生死攸关的。为了我的资金——全力展示对敌军的摧毁……然后尽快结束。”①

斯特奇斯向惠勒回应道，他们真正需要的空中片段，是那些安装在 P－47 战斗机上无人控制的摄像机无法捕捉的。他们在霹雳战斗机的驾驶舱、机翼下和尾部都装上了便携式电视摄像机，并且通过组装让它们只需通过两个键便可以拍摄，一个“开始”一个“结束”。但轰炸机上的一些人并不想在空中分神去操控这些摄像机，其他人认为将它们装在飞机上就是一种不祥之兆，还有一些人在紧张的时刻忘记了使用它们。② 惠勒和他的团队用尽一切办法弥补电影片段的缺失：他们驶到意大利北部，一路跟随那些飞机到达他们空袭的目的地，以便至少可

① 附在《霹雳》的“修订后的粗稿”上的手写注释，1945 年 2 月 14 日，414 号文件，WWA。注释明显是惠勒的字迹，暗示它是写给凯尼格和斯特奇斯的，但没有署名。

② Axel Madsen, *William Wyler*: *The Authorized Biography* (New York: Thomas Y. Crowell, 1973), 244.

以从地面上得到 P－47 战斗机作战的有用片段。但他们得到的一切都不足以完成这部电影。

惠勒回到意大利后，斯特奇斯让他尝试拍摄一些轰炸机对
罗马和科西嘉岛造成的伤害，那是他们电影中的霹雳战斗机的 363
基地。他没有办法在一架霹雳战斗机上完成这个工作，但他也没有必要这样做，因为他的本意是要用“氛围镜头”充实这部电影，而不是记录一次特定的轰炸。[①] 这次拍摄可以由任何一个愿意躺在一架 B－25 轰炸机底部（“腰部”）的摄影师来完成。B－25 轰炸机是一种对于空中拍摄非常理想的美式双引擎轰炸机，因为它在低空飞行而且有很多开放空间，摄影师可以毫无障碍地进行拍摄。

1945 年 4 月 4 日，逾越节第一天下午，惠勒登上了一架前往格罗塞托的 B－25 轰炸机。这座城市位于罗马西北部约 100 英里处，盟军的意大利总部就在那里。原计划是要在它和科西嘉岛之间来回飞几趟，然后沿着被战火摧残的意大利海岸飞行，以便让惠勒有机会拍摄他需要的一切镜头，之后在罗马放下一位机长，最后在格罗塞托降落，惠勒在那里下机。由于担心摄影师可能无法得到他想要的图像，在飞行途中惠勒亲自带着便携式摄像机爬到飞机腹部，躺下来，开始拍摄。在开放的飞机上，引擎的轰鸣声和高频风鸣导致他失去了听觉，但他并不担心，这不是他第一次遇到这种情况了。他会像平常那样继续完成他的工作——等飞机降落后他的听力就会恢复。

惠勒完全没有感到不妥，直到太阳下山后不久，B－25 战

---

① Axel Madsen, *William Wyler: The Authorized Biography* (New York: Thomas Y. Crowell, 1973), 254. 除了特别注明之外，本章接下来所有来自惠勒版本的对事件的看法都来自由他授权的传记中对 Madsen 的描述。

斗机降落在格罗塞托。当他踏出飞机后，他的听觉依然没有恢复，而他也无法保持平衡或者走直线。“我以为那没有什么大不了，”医生说道，“很多时候，你走下一架飞机的时候，都会有那么一段时间什么也听不到。”[①] 当地面的一个机组成员看见他，开始模仿他喝醉似的摇晃时他还尝试着微笑，但数小时后，当他身处室内并且远离引擎噪音时，他的听觉依然没有恢复。

格罗塞托的一名医生对他进行了检查。“很严重”，[②] 医生说道，然后命令尽快将他带到一家海军医院。第二天，他飞到那不勒斯，那里的医生为他做了检查，然后写下了诊断书以便让他阅读：他在军队服役的时间结束了。他在空中飞行的时间
364 也结束了，惠勒被告知他不能冒险再乘坐一次飞机。5 天后，他登上了一艘从那不勒斯开往波士顿的船。他要回家了。而且他聋了。

4 月 20 日，惠勒在洛杉矶家中的电话响了。当塔利拿起电话的时候，她可以听到电话另一头丈夫的声音，但假如她没有提前知道是他打来的，她很可能辨认不出来丈夫的声音。惠勒之前给她发了电报说自己正在回家途中，但他没有告诉她自己双耳受到的伤害——他自己当时也不清楚。惠勒在一艘船上，独自一人超过一个星期，等待自己的听力恢复。在旅途中，他的左耳恢复了部分听力，但当他在波士顿下船时，他已经很清楚自己不会完全恢复了，他突然陷入了绝望。

“我听到的不是快乐的声音，而是完全死了的声音，毫无语

① Jan Herman, *A Talent for Trouble: The Life of Hollywood's Most Acclaimed Director, William Wyler* (New York: Da Capo, 1997), 275.

② Jan Herman, *A Talent for Trouble: The Life of Hollywood's Most Acclaimed Director, William Wyler* (New York: Da Capo, 1997), 275.

调，毫无感情，完全绝望，”塔利说道，“我吓呆了，无法想象发生了什么。他听起来完全不像他自己，心理严重失常。他说话的时候感觉就像结束的不只是他的职业生涯，还包括他的生命。”[1]

惠勒告诉他的妻子不要费心思往东走了，并且告诉她他不会立刻回家。挂了电话后，惠勒坐上了一列前往纽约的火车，在那里他进入了长岛米切尔场的一间空军医院。医生为他做了检查，告诉他他的右耳受到了不可修复的神经损伤。他们建议他切除腺样体，但表示这样做的效果并不乐观。[2]

惠勒没有办法承受让塔利和他的女儿们来探望他的想法，而那些少数被他允许可以到米切尔场探望他的朋友们看见的是一个痛不欲生的男人。“我从来没有见过一个人陷入如此恐慌的状态，”莉莉安·海尔曼说道，“他确信他的职业生涯完结了，他不会再执导了。”[3] 惠勒说道，这是“我生命中最糟糕的几个星期”。[4]

当军队医生告诉惠勒他们已经无法为他再做什么了，允许他离开医院并且建议他去找华盛顿或者加利福尼亚的专家时，惠勒尝试恢复原来的生活。他搭乘一列火车到达首都，见了陆军部几个老同事，[5] 然后检查了凯尼格新修改的《霹雳》剧
本。[6] 他依然没法听到声音，但至少他找回了平衡。在首都， 365

---

① Madsen, *William Wyler*, 255.

② Madsen, *William Wyler*, 255.

③ A. Scott Berg, *Goldwyn* (New York: Alfred A. Knopf, 1989), 405.

④ Marry Morris, “Stubborn Willy Wyler,” *PM*, 1947 年 2 月 2 日。

⑤ Monroe W. Greenthal 少校给约翰·休斯顿的信，1945 年 4 月 26 日，499 号文件，JHC。

⑥ Lester Koenig, *Draft of Thunderbolt*, 1945 年 5 月 15 日，415 号文件，WWA。

他打电话给塔利，告诉她自己很快会回家，他准备搭乘从华盛顿开往洛杉矶的火车。

塔利在联合火车站接到了他。“他太瘦了，”她说道，“他什么也不吃。他的脸憔悴到我几乎认不出来。”看见丈夫之后，她第一次意识到他的状况有多糟糕。“你需要直接对着他的左耳说话，”她告诉惠勒的传记作家简·赫尔曼，“而且你必须说得很清晰，否则他听不懂。他觉得非常孤独。”①

惠勒受到的折磨不只来自他的身体问题。他害怕失去听力“可能会影响婚姻”，他后来承认道，“我不知道之前可行的现在是否还可行”。越来越绝望的惠勒让塔利把他带到圣巴巴拉为老兵而设的听觉恢复中心。精神科医生给他注射了硫喷妥钠以便查看他的听力受损是不是心理问题所致。当塔利再次见到他的时候，他正在一个有软垫的房间里来回踱步，尝试抵抗药物产生的昏昏欲睡的感觉。精神科医生告诉塔利她丈夫的听力非常好——只要药物开始产生效果，他可以听到两间房之外的声音。很多年之后她才意识到他们是在对她说谎，想给她一些希望，让她认为在将来他的状况会有所好转。②

惠勒参与战争的日子——被他后来称作“逃进现实中”——以一种他从未预料的方式结束了：一种释放，而且是最终的释放，从军队医疗中心出来，还带着残疾诊断证明，终身的“每个月 60 美元，来自山姆大叔，免税”③，以及在个人和专业领域都充满未知的未来。他依然觉得自己有责任而且有欲望去完成《霹雳》，虽然很难想象这部电影对于军队来说有

① Herman, *A Talent for Trouble*, 276.

② Madsen, *William Wyler*, 256.

③ Madsen, *William Wyler*, 256.

什么作用。此外在1941年的合同上他还欠塞缪尔·戈尔德温一部电影。但现在，即使是背景噪音或者音乐都会让他连一句对白都无法听到，他还怎么可能拍摄一部电影？那个春天，惠勒走访一个又一个医生，而欧洲的战争正在结束。似乎一切都没有可能了。

25 “我了解人生的地方”

德国，1945 年 3～8 月

366 只剩下乔治·史蒂文斯留在军队中并非计划中的事，但随着惠勒的受伤和福特从现役的突然离开，1945 年 3 月时他是最后一位在欧洲拍摄战争的美国电影人。几个月前，卡普拉曾经安慰他，说增援就要到来，但现在史蒂文斯知道这不是真的：战争拍摄项目在逐步结束，而他也不再期待来自华盛顿的任何帮助或者指导。他终于得到了来自艾森豪威尔的前进命令，指示简单而直接：史蒂文斯和他的团队将会跟随 16000 名美国和英国伞兵向德国做最终推进。特别报道小组的工作是拍摄他们在那里看到的所有东西。

这项任务叫作“大学行动”（Operation Varsity），一个在 3 月 24 日执行，历时一天的大规模空中主动进攻，它把史蒂文斯从巴黎带到莱茵河岸边，盟军在那里夺取了 3 座桥以及现在被严重削弱的德国西部边界若干小镇和乡村。在接下来的 3 个星期，当布拉德利将军的部队开始向西边的柏林进发时，史蒂文斯和他的团队将会和军队在一起。

美军控制北豪森后，史蒂文斯在 4 月 11 日——罗斯福总统
367 突然在沃姆斯普林斯死去的前一天——进行了德国境内第一次重要拍摄。北豪森是德国中心的一个小镇，它有一座巨大的地下工厂，用于制造纳粹对抗英格兰的远距离弹道导弹 V－2。战争期间，超过 5 万名囚犯被囚禁在附近一个叫多拉的集中营里，

充当北豪森导弹工厂的奴隶劳动力。当史蒂文斯到达那里的时候，他最先看到的人员之一是一名躺在小床上的瘦弱男人。这个男人转过头来，对着他的解放者笑了一下，然后静静地翻过身死了。这是史蒂文斯第一次见到集中营囚犯。①

一条40英里长的通到北豪森一座山里的地道被挖了出来，当史蒂文斯开始拍摄的时候，他觉得自己自加入军队后第一次来到了战争的黑暗中心。要在工厂昏暗的过道和卧室进行拍摄几乎不可能，但他和伊凡·莫法特写下了他们看到的一切，包括一个用来火化那些虚弱得不能工作的人的火葬场，它铺满灰尘，一堆小小的人类骨头被堆在角落。史蒂文斯参与军队对营地和设施的侦察后，他意识到自己看见的是无法想象的大规模屠杀。“这些逝去的生命完全没有留下任何记录，”他在寄去华盛顿的北豪森录像中附上了一张备忘条，上面写道，“2000名年轻男人、女人和小孩中，除了4个男人以外，其他人都无法辨别名字和国籍。”②

陆军部一直以来都知道纳粹的暴行，但史蒂文斯的讲述是首批来自德国境内美军军官的亲身见闻的报告。4月15日，他给上司寄去了一份官文，称北豪森“到处都可以找到赤裸裸的例子证明德国对人类生命的彻底漠视达到了残忍程度的顶峰，而且也是他们的大规模毁灭行动在技术上达到完美境界的最好证明”。③ 那一天，盟军解放了伯根－贝尔森的集中营，在那里他们目睹了5.3万名饥寒交迫的囚犯在污秽中生存或死亡。4天之后，在华盛顿的卡普拉同时收到了来自贝尔森军队电影小 368

① *George Stevens: D-Day to Berlin*（1994），由小乔治·史蒂文斯撰写和制作。

② 乔治·史蒂文斯附在北豪森录像中的信，1945年4月15日，GSC。

③ 乔治·史蒂文斯附在北豪森录像中的信，1945年4月15日，GSC。

组的第一份报告以及史蒂文斯的录影片段。[①] 从那天起，军队图像服务部成员的基本任务被改变了。他们不再是战地摄影师；他们现在是证据收集者。

但在这些命令到达之前，史蒂文斯和他的 18 人小组被从北豪森带到了托尔高，在那里，他在这场战争中最后一次被要求担任新闻短片中各个正式场合的记录者。4 月 25 日，在不同前线各自战斗的美国和苏联军队终于在易北河相遇。这次军队的会师不只是一种象征——美国和英国军队一直自法国和比利时向东进发，而苏联则向西进发；他们在河边的这次会师标志着德国从两方被包围，而且进一步确认了作为美国、英国和苏联联合抗战、共同取得胜利的意图。

史蒂文斯花了数天尝试忘记北豪森噩梦似的地道和地下室。他们在易北河见到的第一个苏联士兵是一个“光头士兵”，莫法特回忆道，“苏联军队中有些很老的士兵……他背后背了很大一卷线，然后他走到我跟前……咧嘴笑了。‘资本主义者！’他对我说道，然后指着他自己说，‘共产主义者！’然后咧嘴笑了”。[②] 史蒂文斯小组在托尔高欢欣地，甚至是狂热地想要寻找喜剧内容。美国人模仿苏联人，苏联人模仿美国人，摄像机成了扮小丑的借口。他们拍摄一个喝醉的人戴着一顶高高的帽子，在河岸边蹒跚地走着，然后掉进了河里。[③] 可以看到史蒂文斯

---

① 在贝尔森的摄影小组指挥官给弗兰克·卡普拉写的信，1945 年 4 月 19 日，FCA。

② Gavin Lambert, ed. , *The Ivan Moffat File: Life Among the Beautiful and Damned in London, Paris, New York, and Hollywood* (New York: Pantheon, 2004), 226.

③ 这一条及其后所有对史蒂文斯和他的特别报道小组拍摄的片段的描述均来自笔者本人观看的华盛顿的美国国会图书馆收藏录像。

高兴地尝试让一名表情严肃的年轻苏联士兵和他握手。他拍摄
苏联士兵跳舞，美国士兵大笑和鼓掌；他拍摄苏联士兵教美国
士兵如何使用一支苏联制机关枪，美国士兵教苏联士兵如何使
用便携式摄像机。一种交换胜利的心情蔓延开来。河边有人放
了一幅大型壁画，上面有“东边遇上西边”的口号，画中一名
身后有星条旗和自由女神像的美国士兵第一次和一名苏联士兵 369
打招呼。他们都把靴子用力踩在倒下的纳粹旗上。

战争之后，有人批评盟军为何在柏林尚未攻下、大多数集中营仍在纳粹控制下的时候在托尔高游荡并陷入一种胜利的喜悦之中。“人们满口说着为什么我们不向柏林推进”，莫法特后来写道，解释说是因为那种“战争很快会结束”的感觉排山倒海地向他们压过来。在易北河，他们觉得自己“可以放松”；那里“没有敌人……第一次”，“如果你开着吉普车到处逛的时候你会感觉很棒”。[①]

对于史蒂文斯来说，托尔高成了持续恐慌之前的最后插曲。距离北边不到 100 英里处，数以千计的苏联坦克正向柏林进攻，而史蒂文斯以为他和他的小组会和盟军一起到那里拍摄希特勒和纳粹在自己据点的最终失败。但相反，他们收到命令要向南边的达豪进发。第 99 步兵部队准备解放这个集中营。史蒂文斯和 12 名小组成员将他们的吉普车装满布朗宁手枪、收缴的德军大炮、口粮以及摄影设备后便开始前进，每一辆车背后都有站着一名小组成员，一直拿着枪向各个方向扫视。[②] 他们很快开

① 莫法特手写的注释，附在史蒂文斯录像片段中的指南，国会图书馆。

② William Kirschner 对乔治 · 史蒂文斯的采访，*Jewish War Veterans Review*，1963 年 8 月，重印于 Paul Cronin, ed.，*George Sevens Interviews*（Jackson: University Press of Mississippi, 2004），18 – 19。

到 300 英里以外的地方，由于当时德国境内没有任何小组有录音摄像机，因此史蒂文斯认为他和他的团队很可能要为囚犯和警卫们记录证据。

他们只在快速吃口粮的时候停下，或者要拍摄在每一条新路上出现的似乎是希特勒军队步步瓦解的片段时才停下。尾翼带有万字符的被击落的飞机星星点点地布满各地，它们曾击落的美军和英军飞机数目被标注在机翼附近。史蒂文斯等人经过了被囚禁在河岸边的数以百计的德军战俘，这些战俘带着极度悲伤的表情等待着被带上毫无表情的美军士兵监视下的空卡车。当史蒂文斯的小组抵达达豪时，他们把衣物扔在一间屋子里，另外一个摄影小组也刚刚从南边抵达那里，然后他们向集中营驶去。

370 那时快到 5 月了，但一块块的冰和雪依然覆盖了围栏里结冰的地面。史蒂文斯和他的队友们把自己包裹在从纳粹党卫军门卫那里得来的大衣，然后驶进大门。史蒂文斯接下来看到的东西将会改变他的人生和工作，而且深远地影响了他对于自己本性的理解。“这，”他说道，“像是在但丁描述的地狱中行走。”①

一开始，他失去了感觉。不知道还有什么可以做，他把摄像机装好胶卷，开始拍摄。火车轨道旁干枯的尸体。另一边有一节火车车厢，一半被冰雪覆盖。然后，车厢里面另外一具尸体，是赤裸的、被冰冻的、蓝紫色的。有一个地方堆满了骨瘦如柴的死尸，他们躺在地上，睁大眼睛望向灰色的天空。还有一堆条纹睡衣。第二节车厢里装满了死尸，有一些身上有弹孔，大多留有明

---

① William Kirschner 对乔治·史蒂文斯的采访，*Jewish War Veterans Review*，1963 年 8 月，重印于 Paul Cronin，ed.，*George Sevens Interviews*（Jackson：University Press of Mississippi，2004），18－19。

显受到折磨和饥饿的印记，混乱地堆在血水中。外面是一排接一排的死尸，然后是一排接一排看起来像死尸的男人和女人。这些人的头发被剃光；他们忍受的饥饿让他们的年龄和性别都难以被判断，紧接着美军开始把他们的衣服脱下来以便灭虱。

之前没有关于德军长时间囚禁囚犯的传言或者报告可以让第一批进入集中营的盟军士兵们为眼前的残酷、绝望、肮脏和噩梦做好准备。部分火葬场的火还在燃烧。整个达豪集中营伤寒症猖獗；囚犯们被喷洒 DDT，光着身子从一边转到另一边以便杀虫剂可以洒遍全身。史蒂文斯把摄像机对准天空，拍摄烟囱中依然飘出的烟，然后又回到双眼高度，拍摄一堆裸露的身体——数以百计——堆到了 6 ~ 8 英尺高。“我们去了柴堆，”他说，“而柴堆其实是人堆。”①

在达豪集里营里发现了大约 3 万名活着的囚犯，但大多数都快支持不下去了，支援来得缓慢，而且没有地方可以立刻收留并照料他们。对于史蒂文斯小组的一些人来说，眼睁睁看着这一切而不亲自采取行动几乎不可能。他们放下了自己的摄像机，成了护士、安慰者、辅助者。其中一个人放下自己的设备，开始在集中营第一个临时医院中从一张床走到另一张床，让即将死去的人
口述他们留给亲人的信，而他则夜以继日地写下这些话语，好几 371
天没有停下来或者睡觉。② 史蒂文斯继续拍摄，他的镜头拍摄墙角和窗户，他稳定地移动，记录着他周围的大屠杀。他的双眼毫不退避、毫无感情。他不再找寻任何私人化的细节，而是记录那些巨大的图像，以及那些他从未想象过的灭绝人性的罪恶。达

① 乔治·史蒂文斯接受 Robert Hughes 采访未剪辑的文本，1967 年，3677 号文件，GSC。

② George Stevens in Kirschner, *Jewish War Veterans Review.*

豪，他后来说道，是“我了解人生的地方”。[1]

史蒂文斯觉得必须通过他的摄像机来做无言的展示，即使他除了绝望外感觉不到其他东西。战争之后，整个余生他都在疑惑，自己拍摄的片段是否足够，他是否有足够的无情和技能来完成眼前的任务。“奇怪的是，”他说道，“当你发现事情最糟糕的一面是最需要拍摄的，你没有办法按照你需要做的方式去做事。你没有办法走到一名想要被拯救的人面前，然后……把摄像机对着他的脸。”但他坚持了，并且亲自做了大多数最痛苦的事，不允许任何人取代或者帮助他。“你可以派出三四个家伙拿着武器去做些什么，但我不能派任何一个人进那节该死的车厢，”他回忆道，“我必须自己做。我爬上了这东西，然后那些人几天前（还活着），他们全部堆在那里……就是没有办法理解……就是没法将它和人类联系到一起，他们怎么可以一个堆在一个上面。”在达豪的时候，他不会说起他看见的和他拍摄的，即使是对自己小组的人。“尤其是美国士兵，你不和他们谈论这些事，”他说道，“你不会说‘我看见这些……’你只是记录。所以我在这里，我看着这些人，他们是谁，以及什么是——我知道这个词不会被写下——同类相残。在车厢里面，我的天，人怎么可以……我再没有听任何人提起过。”[2]

最终令史蒂文斯害怕的是那些生存下来的人。他会带着摄像机走进一个地方，看着那些他认为已经因营养不良和全身疼痛折磨而死去了的人，然后其中一些人开始移动。他的胃会翻

---

① 乔治·史蒂文斯接受 Robert Hughes 采访未剪辑的文本，1967 年，3677 号文件，GSC。

② 乔治·史蒂文斯接受 Robert Hughes 采访未剪辑的文本，1967 年，3677 号文件，GSC。

滚，他会退后。死去的人到处都是，和活着的人纠缠到一起。他们的气味在空中弥漫。在盟军到达的最初几天，一个接一个的年轻美军士兵在呕吐，但那些幸存者似乎无动于衷。他们已 372
经在这些尸体旁生活、睡觉、进食了这么久，他们依然在这样做，就像是他们没有看到这些景象一样。盟军并未预料到这里需要的人道主义援助的程度如此之高。他们迅速让被俘虏的德军士兵帮忙搬运物资和一桶桶的水，然后在第一车面包到来之前，年轻的美国士兵会教集中营那些能站起来的囚犯如何在户外的大锅里为自己制作食物混合着水的糊状物。达豪集中营当中的一些人如此习惯于被关押和惩罚，以至于他们几乎分不清他们的解放者和关押者。“我来到一个区域前，然后那些可怜的、受灾的魔鬼中的一个，站在那里发抖，”史蒂文斯说，“我穿着军服，他以为我要对他发火。我们脱下了钢盔，尽量看起来（不像）一个士兵，但他们只是站在那里用尽力气敬礼[①]……处于一种突发的恐惧……求你不要变成一头野兽[②]……每一次你转到一个角落，因为你的军服，人们都会这样认为……你希望躲开他们，把他们推到一边。你不想沾到他们身上的虱子。”[③]

在达豪的前几天，史蒂文斯觉得每一次睁开眼他都在失去他身上的人性。这些囚犯像动物一样生活，当他们蹲着方便的时候，或者被脱光衣服杀菌的时候，或者被拍摄作为战争罪行

① 乔治·史蒂文斯接受 Robert Hughes 采访未剪辑的文本，1967 年，3677 号文件，GSC。

② 乔治·史蒂文斯对 Kevin Brownlow 的讲述，未发表的完整的采访文稿，1969 年 4 月 22 日，3671 号文件，GSC。

③ 乔治·史蒂文斯接受 Robert Hughes 采访未剪辑的文本，1967 年，3677 号文件，GSC。

的活证据时，他们都丝毫不尴尬。刚刚上任几个星期的哈里·杜鲁门收到了一份来自他指派去视察情况的代表团对于解放的集中营里面可怕状况的报告。援助和食物来得不够迅速，那些被解放的囚犯们依然忍受着极度的饥饿。“从现在的事实看来，”写给杜鲁门的报告上说，“很显然除了我们没有杀害他们这一点外，我们对待犹太人的方法和纳粹分子一样。”①

诺曼底登陆过去快一年了，史蒂文斯和小组成员愈发亲近，但在达豪，即使是在工作的时候，这个团队感觉都解散了，每一个人都是孤独一人。“几乎每个人都处于震惊之中，”史蒂文斯说道，“我没有任何一个人可以交流。”当趴着的囚犯用爬着小虫子的手抓住他的衣服，用充满恳求的目光看着他，用一些他听不懂的波兰语或者德语哀求他，或者用断断续续的英语做
373 出请求时，他都要挣扎着不让自己反感地推开他们。“在集中营的每一天任何邪恶的本性都会显露出来，”他说道，“我憎恨那些混蛋（德国军队）。他们代表的是这么多个世纪以来最糟糕的东西。可是，当一个可怜的、饥饿的、因为视力下降而看不见的人抓住我然后开始恳求，我感觉到了所有人身体里的纳粹主义……我觉得自己是纳粹分子，因为我憎恶他，而且我希望他把手放开。而我憎恶他的原因是我发现自己可以保持傲慢、残忍地让他离我远一点……发现自己有这一面是一件残忍的事，也是你最鄙视的事。”②

即使当史蒂文斯可以将渴望、饥饿和恐惧从内心赶出去时，

---

① Dennis Hevesi, “Abraham Klausner, 92, Dies; Aided Holocaust Survivors,” *New York Times*, 2007 年 6 月 30 日。

② 乔治·史蒂文斯对 Kevin Brownlow 的讲述，未发表的完整的采访文稿，1969 年 4 月 22 日，3671 号文件，GSC。

那些盟军听到的达豪集中营被俘虏的德军囚犯们说的话也会变成一种嘲笑和回响，印证他内心深处最糟糕的恐惧。有一次，史蒂文斯走进一间房间，美军军官在里面审问一位纳粹党卫军军官，后者当时躲在一辆准备前往慕尼黑的四轮运货马车后面，直到被一名被解放的波兰囚犯发现了，而且波兰囚犯不知怎么地找到了力量把他拉了回来。这位德国士兵跪在地上，尖叫着，站在他身边的一位美国士兵拿着来复枪枪托准备打他。其他被捉住的德国士兵聚集到房间的角落，等待他们自己的审讯。“美国人本应该是高尚的人！”跪在地上的那个人喊道。“但其实他们是肮脏的折磨者！”①

在史蒂文斯的电影中，从《老瑞和哈迪》系列短片到《爱丽丝·亚当斯》（*Alice Adams*），自小就对难堪或者屈辱高度敏感的他常常将有关羞辱的场景转变为闹剧或者趣味剧。在达豪集中营和他待在一起的莫法特相信，正是史蒂文斯在那里度过的时间让他开始意识到从前的作品中将残酷或者伤害的时刻变成某种流行的娱乐令他在某种程度上应受谴责。“他一直是人性弱点的观察者，”莫法特说道，“（以）一种细小的，流浪汉式的方式。从未被提升成他突然看到的这种程度的悲剧，看见人们以一种他无法想象的方式来行事和被对待，人类本性竟允许这种事情发生。他难以接受……这对他产生了深远的影响。”②

他继续拍摄着，即使他的直觉要他转身离开。他拍摄的镜头中只有一小部分被视为适合用在美国新闻短片中，而即使是 374
这些有限的被军队送出去的片段也被很多影院拥有者认为不适

① George Stevens in Kirschner, *Jewish War Veterans Review*.

② 对伊凡·莫法特的采访，未发表的文稿，51 号文件，FJC。

合观众观看而拒绝了。[①] 当时美国国内的观众看到的少数达豪集中营的片段之一是一件发生在整个德国的事：每当一个集中营被解放了，盟军就会把附近的德国村庄和小镇的成年男女聚集起来，把他们送上一辆军事卡车，带他们走上一场在纳粹犯罪现场的强制性游行。史蒂文斯拍摄了这些游行，将注意力尤其集中在参观者的脸上，让他的摄像机记录下谁最终会崩溃并且哭泣，谁会艰难地前行并且拒绝看除了前排人的后脑勺以外的任何东西。他似乎提前知道其中一名中年女士很可能从钱包里面拿出一块手绢，在震惊中把它举到嘴边；也似乎知道谁会只是简单地紧闭双唇，快速地摇头，似乎在否认面前的现实。他也会拍摄美国士兵护送囚犯来到一排疑似集中营守卫面前，当中有些人扔掉了军服，剃光了头，穿着条纹睡衣，希望逃避被抓。当那些囚犯——当中一些由于生活环境几乎瞎了——靠近他们的前任关押者，凝视着他们的时候，史蒂文斯会以一种公诉人似的决心靠近，将摄像机移得如此之近，以至于双方的脸填满了整个画面。有时候他不会移动摄影机或者切换到其他画面；他会单纯地牢牢捉住那个画面直到胶卷用完为止，就像任何人都可能获得的深层而基本的证据存在于那些脸、身体或者骨头中一样。

度过了最初几天之后，文明的象征——食物、被子、医生、药物开始抵达集中营，而那些被解放的囚犯越来越习惯于摄像机的存在，他们当中的大多数留在了那里，因为他们没有亲人，也没有可以被称为家的地方了。他们明白为什么会被拍摄，即使是当中最虚弱的人也尝试用尽力气配合。在医务室里，当那些眼睛和双颊深陷的人看见史蒂文斯的摄像机时，他们会移动

① Thomas Doherty, *Projections of War: Hollywood, American Culture, and World War II* (New York: Columbia University Press, 1993), 59.

到更为孱弱的人身边，双手握住他们的脑袋，温柔地把他们的
头抬到摄像机前面，以便他们可以被某人看见或者记得，虽然 375
其中的大多数人已经难以辨认。在临时的太平间里，囚犯们会举起死去的人让史蒂文斯拍摄——他们也是证据。而集中营里面的很多人在镜头前给出证词，史蒂文斯亲自采访了一些囚犯。史蒂文斯没有收到军方指示要收集证词或者拍摄证据；但他相信既然他身处那里，这就是他工作的一部分，而且他很确定这些录像最终一定会有用。

部分达豪囚犯申请宗教服务，5 月 5 日，上尉戴维·艾科恩（David Eichorn）——一名犹太裔军队牧师——和拉比·艾利·博南（Rabbi Eli Bohnen）为犹太人举行了一次仪式，作为有数以千计的前囚犯参与的纪念仪式的一部分（第二天举行了一次迟来的复活节聚集仪式）。史蒂文斯从有利的位置为神职人员和群众拍摄了有声影片，这些群众站在超过 12 个盟军国家的国旗下聚精会神地听着那些话，“欧洲和你们一起受难”。作为一名新教教徒被养大的史蒂文斯对于当中说到的一些话感到战栗；达豪令他一度拒绝任何宗教信仰，尤其是来自他所看到的，德国人信仰的那些“健康的、愉快的、煽情的”基督教教义。20 年后，他回忆起他当时的想法：“基督教发展得越好，反犹太主义越猖獗……拥有这种（基督教）信仰，令这一切该死的、可怕的事情有了正当的理由。他们想拥有这个理由，而他们做到了。”①

两个晚上之后，欧洲土地上的战争结束了。依然在达豪的史蒂文斯和他的队员通过电台听到了欧洲胜利日的消息，一如他们一个月之前进入集中营的时候听闻了罗斯福的死和希特勒

① 乔治·史蒂文斯接受 Robert Hughes 采访未剪辑的文本，3677 号文件，GSC。

的自杀。那一晚没有庆祝仪式。他们听丘吉尔告诉全世界，德国政府签署了一份由同盟国远征军最高统帅部和苏联红军最高统帅部通过的无条件投降书，然后他们听到杜鲁门总统表示这是这次胜利“庄重而荣耀的时刻”，并且说道，“我们的欢喜冷静而克制，因我们清晰地意识到我们为了把世界从希特勒和他的部队手中解救出来而付出的沉重代价”。他提醒这个世界，摆在他们面前的是“工作，工作，更多的工作”。但至少，在欧洲的战斗结束了。

史蒂文斯在达豪待了几个星期，他继续拍摄并且把录影片
376 段寄回伦敦和华盛顿。在每个星期结束时，他会独自坐下来，撰写一份寄到陆军部的记录，详细说明每一段录像里面的内容：“囚犯的近镜——很好地看到了他们的脸”，“更多的死尸——他们头部的近镜”，“赤裸的囚犯因寒冷而颤抖”。[①] 他并不急于回到美国，自从加入战争之后，他从未如此觉得自己的工作是重要的，其他任何事，包括对于他未来的思考，都需要等待。他终于在 7 月离开集中营，那是因为他要作为美国代表出席波茨坦会议，在那个会议上杜鲁门、丘吉尔和斯大林将会碰面商讨战后政策。他和他的部分队友来到希特勒在贝希特斯加登的避世地，阿尔卑斯山上邻近德国 - 奥地利边界的地方，去拍摄部分战利品——银餐具和晚宴盘子。（他最后把他偷来的东西带到巴黎，换成了干邑。）[②] 他们进入戈林的房子，看了他的地下放映室，那里有一份清单列出了播放过的一系列电影；史蒂文斯无法抗拒

① 乔治·史蒂文斯撰写的特别报道小组官方报告，1945 年 6 月 20 日，被展出在巴黎 Mémorial de la Shoah, Musée, Centre de documentation juive contemporaine。

② *George Stevens: D-Day to Berlin.*

诱惑，看了一下自己的电影是不是榜上有名。[1] 在柏林的时候，他拍摄了奥林匹克运动场，9 年前雷妮·瑞芬舒丹在这里为希特勒拍摄了她著名的纪录片，然后他去看了希特勒和爱娃·布劳恩（Eva Braun）死去的地方。[2] 那段录影是他的特别报道小组最后的拍摄工作，现在这个小组已经分成一个个小群体了。在离开达豪后，史蒂文斯开始酗酒；小组剩下的成员发现他不清醒的时候“麻烦”而且“难以相处”，因此开始避开他。“每当我们不用工作的时候，夜幕一降临，我们就会避开他，”莫法特说道，“他会出来找人陪伴，找个人来聊天，或者喝酒，或者一起打开口粮罐头，但他找不到任何人……他很孤独。”[3]

这个小组解散了。剩下的人想回家。史蒂文斯拍摄年轻的
盟军士兵离开德国，欢乐地登上飞往 6 个不同国家的飞机，但
他留下来了；没有什么要做的了。8 月 8 日，《伦敦协定》确定
了欧洲轴心国力量被俘成员将会受到的指控，他们会在那个冬
天于纽伦堡接受审讯——战争罪、反和平罪、反人类罪。史蒂
文斯和巴德·舒尔伯格一直待在欧洲，为最高法院陪审法官罗 377
伯特·杰克逊（Robert Jackson）和他的公诉人团队提供协助。
在接下来的几个月，史蒂文斯会投身到两部故事片长度的战争
纪录片的制作中。第一部将会报道达豪和其他集中营里面的罪
行和环境；第二部，《纳粹计划》（*The Nazi Plan*），将会解释德
国的战争罪行是超过 10 年的计划和预谋的结果。电影只打算播
放一次，而且只有一批观众——纽伦堡的法官。

---

① Lambert, ed., *The Ivan Moffat File*, 219.

② *George Stevens: D-Day to Berlin.*

③ 对伊凡·莫法特进行采访，未发表的文稿，52 号文件，FJC。

26 “为什么拍摄这部电影?”

华盛顿和好莱坞，1945 年夏天

378 随着战争在欧洲的结束，通讯部给驻扎在那里的美国士兵发了一条录影信息：“德国人民不是我们的朋友。”春天的时候，由于确信希特勒的终结即将到来，弗兰克·卡普拉和西奥多·盖泽尔为那些即将要被指责在战败国维持和平的美国军队准备了一部名为《你在德国的活》（*Your Job in Germany*）的短片。这部电影比其他战争片更加坚定地将批评指向德国公民。“不要冒险，”旁白警告道，“你们对抗的是德国的历史。它不好。”当其中一个旁白提到德国人“温和、悔悟、感到抱歉”的说法时，盖泽尔清晰地表明他认为任何悔悟的表现都只是策略。“这可以再发生——下一场战争”，他的旁白说道，因为“盖世太保这帮暴徒”现在已经“成为群众的一部分。依然在看着你，憎恨你，并且在思考……思考下一次……他们对于战争并不感到抱歉。他们只对于自己输了战争而感到抱歉……不要相信他们中的任何一个人。也许有一天德国人民的病会被治愈——他们的超级种族病、他们的征服病。但他们必须证明自己痊愈了而世人没有感到一丝怀疑，这样德国才可以成为受尊敬的国家之一。”

379 《你在德国的活》的编剧和制作人盖泽尔雇用了演员约翰·隆德（John Lund）来以一种强势甚至威吓的风格说出这些台词。［罗纳德·里根（Ronald Reagan）对此进行了试听，但据盖泽尔所说，“那个早晨他似乎没有理解那些重要的东西”。][①] 盖泽尔坚持他在电影中创造出的严厉、不宽恕的语调，除了一个例外。德国投降后，艾森豪威尔颁布了美军士兵和德国平民之间严格的不结交政策。盖泽尔觉得这条规定“不可能而且不明智”，但“按命令行事”，他在电影中加进了军事语言，告诉美军士兵和军官，在尊重德国的习俗、宗教和财产的同时，他们也需要保持疏远：“不要拜访他们的家……他们不能简单通过伸出双手说他们很抱歉就回到文明世界……这双手当初也欢迎过阿道夫·希特勒……不要握那双手。”

卡普拉让盖泽尔飞往欧洲，把《你在德国的活》播放给军事领导层看，他们将会决定这部电影是否适合向士兵放映。倡导要让德国人民的伙伴们处于和平之中的巴顿将军厌恶这部电影好斗的语调并且离开了放映室，他说它“胡说八道”。但艾森豪威尔认为这位将军对于消灭纳粹主义过于温柔，在巴顿将军公开称纳粹党人只是另一个政治团体时，艾森豪威尔警告他“赶紧做点实事，（停止）娇宠那该死的纳粹”。[②] 艾森豪威尔批准了这部电影，随着5月开始的对德国的战后占领，他命令将这部电影向全美士兵播放。（虽然《你在德国的活》本来并非为美国平民拍摄的，但战争活动委员会最终把短片交给了华纳，华纳对它进行了重剪并改写了旁白，增加了一些关于提防法西斯主义在美国境内崛起的提醒。它在1945年12月以《希特勒活着吗》（*Hilter Lives*）的名字在影院上映。接下来的春天，由唐·希格尔

---

① Judith Morgan and Neil Morgan, *Dr. Seuss and Mr. Geisel: A Biography* (New York: Random House, 1995).

② Judith Morgan and Neil Morgan, *Dr. Seuss and Mr. Geisel: A Biography* (New York: Random House, 1995)，以及 James C. Humes, *Eisenhower and Churchill: The Partnership That Saved the World* (New York: Prima, 2001)。

（Don Siegel）——也是后来《天外魔花》（*Invasion of the Body Snatcheers*）和《肮脏的哈利》（*Dirty Harry*）的导演——监督制作的版本赢得了奥斯卡最佳纪录短片奖。

那年春天，卡普拉依然在积极地为离开军队做努力。对于他来说，重要的项目大多都结束了，或者即将结束。《认识你的敌人——德国》经过几年的修改后终于完成，但这几乎没有任何用处，因为德国和美国不再处于战争状态；在接下来的几个月，它将会被重新制作成一部名叫《这里是德国》（*Here Is Germany*）的反对德国的历史纪录片。《我们为何而战》系列的第七部也是最后一部《美国参战》也即将上映。达里尔·扎努
380 克大方地告诉卡普拉它是“我看过的最伟大的纪录片”，而且说他很乐意通过二十世纪福克斯将它分发出去。[①] 但这个承诺从未具体成一个明确的开价，可能因为作为一位商人，扎努克太清楚地意识到，由于太平洋的战争还在继续，关于已经结束战争的历史课是观众们在 1945 年最不想看到的东西，比如《美国参战》和珍珠港事件。卡普拉依然为两部宣传纪录短片工作——为国内电影观众们拍摄的、以卡通形式表现希特勒和墨索里尼被消灭了，下一个将是东条英机的《两个倒下，还剩一个》（*Two Down and One to Go*），以及为美国士兵拍摄的《前往东京》（*On to Tokyo*），在里面马歇尔将军向一群士兵解释为什么太平洋军队的人数要增加，以及为什么在欧洲战争中筋疲力尽的老兵们现在要抗击日本。但当这两部短剧和《认识你的敌人——日本》完成后，卡普拉告诉莱曼·曼森：“我会慎重考虑自己在军队的工作……我担心假如我不尽快回到我的平民工

① 达里尔·F. 扎努克写给弗兰克·卡普拉的信，1945 年 4 月 21 日，FCA。

作，我将会变得迟钝和疲惫，我将永远无法再拍摄任何电影。”①

卡普拉用了几乎一年时间恳求军队让他离开。对于感到疲惫这一点他并没有说谎，但他这样做还有另外一个原因：促使他在20世纪30年代站上电影事业巅峰的那强大的野心现在变成了一种惊慌，因为一群新导演已经开始在好莱坞立足了。“我希望尽我所能地为军队做出贡献，”他在1月的时候告诉曼森，“除此之外，我宁愿不要停留……我希望你可以……考虑一下我的状况，以及诸如李维克、维勒……休斯顿等人的状况。这些人放弃了自己的事业，也许还有他们的部分未来来主动服役。他们以后需要回去和那些不那么爱国的人竞争……那些留在家里，在电影事业发展最繁盛的时候赚取意外之财的人。”② 卡普拉依然在尝试寻找他和山姆·布里斯金准备成立的自由电影公司的合作伙伴，最近他邀请了莱奥·麦卡雷（Leo McCarey）——《与我同行》（*Going My Way*）的导演，好莱坞越来越明确地主张反共产主义的人之一——来成为他的合作伙
伴，他还试探过罗伯特·里斯金，那个曾为他写过他最受欢迎 381
的电影其中5部的编剧，但两个人都拒绝了卡普拉。③

曼森一直拖着卡普拉，告诉他“我尽量诚实地告诉你……我真不知道”什么时候可以批准你免除服役。④ 但欧洲胜利日后的一个星期，卡普拉递交了一份正式的退役申请书。当时，这样的申请是被认为要使用数学公式计算的：他在军队每4个

---

① 弗兰克·卡普拉写给莱曼·F. 曼森上校的信，1945年4月27日，FCA。

② 弗兰克·卡普拉写给莱曼·F. 曼森上校的信，1945年1月30日，FCA。

③ Joseph McBride, *Frank Capra: The Catastrophe of Success* (New York: Simon & Schuster, 1992; reivised 2000), 506－507.

④ 莱曼·F. 曼森上校写给弗兰克·卡普拉的信，1945年2月8日，FCA。

月就会得到1分，而在海外准备《突尼斯的胜利》的时候每4个月得到额外的1分，由于获得功勋勋章而得到5分，那3个受他抚养的孩子每个为他得到了12分，总共85分，刚好足够让他免除服役。[①] 1945年6月8日，卡普拉离开洛杉矶的福克斯堡，出发前往华盛顿，在那里他将接受最后一次军事体检。[②]很快，他被叫到马歇尔将军的办公室，在那里他得知自己获得了战时优异服务勋章，将军将会亲自为他颁发这项荣誉。表扬语的一部分写道："由上校卡普拉在参谋长的指导下制作的电影对军队士气产生了重要影响。"[③]

卡普拉极度兴奋。"太惊喜了！光荣的惊喜！"他在日记中写道，"马歇尔将军为我戴上了战时优异服务勋章！我表现得像个白痴，完全说不出话来。我不得不走到厕所哭了10分钟。从来没有一件事让我这样骄傲过。"[④]

那个时刻拔出了卡普拉心中那根刺——《美国参战》最终在少数电影院上映，反响不冷不热；这是《我们为何而战》系列中第三部向公众放映的电影，但卡普拉把大多数他想要说的关于二战的事情都在前几部说过了，因此将这一部变成了美国价值观的颂歌。这部电影的初剪版有90分钟长，当奥斯本将军看过之后，他温和地建议"大量删剪"，告诉卡普拉虽然他认为这部电影有"非常好的可能性"，但当中"解释我们是哪种

---

① 来自美国陆军的弗兰克·卡普拉的申请调离表，1945年5月18日，FCA。

② 弗兰克·卡普拉的"旅行日记"，日记标明日期为1945年6月8~11日，以及1945年6月12日，FCA。

③ Frank Capra, *The Name Above the Title: An Autobiography* (New York: Da Capo, 1997; originally published 1971), 367.

④ 弗兰克·卡普拉的"旅行日记"，日记标明日期为1945年6月14日，FCA。

人”的材料大多可以删掉，还有一些过度的情感部分也可以删
掉。“难道你不觉得我们可以删掉医院妇产科那一排排小床?”
他写道，“对我来说它会让我联想到小孩子的大规模生产。”[①]
卡普拉将电影删到剩下一个小时，但依然被觉得太长：《我们为 382
何而战》的其他电影简短地讲述了德国和日本的崛起及欧洲战
争的开始，但这一部不同，它从美国独立战争一直讲到当代。
或许是因为他即将结束服役，卡普拉甚至决定要在电影中对好
莱坞进行赞扬。《美国参战》引用了 1939 年华纳的情节剧《一
个纳粹间谍的自白》作为战前的里程碑，通过评论“我们坐在
电影院不相信电影中揭露的纳粹在美国的间谍活动。这可能是
真的吗?”赞扬了这部电影并大胆地提醒了洋洋自得的国家。

但到了 1945 年，常看电影的观众不会再因战前的自得而被责备，更不用说会因此而改变思考方式。《一个纳粹间谍的自白》就像来自无限天真的年代，而意在向士兵们解释美国为何参战的《我们为何而战》系列对于急于将战争抛诸脑后的电影观众们来说毫无吸引力。好莱坞在前两年为公众带来的战争主题电影已经过多，而好莱坞也接收到了这个信息，1943 ~ 1945 年，电影公司制作的战争电影减少了超过 60%。[②] 无论如何，卡普拉重返好莱坞的消息依然被广泛报道，而他也被当作英雄而受到一致的欢迎。业内将已经被包括士兵与平民在内的 400 万人观看过的《我们为何而战》当作电影行业的战争成就。威

---

① 弗雷德里克·奥斯本将军写给弗兰克·卡普拉的信，1944 年 10 月 21 日，FCA。

② 根据 Michael S. Shull and David Edward Wilt, Hollywood War Films, 1937 ~ 1945 (Jefferson NC: McFarland, 1996)，第 334 ~ 410 页，八大主要电影公司在 1943 年上映的电影中至少有 198 部包含战争内容，1945 年这个数字降为 78 部。

廉·惠勒预言“弗兰克的这个系列……将会比《乱世佳人》流传更久，而且会对这个媒介的发展产生重大影响”，他这段话说出了很多人的想法。[①] 对卡普拉的赞誉如此广泛，对他作为行业领导者的认可在他离开的时候有增无减，人们极其好奇他下一步会做什么。卡普拉和布里斯金在这种时机下宣布成立自由电影公司，但他们依然无法在没有合伙人的情况下对它进行投资，而卡普拉也还没有选出一个剧本作为他接下来 5 年里的第一部电影。[春天的时候，他去观看了百老汇热门喜剧《哈维》(*Harvey*)，他觉得这部剧有潜力，但他无法取得拍摄权。][②] 现在他有很多时间来计划下一部电影。6 月 25 日，经过历时 3 天的横跨全国的火车之行后，卡普拉回到了洛杉矶，用日记中的 3 个字结束了他的战争年代：“到家了！”[③]

7 月，约翰·休斯顿的《圣彼得罗之战》第一次在影院上
383 映。军队宣传资料解释道，这部 32 分钟的电影是“在 5 个月的时间内”拍摄的，但没有向一群容易受骗的记者团公开说它完全是由场景重演组成的。实际上，陆军部的公共关系局还吹捧《圣彼得罗之战》的真实性。记者和评论家们都收到一份新闻稿，上面写道：“这是一个完整的摄影小组第一次共同在前线工作。休斯顿少校被给予了完全的自由，可以在整个摄影过程中对他的摄影师大胆地进行安排……随着战争的进行，休斯顿少校开始为旁白撰写剧本。”另外一份独立的新闻稿，标题为《事实和虚构》但几乎完全强调前者，它陈述道“休斯顿的第一个任务是要决定如何将他相对小的小组分布到整个战场中，以便能够从各个方向

① Thomas M. Pryor, “Back to Work,” *New York Times*, 1945 年 9 月 15 日。
② 弗兰克·卡普拉的“旅行日记”，1945 年 3 月 25 日，FCA。
③ 弗兰克·卡普拉的“旅行日记”，1945 年 3 月 25 日，FCA。

完全记录这场战争，同时还能对他的队员们给予指示……他预先知道策略将会是怎样……拍摄中的大多数时候，他会带领他的队员走在步兵前面，在一次攻击之前数小时便进入无人之境，然后等待攻击开始，然后艰难地开始拍摄。”①

《圣彼得罗之战》是关于一场休斯顿甚至不在现场的战争的彻底的谎言，但欧洲战场胜利之后庆祝和纪念的浪潮似乎降低了评论界的敏锐度。电影里的字幕卡片声称“电影中所有场景都在敌军火力范围内拍摄”，但补充道“出于对连贯性的考虑，少数场景是在实际战争之前或者之后拍摄的”。被放在《圣彼得罗之战》的最后10秒而不是开头的这些修饰语被大多数评论这部电影的人忽略了。假如这是在6个月之前上映的，《圣彼得罗之战》可能会被当作前线新闻而受到仔细的检查。但在和平时期，它被带着尊敬对待，成为美国近期历史极具价值的记录。此前曾准确无误地对任何带有弄虚作假意味的战争片做出判断的詹姆斯·艾吉这一次却在他为《时代周刊》撰写的评论中填满了对军队新闻稿的改写；他还把休斯顿的电影称为“宏大的悲剧”，“和之前曾拍摄出来的战争片一样优秀……在某些方面它甚至是最好的”；他预测“历史很可能会把它视作……伟大的”。② 他从没有质问过它的真实性，《纽约时报》也 384
没有，这份报纸赞扬了休斯顿在战争期间进行拍摄的“勇敢”。③

评论家们可能被《圣彼得罗之战》中的场景重演欺骗了，但他们的赞扬并未限于所谓的真实性；他们还认为休斯顿做了

---

① 《圣彼得罗之战》的美军媒体资料，未标明日期，503号文件，JHC。

② “The New Pictures,”（未署名但由詹姆斯·艾吉撰写）*Time*, 1945年5月21日。

③ Bosley Crowther, “Army Film at 55th Street ‘San Pietro,’” *New York Times*, 1945年7月12日。

一些全新的东西，他为战争片创造出一个新的视觉和情感上的词语。旁白以一种平缓、几乎是痛苦的语调说话，这和早期军事片中真诚而情绪激动的旁白有所不同。而且，由于他有时间和安全的地方来按照他想要的效果搭建战争场景，休斯顿能够营造出一种屏幕上的“真实主义”，相机的晃动、前进军队的断断续续和士兵们那坚韧而毫无表情的脸庞都在宣告着，这虽然不是好莱坞版本的战争，但它可能是好莱坞可以模仿的战争。《圣彼得罗之战》的忧郁还标志着对通讯部标准的背离。休斯顿故意在死亡、损失和摧毁上停留，而只靠最后几幕进行挽回——在回到（假装的）自己的村庄后，镜头展示农民妈妈们在哺乳。（《圣彼得罗之战》最后几分钟似乎预料到了意大利新现实主义运动的开始出现，它将会在接下来几年吸引眼光敏锐的观众。）

对于评论家来说，《圣彼得罗之战》是珍珠港之后第一部没有在为战争寻找理由的完美电影。没有人附和军队一开始的担心，没有人认为休斯顿颠覆性地做出了“反战”宣言；他们觉得《圣彼得罗之战》对于战场上的生命的展示是期待已久的，而电影也证实了他们所相信的——当时只拍摄过3部故事片的休斯顿是好莱坞最重要的新导演。曼尼·法伯为《新共和》杂志撰稿时，表达了自己为这部电影的“绝对的非浪漫性”和“绝望”而震惊；他第一次写道，一名美国导演愿意展示这场战争的“困惑、可怕、意外和悲剧”。[①]《纽约客》赞扬休斯顿将战争描绘为“一桩肮脏、致命的事业”而没有任何“浪漫之举”。[②]

---

① Manny Farber, "War Without Glamour," *New Republic*, 1945年7月30日。

② John McCarten, "The Current Cinema: Brief Masterwork," *New Yorker*, 1945年7月21日。

休斯顿并没有接受太多采访来宣传《圣彼得罗之战》。当时，他自己对于这部电影的感觉非常矛盾，在它上映之前不久，他在一次放映后给扎努克写信，称它“是一部阴沉的、该死的电影， 385
满是不完整的小镇、坦克和尸体……我成功地让（观众）感到悲惨，这也是这部电影的目的”。[①]（休斯顿从来没有公开表示这部电影是场景重演的，包括在35年后的自传中。）自他从意大利回来后，折磨他的那种黑暗而愤怒的心情恶化了。他的妻子莱斯利终于到了里诺以便达到一个6周的居住要求，然后便可以离婚（她大部分时间都和即将离婚的亨弗莱·鲍嘉的妻子在一起，她到里诺也是出于同样的原因）。[②] 在洛杉矶，休斯顿严重酗酒，他没有任何东西可以换取能让他申请重返平民工作需要的分数，而军队也并不急于让他离开。有时候，他那不受控制的好战心会为他带来尴尬，就在欧洲胜利日前，在大卫·O. 塞尔兹尼克家中的一个派对上，他和埃罗尔·弗林打了起来，明显是为了奥莉薇·黛·哈佛兰。两个男人一起进了医院——弗林的肋骨断了，而休斯顿的鼻子歪了——也一起上了头条。[③] “我记得我们两个人用到的语言……要多粗俗有多粗俗，”休斯顿后来写道，“埃罗尔挑起了事端，而我奉陪到底。”[④]

那个夏天，军队命令休斯顿去制作一部新的纪录片，而他对于这个主题——遭受着和战争相关的心理创伤的归来老兵的

---

① 约翰·休斯顿写给达里尔·F. 扎努克的信，1945年3月14日，499号文件，JHC。

② A. M. Sperber 和 Eric Lax, Bogart (New York: William Morrow, 1997), 302 - 303. 莱斯利·布莱克·休斯顿的离婚申请在1945年4月6日提出。

③ Otto Friedrich, *City of Nets: A Portrait of Hollywood in the 1940s* (New York: HarperCollins, 2013), 177 - 178.

④ John Huston, An Open Book (New York: Alfred A. Knopf, 1980), 97 - 98. 在自传中，休斯顿错误地把和弗林这场架放到了1942年。

现况——非常兴奋。休斯顿没有办法为他自回家后的绝望和愤怒找到理由，他对于精神出问题的士兵的兴趣是有私人原因的。他在阿留申群岛的摄影师雷伊·斯科德，自某晚在军队于阿斯托利亚的电影工作室开枪而被送进医院后情况急速恶化；1945年，斯科德的妻子告诉休斯顿，斯科德在军队精神病院接受的治疗“铁石心肠且毫无人情味”。休斯顿决定尝试出面干涉，他写了一封信表达了他对医院计划对斯科德使用电击疗法的担忧，并且为他的同事恳求免除执行医院计划。“斯科德和我所认
386 识的依然活着而且依然四肢健全的人做出了同样多且同样伟大的牺牲，”休斯顿给医院的管理者写道，“他本来不需要加入军队的……他是一个怪异的家伙，但绝对没有疯。除非你指的是那驱使一个人一次又一次主动要求执行极其致命的飞行任务的本性，或者说在散兵洞里面忍耐着，保持前进姿势达数星期的那种疯狂。但这不是那种需要电击疗法的疯狂。相反它是那种让（军队图像服务部）得到现时荣誉的那种疯狂。”①

两名军队精神科医生给福特写了一份耐心而细致的回复，解释道斯科德并非被诊断为疯了，而是忧郁和有自杀倾向，而且斯科德向妻子夸大了他所受到的约束和条件，此外他的医生们不但努力为他治疗，而且努力不让那“一堆我宁愿不写出来的相当不令人愉快的意外”记录在军队文件中，好让他可以继续接受治疗。② 这次的交流令休斯顿被医生们的专业、同情心和坚持所打动，他希望可以在一部纪录片里研究他们的工作。

---

① 约翰·休斯顿写给 Roland Barrett 上校的信，1945 年 2 月 5 日，1443 号文件，JHC。

② Roland Barrett 上校和 Emanuel Cohen 上校写给约翰·休斯顿的信，1945 年 2 月，1443 号文件，JHC。

军队心中有自己的打算。休斯顿被告知预期的电影并不是要探讨精神病疗法的效果或者病人的挣扎，而是要让全国的公司高层相信雇用退伍老兵并没有任何需要害怕的。为了保险，休斯顿的监督人给他列出了这部计划称为《精神病患者重返》（*The Returning Psychoneurotic*）的电影需要满足的要求：“（1）指出只有非常少的一部分人被诊断为患有精神病；（2）通过详细解释精神病是什么来消除现在精神病患者的污名，也借此消除媒体、杂志和电台故事塑造出来的夸张的形象；（3）解释在很多情况下，一个令某人不适合留在军队的精神上的原因很可能也是令同一个人在平民生活中取得成功的原因。[（那些接受治疗的老兵们）已经表达过，令他们在作为平民时能取得成功的原因恰恰是他们作为士兵时垮掉的原因。]”①

休斯顿忽略了军队的明确要求，但他热情地接受了这项任务。他并不打算制作一部关于平民就业的电影；他的纪录片将 387
会是一次对精神病治疗过程的个人检查——按时间先后顺序表现一个入院的美国士兵将会接受的，典型的 6～8 个星期的治疗。夏天结束时，他已经住进了梅森综合医院——斯科德接受治疗的那间在阿斯托利亚附近的军事医院，并且开始计划在这一年剩下的时间拍摄医院里的医生和病人。

休斯顿喜欢这次可以拍摄新影片的机会——即使是为了军队——因为他上一部宣传片最终什么也没有换来。8 月的时候，

---

① Gary Edgerton, “Revisiting the Recording of War Past: Remembering the Documentary Trilogy of John Huston,” *Journal of Popular Film and Television*, 1987 年春，重印于 John Huston, Gaylyn Studlar, 以及 David Desser, *Reflections in a Male Eye: John Huston and the American Experience*, Smithsonian Studies in the History of Film and Television（Washington, DC: Smithsonian Institution, 1993）。

大部分基于他撰写的剧本拍摄的《认识你的敌人——日本》历经3年终于完成了。卡普拉采用了休斯顿的改写，然后自己加了一些华丽的辞藻，将日军贬低为可以互相替换的“从同一张底片印出来的人”,[①] 而且强调他常常申明的信念：日本公民因接受“他们沉默的、严受管制的命运”和作为“恶毒而严格的社会结构下的心甘情愿的囚犯”而理应受到谴责。（他告诉《洛杉矶时报》，“美国人关于纪律这件事反对的是系统化”。）卡普拉交到军队的一个小时长的纪录片完全是歪曲历史的产物——由种族主义语言拼凑而成，包含错误的历史和对日本军队、神道教和国民特点的控诉。由于几乎没有任何可以使用的日本战时录影片段，卡普拉严重依赖于他以前的片段大杂烩，甚至使用了乔治·史蒂文斯的情节剧《秋缠断肠记》中的片段作为东京1923年地震记录的一个镜头。

《认识你的敌人——日本》被送到海外，准备给太平洋的所有美国军队观看。它于原子弹被投放到广岛的3天后抵达。在那个时间点，卡普拉用来结束电影的誓言——电影结尾发誓要“将我们所有愤怒产生的力量”集中到对抗日本上——不再是陆军部想要传递的信息了。负责监督盟军进攻日本的麦克阿瑟将军因原子弹的使用而感到震惊；在看过电影并且听到休斯顿和卡普拉写的旁白之后，麦克阿瑟将军给华盛顿发了一份电
388 报，说他不会允许士兵观看这部电影，“因为占领日本的管理政策改变了”，并且补充道，“同时建议不要进行媒体播放或者对美国的公众放映”。这部电影被禁超过30年。[②]

---

① William Blakefield, “A War Within: The Making of Know Your Enemy-Japan”, *Sight and Sound*, 1983年春。

② McBride, *Frank Capra*, 499.

迟到的电影作品突然被认为无关紧要，休斯顿和卡普拉不是唯一有这样经历的导演；抗日战争胜利日后，惠勒发现自己遇到了一个对他的纪录片《霹雳》漠不关心的军队。整个夏天，惠勒都挣扎着要重新振作，并且努力调整作为平民和残疾退伍老兵的生活；他装上了助听器以便将其中一只耳朵的听力最大化，并且尝试通过重返工作而甩掉悲伤。7 月，他向陆军部的公共关系局写道：《霹雳》“接近完成，我觉得它会非常不错。它讲述了一个明确的故事”。惠勒之后就电影长度进行了争取：20 分钟不足以把故事说好，除非他能得到允许将电影改得更长，否则结果“不过是美化了的新闻片”。①

惠勒的要求得到了满足，和制作《孟菲斯美女号》时一样，他和约翰·斯特奇斯准备了一个 43 分钟的版本，然后对它进行评估和加工。电影完成的时候，日军投降了。惠勒将电影带到华盛顿为高级空军军官放映，在灯亮起来之后，H. H. 阿诺德将军四处张望问道：“威利在吗?”惠勒站了起来。

“威利，”阿诺德说道，“为什么拍摄这部电影?”

据斯特奇斯说，“威利几乎无言以对。可能因为他的听力不好，但他真的一个字也没说。他可以为我们为什么制作这部电影给出 50 个理由。他全部都知道……威利最终咕哝了几句。他支支吾吾的。阿诺德将军需要正面的回答。他径直离开了，然后就结束了。”②

惠勒没有放弃。他把《霹雳》带到好莱坞的商业媒体那

① 威廉·惠勒写给 Monroe W. Greenthal 少校的信，1945 年 7 月 11 日，23 号盒子，3 号文件，WWUCLA。

② Jan Herman, *A Talent for Trouble: The Life of Hollywood's Most Acclaimed Director, William Wyler* (New York: Da Capo, 1997), 276 - 277.

里，尝试让他们对它进行报道。《纽约时报》一名充满同情的记者写道，“惠勒先生并未觉得自己重新回到平民生活的调整完成了，或许只能等到他最好的军队任务——一部关于轰炸机的纪录片在电影院上映为止”。[①] 在好莱坞，他把电影放映给他的
389 同事和朋友们看——詹姆斯的兄弟威廉·卡格尼（William Cagney）和劳埃德·布里奇斯（Lloyd Bridges）——尝试让他们对此进行评论。[②] 在 38 个月的服役后，10 月 31 日惠勒正式离开军队，[③] 在这之后他不断向任何他觉得可能可以让电影在大屏幕上放映的人写信。但即使是他最亲密的同事也拒绝了他。塞缪尔·戈尔德温告诉他这是“政府的问题”，并且声称他无能为力。正在解散的战争活动委员会的协调者给惠勒写道：“这部这么好的电影不能在事件发生的时候完成真是太糟糕了。”惠勒回信说，他对此也感到很遗憾，“战争比预料中结束得快”，他解释道，“虽然我对此不能表达任何遗憾”。

然后他又找到空军，恳求埃克将军购买 100 份拷贝，并且相信电影公司不可能拒绝免费的拷贝。“如果你带着这个提议以个人身份联系重要公司的负责人，”他告诉埃克，“我不觉得他们会拒绝——他们拒绝的话我会觉得我羞于成为电影行业的一分子。”[④] 但每一家公司都有一个不同的原因来拒绝：上映这部电影的时机过去了；战争纪录片是票房毒药；惠勒的作品当然

① Thomas M. Pryor, “Back to Work,” *New York Times*, 1945 年 9 月 16 日。

② 《霹雳》的放映邀请名单，1945 年 10 月 12 日，23 号盒子，8 号文件，WWUCLA。

③ 军队离开资格记录，1945 年 10 月 31 日，777 号文件，WWA。

④ 塞缪尔·戈尔德温和 Francis Harmon 写给威廉·惠勒的信，以及 RKO 的 Ned E. Depinet 给威廉·惠勒发的电报，均有惠勒手写的注释；威廉·惠勒写给 Harmon 和伊拉·埃克将军的信，全部都在 1945 年 11 月和 12 月，23 号盒子，3 号文件，WWUCLA。

很好，但公司的投资已经用于其他电影了。终于，他不得不放手。《霹雳》不会在电影院上映，直到 1947 年年末，一个小公司摩洛格兰象征性地放映了这部电影。到那时，惠勒将要为观众提供背景，拍摄一段由吉米·斯图尔特讲述的简介，将电影中发生的事称为“过去的历史”。

从前被他认为是同事的所有人对他作品礼貌但坚定的拒绝让惠勒恐慌。1942 年，《忠勇之家》令惠勒成了美国和英国电影行业广受赞誉的人；3 年后，他只是又一个从战争中回来，发现电影行业在没有他的情况下依然发展兴旺的导演。惠勒并不清楚自己目前的位置，也不知道在听力不恢复的情况下他怎样继续执导，但他急于回到这个游戏中。7 月，他接受了来自卡普拉和布里斯金的提议，成为自由电影公司的一名合伙人，他从自己的人身保险中抽出 15 万美元，买到了公司 1/4 的股权以及未来 5 年自由选择想要拍摄和制作电影的权力。[①] 卡普拉依然在寻找加入他 390
们的第三位导演，而且也在尝试为公司的电影分发签订协议，但这个延误正合惠勒心意，因为他还欠戈尔德温一部电影。

戈尔德温在心里面为惠勒构想了几个项目。一个是艾森豪威尔将军的戏剧化自传，这位制作人努力将改编权保留了数月。罗伯特·舍伍德（Robert Sherwood）离开剧院前曾三度获得普利策戏剧奖，后来成了罗斯福的演讲稿作家，以及战争信息办公室的海外导演。他同意为剧本写出一份提纲，而崇拜艾森豪威尔的戈尔德温也对这个项目非常热心。[②] 但惠勒并非如此，他拒绝了和将军面对面交流的邀请。此外他也对戈尔德温提供的《仁慈天使》（*The Bishop's Wife*）不感兴趣。《仁慈天使》是一部家庭幻

---

① *Collier's*, 1950 年 2 月 4 日，引用于 Herman, *A Talent for Trouble*, 295。

② A. Scott Berg, *Goldwyn* (New York: Alfred A. Knopf, 1989), 393.

想剧，讲述一名天使和一座主教大教堂的建造的故事。[①] 戈尔德温期望来自他这位明星导演的一些宏大的、明快的、流行的作品。“（他的）想法是，‘来吧，战争结束了，让我们忘记战争，做一些有趣或性感的事情’”，戈尔德温说道。[②] 但惠勒导演想要其他的。“我希望我可以安静地回（好莱坞）制作一部小电影，”他说道，“只是去找回感觉。”[③] 但即使他有了这个机会，他也不知道自己是否能够顺利完成。“我在非常真实的生活中和非常真实的人相处，我学到了很多，”他说道，“以至于我害怕有一天我要回去告诉演员们怎样登上一架飞机或者戴上一顶帽子。”[④]

“我依然满心想着战争，”惠勒说道，“虽然我已经离开了它，但我想做一些事情……和我的经历有关的。”[⑤] 终于，他发现了一部适合他的“小电影”。戈尔德温已经拥有了它的所有权，他在一年前已经购买了相关材料的所有权并且登记了电影的名字，因此其他制作人或者公司都不能使用。《回家的路》（*The Way Home*）是一个讲述士兵们从战争中归来的简单故事。惠勒觉得它非常适合自己。“我用了 4 年成为其中一名角色”，他说道，这会是“我制作过的最容易的电影”。[⑥]

---

① Axel Madsen, *William Wyler: The Authorized Biography* (New York: Thomas Y. Crowell, 1973), 260 - 261.

② 威廉·惠勒接受凯瑟琳·惠勒的采访，1981 年，重印于 Gabriel Miller, ed., *William Wyler Interviews* (Jackson: University Press of Mississippi, 2009), 119。

③ 威廉·惠勒对 Thomas M. Pryor 说的，1945 年 9 月，一开始印于 Pryor, "William Wyler and His Screen Philosophy," *New York Times*, 1946 年 11 月 17 日。

④ Pryor, "Back to Work."

⑤ Miller, ed., *William Wyler Interviews*, 131.

⑥ Bernard Kantor, Irwin Blacker, 以及 Anne Kramer, eds., *Directors at Work* (New York: Funk & Wagnall's, 1970).

27 “一段愤怒的过去在暴风中和未来缠绕”

好莱坞、纽约和德国，1945年

《黄金时代》（*The Best Years of Our Lives*）的故事早在威 391
廉·惠勒对其有拍摄想法前很久就已经开始了。1944年7月，当他还在意大利执行飞行任务的时候，一名《时代周刊》通讯员在半个地球以外，陪伴370名海军陆战队第一师的士兵回家。他们刚刚从太平洋的战斗中归来，在圣地亚哥登上了一列火车，在接下来的数天将慢慢向西进发。这些人得到了30天的假期，他们把这辆火车称为“回家专线”，把这个名字用粉笔写在普尔曼式车厢的两边。他们兴奋地谈论着即将见面的家人，又紧张地说起自己的女朋友。他们讲述战争故事，然后又讲别人怎么在讲战争故事的时候夸大其词。他们吹牛，他们开玩笑；在某些站点他们会有免费的啤酒，在其他一些站点，城镇居民会聚集过来欢呼和挥舞旗帜。火车越接近终点，它变得越空，直到后来只剩下几个海军成员，车厢内安静下来，他们克制着，望向曼哈顿的天际线，紧张地把自己的粗呢提包举过肩膀。经过一个星期的相处，《时代周刊》这位观察仔细的记者得以捕捉到故作勇敢之下的脆弱：越接近家，这些男人看起来就越像回到了小男孩的状态——他们的平均年龄只有21岁——也越会
担心自己即将要回去的生活是怎样的，他们是否会被接受。“我 392
的胃在翻滚”，其中一名美国士兵承认道。“我有一点担心他们

眼中的我是什么样，”另一个说，“他们会觉得我改变了多少。”①

《回家的路》在诺曼底登陆后仅两个月、战争结束前一年就被发表了，它所提供的可能只是一个简单的印象，但它是最先预料到退伍军人可能面对的心理上的未知的国内作品之一。当塞缪尔·戈尔德温读到这篇文章时，他知道，即使不采用这篇文章，这个主题本身都有成为一部伟大电影的可能，即使可能需要等到战争结束才能拍摄这部电影。为了找人写这份剧本，他联系了麦金利·肯托（Mackinlay Kantor），一位最近前往伦敦担任通讯员的小说家和编剧，后者有大量采访年轻美国士兵的经验。肯托因此来到洛杉矶，戈尔德温向他支付了12500美元，告诉他：“归来的士兵！美国每个家庭都是这个故事的一部分。当他们回到家，他们会发现什么？他们不记得妻子了，他们从未见过自己的孩子，有一些人受伤了——他们需要调整。”②

肯托在那个秋天开始工作，只看稿，应付他那焦急的制作人的询问。“故事进展得非常好，”他给戈尔德温写道，“我现在写了大约70页，但我相信这只是最终长度的一半。由于这个故事被表达的方式与以往不同，我无法估计初稿大约要多久才能完成。”③

当草稿终于交到戈尔德温手中时，他清楚地知道了肯托口中的“与以往不同”是什么意思。他写出来的不是一个剧本，

---

① “The Way Home,”（未署名）*Time*, 1944年8月7日。

② Harriet Hyman Alonso, *Robert E. Sherwood: The Playwright in Peace and War* (Amherst and Boston: University of Massachusetts Press, 2007), 281.

③ 麦金利·肯托写给塞缪尔·戈尔德温的信，1944年10月6日，177号文件，SGC。

而是一部 268 页长的用无韵诗写成的小说。肯托的《为我骄傲》(*Glory for Me*)讲述了 3 名归来士兵的故事：中年军官阿尔，第一次觉得自己被家庭、被银行熟悉的书面工作和他那舒适的中产阶级生活所疏离；弗雷德，一名坚毅的士兵，不断震惊于自己在战场上的野蛮凶猛；非常年轻的霍默，因脑部损伤而成为一名痉挛性麻痹患者。

肯托的小说讲述了 3 名军人回到他们的平民生活，记录他们艰难的调整和小小的胜利，这基本成了《黄金时代》的模 393
板。但小说从第一句开始——“弗雷德·德里，21 岁，结束 100 条生命的杀手/走在宽广的韦尔伯场上”——就比当时任何上映过的电影更黑暗、阴森、令人悲伤并且更直接地表现出残酷。霍默被介绍成：

……一个死人——一部分死了的
右边还活着，但左边在死去，在抽搐
他用疼痛和扭曲的肌肉行走
他如此年轻……脸庞没有鬓须……他离开的时候
像一个小孩，像其他一同离开的人
再出现时如一头怪物

他回来时“吓到了门口的人”。“痉挛性麻痹患者的其中一个特点，是看起来总在流口水”，肯托后来补充道。《为我骄傲》余下的部分一样刺耳，尤其是它将战争描述为既是性的游乐场——里面清楚讲述弗雷德在服役时和很多女人睡过——也是性的噩梦：阿尔被有关童妓的记忆所折磨。

即使把肯托材料里面无法拍摄的部分删除，《为我骄傲》

在基调上的悲观主义也更接近于萌芽中的战后黑色电影，而不是戈尔德温想要的自然主义式、充满同情的戏剧。在低落的时候，弗雷德想过抢劫阿尔工作的那间银行；弗雷德的妻子被塑造成毫无信念的荡妇；霍默想过自杀；阿尔辞掉了稳定的工作去卖花。这个故事被定义为他们悲惨的内在以及他们与和平时期世界之间不可逾越的距离。在肯托的结尾中，三位主角几乎不能保持心智健全，而且可能永远无法摆脱战争带给他们的恐慌。他向他们说再见，将他们形容为：

> ……一支失败的队伍，紧紧地拥在一起——
> 三个见过摧毁性炮火的人
> 394 在他们躲藏起来后依然能感受到它的余威……
> 他们展望，他们看到了一段愤怒的过去
> 在暴风中和未来缠绕。[①]

戈尔德温不喜欢肯托那种非传统的处理方法，他认为可以保留这个电影故事的骨架，但需要另一个人来写剧本。1945 年春天，正当艾森豪威尔的项目散架的时候，他委派米利亚姆·豪厄尔（Miriam Howell）——纽约办公室的一名故事编辑——去恳求罗伯特·舍伍德接受这份工作。见面之后，豪厄尔向他的上司发了一份电报，告诉他这位编剧“让人失望”，她说服他读一读原稿，但舍伍德提醒她“他几乎不可能抽身，即使可以也只有 6～8 个星期……虽然目前处于非现役状态，但他依然需要等待政府的命令，而且他急于开始为戏剧开展工作，

① Mackinlay Kantor, *Glory for Me* (New York: Coward-McCann), 1945.

因此不愿意做出承诺”。[1]

5月底，戈尔德温成功让舍伍德读了肯托的诗的前半部分。他向公司另一位故事编辑帕特·达根（Pat Duggan）转达了舍伍德的看法：“他觉得（这）非常出色，但不幸的是，他在这个时刻不想接受那种任务。”[2] 舍伍德尤其不喜欢肯托用了痉挛性麻痹症，它认为演员无法准确表现这种疾病。戈尔德温告诉他他可以简单地去掉这个角色，[3] 但对于制作人做出的每一个让步，舍伍德都会找更多的理由去拒绝。他在忙自己的戏剧。他没法为这个故事找到合适的处理手法。他不想放弃艾森豪威尔的项目，即使它看起来越来越不可能被制作出来了。

这些理由都在掩盖一个更深层的原因：舍伍德不满《为我骄傲》所表现的在受伤士兵和毫无关怀的国内大前线之间出现的丑陋分隔。根据达根所说，舍伍德抱怨“书中对平民的批评，并且对于认为所有士兵都不适应平民生活环境的说法表示不同意。此外，他还觉得这本即将发行的小说”“会广受赞誉并且取得成功，他不想为柔化一部好小说负责任……他说他更希望从一开始就负责写这个故事，因为他可以写这些家伙回到小镇， 395
以为平民们会很残忍，会不清楚他们承受的一切，结果却发现平民和士兵之间达成了一致意见并彼此做出调整，拥有了一个共同的未来”。[4] 舍伍德在过去几年都致力于为罗斯福管理层影

① 米里亚姆·豪厄尔发给塞缪尔·戈尔德温的电报，1945年4月4日，177号文件，SGC。

② 帕特·达根给塞缪尔·戈尔德温的公司内部备忘录，1945年5月31日，177号文件，SGC。

③ 塞缪尔·戈尔德温发给帕特·达根的电报，1945年6月13日，177号文件，SGC。

④ 帕特·达根给塞缪尔·戈尔德温的公司内部备忘录，1945年6月15日，177号文件，SGC。

响公众意见，因此他无法想象要写出一部暗示这个曾为战争而团结的国家现在却粗暴对待退伍士兵的电影。

戈尔德温认为一名顶级导演可能可以引诱舍伍德试着写一份草稿，而他心里面有一个人选——约翰·福特。7 月，福特依然在等待右脚完全康复，戈尔德温给他寄去了《为我骄傲》，附上了一张便条，上面写道，“我对此感到非常兴奋，我相信你也会”。[①] 福特拒绝了他。完成了自己的战争电影《菲律宾浴血战》之后，他准备回到华盛顿服役 2 个月；然后，他要为扎努克完成一部电影。

戈尔德温继续说服舍伍德，告诉后者他可以将《为我骄傲》改成任何他想要的东西。1945 年 8 月 1 日，在几个月的恳求之后，舍伍德终于不情愿地签了合同答应为这个故事撰写剧本。但只过了两天，他就告诉戈尔德温，接受这项任务是一个极大的错误，他们应该放弃整个项目。“我非常相信到下一个春天或者秋天，这个主题将会严重过时”，他写道，这部电影“注定要错过这趟车”，并且很可能只能成功激起那些“少数的……受战争神经症折磨”的老兵们的愤恨，他们正受到越来越多的关注。[②]

戈尔德温提醒舍伍德“明年将会有数百万士兵回家”，并且说道“在那个时候上映一部反映他们问题的电影在我看来正合时宜”。[③] 但到那时，这个项目有了一个新的而且更有说服力

---

① 塞缪尔·戈尔德温写给约翰·福特的信，1945 年 7 月 14 日，177 号文件，SGC。

② 罗伯特·E. 舍伍德写给塞缪尔·戈尔德温的信，1945 年 8 月 27 日，177 号文件，SGC。

③ 塞缪尔·戈尔德温发给罗伯特·E. 舍伍德的电报，1945 年 9 月 4 日，177 号文件，SGC。

的拥护者。惠勒告诉戈尔德温，他热切地想要为这部电影执导，
而正是他和戈尔德温共同的鼓励让这部电影的剧本发展得以继
续。舍伍德被惠勒的论点说服了，惠勒说这部电影可能可以
“防止在那些面临遣散而重返平民生活的士兵们之间发生的很多
心碎甚至是悲剧的事”。[①] 而惠勒也同意舍伍德想要在电影里面
传达的一个信息：由于紧随其后的广岛和长崎事件，“整个国家 396
和整个世界都需要寻找一种方法让彼此和平相处”。[②] 惠勒让这
位不情愿的编剧深呼吸，然后从头开始为肯托的故事写一个更
积极的版本。

不久之后，舍伍德就完成了一份 200 页的草稿。他从纽约飞到洛杉矶，在戈尔德温名下的农舍和惠勒一起进行修改。在他们的合作之下，《黄金时代》慢慢变成了惠勒自己的故事。惠勒公开将自己视为阿尔，放弃了舒适而成功的生活，加入军队，回来后却意识到，用惠勒的话说，“没有人可以在离家两三年之后径直回到这个地方，像从前一样重拾生活”。但舍伍德给这 3 个主要角色都加入了惠勒自己的亲身经历：好斗、坚毅的弗雷德展现出惠勒在给了一名反犹太分子一拳之后差点被送进军事法庭审判的愤怒，霍默也成了这位导演在身体残疾的情况下生活现况的反映。“我向鲍勃·舍伍德讲述了我自己的所有担忧和问题，”惠勒说道，“而他处理的方式正是我所期望的。”[③] 在戈尔德温农舍最后的日子里，舍伍德几乎要放弃了，他说道，

---

① 罗伯特·E. 舍伍德写给塞缪尔·戈尔德温的信，1945 年 8 月 27 日，177 号文件，SGC。

② Alonso, *Robert E. Sherwood*, 283.

③ Thomas M. Pryor, “William Wyler and His Screen Philosophy,” *New York Times*, 1946 年 11 月 17 日。

“我就是没有办法——什么东西塞住了”。[①] 但到了第二天，他有了一次突破：他决定让这各不相同的 3 个人成为同伴，在迂回曲折中互相参与对方的故事，一起发现找回希望的道路。他和戈尔德温在早餐桌边坐下来，一幕接一幕地明确告诉戈尔德温《黄金时代》将讲述什么。

退伍军人的境况在当时可能是全国范围内被最热心地讨论的国事：关于怎样回到正常生活，以及什么是“正常”的讨论——从虐待配偶到精神疾病——让相关话题在战争结束后终于有机会引起关注。正当惠勒和舍伍德为他们的剧本工作的时候，约翰·休斯顿也开始在他的纪录片里探讨同一个主题，休
397 斯顿全身心投入梅森综合医院的生活，在那里他用了 3 个月拍摄，并且最终收集到了超过 70 个小时的录像。[②] 他会整天拍摄，然后在晚上拟一份旁白草稿，旁白最终将由他负责朗读。“枪炮现在已经安静，和平协议书被签署了，海洋上满是回家的船，”休斯顿的剧本这样开始，“在很远的地方，士兵们开始幻想这个时刻——但对于一些人来说，这个时刻和幻想中的太过不同。”

大多数新闻媒体对退伍军人的报道都倾向于讲述骇人听闻的例子，正如历史学家约瑟夫·古尔登（Joseph Goulden）所说：“因战争而疯狂的退伍军人理论……下面这些（头条）都

---

① A. Scott Berg, *Goldwyn*（New York：Alfred A. Knopf, 1989）, 409 – 410.

② Gary Edgerton, “Revisiting the Recording of War Past：Remembering the Documentary Trilogy of John Huston,” *Journal of Popular Film and Television*, 1987 年春，重印于 John Huston, Gaylyn Studlar, 以及 David Desser, *Reflections in a Male Eye：John Huston and the American Experience*, *Smithsonian Studies in the History of Film and Television*（Washington, DC：Smithsonian Institution, 1993）。

是典型的例子：‘退伍军人用丛林砍刀砍下妻子的头’‘前海军陆战队成员因奸杀被捕’‘水手儿子枪杀父亲。’”[1] 休斯顿希望可以通过一连串基于同情的个案分析来消除这些报道给公众带来的影响。他有大量的人可以选择。即使是在 1945 年的最后几个月，梅森综合医院依然人满为患。在战争期间，每 5 个士兵中就有一个被列为需要接受精神方面的治疗，而仅在梅森，每个星期就已经有 150 个新病人被接收，他们一般进行持续 2 个月的治疗。休斯顿计划在那里拍摄纪录片的事情已经上了头条，而医院也给予他和他的团队贵宾般的对待，允许他们几乎无限制地接近医生和病人。他拍摄那些士兵——“救助人类”，他写道，“炮火对人类肉身造成的最终伤害”——拍摄他们被护士推进医院。而休斯顿用来描述这些士兵的坚强的语言，在某些程度上是在表达自己的感同身受。他形容那些在梅森住院的人的特点是“精神上受伤……在和平中出生并长大，被教育要憎恨战争，却在一夜之间被扔进突然而可怕的境况”，这和他对自己的描述相去不远：“一个在传统美国长大——被教导要憎恨暴力并且相信杀人是致命的罪恶”的人，在意大利的经历之后，觉得自己“在一个死人的世界里生活”。[2]

在梅森，每个病人的治疗方法都通过在小房间里由一名心理医生对他进行的接收面谈来决定。新来的人被告知他们会被拍摄，并且被告知不要因这些放置在各个方向的摄像机而感到 397
警惕（由于空间太小无法配备摄影人员，所以这些拍摄都是自动完成的）。休斯顿拍摄了很多采访，然后将它们剪辑成一段令

① Joseph C. Goulden, *The Best Years*: 1945 - 1950 (New York: Atheneum, 1976), 引用于 Edgerton, “Revisited the Recording of Wars Past”。

② John Huston, *An Open Book* (New York: Alfred A. Knopf, 1980), 120.

人不安而私密的片段，这将会是他电影的第一部分。一个拥有尖细嗓音的士兵在玩弄自己的双手，一直不进行眼神接触，他说一名中枪的同伴“在我脚边爬着……他是最初就和我在一起的男孩们中的最后一个”。一个拥有柔软声音的黑人士兵坚持说他“很好”，但后来承认他中了“哭泣魔咒”并且崩溃了，无法继续说下去。一名士兵几乎只能低声地讲述，在他的弟弟于瓜达康纳尔岛被杀后，他“不想再活下去了”，并且在每个站岗的晚上疯狂地对着夜色开枪。这些人都严重地抽搐，有些会紧张地大笑，有些如此失落以至于无法说出一句话。好莱坞开始探讨精神治疗和精神疾病，但像阿尔弗雷德·希区柯克的《爱德华大夫》（*Spellbound*）那样的剧情片基本上将治疗变成一种魔力、悬疑和天真幻想的合体。休斯顿在做的是带有启示性的记录——健康的人被变成生无所望的失落灵魂，在用他们几乎不带感情的声音讲述着一个个故事。没有任何事实性或者虚构性电影表现过这样的美军士兵。

医院的一些员工担心休斯顿关于战争对美国人造成的伤害会掩盖电影中包含的关于治疗和复原带来的积极信息。他们怀疑观众只会记得患病的脸，而不是成功的治疗，还担心战争将不再被视作一次胜利，而是，用报道这部电影的一位记者的话说，一件“畸形得不正常的事，将英俊的高中男孩们扭曲成颤抖的、惊慌的、受到严重损伤的人”。[①] 休斯顿希望这些病人“像个爱哭的孩子一样，”梅森一名愤慨的心理医生坚持说，“他希望人们为这些可怜的小男孩们受到的苦痛而感伤。我对于他表现这种感觉的方法感到不舒服……显得我们有很多意志脆

① Frances McFadden, “Let There Be Light,” *Harper's Bazaar*, 1946 年 5 月。

弱无病呻吟的人。”[①] 休斯顿忽略了这些反对声音，并且得到了他正在拍摄的人的支持。随着他们慢慢习惯摄像机的存在并且逐渐康复，他们会闹着玩地用厕纸装饰导演的椅子，有一次他们在自己的病房门前挂了一个标志，写着“好莱坞和瓦因”。[②]
他们得到的额外关注产生了有益的效果，休斯顿和他团队跟踪 399
的 75 个人的康复率是这间医院最高的。[③]

假如说休斯顿对于接收面谈的拍摄是未经加工、未经修饰的，那么他对于精神病治疗的表现则是具有欺骗性和误导性的，他几乎只关注那些迅速康复的少数案例。休斯顿选择强调那些当时被认为是“战争神经官能症”的康复，一般时间短而且表现激烈，可以在一两分钟的电影中展示。在电影中，一名明显难以治疗的失忆症病人在催眠过程中突然恢复记忆。另外一个病人则只需要一次注射便能重新说话（“天啊，我可以说话了！听，我可以说话了！”）。还有一个患有癔症性麻痹的病人，在阿米妥纳引导的睡眠状态中，当一名精神科医生告诉他，“你可以站起来走路了”的时候，突然站了起来在房间里四处走。（更有说服力的是那些“小组治疗”的场景，那其实就是讲座，24 名病人同时被一名精神科医生告知：“你们无须隐藏任何东西，无须为任何东西而感到羞耻。你们在军队的时间并没有被浪费。”）

休斯顿承认他只强调了那些最戏剧化的案例。“当然你不可

---

① Dr. Herbert Spiegel，引用于 Ben Shephard，“Here Is Human Salvage,” *London Times Literary Supplement*，1998 年 11 月 6 日。

② McFadden，“Let There Be Light.”

③ 约翰·休斯顿接受 Peter S. Greenberg 的采访，Rolling Stone，1981 年 2 月 19 日，重印于 Robert Emmet Long，ed.，*John Huston Interviews*（Jackson：University Press of Mississipi，2001），117。

能在6个星期时间内接触到原来的创伤，导致精神疾病的创伤，”他说道，“但我认为这些人被带回了战争之前那种相当好的状态，这一点是真的。”[①] 他坚持说，和表现出来的不同，那些奇迹出现的场景不是捏造的，并且没有证据反驳他；和《圣彼得罗之战》不同，电影一开始便在屏幕上打上文字声称没有场景是搭建拍摄的。

拍摄结束后，休斯顿留在了阿斯托利亚，为电影进行初剪工作。他并非不乐意使用好莱坞的技巧来帮助他表达他想表达的内容，这一点从戏剧化的交叉剪接到不祥的震动音乐可以看出来，而他也在电影结尾处安排了一个可能是出于自己利益考虑的情节：他在梅森医院跟踪的人，在治疗将近结束的时候进行了一场棒球比赛，看起来这些病人已经变回了当初那些精力充沛、互相合作的团队成员。当他在制作《圣彼得罗之战》的
400 时候，军队禁止休斯顿将死亡士兵的图像和士兵们充满希望地讨论未来的配音放到一起。但在这部现在被他称为《上帝说要有光》（*Let There Be Light*）的电影中，他再次使用并且反方向使用了这个技巧：就在病人们击球、接球、打出全垒打的时候，他为他们配上当初接收面谈时候那悲痛或羞怯的声音，来强调他们的进步有多大。

为了取悦军队，休斯顿在电影结束的时候展示了一名健康的人期待作为平民再就业的画面。电影中没有任何不可治疗的精神问题，甚至没有暗示康复是断断续续而非立竿见影的。但无论他为达到想要的效果而过于强调了什么，忽视了什么，或者夸张了什么，休斯顿在完成梅森综合医院的拍摄后觉得自己

① Stuart Kaminsky, *John Huston: Maker of Magic* (Boston: Houghton Mifflin, 1978), 43 - 44.

制作了一部诚实讲述折磨着千千万万退伍军人的问题。他知道他在完成这个工作的时候没有掩饰或者隐藏什么，也没有利用它来产生令人惊吓的效果。休斯顿终于开始恢复状态了。“出于某些原因，看见一个心理破碎的人比看见那些身体受伤的人更令人害怕”，他后来说道，这几个月的拍摄是“非凡的经历——几乎是一种宗教体验”。[①] 他离开阿斯托利亚，相信他的第三部也是最后一部为军队拍摄的纪录片可以让他在一个高起点上回到平民生活。

1945 年 9 月 29 日，约翰·福特在海军的时间正式结束。[②] 他服役了 4 年零 3 个星期，比好莱坞其他任何人都要长，而他的最终军队报告赞扬实地摄影小组“出色的成就”，指出了他“突出的能力，对职责的奉献和”——有点不正常的——“对下属的忠诚和爱”。[③] 福特说到做到，当他的脚好起来后，他立刻回到华盛顿，将最后一个星期用在和乔治·史蒂文斯沟通上。史蒂文斯依然在欧洲，来往于伦敦和柏林之间，努力为《纳粹集中营和俘虏营》（*Nazi Concentration and Prison Camps*）和《纳粹计划》剪辑片段，这两部纪录片将会在那个秋天在纽伦堡作为证据播放。福特委派实地摄影小组剩下的少数成员从华盛顿为史蒂文斯提供所有可能的帮助；在过去几年他的小组拥有了大量关于纳粹的宣传片和新闻短片，他让罗伯特·帕里什 401
搜集海军档案库，寻找可以用来展现过去 10 年在营地里面长期且有意虐待他人的图像资料。[④] 福特把任何可能有用的资料都

① Gene D. Phillips, “Talking with John Huston,” *Film Comment*, 1973 年 5 ~ 6 月。

② 美国海军人员复员转业中心，华盛顿，表格，1945 年 9 月 29 日，JFC。

③ 附在上面的表扬词，1945 年 10 月 18 日，JFC。

④ Robert Parrish, *Hollywood Doesn't Live Here Anymore* (Boston: Little, Browm, 1988), 66 - 68.

寄到欧洲，在那里史蒂文斯迅速将 14 个小时长的电影精剪到 1 个小时长。

1946 年年初，福特计划通过拍摄西部片《侠骨柔情》（*My Darling Clementine*）来完成和二十世纪福克斯的合同。但当扎努克用当时在好莱坞导演中最高的交易金额向他提出延长合作关系时——每年 60 万美元为二十世纪福克斯制作电影——福特说了不。[①] 和很多从战争中归来的导演和演员一样，他结束了被电影公司奴役的状态。和卡普拉一样，福特将独立地工作，自由选择和制作自己的电影，然后把它卖给电影公司，他从珍珠港事件之前就已经在考虑这样做了。[②] 他计划和前任电影公司执行官梅里安·库珀，一个刚离开空军的老朋友，一起组建自己的阿尔格西电影公司。

随着纽伦堡审判的逼近，福特最后一次犹豫是否要把战争抛诸脑后，并且考虑过是否要前往德国拍摄一部讲述整个审判过程的故事片长度的纪录片。战争犯罪的审判是一个越来越得到公众关注的主题，而且已经被处理成娱乐片。休斯顿在一年前匿名写的悬疑剧剧本《陌生人》即将拍摄，奥森·威尔斯将会同时担任导演和主演。在这个剧本当中，休斯顿有先见之明地预料到会有一个“盟军战争罪行委员会”，并且认为逃掉的纳粹可能尝试躲到美国国内。但福特最终决定不出席这次审判，觉得这样一部纪录片可能会妨碍美国和在几年后被称为西德的国家的正常交往。[③]

此外，福特也知道任何想要制作纪录片的电影人都可能被

---

① Joseph McBride, *Searching for John Ford: A Life* (New York: St. Martin's, 2001), 421.

② Harry Wurtzel 写给约翰·福特的信，1941 年 11 月 10 日，JFC。

③ Andrew Sinclair, *John Ford* (New York: Dial, 1979), 124.

同事先发制人。战争结束后几个月，史蒂文斯依然处于服现役状态，而且似乎心中已有计划。他不再将自己视作已从电影行业“退休”；那个秋天，在德国的时候，他 20 年来第一次开始阅读西奥多·德莱塞（Theodore Dreiser）的《美国悲剧》（*An American Tragedy*），并且对它可以怎样被改编成一部电影做了一些注释。[①] 离他完成上一部为哥伦比亚电影公司拍摄的故事
片《房东小姐》已经过去两年半了，当哈利·科恩来到巴黎的 402
时候，他要求史蒂文斯和他在丽思酒店的酒吧坐下来谈论他的计划。史蒂文斯出现的时候没有剃须，穿着皱巴巴的衣服。

“你准备回到电影公司?”史蒂文斯回忆起科恩在说话时的那种保持在问题和答案之间的语调。史蒂文斯措手不及，他还没有考虑过这一点。“他引诱我，说道：‘你想回去工作吗? 你想在脱下那身军装的时候得到一份工作吗?’我能说什么，不吗?”他回忆道，“我猜我说了是的……我没有说‘当然’——这比我在当时情况下会表达的更绝对。我说了是的。”[②] 史蒂文斯依然不知道自己什么时候会回家，但一旦那一天到来，他知道他不可能回哥伦比亚电影公司了；卡普拉最近接近他，想让他成为自由电影公司第三个导演合伙人，而极其尊敬卡普拉和惠勒的史蒂文斯基本决定要加入他们了。科恩回到了好莱坞，当他听说了史蒂文斯的决定之后，这两个人之间出现了“永久的敌意”。科恩是“唯一曾跟我说我违约了的人”，史蒂文斯说道，自己当时虽然只是短暂地误导了他，但在史蒂文斯在此后的人生中都为此后悔。这位众所周知不讨喜的电影公司独裁者，一个史蒂文斯

---

① Marilyn Ann Moss, *Giant: George Stevens, a Life on Film* (Madison: Unversity of Wisconsin Press, 2004), 142.

② 乔治·史蒂文斯接受 Bruce Petri 采访未剪辑的文本，3692 号文件，GSC。

只在他答应不出现在他拍摄现场的条件下才愿意为其工作的男人“当时只是想表现得友善些”，那个导演说道。在良心的驱使下，史蒂文斯觉得，“我应该回到哥伦比亚电影公司”。[①]

纽伦堡审判在11月20日于纽伦堡的法庭开始。20名被告人中的8个要接受最终审判的人坐在了聚光灯下的被告席上。现场有4名法官，分别来自4个主要同盟国，还有4名主要公诉人，以及20名律师协助；20名被告辩护人，主要是德国人；一支庞大的同声传译团队；以及来自世界各地的记者和观察人员。在由杰克逊法官主持的被广泛形容为令人兴奋的开场之后，审判似乎在接下来一个星期迂回地发展，在程序动议和公诉总务等事情之间停滞不前。然后，11月29日，大厅暗了下来，史蒂文斯的《纳粹集中营和俘虏营》开始播放。

电影以两份宣誓书表明其真实性开始，第一份由史蒂文斯
403 签名，第二份由实地摄影小组代理负责人雷·凯洛格签名，并且由福特见证。接下来的内容被图像占据。“我们记得的是由白色尸体组成的没有尽头的河，肋骨刺破胸部的尸体，管轴一样的双腿，破损的头盖骨，没有眼睛的脸庞和瘦得怪异的手臂伸向天空，”当天出席的一位通讯员写道，“在屏幕上是没有止境的尸体，尸体堆成的小丘，被从悬崖边推到公墓的尸体，被巨型推土机像泥土那样向前推的尸体，以及已经不算是尸体的、被烧成焦灰色的骨头和肉体躺在火葬场上。”[②]

---

① 乔治·史蒂文斯接受 Patrick McGilligan 和约瑟夫·麦克布莱德采访，Paul Cronin，ed.，*George Stevens Interviews*（Jackson：University Press of Mississippi，2004），115。

② Victor H. Bernstein and Max Lerner，*Final Judgment*：*The Story of Nuremberg*（最初发表于1947年；2010年由 Kessinger Publishing Inc. 重印），引用于 Ann Tusa and John Tusa，*The Nuremberg Trial*（London：Macmillan，1983），160。

史蒂文斯什么也没有遗漏：寄生虫滋生的简陋工棚，拇指夹，毒气室，从被杀害的人的牙齿中取出的黄金，为了逗笑一位军官的妻子而用人皮做成的灯罩。在放映期间，照亮被告人所在地方的灯光并没有暗下来，记者们记录了他们所有人的反应。希特勒的外长里宾特洛甫（Ribbentrop）用手遮住双眼然后又拿下来，忍不住去观看。德国国防军总司令威廉·凯特尔（Wilhelm Keitel）的脸泛红，并且开始用手巾擦拭自己的双眼。纳粹宣传物《冲锋报》的发行人尤里乌斯·施特莱彻（Julius Streicher）身体向前倾并且点头，似乎在表示支持。而戈林则面无表情，直视屏幕，只在一次又一次擦拭自己出汗的手心时出卖了自己的紧张。电影结束后，鲁道夫·赫斯（Rudolf Hess）开始说话。“我不敢相信”，他说道，但戈林立刻让他不要说话。[①] 被告人“心烦意乱”，德福·泰勒（Telford Taylor）说道，他是协助杰克逊的律师。“即使是对那些像我一样已经提前看过一次的人来说，这部电影依然令人难以承受……非常令人震惊，”辩方律师维克托·冯·德·利佩（Victor von der Lippe）记录道，“这部电影会让观众不能入睡，而且他听到其中一位辩护律师说它令自己无法和那些他们要为其辩护的人同坐在一个房间内。”[②]

两个星期后，史蒂文斯的第二部证据性影片《纳粹计划》在审讯室里播放，旁白是由巴德·舒尔伯格撰写的。它分两个部分讲述德国的政治和侵略历史，第一部分是从 1921 ~ 1933

① Tusa and Tusa, *The Nuremberg Trial*, 160，基于当时目击证人讲述，*Daily Mail*, *the Daily Telegraph*, and the *New York Times*。

② Telford Taylor, *The Anatomy of the Nuremberg Trials: A Personal Memoir* (New York: Alfred A. Knopf, 1992), 186 - 187.

年，第二部分追踪希特勒的崛起和他的战争犯罪。这一次，依
404 然在灯光照射下的被告人反应有所不同，他们跟着行军曲抖动双脚，明显在又一次为纳粹的集会而着迷，包括那些发生在现在进行审判的建筑物里的事件。当他们看见希特勒在齐柏林场讲话的时候，阿尔贝特·施佩尔（Albert Speer）面露喜色，而里宾特洛甫则流下了眼泪。“你们难道就感受不到元首的人格魅力吗？”他在那晚说道。当电影结束后，戈林转而对身边的赫斯说：“杰克逊法官现在都想加入纳粹党了！”但由于审判室里的观察人员盯着他们，他们被吓到了，欢腾的心情很快消散。那一晚，一名负责观察这些被告人心理状况的军队心理医生报告，他们当中的大多数人“垂头丧气”。① 史蒂文斯的电影做到了数个星期的证词做不到的事：它让他们的罪行无可辩驳，而他们的命运无可逃避。

史蒂文斯没有出席审判。他的工作结束了。那年结束的时候，他向伊冯娜发了一份电报，说他计划搭乘皇家游轮“玛丽王后”号回纽约，很快就会回家。② 这一刻，约翰·休斯顿后来说道：“世界比我之前以及之后所认识的充满更多的希望。而我知道史蒂文斯也同样对世界的命运有高度的使命感。他觉得，和我们余下的所有人一起努力，每一件事最后都会变好。”③

---

① Joseph E. Persico, *Nuremberg: Infamy on Trial* (New York: Viking, 1994), 158.

② 乔治·史蒂文斯给伊冯娜·史蒂文斯发的电报，1945 年 10 月 6 日，GSC。史蒂文斯计划于 11 月 4 日乘坐“玛丽王后”号从英格兰南安普顿出发，并于 5 天后抵达纽约，但他在发出电报的时候依然为电影在工作，因此可能是乘坐“玛丽王后”号的下一班（11 月 22～27 日）轮船离开欧洲的。

③ 约翰·休斯顿在 *Geroge Stevens: A Filmmaker's Journey* 中接受采访，未发表的文稿，13 号文件，FJC。

28　“一张紧绷的脸和一颗痛苦的成熟的心”

好莱坞、纽约和华盛顿，1945 年 12 月 ~1946 年 3 月

《菲律宾浴血战》在全国上映的时候，太平洋上的战争结 405
束了仅 4 个月，但时间已经对这部电影的前途造成了影响。12
月，评论家们带着尊敬欢迎约翰·福特的归来，但同时带着其
他感觉，似乎出现在他们面前的是以前手工制作的老古董。战
争电影作为电影类型的一种，现在已经过时了；一部讲述一场结
束于 1942 年的战争的电影似乎有点随心所欲且不合时宜；而电影
主题所讲述的美国的虽败犹荣，以及为了成全大我而听从目光短
浅的命令这些主题，似乎在大胆地对抗着对战争产生疲惫感的观
众的胃口，他们在这么多年之后，已经对整个主题失去了兴趣。
在 1945 年取得成功的电影，要么是充满动作戏的对胜利的记录，
要么是逃避现实的闹剧；当年屏幕上最受欢迎的水手是吉恩·
凯利（Gene Kelly），一名无牵无挂的海军士兵，在欢乐的海岸
边和汤姆、杰里一起伴随着《起锚》的音乐起舞。

米高梅知道这部电影面临着艰难的道路；一部长长的电影，
结局是两名主角飞回美国，留下整个部队在菲律宾面临着每个
人都预料到的结局——要么死亡要么被俘，这几乎不可能被诚 406
实地宣传。福特坚持《菲律宾浴血战》在该结束的时候结束
了，但米高梅确实要求当《共和国战歌》播放的时候，加上一
张最终的字幕卡片——“我们会回来”。在后来的几年，福特

几乎否认和这部电影有关，他于 1950 年告诉导演林塞·安德森，“我实在不相信这部电影有什么好……我被命令要这样做。要不是他们答应将我的薪水移交给我小组的成员，我是不会这样做的”。他还声称米高梅“将我唯一喜欢的部分剪掉了”，并且表明他“对于制作这部电影感到害怕……我在这部电影中什么也没加进去”。[①] 但事实是，福特密切监督着电影的后期制作，甚至把自己 22 岁的女儿带到剪辑室作为学徒，[②] 而剪出来的版本也几乎以他想要的那特定的方式展现。他输了一些小争吵：剧本中包含的质疑珍珠港事件是不是在海军毫无准备的情况下发生的不和谐声音被删掉了，[③] 他和威德原先设想的最后一幕也被删掉了，在里面罗伯特·蒙哥马利扮演的布里克利将会愤怒地读出一份被留在身后的“可以牺牲的”人员名单。[④] 但福特赢得了几乎所有大胜利，包括电影的长度——《菲律宾浴血战》以特别安排的 135 分钟长度上映，即使他自己也承认这个时间比他开始拍摄时预想的时间要长半个小时。[⑤]

米高梅向媒体发放的材料依然不屈不挠地保持乐观。商业广告用面露喜色的蒙哥马利、韦恩和合作演员唐娜·里德（Donna Reed）作为卖点，上面还有文字“大大的笑容！（因为他们刚刚完成了一部大片）”，并且强调这部电影是由战争英雄拍摄的：“罗伯特·蒙哥马利（你不想握着他的手，跟他说

---

① Lindsay Anderson, *About John Ford* (New York: McGraw-Hill, 1981), 20 - 21.

② Joseph McBride, *Searching for John Ford: A Life* (New York: St. Martin's, 2001), 444.

③ Andrew Sinclair, *John Ford* (New York: Dial, 1979), 121.

④ Andrew Sinclair, *John Ford* (New York: Dial, 1979), 121 - 122.

⑤ Anderson, *About John Ford*, 21.

‘欢迎回家，鲍勃！’吗？）扮演‘布里克利’。他热爱一堆堆的木材和钢铁，以及一艘鱼雷快艇。”[①] 当地报纸收到一些能令人感兴趣的花絮，标题为“蒙哥马利的角色与自己的海军经历重合”和“退伍军人优先被选为群众演员”；米高梅还提供了“预先准备的影评”，影评声称“这部电影的卓越来自约翰·福特上校，他自己也是海军的一名退伍军人”。[②]

而实际的评论即使不轻蔑，也至少在赞扬上表现得克制；他们喜欢《菲律宾浴血战》低调的风格和它在记录海军 407
生活细节时试图达到的一种类似纪录片的真实主义，但很少人被打动成表达出激动的支持。“如果这部电影在去年上映——或者前年——它可能会成为绝对的大热门，”博斯利·克劳瑟在《纽约时报》中写道，“但现在，战争已经结束，报仇的炽热渴望在某种程度上冷却了，它成了过去4年军事热情的电影后记……一种对过去事物的动态纪念。”[③]《时代周刊》更加直白，说它“冗长且迟来”，不过表达了对福特的演员的喜爱：“看起来比他们在其他任何电影中更像他们自己，或者至少更像人类。”[④] 而《综艺》杂志则预测道：“无论对战争电影的实际和预期反响怎样，这部电影都将留下极大的影响。”[⑤]

这最终也被证明是过度乐观了。虽然全国票房收入可以抵

---

① 广告，1945年12月，未知出版物，《菲律宾浴血战》文件，纽约表演艺术公共图书馆。

② 《菲律宾浴血战》媒体手册，纽约表演艺术公共图书馆。

③ Bosley Crowther, “The Screen: ‘They Were Expendable’, Seen (at) Capital, Called Stirring Picture of Small but Vital Aspect of War Just Ended,” *New York Times*, 1945年12月21日。

④ “The New Pictures,” *Time*, 1945年12月24日。

⑤ *Variety*, 1945年11月21日。

消电影300万美元的预算，但它的表现达不到电影公司和福特的期望。对于很多观众而言，《菲律宾浴血战》很快从记忆里消失了；在最初的影评中，詹姆斯·艾吉说它“如此美丽而真实，我不觉得有任何1英尺胶卷被浪费了”，即使大多数时候“你看到的只不过是那些人登上一艘鱼雷快艇或者从上面下来，然后其他人看着他们这样做”。但仅2个星期之后，重新讲述他的感觉的时候，艾吉承认他的热情冷却了；他现在觉得福特的电影“视觉上漂亮，其他方面不那么有趣”，并且认为它不及休斯顿的《圣彼得罗之战》和关于意大利行动的其他相关电影，比如《翼》的导演威廉·维尔曼拍摄的那部艰难而充满动感的《美国士兵乔的故事》。[①] 米高梅将《菲律宾浴血战》视作它的“年度电影”来宣传，但当奥斯卡提名名单在2月被宣布时，6年来第一次没有一部最佳影片是和战争有关的，而福特的电影只在视觉效果和音效方面得到认可。

在珍珠港事件前一年就已经有先见之明地加入战争的福特，在法国的时候因酗酒而结束了自己的军事生涯，这样的战争经历对于福特来说，在某种程度上是一个恰当的结局。虽然他将会很快重返摄像机后，回到精力充沛而多产的平民生活中，但
408 一个无可否认的事实是，在实地摄影小组度过的几年已经令他没有了战前那种允许他3年拍摄7部电影的活力了。当他在1941年离开好莱坞的时候，他的孩子芭芭拉和帕特依然是青少年；4年后，他回到家人身边，回到在奥丁街的家的时候，他的头发白了，视力差了，少了10颗牙，而且已经是2个小孩的

① James Agee, *Nation*, 1946年1月5日以及“Best of 1945”, *Nation*, 1946年1月19日, *Film Writing and Selected Journalism*, ed. Michael Sragow (New York: Library of America, 2005)。

爷爷了，他也从他的同事那里得到了一个跟随他终生的昵称——“老人家”。

退役之后回到家中和玛丽在一起，福特觉得自己松了一口气。那个曾在玛丽的丈夫不在身边的时候填充了她的时间，满足了她希望听到八卦和政治诡计的好莱坞餐厅在 11 月的时候关闭了，它完成了战时服务和关爱部队的任务。这是记忆中福特一家第一次长时间掌握了自己的时间以及和对方相处的时间。但回到家庭生活的转变过程并不容易，家庭生活是福特从来不擅长的领域。他为实地摄影小组在行动中牺牲的成员感到哀伤，并且将自己投入为他们的母亲和家庭书写长而充满感情的信中。当得知在中途岛的时候陪伴他身边并且被他派去为他接受《12 月 7 日》的奥斯卡奖的杰克·麦肯齐安全回到家，却在 27 岁时于好莱坞路福特家附近死于一次吉普车车祸时，他非常伤心。[1] 有时候，他似乎在为自己寻找服役的证明，去和那些比他冒更大的险的人比较。在实地摄影小组中为他工作并且仰慕他的罗伯特·帕里什在战争后回避他，帕里什觉得他的良师没有办法放下海军的回忆，而福特“农场”的成立是一种“将战略情报局——美国海军部队延伸到平民生活中”的欲望，他想建造一种幻想式的兵营，作为远离女人、责任和清醒的庇护所。[2]

福特依然渴望纪念——那些会告诉他他离开的那段时间是有意义的勋章、荣誉和认可。但慢慢地，他通过寻找其他方式去保留自己的经历，以此来慢慢放下战争。1946 年，他重新加入导演工会，主动要求和卡普拉及惠勒一起为退伍军人委员会

---

① Joseph McBride, *Searching for John Ford*, 386.

② Robert Parrish, *Growing Up in Hollywood* (New York: Harcourt Brace Jovanovich, 1976), 158.

服务。当年迟些时候，当他听说华盛顿的档案部由于空间不够
409 而需要销毁战争期间制作但未被使用的宣传片片段时，他出面恳求保护其中一部电影——不是他自己的，而是格雷格·托兰德版本的《12月7日》，这个版本从未被公开放映。“由于这部电影是我的队员们冒着生命危险拍摄的，”他给档案局写道，“它对于我们来说意义重大。出于情感上的原因我们愿意将它保存在实地摄影小组纪念屋……我真诚地希望这部电影可以转交给我们。”① 他的请求被满足了。

在他最后的资格调查问卷——一份海军军官每年都需要填写的表格中，福特第一次尝试概括自己服役时做过的事，这个做法在接下来的25年被重复了无数次。他写道，他曾指挥过少则55人，多则（最后一次，他没有办法不夸张）1000人。“在战争后期作为战略情报局分支实地摄影小组的领导，我在组织海军和军事摄影中起到了重要作用，”他写道，“我个人拍摄的第一部战争片《中途岛战役》为类似的电影起了带头作用。”并且他清楚地指出，51岁的他仍未觉得自己的服役结束了。“只要有紧急情况，我都急于回去服现役，”他写道，“我相信凭借我对于电影的知识，我可以做出有价值的贡献。”②

1946年2月13日，约翰·休斯顿来到新泽西的蒙默思堡，在服役45个月后收到了官方的退伍通知。③ 之后他径直开车到位于曼哈顿的裁缝那里，拿走了一直在等他去取的3套衣服。没有其他电影人比他更想脱下这身军服了。和福特不同，休斯

① 约翰·福特写给档案局办公室负责人的信，1946年12月6日，JFC。

② 由约翰·福特填写的年度资格问卷，1945年，JFC。

③ 复员转业中心备忘录和军方离开记录和报告，1946年2月13日，1719号文件，JHC。

顿对于军队的装饰物没有任何喜爱，从第一个星期穿着那身军服在华盛顿的办公室一直流汗开始，他再也不想再穿上那身军服。当他换上新衣服的时候，他写道，这“就像为化装舞会打扮一样”。[①]

对休斯顿来说，他的这次离职基本是一项手续而已。年底拍摄完《上帝说要有光》之后，他已经像一个平民一样在纽约生活，到处出席派对、流连于夜总会，期待着在华纳兄弟电影 410
公司重操旧业。但在回到好莱坞之前，他决意要看着他为军队拍摄的最后一个作品在全国上映。1 月，现代艺术博物馆将他的电影选入了一场为期 6 个月的大型纪录片节目的播放名单；休斯顿出席了它的鸡尾酒派对，派对上他的电影被宣布将在 4 月上映。[②]《上帝说要有光》将会成为这座博物馆那年春天的亮点，它已经从记者那里获得了大量的关注，他们不仅将这部电影视为另外一部军队宣传片，而且视为一位年轻名人导演执导的一部探讨此前被禁主题的重要新片。那年秋天，这部电影的剧照还出现在《生活》杂志上，用在约翰·赫西（John Hersey）撰写的一篇关于患有精神疾病的退伍军人文章中。[③]

作为平民的第一天，休斯顿离开纽约，出发前往华盛顿，最后一次处理军队手续：他带了《上帝说要有光》的一份拷贝前往军队图像服务部和公共关系局的负责人处，在进行公开放

---

① John Huston, *An Open Book* (New York: Alfred A. Knopf, 1980), 126.

② “Documentary Films on Views at Museum,” *New York Times*, 1946 年 1 月 3 日。

③ Gary Edgerton, “Revisiting the Recording of War Past: Remembering the Documentary Trilogy of John Huston,” *Journal of Popular Film and Television*, 1987 年春，重印于 John Huston, Gaylyn Studlar, 以及 David Desser, *Reflections in a Male Eye: John Huston and the American Experience*, *Smithsonian Studies in the History of Film and Television* (Washington, DC: Smithsonian Institution, 1993), 52。

映之前需要为他们放映这部电影。一个星期之后，军队图像服务部批准了。[①]

但 3 月初，在毫无提醒的情况下，这个命令被撤回了。休斯顿被告知电影只能在军队精神病院、退伍军人管理层、海军设施或者军队图书馆里播放。它提出的问题看起来很容易修改：休斯顿从众多好莱坞电影中借用并拼凑在电影中的音乐被规定只能在军队使用，而不能用在影院上映的电影中。[②] 休斯顿被这个消息吓了一跳，他已经将注意力转移到下一部电影《碧血金沙》剧本的准备中，没有料想会被拉回乌烟瘴气的军队备忘录、条条框框的规定和军事术语中，幸好更改配乐只会造成短暂的分心。

但休斯顿甚至没有来得及回到剪辑室，军队便告知他《上帝说要有光》存在更严重的问题。军队图像服务部决定重新检查梅森综合医院病人签署的允许自己图像被使用的弃权声明书，并且得出一个结论：他们的许可仅限于“为推动战争而努力……但既然战争结束了”，一份军队备忘录声明，“很难认为
411 将这部电影向公众放映或者向非军队以外的团体放映将会被许可”。此外，在影院上映将会对那些出现在里面的人构成“侵犯隐私权”。[③]

---

① Gary Edgerton, “Revisiting the Recording of War Past: Remembering the Documentary Trilogy of John Huston,” *Journal of Popular Film and Television*, 1987 年春，重印于 John Huston, Gaylyn Studlar, 以及 David Desser, *Reflections in a Male Eye: John Huston and the American Experience*, *Smithsonian Studies in the History of Film and Television* (Washington, DC: Smithsonian Institution, 1993), 51。

② 律政人员写给军队图像服务部负责人的备忘录（姓名有修改），1946 年 3 月 11 日，251 号文件，JHC。

③ 律政人员写给军队图像服务部负责人的备忘录（姓名有修改），1946 年 3 月 22 日，251 号文件，JHC。

休斯顿在处理因《来自阿留申群岛的报告》《圣彼得罗之战》而和军队产生的纠纷时取得了胜利，但这次不同：他知道《上帝说要有光》存在真正的问题，接二连三不相干的借口都是一种信号，告诉他军队准备无论如何都要找到方法禁止这部电影向公众播放。他所有的影响力为他赢回的仅是一份拷贝的所有权，然后他立刻开始把《上帝说要有光》播放给好莱坞的同事以便得到他们的支持。休斯顿告诉他们“军队公共关系局（那些以前的阻碍者们）出于某些原因，将它列为‘秘密’级别，而唯一能改变这个命令的希望就是利用这部电影的“话题效应，比如说‘原子弹’、上校罗斯福的狗［埃利奥特·罗斯福（Elliott Roosevelt），罗斯福总统的第二个儿子，在1945年连续数天成为报纸故事的主角。他将三名执勤军人从一架军用飞机换下，以便他可以将两只狗从伦敦运给加利福尼亚的妻子］以及维尼的下一段演讲”。[①]他还对杜鲁门管理层中他认为可能会表示同情的军官进行游说，但当他向军医总监威廉·C. 门宁格（William C. Menninger）投诉的时候，收到的回应却令他沮丧。“我依然觉得这是我看过关于精神病最好的电影，”门宁格告诉他，“但不管怎样，关于它有一些非常沉重的问题……每一个有法律经验的人都知道，一名病人在精神病院签了一份文件……当他离开后，这份协议便没有效了。他签署的文件确实毫无价值，而我觉得你需要的应该是康复离开医院后的他们的声明。”此外，门宁格告诉休斯顿，除非《上帝说要有光》中的人在看过这部电影之后同意电

① 约翰·休斯顿写给 Walter Karri-Davies 的信，1946年3月21日，252号文件，JHC。

影播放，否则禁令将继续生效。[①]

军队几乎立刻表示门宁格的说法恰当，补充道他们已经搜查了军队记录，但连电影中 4 名病人签署的同意书都没有找到。[②] 休斯顿回到阿斯托利亚的军队剪辑室寻找他认为不会有帮助的丢失的文件，而他相信军队已经确保这些文件不会被找
412 到。[③] 他非常愤怒但无能为力：如果隐私和授权是这部电影的问题，他问道，那军队一开始为什么委派他拍摄《上帝说要有光》？为什么公共关系局会允许《生活》杂志和《时尚芭莎》使用电影的剧照，让这些照片中那些士兵的脸清晰地出现在杂志上？以及为什么关于丢失的同意书的问题要在军队尝试过另外两个拒绝理由之后才提出？

休斯顿给门宁格写信争论道，电影可以“消除部分公众对患有心理－神经疾病军人的偏见”，并且在为《上帝说要有光》花费 15 万美元之后，通讯部愿意为让这部电影获得播放许可而继续花费数千美元。[④] 门宁格将他的投诉转交到陆军部部长助理处，但那没有用。[⑤] 4 月底，就在休斯顿安排好要为一些朋友和表示同情的记者们进行放映前不久，军队警察抵达现代艺术博物馆并且收走了电影的拷贝。博物馆只得宣布《上帝说要有光》从纪录片节名单中被划去了，它将会由一部名为《精神治疗在行动》（*Psychiatry in Action*）的英国短剧顶替。[⑥]

---

① 威廉·C. 门宁格准将写给约翰·休斯顿的信，1946 年 3 月 28 日，JHC。

② 军队图像服务部负责人写给约翰·休斯顿的信，1946 年 4 月 2 日，JHC。

③ Edgerton, “Revisiting the Recording of Wars Past.”

④ 约翰·休斯顿写给门宁格的信，1946 年 4 月 15 日，252 号文件，JHC。

⑤ 门宁格写给陆军部张助理的信，1946 年 4 月 24 日，252 号文件，JHC。

⑥ “Co-Feature Role for Ruth Warrick,” *New York Times*, 1946 年 4 月 28 日，以及现代艺术博物馆新闻发布会，JHC。

当时只有几名评论家看过这部电影；一个是阿切尔·文斯顿（Archer Winsten），《纽约邮报》的电影影评人和专栏作家。休斯顿给他发了一份电报恳求他“大声说出来……批评这些人的做法，假如你愿意”，[①] 文斯顿照做了，报道了对电影录像带的戏剧性没收并且严厉指责那些想要禁止这部电影上映的人。“军队”，他写道，“退缩到战前那种未提高的最高执行官核心的状态，重新采取一种什么也不做、什么也不想、什么也不说的政策”，牺牲“如此伟大的一部电影，在医学上和人性上如此具有启发性的（电影）……他们不知道该如何处理这部电影[②]……看完这部电影，我觉得我此前从未亲眼在大屏幕上看见过类似的、抹去外加的自我意识后的情感”。[③] 詹姆斯·艾吉从这里开始在《新共和》杂志中接棒喊话，他写道：“我不知道要改变这令人羞愧的决定需要做什么，但假如说这部电影有潜在危险性，那么这个潜在危险性不言而喻……（这部电影被禁）显而易见的原因虽然在里面没有被提到：任何头脑清醒的人看过这部电影之后，假如他们还会加入军队，那也是带着一张紧绷的脸和一颗痛苦的成熟的心。”[④]

战争期间，公共关系局和军队图像服务部都对负面报道非
常敏感。当休斯顿因为《来自阿留申群岛的报告》的加长版本 413
和军队产生意见不合时，他寻求记者的帮助，而他的冒险外交政策奏效了。但这一次，军队没有退让，它坚守了自己的做法。

---

① 约翰·休斯顿发给文斯顿的电报，1945 年 4 月底，252 号文件，JHC。

② Archer Winsten, “Movie Talk: Lest You Forget a Film Everyone Ought to View,” New York Post, 1946 年 7 月 2 日。

③ “Movie Talk: Huston's ‘Let There Be Light’ Hidden Under Army Bushel,” *New York Post*, 1946 年 5 月 6 日。

④ James Agee, *Nation*, 1946 年 5 月 11 日和 1947 年 1 月 25 日。

夏天的时候，筋疲力尽的休斯顿放弃了投诉；那个和他一起努力的独立发行商承认自己被击败了，告诉导演他已经厌倦了“整个关于阻碍，微弱的收获和狠狠地被打败的可怕故事……我输了。”①《上帝说要有光》在接下来35年都不会向公众放映。

这段经历让休斯顿对自己在军队服务的几年产生了怀疑和忧虑。“二战的时候我和所有人一样怀有高度期望，”他说道，“在我看来，似乎我们正在用自己的方式理解生活。”② 但现在他感受到的是为一个谎言共同勾结。“（军队）想要维持‘战士’的神话，”他写道，“告诉大家我们美军士兵参与战争，然后从战争中返回，经过这次经历变得更加强大、高大和自豪……只有一小部分软弱的人在路边倒下了。每一个人都是英雄，勋章和绶带就是证明。”③

“这，”他说道，“是我和政府之间最有趣的经历。对我来说，这是一部美妙而充满希望，甚至具有启发性的电影……陆军部却觉得它药效太强。这只是我个人的看法。但也是唯一经得起推敲的看法。”④

随着新一年开始，乔治·史蒂文斯打开了一本1946年的台历，决定写一篇日记。在他把它扔到一边前的三个星期，他写下的是一名挣扎着要重新找回他此前生活轮廓的男人的记录梗概。他写下一起吃午饭的人的名字，他看过的电影和书，从

---

① Arthur Mayer 写给约翰·休斯顿的信，1946年8月14日，252号文件，JHC。

② Lawrence Grobel, *The Hustons: The Life and Times of a Hollywood Dynasty*, updated ed.（New York: Cooper Square, 2000）, 299.

③ Huston, *An Open Book*, 125-126.

④ Stuart Kaminsky, *John Huston: Maker of Magic*（Boston: Houghton Mifflin, 1978）, 43-44.

一个地方开车去另一个地方要多久，食物和天气如何。他回家
了，最终回到了妻子和儿子身边，还有他在托卢卡湖的房子，
而且他决定要重新开始，虽然他的心似乎不在任何他做的事情
上面。史蒂文斯一家观看了帕萨迪娜的玫瑰碗比赛，看特洛伊
人队输给红潮风暴队；他大多数夜晚在外面用餐，在巨浪餐厅 414
和老朋友吉恩·梭罗（Gene Solo）或者查尔斯·费尔德曼一
起。史蒂文斯觉得他的战前地位在某个地方等待着他收回，但
当他尝试重操旧业时，他感到笨拙和不适应。玩扑克牌的时
候，他下的赌注过大而且输得太快。和伊冯娜出席派对时，他
会喝醉，有时甚至需要别人送回家。战争期间在欧洲的时候，
史蒂文斯将自己的感情全部倾注到众多写回家的信中，但现在
他们重新在一起了，他的婚姻却开始破裂。1946 年的前几个
月，他想要的一切只是独处。他会将自己关在一间房子里和一
堆小说打交道，将一整天花在阅读中，或者在早上第一时间离
开家，去他的乡村俱乐部打 18 洞高尔夫球，自己一个人过着
一天又一天。[1]

他的朋友和同事都热心且耐心。卡普拉准备成立自由电影公司，休斯顿拒绝了他的邀请，没有成为其中一名合伙人，但史蒂文斯答应了。2 月底有一场记者发布会，会上他们二人还有惠勒将会宣传自由电影公司新的商业模式，这将是电影导演们创作自主权黄金时代的黎明。卡普拉告诉他，史蒂文斯需要做的就是找一个可以重新点燃他拍摄激情的项目。他只需要卷起衣袖，集中注意力在某件事上。在开始的几个星期，卡普拉会邀请史蒂文斯到自己的住处，尝试用各种方式吸引他，一开

① 史蒂文斯在前几个星期的活动，除了特别标明的以外，都来自他 1946 年的日记，日期为 1 月 1 ~ 23 日，3602 号文件，GSC。

始是一系列小说，然后是剧本。他告诉史蒂文斯他自己即将在自由电影公司拍摄第一部电影，一部圣诞主题的喜剧片《生活多美好》（*It's a Wonderful Life*），并且给他看了剧本，希望可以激起他的一点热情。史蒂文斯把剧本带回了家，一个星期之后却充满歉意地告诉卡普拉他没有时间阅读。事实上，他没有时间去做任何事。

伊冯娜·史蒂文斯开始担心。为了庆祝丈夫的归来，他们刚刚才买了一辆林肯大陆敞篷汽车，“小的那种，备胎挂在车身后面，”她回忆道，“当时城里还只有三辆。”有一天，她看见他坐在驾驶座，“然后他只是开始摇头”，她说道，“他没有办法控制自己。好吧，路还长”。[①]

卡普拉知道他的朋友史蒂文斯目前处于无法触及的状态，成了他自己可能永远甩不掉的记忆的人质。“对他来说，整场
415 （战争）成了一个噩梦，”他说道，“关于人类有多愚蠢的噩梦。他变得难以交流，因为我觉得他不想表达自己的真实感情——或者说他无法表达——表达那些他经历过的恐慌。这种感觉在他身上蔓延……他不再是那个乔治·史蒂文斯了。”[②]

似乎每个人都确信史蒂文斯最终会恢复，除了他自己。他们全部都将工作想象成能让史蒂文斯恢复的东西，似乎只要他可以全身心投入当初那种帮他获得声望的、吸引人的成人喜剧，一直折磨着他的达豪和箱式货车的画面就会消散，而他也会重新回到那被战争打扰的稳步上升的职业生涯中。但史蒂文斯觉

---

① 伊冯娜·史蒂文斯接受 Irene Kahn Atkins 的采访，未发表的文稿，3696 号文件，GSC。

② 弗兰克·卡普拉为 *George Stevens: A Filmmaker's Journey* 接受的采访，未发表的文稿，13 号文件，FJC。

得蹒跚，包括字面意义上的——他在伦敦被一辆出租车碾过脚所以走路有些困难[①]——和感情上的。他强迫自己离开房间，参与社交和工作，但他和同事们的相遇只增加了他的孤独感和疏离感，而没有吸引他回到这个行业中。沃尔特·万格邀请他去自己在环球的办公室，大卫·O. 塞尔兹尼克把他和卡普拉带到自己在卡尔弗城的片场，向他们展示他正在制作的新电影的场景，这是一部由珍妮弗·琼斯（Jennifer Jones）和格里高里·派克（Gregory Peck）出演的史诗级彩色电影《阳光下的决斗》（*Duel in the Sun*）。史蒂文斯礼貌地告诉塞尔兹尼克这部电影看上去有多壮丽，但那晚他回到家后感到不安，因为他意识到离开电影行业的 3 年时间似乎像是永远。这个行业在没有他的时候依然在发展。他完全不知道谁是格里高里·派克和珍妮弗·琼斯，在他离开之前他们绝对不是明星。但他后来说道，所有他正在观看的好莱坞电影都让他觉得，“不是来自生活，而是来自旧电影……在（那些导演）从电影中看到的东西的引导下拍摄，而不是那个时代发生的事情”。[②]

有时候，史蒂文斯会通过找回从前的军队生活寻找慰藉。他出席了学院放映的惠勒的短剧《霹雳》；他安排自己和特别报道小组的老伙伴们吃午饭，这些人现在也离开了军队，他们希望史蒂文斯可以利用他在好莱坞的影响力帮他们找到工作；他出席为埃克将军举行的派对，结果变成和军队老同事们的没

---

① 伊冯娜·史蒂文斯接受 Irene Kahn Atkins 的采访，未发表的文稿，3696 号文件，GSC。史蒂文斯在接受 Bruce Petri 采访的时候（3692 号文件，GSC），声称这个走路方面的困难是由于他在卢森堡的时候受到霜冻的影响，当时他的军靴结了冰，不得不脱掉。

② 乔治·史蒂文斯接受 Robert Hughes 采访的未经编辑的文稿，1967 年，3677 号文件，GSC。

有准备的叙旧。当他和伊凡·莫法特在比弗利山庄的罗曼洛夫就餐时，他为这个场合穿上了一件军服。走进这间餐厅相当于
416 一次重要的公开露面，因为似乎半个好莱坞都会定期在那里用餐。阿尔弗雷德·希区柯克坐在旁边的桌子，他看见史蒂文斯后，用莫法特的话来说，给了他一个“礼节上的，但同时也是漫不经心的小鞠躬”，止于一个啼笑皆非的敬礼。在史蒂文斯战前最后两部电影中担任主演的琪恩·亚瑟看见了他，充满热情和喜爱地拥抱了他。而一位完全没有为战争做出任何贡献的老同事经过他们桌子的时候说道：“好吧，乔治，欢迎回来！你什么时候脱下那套衣服？”史蒂文斯怒目以对，回应道：“你什么时候肯穿上你的那套？”[1] 他“对于留在家里拍摄电影的那些人怀恨在心”，伊冯娜说道。[2] 但当卡普拉尝试将这一愤恨变为让史蒂文斯坐回导演椅，再一次证明自己价值的动力时，史蒂文斯在每一次怒气冲冲的见面后都愈加自闭。“他完全没有在找工作，”史蒂文斯的妻子说道，“每一天他只是出去打高尔夫球。我实在没有办法忍受。”[3]

史蒂文斯拒绝谈论战争，除非是间接性地。“他（那时）如此安静，”伊冯娜说道，“他没有办法表达自己，真的。他只是把话留在心里，自己一直回想。”史蒂文斯不只一次表示过，唯一可以吸引他回到片场的主题是二战本身，声称“当我觉得

---

① Gavin Lambert, ed. , *The Ivan Moffat File*: *Life Among the Beautiful and Damned in London*, *Paris*, *New York*, *and Hollywood* (New York: Pantheon, 2004), 175 - 176.

② Marilyn Ann Moss, *Giant*: *George Stevens*, *a Life on Film* (Madison: University of Wisconsin Press, 2004), 123.

③ 伊冯娜·史蒂文斯接受 Irene Kahn Atkins 的采访，未发表的文稿，3696 号文件，GSC。

自己有能力的时候，我会拍摄一部有关战争的电影”。但即使是这个想法也很快被放弃了。他对于没有人找他拍摄战争片而感到意外和受伤；[①] 电影公司不把他视作那类导演，而且他们也明显不会对他想推销的那种故事感兴趣。“他们告诉我你不能制作一部有关战争的电影……没有人想看，”他说道，“没有人想从乐趣和游戏中清醒过来。”[②]

史蒂文斯知道，很快他就要装模作样地公开做出作为自由电影公司的一部分回到工作中的姿态。他不想让卡普拉或者惠勒失望，他们将自己的职业和经济的未来都投资到这家刚起步的公司中，而且他自己也在承担着风险。他投资了 10 万美元作为初期资金的第一部分，成了和惠勒一样拥有 25% 股份的合伙人。（卡普拉作为创立者，掌握着 32% 的股份；剩下的 18% 属于山姆·布里斯金。）卡普拉已经开始为《生活多美好》而辛苦工作，而惠勒也正在搜集一系列可以在他为戈尔德 417
温完成《黄金时代》后为自由电影公司拍摄的第一部故事片。史蒂文斯却离这个状态很远。“我还没有准备好，”他说道，“但因为是弗兰克和威利，我进去了。但当我真的进去了，就意味着我进电影公司了，（即使）我已经很久没有进入过电影公司。”[③]

史蒂文斯为自己租借了办公场地，尝试性地和英格丽·褒曼合作拍摄电影。由于《卡萨布兰卡》和《煤气灯下》两部电

---

① 乔治·史蒂文斯告诉 Hal Boyle，1953，重印于 Paul Cronin，ed.，*George Stevens Interviews*（Jackson：University Press of Mississippi，2004），14。

② 乔治·史蒂文斯接受 Robert Hughes 的采访，讲述他战后的心里想法，未经编辑的文稿，1967 年，3677 号文件，GSC。

③ 乔治·史蒂文斯告诉 James Silke，*Cinema*，1964 年 12 月/1965 年 1 月，重印于 Cronin，ed.，*George Stevens Interviews*，40。

影，褒曼已经成了过去几年出现的好莱坞最重要的新生代女演员。战争结束后，她告诉她的朋友艾琳·塞尔兹尼克（Irene Selznick）她已经不在意金钱了，她只想和世界上最好的导演合作。史蒂文斯是她5人名单中的1个［剩下的4个是休斯顿、惠勒、比利·怀尔德和罗伯托·罗西里尼（Roberto Rossellini）］。这位导演为她开发了一部名叫《幸福大家庭》（*One Big Happy Family*）的喜剧剧本，[①] 他乘坐火车前往纽约，打算观看她在百老汇戏剧《圣女贞德》（*Joan of Lorraine*）中的演出，然后带她一起共进晚餐并讨论他们的合作。但当他到达纽约的时候，他觉得这个项目太糟糕了。他带她到“21”享用了一顿夜宵，告诉她他为剧本做出的努力毫无价值，这个材料远远配不上她的才华，他不拍了。褒曼沮丧而疑惑；史蒂文斯没有办法找到合适的话来向她解释自己心意的转变。“我不太清楚是什么导致了这个转变，”他说道，“从前我拍摄电影的基本要求就是我需要胶卷，未使用的胶卷，然后一切就会自然进行下去。”他并非第一次疑惑自己是否有信心再去执导。“有那么多人为战争离开那么长时间，回来之后没有办法适应新生活，”他说道，“是因为环境改变了，把他们关在外面了，还是因为他们不同了？……明显是有些什么变了。”史蒂文斯回到洛杉矶告诉惠勒和卡普拉，他不知道什么时候或者他是否还能找到自己想要拍摄的电影。“像他们那样的人，”他说道，“他们理解我。”而他们依然希望史蒂文斯成为自由电影公司的合伙人。[②]

---

① Herbert G. Luft, “George Stevens: The War Gave the Academy's New President a Social Conscience,” *Films in Review*, 1958年11月。

② 乔治·史蒂文斯告诉 James Silke 的, *Cinema*, 1964年12月/1965年1月，重印于 Cronin, ed., *George Stevens Interviews*, 40。

史蒂文斯最希望的是找到一个可以反映他对世界的理解转变的项目。“我们的电影应该讲真相，而不是宠溺我们”，他在 418
那一年说道。此外，他还问道：“我们是否有那么一个微小的机会，可以揭露我们认为的美国其实不是我们以为的那个美国？那会否鼓励我们继续沉溺于那些关于自己的幻想？”①

认识他的人都恳求他放弃发表宣言的想法，只单纯地做他最擅长的东西。凯瑟琳·赫本，他的好朋友和最坚定的拥护者之一，告诉他他需要重返喜剧，她相信史蒂文斯在这种电影里的才华好莱坞中无人能及。但史蒂文斯在余下的导演生涯中将永远不再拍摄除剧情片以外的东西。“战争之后，”他说道，“我不觉得我还能够令人捧腹了。”②

“我讨厌看见他后来为其他东西——那些更严肃的东西——而离开喜剧，”卡普拉说道，“战争之后我们都变了，但对于他来说……他在达豪集中营拍摄的电影，那些熔炉，那些无人相信的一大堆一大堆的尸骨……他看得太多了。”③

“看过那些东西，你永远没有办法恢复，”伊冯娜·史蒂文斯说道，“他只是受到了惊吓。但他再也没有办法复原。”④

---

① Moss, *Giant*, 27.

② 乔治·史蒂文斯接受 Patrick McGilligan 和 Joseph McBride 采访，Cronin, ed.，*George Stevens Interviews*。

③ 弗兰克·卡普拉为 *George Stevens: A Filmmaker's Journey* 接受的采访，未发表的文稿，13 号文件，FJC。

④ 伊冯娜·史蒂文斯接受 Irene Kahn Atkins 的采访，未发表的文稿，3696 号文件，GSC。

29 “更接近世界正在发生的事”

好莱坞，1946 年 5 月 ~1947 年 2 月

419 “好莱坞正在发生改变，”弗兰克·卡普拉在 1946 年开始拍摄《生活多美好》后不久宣布道，“可能可以称之为一场革命……也许有一个晚上你会走出你附近的电影院，跟陪伴你的人说：‘我们最近是不是看到了很多好电影，和典型的好莱坞出品的电影有所不同？’这背后的原因是，有经验、有成就的电影人愿意将他们得来不易的存款作赌注换来独立。”①

当卡普拉在《纽约时报》杂志一篇名为《打破好莱坞的“同一模式”》的文章中写下这些话的时候，自由电影公司成立还不到 3 个月。但 5 年后重返导演椅的他已经迫不及待要将自己当作发言人，为行业内发生的历史性转变的势头发声。这场战争，他写道，令美国电影人用“新的眼光”看待电影公司制作的电影，并且声称他们不再满足于那些令大多数电影看上去和听上去都一样的“机械化处理”。“大多数曾经是……制作人、导演、编剧的人从军队回来，带着坚定的决心要做出改变”，他说道，他们现在成立的制作公司将
420 会给予他们每个人去追求“他对于主题和材料的个人想法”

① Frank Capra, “Breaking Hollywood's ‘Pattern of Sameness,’” *New York Times Magazine*, 1946 年 5 月 5 日。

的“自由”。[①]

卡普拉以经理人般吵闹的天分为自由电影公司进行宣传；他甚至让公司发表了一份宣言说道：“故事的价值将会是制作时最优先考虑的”，“艺术角度和娱乐角度两方面的产品质量排第一位”，大额的预算“无论如何不会被用来强调或者显示……娱乐的价值”。[②] 虽然带有自吹自擂性质，但卡普拉真诚地相信，随着像普莱斯顿·斯特奇斯（Preston Sturges）、莱奥·麦卡雷和罗伯特·里斯金这样的电影人加入已经颇有建树的独立制作人行列——像戈尔德温、塞尔兹尼克和旺格等一样——权力的天平将会很快而且永久地从电影公司转向制作人和导演。他早在战争前就已经显露出来的发表大胆宣言的特点，随着自己新事业的成立变成了雄心勃勃而武断地发表意见。但当他被具体问道，他自己的电影将有多独立时，卡普拉退回到了审美上的胆怯。当他大多数的电影人同事，包括他的两位新合伙人，都越来越大胆地倡导好莱坞电影要表现更多的坦率和诚实，以及一种更成人化的叙事方式时，他却逃避任何带有争议意味的东西。在过去几年卡普拉变得如此着迷于将电影当作宣传手段，以至于和平时期他发现自己很难用其他方式去思考电影。“现在只有两件事是重要的，”3月的时候他告诉《洛杉矶时报》，“一件事就是加强个人对自己的信心，以及另外一件事，目前更重要的事，就是和现代的无神论趋势做斗争。”[③]

---

① Frank Capra, “Breaking Hollywood's ‘Pattern of Sameness,’” *New York Times Magazine*, 1946年5月5日。

② “New Picture: It's a Wonderful Life,” *Time*, 1946年12月23日。

③ *Los Angeles Times*, 1946年3月3日。

在他尝试重拾行业领导地位的同时，卡普拉和史蒂文斯一样动摇且没有自信。惠勒回忆起一次聚会，他和卡普拉、福特还有休斯顿讨论他们放弃事业参与战争的决定，他们都担忧地预言："假如战争持续好几年，回来的时候我们都会变成因离开而被忘记了的那些人。"[①] 但当福特和惠勒似乎没有太过费心便找到了自己在行业的位置时，卡普拉却有一段时间难以摆脱自己的焦虑。卡普拉确定他在战争期间的工作提升了他在好莱坞

421 的地位，而他回来时受到的欢迎也似乎证实了这一点。他甚至计划通过利用他在军队的工作换来的尊敬，将敲响的独立钟用作新公司的标志——他在每一部自己的纪录片和《我们为何而战》系列电影的结尾都用了这个图案。

但好莱坞对于卡普拉为战争做出的贡献，甚至是关于谁曾服役、谁没有服役的集体记忆现在都似乎快速地消退，这一切令卡普拉警觉，也令他感到不公平。不再有大型的欢迎回家派对来表扬他的成就；关于《我们为何而战》系列电影的完成，唯一来自他同行的真正认可，是学院主席琪恩·汉旭特（Jean Hersholt）提醒他，他凭借《战争序章》而获得的奖牌和奖杯因战时资源短缺，是用石膏制造的，并且解释道，"假如你愿意把它带回学院办公室，学院将愿意用一尊金制奖杯换回你的替代品"。[②] 他觉得不受重视，而且哪怕只是察觉到一丁点不被重视的痕迹，他都会对此表现轻蔑。他觉得少部分业内人士在遇到他时，认出他的时间比正常的要长，这一点折磨着他，而且他不太能分清这些是对他自负心的伤害还是对他能力的怀疑。"离开 4 年后回到好莱坞，怀疑自己是否已经技艺生疏或者失去了

---

① Mary Morris, "Stubborn Willy Wyler," *PM*, 1947 年 2 月 2 日。

② 琪恩·汉旭特写给弗兰克·卡普拉的信，1946 年 5 月 17 日，FCA。

与好莱坞的联系，这很让人害怕”，他说道。[①]

他的同事，包括惠勒，对于在新电影中谈论社会问题并没有任何犹豫。当惠勒讲起自己为何加入卡普拉和史蒂文斯的自由电影公司时，惠勒说他和他的合伙人们全部都“参与过我们时代一次重要的事件，而且……我相信这会对我们的工作产生健康影响……我知道乔治·史蒂文斯在看过达豪集中营的尸体之后已经不是从前的那个他了”。惠勒认为自由电影公司应该服务于修正行业内那些“脱离我们时代发生的重要事情”的电影，并且影响那些“不反映我们所身处的世界”的电影。他还表达了他的希望：希望能和其他美国导演一起面对那些令人兴奋的，来自英国和欧洲的新电影的挑战，比如大卫·里恩（David Lean）、维托里奥·德·西卡（Vittorio de Sica）、罗伯托·罗西里尼，以及其他“以一种非常真实的感觉经历过战争并且……比我们更接近世界正在发生的事”的导演的作品。[②]

卡普拉将这种创作上的大胆几乎看成侮辱，他轻视任何对 422
被他称为“信息电影”或者“思考电影”的强调。没有一场战争可以让他集中起他那分散的政治观，他的准民粹主义意识形态变得和20世纪30年代时一样模糊。在华盛顿服役4年后，他不再倾向于将国会议员或者政府官员变成坏人了，但他也没有办法构想出新的电影坏人，而且他也难以摸透国民的心思。“你怎么可以拍摄一部能够吸引所有人的信息电影？”他问道，“人们不再抱有幻想。政治家的话不再有多少价值。人们应该相

① Thomas M. Pryor, “Mr. Capra Comes to Town,” *New York Times*, 1945年11月18日。

② William Wyler, “No Magic Wand,” *Screen Writer*, 1947年2月。

信谁?”[1] 他会同时谈论好莱坞一种新自由的出现，然后又直接反对惠勒，说美国人普遍比以往更加不倾向于在电影中思考、被提问，或者参与到这个世界中。“人们在过去 10 ~ 15 年的灾难性事件中变得麻木，”他坚持道，“我不会尝试通过一部电影来在精神上接近他们……我不知道怎样拍摄一部可以展示当今更大的问题的电影。”[2] 此外，他还说道，“没有一个独立制片人强大到可以打败”这个系统，而且“即使他有理想和想法，假如他想继续留在这个行业中，他就不得不妥协”。[3]

他的第一个直觉是回到过去。对于为自由电影公司拍摄的第一部电影，他一开始是计划重拍他在 1934 年为哥伦比亚电影公司拍摄的赛马喜剧《百老汇账单》(*Broadway Bill*)。[4] 但由于电影公司不愿意将版权卖给他，他才选了《生活多美好》。他将这个选择定义为“妥协”，这部电影在他的愤怒和恐惧达到最高峰的时候出现了。他会拍摄一部“关于一个小镇青年觉得自己是个失败者，并且希望自己从没有出生过”的电影。[5] 卡普拉确定了这部电影将由詹姆斯·斯图尔特担任主角。但卡普拉把故事讲述得如此之差，以至于这位演员的经理人卢·沃瑟曼(Lew Wasserman)坐在办公室听着这个故事，感觉在“等死”。直到卡普拉结结巴巴地说：“这故事说得并不好，是吧”?“弗兰克，”斯图尔特回答道，“如果你想拍一部电影，讲述我自杀，还有一位名叫克拉伦斯的没有翅膀的天使，我可

---

① Pryor, “Mr. Capra Comes to Town.”

② *Los Angeles Times*, 1946 年 3 月 3 日。

③ Pryor, “Mr. Capra Comes to Town.”

④ Joseph McBride, *Frank Capra*: *The Catastrophe of Success* (New York: Simon & Schuster, 1992; revised 2000), 508 - 509.

⑤ Pryor, “Mr. Capra Comes to Town.”

以参与。”①

卡普拉在一本名叫《圣诞颂歌》的短篇故事集中的《最好的礼物》一文里，发现了《生活多美好》的梗概，它写于 423
1939 年，并于 1944 年被卖给了电影公司。它的作者菲利普·范·多伦·斯特恩（Philip Van Doren Stern）将它作为赠阅小册子印刷出来，最终由《好管家》杂志于 1945 年年初以《从未出生的男人》为题发表。卡普拉利用这个短小的寓言来探讨一个善良的人可以带来的信念，可以鼓励一个人从不同的角度看待他的人生，也因此可以帮助他反抗一种绝望的状态，一种被卡普拉称为对个人在世界价值的“沮丧感”。但在润色剧本的时候，他换了一个又一个作家，期望剧本形成一种轻快而戏剧化的基调，一种他一直认为最有吸引力的风格。克利福德·奥德茨来了又走了，达尔顿·特朗勃（Dalton Trumbo）也一样[他在改编的时候将主角乔治·贝利（George Bailey）塑造成一个失败的政治家，过于接近《史密斯先生到华盛顿》和《约翰·多伊》]，② 还有乔·斯沃林（Jo Swerling）和《青草地上》（*Green Pastures*）的作者马克·康奈利。最终，卡普拉请来了弗朗西丝·古德里奇和她的丈夫艾伯特·哈克特，告诉他们不要理会之前所有的草稿，重新开始。都是退伍军人的哈克特夫妇在战时都乐意为卡普拉撰写宣传电影，但他们认为自己花在《生活多美好》上的时间是漫长职业生涯中最不开心的经历。一段时间之后，这位被他们称为“可怕的男人”和

① Jeanine Basinger, *The It's a Wonderful Life Book* (New York: Knopf, 1986), 77 – 78.

② Jeanine Basinger, *The It's a Wonderful Life Book* (New York: Knopf, 1986), 77 – 78.

"傲慢的狗娘养的"导演放弃了他们，卡普拉决定亲自改写这部电影。①

《生活多美好》是唯一曾经将卡普拉列为编剧的电影（和古德里奇、哈克特一起），而电影的最终版本是明显而赤裸的对这位导演当时内心世界的展示。他相信战后观众会回到一种怀旧和幻想的状态，这一点在电影开头的科里尔和艾夫斯式的速写画中明显地表现出来。他依然记忆犹新的政治宣传者经历在他不寻常地大量使用叙述，以及直白重复地传递一个信息中得到表现——虽然他也有过犹豫。而他对那些曾在 20 世纪 30 年代为他写过最成功电影的人的依赖，通过他对自己早期热门电影的抄袭而明显地表现出来——对小镇生活虔诚的尊敬，对轻易会变为满怀仇恨的乌合之众的朋友和邻居的不信任，以及对绝望会令一个人歇斯底里的描述。卡普拉实现了自己想要拍摄
424 一部关于"自己的个人信念"的电影的想法，但他将它和当时最困扰他的问题——被别人赞美的强烈需要——联系到一起。在一份由康奈利写的早期草稿中，乔治和天使克拉伦斯拜访过"另一种"生活：另一个乔治活着而且过得很好，但失去了真乔治的好品格。在卡普拉选择的那个版本里，乔治看到的"另一种"生活却是假如他从来没有存在过，而这个世界很快分崩离析。对于刚刚回到好莱坞，觉得自己最近被从它的历史中删去的卡普拉来说，一个恐惧于自己不重要，以及没有存在感的假设的故事让人觉得带有自传性质。《生活多美好》是他在无法将恐惧、欲望和伤口留给自己的情况下完成的项目。

---

① 弗朗西丝·古德里奇和艾伯特·哈克特接受 Mark Rowland 的采访，*Backstory: Interviews with Screenwriters of Hollywood's Golden Age*, ed. Pat McGuilligan (Berkeley: University of California Press, 1986), 210。

这也是一个并非他所愿的赌注极大的赌博。一直变换的作家名单，试用过的 3 个摄影师，还有漫长的拍摄时间表让这部电影的花费极高。1946 年 1 月 30 日，自由电影公司已经为《生活多美好》花费了约 200 万美元，包括高达 16.3 万美元的高昂的导演工资，但它离制作完成还有几个星期。[1] 这些支出给新公司以及卡普拉的同伴带来了极大的压力。1945 年年底，卡普拉以及山姆·布里斯金和雷电华电影公司完成了一项交易，雷电华电影公司同意在接下来的 6 年负责分发自由电影公司的前 9 部电影——卡普拉、惠勒和史蒂文斯每人 3 部。而公司也进行了相关安排，如惠勒解释的那样，“大多数条例是关于故事创意和预算的。除此之外每个人都有自主权。在整个准备和制作电影的过程中，我们都能得益于对方的建议。但负责的人不一定要采取这些建议。这会是他自己的故事。”惠勒或者史蒂文斯都没有对卡普拉选择的材料表现出特别的热心，但他们都很支持，甚至当他们觉得某些事难以接受时也是如此。“天啊，我人生中从来没签过这么多该死的支票!”卡普拉的制作越来越复杂，史蒂文斯抱怨道，“我慢慢开始意识到，你知道，为什么哈利·科恩会成为哈利·科恩，因为我讨厌看见这些钱……他还要加入雪景！为什么不能是春天?”[2]

惠勒更多地和《生活多美好》保持距离。1946 年年初，他 425
已经全身心投入一部将会是由他制作的最个人的电影。随着《黄金时代》剧本继续成形，他和舍伍德达成了一个重要决定：

---

① 自由电影公司财务报表，1946 年 6 月 30 日，3753 号文件，GSC。

② 乔治·史蒂文斯接受 Bruce Petri 的采访，未经编辑的文稿，3692 号文件，GSC。

霍默这一角色将不再患有痉挛性麻痹症。戈尔德温将这个角色的扮演者确定为备受期待的年轻演员法利·格兰杰（Farley Granger），[①] 但惠勒相信当中的脸部扭曲、说话障碍和不受控制的举止是无法被扮演甚至无法被导演的。相反，他让舍伍德将这个角色改写为一个在战争中失去手臂的年轻人，并且他们决定去找一个真正残疾的人来扮演他。他们谨慎的制作人很确信这个选择不可能实现，戈尔德温曾经对惠勒说过一段著名的话，"你无法让一个犹太人扮演犹太人，这在屏幕上行不通"，[②] 而他也催促他们放弃搜寻，简单地放弃那个残疾人角色或者使用残疾人的想法。当惠勒开始拜访退伍军人医院的时候，他遇到的那些病人都满是怀疑，"所以你准备拍摄一部关于我们这样的人的电影，"一个美国士兵嘲笑道，"你肯定能挣很多钱。"[③]

惠勒终于找到了他的霍默，但是是在电影里，而不是在医院。军队图像服务部战争时期拍摄的最后几部电影中的一部是22分钟的短片《军曹日记》（*Diary of a Sergeant*），一部讲述一个名叫哈罗德·拉塞尔（Harold Russell）——来自马萨诸塞州的剑桥的30岁士兵于1944年6月6日一次训练事故中双手被炸飞的故事。"我在D日当天受伤，好吧，是在北卡罗来纳州，当时半磅TNT炸药提前爆炸，"他说道，"我的皮带上面没有德国的战利品可以挂，我没有紫心勋章，我甚至没有海外绶带。我所得到的是失去了双臂。"[④]《军曹日记》的开头重现了拉塞

---

① 演员表，4111号文件，SGC。

② Axel Madsen, *William Wyler: The Authorized Biography* (New York: Thomas Y. Crowell, 1973), 90.

③ Jan Herman, *A Talent for Trouble: The Life of Hollywood's Most Acclaimed Director, William Wyler* (New York: Da Capo, 1997), 282.

④ 《军曹日记》，1945年。

尔被推进手术室的场景，然后是 2 个月的康复期，在这期间他接受训练，学习如何使用义肢来取代他的手臂，并且最终退役。电影希望表现出受伤退伍军人接受治疗的质量，以及他们在离开时候收到的养老金和教育津贴。拉塞尔从来没有通过名字被 426
认出，而且可能是因为他那与众不同的、尖锐的新英格兰口音听上去不够美国，在电影中也从没有出现他的声音；他的第一人称自白是由拥有低沉声音的演员阿尔弗雷德·德雷克（Alfred Drake）配音的。但他温柔的举止和他在一幕准备要约会的场景中表现出来的紧张，让惠勒决定将这位年轻人从剑桥——他在那里的波士顿大学上学，并且在基督教青年会工作——接来洛杉矶。经过在布朗·德比饭店的一顿午饭后，惠勒告诉拉塞尔他要扮演这个角色了。

这并不容易。拉塞尔毫无表演经验，而一直偏好于和聪明、坚毅的演员如贝蒂·戴维斯等合作的惠勒——他可以用一种无理、不耐烦的短句对他们说话——要从拉塞尔身上获得一段表演是“困难”而且“痛苦”的。“我没有尝试教他演戏，”惠勒说，“我集中精力指导他怎样思考得更多，因为我相信只要他按照正确的路线去思考，他就不会出错。”[①] “这需要做更多工作……我对待他要做的工作比对待专业人士的要好一点……但这个男孩有这样一个特点：他理解这个角色，因为他自己也经历过。我不需要向他解释失去双臂是怎样的感受。”[②]

惠勒在职业生涯中第一次变得着迷于现实主义，他在《黄

① Thomas M. Pryor, “William Wyler and His Screen Philosophy-And They All Had Big Heads the Next Morning,” *New York Times*, 1946 年 11 月 17 日。

② 威廉·惠勒讲述给 Kantor, Blacker 和 Kramer, 重印于 Gabriel Miller, ed., *William Wyler Interviews* (Jackson: University Press of Mississippi, 2009), 41。

金时代》中做出的每一个创作决定都不单考虑表现效果，而且考虑了它的准确性和真实性。他依然为自己感到尴尬，为当初迟来的察觉出《忠勇之家》中的错误而感到尴尬，所以当他开始拍摄这部新电影的时候，他想象有数百万回来的士兵观众在试图找出任何好莱坞式的逃避或者错误。两年前，塞尔兹尼克备受欢迎的《自君别后》（*Since You Went Away*）试图戏剧化地表现丈夫和妻子长久的别离，以及回到平民生活中不容易的未来，其中一个角色嘲笑地说“所有这些不负责任的40岁老父亲们匆忙穿上了军装”。但当时战争依然在进行，塞尔兹尼克避免了任何不愉快的现实，将电影变成向“无可战胜的堡垒，美国
427 人的家园”的致敬。他的电影恰好充满了惠勒决心要回避的陈词滥调和简单答案。“我们需要诚实……在这3个故事中，”他说道，“我们对每一个问题的解决方法不能只适合一部电影中的一个角色。”他和舍伍德聪明地将3个主角设置为可以吸引尽可能广范围的军人的角色。阿尔是一个普通的军队士兵，弗雷德是陆军航空兵团的一名军官，而霍默是一名水手；阿尔来自富裕家庭，霍默是中产阶级，而弗雷德则来自贫民阶层。但超越这些范围，惠勒觉得一切都需要忠诚于他自己的亲身经历或者他认识的士兵们的生活。

自10年前的《死角》后，惠勒再没有拍摄任何关于当代美国人生活的电影了，而他对逼真性的追求延伸到了外观上——他告诉制作团队的设计师，他不想他的角色们住在电影制片厂一般会选择的天花板高高的，装饰华丽的家中。在服装方面他也想打破制片厂传统：开始拍摄前，他支付给玛娜·洛伊（Myrna Loy）和特蕾莎·怀特（Teresa Wright）——她们将会扮演阿尔的妻子和女儿——中等的费用，让他们去当地的店铺为她们的角色购买

现成的衣服，这个决定在当时是不寻常的，因为一般重要女角色们都有一系列为她们设计的服装。[1] 洛伊和怀特丝毫没有迟疑。而当惠勒告诉她们，因为他想她们看起来普通，所以她们的妆要比在其他电影中要淡得多时，她们也没有异议。

和福特不同，惠勒没有试图去将他第一部战后电影的所有演员和团队都换成实际的退伍军人。但他确实告诉扮演弗雷德的达纳·安德鲁斯和扮演阿尔的弗雷德里克·马奇（Fredric March）他们需要看起来像其中的一员。特别是将近 50 岁，处于富裕而营养充足的年龄的马奇，在拍摄前他得到了一次温柔的面谈。“有一点很重要，就是你的体型要体现一种吃配给口粮的效果，而不是在‘21’俱乐部吃出来的效果，”惠勒提醒他，“你应该尽力变得瘦长而结实……我知道这对于我们这个年纪的人来说不容易。我回来之后重了 20 磅……但这部电影的处理方法是要遵从现实主义路线……我不想有任何像小小的‘烟草袋’之类的东西糟蹋了整个场景。”[2]

惠勒对自己也一样严格。“我总是尝试根据我自己的感觉来 428
执导电影，”他在一篇关于《黄金时代》拍摄的文章中写道，“我尝试‘亲手’制作这部电影，它不是一项简单的工作。”随着拍摄日期越来越接近，他挣扎于如何让电影真实反映他自己关于心理和图像准确性上的直觉，以及如何忠诚于美国退伍军人委员会做出的宣言，“退伍军人不应该被孤立于国家主体，因为他们的问题也是国家的问题”。[3] 惠勒希望《黄金时代》既是

① 威廉·惠勒讲述给 Ronald L. Davis，重印于 Gabriel Miller, ed., *William Wyler Interviews* (Jackson: University Press of Mississippi, 2009), 41。

② Herman, *A Talent for Trouble*, 283.

③ Wyler, “No Magic Wand.”

一部个人的戏剧，也是卡普拉如此讨厌的那种“信息电影”：即使是最随意的丈夫和妻子之间相认的场景，也需要达到一种他觉得其他电影一直在回避的认可性。因此当约瑟夫·布林看过剧本之后，《电影制片法典》办公室表现出了它的不安的时候，惠勒并不感到意外。3 月，惠勒收到了一份单倍行距、长达 8 页的清单，要求对相应的事项做出更改。当中，布林坚持阿尔和他的妻子要睡在双人床上，而那些描述“婚姻生活神圣而亲密”的时刻需要低调处理，此外一个小伙子因兴奋而往地上撒尿的喜剧场景无法被接受，它被认为可能导致更多的粗俗行为。(“你要是批准了那类东西，”布林说道，“你知道的下一件是事就是，出现了一幕场景，巴黎一个衣冠楚楚的年轻人站在小便池前，脸带微笑地撒尿。”)①

更值得一提的是，布林认为那幕出自惠勒和反犹太门卫那不温和的相遇经历的情节有问题。在这一幕中，弗雷德听到药店午餐柜台后面一个男人抱怨罗斯福管理层愚弄美国人。由舍伍德撰写的这一幕，是对残余的美国孤立主义者的辛辣谴责。“日本人和德国人没有反对我们什么，”柜台里的那个人坚称，“我们被骗进这个由一群在华盛顿的激进主义者和犹太拥护者编织的骗局，他们只想和美国佬还有红军打仗，而他们也会和他们对打。”布林自己的反犹太主义在行业内几乎不是秘密，他坚持“犹太拥护者”这个词要删掉。惠勒知道自己不得不遵从，但在电影上映之前他成了好莱坞公开攻击布林的最有声望的导
429 演，他告诉《纽约时报》，自己处理《电影制片法典》对《黄

---

① Leonard J. Leff and Jerold L. Simmons, *The Dame in the Kimono: Hollywood, Censorship, and the Production Code* (Lexington: University Press of Kentucky, 2001), 140, 155.

金时代》设下的规定的经历让他“确信这些人没有真正的判断力”。

4月，开始拍摄的几天前，惠勒收到了来自贝蒂·戴维斯的可爱而意外的和解信，他们二人自5年前《小狐狸》的争吵起便没有再说话。“我们之间的战争需要结束了，”戴维斯给他写道，“很久以前的事了，而这期间发生了这么多事情。这看起来不重要了。唯一重要的是，我们应该做回朋友。我们应该重新合作……我永远的唯一的正确方向——你的方向。”[①] 这张信心票来得正是时候。惠勒和卡普拉几乎同时开始拍摄；在他们发给对方的打趣电报之下，潜藏着一种真正的竞争感。惠勒给卡普拉发电报说“上一个镜头糟透了”，而卡普拉则会回复道：“我的第一天很轻松，但你知道他们现在用上声音了吗？”

惠勒依然不完全确定他是否可以执导；他依然几乎完全失聪，而且不知道自己是否可以听到演员们说话，或者从细微的差别中区分这一次拍摄和上一次拍摄。当他听说拉塞尔坦承为了准备这个角色偷偷地上了表演班时，惠勒对这位焦虑的新人罕见地发了脾气。“我不是要雇用演员！”惠勒告诉他，“我是雇用一个人来扮演一个角色。”他还不得不对付达纳·安德鲁斯的酗酒——有一天早上，当他发现这位演员宿醉的时候，他通过让他重拍25次头撞到一辆出租车后车门的这一幕来对他进行惩罚。[②] 而早前他也清楚地意识到弗雷德里克·马奇的不安全感和自负同样会带来麻烦。“当我在念我的台词的时候，你把那些该死的义肢放下！”这位老一点的演员在拍摄一幕当地酒吧里表现同伴情谊的场景时厉声对拉塞尔说道，“不要把酒瓶子拿起

① Herman, *A Talent for Trouble*, 228 – 229.

② Herman, *A Talent for Trouble*, 288.

来。我希望人们听我说话，而不是看着你喝啤酒。”①

令事情更困难的是，在写剧本的每一个阶段都和自我怀疑做斗争的舍伍德，在拍摄开始前逃到了纽约。4 月 9 日，就在拍摄开始前 6 天，他告诉惠勒他最终上交的 220 页剧本完全没
430 有准备好，这个项目需要推迟。② 惠勒的第三个孩子，一个名叫小威廉的男孩在一个星期前刚刚出生，筋疲力尽的惠勒当时没有时间或者耐性来安抚这位合作者，因此舍伍德待在了西海岸，不愿意来到加利福尼亚看这部他突然不希望拍摄的电影的制作。

作为对编剧离开的反应，戈尔德温以一种多管闲事的心态出现在剧组，坚称惠勒要将剧本当成已经完成且不可改变的。“当我来到现场时，我认真研究了场景，产生了大概的拍摄想法，”惠勒说道，“但我没有准确地将它描绘出来……在我最终下定决心之前，我要看看这些演员的表现。”③ 戈尔德温不允许。“我给你写信是为了避免有任何错误或者误解出现，”他在他们二人的最后一次合作中责备这位导演，“在你开始拍摄前……我告诉你在没有提前商讨的情况下，剧本不可以进行任何更改……即使是那些早期版本中出现的对话……我不希望鲍勃·舍伍德舍弃过的东西在我们没有认真考虑和讨论的情况下又在这部电影中使用。”④

---

① A. Scott Berg, *Goldwyn* (New York: Alfred A. Knopf, 1989), 411.

② A. Scott Berg, *Goldwyn* (New York: Alfred A. Knopf, 1989), 411.

③ 威廉·惠勒与 George Stevens Jr. , *Conversations with the Great Moviemakers of Hollywood's Golden Age at the American Film Institute* (New York: Alfred A. Knopf, 2006), 208。

④ 塞缪尔·戈尔德温写给威廉·惠勒的信，1946 年 5 月 29 日，177 号文件，SGC。

惠勒极其希望舍伍德可以至少来洛杉矶看看每天拍出来的片段，部分原因是他觉得目前的片段不错，可能可以安抚一下这位焦虑的作家，好让他对剧本进行一些重要的最终修改。有一幕关键的场景还没有写出来——舍伍德和惠勒都没有办法处理弗雷德故事的情感总结那一幕。这位前任飞行员在一个已经废弃的轰炸机飞机场漫步，过去空中战斗的场景回到了他的脑海里，心理创伤让他经历了某种情感上的崩溃。这一幕很接近惠勒的内心世界，是自从《孟菲斯美女号》之后他就很想戏剧化地表现出来的一种心情，而他也想通过一种扣人心弦的手法对其进行处理——这是回答弗雷德为何如此烦恼的答案，而这个问题将会消耗观众 2 个小时去寻找答案。“我希望做最后一次努力，让你能来这里几天，”他给舍伍德写道，“当然我会为 B－17 里的那一幕做我可以做的所有事，但老实说我极其担心电影最后一幕会令人失望。第三个演员对电影的重要性和在戏剧里一样。抱歉我听起来有一点 431
绝望。”他总结道：“但也许我们可以完全理清你的想法，而且你知道电报和电话是无法取代当面讨论的。”①

惠勒的摄影师成了制作《黄金时代》时惠勒最重要和最可以信赖的合作者。他和格雷格·托兰德是第五度合作，托兰德自己的服役也已经结束，并且理解惠勒想要的那种简单、不过分华丽的讲故事风格。正是托兰德帮助惠勒制作出一种简易的助听器，让他可以拍摄这部电影；这位导演发现坐在摄影机下面，戴上一个连到扩音器的大耳机可以让他听到演员们说话，能对他们的表演进行判断。自《小狐狸》的第一次合作起，惠勒发现自己对于托兰德表示愿意“牺牲摄影，假如这意味着一

① 威廉·惠勒发给罗伯特·舍伍德的电报，1946 年 6 月 6 日，177 号文件，SGC。

幕更好的场景”充满感激。而当托兰德看见惠勒工作的时候，他觉得他目睹了这位导演的创作和诚实的新高度。“他以前会过分追求摄影机的运动，”托兰德说道，“但当他（从战争中）回来后，我觉得，他更好地明白什么是不重要的……我觉得《黄金时代》在拍摄上很好，因为拍摄技巧帮助了故事的讲述。这并不激动人心。要是追求这种效果我就错了。我们追求简单的场景，没有故作聪明的虚伪……如果要我给这部电影的摄影风格贴上标签的话，我会说它‘诚实’。”[①]

托兰德通过大量使用大景深聚焦来达到这种风格，他在《公民凯恩》中将这种手法带入主流电影，这个技巧允许观众在同一个框架内领会不同的表情、动作和心情。他鼓励惠勒拍摄长达两分钟的长镜头，并且回避不必要的镜头运动和快速的交叉剪接。虽然惠勒依然喜欢为同一幕拍摄 20 次或者 30 次，但他也会一反常态地允许演员们在没有干扰的情况下完成整个片段。“大多数场景我从头拍到尾，”托兰德说，“而且让摄像
432 机跟着演员移动，它可以捕捉他们的动作和反应。在这种方法下，演员们自己决定什么时候要停止。”惠勒也将近镜拍摄减到最少，只在他“想将其他东西带出观众视线”的时候用到。[②]

随着拍摄的继续，惠勒的信心逐渐恢复。每天当他抵达拍摄现场的时候，他会说，“我知道这些（角色），和他们有很多一样的经历……要想象他们在某个情况下会怎样做毫无困难，因为我已经在心里面知道答案了”。[③] 这个保证让他对演员们更

---

① Lester Koenig, “Gregg Toland, Film-Maker,” *Screen Writer*, 1947 年 12 月。

② Pryor, “William Wyler and His Screen Philosophy.”

③ Hermine Rich Issacs, “William Wyler: Director with a Passion and a Craft,” *Treasure Arts*, 1947 年 2 月。

耐心，而演员们也慢慢可以满足他的完美主义并且敬仰他的坚持：“为了正确或者更好地完成一个场景而带来的任何额外的麻烦都值得。常常在一天结束后，大家回家见到妻子和孩子的时候，我会感觉到一种不满……我知道我没有让自己变得受欢迎……但我也知道如果我继续拍摄那一幕，它会变得更好。”①

他对演员们要求严格，但几乎不疾言厉色。假如被多次要求重拍，洛伊会觉得那是因为他“认为一些美妙的新东西即将发生，而事实也是这样”。他让拉塞尔在电影初期不停地重新拍摄一个场景——他向一架运输机的窗外望过去，这架飞机正带着 3 个人回到他们的家乡。惠勒看着拉塞尔在第 10 次拍摄的时候变得不舒服而矫揉造作，然后在第 13、14 次重拍的时候开始提高，然后最终在第 20 次重拍时，他的表演出现了一种一闪而过的复杂感，自然而令人信服。“我讨厌这一点——我们都喜欢他，但在演戏方面他不拿手”，惠勒说道。但他补充道，“我觉得那一幕里面体现了很多……常常是一个轻微的举动，或者某个词怎样被说出来而造成的不同，决定了观众是否会哭”。②

战争结束快一年了，但在惠勒拍摄电影的过程中，他关于自己离开的时间和回家的记忆依然清晰，即使在他将它们编织进角色的生活中也是如此。惠勒告诉托兰德自己在普拉泽酒店的一条长廊里从远处看到了塔利的故事，托兰德将它变成这部电影中最著名的一幕：阿尔在多年后第一次踏进家门，看见佩吉从公寓另一边的厨房出来。惠勒也将自己对听力的损失会影 433
响婚姻这件事转变成令人痛苦而亲密的一幕：确信自己的未婚

① Wyler, “No Magic Wand.”

② Joseph McBride, “AFI Salutes William Wyler Who Can Say ‘Auteru’ Like a Native,” *Variety*, 1976 年 3 月 17 日。

妻会逃掉的霍默，一天晚上邀请她来到他的睡房，看着他在换睡衣的时候摘下自己的义肢。“这一刻我知道了自己的无助”，他向她展示自己残余手臂的时候告诉他的女友。这一幕毫无先例，以至于惠勒担心《电影制片法典》会试图阻止电影上映。意识到他大多数同事都在战争期间和战争之后和酗酒及情绪问题对抗，他展现霍默被突如其来的怒火控制，而阿尔和弗雷德则尝试通过大量喝酒来麻痹自己。此外，惠勒和他的同伴导演们在回到好莱坞后，发现它在没有他们的情况下依然兴旺发展而自尊心受到伤害这一点也成了电影的素材：弗雷德被过去雇用他的药店粗鲁地拒绝了，而不得不接受降职和减薪。这一幕直接指出了健康的美国商人对退伍军人的漠不关心。而惠勒在捕捉自他失去听力和回家之后便感觉到的东西时，也完全摸透了国民的心——一种因世界变得太快而导致的迷失感。“去年说要杀日本军人，今年说要挣钱，”阿尔说，“他们就不能给小伙子一点时间调整吗？”

拍摄时间剩下几个星期，关于如何处置弗雷德最后一幕的问题依然没有得到解决。《黄金时代》的结尾，惠勒希望他的主角们能成功克服他们的困难，可以在战后的美国前行。阿尔会回到银行工作，但他会将对退伍军人受到的不公对待的失望变为一个新职位——为退伍军人提供小生意贷款。霍默会得到家人的支持和女人的理解，而他欢乐和谐的婚礼也会被用作电影结尾。但弗雷德的故事依然是个问题：他的婚姻破裂了；他的父母对他漠不关心；他曾是空军中一位有雄心壮志的英雄，但回家之后他失去了方向或者任何职业前途。惠勒和舍伍德希望《黄金时代》讲述的故事不是关于战争的结束，而是关于战
434 争结束后的故事——这一时期，参与二战的人开始在一个不再

由军事表现定义的世界中生活，有时候带着顺从，有时候带着新的希望，大多数时候带着不确定性。他们将要书写自己的未来。

而惠勒则需要书写弗雷德的未来。虽然舍伍德表示支持，但他告诉导演他无法完成弗雷德的最后一幕：他登上了一架B－17轰炸机，开始将自己扔进关于战争时期折磨着他的回忆当中，最终意识到他需要从头开始，建立新生活。“我知道我们想要说什么，”他告诉惠勒，“但不是用语言来说——它需要用镜头来表现，而这是你的事了。”舍伍德建议将弗雷德放置在一片满是即将要成为废铁的飞机的地方，而惠勒对此的理解是“关于（弗雷德）对自己感受的外在体现”。但除此之外，惠勒还需要找到一个方法去展示“为了赢得作为平民的个人战争，他需要运用他和其他 1200 万士兵借以打赢战争的那种勇气和力量”。①

惠勒回想自己在空中的时光，在“孟菲斯美女”号中飞过德国上空，还有他在好莱坞制片厂里面为他的纪录片重新营造出轰炸机内部通信系统的嗡嗡声和引擎的隆隆声；他还想起在意大利上空拍摄空中图像的情景，那是他生命中最后一次听到声音。他得到的不只是画面，还有声音。他从来没有把他最后拍摄出的那幕高潮写出来；相反，他、托兰德、安德鲁斯和他的团队开车到了他在加利福尼亚的安大略租借的机场，开始了拍摄。惠勒让安德鲁斯在这个让人感觉超脱世俗的机场中漫步——这里相当于飞机的坟场，它们的引擎将会在这里被移走——然后爬进其中一架飞机的轰炸员的位置。他希望弗雷德

① Wyler，“No Magic Wand.”

"让自己迷失在梦境中，或者说在幻觉中"。[1] 托兰德拍摄弗雷德坐在飞机上流着汗，模仿扔下炸弹的动作。摄影机开始疯狂拍摄，向安德鲁斯推近，直到可以看清树脂挡风玻璃上的刮痕和污迹，然后又拍摄整部轰炸机，似乎要捕捉它飞行的画面，
435 然后又回到演员身上，从背后拍摄他爬到 B－17 的前端。但惠勒到最后才会将这一幕余下的画面"写"出来。在剪辑室，他首先将背景配上紧急且吓人的音乐，然后是一架飞机的引擎开始发出声音——在《生活多美好》中乔治·贝利的一句台词称这种噪音为"世界上三大最令人兴奋的声音之一"。惠勒增加了另外一个引擎，然后又一个，营造出飞机准备执行轰炸任务时噩梦般的轰鸣，然后将它逐渐增强，不单令人发狂，甚至是刻意的震耳欲聋。然后他把它关了。对于惠勒来说，这些兴奋，这些肾上腺素激增，还有战争年代带来的情感和身体上的创伤，结束于惊慌失措的弗雷德和冷静的飞机场机械师之间的对话。这位机械师向他走过去，让他离开这架飞机。

"想起些回忆？"机械师问道。

"可能是想让它们离开我"，弗雷德说道。

由于安排上的意外，1946 年年底，卡普拉和惠勒截然不同的两部战后好莱坞电影将正面交手，为观众、赞誉和奖项而竞争。《黄金时代》原本预计在 1947 年年中上映，惠勒的初剪长达 172 分钟，而戈尔德温担心观众坐不了那么久。但在长滩一次极其成功的试映后，[2] 惠勒说服他在 12 月 31 日之前上映以便

---

① 威廉·惠勒，*Conversations with the Great Moviemakers of Hollywood's Golden Age*。

② Berg, *Goldwyn*, 417.

有资格角逐当年的奥斯卡。戈尔德温在感恩节的时候于纽约进行了一次独家的、预售门票的上映，宣传这部电影“有一些重要的话要说……反映了我们所处时代一些令人不安的时刻”。[①]

戈尔德温以为他掌握着大局：雷电华电影公司一直计划在1月公映《生活多美好》，就在奥斯卡截止时间之后。但由于雷电华电影公司的另一部圣诞节大作被延迟了，制片厂决定在12月上映卡普拉的电影。观众面对的选择异常清晰：惠勒的新现实主义或者卡普拉的旧式感伤；将世界视作终于可以把战争抛 436
诸脑后，或者认为战争只带来可怕的噩梦。这两个男人比以往或者以后更多地将自己的生活搬上了荧幕。

对于影评人来说，这基本不是一场比赛。《黄金时代》收到的赞誉狂热而一致，很多评论家预言惠勒作品中的成熟和严肃正是卡普拉所看到的美国电影新时代到来的信号。“威廉·惠勒在我看来一直都是一位极其真诚而优秀的导演，现在他看起来是少数伟大的导演之一，”詹姆斯·艾吉写道，“他从战争中回来，带来一种纯粹、直接、温暖的风格，没有丝毫风格主义、草率、多余的动作，或者审美和情感上的过于雄心勃勃而失败的地方。”[②]《纽约时报》说它是今年最好的电影，“不仅仅……是最好的娱乐，而且……是安静且具有人性的思考”，“捕捉了退伍军人回家后的戏剧化情节……我们听说过的电影、戏剧或者小说还没有哪一部做到了这一点”。[③] 称赞还来自国会议员、

---

① Mason Wiley and Damien Bona, *Inside Oscar*: *The Unofficial History of the Academy Awards*, *10th anniversary ed.* (New York: Ballatine, 1996), 160.

② James Agee, “What Hollywood Can Do, Parts 1 and 2,” *Nation*, 1946年12月7日和1946年12月14日。

③ Bosley Crowther, “The Screen in Review,” *New York Times*, 1946年12月22日。

将军和社论专栏，以及惠勒的电影人同事。奥斯卡最佳导演的最新得奖者比利·怀尔德称它“是我人生中看过执导得最好的电影”。①

而《生活多美好》的反响则温和得多。有些评论家感到高兴而且受到触动——《好莱坞记者报》说它是“卡普拉所有电影中最好的一部，而且这样说还意味着它是当年或其他任何一年的最伟大的电影之一”② ——但大多数评论家都表现冷淡。《新共和》杂志嘲笑这部电影中“慷慨激昂的说教”，③《纽约时报》说它奇怪而多愁善感，④《综艺》指出，除了“旧时的手艺”，卡普拉没有像其他大多数同事那样“从容地接受技术的进步”。⑤

当奥斯卡提名名单被宣布的时候，两部电影都在竞争行列中：《黄金时代》获得 8 项奥斯卡奖提名，《生活多美好》则有 5 项。但结果毫无悬念。1947 年 3 月 3 日在圣殿大会堂举行的颁奖礼上，惠勒的电影横扫各大奖项，在最佳电影、最佳导演和最佳演员几个奖项上击败卡普拉。罗伯特·舍伍德的剧本也赢得了奖项，而拉塞尔则把最佳男配角奖带回了家，他还得到一个奥斯卡荣誉奖。

437 《生活多美好》空手而归，这种失望更被公众明显的选择加强。随着《黄金时代》继续在全国各地上映，电影院人满为患，它成了不能错过的电影，也成了一个审视美国对那些曾在

---

① Mason and Bona, *Inside Oscar*, 167.

② *Hollywood Reporter*, 1946 年 12 月 11 日。

③ Manny Farber, “Mugging Main Street,” *New Republic*, 1947 年 1 月 6 日。

④ Bosley Crowther, “ ‘It's a Wonderful Life’, with James Stewart, at Globe”, *New York Times*, 1946 年 12 月 23 日。

⑤ *Variety*, 1946 年 12 月 25 日。

二战中服役的人的责任的场合。上映结束后，它成了历史上票房收入第二高的电影。但战后的观众对于《生活多美好》没有表现出任何喜爱。“弗兰克，我担心，”卡普拉的合伙人布里斯金在一份电报中写道，“我们发大财的机会可能要迟一点到来。”①

电影票房的失败对自由电影公司来说是致命的。卡普拉花了200万预算中的近50%，将他那刚起步的公司的资金过多投资在《生活多美好》上。奥斯卡当晚，他、史蒂文斯和惠勒已经在准备为公司重新集资，同意将每个月的薪水减少2/3，并且承诺为自由电影公司拍摄5部电影而不是3部。但他们的策略失败了；一年内，卡普拉极不情愿地将自由电影公司卖给派拉蒙影业公司，3个导演从今以后都要被长期的、永远不想再签下的制片厂合约捆绑。② 自由电影公司，卡普拉说道，以“任何人可以想到的，最绅士而最快速的方式破产”。③

卡普拉被自由电影公司的失败摧毁了，随之而去的还有他战前就一直梦想的独立。但依然没有做好拍摄电影准备的史蒂文斯则很开心终于可以松一口气，因为这间公司已经给他带来了越来越大的财政压力。而惠勒的失望则只是一般。“这是一个好想法，”他说道，“但没有成功。”惠勒没有花太多时间为转让而哀伤；相反，多年来的第一次，他开始展望未来。随着《黄金时代》的成功，他的战争，他的回归，都结束了。他从

① Frank Capra, *The Name Above the Title: An Autobiography* (New York: Da Capo, 1997; originally published 1971), 384.

② 自由电影公司文件，来自GSC和WWA。

③ Richard Schickel, *The Men Who Made the Movies: Interviews with Frank Capra, George Cukor, Howard Hawks, Alfred Hitchcock, Vincente Minnelli, King Vidor, Raoul Wallace and William E. Wellman* (New York: Atheneum, 1975), 85.

没有抱怨战争的几年让他损失了什么，他只说起它如何丰富了他。他作为一名备受尊敬的技术完美主义者加入战争；而从战争出来的他说，自己只对拍摄那些可以反映他对人类欲望和脆弱的深层理解的电影感兴趣。“我相信如果我没有亲身体验过战争，我是不可能拍出这种电影的”，他在《黄金时代》上映前
438 说道。他坦承这次制作有多困难，但他也带着极大的热情解释，他相信他会在余下的职业生涯中坚持下去——没有艰苦的努力，电影制作毫无意义。

“总有人需要为任何电影的制作而奋斗，否则它就不应该被拍摄出来。如果有人感觉不到那确定无疑的东西，这个奇迹永远不会发生，”[1] 他说道，“好莱坞的问题是，太多位处顶端的人过于舒适，他们一点都不关心屏幕上的东西，只要票房过得去就行。你怎么可以期望带着这种态度的人拍摄一部全世界都想看的电影?”[2]

---

① Dorothy Kilgallen, “Snapshots of a Movie Maker,” 未标明日期，38 号文件，WWA。

② Pryor, “William Wyler and His Screen Philosophy.”

后　记

弗兰克·卡普拉一直没有办法原谅自己把自由电影公司卖出去的决定，并且他相信自己永远没有办法复原。“我害怕了，”他说道，“我觉得它可能永远影响了我后来的电影拍摄。一旦你失去了勇气……你不可能再拍出恰当的电影。就是，我不能。当我为了金钱将它卖了的时候……我觉得我的良心在告诉我受不了了。[①] 当时我们需要做的是坚持，接受少很多的金钱，只拍摄有质量的电影。这是我的合伙人想做的事，也是我们应该做的事……但作为这次改革胆怯却拥有话语权的倡导者，我违背了自己的想法，失去了胆量和勇气。[②] 这是我不再成为电影的社会力量的开始。”[③]

《生活多美好》不理想的反响让卡普拉极为伤心。公众对他电影的冷漠令他觉得是这一种证据，证明了在战争这几年他失去了自己最大的天赋——猜测普通美国人想看什么，并且提供给他们的能力。卡普拉放弃了自己人生中的 4 年时间来为国家服务，但他和他同事所做的斗争不一样。他们到了战争当中，

---

① Richard Schickel, *The Men Who Made the Movies: Interviews with Frank Capra, George Cukor, Howard Hawks, Alfred Hitchcock, Vincente Minnelli, King Vidor, Raoul Wallace, and William E. Wellman* (New York: Atheneum, 1975), 85.

② Frank Capra in George Stevens Jr., *Conversations with the Great Moviemakers of Hollywood's Golden Age at the American Film Institute* (New York: Alfred A. Knopf, 2006), 82 – 84.

③ Frank Capra, *The Name Above the Title: An Autobiography* (New York: Da Capo, 1997; originally published 1971), 402.

而他留在华盛顿。他们用摄像机寻找真相，虽然有时候他们没能把它传达出来；卡普拉的任务则是将它们包装宣传。职责上的不同在他尚在首都的时候看起来并不重要，直到他一直抱怨
440 其实自己喜欢掌控的感觉。每一个决定都是高风险的，而每一部宣传片都像是爱国主义一次孤注一掷的行动。但在战争之后，卡普拉输了。虽然惠勒刚回来时同样觉得被疏远、不确定而且困惑，但他要走自己道路的直觉帮助他在新美国重新找到了自己的位置。卡普拉没有找到这个位置，他几乎没有离开过这个国家，但他再也不认识它了。

史蒂文斯、休斯顿和福特继续走着自己的路，似乎并未担心公众是否会跟随他们。他们在战时的经历令他们更坚定地不让任何东西带来作品上的妥协，包括公众的品位。正如惠勒已经做到的，在接下来的几年，他们将会在电影中融入自己的性格——休斯顿将自己愤世嫉俗的讥讽发泄在《碧血金沙》中，史蒂文斯在《郎心似铁》(*A Place in the Sun*) 中审视人性和野心深处的丑陋，而福特则打破旧习，不再选择像《愤怒的葡萄》那样具有声望的电影，相反向他最喜欢的相对低级的电影类型伸出双手，通过宏伟、哀伤而在道德上具有复杂性的西部电影来塑造他自己版本的美国，虽然这些电影没有为他赢得任何奖项，但最终将会成为他最不朽的遗产。如果说卡普拉没有跟上他们——卡普拉甚至找不到一条遵循自己内心的道路——那么有一部分原因是，和他的同事们不同，他从来没有认为战争会改变他，或者改变这个世界。他一直认为这只是一个干扰——一个漫长的、可怕的暂停，但结束之后所有事情都会回到正轨。结果他却发现所有东西都消失了。

二战后观众们追求的那种社会现实主义——关于酗酒、精

神疾病、反犹太主义和种族主义等的电影将会使如比尔·怀尔德、伊利亚·卡赞（Elia Kazan）这样的新一代电影导演突然成为好莱坞的一线名人——这不是一条卡普拉可以走的路，哪怕他想走。他花了太多年用来让美国人和他自己相信世界上没有问题是不能被努力、勇气和慷慨激昂的措辞解决的。最终，他对于电影可以令人振奋的信仰硬化成了教训主义。他从来没有对他的电影人同伴们产生敌意或者讨厌的情绪，但他不知道怎样可以做到他们在做的事，拍摄着似乎所有人都想看的电影。所以他停止了。在《生活多美好》之后，他几乎没有再 441
工作。他只执导了另外 5 部电影。没有哪一部特别成功。1961 年，在完成将自己 1933 年的喜剧《一日贵妇》（*Lady for a Day*）重拍为《锦囊妙计》（*Pocketful of Miracles*）后，他决定退休。

战后的时间里，惠勒、休斯顿和史蒂文斯不仅在职业生涯上更加大胆，而且也更加敢于成为拥有力量去引导公众注意力的公民；虽然他们现在都不再穿着军服，但每个人都依然保留着抗争的习性。1940 年年底，他们在行业内的主要政治事务中变得活跃，为反对非美活动调查委员会的复兴而努力，并且公开联合反对从好莱坞开始的、将疑似共产主义者列入黑名单的做法。就在《黄金时代》上映后数月，惠勒在一次全国性的广播中说道，在目前这种偏执和不信任的风气中，他永远不可能再拍摄像刚刚为他赢得奥斯卡奖的电影那样的作品。他说道，非美活动调查委员会“让体面的人不敢表达自己的意见。他们在好莱坞制造恐慌。恐慌会引起自我审查。自我审查会导致荧屏瘫痪。最后的分析结果就是，你们都需要承受这种后果。曾逗乐你们的娱乐会被剥夺，而你们得到的是遵从某些人专制的美国精神标准的节制后的电影”。[1] 讲话后不久，他和同样相信一种“疾病正在全国蔓延”的休斯顿[2]一起加入了带领好莱坞第一修正案委员会——一个宣扬表达自由和结束“赤色分子”政治迫害的委员会。卡普拉没有加入他们，他对于被标为共产主义支持者的恐慌挥之不去，而他偶尔的公开发表的政治评论大多限于紧张地宣称他坚决反对共产主义以及自己从未投票给罗斯福。[3]

和卡普拉一样，福特在接下来几年也拒绝将自己放到政治争议或者行动主义的中心。在 1950 年一次值得记住的紧要关头，当塞西尔·B. 戴米尔（Cecil B. DeMille）尝试为导演工会的成员制订一份反共产主义忠诚宣言时，5 个人都加入阻挠戴米尔的力量中，但福特依然没有宣布自己的观点，大部分时间继续避免电影人同伴的陪伴。1952 年，他凭借《蓬门今始为君
442 开》（*The Quiet Man*）赢得了第四个奥斯卡最佳导演奖——这个记录依然由他保持着。海军生涯结束后的 20 年，军队生活依然出现在他过半数的电影中，除了一部轻喜剧《罗伯茨先生》（*Mister Roberts*），他避免在这部电影中再将二战当成一个主题。

卡普拉和福特从未特别亲密。两个人都是天主教教徒，而当他们看见对方的时候，大多是在星期天他们的妻子说服他们去参加弥撒时。退休 10 年后，卡普拉决定开始写自传，并且找到了福特，请求福特为他作序。那个时候，福特已经 70 多岁了，他退休了，身体虚弱无力，基本卧病在床。在他给卡普拉

---

① 威廉·惠勒的广播文稿，1947 年 10 月 26 日，596 号文件，WWA。

② John Huston, *An Open Book* (New York: Alfred A. Knopf, 1980), 135.

③ Lee Mortimer, “Hollywood in Gotham,” 发表于多家报刊，1948 年 4 月26 日。

写的序言中，他称这位同事“是一名伟大的男人和一名伟大的美国人……对那些相信美国梦的人来说有一种启发性”，而且是“世界上最伟大的电影导演”。① 他的这些话令卡普拉感到意外和感动。一系列的中风令卡普拉在人生最后几年生活不能自理，他死于1991年，享年94岁。

福特在1966年拍摄了他的最后一部电影，但直到生命的最后，他依然热情地说起要再拍摄一部电影——要么是关于太平洋战争的，要么是关于战略情报局的，在比尔·多诺万死于1959年之前不久，他答应过多诺万要拍摄这么一部电影。福特死于1973年，享年79岁。来自中途岛战役的一面陈旧的旗帜盖在他的棺材之上，之后旗帜被交给了他的妻子。②

休斯顿和惠勒在余下的人生中依然保持亲密的朋友关系，1981年，当惠勒于79岁离世时，休斯顿朗读了一篇颂词，由于过度悲痛他提前离开了讲台。在《黄金时代》之后，惠勒还拍摄了不少电影，包括《女继承人》（*The Heiress*）、《大侦探故事》（*Detective Story*）、《宾虚》（*Ben-Hur*）——他凭借《宾虚》得到了第三个奥斯卡奖——以及《妙女郎》（*Funny Girl*）。惠勒在1970年因病退休，这场疾病也迫使他不得不取消执导一部由他开发，一直以来他都想拍摄的电影《巴顿将军》（*Patton*），这部电影讲述“不同寻常的战争故事，和大多数已经拍摄过的不同”。他的悼念仪式在美国导演工会剧院举行，数以百计的同事前来致敬。贝蒂·戴维斯和罗迪·麦克道尔并排而坐。“整座城市都应该降半旗，”戴维斯告诉麦克道尔，“当国王死去

---

① Introduction to Capra, *The Name Above the Title*, xvii - xviii.

② Joseph McBride, *Searching for John Ford: A Life* (New York: St. Martin's, 2001), 682, 719.

的时候，所有的旗帜都会降半旗。”直到生命中的最后几年，
443 惠勒都和“孟菲斯美女”号的成员们保持联系，他总是回复他们的信件，问候他们的生活和家人。[1]

休斯顿凭借他长久以来充满热情的项目《碧血金沙》同时赢得了奥斯卡最佳导演奖和最佳编剧奖，这是他的第一部战后电影，它上映于1947年。他继续拍摄了40多部电影，成为参加过二战的导演中最多产的一位。和通讯部的很多同事不同，他从没有表达过要拍摄战争片的欲望，但在接下来的40年，他常常在电影中探讨关于勇敢和压力下的胆怯这类主题，包括《铁骑雄狮》（*The Red Badge of Courage*）、《非洲女王号》（*The African Queen*）和《国王迷》（*The Man Who Would Be King*）。1987年，81岁的休斯顿直到逝世的时候都在稳定地工作。他从来没有停止请求政府允许《上帝说要有光》的上映。当他在1952年递交正式申请的时候，国防部拒绝了，它重申这部纪录片侵犯了当中出现人物的隐私权，并且在1971年再次驳回请求。[2] 终于，在副总统沃尔特·蒙代尔（Walter Mondale）的干预下，军队同意不阻止电影在1980年进行一次未经授权的放映。它于次年在纽约上映，并且和休斯顿的其他战时电影作品一起，保存于国家档案馆和国会图书馆。

1948年，乔治·史蒂文斯终于借着温和而广受好评的喜剧《慈母泪》（*I Remember Mama*）重返导演生活。两年后，他凭借《郎心似铁》——他计划已久的，对《美国悲剧》（*An American Tragedy*）的改编项目——赢得了人生两个奥斯卡最佳

---

① Jan Herman, *A Talent for Trouble: The Life of Hollywood's Most Acclaimed Director, William Wyler* (New York: Da Capo, 1997), 467.

② 约翰·休斯顿备忘录，251号文件，JHC。

导演奖中的一个。“随着时间慢慢流逝，”他说道，“我觉得我应该拍摄一部关于战争的电影。其他所有人——福特、惠勒，等等——都拍摄过或者正在拍摄他们自己的经历。而现在我却在逃避这个经历。”① 一年又一年过去，史蒂文斯开始为西部片中的暴力对孩子们的影响而感到烦扰，他早在战争结束后身在德国时就注意到了这一点，那时候他看见小男孩们戴着牛仔帽玩着玩具枪。作为回应，1953 年他拍摄了《原野奇侠》(*Shane*)，这部阴郁的剧情片讲述了一个流浪枪手对于一个偏远新垦地家庭成员生命的影响。他称这部电影“是一部西部片，但实际上是我的战争片……在《原野奇侠》里，为了我们的目的，一把枪开火了。当一个生命被射中，这个生命就结束了”。②

1975 年，70 岁的史蒂文斯计划组织一次特别报道小组余下
成员的叙旧，他们从世界各地前来和他庆祝。但就在重聚前， 444
史蒂文斯突然死于心脏病。很多来到加利福尼亚看望他的退伍军人都出席了他的葬礼，此外还有他的众多同事。“我只是喜欢这个人，而我确信他也喜欢我，”卡普拉在他死后不久说道，“当我也死了之后……我一定会去找乔治的……我觉得我们可以在那边成立另外一间自由电影公司。我们可以在天堂拍电影然后把它们送下来。可能我们还可以偶尔离开天堂，去其他地方走走，就像乔治在欧洲的时候去了地狱一样。”③

---

① Marilyn Ann Moss, *Giant: George Stevens, a Life on Film* (Madison: University of Wisconsin Press, 2004), 180.

② Joe Hyams, “Making ‘Shane,’” *New York Herald Tribune*, 1953 年 4 月 19 日，重印于 Paul Cronin, ed., *George Stevens Interviews* (Jackson: University Press of Mississippi, 2004)。

③ 弗兰克·卡普拉接受采访，未经编辑的文稿，13 号文件，FJC。

战后不久，史蒂文斯将他在海外拍摄的所有彩色电影片段，从北非、D 日到达豪集中营的片段都打包装起来，然后送往北好莱坞的贝金斯储藏室。这些片段从未被公开播放。他在每一个小罐上面都细心地写上像“在达豪亲眼看见”或者简单如“暴行”这样的标题。[①] 他只有一次把这些片段重新拿出来——在 1959 年，当他准备执导《安妮少女日记》(*The Diary of Anne Frank*) 的时候。他独自在放映室内观看自己拍摄的录像，但一分钟后便关上了投影仪，将小罐还给了北好莱坞，然后再一次将它们封存。只有他的儿子和少数亲近的同事知道这些胶卷的存在。直到史蒂文斯死去时这些胶卷依然被封存着。

---

① 小乔治·史蒂文斯的信件和备忘录，1961 年 3 月 10 日，1961 年 3 月 21 日，3629 号文件，GSC。

资料来源说明及致谢

本书是一本历史作品和群体传记。为了重现弗兰克·卡普拉、约翰·福特、约翰·休斯顿、乔治·史蒂文斯和威廉·惠勒在二战期间的经历，我把尽可能多的时间投入各种档案资料的研究，包括信件、日记、备忘录、电报、合同、剧本、手写字条、旅行日记、财务记录、预算表、收据以及美国陆军和海军档案，还有来自报纸和杂志的当时的访谈和记录。我从以下地点的资料中获得了详尽且重要的资料：位于洛杉矶费尔班克斯电影研究中心的电影艺术与科学学院玛格丽特·赫里克图书馆中的乔治·史蒂文斯收藏合集、电影人旅途收藏合集、约翰·休斯顿收藏合集、威廉·惠勒档案以及塞缪尔·戈尔德温收藏合集；UCLA 的查尔斯·E. 杨研究所图书馆的威廉·惠勒收藏合集；卫斯理安大学电影研究中心卫斯理安档案中的弗兰克·卡普拉档案；位于布卢明顿的印第安纳大学莉莉图书馆里的约翰·福特收藏合集。要翻阅戈尔德温和福特的档案资料需要得到他们继承人的许可，特别感谢塞缪尔·戈尔德温的继承人以及约翰·福特的孙子丹·福特给予我相关的许可，丹·福特本人也是一本关于福特的有趣传记的作者。凯瑟琳·惠勒和小乔治·史蒂文斯均制作了相关纪录片讲述他们父亲的经历，在惠勒、史蒂文斯和电影人旅途收藏合集中，他们慷慨地分享了自己的研究成果，包括未剪辑的采访与口述历史文本。没有他们对父亲作品和话语的严谨保存和记录，本书不可能诞生。

特别感谢芭芭拉·哈尔（Barbara Hall）让我可以接触到史蒂文斯收藏中没有被编入目录的资料，包括二战期间史蒂文斯和妻儿之间的信件。此外还要感谢珍妮·罗梅罗（Jenny Romero）、克里斯廷·克鲁格（Kristine Krueger）以及玛格丽特·赫里克图书馆的工作人员、UCLA 的艾米·王（Amy Wong）、卫斯理安的珍妮·巴辛格（Jeanine Basinger）和琼·米勒（Joan Miller），还有以下机构和图书馆的工作人员：纽约公共图书馆、纽约表演艺术公共图书馆、布卢明顿的印第安纳大学莉莉图书馆、哥伦比亚大学巴特勒图书馆、耶鲁大学贝尼克珍本与手稿图书馆、海军历史中心、巴黎的犹太人大屠杀纪念馆。感谢美国国会图书馆电影电视阅览室的罗斯玛丽·C. 黑尼斯（Rosemary C. Hanes）和其他员工允许我观看乔治·史蒂文斯在二战期间以及二战之后拍摄的所有片段，感谢科利奇帕克国家档案馆的员工让我得以看到约翰·休斯顿拍摄的重现圣彼得罗之战的片段，以及陆军部、战争信息办公室和其他政府机构与团体的档案资料。

本书的参考文献部分列出了我在研究时参考过的所有书籍。但我尤其希望向以下几位作者致以感谢，他们关于这五位导演的研究为我的编写和思考提供了信息和启发。他们是：斯科特·艾曼（Scott Eyman），他撰写的福特传记《铸就传奇》内容丰富、思想深邃；约瑟夫·麦克布莱德（Joseph McBride），他的出色传记作品《寻找约翰·福特》和《弗兰克·卡普拉：成功的灾难》（*Frank Capra: The Catastrophe of Success*）是任何想要了解这些导演人生的人必读之作；简·赫尔曼和阿克塞尔·马德森，他们的作品是关于威廉·惠勒的最详尽、最有深度的传记；劳伦斯·格罗贝尔，他是引人入胜的《休斯顿家族》一书的作者；还有玛丽莲·安·莫斯（Marilyn Ann Moss），她的《巨人》是关于乔治·史蒂文斯的唯一长篇传记。密西西比大学出版社的“对话电影制作人”系列也提供了极为珍贵的资料，本书收录了当中对五位导演的采访资料。为了研究二战时期的好莱坞电影和好莱坞政治，我多次翻阅托马斯·多尔蒂（Thomas Doherty）的《战争投影》（*Projections of War*）、伯纳德·F. 迪克（Bernard F. Dick）的《星光灿烂的银幕》（*The Star - Spangled Screen*）、克莱顿·R. 柯普斯（Clayton R. Koppes）和格雷戈瑞·D. 布莱克（Gregory D. Black）的《好莱坞参战》，以及迈克尔·S. 沙尔（Michael S. Shull）和戴维·爱德华·威尔特（David Edward Wilt）编写的参考指南《好莱坞战争电影，1937～1945》。此外，任何想要理解这段时期电影业的文化和政治的作家都应该感谢奥托·弗里德里希（Otto Friedrich）的《网城》（*City of Nets*）以及拉里·瑟普莱（Larry Ceplair）和史蒂芬·英格伦（Steven Englund）的《好莱坞审讯》（*The Inquisition in Hollywood*）。而弗兰克·卡普拉的自传《字幕上的名字》和约翰·休斯顿的自传《一本公开的书》一如其他自传般重要但不可相信，而我也只敢引用自传中那些表达他们情感的段落。

我很荣幸有安德鲁·维利（Andrew Wylie）担任我的代理、顾问和细致耐心的助理；也感谢杰西·卡格尔（Jess Cagle）、丹·菲尔曼（Dan Fierman）、杰夫·吉尔斯（Jeff Giles）、亨利·戈德布拉特（Henry Goldblatt）、亚当·莫斯（Adam Moss）和戴维·华莱士·威尔斯（David Wallace Wells）在我撰写本书的数年间给予我鼓励并给我提供工作；感谢米歇尔·罗梅罗（Michele Romero）提供的照片和其他资料；感谢斯科特·布朗

(Scott Brown)、凯特·克林顿 (Kate Clinton)、艾莉·艾森伯格(Elly Eisenberg)、琳达·艾蒙 (Linda Emond)、奥斯卡和劳利·尤斯蒂斯 (Oskar and Laurie Eustis)、贝特西·格雷克(Betsy Gleick)、迈克尔·梅尔 (Michael Mayer)、杰瑞米·麦卡特 (Jeremy McCarter)、埃里克·普莱斯 (Eric Price)、利萨·施瓦兹鲍姆 (Lisa Schwarzbaum)、玛丽·凯·席林 (Mary Kaye Schilling)、布莱恩·锡伯瑞 (Brian Siberell)、爱丽莎·所罗门 (Alisa Solomon)、乌瓦什·韦德 (Urvashi Vaid) 以及罗杰·沃尔茨曼 (Roger Waltzman) 的支持与友谊。

我衷心感激史考特·摩耶斯 (Scott Moyers), 他在这本书的诞生过程中担任了无数个极其关键的角色, 在整个过程中一如既往地得体、慷慨和睿智, 我非常荣幸可以和他合作; 还要感谢安·高朵芙 (Ann Godoff) 以及企鹅出版社的优秀员工, 尤其是玛莉·安德森 (Mally Anderson) 和亚米勒·安格拉达(Yamil Anglada)。

向全力支持我的家人——依然在身边的和已然离世的——致以我的爱与感激。这当中包括很多很多的人, 但在我撰写本书的时候, 先父刘易斯·哈里斯 (Lewis Harris)、叔叔爱德华、切特及雷·维希涅夫斯基 (Ray Wisniewski) 的战时服役经历一直存留在我心中。

最后, 致托尼: 是的, 我的确知道我有多幸运。我想为许多许多的事而感谢你, 其中也包括我知道你永远不会问那个问题。我对你的爱, 和对你给予我的爱的感激可以写满一本书, 希望你知道它们写满了这本书。

注释中用到的缩写词

EKP——埃里克·奈特文件，贝尼克珍本与手稿图书馆，耶鲁大学

FCA——弗兰克·卡普拉档案，卫斯理安大学

FJC——电影人旅途收藏合集，玛格丽特·赫里克图书馆，比弗利山庄

GSC——乔治·史蒂文斯收藏合集，玛格丽特·赫里克图书馆

JFC——约翰·福特收藏合集，莉莉图书馆，印第安纳大学

JHC——约翰·休斯顿收藏合集，玛格丽特·赫里克图书馆

NA——国家档案馆，马里兰大学帕克分校

SGC——塞缪尔·戈尔德温收藏合集，玛格丽特·赫里克图书馆

WWA——威廉·惠勒档案，玛格丽特·赫里克图书馆

WWUCLA——威廉·惠勒收藏合集，查尔斯·E. 杨研究所图书馆，加利福尼亚大学洛杉矶分校

参考文献

书籍

Agee, James. *Film Writing and Selected Journalism.* Edited by Michael Sragow. New York: Library of America, 2005.

Alonso, Harriet Hyman. *Robert E. Sherwood: The Playwright in Peace and War.* Amherst and Boston: University of Massachusetts Press, 2007.

Ambler, Eric. *Here Lies: An Autobiography.* London: Weidenfeld & Nicolson, 1985.

Ambrose, Stephen E. *D-Day: June 6, 1944; The Climactic Battle of World War II.* New York: Simon & Schuster, 1994.

Anderegg, Michael A. *William Wyler.* Boston: Twayne, 1979.

Anderson, Lindsay. *About John Ford.* New York: McGraw-Hill, 1981.

Armes, Roy. *A Critical History of the British Cinema.* New York: Oxford University Press, 1978.

Bach, Steven. *Marlene Dietrich: Life and Legend.* New York: William Morrow, 1992.

Baker, Nicholson. *Human Smoke: The Beginnings of World War II, the End of Civilization.* New York: Simon & Schuster, 2008.

Barnes, Joseph. *Willkie: The Events He Was Part Of—The Ideas He Fought For.* New York: Simon & Schuster, 1952.

Basinger, Jeanine. *The It's a Wonderful Life Book.* New York: Alfred A. Knopf, 1986.

———. *The Star Machine.* New York: Knopf, 2007.

Bazin, André. *Jean Renoir.* Translated by W. W. Halsey II and William H. Simon. Edited by François Truffaut. New York: Simon & Schuster, 1973.

Behlmer, Rudy. *Inside Warner Bros. (1935–1951).* New York: Viking, 1985.

———. *Memo from Darryl F. Zanuck: The Golden Years at Twentieth Century-Fox.* New York: Grove, 1993.

———, ed. *Memo from David O. Selznick.* New York: Modern Library, 2000.

Berg, A. Scott. *Goldwyn.* New York: Alfred A. Knopf, 1989.

———. *Lindbergh.* New York: Putnam, 1998.

Bergan, Ronald. *The United Artists Story.* New York: Crown, 1986.

Bernstein, Matthew. *Walter Wanger: Hollywood Independent.* Minneapolis: University of Minnesota Press, 2000.

Birdwell, Michael E. *Celluloid Soldiers: Warner Bros.'s Campaign Against Nazism.* New York: New York University Press, 1999.

Blotner, Joseph. *Faulkner: A Biography.* Revised one-volume edition of 1974 book. Jackson: University Press of Mississippi, 2005.

Bogdanovich, Peter. *John Ford.* Revised and enlarged edition. Berkeley and Los Angeles: University of California Press, 1978.

Breuer, William B. *The Air-Raid Warden Was a Spy: And Other Tales from Home-Front America in World War II.* Hoboken, NJ: John Wiley & Sons, 2003.

Brown, John Mason. *The Ordeal of a Playwright: Robert E. Sherwood and the Challenge of War.* New York: Harper & Row, 1970.

———. *The Worlds of Robert E. Sherwood: Mirror to His Times.* New York: Harper & Row, 1962.

Callow, Simon. *Orson Welles. Vol. 2, Hello Americans.* New York: Viking Penguin, 2006.

Capra, Frank. *The Name Above the Title: An Autobiography*. Cambridge, MA: Da Capo, 1997. Originally published 1971.

Ceplair, Larry, and Steven Englund. *The Inquisition in Hollywood: Politics in the Film Community, 1930–1960*. Berkeley: University of California Press, 1979.

Cole, Wayne S. *Senator Gerald P. Nye and American Foreign Relations*. Minneapolis: University of Minnesota Press, 1962.

Cornfield, Robert, ed. *Kazan on Directing*. New York: Alfred A. Knopf, 2009.

Cronin, Paul, ed. *George Stevens Interviews*. Jackson: University Press of Mississippi, 2004.

Custen, George F. *Twentieth Century's Fox: Darryl F. Zanuck and the Culture of Hollywood*. New York: Basic Books, 1997.

Davis, Bette. *The Lonely Life*. New York: G. P. Putnam's Sons, 1962.

Davis, Bette, with Michael Herskowitz. *This 'N That*. New York: Putnam, 1987.

Dick, Bernard F., ed. *Dark Victory*. Madison: University of Wisconsin Press, 1981.

———. *Hal Wallis: Producer to the Stars*. Lexington: University Press of Kentucky, 2004.

———. *The Merchant Prince of Poverty Row: Harry Cohn of Columbia Pictures*. Lexington: University Press of Kentucky, 1993.

———. *The Star-Spangled Screen: The American World War II Film*. Lexington: University Press of Kentucky, 1985.

———. *Hollywood's Censor: Joseph I. Breen and the Production Code Administration*. New York: Columbia University Press, 2007.

Doherty, Thomas. *Hollywood and Hitler, 1933–1939*. New York: Columbia University Press, 2013.

———. *Projections of War: Hollywood, American Culture, and World War II*. New York: Columbia University Press, 1993.

Dower, John W. *Embracing Defeat: Japan in the Wake of World War II*. New York: New Press/W. W. Norton, 1999.

———. *War Without Mercy: Race and Power in the Pacific War*. New York: Pantheon, 1986.

Dumont, Hervé. *Frank Borzage: The Life and Films of a Hollywood Romantic*. Translated by Jonathan Kaplansky. Jefferson, NC: McFarland, 2006. Originally published in French in 1993.

Eames, John Douglas. *The MGM Story*. 2nd revised edition. New York: Crown, 1982.

Eames, John Douglas, with additional text by Robert Abele. *The Paramount Story*. New York: Simon & Schuster, 2002.

Edwards, Anne. *A Remarkable Woman: A Biography of Katharine Hepburn*. New York: William Morrow, 1985.

Eliot, Marc. *Cary Grant: A Biography*. New York: Harmony, 2004.

———. *Jimmy Stewart: A Biography*. New York: Three Rivers, 2006.

Eyman, Scott. *Lion of Hollywood: The Life and Legend of Louis B. Mayer*. New York: Simon & Schuster, 2005.

———. *Print the Legend: The Life and Times of John Ford*. New York: Simon & Schuster, 1999.

Fitzgerald, Michael G. *The Universal Story: A Panoramic History in Words, Pictures and Filmographies*. New Rochelle, NY: Arlington House, 1977.

Fonda, Henry, as told to Howard Teichmann. *Fonda: My Life*. New York: New American Library, 1981.

Ford, Dan. *Pappy: The Life of John Ford*. Englewood Cliffs, NJ: Prentice Hall, 1979.

Friedrich, Otto. *City of Nets: A Portrait of Hollywood in the 1940s*. New York: Harper & Row, 1986.

Gabler, Neal. *An Empire of Their Own: How the Jews Invented Hollywood*. New York: Crown, 1988.

Gallagher, Tag. *John Ford: The Man and His Films*. Berkeley and Los Angeles: University of California Press, 1986.

Geist, Kenneth L. *Pictures Will Talk: The Life and Films of Joseph L. Mankiewicz*. New York: Da Capo, 1978.

Grobel, Lawrence. *The Hustons: The Life and Times of a Hollywood Dynasty*. Updated edition. New York: Cooper Square, 2000.

Gunter, Matthew C. *The Capra Touch: A Study of the Director's Hollywood Classics and War Documentaries, 1934–1945*. Jefferson, NC: McFarland, 2011.

Gussow, Mel. *Darryl F. Zanuck: Don't Say Yes Until I Finish Talking*. New York: Doubleday, 1971.

Hamilton, Ian. *Writers in Hollywood, 1915–1951*. New York: Carroll & Graf, 1991.

Harmetz, Aljean. *The Making of "The Wizard of Oz": Movie Magic and Studio Power in the Prime of MGM—and the Miracle of Production #1060*. New York: Alfred A. Knopf, 1977.

Harris, Warren G. *Clark Gable: A Biography*. New York: Harmony, 2002.

Harrison, Rex. *Rex: An Autobiography*. New York: William Morrow, 1975.

Herman, Jan. *A Talent for Trouble: The Life of Hollywood's Most Acclaimed Director, William Wyler*. New York: Da Capo, 1997.

Hirschhorn, Clive. *The Columbia Story*. London: Hamlyn, 1999.

———. *The Warner Bros. Story*. New York: Crown, 1979.

Huston, John. *An Open Book*. New York: Alfred A. Knopf, 1980.
Insdorf, Annette. *Indelible Shadows: Film and the Holocaust*. 3rd ed. Cambridge: Cambridge University Press, 2002.
Jacobs, Diane. *Christmas in July: The Life and Art of Preston Sturges*. Berkeley and Los Angeles: University of California Press, 1992.
Jewell, Richard B., with Vernon Harbin. *The RKO Story*. New York: Arlington House, 1982.
Kael, Pauline. *5001 Nights at the Movies*. New York: Holt, Rinehart and Winston, 1982.
———. *Kiss Kiss Bang Bang*. Boston: Atlantic Monthly Press, 1965.
Kaminsky, Stuart. *John Huston: Maker of Magic*. Boston: Houghton Mifflin, 1978.
Kantor, MacKinlay. *Glory for Me*. New York: Coward-McCann, 1945.
Karl, Frederick R. *William Faulkner: American Writer*. New York: Ballantine, 1989.
Kazin, Alfred. *New York Jew*. Syracuse, NY: Syracuse University Press, 1996. Originally published by Alfred A. Knopf in 1978.
Kelly, Andrew. *"All Quiet on the Western Front": The Story of a Film*. London: I. B. Tauris, 1998.
Kennedy, David M. *Freedom from Fear: The American People in Depression and War, 1929–1945*. The Oxford History of the United States, vol. 9. New York: Oxford University Press, 1999.
Koch, Howard. *As Time Goes By*. New York: Harcourt Brace Jovanovich, 1979.
Koppes, Clayton R., and Gregory D. Black. *Hollywood Goes to War: How Politics, Profits, and Propaganda Shaped World War II Movies*. New York: Free Press, 1987.
Kracauer, Siegfried. *From Caligari to Hitler: A Psychological History of the German Film*. Princeton, NJ: Princeton University Press, 1947.
Kulik, Karol. *Alexander Korda: The Man Who Could Work Miracles*. New Rochelle, NY: Arlington House, 1975.
Lally, Kevin. *Wilder Times: The Life of Billy Wilder*. New York: Henry Holt, 1996.
Lambert, Gavin, ed. *The Ivan Moffat File: Life Among the Beautiful and Damned in London, Paris, New York, and Hollywood*. New York: Pantheon, 2004.
Leamer, Laurence. *As Time Goes By: The Life of Ingrid Bergman*. New York: Harper & Row, 1986.
Leaming, Barbara. *Bette Davis: A Biography*. New York: Simon & Schuster, 1992.
———. *Katharine Hepburn*. New York: Crown, 1995.
Leff, Leonard J., and Jerold L. Simmons. *The Dame in the Kimono: Hollywood, Censorship, and the Production Code*. Lexington: University of Kentucky Press, 2001. Originally published 1989.
Lindbergh, Anne Morrow. *War Within and Without: Diaries and Letters of Anne Morrow Lindbergh, 1939–1944*. New York: Harcourt Brace Jovanovich, 1980.
Long, Robert Emmet, ed. *John Huston Interviews*. Jackson: University Press of Mississippi, 2001.
Louvish, Simon. *Chaplin: The Tramp's Odyssey*. New York: Thomas Dunne/St. Martin's, 2009.
McBride, Joseph. *Frank Capra: The Catastrophe of Success*. Revised version of 1992 edition. New York: St. Martin's Griffin, 2000.
———. *Searching for John Ford: A Life*. New York: St. Martin's, 2001.
McCarthy, Todd. *Howard Hawks: The Grey Fox of Hollywood*. New York: Grove, 1997.
McGilligan, Patrick. *Backstory: Interviews with Screenwriters of Hollywood's Golden Age*. Berkeley: University of California Press, 1986.
———. *Fritz Lang: The Nature of the Beast*. New York: St. Martin's, 1997.
Madsen, Axel. *William Wyler: The Authorized Biography*. New York: Thomas Y. Crowell, 1973.
Mann, William J. *Kate: The Woman Who Was Hepburn*. New York: Henry Holt, 2006.
Meserve, Walter J. *Robert E. Sherwood: Reluctant Moralist*. New York: Pegasus, 1970.
Meyers, Jeffrey. *John Huston: Courage and Art*. New York: Crown Archetype, 2011.
Miller, Gabriel, ed. *William Wyler Interviews*. Jackson: University Press of Mississippi, 2010.
Miller, Frank. *Censored Hollywood: Sex, Sin, and Violence on Screen*. Atlanta: Turner Publishing, 1994.
Millichap, Joseph R. *Lewis Milestone*. Boston: Twayne, 1981.
Milton, Joyce. *Tramp: The Life of Charlie Chaplin*. New York: HarperCollins, 1996.
Moon, Tom. *This Grim and Savage Game: OSS and the Beginning of U.S. Covert Operations in World War II*. New York: Da Capo, 2000.
Mordden, Ethan. *The Hollywood Studios: House Style in the Golden Age of the Movies*. New York: Simon & Schuster, 1988.
Morgan, Judith, and Neil Morgen. *Dr. Seuss and Mr. Geisel: A Biography*. New York: Random House, 1995.
Moss, Marilyn Ann. *Giant: George Stevens, a Life on Film*. Madison: Terrace Books/University of Wisconsin Press, 2004.
Neal, Steve. *Dark Horse: A Biography of Wendell Willkie*. New York: Doubleday, 1984.
Oller, John. *Jean Arthur: The Actress Nobody Knew*. New York: Limelight Editions, 1997.

Parrish, Robert. *Growing Up in Hollywood*. Boston: Little, Brown, 1976.
———. *Hollywood Doesn't Live Here Anymore*. New York: Little, Brown, 1988.
Peary, Gerald, ed. *John Ford Interviews*. Jackson: University Press of Mississippi, 2001.
Persico, Joseph E. *Nuremberg: Infamy on Trial*. New York: Viking, 1994.
Pizzitola, Louis. *Hearst over Hollywood: Power, Passion, and Propaganda in the Movies*. New York: Columbia University Press, 2002.
Poague, Leland, ed. *Frank Capra Interviews*. Jackson: University Press of Mississippi, 2004.
Pogue, Forrest C. *George C. Marshall*. Vol. 3, *Organizer of Victory*. New York: The Viking Press, 1973.
Polito, Robert, ed. *Farber on Film: The Complete Film Writings of Manny Farber*. New York: Library of America, 2009.
Reporting World War II, Part One: American Journalism, 1938–1944. New York: Library of America, 1995.
Richie, Donald. *George Stevens: An American Romantic*. New York: Museum of Modern Art, 1970.
Riding, Alan. *And the Show Went On: Cultural Life in Nazi-Occupied* Paris. New York: Alfred A. Knopf, 2010.
Roberts, Randy, and James S. Olson. *John Wayne, American*. New York: Free Press, 1995.
Robinson, David. *Chaplin: His Life and Art*. New York: McGraw-Hill, 1985.
Rogers, Ginger. *Ginger: My Story*. New York: HarperCollins, 1991.
Ross, Lillian. *Picture*. Cambridge, MA: Da Capo, 2002. Originally published 1952.
Rukeyser, Muriel. *Willkie: One Life*. New York: Simon & Schuster, 1957.
Sanford, John. *A Very Good Fall to Land With: Scenes from the Life of an American Jew*, vol. 3. Santa Rosa, CA: Black Sparrow, 1987.
Sarris, Andrew. *The John Ford Movie Mystery*. Bloomington: Indiana University Press, 1975.
Schatz, Thomas. *The Genius of the System: Hollywood Filmmaking in the Studio Era*. New York: Pantheon, 1988.
Schickel, Richard. *The Men Who Made the Movies*. New York: Atheneum, 1975.
Schoots, Hans. *Living Dangerously: A Biography of Joris Ivens*. Translated by David Colmer. Amsterdam: Amsterdam University Press, 2000.
Seebohm, Caroline. *No Regrets: The Life of Marietta Tree*. New York: Simon & Schuster, 1997.
Sherman, Vincent. *Studio Affairs: My Life as a Film Director*. Lexington: University Press of Kentucky, 1996.
Sherwood, Robert E. *Idiot's Delight*. Copyright 1935. Republished by Dramatists Play Service Inc.
Short, K. R. M., ed. *Film and Radio Propaganda in World War II*. Beckenham, Kent, UK: Croom Helm Ltd., 1983.
Shull, Michael S., and David Edward Wilt. *Hollywood War Films, 1937–1945: An Exhaustive Filmography of American Feature-Length Motion Pictures Relating to World War II*. Jefferson, NC: McFarland, 1996.
Sikov, Ed. *Dark Victory: The Life of Bette Davis*. New York: Henry Holt, 2007.
———. *On Sunset Boulevard: The Life and Times of Billy Wilder*. New York: Hyperion, 1998.
Sinclair, Andrew. *John Ford: A Biography*. New York: Dial, 1979.
Spada, James. *More Than a Woman: An Intimate Biography of Bette Davis*. New York: Bantam, 1993.
Sperber, A. M., and Eric Lax. *Bogart*. New York: William Morrow, 1997.
Spoto, Donald. *The Art of Alfred Hitchcock: Fifty Years of His Motion Pictures*. Garden City, NY: Doubleday, 1976.
———. *The Dark Side of Genius: The Life of Alfred Hitchcock*. Boston: Little, Brown, 1983.
———. *Laurence Olivier: A Biography*. New York: HarperCollins, 1992.
———. *Madcap: The Life of Preston Sturges*. Boston: Little, Brown, 1990.
Sragow, Michael. *Victor Fleming: An American Movie Master*. New York: Pantheon, 2008.
Steinberg, Cobbett. *Reel Facts: The Movie Book of Records*. Updated edition. New York: Vintage, 1982.
Stevens, George, Jr. *Conversations with the Great Moviemakers of Hollywood's Golden Age at the American Film Institute*. New York: Alfred A. Knopf, 2006.
Stine, Whitney. *"I'd Love to Kiss You . . ."*: *Conversations with Bette Davis*. New York: Pocket, 1991.
Stine, Whitney, with Bette Davis. *Mother Goddam*. New York: Berkley Medallion, 1975.
Studlar, Gaylyn, and David Desser, eds. *Reflections in a Male Eye: John Huston and the American Experience*. Washington, DC, and London: Smithsonian Institution Press, 1993.
Sturges, Sandy, ed. *Preston Sturges by Preston Sturges: His Life in His Words*. New York: Simon & Schuster, 1990.
Taylor, John Russell, ed. *Graham Greene on Film: Collected Film Criticism, 1935–1940*. New York: Simon & Schuster, 1972.
Taylor, Telford. *The Anatomy of the Nuremberg Trials: A Personal Memoir*. New York: Alfred A. Knopf, 1992.
Thomas, Bob. *Clown Prince of Hollywood: The Antic Life and Times of Jack L. Warner*. New York: McGraw-Hill, 1990.
Thomas, Tony, and Aubrey Solomon. *The Films of 20th Century-Fox: A Pictorial History*. Secaucus, NJ: Citadel, 1979.
Thomson, David. *"Have You Seen . . . ?": A Personal Introduction to 1,000 Films*. New York: Alfred A. Knopf, 2008.
———. *The New Biographical Dictionary of Film*. 4th ed. New York: Alfred A. Knopf, 2002.
———. *Showman: The Life of David O. Selznick*. New York: Alfred A. Knopf, 1992.

Tornabene, Lyn. *Long Live the King: A Biography of Clark Gable*. New York: Putnam, 1976.
Troyan, Michael. *A Rose for Mrs. Miniver: The Life of Greer Garson*. Lexington: University Press of Kentucky, 1999.
Turrou, Leon G, as told to David G. Wittels. *Nazi Spies in America*. New York: Random House, 1938, 1939.
Tusa, Ann, and John Tusa. *The Nuremberg Trial*. London: Macmillan, 1983.
Vanderwood, Paul J., ed. *Juarez*. Madison: University of Wisconsin Press, 1983.
Variety Film Reviews. Vol. 6, *1938–1942*, and vol. 7, *1943–1948*. New York: R. R. Bowker, 1983.
Walker, Alexander. *Fatal Charm: The Life of Rex Harrison*. London: Weidenfeld & Nicolson, 1992.
Wallis, Hal, and Charles Higham. *Starmaker: The Autobiography of Hal Wallis*. New York: Macmillan, 1980.
Walters, Ben. *Orson Welles*. London: Haus Publishing, 2004.
White, W. L. *They Were Expendable*. New York: Harcourt, Brace and Company, 1942.
Wiley, Mason, and Damien Bona. *Inside Oscar: The Unofficial History of the Academy Awards*. 10th anniversary edition. New York: Ballantine, 1996.
Wills, Garry. *John Wayne's America: The Politics of Celebrity*. New York: Simon & Schuster, 1997.
Wilson, Robert. *The Film Criticism of Otis Ferguson*. Philadelphia: Temple University Press, 1971.
Winkler, Allan M. *The Politics of Propaganda: The Office of War Information, 1942–1945*. New Haven, CT: Yale University Press, 1978.
Zanuck, Darryl F. *Tunis Expedition*. New York: Random House, 1943.

补充性影像资料和纪录片

(This list does not include the Hollywood features, war documentaries, or propaganda films discussed in the book.)

Becoming John Ford (2007), produced by Nick Redman and Jamie Willett, written by Julie Kirgo, directed by Nick Redman.
"John Ford: An American Vision" (episode of *Biography*, originally aired 1998 on A&E), produced and directed by Kerry Jensen-Iszak, written by Douglas Green and Lucy Chase Williams.
D-Day in Colour (2004), produced by Kim Hogg.
Directed by John Ford (2006 version, originally aired on Turner Classic Movies), produced by Frank Marshall, written and directed by Peter Bogdanovich.
Directed by William Wyler (episode of *American Masters*, originally aired 1986 on PBS), produced by Catherine Wyler, narration and interviews by A. Scott Berg, directed by Aviva Slesin.
Frank Capra's American Dream (originally aired 1997 on American Movie Classics), produced by Charles A. Duncombe Jr. and Kenneth Bowser, written and directed by Kenneth Bowser.
John Ford Goes to War (originally aired 2002 on Starz), produced and directed by Tom Thurman, coproduced by Joseph McBride, written by Tom Marksbury.
"John Ford/John Wayne: The Filmmaker and the Legend" (episode of *American Masters*, originally aired May 10, 2006, on PBS), written and produced by Kenneth Bowser, directed by Sam Pollard. (Available on the two-disc Warner Video edition of *Stagecoach*.)
"John Ford, Part 1" (episode of *Omnibus*, originally aired December 1, 1992, on BBC), produced and directed by Andrew Eaton, written by Lindsay Anderson. (Available on the two-disc Criterion edition of *Young Mr. Lincoln*.)
John Ford Goes to War (originally aired 2002 on Starz), produced and directed by Tom Thurman, written by Tom Marksbury.
John Huston: The Man, the Movies, the Maverick (1989), produced by Joni Levin, written by Frank Martin and Charles Degelman, directed by Frank Martin.
"Meet Henry Fonda" (episode of *Parkinson*, originally aired 1975 on BBC). (Available on the two-disc Criterion edition of *Young Mr. Lincoln*.)
Shooting War (1998), produced, written, and directed by Richard Schickel.
"WWII: The Propaganda Battle" (episode of *A Walk Through the 20th Century with Bill Moyers*, originally aired 1982), produced and directed by David Grubin, written by Ronald Blumer, Bill Moyers, and Bernard A. Weisberger.

文章、论文和演讲

Aldgate, Tony. "Mr. Capra Goes to War: Frank Capra, the British Army Film Unit, and Anglo-American Travails in the Production of 'Tunisian Victory.'" *Historical Journal of Film, Radio and Television* 11, no. 1 (1991).
Bertelsen, Lance. "San Pietro and the 'Art' of War." *Southwest Review*, Spring 1989.
Blakefield, William. "A War Within: The Making of Know Your Enemy—Japan." *Sight and Sound*, Spring 1983.
Cripps, Thomas, and David Culbert. "The Negro Soldier (1944): Film Propaganda in Black and White." *American Quarterly*, Winter 1979.

Culbert, David. "'Why We Fight': Social Engineering for a Democratic Society at War." In *Film and Radio Propaganda in World War II,* edited by K. R. M. Short. Beckenham, Kent, UK: Croom Helm Ltd., 1983.

Doherty, Thomas. "Cold Case from the Film Archives: Film Historian Thomas Doherty Does Some Detective Work on a Mystery from the 1930s, When the Hollywood Studios Had to Deal with the Upsurge of Racism in Hitler's Germany." *History Today*, January 2006.

Edgerton, Gary. "Revisiting the Recording of Wars Past: Remembering the Documentary Trilogy of John Huston." *Journal of Popular Film and Television*, Spring 1987. Reprinted in *Reflections in a Male Eye: John Huston and the American Experience,* edited by Gaylyn Studlar and David Esser. Washington, DC, and London: Smithsonian Institution Press, 1993.

Kozloff, Sarah. "Wyler's Wars." *Film History* 20, no. 4 (2008).

Ledes, Richard. "Let There Be Light: John Huston's Film and the Concept of Trauma in the United States After WWII." Paper delivered at the Après-Coup Psychoanalytic Association, November 13, 1998.

Marcus, Daniel. "William Wyler's World War II Films and the Bombing of Civilian Populations." *Historical Journal of Film, Radio and Television* 29, no. 1 (2009).

Petri, Bruce Humleker. "A Theory of American Film: The Films and Techniques of George Stevens." PhD diss., Harvard University, 1974, copyright 1987.

索 引

图书在版编目(CIP)数据

五个人的战争：好莱坞与第二次世界大战 /（美）马克·哈里斯（Mark Harris）著；黎绮妮译. --北京：社会科学文献出版社，2017.4

书名原文：FIVE CAME BACK：A STORY OF HOLLYWOOD AND THE SECOND WORLD WAR

ISBN 978-7-5097-9687-0

Ⅰ.①五… Ⅱ.①马… ②黎… Ⅲ.①好莱坞-导演-人物研究 Ⅳ.①K837.125.78

中国版本图书馆 CIP 数据核字（2016）第 215885 号

五个人的战争
——好莱坞与第二次世界大战

著　　者 /［美］马克·哈里斯（Mark Harris）
译　　者 / 黎绮妮

出 版 人 / 谢寿光
项目统筹 / 段其刚　董风云
责任编辑 / 沈　艺　张　骋

出　　版 / 社会科学文献出版社·甲骨文工作室（010）59366551
地址：北京市北三环中路甲 29 号院华龙大厦　邮编：100029
网址：www.ssap.com.cn
发　　行 / 市场营销中心（010）59367081　59367018
印　　装 / 北京盛通印刷股份有限公司

规　　格 / 开　本：889mm×1194mm　1/32
印　张：19.875　插　页：0.75　字　数：453 千字
版　　次 / 2017 年 4 月第 1 版　2017 年 4 月第 1 次印刷
书　　号 / ISBN 978-7-5097-9687-0
著作权合同登记号 / 图字 01-2015-3605 号
定　　价 / 88.00 元